《道德经》是道家的经典著作，文约意丰，涵盖哲学、伦理学、政治学、军事学等诸多学科，其内容博大精深、玄奥无极、涵括百家、包容万物，被后人尊奉为治国、齐家、修身、为学的宝典。

道德经

无障碍阅读典藏版

（春秋）老子 著

文若愚 主编

中国华侨出版社

北京

图书在版编目 (CIP) 数据

道德经：无障碍阅读典藏版 /（春秋）老子著；文若愚主编 . — 北京：中国
华侨出版社 , 2016.11（2021.12 重印）

ISBN 978-7-5113-6357-2

Ⅰ.①道… Ⅱ.①老… ②文… Ⅲ.①道家 Ⅳ.① B223.1

中国版本图书馆 CIP 数据核字 (2016) 第 235104 号

道德经：无障碍阅读典藏版

著　　者：（春秋）老子
主　　编：文若愚
责任编辑：姜　婷
封面设计：李　荣
文字编辑：申艳芝
美术编辑：牛　坤
经　　销：新华书店
开　　本：787mm×1092mm　1/16　印张：26　　字数：664 千字
印　　刷：三河市燕春印务有限公司
版　　次：2016 年 12 月第 1 版　　2021 年 12 月第 3 次印刷
书　　号：ISBN 978-7-5113-6357-2
定　　价：99.00 元

中国华侨出版社　北京市朝阳区西坝河东里 77 号楼底商 5 号　邮编：100028
发 行 部：（010）88893001　　　传　真：（010）62707370
网　　址：www.oveaschin.com　　E-mail：oveaschin@sina.com

如果发现印装质量问题，影响阅读，请与印刷厂联系调换。

前 言

两千多年前，周王室衰微，诸侯并起，以下克上，烽火连天，战乱频仍。在这个"世风日下，人心不古"的时代，老子见社会道德衰败，失望至极，便乘青牛西出函谷关，隐居而不知所终。在出关之时，他应关令尹喜之求，留下了一部五千言的《道德经》。

《道德经》亦称《老子》，或称《五千言》，是道家学派最具权威的经典著作，它文约意丰，涵盖哲学、伦理学、政治学、军事学等诸多学科，其内容博大精深、玄奥无极、涵括百家、包容万物，被后人尊奉为治国、齐家、修身、为学的宝典。这部被誉为"万经之王"的神奇宝典，对中国古老的哲学、科学、政治、宗教等，产生了深刻的影响，无论对中华民族性格的铸成，还是对政治的统一与稳定，都起着不可估量的作用。

随着中西方文化交流地日益深入，《道德经》的世界意义也日渐显著，越来越多的西方学者不遗余力地探求其中的科学奥秘，寻求人类文明的源头，深究古代智慧的底蕴。到目前为止，可查到的各种外文版的《道德经》典籍已有 1000 多种，几乎每年都有一到两种新的译本问世。据联合国教科文组织统计，被译成外国文字发行量最多的文化名著，除了《圣经》以外就是《道德经》。一代文豪托尔斯泰对老子也十分推崇，他对老子的《道德经》很有研究，曾帮助翻译出版《道德经》，还亲自编选出版了《中国贤人老子语录》，并在书中发表了他的《论老子学说的真髓》一文。著名的摇滚乐队披头士甚至将《道德经》第四十七章改编成歌曲《The Inner Light》。

关于《道德经》的作者老子，史籍记载很少，西汉司马迁在写作《史记》时就已搜寻不到详尽的资料了。老子姓李，名耳，字伯阳，谥号聃，春秋末期楚国苦县人，曾担任过周朝守藏室的官员，管理着广泛的书籍以及文献资料。老子致力于"柔弱""无为"的道德修养，参悟了回归自然、天人合一的大道，是中国乃至世界的文化巨人。

两千多年来，人们一直在通过两条途径来研究、探索《道德经》。一条是修道的。他们用自己的身体乃至整个生命，在实践《道德经》的理论，在探索《道德经》的奥秘。但是，终因本性的差异和体验的不同，仁者见仁，智者见智。另一条是治学的。他们用全部的聪明才智，仰天掘地，冥思苦索，虽然穷经皓首，注解汗牛充栋。但是终因种种局限，文者说文，字者道字，对于《道德经》的真谛，仍是隔雾看花，未得其真。有的甚至南辕北撤，相去甚远。

为了更好地学习和参悟《道德经》的真义，参透为人处世的最高智慧，追寻生命的终极意义，我们编写了这本书。本书共八十一章，分上、下两篇。上篇称《道经》，下篇为《德经》。《道经》讲述的是宇宙根本，道出了天地万物变化的玄机，揭示了阴阳变幻的微妙。《德经》讲述的是处世方略，道出了人事的进退之术，包含了长生久世之道。

《道德经》中的智慧，源于老子对世态人情的深彻洞察和深刻思索。社会动荡、人事纠纷、生命无常、点点滴滴积淀成老子的关于人性修养、处世哲学、治国之道、军事哲学、养生之道等的智慧之学。本书在忠于原著的基础上，详细注解并翻译原文，有全面细致地解析，并针对每章内容分别从为人之道、从政之道、经商之道三大方向列举了大量妙趣横生的古今中外案例，无论是从内容上还是在版式上都力求呈现出多方位的立体化效果，使读者能够更好体会和感悟两千多年前的哲人圣典。

无论是治学修身、处世待人，还是经商置业、从政为民；无论是王公贵族、富商大贾，还是贩夫走卒、平民百姓，总能在《道德经》中，找到自己所需要的智慧。顺"道"处世，做人自然圆融通达，左右逢源；依"道"经商，商战自然无往不胜，一本万利；循"道"从政，仕途自然事事亨通，平步青云。

目录

上篇　道经

下篇　德经

上篇

道经

第一章

天地之始

【原文】

道，可道，非常道[①]；名，可名，非常名[②]。无，名天地之始[③]；有，名万物之母[④]。故常无，欲以观其妙[⑤]；常有，欲以观其徼[⑥]。此两者，同出而异名，同谓之玄[⑦]，玄之又玄，众妙之门[⑧]。

【注释】

① 道，可道，非常道：第一个"道"和第三个"道"是名词，指的是宇宙的本原和实质，引申为原理、原则、真理、规律等。第二个"道"是动词，意思为解说、表述。"非"，即不是的意思。"常"，本来写作"恒"，意思是永远的、恒常的。

② 名，可名，非常名：第一个"名"和第三个"名"是名词，是人类根据事物之间的各种不同特征而对某一特定事物所作出的指认。第二个"名"是动词，为说明、命名的意思。

③ 无：指的是万物生成之前的莫可名状的混沌状态。名：这里是动词，命名、称呼的意思。天地之始：即天地形成的开端。

④ 有：指的是万物生成之后已经有了形体的初始状态。万物之母：即天地万物的母体。

⑤ 妙：微妙的意思。

⑥ 徼（jiào）：原意为边际、边界，引申为端倪的意思。

⑦ 玄：深奥而不可理解的，不可测知的。

⑧ 众妙之门：指精深奥妙的天地万物及其变化规律由此而出的总门。

【今译】

能用语言表述出来的"道"，都不是永恒的、终极的"道"；能够用言辞说出来的"名"，都不是永恒的、终极的"名"。"无"，是天地的源起；"有"，是万物的开端。所以，要经常从"无"中去观察"道"的奥妙；经常从"有"中去认识"道"的端倪。"无"和"有"这两者，同出一源，而称谓不同，但是都称得上深远玄妙，这不是一般的深远玄妙，而是深远又深远，玄妙又玄妙，这就是天地万物之无穷奥妙的总门。

【解析】

老子之"道"

《老子》的第一章，是全书的总纲。"道"，是老子哲学中一个核心的概念，这一"道"字在五千余言的《老子》一书中出现达七十余次之多。概括而言，"道"在老子那里基本上有这样几种含义：一种是作为宇宙之本原的"道"，一种是作为自然之规律的"道"，还有一种就是作为人事之法则的"道"。这三种含义既有所区分，又紧密联系，作为宇宙之本原的混沌无形的"道"，在天地万物产生之后，就体现为自然规律之"道"，而自然规律之"道"再落实到人的社会生活中，就表现为人事之法则的"道"。反之，作为人事之法则的"道"又体现着自然规律之"道"，而自然规律之"道"又反映着作为宇宙之本原的"道"。在《老子》一书的行文中，同一"道"字在不同的语境中有着不尽相同的含义，但是又不可作出截然的区分，因为这几种含义之间本来就是密切相依、互为体现的。总而言之，"道"的概念在老子的哲学体系中居于纲领性的核心地位，既体现着形而上的终极意义，又体现着形而下的现实意义，具有极为深邃的内涵，也有着非常广阔的外延，涵盖着宇宙、自然和社会的全部道理和规则。

《老子》一书中蕴藏着极为渊深的智慧，因此，其中的名言警句就非常之多，可谓俯拾皆是，而第一章的首句、也是全书之开端的"道，可道，非常道"，就是人们所最熟悉的一句。然而，尽管人们对这句话非常地熟悉，可是能够真正理解其含义的人却并不多，大多数人之所以熟悉这句话，因为这句话是全书的开篇，而许多不认真读书、没有兴趣读书的人在看书的时候常常也就是仅仅读开篇的那么几句，另外，也因为这句话读起来非常的顺畅，又很简洁，就像顺口溜一样，所以容易为人们所记住，也许还因为这句话说得很玄妙，令人不能够一下子就很清楚地知道它说的究竟是什么，而正是这种玄秘感又吸引了一部分人的兴趣，尽管不知道它说的是什么意思，但很喜欢去引用它。

这句话，在字面上看，极其简单，"道，可道，非常道"，仅仅六个字，而"道"字在其中出现了三次，这表明，这句话集中阐述的就是"道"这个重要的概念。三个"道"字之中，第一个"道"字和第三个"道"字是同样的含义，就是作为老子哲学之核心概念的"道"，而第二个"道"字则是普通意义上的说出、表达的意思。我们现在在阅读这句话的时候需要注意的是，这里的"非常"与现代汉语里的"非常"是不同的，它不是一个词，而是"非"和"常"两个词。"非"字，是很好理解的，即不是的意思，这与现代汉语是相同的。至于"常"字，其实在《老子》中本来是写作"恒"字的，但是为避汉文帝刘恒之名讳，原来的"非恒道"就被改成了"非常道"。如果是"非恒道"的话，就更容易理解一些了。不过，字虽然换了，但意思是没有变的，"常"，也就是"恒"的意思。所谓的"道，可道，非常道"，也就是说，可以用语言表述出来的道，就不是永恒的、终极的道。

而这所谓永恒的、终极的道，又指的是什么呢？它指的就是宇宙的本体，是世间万物的由来之源，是超越了一切具体的道理和规律的根本性的、指向终极的道，也正因为如此，老子才说这样的道是不可言说的。

"名，可名，非常名"，在这一句中，"名"字也出现了三次，同样分作两种含义，第一个"名"字和第三个"名"字是老子的哲学概念，而第二个"名"字是命名的意思。作为哲学概念的"名"，在这里可以理解为"道"的呈现形态，或者可以在通俗的层面上理解为事物的各种样态之意。"名，可名，非常名"的意思就是，那些能够命名的事物样态，都不是永恒的样态。

为什么老子说"可名之名"，不是"常名"呢？其实，老子在这句话中指出了事物的永恒性的问题。在这个世界上，有一些事物很容易衰朽，不是有句成语叫作"昙花一现"嘛，昙花盛开的时刻在夜晚，而从绽放到凋谢，只有三四个小时的时间，非常短暂，还有朝生暮死的蜉蝣，发育成熟之后只有不到一天的生命；而另外呢，也有些事物存在的时间极为长久，比如说动物界的龟，就十分长寿，活了几百年也并不罕见。然而，曹操有诗云："神龟虽寿，犹有竟时"，龟虽然很长寿，但是它也总会有死亡的一天，是不会长生不死的。在于生命体是这样，而对于非生命的物质，其存在时间也是有着长短之别的。比如说烟花，闪耀在天空之际是何等的美丽，然而它的存在只有一瞬间；而状态恒久者如钻石，它是在地底深处的高温、高压条件下由碳元素形成的单质晶体，性质极其稳定，因此人们对钻石十分地赏爱。但是，钻石的存在就是恒久的吗？现代天文学研究表明，地球的生成时间距今大约为46亿年，它不仅有着自己生成的时间，同样也会有着自己灭亡的时间，尽管那一时间对于人类来说还十分的漫长，但是地球的毁灭是未来一个必然的事实。地球都会有毁灭的一天，地球上的钻石又怎么会永恒地存在呢？有生必有死，这是宇宙万物的必然规律，任何事物都不能例外。那么，是不是说这个世界上就没有永恒的存在了呢？并不是的，也就是说，还是有着永恒之存在的。但是，这种永恒的存在绝非某种具体的事物，它是不能够被叫出来的，因此，老子才说："名，可名，非常名。"

老子所谓的"名，可名，非常名"，指的不仅仅是事物的形体不会永恒地存在，同时也意味着事物的价值也并非是恒久的，理由很简单，事物本身都不存在了，它的价值又怎么还会存留呢？正所谓"皮之不存，毛将焉附"。由此可见，老子的智慧是远远超越了世俗层面的，它直接就指向了终极，引领人们看得更远，思考得更深。如果人们在日常生活中能够将目光放得更远一些，将想法放得更开一些，对待很多问题也就会是另外一种态度了。当我们真正地具备了老子的境界之后，世间的那些蜗角虚名、蝇头微利又都何足挂齿呢，又何必为其而扰攘纷争呢？

"道"和"名"的关系

"道，可道，非常道；名，可名，非常名"，这两句话之间是并列的关系，所表达的也是同一个含义，只是这个含义被分作了"道"与"名"两个层面来论说。那么，"道"与"名"之间又是什么关系呢？简明地说，"道"是抽象的层面，而"名"是具象的层面，"名"之中蕴含着"道"，而"道"则由"名"来体现。举个例子来说明，一块电池，就是所谓的"名"，而在电池的身上蕴含着化学能转化为电能的能量转化原理，这就是其中的"道"。电池之所以为电池，是因为它能够进行这种能量转化；而这种能量转化又是通过电池这一具体的物态来呈现的。这也就是"道"与"名"之间的关系，从一定意义上来讲，也可以说成是实质与表象的关系。

"道"与"名"所代表的实质与表象之间的关系启迪着我们，在认识事物的时候需要弄清楚什么是实质，什么是表象，哪一实质对应着哪一表象，而哪一表象又反映着哪一实质。如果没有厘清实质与表象之间的对应关系，做起事来就难免会出错。大家都熟悉"狐假虎威"的故事，在这个故事中，老虎就犯了此种错误。表面上看，狐狸的确把那些动物都给吓跑了，可实质是怎么回事呢？是因为它有老虎在身边啊。老虎只注意到了狐狸吓跑了百兽的表象，却忽视了狐狸"仗虎之威"的实质，而把这种威力错误地归之于狐狸了。

对于开篇的这两句话，我们从另一个角度去观察，还可以发现其中蕴藏着一个很深刻的问题，那就是语言表达的局限性。我们在形容某人说话或者写文章的水平不够的时候，会说他词不达意，也就是说他的语言并不能够准确地表达出他想要说明的意义。这是就普通交流而言的词不达意，可是，如果上升到更高的层面，一个人的语言能力很强，他就能够将自己所要表达的意义全都说清楚吗？答案是否定的，原因很简单，事物是无限的，相应地，对事物的表述也是无限的，而语言是什么呢？语言就是一套意义符号，在这一点上，它和交通标志的用途是相同的，交通标志很简单，它不能够用来表达更为丰富的事物，而语言则要繁复得多，特别是现代语言，较之原始的语言，变得更为精致，但是不论语言多么复杂，它必定也是有限的，也就不可能将无限的事物完全表述出来。

举一个例子，你想要朋友帮你买一只苹果，而在你的心目中对这只苹果一定是有着一种期许。假如朋友给你买回了一只已经烂了的苹果，你一定不高兴，这也就是说，你不会仅仅告诉他买一只苹果而已，而是还会对苹果的品种、颜色、大小、新鲜程度等等做出具体的描述，有了这些具体的描述，朋友就会给你买回来一只满意的苹果。但是，这只苹果也只能是令你相对地满意，因为，如果你想要一只大的苹果，朋友就会在众多的苹果中挑大的拣，然而，你又不想要过于大的苹果，这下就难了，到底多大的苹果才是既大而又不过大的呢？这就很难用三言两语表述清楚了。

再说一个更为显明的例子，据科学研究，人眼能够辨别的颜色高达一千万种，可是翻翻我们的词典，表达颜色的全部词汇加在一起又有多少个呢？人们只能大体地说出某种颜色是红的、黄的、紫的……或者更细致一些，将红色分作粉红、紫红、黑红等等，但是，即使再分上几个层次也远远达不到一千万种啊。所以，对于颜色的更为细致的辨别，就不能够用语言来表述了。

其实，言意之辨不仅是现代语言学研究的一个重要课题，在中国古代哲学中也是一个重要的议题，所谓"书不尽言，言不尽意""言者所以在意，得意而忘言"等说法都表达了这样一种观念：意义是不能够完全通过语言表达出来的。因此，相比语言的交流，心领神会才是更高的交流层次。

众妙之门

老子在讲述了"道"与"名"之后，又引出了另外一对重要的概念——"无"和"有"："无，名万物之始；有，名万物之母。"在这里需要说明的一个问题是，古人著书一般都是不加标点符号的，现在所见到的古籍上的标点符号都是现代人加上去的，这造成的一个结果就是，出于不同的理解，不同的人对同一段文字会做出不同的断句，又因为古代汉语以单音节词为主，断句就更容易产生多种可能。这种不同的断句又分作两种情况，一种是虽然断句不同，但是其含义基本一致，另一种就是断句不同，含义差别很大。对于这两句话，另外一种断句是："无名，万物之始；有名，万物之母。"这两种断句的基本区别就是"名"字的含义不同，前一种断句中，"名"是动词，叫作的意思；后一种断句中，"名"是名词，名称的意思。而不论"名"是动词，还是名词，这两种情况的含义大体是一致的，都可以这样来讲："无"，是万物的起源，而"有"，是万物的母体。这里的"无"和"有"并不简单地等同于没有和有的意思，所谓的"无"，指的是万物生成之前的混沌寂寥的状态；所谓的"有"，指的是万物的形体生成之后的初始状态。如果将"无"和"有"分别换成"无名"和"有名"，其实质意义也并未发生变化。

这里的"万物"，指的就是宇宙间的一切事物。而何谓"宇宙"呢？"宇"，指的是空间；"宙"，指的是时间。宇宙间的万物所呈现的形式就是空间和时间，而在宇宙形成之前，是无所谓空间和时间的，这就是所谓的"无"，而宇宙正是从这"无"中源生而出的。当宇宙生成之后，也就是"有"了，这个"有"，就是万物的母体，万物皆由此孕育而出。

接下来的两句话，同样是有两种断句的，一种是"故常无，欲以观其妙；常有，欲以观其徼。"另一种是将"欲"字断在前面，即"故常无欲，以观其妙；常有欲，以观其徼"。与前面的两句话不同，这两句话就因为断句的不同而含义有了较大的差别。以前一种断句来理解，说的是，可以从"无"中来体察万物起源的奥妙，而可以从"有"中来发现万物最初的端倪。以后一种断句来理解，讲的是，总是在消解欲望的时候，才可以看出万物起源的奥妙；总是在保存欲望的时候，才可以看出万物生成的端倪。或者简明地讲，"无欲"也就是没有人的主观意志的状态，而"有欲"就是存在着人的主观意志的状态。只有在人们不进行主观介入的情况下，才可以观察到万物的本原状态，比如说一棵树，如果人们对它的枝叶进行了修剪，也就无法知道它按照自身的规律会长成什么样子了，即"无欲，以观其妙"；而也只有在人们进行主观介入的情况下，才可以考察出万物生成的端倪，比如说人们在进行科学研究时经常会做一些实验，而做实验的目的也就是想要了解事物的界限是怎样的，举一个例子，人们通过人体在不同条件下对某一电压的实际感受和对人体触电所受伤害情况的详细分析，得出了人体的安全电压为 36 伏这一科学认识，这就是所谓的"有欲，以观其徼"。

这一章的最后，老子强调："此两者，同出而异名，同谓之玄，玄之又玄，众妙之门。""此两者"，即"有"与"无"，也就是万物的起源和母体，它们虽然名称不一样，但都出自同一个来源，都是十分玄妙的，玄妙而又玄妙，这就是宇宙万物之一切奥妙的总的由来啊。或者，简单地说，这个"众妙之门"也就是"道"。

老子提醒我们，无论做什么事情，都要有两种思路，一是超脱的眼界，一是深入的精神。治理国家也好，经营企业也罢，抑或从事任何一项工作，都要有超越性的眼光。任何一个成功的领袖，没有一个沉浸在具体的事物中，而忽视对大的发展方向和根本利益的超越性思考是否可能获得成功的。诸葛亮最为人称道的是他未出茅庐，已知天下三分；毛泽东最让人景仰的是，他在艰难复杂的军事政治斗争中，高瞻远瞩，看清了中国革命的取胜之道：在农村建立革命根据地，走农村包围城市，最后夺取政权。在思考这样超越性的战略问题的时候，不论是诸葛亮还是毛泽东，都处于"常无，欲以观其妙"的思维状态，也即是放开一切具体事务，综合各种信息，观照事物的本质和根源。事实上，人类所有伟大的思想理论，乃至重大发明，都是在一种"虚静"的、"忘我"的、"超脱"的状态下，也就是"常无"的状态下获得的。因为只有在这种状态下，才能洞察万物的"妙"。阅读大思想家、大科学家们的传记，不难发现这一点。

老子还告诉我们，有宏大深远的眼光和战略思维、抓住事物的本质、看清事物根由、看清事物发展方向仅仅是获取成功的一个方面。另一方面，还要有"常有，欲以观其徼"的思路。前者是战略，后者是战术。诸葛亮和毛泽东，不仅是战略家，更是战术大师。在具体的战争实践中，他们是了不起的操盘手，几乎是百战百胜。这一切都与他们深入的实践分不开，也就是说，他们经常处在"常有"状态，故而能够精通各种战法。常有的思维要求我们无论做什么事情，都要有深入的精神。唯有深入，才能制订出切实可行的计划，有步骤地把战略落到实处，最终完成战略构想。把握"有"与"无"，经常性地"超脱"和"深入"，既重视"战略"，又重视"战术"，才合乎老子的教诲，才算真正理解"众妙之门"。

【为人之道】

轮扁斫轮与伯乐相马

春秋时期，齐国有一个名字叫作扁的工匠，他十分擅长制作轮子，所以人们习惯以"轮扁"相称，也因为他的技艺很高超，就被征召到齐国的王宫里去服务。

有一次，齐桓公在堂上读书，而轮扁在堂下砍削木材，制作车轮，他见到齐桓公读得津津有味、兴致勃勃，不禁感到好奇，就先放下了手里的活计，小心地走到堂上去问道："敢问大王，您读的是什么书啊？"

齐桓公回答说："这是圣人的书啊，里面写的都是圣人说的话。"

轮扁又问："那么，圣人现在都还活着吗？"

齐桓公慨叹一声："可惜啊，他们早就不在喽！"

轮扁听了若有所思，顿了一下说道："既然这样，那么您现在读的书不过是圣人留下的糟粕罢了。"

齐桓公听到轮扁这样胡说，勃然大怒，呵斥轮扁道："寡人读书，你一个做车轮子的人怎么能妄作议论？怎么能说这是圣人留下的糟粕呢？你来说说看，要是说得有道理也就罢了，不然的话，寡人马上就杀了你！"

轮扁见到齐桓公这样震怒，禁不住吃了一惊，但是随即镇定下来，很认真地说："我是从我做的事中亲身体验出来的。您看削木头做车轮子这种活儿吧，如果动作慢的话，虽然省劲儿，但是做出来的轮子不牢固；如果动作快的话，尽管很辛苦，但是做出来的轮子不符合规格。只有在不快又不慢的情况下，才能得心应手，做出最好的轮子来。这里面是很有讲究的，然而它只可意会，不可言传，我不能把其中的体验明白地告诉我儿子，我的儿子也不能从我这里得到做轮子的经验，所以我现在都七十岁了，还得自己一个人出来做轮子，我是没有办法把自己的这份手艺传给别人的，等到我死了，我的手艺也就跟着我一同进入坟地了。像圣人的书，其实都是一样的，那些圣人很伟大，但是对于他们自己所领会出来的精妙的道理，并不能够如实地写在书里面，至于那些不可传达的精髓，已经同他们一起死掉了，所以他们在书里留下的都是糟粕啊。"

齐桓公听了轮扁的这一番解说，觉得确实很有道理，因而也就没有再怪罪他。

上面就是《庄子·天道》篇中所记载的"轮扁斫轮"的故事。轮扁虽然是一个没有读过书的平民，但是他所讲的道理极其深刻。这里面就体现出老子所说的"道可道，非常道"，也就是说，能够讲述出来的道理，都不是最精深的道理。

还有一个故事可以很好地印证这一道理。

大家都知道，伯乐是一个最出色的相马专家，没有一只真正的千里马能够从他的眼下逃过，很多好马都因为伯乐的慧眼而得到了重用。但是伯乐的能力再高，他终究也只是一个人啊，不可能将全天下的好马都选拔出来呀，因此，能够有更多的"伯乐"出现才好啊，另外，伯乐也感到自己年纪大了，能够继续从事他一生所挚爱的相马事业的时间已经不是很多了，于是他就将自己极为宝贵的、毕生的相马经验写成了一部书，书的名字就叫作《相马经》。

《相马经》写成之后，当然是要向世间流传的，最初接触到这部书的人是与伯乐最亲近的人——伯乐的儿子。俗话说，子承父业，伯乐的儿子也从事相马这一行，不过说起相马的技术，伯乐儿子比起他来可差得远了。为了这件事，父子俩没少闹矛盾，儿子埋怨父亲不用心教，而父亲则怨怪儿子不用心学。结果，多少年过去了，伯乐相马的技术越来越精湛，可是儿子的相马技术呢，即使不能说毫无进展吧，却也实在是表现平平，没什么值得称道之处。伯乐的儿子不是总埋怨父亲不用心教吗，这下好了，有了《相马经》，不用父亲教，自己就可以学了。所以，《相马经》刚一写出来，还没拿出去让别人看，就被伯乐的儿子抢过去先睹为快了。

伯乐的儿子在读《相马经》的时候，很快就注意到这样一句话："千里马的主要特征是，额头高，眼睛大而有光，蹄子像堆起来的酒曲。"看到这里，他恍然大悟，原来相出千里马是这么简单的一件事啊，父亲如果早这么说不就好了嘛，还费那么大劲做什么？

他将这句话牢牢地记住之后，就迫不及待地出门去寻找千里马了。要不怎么说他学得还真的挺快呢，不多时的工夫，伯乐的儿子就兴冲冲地跑回了家，冲着待在屋里的父亲大声喊道："快出来看哪，我找到一匹千里马啦！"

伯乐听到儿子的喊声，大吃了一惊，心想，难道儿子的进步真的这样神速？然而，等他打开屋门一看，可真是哭笑不得啊！怎么回事呢？原来自己的儿子相回来的那匹千里马啊，是一只大青蛙。儿子还在那里解释呢："你看哪，它额头很高，眼睛又大又有光彩，遗憾的就是蹄子不太符合千里马的标准。"

伯乐看到这种情景，算是彻底明白了，儿子根本就不是相马的材料，还是尽快劝他改行做别的去吧。不过呢，对于儿子喜出望外地找回的这匹"千里马"，伯乐也没有去做什么直接的批评，而是很委婉地说道："这倒确实是一匹好马啊，可惜的是它只喜欢跳，不能骑啊！"

这显然只是人们杜撰的一个笑话，再笨的人也不会将青蛙和马混淆起来啊，但是，编撰这个笑话的人是很有心意的，人们可以从开心一笑中感知到这样的道理，也就如同轮扁所说的一样，那书上写的啊，都是圣人的糟粕。仅仅是读一读《相马经》，就会相马了？这是不大可能的事，要真是那样的话，伯乐积累了一生的相马经验岂不是太不值得一提了吗？同样，人们读了圣人的书就能够变得宛如圣人一般了吗？那也是不大可能。那么，这是不是说人们就无法懂得那些精微奥妙的道理了呢？当然不是。可是那种精奥的道理又从何而来呢？答案是，它只能得自于人们长期的实践，就像轮扁所说的，自己的技术是从几十年做轮子的实践中品悟出来的，这不可能从别人那里得来，同时也不能够传给别人。宋代的大诗人陆游不是也说过这样的话嘛："纸上得来终觉浅，绝知此事要躬行。"

但是这样讲，人们又会产生一个疑问，既然经验不能够从别处得来，那么书籍是不是就没有用处了呢？其实，书籍的作用在于传授给我们知识，而不能够授予我们能力，知识对于能力的获得来说是一种强大的助力，所以，书籍并非无用，但是它不能够代替一切。轮扁讲述的只是其中一方面的道理，我们不要因此而片面地否定书籍的作用和好处。

有句话说得好，"读万卷书，行万里路"，这二者是相辅相成的，如果只是读了万卷书而没有行过万里路，终究还是得不到深切体会的，用老子的话来说，也就是只能得到"可道之道"，却得不到"不可道之道"，而"不可道之道"才是更高的道；反之，如果只是行了万里路却没有读过万卷书，那么，虽然走过的路很多，却终究是很盲目的，难以入得堂奥，可以这样说，"把书读好"是"将路走好"的基本的前提和重要的辅助，只有知晓了"可道之道"，才能够更好地去领悟那更为精深玄妙的"不可道之道"。

第二章

美之为美

【原文】

天下皆知美之为美，斯恶矣①；皆知善之为善，斯不善矣②。故有无相生，难易相成③，长短相形④，高下相倾⑤，音声相和⑥，前后相随。是以圣人处无为之事⑦，行不言之教。万物作焉而不辞⑧，生而不有⑨，为而不恃⑩，功成而弗居⑪，夫唯弗居⑫，是以不去⑬。

【注释】

① 斯：就的意思。恶：指与美相对而言的丑。

② 不善：在这里是恶的意思。

③ 成：变化。

④ 形：显现，衬托。

⑤ 倾：依存。

⑥ 音：指乐音。声：指普通的声音。和：配合。

⑦ 圣人：指品德高尚、智慧通达的非同一般的人物，在《老子》一书中往往还兼具统治者的身份色彩。

⑧ 作：这里指万物的生长与变化。辞：抗拒，在这里含有干涉的意思。

⑨ 生：养育，生养。有：占有，具有。

⑩ 为：在这里指培育的意思。恃：伏恃，炫耀。

⑪ 弗：不。居：居功。

⑫ 夫：助词，用于句首，起提示和引领下文的作用。唯：只是。

⑬ 是以：因此，所以。去：离开。

【今译】

天下的人都知道什么是美，丑的观念也就形成了；都知道什么是善，恶的观念也就出现了。所以，有和无相互生发，难和易相互转化，长和短相互彰显，高和下相互依存，音和声相互配合，前和后相互跟随。因此，圣人以无为的态度来处理世事，以不言的方法来施与教导。万物任由其生长变化而不加干涉，生养了万物却不占有它们，培育了万物却不仗恃、炫耀自己的力量，成就了万物却不自居有功。正是因为不居功，功业才不会离开他。

【解析】

认识问题的辩证法

老子讲："天下皆知美之为美，斯恶矣；皆知善之为善，斯不善矣。"这句话中提到的两对重要的概念是美与恶、善与不善，或者按照当代语言的习惯，将其叫作美与丑、善与恶。美、丑、善、恶是什么呢？它们与桌子、板凳、石头、玻璃等概念是不同的，后者就是一种客观的指认，一种用具，它是桌子，就不能管它叫作床；它是一块石头，就不能管它叫作木头，也就是说，这些概念是很分明的，有着明确的定义。但对美、丑、善、恶这一类的概念是没有一个清晰的评判标准的，一个人，你说他长得美还是不美，有什么标准可供评论呢？是找不到这样的标准的，而说他美或不美，只能凭借自身的感受来讲，这实际上就是一种价值判断。而价值判断是怎样产生的呢？老子说：人们都知道什么是美了，丑的概念也就产生了；人们都知道什么是善了，不善的概念也就产生了。这意味着，人们是在有了认知的基础上才生成了价值判断。

人类是万物的灵长，具有超然的智慧，能够对自然界进行极大程度的改造，但是，恩格斯早在一百多年以前就曾警告人们："我们不要过分陶醉于我们对自然界的胜利，对于每一次这样的胜利，自然界都报复了我们。每一次胜利，起初确实取得了我们预期的结果，后来却发生完全不同的、出乎预料的影响，常常把最初的结果又消除了。"恩格斯的这段话是有现实所指的，就比如工业的发展来说吧，工业的发展给人类创造了巨大的财富，这种财富的规模是空前的，但是与此同时，工业生产所造成的环境污染、生态破坏等问题又严重地困扰着人类的生存与可持续发展，人们反过来又需要将创造出来的财富用于修复环境、维持生态，这就是恩格斯所说的"自然界对人类的报复"。再有，核能的开发为人类提供了新的能量来源，可是核武器威胁着整个世界的安全，人类能够利用一个小小的原子核来为自身服务，同时也制造出了足以将整个世界毁灭的武器，这就是人类智慧的"双刃剑"。

老子接着举出了有无、难易、长短、高下、音声、前后等一系列对立的概念，并且指出了它们彼此之间共同的关系，即两者相比较而显现，相对应而依存。在这里，需要解释一下的是音和声这对概念。另外几对概念，显然都是相互对立的关系，而音和声之间似乎并不是对立的。这涉及古今语言的演变问题，现代汉语中有"声音"一词中包含两个词素，"声"和"音"，这两者没有明显的差别，可在古代汉语中情况是不同的。在现代汉语中，很少单独地说"声"或"音"，而在古代汉语中它们各自是一个独立的词，"音"指的是乐音，是优美悦耳的声音；"声"指的是普通的、不那么动听的声音，所以，"声"和"音"也是两个相对立的概念。

老子说，不论有无、难易，还是长短、高下等等，它们的区分都是相对的，都是可以相互转化的。我们可以具体地来分析一下：什么叫作"有无相生"呢？最典型的就是一个生命从孕育到死亡的整个过程。一个生命，在孕育和出生之前，是不存在的，是"无"；而出生之后，有了形体，就成为了"有"，这就是"无"之生"有"。而生命在死亡和朽灭之后，就又不存在了，又成了"无"，这就是"有"之生"无"。因此才说，"有无相生"。

什么又叫作"难易相成"呢？面对同一张试卷，有的学生能够答出很高的分数，有的学生却只能答出很低的分数。对于成绩好的学生来讲，这张卷子是容易的；对于成绩差的学生来说，这张卷子是难的。如此来看，同一张卷子，就具有了易和难两种色彩，这就是难和易的相互转化，即"难易相成"。

至于后面的"长短相形，高下相倾，音声相和，前后相随"等也都是一样，总而言之，这一切的区分都是相对的。那么，老子指出这一道理的用意何在呢？他决不是说因为全部的价值判断都是相对的，所以这些判断就都没有什么意义了，老子是想提示人们：要看到差异之中相同的一面，不要将差异绝对化。另外，老子也深刻地揭示出这样一个道理：任何价值取向都是有着它的对立面存在的。人们在崇尚美的同时，也就承认了丑的存在；在张扬善的同时，也就表明了恶的存在。反过来，如果无所谓美，又哪里来的丑呢；如果无所谓善，又哪里来的恶呢？这也就如同没有光就不会有影子一样，而影子的出现也意味着光的存在。

老子的这一论述是饱含着精邃的辩证法智慧的，在《韩非子》一书中记载了一则"自相矛盾"的寓言。楚国有一个做买卖的人，在他售卖的货物中既有矛，又有盾，矛是用来攻击的武器，而盾是用来防御的武器，它们的作用是相对立的。这个楚国人在向人们介绍自己的矛是多么的锋利时说："我的矛啊，世界上所有的盾都挡不住它。"一会儿，他又向人们炫耀自己的盾是何等的坚固，夸口说："我的盾啊，世界上所有的矛都穿不透它。"这时，有个旁观者就出来问他："那么，用你的矛去攻击你的盾，又会怎么样呢？"这个人一下子就被问住了，哑口无言，直愣愣地呆在那里，真是好不尴尬啊！他犯了一个什么错误呢？他没有意识到，矛的锋利和盾的坚固都是相对的，如果说一支矛是很锋利的，但是对于一支更加坚固的盾来讲，它就算不得锋利了，而这支很坚固的盾如果遇到了一支更加锋利的矛，恐怕也就算不得坚固了。矛在锋利的同时，也蕴含着不锋利的因素；盾在坚固的同时，也蕴含不坚固的因素。而这个人将矛的锋利和盾的坚固给绝对化了，这就好像只见到了阴影，而忽略了光明一样。所以，老子提示我们，在说话和做事的时候，要常往事情的对立面去想想，这样才可以令自己的语言和行为变得更为周全、妥善。

再举一个例子，在募捐的时候，大家会对捐款的人产生一种敬意，认为捐款是一种善举。那么，如果说捐款的人是有善心的，那些没有捐款的人就没有善心了吗？这就不能一概而论了，有的人没有捐款，可能是因为他一时还没有得知相关的消息；有的人可能因为自己的经济条件确实很困难，如果是这样的情况，我们能说他没有捐款就是缺乏善心的吗？而问题还不止于此，对于那些捐款的人来说，他们肯定是有捐钱多，有捐钱少的啊，那么，能够说捐钱多的人善心就更大，而捐钱少的人善心就比较小吗？当然不能这么说，这其中同样有着善心之外的因素存在。那些捐款很多的人，他们就全都是大慈善家吗？也未必，有的人之所以捐出了很多钱，可能是出于面子的关系，更有甚者还有可能通过捐款来为自己沽名钓誉，在这种情况下，善良的心意反倒退居其次了。这样看来，善人和不善的人岂不是没有办法区分了吗？当然也不是这样，还是有办法进行区分的，只是不能全凭捐款的行为来做评判，不能简单地以某种表面现象做价值判断的依据。

无为乃是大智慧

老子在这一章接下来讲："是以圣人处无为之事，行不言之教。"意即，因此之故，圣人以无为的姿态来处事，以不言的方法来教导。什么叫无为的姿态，什么叫作不言的方法呢？"无为"是老子哲学中的一个基本概念，我们对其一定要做出正确的理解。"无为"是老子一贯的主张，而所谓"无为"，按照字面，很容易理解成无所作为，或者是什么都不做，而这绝非老子的本意，老子的"无为"讲的是无心于为，也就是顺其自然，不是自己特别地想要达到什么样的目的；同样，"无言"讲的也是这个道理，不是为了要别人必须怎么样来做而自己去说了很多。

在老子的语境里，有为的意义近似于"揠苗助长"。这个故事说的是一个农夫想要庄稼长得更好一些，于是每天便去将庄稼往上拔一点，这样表面上看是帮助庄稼长得更"高"了，实际上违背了庄稼生长的规律，反而促使其死亡。而圣人的做法便是不去管庄稼，让其顺遂自然的天性去生长，结果看似没有农夫"勤劳"，实际上却使庄稼获得了最好的生长。由此可知，老子的"无为"，不是一无所为，而是无不当地为，是不妄为，而恰到好处地为。

为什么圣人会这样呢？我们先来说一下什么是"圣人"，所谓"圣人"，简单地说，就是修养极高而智慧通达的人。老子在这句话的开头用了"是以"二字，这就表明了前后句子间的因果关系，正因为一切的价值判断都是相对的，所以才不需要人力的强为，你想要达到一个好的目的，然而这种好是相对的啊，你在达到了好的一面的同时，不好的一面也就随之产生了。

大家都知道"塞翁失马"的故事，故事中老翁的处世态度就可以称作"无为"，他面对发生在自己身上、自己家里的各种幸运的、不幸的事件都是淡然处之，完全没有大悲大喜之情，而只是顺其自然地、平和地来看待。有了这种心态，就不会对世俗之中的利害得失看得那么重要了。范仲淹在《岳阳楼记》中说："不以物喜，不以己悲。"《菜根谭》里讲："宠辱不惊，闲看庭前花开花落；去留无意，漫观天外云卷云舒。"这些话表达的不都是此般境界吗？而这种境界就是通常所谓的达观。所以，老子讲的"无为"，不是告诉人们什么都不用去做了，如果用田不去种了，粮食哪里来呢？没有了粮食，吃什么呢？不吃饭，人怎么能活得下去呢？这显然是很荒谬的，老子怎么会讲出这样无知的话呢？老子真正要告诉人们的是，田还是要种的，但是要顺应庄稼的自然生长规律，适时地播种、施肥，合理地耘草、收割，而不要揠苗助长。

清王朝最终的覆灭，就是以载沣为首的那帮无知的"天潢贵胄"想"有所作为"，而多次拖延君主立宪时机造成的。名噪一时的巨人集团，也是因为在强烈的"大有为"冲动下，盲目扩张而走向崩溃的。

老子"无为"的本质，是希望人类行为做事，要遵循大道，不可违背规律。另外，他提倡"无为"，还有另外一层意思。君不见，古往今来，有多少人打着"有所作为""造福于民"的口号，推行自己的政策，结果不但没有造福于民，反而变相剥夺人民利益，置国家于险境。隋炀帝杨广，自持才能无人能比，征高句丽，开运河，哪一样不是打着扬国威，利民生的旗号，但其"有为"的表象下，实质上是想一展私欲，要向天下宣示："我杨广乃是前无古人，后无来者，最最伟大的人物。"其"有为"的结果，是隋王朝的分崩离析，是天下民众的生灵涂炭。杨广有为，图的是虚名，更有一些人，打着为国为民的旗号，为自己谋私利。西汉吴王刘濞，赤裸裸地造反，不也打出"为国清除奸臣"的口号吗？老子正是看透了这样的无耻行径，才提出"无为"的主张，他希望以此来阻止那些野心家祸国殃民的行为。

"无为"的思想是老子哲学中一以贯之的基本线索，具有提纲挈领的重要地位，务必要深入把握，正确理解。

【为人之道】

管仲的为人

春秋时期齐国的管仲和鲍叔牙是知交的典范，以至后来世人赞美朋友之间所具有的深情厚谊时都会以"管鲍之交"来称誉。管鲍之交之所以被人们看得如此之高，除了他们二人交情莫逆，还有着另外一个重要的因素，那就是这两人之间的相知相得。

管仲年轻的时候家里很贫穷，而鲍叔牙的家境比较好。他们合伙做生意，其实管仲根本没有钱用来做本钱，本钱都是鲍叔牙拿出来的，可是在获利之后，两人在分配收益的时候，管仲却很不客气地一点儿也不少拿，甚至拿回去的钱比鲍叔牙还多呢。这样，鲍叔牙手下的伙计看不过去了，就对自己的主人讲，说："你这个朋友管仲也太不像话了，本钱一分都不拿，分利的时候却比谁拿得都多，这么贪婪的人，你怎么还这么看重他呢？"鲍叔牙很平和地对伙计解释说："这不能怪他贪心啊，管仲家里穷，比我们都更需要用钱，我们应该理解他。"

后来，鲍叔牙和管仲都参加了军队，在作战的时候，管仲总是躲在后面，因此，讥讽的话就传到了鲍叔牙的耳朵里，人们都说管仲贪生怕死。鲍叔牙就又耐心地向人们解释："管仲并不像你们所想的那样坏，他家里有年迈的老母亲，如果他死了，他的母亲谁来供养呢？他这是心存孝念，才会如此的啊。"

由于管仲和鲍叔牙两人的才华都很出众，不久之后，他们都得到了重用，但是两人所侍奉的主人却不是一个，鲍叔牙在公子小白的手下任职，而管仲则在公子纠的堂下谋事。当时统治齐国的襄公，是一个昏愦又残暴的君主，这使得齐国的政治局面异常地黑暗和混乱，为了躲避祸害，公子纠和公子小白分别出奔到鲁国和莒国。后来，齐襄公被杀，公子纠和公子小白为了争夺君位，纷纷赶回。管仲派兵截住了莒国通往齐国的道路，待公子小白的队伍赶过来的时候，他拈弓搭箭向小白射去，只听得公子小白大叫一声，仰面栽倒。公子纠以为小白已死，自己没有了竞争对手，也就放慢了行进的速度。然而，他没有料想到的是，管仲所射中的只是公子小白的带钩，小白使计骗过了管仲，假装被射杀，以起到迷惑和麻痹对方的作用，自己则日夜兼程，以最快的速度奔回齐国。结果，管仲和公子纠都中了计，待他们慢悠悠地赶回齐国的时候，公子小白已经登上君位，迎接他的不是大王的宝座，而是齐国军队冷森森的兵器。无奈之下，公子纠只得带队返回鲁国。但是鲁国因为惧怕齐国发兵征讨，所以也不便再继续收留他。鲍叔牙在写给鲁国国君的信中说："公子纠是齐君的兄弟，齐君不忍杀之，请鲁国自行处理，至于公子纠的两位老师——召忽和管仲，则请交回齐国。"于是，鲁国杀掉了公子纠，而召忽自杀，管仲则被押送回齐国。

公子小白心怀一箭之仇，恨不得立即将管仲碎尸万段，但是鲍叔牙阻止了他。鲍叔牙对公子小白说："臣跟随了君上，这是令臣深感幸运的事情。现在君上成为了一国之君，更是可喜可贺。在臣看来，您是一位具有高谋远略的有为之君，如果您只想治理好齐国，有我鲍叔牙等人就足够了；可若您想称霸天下，则非借管仲之力不可。管仲在哪个国家，哪个国家就能强盛，您切不可失去他。请您务必三思。"小白依从了鲍叔牙的请求，接见了管仲，在对谈之中，他发现鲍叔牙所言不虚，管仲实乃不世之才，于是，国之大政，一任管仲。管仲亦不负所望，在他的精心治理下，齐国政治修明，经济繁荣，军备强大，国威远扬，而公子小白也因此得以九合诸侯，一匡天下，成为春秋时期的第一个霸主，史上称之为齐桓公。

对于管仲的为人，人们向来是颇有微词的，这在前面已经提到过，管仲为人贪婪，又有临阵退缩的话柄，而鲍叔牙对此都向人们做了诚恳的解释。管仲贪婪，这是缺点，但是因为自己家里穷，因而和朋友一起做生意的时候多拿一些利润似乎也无可厚非，反而显得自己为人率直，这又成了优点了。而管仲在战场上不勇猛杀敌，反倒躲躲藏藏的，唯恐伤了自己，这是怯懦的表现，可在鲍叔牙看来，管仲这样做却是因为他心中还惦念着奉养自己的老母亲，这就又成了孝义的体现了。所以说啊，人身上的优点和缺点都是有着相对性的，从不同的角度来看待，优点和缺点之间是可以相互转化的。

其实，管仲还有一点极为人诟病之处。中国古代有着忠臣不事二主的传统观念，你既然侍奉了一个主人，就应当死心塌地地追随他，绝不可怀有二心，哪怕遭遇了不测，主人败亡，自己也不能改事新的主人，而应当以死殉之。管仲本来并不是齐桓公手下的人，他的主人是公子纠。公子纠被杀后，与管仲同事公子纠的召忽舍命殉主，可管仲是怎么做的呢？他非但没有以死相殉，其后还侍奉了旧主的仇人。人们据此来评论管仲，说他不忠不仁，孔子的学生子路、子贡等人也持有这种疑问。然而孔子是怎样回答他的学生的呢？孔子说："齐桓公九合诸侯，依靠的并不是兵车之力，他依靠的是管仲的力量啊。在这样诸侯混战、兵戈四起的局势下，能够令各个诸侯和平地集会，并且相谈以欢，这其中难道没有体现出管仲的仁德吗？"孔子又说："管仲辅佐齐桓公，称霸诸侯，使得天下大治，人民至今仍承受着他的恩惠啊。如果没有管仲，恐怕我们今天还都处于一副未开化的野蛮状态呢。管仲哪像召忽之类的人，持鄙陋的匹夫之见，为了一个忠义的虚名就随随便便地去自杀，使得自己的绝世才华因此而埋没无闻呢？"这表明，在孔子看来，管仲所谓的不忠行为，恰恰体现出他睿敏过人的优长之处，管仲是一个不拘小德而彰扬大义的人。

【从政之道】

萧规曹随

汉惠帝二年，汉朝的开国元老萧何病逝。萧何病重期间，惠帝亲往探视，并且问询萧何："丞相百年之后，相位谁可代之？"紧接着，惠帝又说："您看曹参如何？"萧何听后，勉强挣扎着病体起来叩头，向惠帝说道："陛下若能任用曹参为相，萧何可以死而无憾了。"

萧何死后，惠帝果然命曹参接任相位。但是，曹参仿佛未能承担起惠帝的重望，当上丞相之后，他仿若闲人一般，每日悠游享乐，置政事于不顾。时间一长，有人就到惠帝面前弹劾曹参，说他因循守旧，不思进取，若让此人久居相位，会坏了国家大事。惠帝也觉着曹参升任丞相之后的表现不太像话，完全不是以国事为重的样子，只顾着自己享受高官厚禄。然而，惠帝也在想，视曹参往常的行为，堪称贤臣，怎么现在就突然变了呢？他是自己和萧相国共同选中的合适人才，若说自己有看走眼的地方，难道说萧相国也看错人了吗？因此，惠帝就想找曹参来亲自问一问情况，但是，曹参也是元老级的人物，当年跟随父亲一同打天下，如今自己虽然贵为皇帝，可对这样长自己一辈的重臣不免也要礼让三分，于是，他就将同在朝中为官的曹参的儿子曹窋找来，对他说："你下次回家的时候随便问一问你的父亲，先帝刚刚过世，新登基的皇帝又很年轻，正需要老相国的尽力辅佐，可是现在看曹相国的样子，既不向皇上汇报政务，也不过问朝廷大事，这样下去，怎么能够将国家治理好呢？"

曹窋回到家后就把惠帝的疑虑用自己的话委婉地向父亲说了，曹参听了，立时大怒，狠狠地训斥了曹窋："你个黄口小儿懂得什么，国家大事也用你来管么？还不快回宫里去伺候皇上！"

曹窋被训斥之后深感委屈，向惠帝说了父亲的反应，惠帝感到很不解，就将曹参叫来，亲自与他谈。惠帝对曹参说："曹相国为何要责怪曹窋呢，那些话是朕要他去问的。"曹参听了，赶忙叩头谢罪。惠帝恕他无罪，然后让他心中是怎样想的，就怎样说。曹参道："请陛下认真地想一想，您的贤明比起高帝（即汉高祖刘邦）来如何呢？"惠帝连忙说："朕怎么可以和高帝相比呢？"曹参又说："那么，陛下以为，臣的才能与萧相国比起来又怎样呢？"惠帝略作思索，坦直地说："似乎萧相国的水平更高些。"于是，曹参说道："陛下说得很正确，既然陛下比不得高帝，而臣又不如萧相国，那么对于高帝和萧相国所制定的已经很完备的、行之有效的规章法令，我们又有什么必要去做改动呢？依臣看来，现在照章行事是最合适不过的了，而不可以对既有的规章制度妄作改动，否则的话，反而会造成混乱啊。"

惠帝听后，完全明白了曹参的用意，也就放下心来，而对曹参的疑虑也全都打消了。曹参接替萧何之后，为相三年，采取清静无为的政治主张，使得政治法令清明有序，经济生产繁荣稳定，人民百姓安居乐业，普天之下，无不称道。人们还编了一首歌谣来赞颂他："萧何定法律，明白又整齐；曹参接任后，遵守不偏离。施政贵清静，百姓心欢喜。"后来，曹参遵循萧何所定的贤明的律令，在为相期间倡导无为、不妄施政令的做法就被概括为一个成语，叫作"萧规曹随"。

曹参其人，才智虽不如萧何，但是他深得"无为"智慧的精髓，由一句"萧规曹随"而名垂青史。"道"的智慧之高深，令人惊然拜服。

功成而弗居

老子接下来说："万物作焉而不辞，生而不有，为而不恃，功成而弗居。夫唯弗居，是以不去。"这段话的意思是，万物任其生长变化而不加干涉，生养了它们却不占有它们，培育了它们却不仗恃、炫耀自己的力量，成就了它们却不自居有功。正是因为不居功，功绩才不会离开他。

这段话继续表达了老子的无为思想，而老子又进一步地指出了一个重要的处事观念，那就是不居功。不居功是什么意思呢？也就是说，这件事情是我来做的，功劳是归属于我的，但是我不这样看待，不会认为这功劳是自己的，更不会去对别人宣扬自己有多么的了不起，也不会因为自己对谁有功就想去控制谁。老子最后又说，正是因为不居功，功劳才不会离开自己。

为什么不居功，功劳反而不会离开呢？这要从人们为什么居功讲起。有句俗语叫作"人为财死，鸟为食亡"，这一俗语的本意是批驳人们对利益的过分争求，说人对于钱财的贪婪就如同鸟兽之于食物一样。而从另一个角度来看，此语很好地概括出了人与鸟兽的区分：鸟兽只会为食而亡，而人呢，却是因财而死的。钱财又是什么呢？它是一切物质利益的代表。钱财与食物的不同之处在于，食物针对的仅仅是口腹之欲，胃口再大，也是有限的，不会吃了还想吃，无穷无尽地吃下去，那样的话，即使嘴巴没意见，肚皮也会被撑爆的。所以呢，鸟兽争食，饱腹而已，吃饱了也就满足了；可是钱财呢，人们对它的争求就不一样了，那才叫作无餍之欲呢，喜欢钱的人，是不会嫌自己钱多的，是永远也不会产生满足感的。这也正是人类之高明于鸟兽的地方，鸟兽所追求的只不过是一口食粮而已，可是人所追求的却要丰富得多，而且会将各种物质财富转化成金钱储存起来。人之高出于鸟兽的一个重要体现就是还具有精神方面的追求，或者说，人在追求物质利益之外，还会追求非物质的利益。那么居功呢？它的目的就是对利益的追求，这其中可能有物质利益的成分，而更主要的，居功所体现的是人们对非物质利益的追求。向别人展现和夸耀自己的功劳，会赢得他人的艳羡和瞩目，会博得他人的赞叹和阿谀，而这会给人带来一种精神上的满足感，所以人们才会那么热衷于名位的追逐。

可是，为什么老子告诫人们不要居功呢？这就又与前一段的论述联系起来了，在前一段，老子讲，各种价值判断都是相对的，而对于功来说也同样如此，有功的同时，也就意味着有过，功与过是共存的。中国的第一个皇帝秦始皇，堪称一个非常了不起的皇帝，他结束了周室东迁以来长达数百年的列国纷争，最终完成了中国的统一大业，并且，他不仅实现了政治上的统一，还采取了书同文、车同轨、度同制、行同伦等一系列措施，有力地促进了国家文化的统一，这为其后一个伟大的多民族统一国家的形成奠定了坚实的基础。如此看来，秦始皇真是功高绩伟，明代的著名思想家李贽称颂秦始皇为"千古一帝"，并非过誉。然而，在另一面呢？秦始皇又以残暴著称，广发徭役，极尽奢侈，给人民带来了相当沉重的灾难，特别是焚书坑儒一事，被人们看作是中华文化的一场劫难，千年之下，尤令人诟病不绝。可就是这最受人批评的焚书坑儒，也绝非是一件完全错误的事，因为它在当时对于维护国家的统一和政治的稳定都起到了一定作用。所以说，功和过是同时存在的，你居功的同时，就把过也揽到了自己身上。另外，更为重要的是，居功还可能会令自己身遭其害。春秋时期共同辅佐越王勾践灭掉吴国的两大重臣范蠡和文种，二人有着不同的结局，范蠡是功成弗居，其后逍遥江湖，可文种是在成就功业之后仍贪恋高位，结果被勾践赐死。因此，老子才谆谆告诫人们，不要居功。

老子又说："夫唯弗居，是以不去。"有功，是一种客观的事实；而居功则是一种主观的态度。如果你建立了功业，即使自己不去夸耀，它也是存在着的，不会因为你的不张扬而自行消失；可是你一旦居功自傲，那就很容易招惹非议了，即使你有功，你的功劳也可能会因此而被抹杀掉。所以，老子讲，只有不居功，功绩才不会离开自己。

许攸之死

东汉末年，皇室衰微，天下诸侯，各霸一方，相互争战。汉献帝建安五年，也就是公元200年，北方最为强大的两股势力——袁绍和曹操之间爆发了历史上十分著名的官渡之战。其实，官渡之战的双方力量对比还是很悬殊的，袁绍力强，而曹操势弱，本来，袁绍是更有胜算的，然而战争的结果却是袁绍失败了。实际上，曹操并非是战争一开始就很顺利的，开战之后的很长一段时间里袁绍都是居于上风的，而在战局的扭转过程中，有一个人物起到了关键的作用，这个人就是许攸。

许攸，字子远，南阳（今属河南）人，当时的名士孔融对他的评价是："许攸，智计之士也。”也就是说，许攸是一个很有才智的人，而历史事实也印证了孔融的这一评价。东汉后期，汉灵帝昏聩荒淫，又宠信宦官，任其胡作非为，这导致朝政十分黑暗，人心浮动思变。而许攸在这时也产生了自己的想法，他联结了冀州刺史王芬、沛国周旌等一批权臣豪杰，意欲废掉汉灵帝，另立新君，并且他们也去拉拢了曹操，但是曹操认为这件事不会成功，因而没有参与，后来这次废立之谋果然失败了。是时，东汉王朝经过黄巾农民大起义的沉重打击，已经呈现出日薄西山之象，农民起义虽然被镇压下去了，但是在镇压起义的过程中所成长起来的地方军阀却拥兵自重，割据一方，形成了一个个事实上的独立王国。在这些军阀中，冀州的袁绍是势力最为强大的一支，后来许攸就投奔到了袁绍的门下。

经过数年的兼并战争，袁绍控制了中国北方的大部分地区，但是他还有一个劲敌，也就是曹操。为了更进一步扩大自己的领地，并最终实现一统中国的宏愿，袁绍对曹操发动了一场规模宏大的战争，历史上称之为“官渡之战”。

当时，尽管曹操“挟天子以令诸侯”，先后翦灭了袁术、吕布、张杨等割据势力，实力得到了迅速的增强，但是比起袁绍来，还相差很多。因此，袁绍对这场战争是满怀信心的。然而，战争进展得并非袁绍想象的那样顺利，由于曹操做出了精当的防守计划，袁绍一方迟迟没有获得取胜的机会，这样，战争就进入了相持阶段。

在官渡之战中，许攸作为袁绍手下的重要谋士之一，曾多次提出过富有战略性的建议，但是大多都没有被采纳，这令许攸感到很气愤。战局正在僵持的时候，许攸又向袁绍提议，派一支军队奔袭许昌，据他分析，许昌是曹操的大本营，但是现在曹操屯兵官渡，以其军队数量来判断，许昌必然空虚，若趁星夜，速袭许昌，定可告成，如此一来，曹操后方不稳，必当溃乱。但是袁绍生性多疑，而且刚愎自用，在他看来，曹操足智多谋，不会有此疏忽，因而对许攸的这项极为正确的建议并未接受。许攸由此更加地认为袁绍其人不足与谋。

许攸虽然才智出众，但是他也有着很大的缺点，最突出的一点就是贪婪，不仅自己搜刮钱财，还纵容家人犯法，只是由于袁绍一直袒护着许攸，他和家人才没有被治罪。这次许攸随军出征，他的家人又违法犯纪，而袁绍身居阵前，不暇顾及此事，他手下的忠直之士审配和逢纪就将许攸的家人依法下狱治罪了。许攸闻知此事，就起了叛心，背离袁绍而投奔了曹操。

曹操听说许攸前来投奔，大喜过望，对许攸给予了极为热烈的欢迎。许攸身为袁绍营帐之中的要员，对于袁军的部署了若指掌，他的叛变，是对袁绍极为不利的一件事情。果然，许攸向曹操献计，突袭袁军的屯粮之地乌巢。曹操欣然允纳，奇袭乌巢，大获全胜。袁绍军队闻知乌巢失陷，粮草悉数被焚，立即阵脚大乱，四散溃逃，曹操率军乘胜一举歼灭和坑杀袁军七万多人，而袁绍只带着八百多残兵败将仓皇北逃。对于曹操官渡之战中的胜利，许攸可谓立下了大功。

袁绍败退之后不久，即身染重疾而亡，他的事业由儿子袁尚来继承。虽然在官渡之战中袁军遭受惨败，但是冀州的根据地仍在，实力犹存。为了彻底击溃袁氏集团，消灭自己最大的敌对势力，曹操出兵冀州。这一次，许攸再献奇计，水淹冀州，袁尚败逃，从此，袁家五世基业灰飞烟灭，而曹操则横视北国，再无敌手。

许攸在曹操征讨冀州的过程中又立下了大功，于是就居功自傲，变得十分骄纵和轻狂，即使在曹操的面前也很不约束，甚至当着曹操的面，喊着他的小名说：“要不是我许攸的功劳，你曹阿瞒哪里有今天啊？”曹操虽然对此感到懊恼，但是念他毕竟有功于己，也就让他三分。谁知，许攸见曹操对他客气，就更加地肆无忌惮了，在曹操面前日益轻慢起来。曹操忍之不过，终于找了个借口将这个大功臣许攸杀掉了。

17

第三章

圣人之治

【原文】

不尚贤①，使民不争。不贵难得之货，使民不为盗。不见可欲②，使民心不乱。是以圣人之治，虚其心③，实其腹④；弱其志⑤，强其骨⑥，常使民无知无欲⑦，使夫智者不敢为也⑧。为无为⑨，则无不治⑩。

【注释】

① 尚：崇尚。贤：贤能。

② 可欲：指可欲激发人们欲望的东西。

③ 虚：净化。心：心志，精神。

④ 实：充实，满足。腹：肚子，引申为食欲，在这里也泛指人们基本的温饱需求。

⑤ 弱：削弱。志：欲望。

⑥ 强：强壮。骨：筋骨。

⑦ 无知无欲：在这里特指没有奸诈的想法，没有非分的欲求。

⑧ 夫：代词，那些的意思。为：这里指恣意妄为。

⑨ 为无为：实行"无为"的原则。

⑩ 治：治理，在这里蕴含着成功的意思。

【今译】

不崇尚贤能的人，这样就会使人民不去争夺名利。不以稀有的东西为贵，这样人民也就不会产生偷盗的行为。不令人们见到可以激发他们欲望的那些东西，这样人民的心就不会被扰乱。所以，圣人治理天下，会净化人民的心志，而满足他们的温饱需求；会削弱他们的欲望，强壮他们的筋骨，始终令人民没有奸诈的想法，没有非分的欲求，使那些聪明的人也不敢胡作非为。按照"无为"的原则来做事，那么天下也就没有什么不可治理的了。

【解析】

智慧和珍宝真的好吗

在这一章，老子集中阐述了这样一种思想，即消解人们的欲望，从而令天下无所纷争。

老子首先说："不尚贤，使民不争。""尚贤"，是后来墨家的一项基本主张，所谓"尚贤"，也就是崇尚贤才。在当前的人们看来，崇尚贤才是天经地义的事，现在不都是讲选聘制吗，选聘什么样的人呢？就是贤才啊，有才能的人，当然是要被人们所看重的、能够受到重用的啊。然而，在先秦时期，社会背景却是另一番景象。当时，社会基本上可以分作两大阶层，即贵族与平民，这两个阶层之间的界线是截然分明的，贵族享有种种的特权，而平民则在社会生活的各个方面都处于卑下的地位。在政治上，做官的权力为贵族所垄断，身为平民，即使你的品德再优异，你的才能再出众，也是没有做官的资格的。虽然贵族是世袭的，但由于官员的职位是有限的，所以一个贵族只能将他的官职传给自己的一个后代，而其他的后代则要将身份降下一个等级，这样降来降去的，也就会有一部分贵族沦为平民，但是这部分人身上还有着贵族的血统，与贵族是有着一定联系的，因此，贵族与平民之间的界线就开始变得不那么分明了。这些沦为平民的没落贵族不甘于卑下的地位，于是就开始为自身争得名位而积极活动，游走四方，建言立功，而这就需要打破贵族阶层对于权位的垄断，任用官吏不再唯身份是取，而是要崇尚贤能。应当说，尚贤之说代表着当时社会的先进思想潮流。

但是老子对尚贤明确地表示反对，非常直接地指出"不尚贤"，为什么要"不尚贤"呢？因为尚贤会引起人们对于名位的纷争。联系前一章的内容，"天下皆知美之为美，斯恶矣；皆知善之为善，斯不善矣。"那么对于贤呢，也是一样的，人们都知道了什么是贤能，那么也就同时知道了什么是不贤能的。有了这种区分，人们也就会争相效仿贤能，以免使自己沦为不贤，而在一个崇尚贤能的社会，贤人会得到重用，这意味着名与利的获得，在这种鼓励和推崇之下，人们就会为追求名利而争逐不已，这种争逐，会带来人与人之间的相互倾轧，会造成人心的败坏，会导致社会的不安。所以，老子才说："不尚贤，使民不争。"

墨子主张尚贤，其目的是通过贤人来治理社会而令社会状态变得更好；老子主张不尚贤，其意图是通过消除人们对于名位的纷争而令社会安定。此两者，可谓殊途而同归。对于如何将社会治理得更好，墨子是从积极的一面提出了尚贤的观念，而老子则是从消极的一面出发对尚贤的观念进行了批驳。我们显然可以见到，墨子的主张是符合历史发展潮流的，而老子的观念则显得既保守，又不现实，尽管如此，我们还是可以从中体味出老子的良苦用心。

老子又说："不贵难得之货，使民不为盗；不见可欲，使民心不乱。"其道理与"不尚贤，使民不争"是一样的。如果以稀有而难得的东西为贵，人们就会对这种物品生出贪婪之心，急欲得到它，倘若一时得不到，就可能会采取盗窃的手段；如果使人们见到了一些可以激发起他们欲望的东西，他们的心就会因此而扰乱，因为迫切地想得到它，就会为达到目的而无所不为。

老子的这几句话，道理很明了，但是极其地不现实，因为物品必然是有贵有贱的，想要让人们对好的、差的东西都一视同仁，那怎么可能呢？这不仅仅是人们是否重视和崇尚的问题，而是一种客观存在的问题。既然物品之间的差别是客观存在的，那么人们对不同的物品产生不同的感受也就是必然的，而这种不同的感受也就意味着一种好恶的取向。所以，如果不能够消泯物品本身存在的差别，就想要消除人心之中的贵贱之念，那是不现实的。

试想，如果人们真的就都"不贵难得之货"了，那结果又会怎样呢？所谓难得之货，概括起来有两种，一种是自然界的稀有之品，另一种就是人工制造出来的罕见之物。对于自然物品来说，即使它不是人工制造的，也一定是要经过人的劳动才能获得。比如说，一些珍稀动物的皮毛不属于人造的物品，可是要想得到它们，就需要人们去捕获那些动物才可以，而捕捉珍稀的动物一定是比捕捉普通的动物难度更大的，既然没有人去看重它们，那么谁还会花费更多的力气去获取它们呢？如此一来，岂不是那些珍稀的动物全不能为人所用了吗？这难道不是一种很大的损失吗？当然，至于现代从维持生态平衡和物种多样性的角度来讲需要保护那些稀有动物是另外一回事。对于人工制造的物品来讲，就更是如此了，你花费了更高的成本和更多的精力所制造出来的物品与别人马马虎虎做出来的东西都卖一个价钱，那么还有谁去制造更好的货品出来呢？这样下来，其结果只能是大家都以最少的付出去制作最差的各类用品，那么，人们的生活条件又怎么能得到保证和改善呢？技术工艺还怎样向前发展与进步呢？

对于"不贵难得之货"是这样，而对于"不见可欲"也同样是如此，这样的主张过于消极。但是，这两句话也并非全无意义，从另一个角度我们仍可以从中得到有益的启发。其实，"不贵难得之货"与"不见可欲"，与其说是一种治国之道，莫若说是一种明哲保身之道。前面已经分析了，这种做法对于治理天下来说，是很不现实的，而且也是很乖谬的，然而，将这种做法移用到个人的身上，却是一种不乏睿智的表现。为何这样说呢？从下面一个例子中我们可以很鲜明地体验到这一点。

中国自古以来就是一个盗墓活动十分猖獗的国家，究其原因，主要的一点就是古人的厚葬习俗，这一习俗在当代还存有显著的影响。中国的厚葬风俗，渊源有自，早在原始社会末期，人们就开始对丧葬非常重视，这在很大程度上是因为当时人们头脑中所具有的鬼魂不死的观念，大家认为随葬的物品死人依然可以在另一个世界进行享用，所以在葬殓的时候就尽其所能地加进了许多珍贵的物品。后来，随着生产力的发展，社会上的剩余财富变得多起来，贵族们的丧葬更是极尽奢华。

在先秦时期，随同贵族一同下葬的不仅有丰富多样的各种名贵器物，还要奴仆进行陪葬，这就是异常残酷的人殉。后来，随着生产力水平的提高和奴隶地位的上升，统治者们意识到人力的重要性，也就不大舍得把仍可供自己使用的奴仆用去陪葬了，而是改用一些人形的陶俑或木俑来代替。对此，孔子曾经非常愤恨地说："始作俑者，其无后乎？"强烈诅咒那些"始作俑者"。同样，与儒家同为显学的墨家也是极力提倡节用和薄葬的。

然而，即使有当政者的节制，有思想家的反对，中国古代厚葬的习俗却从来没有发生根本的改变，贵族们总是将大量的贵重器物用于陪葬。因为墓葬之中有那么多贵重之物的存在，盗墓的人才会屡禁而不绝。所以，历代帝王不仅为了给自己建造一座豪华的墓穴而费心，还要为了使得自己的陵寝免于被盗而用尽心思，常常会在墓穴之中设立重重机关，甚至会采用疑冢的办法来防御。但是所有这些，在盗墓分子的猖獗攻击之下往往都无济于事。因此，古代王侯的墓葬能够完好地保存到当代的可谓凤毛麟角。

为什么那么多帝王的墓寝都会惨遭不测呢？其实，历代统治者都对盗墓行为下达过相当严厉的禁令，但是，这决不是阻止盗墓行为的根本办法，根本杜绝盗墓现象的办法并非没有，只是帝王们没有意识到，或者不肯去做而已。这个根本的办法是什么呢？那就是老子所说的："不贵难得之货""不见可欲"。如果他不把那么多贵重的东西放进自己的墓穴，谁还去盗他的墓呢？正是那些"难得之货"勾起了盗墓分子获利的欲望，才给他的墓穴遭来了横祸。

回归淳朴天真

《老子》的行文，常常是先进行例举，然后再进行归纳和总结，这一章也是如此，老子在例举了如何使民不争、不为盗、心不乱这三点后，用"是以"二字一转，又对本章要义进行了归结："是以圣人之治，虚其心，实其腹；弱其志，强其骨。常使民无知无欲，使夫智者不敢为也。为无为，则无不治。"

老子在这一章讲的是如何治理天下的问题，治理天下的终极目的是要达到"无不治"，也就是说一切都处于井井有条、秩序分明的状态，而实现这一目的的手段则是"为无为"。这里，老子又一次提到了"无为"，而"无为"也正是老子政治思想的核心。在前一章已经讲过，老子的"无为"不是一无所为，而是为之当为，不是什么也不做，而是不去做不应当做的事情，至于需要做的事，还是要去做的。这一章，"无为"的意涵得到了更为明显的表达，"虚其心，实其腹；弱其志，强其骨"以及"常使民无知无欲，使夫智者不敢为"这一系列的做法，就是"无为"的体现。老子说，要净化人民的心志，而满足的他们的温饱需求，要削弱他们的欲望，而强壮他们的筋骨，始终令人民没有奸诈的想法，没有非分的欲求，使那些聪明的人也不敢胡作非为，这样一来，天下就会大治。

老子的这一段阐述历来为人所诟病，因为这被看作是一种愚民思想。其实，这是对老子的一种误解。这段话从字面上来看，的确存在着令人们误解其为主张愚民的嫌疑。但是，若往深层去思考，我们就会发现，实质上并非那么一回事。老子所说的"使民无知无欲"，不是说让百姓一个个变得跟白痴一样，这里的"知"和"欲"，不是指普通的知识和欲望，而是有着其特指含义的，实际上指的是奸诈的心术和非分的欲望。这就如同宋代理学家所提倡的"存天理，灭人欲"，有的人一看到这几个字，就抨击这种理学扼杀人欲，其实这里所谓的"人欲"并非指人的一切欲望，比如说渴了要喝水，困了要睡觉，这都是人的欲望，但是这些并不属于"人欲"的范畴之内，"人欲"者，指的是在满足基本的生存之外的非分的欲求，在吃饱了之外还想要吃珍奇的美味，在有了可资生存的钱财之后还想要拥有更多的财富以供挥霍，这一类的欲望才叫作"人欲"。尽管这种主张过于保守，但是应当肯定其中还是有着合理性成分存在的，而不应当一笔抹杀。类似的，后面的"智者"一词其实也是具有反面修辞色彩的，它说的不是智商高的人，而是那些擅长耍弄各种伎俩以为自身获取利益的人。老子的真实主张并非是要人民变得愚蠢，而是想要涤除人民心中过多的杂念，令他们的心灵变得纯净，性格变得淳朴，人人都没有奸诈机巧之心，各自心中都没有你争我夺之念，如此，天下就会大治。

在老子看来，人们保持淳朴与天真，社会才是美好的。庄子就说过，上古时候，平民百姓自有固有不变的本能和天性，织布穿衣，耕种吃饭，如此而已。他们的想法和行为浑然一体，不相背离，一切都自然而然。所以，那时候才是人类天性保留最完善的时代。那时候，虽然人人都没有什么智慧，本能和天性却没有丧失；人们都愚昧但没有私欲，保持着极其朴素的状态。所以，那是一个美好的时代。

同时，保持纯朴，也是人生修养的重要组成部分。古人说："田父野叟，语以黄鸡白酒则欣然喜，问以鼎食则不知；语以缊袍短褐则油然乐，问以衮服则不识。其天全，故其欲淡，此是人生第一个境界。"说的是与乡下老农谈论饮食，当谈到小鸡米酒时，他们会津津乐道，如果问他们一些山珍海味，则茫然不知。与他们谈论穿着，说到长袍短褂，他们就高兴起来，如果问起紫蟒玉带，则一点也不懂。这些农夫保全了天然纯朴的本性，欲望较少，性情淡泊，这才是人生的第一等境界。由此可见，在老子的语境里，保持乃至回归淳朴天真，有着非同寻常的社会意义和人生意义。

【为人之道】

与世无争的严子陵

严光，浙江余姚人，字子陵，本来姓庄，后人避汉明帝刘庄之讳而改其姓为严。他是两汉之交的一位高士，年少的时候就已经非常富有名望，那个时代还没有推行科举制度，官员的选拔依靠的是荐举，而一般来讲，有名望的人都会因为被荐举而得到做官的机会，但是严光却偏偏不喜欢做官，而是一心寄情于山水，过着清贫、但怡然自得的乡间生活。

严光少年时有一个同学，这个人后来当了皇帝，也就是东汉的开国之君光武帝刘秀。刘秀当年与严光的交情非常之好，然而分手之后就再未见过面，但刘秀对严光一直很想念，无奈多年来东征西讨，也顾不得去寻访旧友。等到称帝之后，天下已经基本安定下来，刘秀就命人去寻找严光。可是严光已不知居于何处，单有一个名字，恐怕很难找到，于是刘秀又召集宫廷中一流的画家，按照自己的描述，画出了严光的面貌，然后昭示天下，各地的官吏都被吩咐予以注意。

尽管如此，过去了很长一段时间还是没有严光的音信，这令光武帝刘秀感到有些着急。原来，严光得知如今刘秀做了皇帝，猜想他一定会派人四处寻找自己，而一见到刘秀，就必然会被要求做官，可自己是极不喜欢做官的，因此，干脆躲藏起来为好。于是，严光就隐姓埋名，移居到富春山中，过起了隐士般的生活。富春山上有很多溪水，严光每天都到溪边垂钓，俯察流水，仰观行云，静听鸟语，悄闻花香，真是与世无争，独得天趣。

有一天，富春山下的一个农夫上山砍柴，因为感到口渴，就来到溪边饮水。他看见溪边有个人在专心致志地钓鱼，不禁生了好奇之心，就想走到近旁去看看，等他走近了一瞧，发现这个人与集市上张贴的画像上的人很像，他又仔细地观察了一会儿，断定这个人就是当今皇帝重金悬赏、苦苦寻找的严子陵，于是，这个农夫立即飞奔下山，将自己的发现报告给了官府。

县令闻知有人见到了严光，立即派快马，将此消息上传给了皇上。光武帝刘秀得知这个消息，不禁大喜过望，随即命人备好车马，并且带上丰盛的礼品去请严光下山。但是，使者去了好几次，都是原样去的，又原样回来，上山时带着礼品，下山时又带了回来，而要请的人却没有一同跟下来，严光只是说他们认错人了，自己只是一个普通的渔夫，哪里攀得上是当今皇帝呢？

遭受了多次挫折之后，使者感觉这样下去不是办法，如果不将严光请下山，自己是没法向皇上交差的，索性就强行将严光拉上车送到京城。

当时的大司徒侯霸也是严光早年的好友，得知严光已经进了皇宫，就派自己的属下侯子道带着一封书信先去问候。严光接到侯子道带来的信，只是略略地一看，就放在了桌子上，态度显得很冷淡。侯子道以为严光是因为嫌侯霸没有亲自来探望而生气了，就解释道："大司徒听说您来了，非常想马上就亲自来拜访您，怎奈公务繁忙，一时脱不开身，所以才先遣派他人过来代为问候，还望先生谅解。"侯子道接着说道："大司徒的信，先生已经看过了，有劳您给个话儿，让我回去也好有个交代。"

严光略想了想，就命仆人取出笔墨，自己口授，而让侯子道代写。严光说："君房（侯霸字君房）如今做了大司徒，我对此表示恭喜。如果你辅佐君王为人民多做好事，百姓都会感激你的；可如果你只知道奉承皇上，而置百姓的利益于不顾，那么天下人就会恨你的。烦言不叙，务请君房好自为之。"侯子道对这次拜访感到非常的无趣，于是带着一肚子的不痛快去回禀侯霸。

侯霸对严光的态度也感到很气愤，觉得严光一点儿都不把他这个堂堂的大司徒放在眼里。转日，侯霸将此番事情向光武帝刘秀诉说了。刘秀听了，只是淡淡地笑了笑，对侯霸说："你无须气恼，子陵就是这个脾气，朕是最了解他的了。"

其实，严光绝非仅仅是不把大司徒放在眼里，就是皇帝去看他，他也是同样的一副态度。光武帝刘秀在严光抵达皇宫之后，即行亲自拜访。可是严光对此毫不在意，不仅不出门远迎，甚至连床都没有下，仍然是自顾自地躺着养神。刘秀见到这种情景，丝毫没有生气，带着笑意走过去，轻轻地拍了拍严光的肚子，说道："子陵难道就不念旧情，出山帮帮你的朋友吗？"严光这才起身，正色回答道："人各有志，你为什么就一定要我出来做官呢？我的性情，难道你还不了解吗？"刘秀知道严光的心志是无法动摇的，只得作罢，不再提让严光做官的事。

尽管严光拒绝了光武帝请他做官的要求，但刘秀还是待他很为热情，严光对刘秀也是丝毫不拘君臣之礼，宛若往日同窗一般。一天晚上，两人同榻而眠，严光打鼾的声音非常大，弄得刘秀一直都没睡好，后来严光还把自己的腿压到了刘秀的肚子上，刘秀虽然感到很不舒服，但也没有将严光的腿挪开，以免惊醒了他。

严光在皇宫中居住了数日，就又回到了富春山中。当年庄子在濮水边垂钓，楚王派来了两位大臣，想请庄子到朝中去辅佐国君处理国政。庄子知道了他们的来意，很淡然地说道："我听说楚国有一只神龟，已经死了三千年了，楚王用竹箱装着它，用巾饰盖着它，珍藏在宗庙里。你们说，这只神龟，是宁愿为了追求尊贵而死去呢，还是宁愿拖着尾巴活在泥水里呢？"两位大臣说："当然是宁愿拖着尾巴活在泥水里啊。"庄子说："知道这样就好，你们走吧！我会选择拖着尾巴生活在泥水里的。"两位大臣听到这里，方才知道原来庄子举出神龟的例子意义何在，只得一无所获很无奈地返回了。在庄子看来，入朝做官，虽然身份会变得尊贵，但是失去了自由，会受到多方面的拘约，而那是他所不喜欢的，他宁愿不要那种高官厚禄，也不愿舍去这种逍遥自在的生活。严光正是与庄子有着同等志向的人，官场与他是毫不相关的，他只喜欢过那种与世无争、悠然自得的生活。但是，选择这种生活也是要付出很大代价的，其中最为基本的一个方面，就是要甘于清贫。因为隐居乡间，没有俸禄，就必须依靠自己的双手参加农业劳动才可以获得生活来源，而在那个生产力极为低下的年代，靠这种方式来过日子一定是很辛苦的。庄子为了生计，需要做草鞋来卖，而不为五斗米折腰的陶渊明更是有时会沦落到乞讨的凄惨境地。尽管如此，他们也不违心地去争求那些充满诱惑的声名和利益，只求自己心志的坦然。老子讲："虚其心，实其腹。"严光就是这样一个虚心而实腹的人，心地虚澈，但求一腹之饱，而毫无贪欲，这与那些热衷于追名逐利的人形成了截然鲜明的对比。

第四章

象帝之先

【原文】

道冲①，而用之或不盈②，渊兮似万物之宗③。挫其锐④，解其纷⑤，和其光⑥，同其尘⑦。湛兮似或存⑧。吾不知谁之子，象帝之先⑨。

【注释】

① 冲：古字为"盅"，是一种用来盛酒或茶的器皿，在这里指的是空虚之意。

② 用：使用。或：语气词，在否定句中用来加强否定的语气。盈：满，这里指有尽头的意思。

③ 渊：渊深。兮：语气词，略相当于现代汉语中的"啊"。似：好像。宗：宗主，本源。

④ 挫：收敛，削弱。其：在这里用来指代道。锐：锐气。"挫其锐，解其纷，和其光，同其尘"这四句同见于第五十六章，并且在本章中与前后文不是很连贯，因此有人认为这是误抄进的衍文。

⑤ 解：超脱，排除。纷：纷乱。

⑥ 和：隐藏，涵蓄。光：光芒。

⑦ 同：混同，接纳。尘：尘垢。

⑧ 湛：深沉，在这里指道的幽邃而不可见的样子。或：或许，在这里包含着若有若无的意思。

⑨ 象："像"的本字，好像的意思；又说为形象之义，这里指万物的初始形象。帝：指天帝。

【今译】

道是空虚而不可见的，但是使用起来是没有止境的，它是那样的渊深啊，好像是万物的本原。道收敛锐气，超脱纠纷，含蓄光芒，混同尘垢。道深沉幽邃，似有似无。我不知道它是由谁而生的，它好像在天帝之先就已经存在了。

【解析】

学会韬光养晦

老子说，"道"，收敛锐气，排除纷杂，含蓄光芒，混同尘垢。如何来理解老子的这句话呢？我们先来看一个例子。我国现代著名的思想家和哲学家梁漱溟先生曾经以斗鸡作比喻来讲述人生的不同修养阶段。他说，人一辈子首先要解决人和物的关系，再解决人和人的关系，最后解决人和自己内心的关系。就像一只出色的斗鸡，要想修炼成功，需要漫长的过程：第一阶段，没有什么底气还气势汹汹，像无赖叫嚣的街头小混混；第二阶段，紧张好胜，俨如指点江山、激扬文字的年轻人；第三阶段，虽然好胜的迹象看上去已经全泯，但是眼睛里精光还盛，说明气势未消，容易冲动；到最后，呆头呆脑，不动声色，身怀绝技，秘不示人。这样的鸡踏入战场，才能真正所向披靡，不战而胜。

我们来看，人生最低级的修养是什么样子的呢？处于这一阶段的人，表面上装得很凶狠、很强大，其实内心里很软弱、很空虚。有这样一句话：想知道一个人真正缺少的是什么，就要看他所炫耀的是什么。事实往往就是这样，当一个人在炫耀着自己于某方面如何富有的时候，其实恰恰是在向别人表示，自己在这方面是很空虚、很匮乏的。为什么是这样的呢？有一则"此地无银三百两"的民间故事，讲的是有个叫张三的人，偶然发迹，得到了三百两银子，这可是一笔不小的数目啊，自己家里从来就没有过这么多的钱啊。张三虽然对获得这笔钱很高兴，但心中也有个很大的烦恼，为什么呢？他觉得这笔银子难保不被贼惦记着，因此放在自己家里是不安全的，可是，不放在自己家里又能把钱放哪去呢？张三经过好一番苦思冥想，要不怎么说功夫不负有心人呢，还真就让他想出了一个好主意。夜深的时候，四下里都静悄悄的，人们都去休息了，而这一天又没有什么月色，正方便行动。张三提了一把铲子，来到自家房后，找了一个很隐蔽的墙角，挖了个坑，迅速地把银子放进去，再把土盖好，还特地在上面放了些杂草，以作掩饰。将这一切都打理完成之后，张三就回屋睡觉去了。可他还是很不放心，躺在床上翻来覆去地无法入睡，心里在想，银子虽然埋在那了，但是如果有人怀疑那儿埋了银子该怎么办啊？他又是一番苦苦地思索，终于又想出了一条妙计，他赶紧找来了一张纸，取出笔墨，迅速在上面写下了"此地无银三百两"七个大字，然后贴到了埋藏银子的那个墙角，以告来者，这地儿其实啥也没有，您就甭惦记从这儿挖到银子了。这下，张三才又回到床上，安安稳稳地睡觉去了。岂不知，就在张三出去贴纸条的这当儿功夫，隔壁的王二恰好起来解手，而那个墙角又正挨着他的家，他听到墙角那儿有动静，心里就很怀疑，等到张三回屋之后，他就跳过墙去看。这么一看哪，可把王二给乐坏了，心想：真是天赐我也！怎么回事呢？那张纸条上不是明明写着呢嘛，"此地无银三百两"啊，说是"无银"，谁信哪？于是，王二立即悄悄地把墙角下的土扒开，取出了三百两银子，又迅速地将坑原样盖好，然后溜之大吉了。王二回到自己家里，甭提有多高兴了，可是他马上又想到了一件让他担忧的事，那张三可是个精明的人啊，等明天发现银子丢了，如果怀疑到自己的头上岂不坏事？王二又想起了那张纸条，灵机一动，计上心来，找了支笔，蘸了些墨，再次翻过墙去，在"此地无银三百两"的旁边又写上了七个大字："隔壁王二未曾偷"。

故事里的张三和王二都是看似聪明而实则愚蠢的人，虽然故事情节是夸张的，但是这种愚蠢的行为揭示出日常生活中人们习惯的一种现象，那就是自己所标榜出来的与自己的实际情况恰恰相反。为什么张三要在那里写上"此地无银三百两"呢，就是因为他害怕埋在那儿的银子被盗走了啊；同样，王二也是因为担心自己的偷窃行为被怀疑而主动出面去暴露自己，写下了"隔壁王二未曾偷"，这就是所谓的欲盖弥彰。

我们知道，通常一个大富豪是不会去炫耀自己的钱财有多少的，相比之下，他会更看重其他方面的事物，因为他已经有了足够的金钱，在这方面是很有自信的了，不需要通过别人的评价来证明。而对于一些不那么有钱的人，情况就不同了。在金钱方面，他们内心是不自信的，因此需要通过华贵的外表来得到他人的肯定。一些相当富有的人可以穿得很朴素，可以佩戴很普通的饰物，因为即使他们穿得很平常，但他们自身也还是很富有的，他们不会因此而感到自卑。

那些不是很富有的人却恰恰不这样，如果他们将自己打扮得很土气，就会感觉到自己真地就不是个有钱人了，就会产生一种自卑的心理。梁漱溟所讲的人生修养的第一阶段，就是这样的道理。

而到了第二个阶段呢，自身就有了一些本事，不再仅仅是一个小混混了，这个时候，自己往往会表现得锋芒毕露，颇有一种"当今之世，舍我其谁"的气概，也可以将这种情况称作恃才傲物。可是这样的人一般是不受人欢迎的，为什么呢？因为一个人一旦太张扬自己了，相形之下，别人在他眼中的分量也就会变得轻了，换句话说，也就是对待他人不那么尊重，而人与人之间的尊重是相互的，你不去尊重别人，别人又怎么会尊重你呢？除非你有着很高的地位，但如果那样的话，别人对你表现出来的尊重是慑于你的权势，并非发自内心。另外，就是锋芒太露的人很容易得罪人。台湾大学哲学系的傅佩荣教授说，自己三十几岁刚从美国回来的时候，在学术会议上真是"盛气凌人"，听别人的报告之后，从来不说客套话，只要认为说得不够清楚，就会直接指出来，让发表论文的学者当场下不了台，自己也因此得罪了很多人。这样的做法固然直率，但确实是会伤害到别人。这实际上还是一种不成熟的表现。

到了第三个阶段，就已经不那么争强好胜了，但是依然有冲动的可能。我们偶尔会遇到这种现象，就是很有身份的两个人打起来了，就像小孩子那样你一言、我一语地互相争骂，甚至会你一拳、我一脚地动起手来，这时大家会感到很不解，为什么呢？这两位平时都是文质彬彬的，完全给人一副谦谦君子的印象啊，怎么会也这么粗鲁呢？这其实就是修养还不到家的表现，就如同冬天的河面一样，看上去全结了冰，可是在薄薄的一层冰的下面，还都是奔流涌动着的水呢，也就是说，人修养到了这一阶段，还未能够做到表里如一。

最后一个阶段呢，这就是"呆若木鸡"的境界了，堪称"猝然临之而不惊，无故加之而不怒"，也可以理解为孔子所说的"从心所欲不逾矩"。人生修养到了这一阶段，是真真正正、彻彻底底地锐气全无，再无任何炫耀之心，也无丝毫冲动之情，通达随和，却无往而不利。这也正是老子所说的道的特质："挫其锐，解其纷，和其光，同其尘"。

其实，这样的比喻并不是梁漱溟发明的，而是出自与老子思想一脉相承的庄子，梁漱溟只是引用而已，由此则更可以看出这一生动有趣而又内涵深刻的理论与老子思想的密切相关性。

老子又说，"道"深沉幽邃，若有若无，它在天帝之先就已经存在了。这再一次肯定了"道"的不可捉摸的特性，也同时指出，"道"是万物的本原，它的存在，先于一切，"道"涵盖着世界的起源和终极。

【为人之道】

满招损，谦受益

老子在这一章从另外一个角度来论述道的不可触摸而又广大无边的形象。道是空虚的，是不可见的，但它的作用是无所不在而又无穷无尽。这就是作为万物之本原的道的特质所在。

《老子》一书开篇就说："道，可道，非常道。"也就是讲，可以说出来的道都不是恒久的、终极的道。而在这一章，老子所讲的道冲而不盈的特点实际上是与道之不可道的特点有着相通之处的。所谓的冲，就是空虚的意思，道是空虚的，而正因为如此，道才是没有穷尽的。在第一章分析"名，可名，非常名"一句时我们已经知道，凡是可以名状的事物都不是永恒的，而可以名状就意味着一种切实的存在，而所有实在的事物，都会有穷尽的时候。比如，国家再长久，终有灭亡的那一天；金钱再多，总会有用尽的时候；乌龟再长寿，生命也有终结的一天；即便是光耀无比的太阳，也会有燃尽的时候。只有虚空的存在，才可以成为永恒，才是取之不尽、用之不竭的。比如说，国家是实体，人们对国家历史的追述，对其兴亡的探究是虚的，但这种探究没有终点；金钱是实在的，对金钱运动规律的把握是虚的，但是研究金钱确实人类永恒的话题。所谓道充不盈，正是指这种"虚空"永无止境。

从另一个角度讲，道冲不盈提醒我们，不要过于追求完美和圆满，因为完美和圆满不能持久。但是，现实生活中，人们往往对虚空有一种恐惧，而喜欢追求圆满。这个思路和行为，显然是违背"大道"的。这种做法固然会带给人们一时的满足，但带给自己更多的还是灾祸。关于这一点，司马光在编撰《资治通鉴》时，曾经感叹说："汉初三杰，萧何曾被送进监牢。韩信被吕后诛杀，张良假托修道成仙得以免祸。"其实，这里面的道理很简单，因为任何实体的事物都有兴旺衰亡的规律。有上坡必然有下坡，有上台必然有下台之时，事情一旦发展到一定限度，必然会走向反面，日中则昃，月盈则亏，即是大自然的规律，更是人类社会的发展规律。所以，兴旺发达之时要居安思危，切莫妄自尊大；功成名要保持清醒的头脑，切莫骄傲自满。任何事情，不要做绝做满，最好留有余地。名满天下更应该谦虚待人，富甲四海更应该怜孤恤贫，唯有如此，才合乎大道。

老子教导我们，在社会生活中，人只有保持谦虚的姿态，才可以获得不断地进步。在谈论谦虚时，首先应该理解什么是真正的谦虚。所谓谦虚，是建立在正确的认识之上。这个认识包括对世界的认识，也包括对自我的认识。爱因斯坦有个著名的比喻，如果把我们现有的知识比喻为一个圆圈，圆圈外面就是我们不知道的东西，所知越多就越会感到自己的无知。苏格拉底，在每当人们赞叹他的学识渊博，智慧超群的时候，他总谦逊地说："我唯一知道的就是我自己的无知。"爱因斯坦的感悟，与老子"道冲而不盈"的哲思异曲同工。

《尚书·大禹谟》中说："满招损，谦受益。"这句话与老子讲的话有着同样的意思。因为懂得这个道理，谦虚的人明白自己的长处和短处，也明白自己需要努力的方向，一种谦虚的态度，能帮助人们一如既往地汲取知识与智慧，不断充实自己。他们会孜孜以求地创新和进步，从来不会停止对自我的完善。而那些不懂得大道的骄傲者则恰恰相反，他们往往看不到天外有天，人外有人，只见百川而不知汪洋，因而迟迟没有在自己的弱项上奋起直追，耽误了自己的进步和完善。莱辛曾警告人类说，"骄傲的人，我们的骄傲多半是基于我们的无知！"谦虚正是我们对世界的认识不断扩大的前提下拥有的一种品质。

王安石有一篇题为《伤仲永》的短文，讲述了一个叫作方仲永的神童的故事。五岁时就写出了震惊乡里的诗篇，可谓是一个读书的天才。但不幸的是，他的父亲以他的天才作为赚钱的工具，不让他继续学习。到最后，方仲永成为一个平庸的人。在文章的最后，王安石大为感慨，暗自想到，方仲永五岁就能作诗，天资不可谓不高，可就是因为缺乏后天的教育，以致沦落为一个普通人；至于普通的人，天资与方仲永相去甚远，如果后天再不努力学习的话，恐怕就连做平常人的资格都不够了吧？

我们可以借用老子的话对方仲永的悲剧进行反思，方仲永之所以日后毫无长进，就是因为他的父亲以自己的儿子为神童而自足，在骄傲自满的情况下，拒绝对儿子施以教育，结果儿子虽然天赋异常，却因蹉跎岁月，马齿徒增，而学问却没有任何变化，最终就和没有受过教育的其他人都差不多了。这就违背了"冲而不盈"的根本法则。

第五章
天地不仁

【原文】

天地不仁①，以万物为刍狗②；圣人不仁，以百姓为刍狗。天地之间，其犹橐籥乎③？虚而不屈④，动而愈出⑤。多言数穷⑥，不如守中⑦。

【注释】

① 仁：在这里指存有私心和偏爱之义。

② 刍（chú）狗：刍，指喂牲口用的草。刍狗，是古代祭祀时用草扎成的狗。

③ 其：副词，表示反问的语气，难道的意思。橐（tuó）籥（yuè）：橐的本义是一种小而有底的口袋，籥是一种管乐器。橐籥是用来吹火以使炉火旺盛的风箱。

④ 虚：空虚。屈：穷竭。

⑤ 动：鼓动，操作。出：产出。

⑥ 多言：这里指政令过多。数：通"速"，为加速之义；另一说，指办法。穷：衰退、行不通的意思。

⑦ 守中：保持适中。

【今译】

天地是没有偏爱的，将万物都看作刍狗；圣人也是没有私心的，将百姓都看作刍狗。天地之间，难得不像个风箱吗？虽然是空虚的，但力量不会穷竭，越是鼓动它，产生的能量就越多。政令过于繁多，会加速国家命运的衰退，不如保持一个恰如其分的度。

【解析】

大道"不仁"

老子在这一章阐述了"天地不仁"和"圣人不仁"的观点。首先要清楚的一点是，老子所说的"仁"与孔子所说的"仁"，虽然都是一个字，但并不是一个概念，或者说，它们并不具有相同的内涵，所以不要将老子所说的"天地不仁"和"圣人不仁"看作是与孔子的思想正相对立的观点。在儒家学说中，"仁"是一个核心概念，内涵十分广泛，包括人与人之间的各种相互亲爱的情感和行为；而在道家学说中，"仁"则只是一个普通的概念。儒家将"仁"看得极其重要，而道家则认为"道"是高于一切的。

在这句话中，所谓的"仁"，指的是有私心、有所偏爱的意思。老子说，天地是没有私心的，它将万物都视作刍狗。什么是刍狗呢？关于这两个字，有不同的解释，第一种解释是将刍和狗看成两个词，刍指的是喂牲口用的草，狗也就是狗；第二种解释是将刍狗看作一个词，就是在祭祀的时候用草扎成的狗；还有一种解释，认为刍指的是牛羊，而狗指的是犬豕，也就是说，刍和狗分别指代吃草和吃谷物的家畜。有关"刍狗"，《庄子·天运》一篇中进行了这样的解释："不仁者，不为仁恩也。刍狗者，结刍为狗也。犬以守御，则有弊（蔽）盖之恩。今刍狗徒有狗形，而无警吠之用，故无情于仁爱也。言天地视人，亦如人视刍狗，无责望尔！"这段话明确指出，"刍狗"就是用草扎的狗。因为庄子继承了老子的道家思想，并且他与老子所生活的时代相距也比较近，因此这种说法被大多数的人所接受。

关于"不仁"作何解释，人们也有不同的看法，上一段已经说过，这里的"不仁"指的是没有私心偏爱的意思，但是也有人将其解释为没有仁爱，也就是说，天地对于万物是没有仁爱之心的，而圣人对于百姓也是没有仁爱之心的，这就意味着，天地和圣人没有任何情感，任由万物和百姓自生自灭。但是，只要我们对老子的思想做一番整体的观览，就会发现，这样的解释是违背了老子的本意的。这里又涉及如何理解老子思想中的一个核心概念——"无为"的问题。在此前的讲解中，我们不止一次地提到过，老子所谓的"无为"，不是指什么也不做，而是指不妄为，如果天地和圣人没有任何情感，任由万物和百姓生死存毁而坐视不管，那么也就相当于将"无为"理解成不作为了。而在老子的心中，圣人对待百姓是这样的态度吗？不是的，因为我们可以从《老子》一书的本身找到相关的依据。《老子》第四十九章说："圣人常无心，以百姓心为心。善者，吾善之；不善者，吾亦善之，德善。信者，吾信之；不信者，吾亦信之，德信。圣人在天下，歙歙焉，为天下浑其心。百姓皆注其耳目，圣人皆孩之。"这段话用现代汉语讲述出来就是，圣人总是没有自己的意念，而是以百姓的意念来作为自己的意念。善良的人，我善待他；不善良的人，我也善待他，这样才可以得到善良，使人人都能够行善；诚信的人，我信任他；不诚信的人，我也信任他，这样才可以得到诚信，使人人都能够守信。圣人立身于天下，是小心翼翼的，致力于使天下人的心念归于浑然一体的状态。百姓都在关注着他，圣人将他们都看作纯真的孩童。

另外，《老子》第二十七章说："是以圣人常善救人，故无弃人；常善救物，故无弃物。"也就是说，圣人总是善于帮助人，所以没有被遗弃的人；总是善于使用物品，因而就没有被丢弃的物品。

这两段话极为显然地表明，圣人对待百姓绝非是麻木无情的，不仅不是毫不作为，恰恰相反，是"以百姓心为心""为天下浑其心""善救人""善救物"的。所以说，"不仁"在这里并非指没有感情、没有仁爱之心，它的意思是，天地对待万物、圣人对待百姓，都是没有偏袒之私心的，这从"善者，吾善之；不善者，吾亦善之""信者，吾信之；不信者，吾亦信之""常善救人，故无弃人；常善救物，故无弃物"等话语中也可以体味出来，老子所讲的"不仁"，不是麻木不仁，而是一视同仁。

再回到"刍狗"这两个字，我们姑且就采取主流的说法，将其理解为草扎成的狗的意思。这种草扎成的狗是用来祭祀的，在古代，祭祀是非常隆重的大礼，先秦时期尤其如此。人们为了表示对神灵的尊敬和崇拜，会在祭祀的时候陈列上许多贡品，贡品之中最常见的一项就是食物，而在食物中又以肉食为最，因为相对于谷物，肉食的价值更高。人们将用于祭祀的动物叫作"牺牲""牺牲"中最常用的就是牛、羊和猪这三种牲畜，而狗也属于较为常用的一种。但祭祀也并非全都用真的牲畜，也有用草扎成牲畜的形状以代替的情况，这有类于在殉葬中不用真人而用人俑的情形。刍狗，就是用来代替真狗的一种祭品。老子说："天地不仁，以万物为刍狗。"那么，人们对待刍狗的态度是怎么样的呢？《庄子·天运》中有这样一段描述："夫刍狗之未陈也，盛以箧衍，巾以文绣，尸祝齐戒以将之；及其已陈也，行者践其首脊，苏者取而爨之而已。"意思是说，刍狗在用来祭祀之前，被装在竹筐里，盖着绣着图案的精美手巾，祭祀的人还要先进行斋戒再来接送它；可是等到祭祀过后，路上的行人会很随便地从它的头和背上踩过去，捡柴的人遇见了就会将它拿回去当柴烧了。

在祭祀之前，人们尊重刍狗，因为它是用来献给神灵享用的；在祭祀之后，人们对刍狗毫不介意，因为那时它就只是一堆草而已了。人们对刍狗所持有的这两种迥然不同的态度，并不出于任何偏爱或歧视，而只是视其自然的价值来施予相应的态度，这种态度完全是不偏不倚的。这就是人们对待刍狗的方式。

因此，老子所说的"不仁"和视之如刍狗，着重强调的一个理念就是对万事万物、对每一个人都要平等视之，抛弃一切的偏见，而永远保持一颗公平的心。

现在大家经常会用"戴有色眼镜"来形容持有偏见的人，对于戴有色眼镜的人，事物在他的眼中也就不是原来的颜色了，有了这种"色变"，看待事物就会出现误差，也就无法按照正常的规律去办事了。

政务苛烦亡秦

公元前247年，在位仅三年的秦庄襄王驾崩，继任王位的是庄襄王十三岁的儿子，名政，就是后来的秦始皇。从公元前230年到前221年，短短十年的时间中，强大的秦国先后剪灭了东方的韩、赵、魏、楚、燕、齐六国，统一天下，结束了周室东迁以来长达数百年的战乱纷争局面。秦王嬴政因为自诩功过三皇、绩盖五帝，于是将自己的尊号定为"皇帝"，由于自己是第一个皇帝，所以称为"始皇帝"，而后的继承者则为二世皇帝、三世皇帝……直至千世、万世。

九百多年之后，生活于开元盛世的伟大诗人李白作诗赞颂道："秦王扫六合，虎视何雄哉！"近两千年之后，明代后期的著名思想家李贽更是将秦始皇称誉为"千古一帝"。

其实，面对这样的赞誉，秦始皇可以说是当之无愧的，因为他确实在中国历史发展的进程中做出了极为卓越的贡献。汉代颇负盛名的政论家贾谊在《过秦论》中说道："及至始皇，奋六世之余烈，振长策而御宇内，吞二周而亡诸侯，履至尊而制六合，执敲扑而鞭笞天下，威震四海。"这表明，秦始皇在秦国六代国君努力的基础上，最终完成了统一中国的大业。秦朝的统一，标志着中国历史上第一个中央集权的统一的多民族国家的建立，可谓是开创了新的历史纪元。秦始皇不仅完成了中国政治上的统一，更是实现了中国文化的统一，不仅奠定了中国疆域的基础，也对中华民族共同文化心理的形成起到了极大的促进作用。秦朝之后，中国历史上的历代封建王朝所推行的制度在根本上都可以寻溯到秦朝。可以说，秦朝确立了中国两千多年封建制度的基础。

秦国统一天下之后，并不意味着已经大功告成，从一定意义上来说，秦始皇所欲建立的万世基业，从这里才刚刚开始。展现在秦始皇面前的是一幅前所未见的历史画面，他将如何来建设这样一个全新的国家？

翻检一下秦朝的历史，我们就会发现，在短暂的十几年间，秦王朝在中国历史图卷上留下了众多的大手笔，其数量之多和密度之高几乎超越了任何一个朝代和每一个历史时期。设立郡县制，置三公九卿，统一货币、文字、车轨、度量衡，焚书，坑儒，封禅泰山，修万里长城，建阿房宫，筑骊山陵墓，开凿灵渠，铺就秦直道，北击匈奴，南开百越……这一切，使得一个伟大的帝国屹立于世界的东方。然而，要维持这些规模庞大的巨型工程，就务必要极大程度地增加赋税和徭役，同时，持续的开疆拓土，又必需一支装备精良和数量可观的军队，而当时的人口又很稀少，这就造成了经济供给不足和百姓负担过重的局面，另外，严苛而繁多的政令也使得广大的民众不堪其苦，以致人们普遍都产生了反抗的情绪，特别在刑法方面，其酷烈之甚更是耸人听闻，有一句用来形容秦朝刑法之残暴的话叫作“劓鼻盈蔂，断足盈车”，也就是说，人们被割下来的鼻子会将筐子装满，被砍下的脚会将车都装满，极言遭受酷刑的人数之多，而繁重的徭役和频繁的战争，更是造成了伏尸如山、白骨累累的凄惨景象。虽然秦朝对臣民百姓的约束异常严厉，然而，天下人的怨怒终究是不可抑制的，后来，受严刑峻法的逼迫，果然爆发了陈胜和吴广所领导的大泽乡起义，一时之间，“天下云集响应，赢粮而景从”，各地反抗暴秦之统治的武装斗争如愤怒的烈火一般燃遍了大秦王朝的万里河山。

公元前 206 年，刘邦军逼近咸阳，秦王子婴献降，这宣告了秦王朝的覆灭。强大的秦王朝从建立到灭亡，前后仅持续了十五年的时间，正可谓“其兴也勃焉，其亡也忽焉”。当秦之时，天下刚刚统一，可以说是百业待兴，秦朝完成了一系列卓有成效的建设，然而，因为做得过于急切和酷烈，就造成了老子所说的“多言数穷”的悲剧性结果。

秦朝灭亡之后，项羽和刘邦之间又展开了长达四年之久的楚汉之争，战争的结果以刘邦的胜利而告终，于是，汉朝成为继秦之后而建立的又一个新的统一王朝。与秦朝秉持法家思想、推行暴政的做法相反，汉初崇尚道家，采取无为而治的政治策略，经过几十年的修养生息，终于缔就了汉武帝时代的盛世局面。汉朝刚刚建立的时候，据说连皇帝驾车都找不到四匹颜色一样的马，而到了武帝初年，又是怎样一番景象呢？司马迁在《史记·平准书》中是这样描写的：“京师之钱累巨万，贯朽而不可校；太仓之粟陈陈相因，充溢露积於外，至腐败不可食；众庶街巷有马，阡陌之间成群。”就是说，京师的钱财积累得不知有多少万，用来穿钱的绳子都朽烂了，以致有多少钱，数也数不过来了；仓库里的粮食，前一年的还没有吃完，后一年的粮食就又存进来了，以致仓库都装不下，粮食都溢到外面来了，甚至因为储存的时间过久，粮食都腐败变质而不能吃了；大街小巷里，到处都有马，纵横的道路之上，马匹更是成群地奔跑。而这种繁荣的局面，不正是得益于老子所言的“不如守中”吗？

第六章
北牝之门

【原文】

谷神不死①，是谓玄牝②。玄牝之门③，是谓天地根④。绵绵若存⑤，用之不勤⑥。

【注释】

① 谷：不是稻谷的谷，而是山谷的谷，在古代，这两个谷字的写法是不相同的，稻谷之谷为"穀"，而山谷之谷才写作"谷"，汉字简化之后，这两个字就合在一起，都写作"谷"了。山谷，即两个山峰之间低凹而空阔的地方，"谷"在这里指的也就是空虚之义。"神"，在这里并非神灵之义，而是指"道"所具有的变幻无穷、不可测度的特性。"谷神"，实际上就是老子对于"道"的另一种称谓。不死：意为永恒存在而不会消亡。

② 是：指示代词，这的意思。玄：神奇的意思。牝（pìn）：母性生殖器。"玄牝"在这里指的是"道"所具有的神秘而玄妙的生养万物的伟大力量。

③ 玄牝之门：即母性生殖器，代指生育万物的"道"。

④ 根：根源，起源。

⑤ 绵绵：连绵不绝；又说，即冥冥，形容"道"的无形而莫测的神秘情形。若：在这里是若隐若现、若有若无之义。存：存在。

⑥ 用：作用。勤：穷竭的意思。

【今译】

虚空博大、变化莫测的"道"是永恒存在而不会消亡的，这就叫作"玄牝"，即幽微玄妙的生育之门，而这也就是天地万物的根源。它绵绵不绝、若隐若现地存在于天地之间，作用是无穷无尽的。

【解析】

"道"无所不在

这一章仍讲的是作为万物之根本的大道，而老子又提出了两个新的概念，即"谷神"和"玄牝"。其实，这二者都可以看作是对于"道"的不同视角的代称。所谓"谷神"者，阐述的是道所具有的空虚博大和神秘莫测的特性；而"玄牝"则讲的是道所具有的生育万物的神奇力量。老子说，谷神是不死的，换句话说，即道是永恒存在的，正因为道具有"谷"（空虚）和"神"（神秘）的属性，它才是不会消亡的，而其他具体的、可见的事物，则都会随着时空的变幻而殒亡，而消无，只有道，在进行着永恒的演绎。这与老子在第一章所讲的"道，可道，非常道；名，可名，非常名"的内涵是一致的。

也正因为道是永恒的，它才能够成为化育万物的"玄牝"。"牝"者，为母性生殖器的意思。先古时期的人们，对生育现象还未能够产生科学的认识，他们只是直观地见到一个新的生命体从母性的生殖器官中娩出，因而觉得母性的生殖器具有一种神奇的力量，并且对之产生了一种崇拜之情。当然，老子所生活的时代早已走出了那种蒙昧的状态，但是老子的这一比喻是源出于此的，也就是以母性的生殖器官来比喻道的伟大神奇。不过，老子同时也指出，这不是一般的牝，而是"玄牝"。玄，意味着神秘，老子再一次肯定了道的玄秘莫测的特点。道之于牝，并非是生养某一个、某一种具体的事物，而是育养着天地之间的万事万物，它是天地万物的总的根源，因此，老子说："玄牝之门，是谓天地根。"

继之，老子又说："绵绵若存，用之不勤。"关于"绵绵"，有两种解释，其一为绵绵不绝之义，其二为冥冥之义，也就是幽暗深远、不可窥测的意思。"若存"，即好像存在，从另一面讲，也就是好像又不存在，它是若隐若现、若有若无的，而这正是道的特点，它不是人们可以清清楚楚地看得明明白白的。可也正因为这样，道的作用才是无穷无尽的。天地之间清晰可辨的万事万物，都有一个生化变灭的过程，道却是永恒的，无所谓生，亦无所谓亡，同时也由于其形迹不可察知，因而也是无所谓变化的，道是一种具有超越性质的存在。老子之哲思的玄妙精深，也正体现在这里。

关于道的这一特质，《庄子·知北游》中有这样一段对话。东郭子向庄子请教说："人们所说的道，究竟存在于什么地方呢？"庄子说："大道无所不在。"东郭子曰："必须得指出具体存在的地方才行。"庄子说："在蝼蚁之中。"东郭子说："怎么处在这样低下猥琐的地方呢？"庄子说："在稻田的稗草里。"东郭子说："怎么越来越低下了呢？"庄子说："在瓦块砖头中。"东郭子说："怎么越来越微屑了呢？"庄子说："在屎尿里。"

东郭子听庄子说到这里，就不再继续往下问了，因为如果他再问下去，庄子就会说出更加卑琐之物，那是他不想再听到的。庄子见东郭子静默不语，就解释道："先生的提问，本来就没有触及到道的本质啊。"继而接着说："对于道，你不可以只在某一种事物中寻求它，世间万物没有什么是可以脱离道而存在的啊。"

在《庄子·知北游》这篇文章中还记载了有关泰清问道的对话。泰清向一个叫作无穷的人请教："你了解道吗？"无穷回答说："我不了解。"泰清又去问一个叫作无为的人。无为回答说："我了解道。"泰清又问："既然你了解道，道也有名数可言吗？"无为说："当然有。"泰清接着问："如果有的话，道的名数又是什么样子的呢？"无为说："据我所知，道可以处于尊贵，也可以处于卑贱，可以聚合，也可以离散，这就是我所了解的道的名数。"

而后，泰清又去请教一个叫作无始的人，说："像这样，对于道，无穷的不了解和无为的了解，谁对谁错呢？"无始回答说："不了解是深奥玄妙，了解是浮泛浅薄；不了解处于道的范畴之内，了解却恰恰处于道的范畴之外。"于是泰清仰头慨叹道："不了解就是了解，了解却是不了解啊！有谁懂得不了解的了解呢？"

无始回应泰清说："道不可能被听见，听见的就不是道；道也不可能被看见，看见了就不是道；道亦不可以言传，能够言传的就不是道。要懂得有形之物之所以具有形体正是因为它产生于无形的道啊！因此大道是不可以称述的。"

无始又接着说："有人向他询问大道，他便随口回答的，乃是不了解道。就是询问大道的人，也是不曾了解过道的。道其实是无可询问的，问了也无从回答。无可询问却一定要问，这就是在询问空洞无形的东西；无从回答却勉强回答，这就是说对大道并不了解。内心无所得却期望回答空洞无形的提问，像这样的人，对外不能观察广阔的宇宙，对内不能了解自身的本原，所以就不能越过那高远的昆仑，也不能遨游于清空宁寂的太虚之境。"

在这段对话中，泰清、无穷、无为、无始等都是庄子围绕着"道"所拟构的人名，当然，这番对话也是庄子为了论述"道"的本质而编造的。庄子与东郭子、泰清与无始等人的对话，实际就是对老子所说的"道，可道，非常道""道冲，而用之或不盈""玄牝之门，是谓天地根"等观点所做的具体阐发，意在指明大道之无处不在、无往不至而又不可辨识、不可言说的根本属性。

【为人之道】

庖丁解牛

庖丁，也就是一个名叫丁的厨师，因为他的技术十分精湛，所以被请到了魏国的宫廷里去做事。魏惠王听说了庖丁的手艺非同凡响，就打算亲自过去看一看。魏惠王过来的时候，庖丁正在解一头牛，只听得他的手所接触的地方、肩所靠着的地方、脚所踩着的地方和膝所顶着的地方，都发出皮骨相离的声音，而后进刀的时候又发出砉然的响声，整个过程进行得十分谐洽，尤为奇妙的是，庖丁解牛的声音竟然都符合非常典雅的乐律的节拍。

魏惠王见此情形，不禁赞叹道："嘻，真是神奇啊！你的技术竟然达到了这样高超的地步啊！"

庖丁将刀放下之后回答道："臣所喜好的是其中的道，而这已经超越了臣对解牛技术的追求了。"

魏惠王对此表示不解，问庖丁说："哦，难道说这解牛的过程中还蕴藏着什么道吗？"

庖丁解释说："当然，这其中的确是有道存在的。"

魏惠王感到好奇，就对庖丁说："那么，你且说说看。"

于是庖丁慢慢地讲道："大王您看啊，臣刚开始解牛的时候，眼里看到的只不过是一头牛，因为臣在那个时候对牛的身体结构还一点儿都不了解；可是三年之后，就不是这样了，臣的眼中所见到的就不再是一头牛了，因为臣对牛的身体构造已经很熟悉了；到了现在呢，臣在解牛的时候，凭借自己的意念去做就可以了，而不再需要用眼睛去看了，就好像所有的感觉器官全都停息了一样，而只有意念的驰骋就可以将牛很好地解完了。这是为什么呢？是因为臣对牛的身体组织已经了然于胸、再没有一点儿不通晓的地方了。刀顺着牛的身体的肌理结构，劈开筋骨之间大的空隙，沿着骨节间的空穴进入，这些都是符合牛的身体本来的构造的。这样下来，解牛的刀决不会碰到经络相连的地方、紧附在骨头上的肌肉和肌肉聚结的地方，更不用说碰到牛臀股部的大骨头了。技术高明的厨工一年需要换一把刀，因为他们是用刀子去割肉；技术一般的厨工一个月就需要换一把刀，因为他们是用刀子去砍骨头；而现在臣下的这把刀已经用了十九年，解过的牛有好几千头，但是刀口还像刚从磨刀石上磨出来的一样。

牛身上的骨节是有空隙的，但是刀刃并不厚，用这样薄的刀刃刺入有空隙的骨节，那么在运转刀刃的时候就一定是宽绰而有余地的，因此，刀并不会受到损伤，虽说用了十九年，可刀刃也还如同新磨出来的一般。但即便是这样，臣每当碰上筋骨交错、难以下刀的地方，还是会十分警觉而小心翼翼的，把目光集中，将动作放慢，刀子轻轻地动一下，然后哗啦一声，骨和肉就都分开了，也就像一堆泥土散落在地上一样。这个时候，臣才会放松一下，站起身向四周看看，在悠然自得中感到一种很大的满足，然后，把刀擦好，再收藏起来。"

　　魏惠王听到这里，击掌赞叹道："说得好，听了庖丁的话，我学会了养生之道啊！"

　　魏惠王的这句话也许会令人感到很不解，庖丁分明讲的是解牛的事情，魏惠王怎么就从中学会了养生之道呢？其实，这并不奇怪，庖丁一开始就已经说了，他现在所喜好的是解牛的过程中所蕴含的道，而这已经超越了具体的解牛技术了，这也就意味着，表面上看，庖丁讲的是解牛，可实际上，其中却蕴含着一种超出了这种具体的技术范畴的道，这种道不仅在解牛中存在，而在其他的事情中、在万事万物中也是都存在着的。庖丁为什么会有如此神奇的解牛技术呢？因为他在解牛时的所做所为，全都符合牛的身体的自然规律，而按照规律来做事，又岂止解牛是这样呢？对于养生来说，难道不同样如此吗？所以，魏惠王从庖丁对解牛的讲述中悟出了养生之道。庖丁将自己解牛的过程讲得很奇妙，令人难以琢磨，而这恰恰符合老子对道所做的描述："绵绵若存，用之不勤。"它好像存在，又好像不存在，就是这样若有若无的，然而它的作用是没有止境的。

第七章

天长地久

【原文】

天长地久。天地所以能长且久者，以其不自生①，故能长生。是以圣人后其身而身先②，外其身而身存③。以其无私，故能成其私。

【注释】

① 以：因为。其：代词，指天地。不自生：不为自己而生存。

② 后其身：将自己放在别人的后面，指处世谦退、收敛。身先：指自己处在别人的前面，意指自己因为受到别人的爱戴和拥护，所以处在了众人的前面。

③ 外其身：将自己置之度外，不为自己考虑。身存：自身得以保全。

【今译】

天长地久。天地之所以能够长久，是因为天地不为自己而生存，因此才能够长生。所以，圣人总是将自己放在别人的后面，保持谦退、收敛的处世态度，正因为这样，才会得到别人的爱戴和拥护，反而处在了众人之前；总是将自己置之度外，凡事不为自己考虑，正因为这样，自身才恰恰得以保全。就是因为他是没有私心的，才能够成就自己。

【解析】

靠无私实现"大私"

在这一章，老子集中阐述的是"无私"的话题。老子首先从天地讲起，天地有什么特点呢？天地是长久的。为什么天地能够长久呢？因为天地是"不自生"的。所谓"不自生"，也就是不为自己而生存，天和地从来都不追求自己的长久，它们哺育和滋养着天地之间的万物，但却从来不为自己着想，不为自己谋利，所以天和地才能够长生。

老子为什么这样讲呢？为什么说天地的长久就是由它们的不自生而促成的呢？这还要归结到老子"无为"的思想上来。其实，天地的不自生，正是"无为"的一种体现。老子对世间万事万物的生生灭灭看得非常清楚，生存是必然对应着灭亡的，所以，无论怎样处心积虑地图谋自己的生存，自己也都会有灭亡的那一天，这是不会以自身的意志为转移的。而且，事情的两个方面都是相对应而存在的。老子在第二章中说："有无相生，难易相成，长短相形，高下相倾，音声相和，前后相随"，就是这个道理，你一心谋求着自身的生存，你获得了有利于自身生存的一面，可是呢，不利于自身生存的一面也就同时形成了。秦始皇统一天下之后，为了自家基业能够万世永传，对百姓采取了非常严苛的控制措施，可是结果如何呢？秦王朝统治了仅仅十几年就被推翻了。这就是"以其不自生，故能长生"的一个反面例子。

老子在第二十五章讲，"人法地，地法天，天法道，道法自然"，这说明，天地是人所效法的对象，在这一章，老子同样由天地而推之及人，讲道："是以圣人后其身而身先，外其身而身存。"圣人应当以天地为榜样，保持谦退的态度，将自身的利益置之度外。而"以其无私，故能成其私"，这与老子在第二章中所讲的"夫唯弗居，是以不去"同出一辙，圣人正是因为没有私心，才能够成就自己的利益，就如同天地不为自己而生存却能够长生一样。

老子的话很虚，但是，你仔细一想，字字句句都能落到实处，并充满了圆融的思维与永恒的真理。就"以其无私，故能成其私"一语来说，我们还可以做出另一层解读。那就是一个人只有"无私"，才能成就功业和美名。譬如许多战乱中涌现的政治家，彪炳史册的伟大人物，如刘邦、曹操、成吉思汗、朱元璋，也许是因为他们成功之后，成为了天下的主人，后来的文人便设定他们从一开始便心怀天下，为夺取江山而"自私"地奋斗。但在他们的创业之初，事实并非如此。如果他们在一开始，便打出自己要谋取天下的旗号，甚至是表现出给自己打江山的野心，他们多半不能成功，因为这种赤裸裸的行为很难赢得民心，也聚集不起足以雄霸天下的民心和力量。刘邦开始的旗号是除暴秦，他当时的确不是为自己利益（私），而是为这个目标（无私）在奋斗，故而能聚拢人心，吸引天下志在抗秦的英雄豪杰，形成一个巨大的政治军事集团。曹操开始打出的旗号，还有他的作为，都是为了铲除凶暴的董卓，匡扶汉室，拯救苍生（无私），至于他儿子窃国（私），那是他无私的结果。成吉思汗的初衷是为了反抗大金国的残暴统治和民族压迫，结束草原上的动乱与混战，完全是无私的心愿和行为。真因为其"无私"，最终造就了黄金家族对大草原的绝对统治（私）。朱元璋起兵之初，一是反抗蒙古人压迫，二是为了让百姓过上安稳的日子，很少考虑个人的利益，最后他缔造出大明王朝，让天下江山姓了朱，那是无私的伟大行为所结出的"私"之果。没有无私的愿望和行动，不可能成就"私"的伟业。有了"私"的伟业，如果真的以为，这所有的一切都是自己的（私），这个（私）也拥有不了太久。

如何理解自私与无私

我们对"以其无私，故能成其私"这句话要给予正确的理解。西方有一句俗谚，叫作"有一千个读者，就有一千个哈姆雷特"，这说明，同样的作品，同样的话语，不同的读者出于不同的角度是会做出不同的理解的，对于含义丰富的经典著作尤其如此。而《老子》一书，也正是这样，有人在阅读《老子》的时候就分明地感受到，老子原来是一个城府极深的阴谋家，何出此言呢？从这句话中就能看出来，老子说啊，"以其无私，故能成其私"，这不就是在告诉人们，怎样才能够成全自己的私利呢？你得将自己装作一副很无私的样子才成。同样，前面所讲的"夫唯弗居，是以不去"，说的就是你怎样才能将功名攫为己有。你得假装推脱一番才行，说那些功劳都应当归之于别人，而别人一见到你是这样的宽宏大度，就会觉得你很了不起，反而会认为你的功劳是最大的。老子说的是不是这么一回事呢？当然可以进行这样一种理解，但我们一定要知道的是，老子的本意并非如此。那么，老子本来要说的是什么呢？

的确，老子是这样说的，"以其无私，故能成其私"，这很容易令人们理解为一种计谋、一种手段，但是，实际上，老子所说的"成其私"，是指客观结果而言的，它并不是一种主观目的，不是为了"成其私"，才"无私"的，而是因为"无私"，才"成其私"的。应当承认的是，这两者在表面上确实是难以区分的，所以才会有那么多弄虚作假的阴谋会得逞，但是在实质上，这两者是全然不同的。因为一旦为了"成其私"而"无私"，那也就是一种虚假的"无私"了，是为了达到自私的目的而一时装作"无私"，实际上并非"无私"，而是以"无私"来做伪装的"有私"，这就与真正的"无私"恰恰相反了。如果是这样，也就与老子的原意相违背了，因为老子的思想是以"无为"为本色的，而绝非是"无为"表面之下的"有为"。

《老子》一书所讲的，都是具有根本性质的大智慧，而不是针对于某种个别事宜所提出的具体的机谋。因此，《老子》与《三十六计》是不同的，它不是教给人们一种计谋，使得人们在遇到相关的情形时正可付之一用，《老子》更主要地是给人们带来一种智慧的启迪，令人们的思想变得开通豁达，教人们认识到这个世界的纷纭复杂的万千表象之下所蕴含着的根本的规律。从这一点上，我们可以感受到，《老子》并不是一部向人们传授计谋的著作，而是一部引导人们步入智慧殿堂的书籍；老子也不是一个阴谋家，而是一位伟大的智者，是一个大智慧家。

【从政之道】

李固劝黄琼

《后汉书·黄琼传》中有这样两句话："峣峣者易缺，皎皎者易污。"峣峣，是形容很高直的样子，很高直的东西总是容易残缺的，所谓"木秀于林，风必摧之"，说的就是这个道理，一棵树如果在一片树林中显得太挺拔、太高直了，就很容易遭到大风的摧折；皎皎，是形容很洁白的样子，很洁白的东西总是容易脏污的。初降的雪，是很洁白的，但是它很容易就变脏了，可是泥土就不会那么轻易变脏，因为它的颜色本来就不洁白。

这两句话是一个叫作李固的人写给黄琼的，黄琼多次受人荐举，可是都以生病为由而拒绝了，一直都不肯出来做官，李固因为很仰慕黄琼，对黄琼不肯出仕感到很惋惜，于是就给他写了一封信，信中说："通达贤明的君子都认为伯夷、叔齐是很狭隘的，而柳下惠则有失恭敬（伯夷、叔齐是殷商末期孤竹君的两个儿子，武王取得天下后，他们因为不吃周朝的粮食而饿死在首阳山上；柳下惠是春秋时期鲁国的名士，曾做过鲁国大夫，但是因为生性耿直而屡受排挤，后来隐遁不仕），所以为人不应当学伯夷、叔齐，也不要学柳下惠，而应当采取折中的态度不偏激地行事。你如果确实愿意隐居于山林之中，就像巢父和许由（这两个人都是尧舜时期的隐士）那样，也就罢了；可是如果你心中怀有济世救民的志向，那么现在就正是大好的时机啊。有史以来，就是政治清明的时候少，而天下混乱的时候多，如果一定要等待尧、舜一般的君主，恐怕仁人志士们也就没有可以施展自己才能的机会了吧？"

李固又列举了被征召的鲁阳樊君的例子，这个人被召为官之后，朝廷待之有如神明，他的政绩虽然没有什么太大的稀奇之处，也没有什么缺点可供人指摘，但是他招致了很多的埋怨，这是为什么呢？因为昔时他的声名太盛，而人们对他寄予的希望太深了。接着，李固又说出了几个被召来做官的隐士，可是这些人的功业完全没有什么可圈可点之处，于是，人们就觉得那些所谓的隐士都是一些沽名钓誉之徒，开始的时候说不做官，可那只不过为了博得一个好名声，从而为自己将来步入仕途捞一些资本。最后，李固说："希望先生能够以自己的亲身作为来否定那些毁谤之言，做出一番令人叹服的业绩来。"黄琼见到了李固的信，深为赞佩，终于出仕为官，后来为国家和朝廷做出了重要的贡献。

第八章

不争无尤

【原文】

上善若水①。水善利万物而不争，处众人之所恶②，故几于道③。居善地④，心善渊⑤，与善仁⑥，言善信⑦，正善治⑧，事善能⑨，动善时⑩。夫唯不争，故无尤⑪。

【注释】

① 上善：最高的善。

② 处：停留。恶（wù）：厌恶。

③ 几（jī）：接近。

④ 善：善于。地：选择适宜的地方，这里即指趋向低下之处。

⑤ 渊：深邃沉静。

⑥ 与：施与，又说为交往之义。仁：仁爱。

⑦ 信：诚信，含有可以进行验证的意思。

⑧ 正：即"政"，为政之义。治：治理。

⑨ 事：处事，行事。能：发挥效力，达到效果。

⑩ 动：行动。时：选择合宜的时机。

⑪ 尤：责怪，怨恨。

【今译】

最高的善就像水一样。水善于帮助万物却不与万物相争，而让自己停留在人们所厌恶的地方，所以水是很接近"道"的。居处善于选择合适的地方（即卑下之处），心思善于沉静，施与（或交往）善于仁爱，言谈善于诚信，为政善于治理，做事善于达成既定的效果，行动善于选择合宜的时机。正是因为不争，才不会遭受责怪和怨恨。

【解析】

上善若水

在这一章，老子用水来比喻善的品格。所谓"上善若水"，意思就是最高的善好像水一样。那么，水又有什么特点呢？老子说，"水善利万物而不争"。"不争"，这就又点出了老子的"无为"的立场，"不争"的表现，就是"无为"的一个十分重要的方面，但是，我们以前也不止一次地提到过，老子所倡导的"无为"不是一无所为，而是不妄为、不乱为，在这里，"不争"，就并非是单纯的"不争"，它是以"善利万物"为前提的，只有"善利万物"，才谈得上"不争"。这就是老子思想主张中的两个方面，一方面是"不争"，另一方面是"善利万物"。

老子接着又说："（水）处众人之所恶，故几于道。""几于道"，也就是接近了道。道，是一种非常高尚和圆满的境界，那么，老子因何称誉水接近了这一境界呢？因为水停留在人们都厌恶的地方。这是与"善利万物而不争"相承续的，由于"不争"，所以水才甘心居于大家都不愿意待的地方，而这正是一种难能可贵的美好品德。在中国，"孔融让梨"的故事可谓家喻户晓，孔融在吃梨的时候，自己专拣小的吃，而将大的留给哥哥们，这种做法备受家人的称赞，并且流传开来，成为传颂千古的美谈。人们为什么对孔融如此赞美呢？因为孔融在分享好处的时候先人后己，将好的留给别人，而将差的留给自己，丝毫没有争夺之心。而这，不正是一种"处众人之所恶"的精神吗？所以说，"处众人之所恶"，这是一种美好的品质。

其实，以水来喻道，在《老子》一书中，此例并非仅有，而是见于多处，例如，在第六十一章，老子说："大国者下流，天下之牝，天下之交也。"而在第六十六章，老子又说道："江海所以能为百谷王者，以其善下之，故能为百谷王。"这两句中虽然没有出现"水"字，但是所提到的"流"和"江海"都是水的表现形态，其内涵与水是相同的。我们先来看第六十一章中的这句话，什么叫作"大国者下流"呢？人们或许很容易将其理解成这样的意思：大国的品行是很低劣的。其实，"下流"在这里与我们当今通常说的"下流"，其含义是不同的。我们现在所讲的"下流"，一般采用的都是其比喻义，意为品性不佳。但是在古代，特别是在先秦时期，"下流"的本义还是被运用得比较多的，在这句话中所采用的就是它的本义，也即河流的下游之义。"大国者下流"，也就是说，大国居于江河的下流。"天下之牝"，说的是大国居于天下雌性的位置，而雌性则代表着柔弱。"天下之交也"，即为天下所归附之义。总起来说，这句话讲的是，大国居于卑下和柔弱的地位，却为天下所归附。第六十六章的一句说的是，江海之所以能够成为百川归往之处，是因为他们善于处在低下的位置，这样百川才都来归附江海。这一句与第六十一章中的那句话所讲的道理是完全一致的，这两句中都提到了一个"下"字，而"下"，正是为老子所首肯的水之所具有的最接近于"道"的品质。

人们常说，"人往高处走，水往低处流"，这是将人与水区分开来，肯定的是人积极向上的进取精神，而老子却恰恰肯定的是水的这种"往低处走"的品质。事实上，水为什么要往低处走呢？因为它受到重力作用的牵引。同样，人也是受到地球引力约束的，但是人为什么与水不同，不是只能一味地往低处，而还可以往高处走呢？因为人是具有主观能动性的，这种强大的主观力量驱使着人克服外力的束缚而争求一种更好的结果，这也是人之所以为人的一项根本的因素。而老子却刚好相反，他告诫人们，要向水学习，水是无意识地处下，而人则应当有意识地自处卑下，往那些大家都不愿意去的地方去。老子的用意何在呢？在这一章的最后，老子指出："夫唯不争，故无尤。"这与老子前面所讲的"夫唯弗居，是以不去"等话语是一脉相承的，因为只有不争，才可以避免别人的怪怨。宋代著名的文学家苏辙在注解这句话的时候提到："有善而不免于人非者，以其争也。"这句话恰好是老子之语的反面表达，意思是，有优点却仍不能避免遭受非议的人，是因为他与别人相争。苏辙又说道："水唯不争，故兼七善而无尤。"相反，水就是因为不争，所以身上具有那么多的优点却不会招惹他人的非议和怨恨。有句俗语，叫作"人为财死，鸟为食亡"，人对利益的追逐就像鸟争求食物、就像昆虫趋光一样，正所谓"如飞蛾之赴火，岂焚身之可吝"，人们在利益的诱惑面前，往往只见到了它的好处，却忽视了它的害处，就如同水中的鱼儿只见到了食饵，却没有注意到食饵之中还包藏着会令其致命的钩子。而人们不仅自身为了争夺利益而疯狂，还会对与其争利的同道们以仇敌视之，俗话说，"同行是冤家"，讲的就是这个道理。所以，老子才说出这样意味深长的话语："夫唯不争，故无尤。"抛弃争夺之心，正是全身远祸的根本之法。而不争夺，就意味着要将利益让与他人，将好的位置奉献给别人，而自己则"处众人之所恶"，待在最为卑下的地方。水正因为具有这种特点而为老子所青睐。

古希腊的著名哲学家泰勒斯曾提出一个著名的命题："宇宙的本原就是水。"他说："水生万物，万物复归于水。"而泰勒斯更将下面一句话作为自己的格言："水是最好的。"这与老子所说的"上善若水"简直是如出一辙。那么，泰勒斯又是根据什么得出这样的结论呢？是什么令这位伟大的古希腊先哲对水如此地厚爱呢？

泰勒斯为什么说宇宙的本原是水呢？因为水是人们生活当中的一种最为基本的物质，一切生物都不能离开水而存活，泰勒斯还细心地发现，每次洪水退后，都会留下肥沃的淤泥，而淤泥里面则生满了植物的幼芽和动物的幼虫，他将这一现象推而广之，就得出了这样的结论，即万物都是由水而生的。可老子的观点是怎样的呢？老子说："道，可道，非常道；名，可名，非常名。"那些能够讲出来的道理，都不是终极的道理；那些能够说出来的事物，都不是永恒的事物。而水恰恰是一种现实当中的可名之物，既然可名，也就并非终极，并非永恒，既然并非终极和永恒，它又怎么可能是宇宙的本原呢？显然这是很荒谬的。那么，老子是怎样来描述世界之本原的呢？他说："有物混成，先天地生。寂兮寥兮，独立不改，周行而不殆，可以为天下母。吾不知其名，字之曰'道'。"（见第二十五章）老子将先天地而生的"道"作为世界的本原，而"道"是不可捉摸、不可想见的，它超出了直观的认识范畴，而真正地达到了终极的高度。老子思想的高渺之处正可由此而略窥其端倪。至于水，在老子看来，水是"几于道"的，它只是接近道，但决不等同于道。

【为人之道】

杨修之死

杨修（175–219），字德祖，弘农华阴（今陕西华阴东）人，汉献帝建安年间被举为孝廉，后来在曹操的手下担任丞相主簿。主簿是掌管文书的官员，类似于现在的秘书，但杨修所做的这个秘书是直接隶属于丞相的，所以职位是很重要的。曹操也正因为很看重杨修的才华，对他也很信任，才将这个重要的任务委派给了杨修。

杨修的出身是很显耀的，先祖杨喜，是汉高祖刘邦手下的重臣，受封赤泉侯，杨修的高祖、曾祖、祖父和父亲也都位列三公（三公是朝廷中最为显耀的官职，东汉末年的三公是司徒、司空和太尉），杨氏家族在当时是与显赫的袁氏家族齐名并称的，只不过后来杨家没有出现袁绍、袁术式的雄霸一方的强势人物。而杨家和袁家之间也有姻亲关系，杨修的父亲杨彪迎娶了袁术的女儿，也就是说，杨修是袁术的外孙。

杨修本身颇富才学，又出身显贵，并且还受到当时把控朝政的丞相曹操的宠信，因此很多人都争相攀附他，这其中也包括曹操的儿子们。在曹操的儿子当中，最为重要的两个就是曹丕和曹植。他们二人都想与杨修结交，而文采出众的曹植更为杨修所欣赏，于是，杨修就与曹植走到了一起，两人往来密切，不曾料想的是，与曹植的交往在日后给杨修带来了深重的灾祸。

杨修虽然才智不凡，但是也因此而恃才放旷，对自己的言行不加约束，尤其喜欢在他人面前耍弄小聪明。一次，曹操要建造一座花园，工匠们在设计好了方案之后将图纸呈给曹操看。曹操看了之后，没有说什么，只是用笔在园门上写了一个"活"字。工匠们不解其意，而人们都知道杨修很聪慧，于是就去请教他。杨修看过图纸之后，微微一笑，说道："丞相是嫌门设计得太大了。"工匠们惊奇地问："您是怎么看出来的呢？"杨修答道："这不很显然嘛，'门'中加个'活'字，就是'阔'，丞相说，这个门太开阔了。"工匠们听了不禁大喜，遂按照杨修所说的，将花园的门改小了一些。花园建成之后，曹操过来视察，对园门的修改感到很满意，问工匠们是如何猜到他的心意的。工匠们回答说："我们这些笨头笨脑的人哪里猜得出丞相的意思啊，这全赖杨主簿的赐教啊。"曹操听了，虽然口中夸赞杨修，心中却不免对杨修的聪明有些妒意。

其实，杨修在曹操面前卖弄小聪明的做法绝非仅仅一次、两次的，下面又是一个例子。有人送给了曹操一杯奶酪，曹操吃了少许之后，在杯盖上写了一个"合"字，然后传给大家，自己则走开了。大家拿着这杯奶酪，看着盖子上面的"合"字，谁也不知道曹操想要表达的是什么意思。传到杨修那里时，杨修毫不客气地将奶酪取出来吃了一口，别人看了，都表示惊疑。杨修不慌不忙地答道："丞相让我们每人吃一口，还有什么犹豫的呢？"大家这才明白，那个"合"字，不正是"（一）人一口"吗？

若仅仅是这些文字上的小游戏，或许也就罢了，曹操至多不过对杨修有些小小的嫉妒就是了，但有一件事情却让曹操对杨修产生了极深的反感。曹操是一个非常多疑的人，为了防范有人趁他入睡的时候去行刺，他导演了一出梦中杀人的好戏。曹操经常对自己身边的侍卫说，自己有梦中杀人的习惯，所以告诫侍卫们在他睡觉的时候一定不要靠近他。曹操有一次白天休息的时候，假装睡得正酣而在翻身的时候将被子弄到了地上，他身旁的侍卫因为担心他受寒，就过去将被子拾起来，欲给曹操盖上。哪知，刚一到曹操近前，只见曹操腾身跃起，抽出身边的宝剑一下子就把这个毫无防备的侍卫给杀掉了。然后，曹操若无其事地又睡去了。待醒来时，曹操见到自己卧榻之旁倒在血泊之中的侍卫，大声惊问道："是谁在我床边杀了人？"其他的侍卫小心翼翼地讲述了刚才发生的事情，曹操听了，失声痛哭，众人百般劝慰，方才止住，随即命令，对这个牺牲的侍卫进行厚葬。大家知道了这件事，都认为曹操果然有梦中杀人的习惯，而主簿杨修却一语道破："丞相非在梦中，而是汝等在梦中也。"这话被曹操知道了，不仅对杨修愤恨异常，甚至起了杀心。

还不止于此，杨修另外又犯下了一个大忌，也就是参与了曹操儿子之间的夺嫡之争。曹操为了考验儿子的才能，经常问他们一些关于如何处理国家军政大事的问题。杨修对曹操的心思颇为谙熟，知道如何回答才能讨得他的喜欢，就将一些重要问题的作答方法都写下来，交给曹植。当受到曹操提问的时候，曹植就按照杨修所教的来对答。曹操发现，对这些自己精心设计的问题，曹植不仅每每都回答得特别流利，而且又深得他自己的心意，这不禁令曹操产生了怀疑。曹丕买通了曹植身边的人，细作将杨修写给曹植关于如何作答的文字偷出来呈给曹操看，曹操见了，立时大怒，深深觉得，此人不可留之。

杨修等人对曹植的帮助，使得曹丕对自己被立为储君一事更加没有把握，于是，他秘密邀请吴质到自己的府中商议对策，因为怕外人知道，曹丕让吴质藏在一个大筐里，然后用车运进来，对外宣称运送的是绢。杨修得知了此事，就告诉了曹操。曹操就命人去伺查。曹丕知道消息后，感到很慌张，吴质说："不必惊慌，明天再用筐装一些绢运进来就是了。"曹丕如其言而行，第二天，曹操派去的人见到又有车进入曹丕的府中，就请求检查，结果发现筐里装的都是绢。这样一来，曹操就以为杨修是蓄意诬害曹丕，同时对曹植也变得疏远了。

杨修屡屡介入曹丕、曹植兄弟之间的夺储之争，这令曹操感到很不安，因为他担心自己百年之后，杨修会撺掇曹植与曹丕相对抗，而这对自己的江山社稷是极为不利的，所以，曹操决定杀掉杨修。

汉献帝建安二十四年，即公元 219 年，曹操征讨汉中，与刘备军对峙，长久相持不下，陷入进退两难之中，因为若进攻，蜀军戒备森严，无利可图；若撤退，则兴师动众而来，又一无所得、空手而归，必为蜀军所耻笑。但是一直这样下去也不是个办法，因此曹操心中颇为踌躇。一天晚上，厨师进献了一碗鸡汤，汤中有鸡肋，曹操于是有感而发，对进入帐中讨求命令的军官说道："鸡肋。"于是，"鸡肋"的命令就传了开去，这又是曹操给大家出的一个字谜。杨修听到这个命令，立即吩咐身边的人收拾行装。将士们见了感到很不解，问之何故。杨修说："魏王传令'鸡肋'，所谓'鸡肋'者，食之无味，弃之可惜，而当前的形势，进不能胜，退恐人笑，在此无益，不如早归，来日魏王必班师回朝，所以先打点行装，免得急时慌乱。"将士们听了，觉得果然有道理，于是也都纷纷去收拾自己的东西，准备撤退了。曹操因心中烦闷，就走出大帐，到外面巡视，却见大家都在整理行装，感到很吃惊，一经询问，原来又是杨修所为。曹操不禁大怒，以惑乱军心为名，立即将杨修给杀了。

杨修之死，虽然是由种种复杂的因素相错综而造成的，但是与他的自恃有才、口无遮拦有着直接的关系，甚至在其他更为深层的方面，也都体现出杨修为人的浮浅。可以说，正是杨修的浮浅，导致了他的被杀。老子在描述"上善若水"的时候曾提到一点，叫作"心善渊"，即心思要善于渊沉，断不可以将自己心中所想暴露无遗，尤其是一些敏感性的话语，而杨修正是犯了此忌，才招致了杀身之祸。

第九章

功遂身退

【原文】

持而盈之①，不如其已②。揣而锐之③，不可常保。金玉满堂，莫之能守④。富贵而骄，自遗其咎⑤。功成身退⑥，天之道。

【注释】

① 持：把持，执有。盈：丰盈，满溢。

② 已：罢休，结束。

③ 揣（chuí）：锤炼。锐：尖锐，锋利。

④ 莫：不能。

⑤ 遗（wèi）：招致。咎：灾祸。

⑥ 成：又作"遂"，成功的意思。

【今译】

持有的东西达到了满盈的状态时，不如就此罢手。锤炼得很尖锐，是不能够长久保持的。金玉堆满家中，没有人能够守住。富贵加上骄傲，就会自招祸患。成功了就退下来，这才合乎天道。

【解析】

物极必反

老子在这一章集中阐述了物极必反的道理。关于这一道理，在先秦时期的许多古籍中都有所表述，例如，《吕氏春秋·博志》篇说："全则必缺，极则必反，盈则必亏。"《鹖冠子·环流》篇说："物极则反，命曰环流。"《易经·丰卦》说："日中则昃，月盈则食，天地盈虚，与时消息，而况乎人乎！"

为什么说物极必反呢？难道就没有例外吗？答案是干脆的，物极，则必然会反，不会有任何例外，如果说某种事物已经相当好了，而还再继续变得更好，那只能说明它还没有达到

"极"的状态，一旦达到了"极"的状态，一定是会走下坡路的。为何给出如此答案呢？其实原因很简单，这就是事物存在的有限性。老子说过，不论是抽象的道理，还是具体的事物，只要它们能够被指认出来，也就不会是永恒的存在。而在现实世界中，凡是为我们的观感可知的事物，也就都是有限的存在，它们都有出生的那一天，而同样也会有死亡的那一天，不会一直地、没有终点地存在下去。既然如此，再来谈论物极必反也就很好理解了。所有的事物都会有一个发展的历程，在这一历程中，会有巅峰，会有低谷。走过了巅峰，必然就是低谷。那么，物极必反的道理对为人处世的意义又在何处呢？

老子说："持而盈之，不如其已。"也就是说，持有的东西达到了满盈的状态时，不如就此罢手。按照物极必反的道理，自己的持有达到了丰盈之时，也就会走下坡路了，这个时候，最好自己罢手。既然丰盈必然走向削弱，又为什么还强调自己及时罢手呢？

我们前文讲过，平灭太平天国之后，如日中天的曾国藩却交出了兵权。他的行为虽不为世人理解，却能持盈保泰。老子说："揣而锐之，不可常保。"揣，在这里是锤炼的意思。这句话是说，如果锤炼得很锐利，那么就是不能够长久保持的。我们知道，一把刀最容易磨损的地方就是锋利的刀刃，一根针最容易受损伤的地方就是很锋锐的针尖，诸如此类，都说明了"揣而锐之，不可常保"的道理。

伯夷和叔齐被孟子称为"圣之清者"，就是说他们属于那种以清白为持身的最高标准的圣人，然而就因为保持这种清白，他们只能饿死在首阳山上，不仅于国家、人民无益，自己也是深受其害啊。西汉的辞赋家扬雄在《法官·渊骞》中写道："不夷不惠，可否之间也。"意即不学习伯夷、叔齐和柳下惠，而采取不偏不倚的折中的方法来行事。这与老子所说的"揣而锐之，不可常保"的道理有着相通之处。

老子说："金玉满堂，莫之能守。"金和玉都是非常珍贵的东西，它们代指一切价值很高的财物以及为人所珍视和看重的地位、名声等等。旧时，人们在表达一种祝福或心愿的时候常常用到"金玉满堂"这句话，当然，在现实中，很少有人能够达到那样富有的程度，"金玉满堂"对于绝大多数人来说都是一种很缥缈的奢望。但是，老子在此提出了这样一种论断，即使你拥有了相当多的财富，你能够守得住吗？获得这样的财富是很艰难的，可是守住这样的财富，其难度又何曾亚于对它的获得呢？自古就有一句俗语，叫作"富贵传家，不过三代"，这个"三代"是一个大约的数字，概言时间短暂，而不是说没有一个富贵之家会传承三代以上的，也可能是传承了四代、五代，乃至更久，但是一定不会很长久，更不会永远地传承下去。

唐代诗人刘禹锡有一首很有名的诗，题目叫作《乌衣巷》，其中有两句是这样说的："旧时王谢堂前燕，飞入寻常百姓家。"意思是，从前王、谢两大豪门贵族之家的燕子，现在都飞进普通的百姓家里了。这里的"王"，指的是王导；"谢"，指的是谢安，他们都曾在东晋时担任宰相，是当时最为隆盛的望族。那么，这两句诗的潜在含义又是什么呢？很多人都知道，燕子保持一种习性，就是不忘旧巢，每年从别的地方飞回来的时候，还会找到自己先前住的地方。燕子由贵族之家飞入寻常的百姓家里，不是燕子换了筑巢的地方，而是那里的人家改换了门庭。这两句诗表达的就是诗人对人世盛衰的感慨，想当年王、谢两家是多么的繁盛，可如今这里已经是寻常百姓家，王、谢两家昔日的辉煌哪里还有个影子在啊！

家族的显赫难以长久传承，那么，本人就一定能够守住已经得来的财富、地位、声名吗？这也是未必的。举一个例子，在人们的习惯印象中，纣王是一个极其昏庸而又极其残暴的君主，然而这只是他后期的表现，事实上，纣王在位的初期，是一个非常有作为的君主。史书上记载，纣王自由聪颖过人,而且相貌英俊,体格魁伟,所以非常受父亲的喜爱,而纣王在他统治的早年的确取得了了不起的文治武功。他对内进行了一系列的改革,促进了经济发展,也强大了军力;对外则通过一系列的征讨,使得商王朝的版图大大地扩展了。关于这些,毛泽东曾有过非常客观而中肯的评价,他说:"其实纣王是个很有本事、能文能武的人。他统一东南,把东夷和平原的统一巩固起来,在历史上是有功的。"纣王是有功的,可是人们更多地记住的是他的过错,这是什么原因导致的呢?因为他晚年的作为不仅未能守住自己早年励精图治创下的辉煌业绩,而且将祖先所建立的已传承了数百年的大好江山也都给丢失了。若以纣王的早年作为来看,堪称一个英明有为的君主,可是到了后来,他因为自己的功劳很大,逐渐变得骄傲自满,越来越贪图于享乐,最后甚至到了无所不至其极的荒淫程度,从而令自己沦落为一个世世代代给人们作为反面教材的亡国之君。由此观之,就是一个人本身,也未必能守得住他所亲手获得的这"满堂的金玉"。

功成身退是明智之举

在这一章的最后,老子讲道:"功成身退,天之道。"在第二章,老子讲"功成而弗居",而本章可以看作是对这一观点的再一次强调,并且明确指出,功成身退才是符合天道的。同在第二章,老子说道:"万物作焉而不为始,生而不有,为而不恃",而在接下来的一章,老子又阐述道:"生而不有,为而不恃。"由此可见,"生而不有,为而不恃"的"功成身退"之道是老子一贯秉持的基本观点,而这,又是基于老子"无为"的思想而提出的,"无为"要求人们功成身退,而功成身退恰恰是"无为"的表现。

老子之所以说"功成身退"是天之道,乃是从大自然得来的。我们看,百草树木,花开之时何等灿烂,一旦有了果实,花便谢了;硕果累累,香飘数里,一旦成熟,就会落下,它不会再占据枝头。由此,老子指出,人的行为要合乎天之道,功业成了,就应该引身后退。所以,人应该建功而不居功,打天下而不占有天下,独霸天下。每个人都应该明白,在实现个人价值,建功立业之后,自己的使命也就完成了。这个时候,就应该赶快隐退,空出舞台让后来人演出。如果打下天下就占有天下,那与强盗的抢劫有什么区别呢?庄子说:"窃钩者诛,窃国者为诸侯",正是对这种居功不退者的尖锐指责。

一个真正理解大道的人,都会循道而行,都知道功成身退的道理。春秋时期,齐鲁会战,鲁国右翼军溃退。将军孟之反断后,成功掩护了后撤部队。但是,在他退入城门时却说:真倒霉,我的马太差了,只能在后面拼命抵挡。国家战败了,你的功劳再大又如何呢,表功居功,只能引起君臣们的反感,弄不好会遭来灾祸。孟之反以此掩盖自己的功劳,真是得大道的做法。

老子之所以说"功成身退,天之道",大概有以下几个原因。首先,大道循环不息,事物时刻在变化。在事物发展的某一阶段能有所作为,之后便不一定能适合事物发展的要求。比如,开国将军,在战争年代叱咤风云,功勋卓著。但是,战争结束了,国家建立了,将军的使命也就完成了。因为,国家接下来的任务是建设。实践证明,多数成功的将军并不是好的建设者。如果在建国后你继续居大功、占高位,多半会阻碍社会发展,于人于己于国都是不利的,故而应该功成身退。

其次,功成身退对建功者本人也是一种保全之道。对上位者来说,功高难免震主,领导自然会对有功者戒备提防，因为有功者的存在就是对他的地位和权势的无形威胁。上位者自然会千方百计想法削弱他，有功者的处境实际上已经很危险了。对于多数成功者来说，往往会因为做过大事，立过大功而目空一切，认为老子天下第一。这种姿态难免会遭到周围人的嫉妒和愤恨，他们会想方设法，寻找有功者的过失，散布诋毁，欲除之而后快。再者，你身居高位，本身就挡住了后来人的升迁之路，这些人为了自己的利益，也会想法扳倒那些高高在上的成功者。几股力量结合，往往会对居功不退者形成致命的打击。所以，对于功成之人来说，退下来反而会得以保全。

然而，说起来很容易，做起来却并不轻松。老子之所以不厌其烦地一再申诉这一主张，猜度起来，一个基本的原因也就是人们普遍都不能够做到这一点。他告诫人们，功成之时，即当身退，该罢手时就罢手，切莫因为种种的贪恋而引祸及身。

韩信的悲剧就是功成不退造成的。谁都知道，韩信是汉朝的第一大功臣，汉朝的天下，三分之二是韩信打下来的；刘邦最大的敌人项羽，也是靠韩信消灭的。功高震主，韩信不退本来就犯了大忌，加上他居功自傲，对大臣曹参、灌婴、张苍、樊哙、傅宽等都不放在眼里，遭来这些人的嫉恨，终于一步步走上了绝路。后人评价说，如果韩信不居功自傲，而是自隐其功，谦让退避，刘邦大概也不会对他下手。当然，历史不能假设，但韩信的遭遇的确是一个教训，尤其能让有才有功者在这个问题上深思猛醒！

那么，怎么算是"功成身退"，是不是一定要到深山老林里去。不是的，不能对功成身退做这么狭隘的理解。"功成身退"就是要求有功者不要居功自傲，不要总是摆老资格，动不动说我当初怎么样，我怎么有功劳。如果能做到放低姿态，谦和为人，及时让贤，奖掖后进，即便是身在朝廷，也同样是"功成身退"。

关羽败走麦城

关羽是三国时期蜀汉最为重要的将领之一，也是小说《三国演义》中的一个关键人物，在生前曾受封汉寿亭侯，拜前将军，死后谥壮缪侯，最为刘备器重和信任。关羽在身后逐渐地被人神化，及至清朝，更被尊誉为"武圣"，对关羽顶礼膜拜者为数甚众。关羽虽然武艺超群，威名赫赫，尤其重义守诺这一点最是值得后人景仰，但是他同样也有着一些严重的缺点，而正是他性情中的这种缺陷，导致了他最后的兵败身死。

建安十九年，即214年，刘备进军益州，在此过程中收降了马超，并对其委以要职，拜他为平西将军。关羽听说之后，颇有些不服气，心想，马超是何等角色，竟然也能受封如此之高？故而，就产生了与马超比武以示高下的想法，可关羽当时驻守在荆州，于是就先给诸葛亮写了一封信，信中问道："超人才可比谁类？"就是问，马超的能力与谁相当呢？诸葛亮对关羽的脾气颇为知晓，如果他真地来与马超比试，结果不论孰胜孰负，都是有伤和气的，于是在回信中对关羽好言相劝，说道："孟起（马超字孟起）兼资文武，雄烈过人，一世之杰，黥（英布）、彭（彭越）之徒，当与益德（张飞字益德，《三国演义》中作"翼德"）并驱争先，犹未及美髯公之绝伦逸群也。"诸葛亮在信中的用词十分巧妙，他首先对马超做了一番赞美，接着又举出英布和彭越作为比量——英布和彭越都是汉高祖刘邦手下的大将，皆功名显赫——然后又说道，马超堪与张飞并驱争先，最后，话锋一转，道出了最为关键的一句，马超虽然如此卓越不凡，但是比起美髯公您来，还是逊色三分的。关羽看得此信，颇为受用，因为满足了自傲的心理，也就打消了找马超比武的想法，并且将信件传示众人，很为自满地说道："知我者，孔明也。"实际上，诸葛亮在信中所说的完全是一种策略之辞，可是关羽在骄傲心理的作祟之下，却全然不觉。

建安二十四年，即公元 219 年，黄忠因为斩杀了曹军名将夏侯渊而晋升为征西将军。同年，刘备自立为汉中王，任命关羽为前将军，黄忠为后将军，张飞为右将军，马超为左将军。诸葛亮对刘备说："黄忠的名望向来不及关羽、马超，而现在令他们同列为将军，马超和张飞就在近前，是亲眼目睹了黄忠的功绩的，可以明白是怎样一回事，但是关羽身在遥远的荆州，怕是会不高兴吧，如何才能消除这一顾虑呢？"刘备听后说道："孤自有办法解决。"随即便派遣益州前部司马费诗去给关羽送印绶，并且进行了认真的嘱咐。果然不出诸葛亮的料想，关羽闻知黄忠与自己受封相同的品级之后，立时大怒，吼道："大丈夫终不与老兵同列！"遂不肯接受任命。费诗见此情景，就劝说道："建立王业者，任用的都不会只是一个人。当年萧何、曹参是高皇帝（即汉高祖刘邦）少小时的亲旧，而陈平、韩信则是此后从别处归降来的，韩信的地位却居于最上，然而从来没有听说萧何、曹参对此抱怨过，现在汉升（黄忠字汉升）因为一时之功而得到隆重的礼遇，但是论起情意的厚薄，他又怎能与君侯（对关羽的敬称）相比呢？王（指刘备）与君侯臂犹一体，同休等戚，祸福共之，愚以为君侯实不应当介意官号的高下与爵禄的多少。"关羽听了这番话，深为感动，遂接受了封印。

同年七月，曹操与孙权交战，关羽乘此机会进攻曹操的领地樊城。樊城是魏、蜀、吴三家皆欲夺取的战略要地，为了更好地卫守樊城，曹操又派于禁和庞德去支援驻守樊城的曹仁。曹仁命令于禁和庞德的援军屯驻在樊城之北，以得相互接应，然而他们共同忽略了一个关键因素，就是樊城之北地处低洼，而其时又正值暑期。八月，连降暴雨，汉水猛涨，援军所驻之地悉被水淹，不战自破。关羽乘此良机出动战船急攻，擒于禁，杀庞德，水淹七军，大获全胜。

此番战役，关羽威震华夏，达到了人生中辉煌的顶点。然而，也正应了那句老话，叫作"物极必反"。于禁、庞德的失败，令樊城岌岌可危，曹操为此异常惶恐，甚至与部下商议起了迁都之事，但是这遭到了司马懿和蒋济的反对，他们认为，于禁和庞德为关羽所破，是水灾所致，而不是战守的失利，这一失败并未影响到国家大计，若就此迁都，恐为敌所笑，况且一旦迁都，必将影响到人心的安定。他们进而分析说，刘备和孙权只是表面上亲近，而实际关系则是很疏远的，现在关羽取胜，这一定是孙权所不愿看到的，不妨劝喻孙权，令其袭击关羽的侧后，如此一来，樊城之围可解。

于是，曹操修书与孙权，承认其江南的领主地位，并且劝说其攻击关羽，夺取荆州。孙权见信大喜，欣然允诺。其实，孙权与关羽之间早有裂隙。赤壁之战后，刘备尚无一块妥当的立锥之地，于是向孙权借取荆州而暂安。孙权出于联合刘备抗击曹操的需要而答应了这一请求，但是刘备取得了益州之后，并无归还荆州之意，而把守荆州的关羽态度尤其强横。孙权曾有意令自己的儿子与关羽的女儿结亲，可是关羽不把孙权放在眼里，不仅拒绝了求婚，还辱骂了使者。在荆州问题的商讨中，关羽也多次以自己的傲慢来对待东吴使臣。这些使得东吴一方对关羽极为愤恨。而当时力主孙刘联合的鲁肃已经病故，代替鲁肃职位的重臣吕蒙则主张除掉关羽。于是，孙权决定趁关羽同曹军交战之机，派遣吕蒙出兵荆州。

关羽也料想到孙刘联合是并不稳固的，因此对东吴一方严加防范。吕蒙见蜀汉军队防守无懈可击，就佯称生病，上书孙权要求回到后方疗养。孙权于是公开发布命令，让吕蒙回到建业疗养，而调换陆逊来接替吕蒙。陆逊当时年少，虽然颇富才华，但是并没有什么大的声望，因此关羽就很不把他放在眼里，加之陆逊到任之后，又给关羽写了一封信，信中对关羽极尽恭维之能事，并且劝他继续进军樊城，夺取彻底胜利。关羽看到陆逊的来信，不免有些飘飘然的感觉，他见陆逊对自己如此谦恭，也就更加放松了警惕，而将更多防守的兵力调去攻打樊城。关羽留下守卫荆州的糜芳和傅士仁平时就因为关羽对他们傲慢而心怀不满，这次留守后方兼理后勤，就颇有些怠慢，因而前线的粮食供给就很吃紧，关羽为此而大怒，声称回到荆州之后将对他们严加惩治。糜芳和傅士仁因此颇为焦急，遂起了叛心，在东吴大军兵临城下之时，即献城出降。吕蒙遂一举夺回了刘备占据多年的荆州。

后方出现了如此重大的事故，前方的关羽却浑然不觉。为救樊城，曹操将此消息通知了关羽。关羽得知后方寸大乱，一时颇为踌躇，因为若不行撤退，则腹背受敌；而若撤退，则前功尽弃。造成关羽犹豫不决的一个重要的原因是他未曾料想到糜芳和傅士仁献城投降，而误以为荆州虽然遭袭，但是尚有一定的防守力量，不至于很快就失陷。此时，曹操已派遣重兵营救樊城，而孙权正在紧锣密鼓地进行布防，以切断关羽的退路。在与曹军的交战中，关羽中了徐晃的声东击西之计，导致阵营大乱，而荆州失守的消息也已传到蜀军之中，于是关羽只得撤退。

此时的关羽已经陷入进退失据、腹背受敌的窘境，外无援军可待，内部军士又因为家门失守而锐气大挫，真是万分艰难。无奈之下，关羽只得西走麦城。陆逊、吕蒙乘胜追击，麦城又三面被围。关羽只得再行突围，但此时他手下的兵力已经很少，遂不敢走大路，而选择了麦城北边通往西川的小道。而吕蒙已经料到关羽必择小道而行，早已做好了埋伏。关羽从此路出逃时果为吴军所擒。孙权劝说关羽投降，关羽宁死不叛蜀汉，遂被杀害。

陈寿在评价关羽之失败的时候说："然羽刚而自矜，飞暴而无恩，以短取败，理数之常也。"换一种更为明了的说法，关羽就是因为骄傲轻敌才给自己招来了败亡之祸啊。

第十章

长而不宰

【原文】

载营魄抱一①,能无离乎②?专气致柔③,能如婴儿乎?涤除玄览④,能无疵乎⑤?爱民治国,能无为乎?天门开阖⑥,能为雌乎⑦?明白四达,能无知乎?生之,畜之⑧。生而不有⑨,为而不恃⑩,长而不宰⑪,是谓玄德⑫。

【注释】

① 载:有三种解说,其一,"载"为句首助词,无意义;其二,"载",即抱的意思,在同一句话中,同一意义常常用不同的字来表达,因此在这一句中,用"载"来代替"抱"字;其三,"载",为承载之义,"载"营魄,也就是将营魄安顿好。营:魂的意思。抱:保持之义。一:合一;又说,这里的"一",指的就是"道"。

② 离:离开。

③ 专:结聚,集中。气:气息,精气。致:追求,达到。柔:柔和。

④ 涤除:洗净,排除。玄:微妙之义。览:又作"鉴",就是镜子,这里含有观照之义。

⑤ 疵(cī):瑕疵,毛病。

⑥ 天门:"天"含有自然之义,"门"指的是与外界接触的通道,"天门"即天赋的通道,指人体的耳、目、口、鼻等感觉器官。阖:同"合",闭合之义。

⑦ 雌:指母性中的温柔、宁静等特点。

⑧ 畜(xù):养育。

⑨ 有:占有。

⑩ 为:帮助。恃:仗恃,居功。

⑪ 长(zhǎng):作为首长,含有引导之义。宰:主宰,控制。

⑫ 玄德:玄妙的道德。

【今译】

　　精神与形体相配合，持守住"道"，能够做到不离开吗？集中精气，达到柔和，能够做到像婴儿一样吗？涤除杂念而深入观照，能够做到没有瑕疵吗？爱护人民，治理国家，能够做到无为吗？自然的感官在接触外物时，能够做到宁静平和吗？明晓各种事理之后，能够做到不使用智巧吗？滋生万物，养育万物。生养了它们却不据为己有，帮助了它们却不自恃有功，引导了它们却不进行宰制，这就是玄妙的道德啊！

【解析】

纯洁无染的婴儿状态

　　"载营魄抱一"，说的就是魂魄合一，"营"就是魂的意思，现在"魂魄"常常用作一个词，但"魂魄"原本是两个词的。简单地说，魄，代表着人的形体感觉；魂，代表着人的精神思维。因此，"营魄合一"就可以理解为精神与身体的合一。老子问，精神与身体合而为一，能够不相分离吗？对此，我们要进行反观，精神与身体是可以分离的吗？表面上看来，精神与身体就是合一的，是不可分的，魂灵出窍之类的说法是不科学的，精神只能依从于身体而存在，从这种意义上来讲，精神与身体必然是合一的，谈不上分离不分离。可是，如果从另外一种意义上来讲，精神与身体的确会出现相互分离的情形。人们经常会听到这样一句说辞，叫作"身不由己"。什么叫作"身不由己"呢？也就是说自己的身体不能由自己来控制。对于这一说法，当分作两种情况来看。在一种情况下，身不由己是由外力的迫使所造成的，一个人不喜欢做那样的事，但是有着某种外在的压力逼迫着他不得不那么去做；而在另一种情况下，可能并不存在什么外在的压力，身不由己完全是自我的控制力薄弱所造成的。这就涉及到自制力的问题。古罗马的基督教神学家圣保罗曾多次说过这样一句话："我的心里是愿意的，但身体是软弱的。"这话乍听起来很矛盾，可在现实当中，很多人的确就是这样的，甚至可以说，心志很坚强，能够对自己的心中意愿做到彻底的身体力行的人是比较少的。因此，超强的自制力才被看作是一种宝贵的品质；因此，老子才问道："载营魄抱一，能无离乎？"在老子看来，使得精神与身体相合为一，正是"道"的基本要求之一。

　　老子提出的第二种诘问是："专气致柔，能如婴儿乎？""专气致柔"，指的是集中精气，达到一种柔和的状态。老子认为，柔和的状态才是符合"道"的。晋代名将刘琨在《重赠卢谌》一诗中写道："何意百炼钢，化为绕指柔！"意思是，哪曾想到，原本那么坚硬的钢铁，千锤百炼之后却柔软得可以在指间缠绕。刘琨的原意是表达自己身为久经沙场的英雄而今却无用武之地的悲慨，这两句诗却往往给人以另外一种角度的启发，那就是原本强硬的性情，经过辛苦的磨炼之后，可以变得平和柔顺。这种"柔软"的境界是比"强硬"的境界更高一筹的，套用老子的思想，"绕指柔"的状态才是符合"道"的精神的。其实，这并非仅仅是老子一人的见解，甚至也不仅仅是中国人这样看，英国人以风度优雅著称，因此被誉为绅士的国度，而英语中的"绅士"一词是如何表达的呢？是 gentleman，这个单词由 gentle 和 man 两部分构成，gentle 是温柔的意思，而 man 就是（男）人的意思，从构词上来讲，所谓绅士，也就是温柔的人、和善的人，而这种温柔和善的性情是与高贵的品质联系在一起的。而在老子这里，柔和随顺就更上升到了哲学的层面。

　　老子问道，柔和随顺，能做到像婴儿一样吗？《老子》一书中，不止一次地提到"婴儿"一类的词语，例如，第四十九章，老子说道："圣人在天下，歙歙为天下浑其心，百姓皆注其耳目，圣人皆孩之。"第五十五章，老子又说："含德之厚，比于赤子。"在上面两句引文中，"孩"和"赤子"与"婴儿"都是同类的含义。在第二十章，老子也曾说道："我独泊兮，其未兆，如婴儿之未孩，儽儽兮，若无所归。"那么，老子为什么经常以婴孩来作比喻呢？这就是因为婴孩有着特殊纯朴的品质，没有经过任何世俗的沾染和人为的教导，心中毫无杂念，不会怀有任何巧诈的意图，一切随顺自然，而这，正是符合老子的"无为"之道的。可是，一个人既已长大之后，又如何能够回复到婴儿的那种心理状态呢？大家知道，在智力商数的测量上，是分作不同的年龄来比照的，如果一个上了年岁的人，心智的发育程度还像个小孩子一样，那不是成了白痴吗？老子这么来比喻，当然不是要人们的智力发展阶段都停留在婴儿的水平上，而是强调心地的纯洁。

佛教禅宗五祖弘忍大师的得意弟子神秀禅师曾经吟过这样一首偈子："身是菩提树，心如明镜台。时时勤拂拭，勿使惹尘埃。"而当时尚未研究过佛学、后来成为弘忍大师继承人的慧能法师则说道："菩提本无树，明镜亦非台。本来无一物，何处惹尘埃。"在慧能看来，明镜台之所以要时时地去拂拭，是因为心中存有尘念，如若心中无此概念，本不招惹，又何须去拂拭呢？慧能法师所说的"本来无一物，何处惹尘埃"的境界是与老子所讲的"道"有着共通之妙的。但是这所谓的"无一物"，并非说是毫无感知，而是讲心地纯洁。当代著名作家王蒙在青年时期所写的短篇小说《组织部来了个年轻人》中表述了这样的观念："经验要丰富，心地要纯洁。"而老子所讲喻的"婴儿之状"，也就恰同于此，一个人，你的人生经历可以很复杂，你的思想可以很丰富，你可以知道得很多，你也懂得很多的行事技巧，你也懂得权术韬略是怎么一回事，但是你并不会因为这些而使得自己原本纯洁的心地遭受污染，即使你受到了别人的欺辱，你也并不会因此而去欺辱别人，而是对他人依然以善美之心相待，这就是老子所诘问的"能如婴儿乎"的现实意义。

推动发展而不居功

老子说："生之，畜之。生而不有，为而不恃，长而不宰，是谓玄德。"类似的表述，在第二章就出现过，而在后面又有提到。如果说重复是为了强调，由此可知，老子对此番道理是极为看重和强调的。"生之"和"畜之"就是生养和养育的意思，而"之"指代的是世间的万物。

生养了它们却不据为己有，帮助了它们却不自恃有功，引导了它们却不进行宰制，谁能够做到这样呢？只有神妙的"德"。在老子的哲学体系中，"道"是不可形见的，但是人们可以进行间接的感悟，"道"落实到具体的事物当中，就表现为"德"。所谓"玄德"，指向的就是"道"。

1919年，鲁迅先生在《新青年》上发表了《我们现在怎样做父亲》一文，文中说道："对于家庭问题，我在《新青年》的《随感录》（二五、四十、四九）中，曾经略略说及，总括大意，便只是从我们起，解放了后来的人。论到解放子女，本是极平常的事，当然不必有什么讨论。但中国的成人，中了旧习惯旧思想的毒太深了，悟不过来。譬如早晨听到乌鸦叫，少年毫不介意，迷信的老人，却总须颓唐半天。虽然很可怜，然而也无法可救。没有法，便只能先从觉醒的人着手，各自解放了自己的孩子。自己背着因袭的重担，肩住了黑暗的闸门，放他们到宽阔光明的地方去；此后幸福的度日，合理的做人。"

鲁迅先生在这篇文章中还论说道："食欲是保存自己，保存现在生命的事；性欲是保存后裔，保存永久生命的事。饮食并非罪恶，并非不净；性交也就并非罪恶，并非不净。饮食的结果，养活了自己，对于自己没有恩；性交的结果，生出子女，对于子女当然也算不了恩。——前前后后，都向生命的长途走去，仅有先后的不同，分不出谁与谁的恩典。"

文中接着说道："可惜的是中国的旧见解，竟与这道理完全相反。……性交是常事，却以为不净；生育也是常事，却以之为天大的大功。……此后觉醒的人，应该先洗净了东方固有的不净思想，再纯洁明白一些，了解夫妇是伴侣，是共同的劳动者，又是新生命创造者的意义。所生的子女，固然是受领新生命的人，但他也不永久占领，将来还要交付子女，像他们的父母一般。只是前前后后，都做一个过付的经手人罢了。"

文章的后面，鲁迅先生提出了这样的建议："第三，便是解放。子女是即我非我的人，但既已分立，也便是人类中的人，因为即我，所以更应该尽教育的义务，交给他们自立的能力；因为非我，所以也应同时解放，全部为他们自己所有，成一个独立的人。""总而言之，觉醒的父母，完全应该是义务的，利他的，牺牲的，很不易做；而在中国尤不易做。中国觉醒的人，为想随顺长者解放幼者，便须一面清结旧账，一面开辟新路。就是开首所说的'自己背着因袭的重担，肩住了黑暗的闸门，放他们到宽阔光明的地方去；此后幸福的度日，合理的做人。'这是一件极伟大的要紧的事，也是一件极困苦艰难的事。"

简略地说，鲁迅先生在这篇文章中表达了这样的观点：父母生育子女并非有恩，因而也就不应当以此来居功，视自己为子女的主人，对他们严加看管，而是应当令子女享有充分的自由，"全部为他们自己所有，成一个独立的人"，令他们"幸福的度日，合理的做人"。也许，阅读了鲁迅先生的这些话，我们就可以对老子所说的"生而不有，为而不恃，长而不宰"有更好的理解和更深的体会。

【为人之道】

坐怀不乱的柳下惠

"坐怀不乱"作为一则成语，常用来形容人们在各种诱惑面前毫不动心的令人敬佩的表现，尤其指在男女关系方面没有非分之想。这则成语源出于历史上的一个典故，而"坐怀不乱"所说的人物就是柳下惠。

柳下惠是春秋时期鲁国人，为鲁孝公的后裔，姓展，名获，字禽，而之所以称作"柳下惠"，是因为他的食邑（即封地）为柳下，而他死后得谥号为"惠"。柳下惠曾在鲁国担任士师，这是一个掌管刑罚狱讼之事的卑微职位。当时鲁国公室衰败，朝政把持在臧文仲等人手中。柳下惠生性耿直，不事逢迎，因而屡屡得罪权贵，先后多次受到黜免，很不得志。但是柳下惠对于加在自己身上的不公待遇从无怨言，而是召之即来，弃之即去，只要是身居其职，就勤勤恳恳，认真地将工作做好；一旦遭受罢免，也不会有什么不满的表示。柳下惠虽然在鲁国的官场上很受排挤，但是他的声望非常之高，其他各诸侯国争相遣人来邀请他，并许之以高官厚禄，然而柳下惠都一一拒绝了。有人对此表示不解，柳下惠解释说："直道而事人，焉往而不三黜？枉道而事人，何必去父母之邦？"意思是，自己在鲁国之所以屡被黜免，是因为立身正直。如果坚持这种为人做官的准则，到哪里能免于遭受罢黜的结果呢？如果放弃了这样的原则，在官场上曲意逢迎，那么在鲁国也同样可以得到高官厚禄，又何必离开生养我的父母之邦呢？可见，柳下惠对自己的为人与仕途的得失之间的关系看得非常清晰，他并非不通世故，不晓得升官之术，但是他宁可不做官，也要保持自己为人的原则，正因为如此，他才将自己的屡遭罢免看作很正常的事情，于是也就不会怨天尤人。

还有一件事，也有力地体现出柳下惠正直的品行。齐国与鲁国相邻，但是齐国强大，而鲁国弱小，齐国屡屡对鲁国表现出欺凌之意。一次，齐国又向鲁国索要传世之宝岑鼎。当时的鲁国国君是庄公，他当然舍不得将此宝物白白地送与齐国，可是如若不送，又得罪不起齐国。正在为难之际，有人提议，何妨铸一假鼎献与齐国？鲁庄公有意采纳此项建议，不料，齐国方面提出，为提防鲁国用假鼎欺骗齐国，只有令以真诚正直而闻名天下的柳下惠来做担保，齐国才肯相信鼎是真的。于是，鲁庄公便派人去请柳下惠。可柳下惠说："信誉是我一生唯一的珍宝，如果我说了假话，就等于自毁珍宝，让我毁掉自己的珍宝而保留鲁君的珍宝，这样做是不是太不公平啦？"无奈之下，鲁庄公只得将真正的岑鼎送给了齐国。

柳下惠正直的行迹不可胜数，而其中流传最广的就是"坐怀不乱"这个典故。柳下惠一次外出的时候寄居在城门之外，当天夜里非常寒冷，忽然有一个找不到地方住的女子前来投宿，这个女子的衣着十分单薄，已经被冻得不成样子，柳下惠好心地收留了她。但是由于天气过于寒冷，而这个女子穿得又太少，她在屋里也是感到很冷，可柳下惠临时外出，身边也没有多余的衣物，于是，他便解开衣襟，让女子坐在自己的怀里，从而让她温暖一些。就这样，女子在他的怀里坐了一夜，直到天亮之时女子离开，柳下惠没有发生任何越轨的行为。这一事迹传扬开来，此后人们就常常以"坐怀不乱"来形容某人在色诱面前毫不动心的正直善良的表现。

西汉学者毛亨在注释《诗经·小雅·巷伯》时还提到了这样一件事：在鲁国的一个小村庄里，住着一个单身的青年男子，他的邻院住着一个年轻的寡妇。一天夜里突然刮起了大风，寡妇住的茅屋被大风掀倒了。如此一来，寡妇无处安身，就去敲邻家男子的门，请求借宿一晚。这个男青年隔着门对站在门外的寡妇说："如果你我都是六十岁以上的老人，住在一个屋里也无所谓，可是你很年轻，我也很年轻，孤男寡女同处一室，实在是不方便啊，所以我不能让你进来。"这个寡妇急着说："难道你就不能学学柳下惠吗？"男子说："柳下惠可以开门接纳你这样的女子，但是我不能；我这是在以自己的方式向柳下惠学习啊。"寡妇没有办法，只得再找远一些的地方去投宿。

柳下惠的人品，就如同老子所说的"婴儿"一样，他并非不知男女之事，但是对于坐在自己怀里的女子毫无非分之想，心地纯净得仿佛初生的婴孩。至于那个青年男子，虽然他的人品也是很端正的，但在心念中还与柳下惠有着很大的差距。柳下惠可以"坐怀不乱"，但是那个男子不敢保证能在难以抵挡的诱惑面前毫不动心，所以，与其让自己去做那种没有把握的事情，莫不如干脆就让自己避开那种诱惑好了。他拒绝寡妇进屋，也是为了避免非礼行为的发生，因此，他说自己是以另一种方式在学柳下惠。但是柳下惠之所以能够"坐怀不乱"，是因为他的心地毫无杂念；而那个男子让自己远离诱惑，则是出于礼法的要求，所以他对柳下惠只学得其表，却未学得其实。

第十一章
无之为用

【原文】

三十辐共一毂①，当其无②，有车之用。埏埴以为器③，当其无，有器之用。凿户牖以为室④，当其无，有室之用。故有之以为利⑤，无之以为用⑥。

【注释】

① 辐：车轮中连接轴心和轮圈的木条。共：即"拱"，拱卫、集中的意思。毂（gǔ）：车轮中心车轴穿过的圆木。

② 当：正是之义。无：空无，空虚。

③ 埏（yán）：搅拌，揉合。埴（zhí）：泥土。

④ 户：原义为单扇的门，后来也用于门的泛指。牖（yǒu）：窗户。

⑤ 利：便利。

⑥ 用：作用。

【今译】

车轮上的三十根辐条集中到一个车毂中，正是因为它有了中间空虚的地方，才有了车的用处。揉合泥土制作陶器，正是因为陶土的中空，才有了器皿的用处。开凿门窗制作房屋，正是因为门窗的空隙，才有了房屋的用处。因此，"有"带来便利，"无"带来用处。

【解析】

"无"的用处

老子在这一章集中阐述了一个问题："有"和"无"的辩证关系。关于"有"和"无"，第一章就提到过，在第二章，老子更是直接提出："有无相生"，而本章就可以看作是老子对"有无相生"这一论点的进一步阐发。

老子举出了三个例子：车、器和室。车的最关键的组成部分是什么呢？是轮子，车可以没有其他的部件，而唯独不能没有轮子，有了轮子才能叫作车。现在的车轮有多种不同的种类，而古代的车轮是比较单一的，它是由辐条构成的，一般是每个车轮三十根辐条，这些辐条全都集中到轮子的中央，这个中央的部位就叫作"毂"，这就是"三十辐共一毂"的含义。轮子怎样才能发挥它的作用呢？是通过转动来发挥作用的。不只要转动，还需要通过轴心将轮子固定起来，这样，轴心之处就必须是空的。即使是现在，车轮多种多样，但是不论是哪一种车轮，它的轴心部位也一定都是空的，因为只有如此，才能发挥车子的作用。

对于器呢？器，就是器皿，指各种用来盛装东西的用具，特别是指陶器，因为在上古时期材料科学还很不发达，用来制作物品的材料远没有现在这么丰富，所以用泥土制成的陶器是应用最多的器皿。揉合泥土做成陶器，只有做成空的，才能发挥出器皿的作用，不然，也就没有办法盛东西了。

对于房屋也是一样的，里面是空的，才能住人，才有房屋的用处。中国古代有一个官职的名称可以说是对于这一点做了很好的说明，这个官职就是"司空""司"是掌管的意思，因此有很多官位都以"司"来命名，如司寇、司马、司徒、司士等，而"司马"之类的复姓也就是由官职转化而来的。那么，"司空"是掌管什么的官职呢？是工程建设。这显得很有趣味，"空"与"建设"有什么关系呢？这就是老子所说的："凿户牖以为室，当其无，有室之用。"想要建筑什么，都得进行挖空的工作，所以这个官职才叫作"司空"。

总而言之，这些东西给人们提供便利，是因为"无"才发挥了它们的用处。试想一想，如果车毂不是空的，车轮也就不能转动，那么车也就无法运行了；如果陶器和房屋不是空的，里面也就不能盛东西和住人，那么，是不是它们也就没有陶器和房屋的用处了呢？表面上看来，似乎是各种"有"在提供着便利，实际上发挥作用的却是各种"无"。这就是"有"与"无"的辩证关系。

实际上，"有"与"无"是一种互补的关系，"有"的发挥作用，依赖于"无"，同样，"无"的发挥作用也依赖于"有"。失去了"有"，也就无所谓"无"；失去了"无"，也就无所谓"有"。"有""无"一定要相互结合才能发挥作用。以老子所举的例子来说，车子、器皿和房屋，都是因为"无"才能发挥各自的用处。可是，从另一面来看，也正是因为它们的"有"才发挥了用处。所谓的"无"，都是因为"有"才形成的。车轮的轴心是空的，可它的周边是实在的；陶器的内部是空的，可它的外围是实在的；房屋的里面是空的，可它的边框是实在的。正是有了这些实在，它们才有了各自的作用。同样，"此时无声胜有声"的音乐效果也是以"有声"作为背景才得以实现的，如果一直都是无声的，那还谈什么胜有声呢，那还能叫作音乐吗？对于一幅画来说，如果完全都是空白，片墨皆无，那不就成了一张白纸吗，还谈什么美术欣赏呢？对于一篇文章来说，如果说一个字都没有写，一点儿表露都没有，哪里还谈得上什么含蓄蕴藉呢？

"无为"是老庄思想中的重要命题，它对中华民族思维方式和行为方式的影响既深且远。把握无为的思想，既是我们了解历史，洞察世事的客观要求，也是我们在世上生存发展的有效策略。

当有则有，当无则无

在中国古代哲学中有一对极其重要的概念，叫作"阴""阳"。"阴""阳"的实质就是对立统一，这从太极图中可以最为直观地看出来，阴和阳既相互分割，又你中有我，我中有你，并且统一在一起。而"有"与"无"，就可以看作是"阴阳"关系的一种代表。"有"与"无"既相互区别，又相互联系，"有"中就包含着"无""无"中也包含着"有"。"有"之以"无"为用，"无"

之亦以"有"为用。而单纯的"无"和单纯的"有"都是失之于偏颇的，也就难以最好地发挥作用。

《庄子·山木》中有段话是这样说的："周将处乎材与不材之间。材与不材之间，似之而非也，故未免乎累。"这段话的背景是，一次，庄子在山中行走的时候看见一棵大树枝叶十分茂盛，可是伐树的人停留在旁边而不去砍伐它。庄子问为什么不去砍这棵大树呢，伐树的人说："这树没有什么用处。"庄子由是感慨地说："这棵树就是因为不成材而能够终享天年啊！"庄子走出山来，留宿在朋友家中。朋友叫童仆杀鹅来款待他。童仆问主人："一只能叫，一只不能叫，请问杀哪一只呢？"主人说："杀那只不能叫的。"第二天，弟子问庄子："昨天遇见山中的大树，因为不成材而能终享天年，可是主人的鹅，却因为不成材而被杀掉，先生你将怎样来对待呢？"庄子说："我庄周呀，将处于成材与不成材之间。"庄子的这种观点表达的是为人处世要把握好一种分寸，做到应时而顺变，不可拘泥于一方，应当争求达到这样一种境界："与时俱化，而无肯专为，一上一下，以和为量，浮游乎万物之祖，物物而不物于物"，也就是说，人要通过这种随顺的处世原则来过一种悠游自得的生活，役使外物却不为外物所役。

知晓了"有"与"无"之间的辩证关系，在做事的时候就要充分地掌握好"有""无"的分寸，在需要"有"的时候，就将"无"转化为"有"，而在需要"无"的时候，则将"有"转化为"无"，做到当"有"的时候则"有"，当"无"的时候则"无"。

那么，在现实中如何才能处理好"有"与"无"的关系呢？我们先来看一个事例。宁武子是春秋时期卫国的大夫，关于这个人，孔子有过这样的评述："宁武子，邦有道则智；邦无道则愚。"也就是说，宁武子这个人呢，在国家政治清明的时候就表现得很聪明，可是在国家政治很混乱的时候就表现得很糊涂。表现得聪明，是为了充分发挥自己的才智，为国家和人民做出应有的贡献，但是这种聪明不是在任何情况下都可以很好地发挥用处的，它需要的前提是国家政治的有序运行。比如说，对于一把刀，正常人用它来切割东西，所以刀使用在正常人的手里是越锋利越好，可是如果刀掌握在暴徒的手中，那么它越锋利，伤害性也就越大了。如果一个人的能力很强，在他辅佐的人很贤明的情况下，就会给天下带来很大的益处，可是如果他辅佐的人是一个毫无仁德的家伙，那么，他的才智发挥得越好，给社会所造成的害处不就越大吗？

孔子的贤徒冉求，就因为帮助季康子敛财而受到了老师孔子的严厉批评。在孔子看来，季康子已经非常富有了，可冉求还在帮他搜刮天下的财富，他一个人的财富增加得越多，广大百姓所拥有的财产就会变得越少，这是很不应该的事情。孔子对自己的其他徒弟说，冉求不是我的徒弟，你们可以敲着鼓去攻击他。在古代，鸣鼓是战争中进军的号令，代表着征讨，孔子认为，冉求的这种有嫌"助纣为虐"的行为是应当受到征伐的。所以说，一个人的聪明才智只有在适逢其时的情况下才能很好地发挥其用处。这就是"邦有道则智，邦无道则愚"的原因。

而"邦无道则愚"还有着更深一层的意义，那就是，当乱世之时，"愚"不失为一种明智的保身之道。做一个比喻，在一条运行有序的公路上，大家都遵守着交通规则，每辆车都按照一定的方向在一定的轨道上行驶着，这样，人们越是遵守交通规则，就越是有利于行驶；可是，如果这条路非常地混乱，大家都不遵守交通规则，全都四处乱闯，而有一个人行驶在这条路上却偏要遵守规则，那么他得到的结果只能是让自己被撞得遍体鳞伤，在这种情况下，只有和他人一样地不守规则，见机行事，怎么方便就怎么走，才可以在最大程度上使自己免于被撞。

清代著名的书画家和诗人郑板桥有一幅十分著名的匾额，上面题写的是四个字："难得糊涂"。人们常常称赞某个人真是聪明绝顶，可是，聪明不易得，糊涂则更难得，因为这种糊涂不是真的糊涂，不是智力没有开化的那种糊涂，而是超越了普通的聪明的那种糊涂，是看似糊涂，实为大智，人们常讲的"大智若愚"，说的就是这个道理。关于这一点，孔子也评价宁武子说："其智可及也，其愚不可及也。"就是说，他的聪明是别人可以达到的，而他的糊涂却是别人达不到的。对于宁武子来说，邦有道的时候就有智，邦无道的时候则无智，如此，在有智与无智之间自如地转换，则无论邦有道还是无道，自己都可以游刃有余地来应付，这就是合理地运用"有""无"之妙而带来的有利效果。

名相李泌

谈到对道之"有""无"的理解和运用，再也没有比李泌用得更深刻和灵活的了。李泌乃唐朝名相，在安史之乱后，以其大智大勇，使陷入动乱的唐王朝安定下来。

李泌幼年时便有神童之誉，受到名相张说、张九龄的赏识。有一次，张九龄准备提拔老实听话但才能不高的官员，恰好李泌跟在他身边。李泌很率直地对张九龄说，相公你自己也是平民出身，手握大权，向来正直无私，怎么会喜欢低声下气而缺乏节操人呢？张九龄听后非常惊讶，改口叫他小友并纠正了错误。

成年以后，李泌精研学问，尤其喜欢《易经》和《老子》，非常博学。他经常往来于嵩山、华山、终南山之间，访仙求道。此外，他还喜欢与佛门中人交往。相传他在修道期间，遇见一位名叫懒残的和尚，习得高深佛法。天宝年间，唐明皇忽然想起这位当年的神童，特召他进宫讲《老子》，并任命他待诏翰林，供奉东宫。所以，李泌结识并交好了诸位皇子。

安史之乱后，唐明皇仓皇出走川蜀，李亨在灵武即位，是为肃宗。肃宗即位后，知道李泌是大才，到处找他。此时，李泌已看到天下大乱，又得知肃宗即位，正是用人之际，便主动来到灵武。肃宗见李泌到来，大喜过望，立刻和他商讨当前的战局。李泌全面分析天下大势，并进行了全盘谋划。

他首先为叛军定性，认为安禄山、史思明等人，不过是一群乌合之众，没有图谋天下的野心，不过想劫掠一番而已。不出几年，就会衰败。对付他们的最好办法是不求速胜，务求彻底肃清，不留后患。至于具体战略，他认为应派大将李光弼驻守太原，出井陉口。命郭子仪攻占冯翊，进入河东地区，阻断范阳与关中叛军的联络。密令郭子仪故意开放华阴一线，让叛军沟通关中。这样一来，叛军既要北守范阳，又要西救长安，在千里战线上往来奔波，精兵锐卒必然会被拖成疲惫之师。而唐军则以逸待劳，反复截杀追击，消耗其有生力量。此后，再征调各路兵马，会师扶风，与太原朔方军联合攻击长安。派皇子建宁王李倓为范阳节度使，屯军长城一带，与李光弼互为犄角，以攻取范阳。如果他们得手，叛军就会丧失老巢，最终必然会在河南一带被诸将消灭。肃宗听罢，照单全收。可惜的是，由于急功近利，肃宗没有完全按照这个策略执行，致使河北留下后患。

李泌给肃宗帮了大忙，肃宗要封他做官。他坚辞不干，只愿以白衣之身为朝廷出力。肃宗也只好由他，碰到疑难的问题，常常和他商量，称他为先生而不叫他的名字。李泌虽然没有任职，却"权逾宰相"，为朝廷出谋划策，居中调度，责任甚重。但他常常做些荒诞不经的事情，比如，常以世外神仙自居，说些什么"麻姑送酒来"之类不着边际的话。史书上说，"泌有谋略而好谈神仙诡诞，故为世所轻。"

当时，肃宗喜欢建宁王李倓准备让他做天下兵马大元帅。但是，当时的皇太子是李俶，如此安排，有可能动摇太子的地位，不利于国家的稳定。李泌便秘密建议肃宗使太子做元帅，把军政大权付托给他。肃宗不情愿，但在李泌的说服下最终接受了。

　　肃宗非常痛恨李林甫，认为天下大乱，都是这个大奸臣造成的，要对他挫骨扬灰。李泌劝他说："陛下这样做，不是说太上皇犯了大错，当年用错了人吗？这不是间接地是给上皇大难堪，揭父亲的疮疤吗。你父亲年纪大了，又出奔在外，听到你这样做，会受不了打击而病倒，外人也会认为陛下不能安养老父。如此一来，父子关系就难以处理了。"此言一出，肃宗恍然大悟，搂着李泌痛哭。

　　由于李泌与皇上关系极为亲密，招来了权臣崔圆、李辅国的嫉恨。两京收复，大局已定，为了躲避随时都可能发生的灾祸，李泌便主动要求退隐，进衡山修道。肃宗准他退休，但赏赐给他了住宅和禄位。

　　没多久，唐明皇和肃宗相继去世。广平王李豫（即李俶）继位为皇帝，是为唐代宗。代宗登上帝位，立即召回李泌。皇帝不仅任命他为翰林学士，而且赐他府第，又强迫他娶妻吃肉。李泌这次没有坚持，全部奉命照做。但是，当时的宰相元载非常忌妒他，便找个机会外放他去做地方官。代宗也很无奈，只得派他外任。对于军国大事，李泌仍然不远千里地向代宗提出建议，代宗也必定采用。不久，元载犯罪伏诛，代宗立即召他还京，准备重用。但又遭到另外一位权臣的排挤，再迁任杭州刺史。

　　建中四年（783），朝廷发生泾原兵变，唐德宗逃往奉天。危难之际，德宗把李泌召到身边。不久，李泌正式出任宰相，又被封为邺侯。贞元五年（789），一代奇才李泌去世。

　　李泌身逢乱世，经玄宗、肃宗、代宗和德宗四朝，历次参与军国大计，运筹帷幄，抚平安史之乱，安定唐朝边陲；勤修内政，协调内部，保全太子，并使国家军政费用充裕；人事上保全功臣李晟、马燧，为唐王朝的稳定和发展做出了卓越的贡献。

　　安史之乱后，唐朝政局云谲波诡，许多名臣都不得好死。李泌执掌大权，身负国任，遭到许多权臣嫉恨，五次被排挤出朝廷。但是，由于他悟得大道，淡泊宁静，达到了顺应外物、无我无己的高深境界。他能把握住"有"与"无"的关系，该有则有，该无则无，一身绝学，"用之则行，舍之则藏"，既建功立业，又能避祸全身。李泌对大道的理解和运用，对今人有着重要启发。

第十二章

圣人为腹

【原文】

五色令人目盲①；五音令人耳聋②；五味令人口爽③；驰骋畋猎④，令人心发狂；难得之货，令人行妨⑤。是以圣人为腹不为目⑥。故去彼取此⑦。

【注释】

① 五色：指青、红、黄、白、黑这五种颜色，代指颜色的缤纷多样。目盲：指眼花，并非完全看不见的意思；下句的"耳聋"与此相类。

② 五音：指宫、商、角、徵、羽这五种乐音。

③ 五味：指苦、甜、酸、咸、辣这五种味道。爽：与当今习用的含义不同，这里指麻木的意思。

④ 驰骋：纵马疾驰。畋（tián）猎：打猎。

⑤ 行妨：指一切损害别人利益的行为，这里尤指偷窃、抢掠等行为。

⑥ 为：追求。腹：这里为饱腹之义，代指内在的满足。目：这里为悦目之义，代指外在的追求。

⑦ 去：舍去。彼：即"为目"。取：留取。此：即"为腹"。

【今译】

缤纷多彩的颜色使人眼花缭乱；各种动听的声音使人听觉迟钝；多种可口的滋味令人口感麻木；纵马打猎，令人心发狂；稀有的物品，令人行为不轨。因此，圣人只求饱腹而不求炫目。所以舍去外在的诱惑，而只留取内在的满足。

【解析】

美色妙音，迷人心智

这一章，老子先说出了五个排比句："五色令人目盲；五音令人耳聋；五味令人口爽；驰骋畋猎，令人心发狂；难得之货，令人行妨。"这五个句子，是层层递进的关系，前三句说的是人的感官，第四句就深入到了人的心理，而最后一句更进一步地提到人的行为。"五色""五音""五味"也是几个这样的词。"五色"，指的是青、红、黄、白、黑五种颜色；"五音"，指的是宫、商、角、徵、羽五种乐音；"五味"，指的是苦、甜、酸、咸、辣五种味道。其实，也可以不必这样拘谨地来理解，"五色""五音"和"五味"可以看作是泛指一切色彩、音乐和味道，尤其指悦目的色彩、动听的音乐和可口的味道。

我们或许会认为，在生活中拥有这么丰富的色彩、音乐和味道是一种很享受的事情，然而，老子是怎样看待这些的呢？他说：缤纷多彩的颜色使人眼花缭乱；各种动听的声音使人听觉迟钝；多种鲜美的滋味令人口感麻木。表面上看来，似乎这话说得很没道理，人们都为生活的单调而苦恼，哪还会因为生活的丰富多彩而不高兴呢？可是只要我们深入一些去想，就会发现老子所讲述的道理是非常实在的，因为过分地陶醉于声色之中的确是有伤于健康的。

我们可以观察到这样一个事实，古代与现代相比，生产力可谓十分低下，能够将肚子吃饱就很不错了，至于美味，往往都是奢求。但这只是对于普通百姓而言的，至于那些达官贵人，就是另外一番情形了。在古代，权力最大、财富最多的莫过于皇族，不是有这么句话嘛，叫作："普天之下，莫非王土；率土之滨，莫非王臣。"也就是说，整个天下都为帝王一人一家所有，这就是所谓的"家天下"。皇帝拥有着可谓是"取之不尽、用之不竭"的广大财富，生活可以说是最为优渥的了，声色之想、口腹之欲的满足当然不在话下，然而查一查历史就会发现，皇帝们大多寿命都不是很长，排除遭受谋害的那一部分，单就那些寿终正寝的皇帝来说，平均寿命也是很短的。

诚然，在古代，人的平均寿命远没有现代人的高，但是，古代人寿命低的基本原因就是生活条件的恶劣，想一想，如果连吃饱穿暖都很成问题，又哪里谈得上养生健体呢？至于缺医少药，更是极为常见的事情。但是对于帝王来说，并不存在这一方面的问题，即使说古代的医疗技术还不够发达，但至少在当时，皇帝所能享有的应当是最佳的医疗条件。如此说来，皇帝们的寿命应当是比较可观的，然而实际上却并非如此。在中国两千多年间所产生的几百个皇帝中，活到了70岁以上的皇帝只有10人左右。

其实，古代高寿的人并非罕见，比如说唐代著名的医药学家孙思邈，就活了102岁。而先秦时期的几大思想家，孔子、孟子、庄子、墨子、荀子等人每一位都活到了七八十岁，只有韩非子，仅活了五十几岁，但他是被害而死的，并非自然死亡。

这说明了，只要保养得宜，即使在古代，一个人也完全可以高寿。而享有高寿条件的人首推皇帝莫属，可是皇帝们的寿命很令人们失望。就拿最近的清朝来说，虽然出了一个中国历史上最高寿的皇帝乾隆，但是短命的皇帝也没有少出，顺治帝活了24岁，咸丰帝活了31岁，同治帝活了19岁，光绪帝活了38岁，如果不计清朝灭亡时只有6岁的末代皇帝溥仪，那么在有清一朝的11个皇帝中，就有4人在40岁之前就死掉了。再看一看最高寿的乾隆皇帝的儿子们，乾隆帝共有17个儿子，在这17人中，有7人还不到10岁就夭折了，长到成年的10个人中还有4人只活了二十几岁，寿命在30岁以上的仅有6人，而活到了七八十岁的仅有两人。乾隆时代是清王朝的鼎盛时代，在历史上以盛世著称，中国庞大的人口基数就是在乾隆时期奠定下的，当时可以说是一片四海升平的景象。在这样的社会背景下，皇家自然更是富不可言，精神上的忧虑也很少，因为不必像王朝初创之时那样兢兢业业、如履薄冰，也不必像动荡的末代之时那样为自家的江山如何保住而苦苦忧愁。那么，这些贵为金枝玉叶的皇子们却如此短命，问题出在哪里了呢？恐怕就出在老子所说的"五色令人目盲"的道理上。

老子生活在两千多年前物质财富还相当贫瘠的时代，但是他已指出了过当的享受所给人带来的危害。近年，有一种"富贵病"的提法，所谓"富贵病"，指的就是由于饮食营养过剩以及运动减少等因素而导致的高血压、脂肪肝、糖尿病、冠心病、肥胖症等病症，因为这些病症高发于生活条件较为富裕的地区，所以称之为"富贵病"。几十年前，很多中国人还因为吃穿而愁虑，现如今却已步入了初步富裕的小康社会，而与此同时，富贵病的多发也显示出一种令人堪忧的迹象。据统计，中国目前有高血压患者一亿六千万到两亿、脂肪肝患者一亿三千万、糖尿病患者五千万到七千万……并且，染患这些疾病的人数还在日益增加。另外，由于学生课业负担的沉重和电视、计算机等电子产品的普及，近视的发生率也呈现出逐年增高的趋势，这正体现了老子所说的"五色令人目盲，五味令人口爽"这句话。还有，环境污染和生态破坏在疾病诱因中的比重也越来越大，而这种污染和破坏在很多程度上就是因为人们的贪欲而引起的。这些都说明，人类在创造了前所未有的巨额财富的同时，也付出了相当高昂的代价。

玩物丧志，怀璧招贼

老子说："驰骋畋猎，令人心发狂；难得之货，令人行妨。"前一句说的是过度的娱乐会扰乱人的心志，人们常说的"玩物丧志"，就是这个道理；后一句说的是珍奇的东西会令人行为不轨，人们常说的"见财起意"，就是这个道理。

为什么说"玩物"会"丧志"呢？现在有一则流传很广的寓言：一只青蛙，如果把它扔进很烫的热水里，它会奋力地一下子就跳出来，可是如果将它放进冷水之中，它因为不感到烫，当然也就不会挣扎着跳出来，这时，给冷水慢慢地加热，青蛙就会在舒适的温水中很得意地享受着，当温度升高到令青蛙不能承受的时候，它再想往外跳就已经无能为力了，等待它的结果将是被煮熟。有人反驳说这是一个伪寓言，因为据其本人的亲身实验，将青蛙扔到很烫的水里，一下子就被烫死了，哪还会有气力跳出来？而将青蛙放在冷水中慢慢加热的时候，青蛙一旦感到不适，随时都可能跳出来，哪里会傻傻地待到水烫得不得了的时候才想起往外跳呢？也许这个寓言只是杜撰的，并不是根据自己亲见的事实来阐说的，也有可能二者实验的具体条件不同，因而产生了这种结果迥异的现象。但是不管怎样，这个寓言所说的道理还是很明显的，那就是孟子所言的"生于忧患，死于安乐"。当然，孟子并不是说，生存必然都是忧患的，一旦安乐起来就会死亡，而是说，安乐的生活会让人丧失掉警惕之心，使得自己即使身处危险之中也毫无察觉，而忧患则会使人兢兢业业地奋力进取。既然如此，就应当引以为戒，"驰骋畋猎"等能够"令人心发狂"的活动当适可而止。

在第三章，老子就说："不贵难得之货，使民不为盗。"这一章，老子又提到"难得之货，令人行妨"，可见，老子对"难得之货"是非常抵制的，抵制的原因就是"难得之货"会"使民为盗"，会"令人行妨"。在第三章的解读中我们已经分析过，"难得之货"是一种必然的存在，人们看重"难得之货"也是一种天然的心理，因而，想要在整个社会的范畴内消灭"难得之货"，消解人们对"难得之货"的求欲之心，是不现实的，也是消极的。但是在个人意义上讲，"不贵难得之货"还是有着重要的借鉴意义的。"陈平赤身脱险"的事例中，两个船夫就是因为贪图金钱，才生起了杀人害命之心；而陈平就是因为身无长物，什么贵重的东西都没有带，才得以脱离险境的。而所谓的"藏富"，在某种程度上也是有着避免他人"行妨"之考虑的。

汉灵帝光和五年（182年）十二月，中山无极（今河北石家庄无极县）人、上蔡令甄逸喜获第五个女儿，不幸的是，在小女儿年方三岁的时候，甄逸就病殁了。在众兄弟姐妹中，小妹最为聪颖，长到九岁的时候，就十分喜爱读书，而且见到陌生的字就认真地记下来，还常常使用兄长的笔砚。他的兄长对她开玩笑说：“你一个女儿家，应当学习女红才是，现在却天天以书为学，难道想当女博士吗？”她回答说：“闻古者贤女，未有不学前世成败，以为己诫。不知书，何由见之？”兄长听了，觉得小妹确非泛泛女流。时值东汉末年，灵帝昏庸，宠信阉宦，朝政十分晦暗，惹得天下人积怨颇深，终于引发了激荡天下的黄巾大起义。后来，黄巾起义虽然被平弭了，但是在平定农民起义过程中崛起的各方军阀混战不休，汉王朝再无力号令天下，已经名存实亡了。天灾人祸之下，百姓的生活十分困苦，因而常常将自家的金玉珠宝拿出来卖。甄家因为储存的谷物较多，家境较为富裕，就买进了不少宝物。她家的小女儿长大一些后，就对母亲说道：“今世乱而多买宝物，匹夫无罪，怀璧为罪。又左右皆饥乏，不如以谷赈给亲族邻里，广为恩惠也。”全家听了，无不赞同。这句话中提到的“匹夫无罪，怀璧为罪”，蕴含的道理就是老子所讲的“难得之货，令人行妨”。当其乱世，人人自危，大家连肚子都填不饱，为生存所迫，难免做出越轨之事，这个时候，如果你家里独富一方而对邻里不与周济，也就难免令人产生为富不仁之感，而人们“仇富”心理的产生，正是源自于富者的不仁。所以，甄家小女的建议可谓十分睿智。后来，这个小女儿被望族袁家纳为儿媳，她的公公就是大名鼎鼎的袁绍，丈夫是袁绍的二儿子袁熙。然而，数年之后，袁家在与曹操的争战对峙中一败涂地，甄氏也为曹军所俘获。是日，曹丕率军攻入袁家府邸，见到一个妇人蓬头垢面，暗自垂泣，模样十分不堪。其实，这是甄氏为了避免自己在乱军之中遭受侮辱而采取的保全之法。曹丕令她将脸洗净，将发髻理好，见其姿容十分姝丽，遂上奏其父曹操，纳甄氏为妻。人称，见财起意，见色思淫，甄氏正是通过掩藏自己的美色，才杜绝了他人的不轨之图。由此观之，老子所述之理，甄氏实为深谙，其幼时曾言“学前世成败，以为己诫”，视其日后所为，可知此言不枉。

不可放纵私欲

这一章的最后，老子说：“是以圣人为腹不为目，故去彼取此。”“为腹”和“为目”，都是代指，“为腹”指的是追求吃饱、穿暖之类的基本欲望的满足；“为目”指的是追求声色犬马之类的奢侈欲望的满足。“去彼取此”，指的也就是去掉“目欲”而留取“腹欲”，换一种说法，也可以讲成“去奢取寡”，实际上，老子在这一章所倡导的观念就是寡欲。

寡欲，是中国非常古老的一个思想传统，不仅道家这样提倡，儒家也同样提倡寡欲，例如，孟子曾说：“养心莫善于寡欲。”而墨家也同样倡导节用、节葬、非乐等具有寡欲性质的主张。为什么这些先贤圣哲们不约而同地都强调寡欲呢？其原因概有两点，其一，在于人类欲望的特殊性。欲望本是一种生物本能，但在人的身上与动物大有不同，一方面因为人类世界较动物的世界远为复杂，相比于动物的单纯欲望而言，人类的欲望呈现出纷繁之状；另一方面，动物的欲望追求仅限于几种基本的生理欲望的满足，而生理欲望一般而言都是有限度的，不会产生过度膨胀的问题，人类的欲望则不然，俗语说“人为财死，鸟为食亡”，这句话很好地表现出人的欲望与动物的欲望的区别，鸟为食而奔逐，人则为财而争斗，食者为一腹之欲，食量再大也是有限度的，有了一定的食物就可以满足；而财则是一种无限的欲望，人对财的追求是没有界限的，也就是说没有"满足"的可能，所以在于人类有贪得无厌之说，在于动物却不大可能出现这种情况。人们在形容某人贪婪的时候往往以虎、狼喻之，其实这是不大恰当的，人若贪婪起来，虎、狼又怎可比拟呢？而人类这种欲望的特殊性，就决定了人要常常遭受欲望得不到满足之苦（事实上，从一定意义上来讲，人的欲望必然是永远都不会获得彻底满足的），而与此同时，又有一些人因为追逐欲望不择手段而给社会带来罪恶与危害。这样，如何正确处理欲望的问题就成为思想家们所必然要认真面对的一大人生困局。既然人的欲望是没有止境的，是难以得到彻底满足的，那么也就要从逆向来找寻对策，约束人们的欲望之心，就如同孔子对颜回的称赞一样："贤哉！回也。一箪食，一瓢饮，在陋巷。人不堪其忧，回也不改其乐。贤哉！回也。"虽然身处贫苦，但是依然能够自得其乐，而无奢欲得不到满足的忧苦，如此一来，岂不人心自怡，而天下自安？当然，这并非提倡大家都以苦为乐，不去谋求创造更多的财富从而改善自己的生活条件，而是说人们对待贫苦的生活应当持有一种正确的态度，富贵虽然是人人都渴望的，但是若非以正当的手段得来，对于自己来讲也就全无所谓了，即如孔子所言："不义而富且贵，于我如浮云。"所谓"君子固穷，小人穷斯滥矣"，说的就是这个道理。

其二，寡欲主张的提出又有着特定的时代背景。在古代社会，生产力还很低下，整个社会能够创造的财富很有限，谈不上过多的积累，如果能够平均分配，一般的年景还是可以做到"无人不饱暖"的，可是在绝大多数的情况下，这种"无人不饱暖"的情状只是人们心中的一种理想罢了，几乎在每一个历史时期，都会有大批的人难以吃饱穿暖的，这其中固然存在着个人的原因，但是基本的原因还在于社会分配制度的不平均，豪强贵族们凭借既已占据的优势地位和手中掌握的暴力工具，分割了社会上的大量财富，他们占有的财富数量远远地超出了日常生活的基本需要，而更多地是用来享乐，商纣王的"酒池肉林"就是最显著的说明。而孟子曾经讲过这样的话："五亩之宅，树之以桑，五十者可以衣帛矣；鸡豚狗彘之畜，无失其时，七十者可以食肉矣；百亩之田，勿夺其时，数口之家可以无饥矣。"也就是说，在社会生产稳定而有序的前提下，五十岁的人才可以穿上帛制的衣服，也就是丝织品，而当时的大多数百姓还只能穿价格低廉的麻布衣服；七十岁的人才能吃上肉，因为肉制品的成本要比素食的成本高很多，所以百姓们还普遍都吃不起肉；这里提到"百亩之田"，也就是说好好地种百亩之田，一家的几口人才能免于饥饿。虽然古代的计量单位可能偏小，但百亩之田也一定是很大的一片田地，种那么多的地才够一家几口人吃的，可见当时田地的单位产量是相当低的。总之，孟子的这几句话表现了上古社会的这样一种事实，那就是普通百姓们想要吃饱穿暖还不是那么轻易的事情，与此相应，"酒池肉林"又是怎样的一番场景呢？虽然纣王的奢侈可能是一个极端，但是这代表了统治阶层的一种奢豪纵欲的普遍取向。而这些思想家们所一再强调的寡欲，主要就是说给这些贵族统治者听的，因为有机会读书、有机会受到教育的正是这些贵族们，从另一个角度来想，那些穷苦的平民连肚子都吃不饱，还一个劲儿地向他们鼓吹寡欲，又会有什么意义呢？那不是相当于劝导一个"麻杆儿"式的人去减肥吗？

宋代的理学家曾提出"存天理，灭人欲"的主张，这里所言的"人欲"实际上指的是超出人的基本生理欲求的过分的欲望。通过比照我们可以发现，其实"存天理，灭人欲"不过相当于是老子所言的"为腹不为目"的另一种的表述而已。而这一提法是备受抨击的，因为这是对人性的扼杀。平心而言，所谓"存天理，灭人欲"，其实质也无非是强调自来已久的寡欲观念而已，它说的与"为腹不为目"实际上是一回事，但是其字面表述在一定程度上背离了其真正的内涵，一说"灭人欲"，让人听起来就好像是要把人的一切欲望全都灭绝掉，而这并非此语的本意，如果那样的话，人的什么欲望都给剥夺了，人又怎样生存呢？它说的是"灭人欲"，却又悄悄地给"人欲"来了一番特有的界定，指出"为目"者，才是"人欲"，而"为腹"者，则划归为"天理"的范畴。这样的划分，虽然颇有可议之处，但还是存在着一定道理的，因为它将"人欲"给纯粹化了，即如"人为财死，鸟为食亡"而言，这种界定将"为食"（等同于老子的"为腹"）的一类归为"天理"，而"为财"的一类才称得上是"人欲"，它的可取之处是看到了人与动物的实质区别，但是它的提倡是倒行逆施的。为什么这么说呢？它将人的欲望与动物的欲望区分开来，却又将动物的欲望视作"天理"来肯定，而反过来要将人的欲望给杜绝掉，这实际上就相当于将人当作动物来要求了，人只要做到不冷不饿也就可以了，因为这是"天理"；可是如果你再想穿得漂亮一些，再想吃得可口一些，那对不起，这就属于"人欲"了，是人所不应当有的。既称之为"人欲"，却又主张"人欲"是人应当杜绝的欲望，这本身就蕴含着一种悖谬。如其所言，服饰文化和烹饪技艺的发展也就全都无从谈起了，因此，这种提法是落后的。

然而，尽管如此，老子所讲的"为腹不为目"也还是有着很大合理成分。现如今，时代和社会发生了翻天覆地的变化，人们的生活已经较为富足，已经走过了孟子所描述的那种贫苦微薄的简陋状态，但是，也应当意识到，生产力的发达和物质财富的丰盈都是相对而言的，时至今日，中国依然还有几千万的贫困人口，其中相当大的一部分连基本的生活保障都没有，而全世界的贫困人口更是高达10亿以上，所以说，当前世界的物质财富还远远没有达到极大丰富的程度。而即使将来有一天，我们的生活确实全都已经相当富裕了，寡欲的提法也并不会从此就失去意义，原因就是如前面的第一点所言，人的欲望是没有止境的，在任何时候，欲望的满足都是相对的，贪求奢欲，永远都是一种潜在的危害。

【为人之道】

狄德罗的袍子

狄德罗是法国著名的哲学家、文学家、美学家和教育学家，曾出版了涉及多个学术领域的大量书籍，并且主持编撰了法国的第一部百科全书，堪称欧洲18世纪的一个文化巨匠。狄德罗曾经写过一篇非常有趣的文章，题目叫作《与旧睡袍离别的痛苦》，文中讲述了这样一件事：有一个好朋友送给他一件睡袍，这件睡袍的质地和做工都非常精良，这令狄德罗感到十分的欢喜，当晚睡觉的时候就将它穿在了身上。可是这件华美的睡袍刚一穿上身，狄德罗就发现了问题，什么问题呢？不是袍子本身的问题，而是狄德罗感觉到，与这件高贵的睡袍比起来，自己的被子实在是太破旧了，袍子和被子放到一起，对比实在是太鲜明了，于是，第二天一早，狄德罗就去买了一套新的被子回来。当他满心欢喜地换掉自己的旧被子的时候，问题又出现了。这次又是什么问题呢？原来啊，狄德罗把旧被子一挪开，就露出了已经用了很多年的床，不仅被子旧，床也很旧了，此前旧被子和旧床一起用，没觉得什么，现在被子换了新的，床的破旧就给突显了出来，以新配旧，怎么看怎么不顺眼，于是，狄德罗干脆把床也换成新的了。但是问题并没有就此而止，新床一进来，桌子、椅子、柜子什么的，就都显得旧了，狄德罗索性就将所有的家具都换成了新的，然后又将墙壁、地面、天花板、窗户、门等等又都重新装修了一番。工程告竣之后，整个屋子焕然一新了，除了他这个人是旧的之外，就再找不出其他什么是旧的了。生活用品和居所虽然全都变成新的了，但狄德罗也因此花费了一大笔钱，为了和那件华贵的睡袍相匹配，狄德罗更换的用品也全都是同样高档的，花费了无数精力。为此，狄德罗深有感触，于是写了一篇文章，并且指出了这样一种情形：人们在单一地拥有了某件特别的新物品之后，总是会想办法配置更多新物品与之相协调，从而完全改变了自己原来的生活处境。这一结论后来在心理学上被称作"狄德罗效应"，又称"配套效应"。

与"狄德罗效应"相仿，还有一个"鸟笼定律"，就是说一个人原本并不养鸟，可是当有人送给他一个鸟笼之后，他就一定会养起鸟来，尽管他自己也许并不喜欢养鸟。因为如果他把一个空鸟笼挂在屋里，别人见了就会问他为什么里面没有鸟，那么他就要频繁地向人解释，而这会令他感到厌倦，索性就养了一只或两只鸟在里面，也就免却了别人的烦问，从而得到了一种心理上的轻松感。这一定律表明，人们会在偶然获得一件原本并不需要的物品的基础上，自觉不自觉地继续添加更多的自己原本并不需要的物品。

其实，狄德罗的发现以及"鸟笼定律"的提法并不新鲜，早在三千多年前，中国就已有人注意到这一点了，这个人就是商朝纣王的叔父箕子。一天，箕子到纣王这里来汇报工作，偶然见到纣王的生活有了一点小的变化，这个细节在别人看来，也许会毫不经意地就滑过去了，可是箕子的见识非同一般，他见此情景之后，真可谓诚惶诚恐，大惊失色。那么，是一个什么样的细节令箕子如此惊怖呢？表面看起来，完全没什么大不了的，箕子所见到的啊，就是纣王用餐之时的筷子换成了象牙的。大家都知道，象牙筷子是很高贵的，但是纣王身为天下之君，用一双象牙筷子不是太正常不过了吗，哪个帝王不是披金戴玉的啊，箕子又何必如此大惊小怪呢？原因就在于，纣王早年的生活是很朴素的，在人们的习惯和印象里，帝王们一个个挥金如土，但实际上并非如此，在历史上，也有个别帝王很具有朴素精神，比如说开启了"文景之治"的汉文帝刘恒，就是一个相当俭朴的皇帝，在生活方面甚至不比普通百姓优越多少，可谓是粗衣疏食，在建造自己陵墓的时候连金属都不要用，而只用材料遍地可取的砖瓦即可；再如清朝的道光皇帝，也是节俭得出了名的，穿的衣服是补了又补，简直可以叫他"花子皇帝"了。而纣王呢，一提起他来，人们都会想到"灌酒为池""悬肉为林"，想到炮烙之刑，想到豪贵的鹿台，想到他的昏庸和残暴，但是就史实而言，这只是后期的纣王，前期的纣王恰恰相反，是一个积极有为的好君主，而且在生活上也保持着朴素的作风，只不过，纣王没有能够善始善终，没有将这种良好的作风保持到他执政的最后，而这种转变，就从这双小小的象牙筷子上体现出来。箕子为什么对纣王改用象牙筷子感到如此惊心呢？也就是因为他意识到，这双象牙筷子会起到"狄德罗的袍子"一般的效应，这就叫作见微知著。果不其然，自此而后，纣王的生活就变得日益奢侈起来，真是欲尽天下之财以供一己之用而仍嫌之不足。虽然箕子、比干等忠臣屡次苦苦地劝谏，但是奢欲之心已经膨胀起来的纣王哪里听得进去这种逆耳的忠言呢？结果，一批赤胆忠臣相继被流放、囚禁或杀害，而纣王也最终成为了一代亡国之君。

第十三章

宠辱两忘

【原文】

宠辱若惊①，贵大患若身②。何谓宠辱若惊？宠为下③，得之若惊，失之若惊，是谓宠辱若惊。何谓贵大患若身？吾所以有大患者，为吾有身，及吾无身④，吾有何患？故贵以身为天下，若可寄天下⑤；爱以身为天下，若可托天下⑥。

【注释】

① 宠：得宠。辱：受辱。

② 贵：重视。

③ 下：卑下。

④ 及：等到，在这里含有假设之义。

⑤ 若：即"乃"，古声韵中"若""乃"相同，在这里为才可以的意思。寄：寄托，交付。

⑥ 托：委托。

【今译】

得宠与受辱都好像受到惊吓一般，重视大的祸患就如同重视身体一样。什么叫作宠辱若惊呢？得宠是卑下的，获得它时很惊恐，失去它时也很惊恐，这就叫作宠辱若惊。什么叫作贵大患若身？我之所以有大患，是因为我有身体，如果没有了这个身体，我又会有什么祸患呢？所以，像重视自己的身体一样在意天下的人，才可以将天下交付给他；像爱惜自己的身体一样爱护天下的人，才能够将天下委托给他。

【解析】

宠辱不惊

在这一章，老子谈论了两个问题，一个是如何面对宠辱，另一个是如何看重自己的身体，其实也可以说成是一个问题，就是如何看待人生之中的荣辱得失。

老子解释了"何谓宠辱若惊""宠为下，得之若惊，失之若惊，是谓宠辱若惊。"老子说，得宠是卑下的,这乍听起来令人难以理解,因为受宠是被别人看重的表现啊,怎么会是卑下的呢?原因就在于关系双方地位的不平等,所谓"宠"者,是一种上对下的关系,而下对上,无论怎样爱戴,都不能叫作"宠"。在古代,"宠"又特别用于皇帝对他人的赏爱,还有一个与"宠"很相近的词叫作"幸",皇上去某地,或者宠爱某人,就叫作"幸",而"宠""幸"二字也经常连用。我们可以很明显地体察到,受宠或得幸是被动的,只有地位在上者对自己给予青睐,自己才能够得到宠幸,说到底,得宠是一种接受施与的关系,而一谈到施与,也就有失平等了。有句俗话说,"吃人家的嘴短,拿人家的手软",接受了人家的施与,实际上就意味着在双方关系中给自己降了一阶,自己得到的是一种好处,可从另一个意义上来讲,这种好处又是一种绳索,它在让你品尝甜头的同时,也将你给束缚住了,由此你就会受到人家的拘牵了。

谈及"宠幸",在古代用到这一词语最为频繁的可能也就是皇帝的那些妃嫔们。皇帝往往有着数量众多的妃子,但是他不大可能对每个人都平等待之,其中必然有某些人得宠,而又有某些人不得宠,还有某些人既得宠又失宠。由此,得宠者荣耀加身,而不得宠者则会成为冷宫怨妇。当年,杨贵妃受到唐玄宗的宠幸之后,杨氏一家都受到封赏,杨贵妃的父亲追封为太尉和齐国公,叔叔擢升为光禄卿,母亲封为凉国夫人,大姐、三姐和八姐分别封为韩国夫人、虢国夫人和秦国夫人。族兄杨锜、杨铦和杨钊(即杨国忠)分别封为鸿胪寺卿、御史和右丞相。白居易在《长恨歌》中写道:"姊妹兄弟皆列土,可怜光彩生门户。遂令天下父母心,不重生男重生女。"杨家一时荣耀无比。到马嵬兵变之时,杨国忠被杀,杨贵妃被赐死,一家人多数落得可悲下场。一荣一辱,真是天差地别,但是,这荣辱皆不由己。

白居易还在诗中也写道:"后宫佳丽三千人,三千宠爱在一身。"这说明后宫妃嫔众多,而得宠者实为寥寥,一人得宠的背后,是三千佳丽的遭受冷落。极少数的得宠者是幸运的,然而绝大多数的未得宠者则是十分不幸的。与白居易同时期的诗人元稹有一首题作《行宫》的诗,诗中写道:"白头宫女在,闲坐说玄宗。"这些宫女们在自己最为美好的青春时节被送进宫掖,可是入宫之后得到的是什么呢?我们可以从白居易的另一首名作《上阳白发人》的诗中窥见一斑:"未容君王得见面,已被杨妃遥侧目。妒令潜配上阳宫,一生遂向空房宿。宿空房,秋夜长,夜长无寐天不明。耿耿残灯背壁影,萧萧暗雨打窗声。"这些当年"脸似芙蓉胸似玉"的如花少女们,只得在禁闭的宫中日复一日、空虚寂寥地枉然度过自己宝贵的一生。她们固然不愿就这样毫无意义地令自己"红颜暗老白发新",可是她们对此是无可奈何的,因为她们是没有条件施宠于人,自身只是可怜地等待着他人宠幸的被动者,她们的命运是掌握在别人的手中的。这就是老子所讲的"宠为下"的深刻的现实意义。

老子提倡出世,看淡世俗荣耀与耻辱。在《庄子·徐无鬼》中,有这么一段话。徐无鬼靠女商的引荐得见魏武侯,武侯慰问他说:"先生一定是极度困惫了!为隐居山林的劳累所困苦,所以方才肯前来会见我。"徐无鬼说:"我是来慰问你的,你对于我有什么慰问!你想要满足嗜好和欲望,增多喜好和憎恶,那性命攸关的心灵就会弄得疲惫不堪;你想要废弃嗜好和欲望,退却喜好和憎恶,那么耳目的享用就会困顿乏厄。我正打算来慰问你,你对于我有什么可慰问的!"武侯听了怅然若失,不能应答。

老子讲的是"宠辱若惊",而实际上要告诫人们的是"宠辱不惊"。为什么应当做到"宠辱不惊"呢?因为宠和辱都是外在的,无论是得到了宠爱,还是遭受了侮辱,都只意味着他人对待你的态度而已,于你本身并没有什么改变,而对你最为重要的是什么呢?不是别人对你的看法如何,而是你自身所具有的真实价值的高低。一个人最高的满足不是从外获得的,而是得自于自己的内心。美国人本主义心理学家马斯洛有一个十分著名的"需要层次理论",在这一理论中,人的需要由低到高分为生理的需要、安全的需要、归属与爱的需要、自尊的需要和自我实现的需要这样五个层次。若经分析可以发现，在这五个需要层次中，前四种需要大体上是通过外在的关系而获得的，而最高层次的自我实现的需要则源自于一种内在的体验。什么叫作"自我实现"呢？"自我实现"说的不是自己想要拥有多少财富，或者其他的什么东西，然后自己获得了，实现了自己的目标，这不叫作自我实现，这只是满足了自尊。那么，真正的自我实现是什么呢？它指的是当一个人自身的潜能得到极大发挥的时候在内心深处所感受到的生命的满足感。马斯洛为此特别提出了"高峰体验"，所谓"高峰体验"，指的是一种发自心灵深处的战栗、欣快、满足而超然的情绪体验。马斯洛认为，处于高峰体验的人具有最高程度的认同，最接近自我，更深刻地说，是最接近其真正的自我，达到了自己独一无二的人格或特质的顶点，自我的潜能发挥到了最大的程度，另外，获得了高峰体验的人，或者说达到了自我实现的人，会更少地关注物质财富和地位，他们更可能去寻找生命的自在意义。通过马斯洛的理论来反观老子对于宠辱的摒弃，就可以更加明了了，为什么说宠和辱都是不值得大惊小怪的。

《菜根谭》中说："宠辱不惊，闲看庭前花开花落；去留无意，漫随天外云卷云舒。"这句话，可以说深得老子思想的精髓。

要有忘我之心

与"宠辱若惊"相并列，老子又讲了"贵大患若身"。"何谓贵大患若身？吾所以有大患者，为吾有身，及吾无身，吾有何患？"什么叫作"贵大患若身"呢？我之所以有大患，是因为我有身体，如果没有了这个身体，我又会有什么祸患呢？乍看起来，这说的似乎是废话，一个人连身体都没有了，还会有什么大患、小患呢？可再一琢磨，老子说的并不是那么回事。为什么呢？因为一个人是不可能没有身体的，没有了身体，这个人又如何存在呢？其实，这里的"无身"并不是指没有身体的意思，而是指的"忘我"，是忘却掉自己身体的存在。庄子在《逍遥游》中说："至人无己，神人无功，圣人无名。"这里所提到的"无己""无功"和"无名"，就相当于老子所讲的"无身"，在老庄看来，"至人""神人""圣人"，能达到物我两忘的境界，进入了这一境界之后，也就无所谓荣辱，无所谓有患与否了。

其实，世人之所以会产生那么多嗜好和烦恼，都是因为把自我看得太重。所以，古人告诫我们："不复知有我，安知物为贵。"又云："知身不是我，烦恼更何侵。"意思是说，"假如已经不再知道有我的存在，又如何知道物的可贵呢？""假如能明白连身体也在幻化中，一切都不是我所能掌握所能拥有，那么世间还有什么烦恼能侵害我呢？"这个说法，是对老子大道的领悟，堪称至理名言。

中国现代著名的哲学家冯友兰先生指出，中国传统哲学是关于人生境界的学问，人生境界由低到高可以分为四种，即自然境界、功利境界、道德境界和天地境界。处于自然境界的人，做起事来，"可能只是顺着他的本能或其社会的风俗习惯。就像小孩和原始人那样，他做他所做的事，然而并无觉解，或不甚觉解。这样，他所做的事，对于他就没有意义，或很少意义。"处于功利境界的人，"可能意识到他自己，为自己而做各种事。这并不意味着他必然是不道德的人。他可以做些事，其后果有利于他人，其动机则是利己的。所以他所做的各种事，对于他，有功利的意义。"处于道德境界的人，就会考虑到社会的利益，会"正其义不谋其利"，所做的各种事情都是符合社会道德的。

处于天地境界的人，就"不仅是社会的一员，同时还是宇宙的一员"，这种境界已经超越了道德。生活在道德境界的是贤人，而生活在天地境界的人则是圣人，也可以叫作至人、神人，这样的人，就已经是无身、无己、无功、无名的了。而成为圣人，正是人生的最高成就，也是哲学所要完成的最为崇高的任务。换一种角度说，天地境界也就是"道"的境界。

最后，老子说道："故贵以身为天下，若可寄天下；爱以身为天下，若可托天下。"所以啊，像重视自己的身体一样在意天下的人，才可以将天下交付给他；像爱惜自己的身体一样爱惜天下的人，才能够将天下委托给他。《庄子·让王》一篇中有这样一个故事，韩国和魏国争夺边境上的土地，子华子就拜见韩国的昭僖侯，昭僖侯正为此而忧心如焚，寝食难安。子华子对昭僖侯说："如今让天下所有的人都来到你面前来书写铭誓，誓语说：'如果左手抓取东西，那么右手就被砍掉；如果右手抓取东西，那么左手就被砍掉，不过抓取东西的人一定会拥有天下。'君侯会抓取吗？"昭僖侯说："那我当然是不会抓取的。"子华子说："很好！由此来看，两只手臂比天下更为重要，而人的自身又比两只手臂重要。韩国比起整个天下实在是很微小的，如今两国所争夺的土地，比起韩国来又更是微不足道的了。你又何苦损坏了自己的身体、损害着自己的生命而去担忧那边境上的弹丸之地呢？"昭僖侯听了这话，豁然开朗，欣喜地说道："说得好！劝我的人那么多，还从没有一个人说过如此高明的言论啊。"于是，昭僖侯果断地放弃了与魏国的边境争执。

其实，世事变幻无常，不论官位、财富、权势都是如此，即使是自己的四肢躯体也属于上天赋予我们的形体，假如我们超越一切物来看客观世界，不论是父母兄弟等骨肉至亲，还是天地间的万物都和我属于一体。一个人能洞察出物质世界的虚伪变幻，又能认得清精神世界的永恒价值，才可以担负起救世济民的重大使命，也只有这样才能摆脱人世间一切困扰你的枷锁。

林则徐进抚衙

大家都十分熟悉"虎门销烟"这段历史，而主持销烟的民族英雄林则徐则备受人们的敬重和景仰。林则徐是福建侯官（今福州）人，出生时家境贫困，但父亲是个读书人，所以林则徐自幼就受到了良好的文化熏陶，更加上天性聪颖，因此少小之时学业就十分优异。考中举人之后，22岁的林则徐应房永清之聘任厦门海防同知书记。

一天，房永清突然接到福建巡抚发来的加急公文，通令拿办作恶多端的大盗林则徐。房永清大吃一惊，因为他此前就与林则徐相熟，对林则徐的人品非常了解，怎么向来堪称道德楷模的林则徐一下子就成了盗贼呢？尽管带着这样的怀疑，但是巡抚的命令不可违背，然而他还是不忍心将林则徐关押入狱，于是就亲自去告诉林则徐，想让林则徐赶紧逃跑。可令房永清没有想到的是，林则徐对此处之泰然，他说，自己即使跑了，不还是要被抓回来的吗？更关键的是，自己无罪，又何须逃跑呢？因此，房永清就带着林则徐一同去面见巡抚。不想，福建巡抚张师诚见到林则徐，毫无动怒之意，反而是热情地迎接了他，并且拿出了一份新年贺禀，问是不是林则徐所写。原来，张师诚在各地属僚发来的新年贺禀中见到林则徐写的这一份文辞和义理都远超出众人之上，于是引发了招此人进抚衙效劳的想法。为了考验一下林则徐的胆量，张师诚就虚拟了一道逮捕令，看一看林则徐会不会就此被吓跑，令他欣喜的是，林则徐没有让他失望，由此看来，这个年轻人不仅才华出众，而且襟怀磊落，胆气不俗，的确是一个可塑之才。从此，林则徐就转到了抚衙工作。

到了年底的时候，巡抚也需要写贺禀给皇帝，而在张师诚这里，这一任务就由林则徐来承担。林则徐为了赶回家乡与母亲一起过除夕，就抓紧时间将文稿赶制了出来，尽管是提前完成的，但是没有丝毫的马虎。可张师诚看过之后，却略略地改动了几个字，又让林则徐重写一份。其实，那几个字根本无关紧要，改了之后也并不比原来的字样高明，但巡抚的旨意，身为属员的林则徐不便违抗，于是就连夜又将贺禀重写了一遍。天亮之时，张师诚看到了新誊写过的贺禀，颇为高兴，并且深切地赞许说："你今后一定会比我发达得多，可谓前途无量啊，我愿意把我的子孙托付给你。"

因为要重写贺禀，林则徐回家的日期就被耽搁了一天，所以他在路上就更是焦灼得很，不知母亲会如何惦念，可是当他到家之后，却发现母亲的心情很平静，似乎他的晚归完全在母亲的意料之中。原来，张师诚昨天就已经派人送信说，林则徐要迟一天才可回来，并且还送了二百两银子给林母。林则徐这时才知道，改写贺禀的事情，又是巡抚对自己的一次考验。

苏轼在论说汉朝开国名臣张良的《留侯论》一文中说了这样的一番话："人情有所不能忍者，匹夫见辱，拔剑而起，挺身而斗，此不足为勇也。天下有大勇者，卒然临之而不惊，无故加之而不怒。"从上面两件事中可以看出，林则徐就是这样一个"卒然临之而不惊，无故加之而不怒"的大丈夫。后来，果然如张师诚所言，林则徐不久即考中了进士，此后不断得到擢升，官至一品，曾任江苏巡抚、两广总督、湖广总督、陕甘总督和云贵总督，并且两次受命为钦差大臣，官阶之显贵、身份之荣耀已可谓人臣之极。

【为人之道】

以酒色自戕的咸丰皇帝

清朝的道光皇帝有九个儿子，但是到了道光晚年的时候，前三个儿子都已经先他过世了，而后三个儿子年龄还都很小，五阿哥又过继给了惇亲王绵恺，这样，实际上可以立为储君的就只有四阿哥奕詝和六阿哥奕䜣。为了考验这兄弟两个，道光就选了一日，令他们到南苑骑射，从而比试一番。在个人能力上讲，奕䜣是高过奕詝的，射猎也是他的所长，一天下来，获得的猎物颇为丰富，道光见了，非常高兴，觉得奕䜣确实有本领。再看奕詝呢？两手空空，一无所获。怎么会这样呢？是他连一件猎物都打不到吗？奕詝的射猎虽然不是很佳，但也还并非无能到此种地步。

原来，他的老师杜受田知道奕詝的射猎本领不如奕䜣，如果正面交锋，奕詝肯定是要吃亏的，于是他就逆其道而行之，索性让奕詝什么也别打，就空着手去见道光。道光一见奕詝这个样子，很不高兴，就质问他："你这是怎么回事啊？"奕詝赶忙很谦恭地回答道："父皇常教导儿臣要以仁爱治天下，方今之时，春光正好，也是很多母兽孕育幼仔的季节，如果将它们射杀了，那么尚未出生的幼仔也会跟着一同死去啊，因此儿臣实在是有所不忍。"要说这一招，说它高明也可，说它拙劣也不为过，因为一方面，这避免了显露自己的短处，而显扬了自己的长处；可是从另一方面来看呢，这无非就是一种掩饰自身无能的小把戏，弄不好，还会适得其反的，到底效果如何，还是要取决于用在谁的身上。但是不管怎么说，对于这番言辞，道光皇帝是深以为然的，觉得还是四阿哥奕詝更富仁悯之心。

此后又有一次，道光皇帝在生病的时候分别召见了这两个皇子，对他们说自己已经年迈，恐不久于人世，将来的大清江山，就得交付给他们兄弟了，然后向他们考问治国之策。奕䜣是先被召见的，面对父皇的提问，就将自己平时所学的满腹经纶很好地发挥了一番，说得头头是道，讲得滔滔不绝，充分地显露出了自己不凡的见识。而后奕詝进见的时候是怎么表现的呢？他的老师杜受田又将秘诀传授给了奕詝。原来，奕詝不仅武功不如其弟奕䜣，在文才上较奕䜣也是有所逊色的，这样，如果进行正面的较量，奕詝还是得甘拜下风，但是杜受田有对策，皇帝大人不是欢喜仁悯之心吗，那好，就来个对症下药。这样，奕詝在面对道光皇帝之策问的时候，不是口若悬河，极力表现自己的治国才能，而是痛哭流涕，哑然失声。道光对此感到惊异，奕詝就对父亲说："儿臣只希望父皇永寿康宁，方才听到父皇倾诉老病之意，心中悲不能止！"这又令道光非常地感动。

其实这一招并不新鲜，早在三国时期，曹丕就使用过。有一次，曹操带军出征，临行之时，曹丕和曹植都去送别。曹植文采斐然，当场赋了一首诗来送别父亲，但是曹丕没有这样做，而是按照一个谋士告诉他的那样，来到曹操的马前，吞声悲咽，显得心情十分地沉重。曹操刚才还得意于曹植的才思之敏捷，而这会儿马上就觉得，还是曹丕对自己的感情更为深厚。杜受田教给奕詝的藏拙之法，与曹丕之为可以说是如出一辙。

经过这两番较量，道光皇帝终于决定密立奕詝为储君。1850年，69岁的道光皇帝驾崩，20岁的四皇子奕詝继位，第二年，改年号为咸丰。然而，道光皇帝经过深思熟虑而慎重选择出来的新君在继位之后的表现却颇令国人失望，咸丰皇帝在位十一年，这十一年间，大清王朝呈现出一派江河日下的景象。诚然，在咸丰继位之时，帝国的盛世就早已成为记忆中的怀望之景，当时的大清国已是处于内忧外患的窘境之中，但是咸丰统治时期，却令这个国家败落的程度加速了许多。

咸丰一朝，内部，有太平天国在席卷着大清的东南半壁江山；外部，有一群虎视眈眈的帝国主义列强，1856年，英、法两国联合对中国发起了第二次鸦片战争，战争前后持续四年，国都北京一度失陷，英吉利和法兰西军队的铁蹄在大清皇都纵横蹂躏，同时，俄国从中渔利，鲸吞我国东北和西北边疆一百多万平方公里的领土。然而，在国家面临如此危厄的时刻，咸丰皇帝又在做些什么呢？

其实，在这种忧患的格局之下，咸丰在新莅天下之时，是寄予了励精图治的殷切希望的，然而，冰冻三尺，非一日之寒，衰微已久的国势绝非三日五日可以扭转得了的，加之咸丰自身的个人能力又很有限，在执政之后不久，就感觉到自己对于国家的危难之局没有挽救之力，于是很快就心灰意冷，由励志图强转为纵情享乐了。

当英法联军进军北京之际，咸丰皇帝没有号召京城军民，众志诚城，共同保卫自己的国家和首都，他没有留下来坚持抵抗，而是早早地以"巡狩"为名逃到了热河行宫，也就是现在的承德避暑山庄。到了承德之后，咸丰也没有组织将士，积极商讨御敌之策，而是尽情地沉湎于酒色享乐。看一看咸丰"巡狩"所携带的最为重要的随行人士是哪些呢？是宫女和戏班，咸丰就是这样每日纵肆于美色丝竹的梦乡之中，不仅如此，他还酗酒无度，几乎是每日必饮，而每饮必醉，醉后还要闹得不可开交，此外，他还吸食鸦片。如此折腾自己，身体还能好得了吗？因此，虽然清廷屈辱求和，外国军队不久就撤出了北京，但是咸丰皇帝还没有来得及返回皇宫，就在热河行宫一命呜呼了。咸丰皇帝撒手西去之后，将一个千疮百孔的烂摊子留给了他六岁的小儿子，也将一个风雨飘摇、破败不堪的国家留给了多灾多难的国人。

老子说："故贵以身为天下，若可寄天下；爱以身为天下，若可托天下。"一个爱惜自己身体的人，才可能爱惜天下，才可以将天下交付给他，而视咸丰皇帝以酒色自戕的行为，我们就更可以体会到老子此言的寄意之深了。

第十四章

无状之状

【原文】

视之不见，名曰夷①；听之不闻，名曰希；搏之不得②，名曰微。此三者，不可致诘③，故混而为一④。其上不皦⑤，其下不昧⑥，绳绳不可名⑦，复归于无物。是谓无状之形，无物之象，是谓惚恍。迎之不见其首，随之不见其后。执古之道以御今之有⑧，能知古始，是谓道纪⑨。

【注释】

① 夷：连同下文中的"希"和"微"，都是老子描述"道"的不可感知的本性的专门用语。

② 搏：触摸的意思。

③ 致诘：追问。

④ 混：混同。

⑤ 皦（jiǎo）：明亮。

⑥ 昧：晦暗。

⑦ 绳（mǐn）绳（mǐn）：渺茫之义。

⑧ 执：根据，把握。御：驾驭，利用。

⑨ 纪：纲纪，规律。

【今译】

看它却看不见，这叫作"夷"；听它却听不到，这叫作"希"；摸它却摸不着，这叫作"微"。这三者，无法进一步追究，因此它们是浑然一体的。它的上面并不明亮，它的下面也并不晦暗，渺渺茫茫不可名状，又回到无形无象的状态。这就叫作无状之形、无物之象，叫作若有若无的"惚恍"。迎着它，看不见它的头；跟着它，也见不到它的尾。把握早已存在的"道"，可以用来驾驭当前的一切，也能够了解最为古远的开始，这就是"道"的规律。

【解析】

神秘不可捉摸的道

在这一章，老子继续描述了大道的玄妙之状："视之不见，名曰夷；听之不闻，名曰希；搏之不得，名曰微。""夷""希""微"，都是老子为了描述"道"的样态而采取的专用名词。总而言之，这三句指出，"道"是看不见、听不到、摸不着的。举个例子来说，我们能看得见日月星辰的运转，但是，对支配它们运行的内在规律是看不见的，这就是简单的"夷"；我们可以听到莫扎特、贝多芬的美妙音乐，但是，对音乐之所以美妙的内在原因是听不到的，这就是简单的"希"；我们可以触摸到桌椅器物，但是，对于它们内在的原子结构是摸不着的，这就是简单的"微"。老子描述的"道"，更在这些简单规律之上，它是世界的本源，包容着万事万物，是超越所有运行规律的最大规律，所以，更是看不见、听不到和摸不着的。接下来，老子说："此三者，不可致诘，故混而为一。"意思是，"夷""希""微"这三者，无法进一步追究，因此它们是浑然一体的。这实际上指出，"道"乃一体之"道"，却又能够千变万化，但是万变不离其宗，所有的变化都是本源于"道"的。

"其上不曒，其下不昧，绳绳不可名，复归于无物。"这是在接着描述"道"，它的上面并不明亮，它的下面也并不晦暗，渺渺茫茫不可名状，又回到无形无象的原始状态。而"无状之形，无物之象，是谓惚恍。"我们现在将模糊不清的状态称作"恍惚"，即源出于此，只是字序变换了一下。这个"惚恍"，与前面所提到的"夷""希""微"，名号不同，但所指为一，说的都是"道"的不可感知的特点。

"迎之不见其首，随之不见其后。"老子接着说，"道"啊，迎着它，看不见它的头；跟着它，也见不到它的尾。孔子见老子之后，就对他的学生们说："我知道鸟能飞，鱼能游，兽能跑。飞着的鸟能够用箭去射它，游着的鱼可以用线去钓它，跑着的兽能用网去捉它。如果说到龙，我就真的不知道该怎么对付了，因为龙是乘风腾云上天的。我今天看到了老子，才知道他大概就是龙啊。"孔子对老子的看法，与老子对"道"的看法颇为类似。也就是说，道就像神龙一样，首尾都不可见。至于把握运用它，那就更难了。

上面所有这些描述可以总括为一句话，那就是，"道"是神秘莫测而不可形见的。这与老子在前面的章节中所言的"玄之又玄，众妙之门""湛兮似或存，吾不知谁之子，象帝之先"，以及后面的章节中所言的"道之为物，惟恍惟惚""有物混成先天地生，寂兮寥兮，独立不改，周行而不殆，可以为天下母"等提法都是一脉贯穿的。

那么，老子为什么如此反复地强调"道"的玄秘色彩呢？根本原因就在于，在老子的思想体系中，"道"是居于核心地位的一个概念，而"道"之所以如此重要，就在于"道"是具有超越性的，这从开篇的第一句"道，可道，非常道"之中就已经表现出来。正是因为"道"具有着超越性，它才能够涵盖世间的一切，才能够作为天地万物的根本法则，也才能够在道家的学说范畴中占居至高无上的位置。可以说，"道"的玄秘特质是老子学说的根本，老子所阐说的整个哲学体系都是以此为基础而建立起来的，所以，老子不惜在短短五千言的《道德经》中颇费笔墨，大书特书，"道"是如何的玄妙，是如何的不可知解。

其实，老子反复言说道的神秘性，运用各种事物来打比喻加以说明，正是想让后来者深刻体察道的本质，全面理解道的无所不在，广泛认识道在万事万物中的具体体现。目的只有一个，让后人理解道，循道而为，获得解决问题的高度智慧和圆满幸福的人生。

当然，要想体悟大道，就需要有大智慧，正如《菜根谭》所说："山河大地已属微尘，而况尘中之尘；血肉之躯且归泡影，而况影外之影。非上上智，无了了心。"意思是：就整个宇宙的无限空间来比，我们居住的地球只不过是一粒尘埃，可见地球上的小小生物和无边的宇宙一比，真是尘中之尘；就漫长绵延无限的时间来说，我们的躯体犹如短暂的浪花泡沫，何况那些比生命更短暂的功名利禄，如果和万古不尽的时间来比，真像过眼烟云镜花水月。一个没有高深智慧的人，是无法明白这种道理的。

把握大道，驾驭一切

对"道"的玄秘尽情地描述了一番之后，老子说出了本章最为重要的一句："执古之道以御今之有，能知古始，是谓道纪。"这句话的意思是，把握早已存在的"道"，可以用来驾驭当前的一切，也能够了解最为古远的开始，这就叫作"道"的规律。

老子刚刚说过，"道"是看不见、听不到、摸不着的，可是这会儿又提起"执古之道""执"，也就是把握的意思，既然"道"是无形无象的，又如何来把握呢？在下一章，老子说："古之善为士者，微妙玄通，深不可识。夫唯不可识，故强为之容。"所谓"善为士者"，也就是"善为道者""道"是不可感知的，但是它能够从"善为道者"的身上得以体现，"道"既无形无象，却又无所不在，它不能够通过感官来认知，却能够通过心智来体悟，若非如此，"道"也就无从讲起了。

这里有似乎一对矛盾，老子强调道是神秘而难以知晓的，但他又说"执古之道以御今之有，能知古始，是谓道纪"，言下之意，道是可知的。其实，二者并不矛盾，难知不等于不可知。说道难知，旨在强调感知道、体悟道、把握道是有条件的，它需要人们一方面体察万物，在实践中总结客观规律；另一方面要深入修道，在静思中进行超越性思维。

要想把握大道，应该有对社会全面的观察和深入实践的精神。所谓看破红尘，首先应该从红尘中滚过；能视金钱如粪土，必须自己曾经拥有过。没有观察实践，很难超越与超脱。古人云：一苦一乐相磨练，练极而成福者，其福始久；一疑一信相参勘，勘极而成知者，其知始真。也就是说，在人的一生中有苦也有乐，只有在苦与乐交替的反复磨练中得来的幸福才能长久；在求知修道中既要有确凿的信念，也要有敢于怀疑的精神，遇到值得怀疑的事就要去仔细求证，只有这样，才能悟得真道与大道。

悟道要有超越性思维，它要求我们要保持平淡天真的心态。庄子和东郭子探讨过有关道的问题，庄子说："道是无穷无尽、无边无际的。让我们顺任变化，无为而处吧。恬淡而宁静，漠然而清虚，安豫而闲适。我心志寂寥，不知去向哪里，也不知返归何处，来去都不知道哪里才是归宿。驰骋在虚旷广漠的境界里，不知何处是终极。大道与万物是没有界限的。万事万物之间虽有区别，那也只是具体事物之间的差异；万物之间，从本质上看是没有区别的。这些有界限的事物中，包含了无界限的道。至于说到充盈空虚，衰败灭亡。是道使万物有充盈空虚，而道自己则无盈虚；是道使万物有衰败灭亡，而道自己却无衰亡；道使万物有始有终，而自己则无始终。道使万物有聚合有离散，而道自己则无聚散。"

修道悟道，要静心沉息。明朝的洪应明也曾说过："风恬浪静中，见人生之真境；味淡声希处，识心体之本然。"意思是一个人在宁静平淡的安定环境中，才能发现人生的真正境界；一个人在粗茶淡饭的清贫生活中，才能体会到人性的真实面目。他还说："静中念虑澄澈，见心之真体；闲中气象从容，识心之真机；淡中意趣冲夷，得心之真味。观心证道，无如此三者。"说人只有在宁静中才会心绪像清澈之水，才能发现人性的真正本源；人在安详、闲暇的气度中才会发现人的真正灵魂；人在淡泊之中内心才会平静安适，才能获得人生的真正乐趣。由此可知，要想观察和体悟真正的世界大道和人生正道，静、闲、淡是最好的方法。风花之潇洒，雪月之空清，只有那些心情恬静的人能够欣赏到；水涨水消，草木荣枯，只有那些有闲情逸致的人才能掌握其中规律。江河流水，白云出岫，在这种景观里，人们才能悟出从有我进入无我境界中的玄机。修道也是如此，大道无处不在，关键就在于我们能不能去发掘和领略。而人心往往会妄动，妄动则会失真。只有摒弃所有杂念，静坐凝思，才可以体会到真正的妙境，感悟到道的真正妙机。

老子认为，"道"是自古以来就存在的，如果能够把握这原本就存在的"道"，就能够用来驾驭当今的一切。不是有句话说，"太阳底下没有新鲜的事儿"吗？在人类历史进程中，看似新事物层出不穷，可那些无非是表象的、形式的变化，而其内容、其实质，则是相当稳定的，因此，人类历史是可以进行前后观照的，"以史为鉴"的说法就是源出于此，而人们研究历史的根本意义，也正在于"执古之道以御今之有"。

【为人之道】

浑沌之死

《庄子·应帝王》一篇讲了这样一个故事：很久很久以前，天地一片混浑沌沌，清的和浊的大气浑在一起，不断地变化着。其中自然也有很多怪异的生灵，这些怪异的生灵不仅习惯了浑沌和黑暗，有许多还化为了神。浑沌就是这样一个神，他生活在距西部山系的头山崇吾山以西三百五十里的叫作天山的地方。浑沌的形体象黄囊，和大象的躯体一样庞大，但是比大象多两只腿；六只脚像熊掌，却不像熊掌那样坚实；皮色红，像丹火；背上还长四个翅膀；有像狗一样的尾巴。他即没有面部，更没有耳目口鼻，但能欣赏歌舞，能听得懂浑茫中的声音，能判断出从自己身边经过的是好人还是恶人。他行动起来如一团不透明的影子，庞大而艰难。也许浑沌正在化生天地的精气，含蓄宇宙世界诞生的能量。

有一天，生活在海里的两个时间神"倏"和"忽"路过天山时看见了浑沌，就来和他说话。浑沌能听懂他们的话，也待他们很友好。两个神深深地为浑沌感到遗憾，因为浑沌和他们不一样，没有眼耳口鼻，他们想不出浑沌是怎么在天地中生存的。他们决定帮助浑沌，用斧头、凿子等工具为浑沌开七窍。

"倏"和"忽"对浑沌说："浑沌呀，我们的好朋友，我们知道你是蕴含了天地精华的神，靠亿万年和天地的亲密接触你也能听到和感知到事物，但是你知道吗，天地中的生物都是有眼耳口鼻的，眼睛能把世界看的清楚，耳朵能更好的听见世间万物的涌动，有了口可以尝到天地精华孕育的美味，鼻子能分辨百味……"

浑沌动心了，允许他们为自己开窍。"倏"和"忽"先用两天的时间在浑沌前面两个翅膀和两条前腿之间的比较平的部位凿了两只眼睛，第三、第四天他们又在眼睛的下部凿了两个鼻孔，第五天又在鼻子下面凿了一个嘴巴，第六、第七天又在眼睛和左右下方分别凿了两只耳朵。七天过去了，浑沌神拥有了七窍。然而，令他俩没有想到的是，七窍凿开之后，浑沌不仅没有得到视听之娱、食息之乐，反而悲惨地死掉了。

实际上，这是庄子精心编撰的一则寓言，倏、忽和浑沌都是庄子虚拟的人物，这三个人物怎么给起了这么奇怪的名字呢？这就要谈到名字的寓意，就如同老子讲的"夷""希""微""惚恍"一样，"倏""忽"和"浑沌"也各有其不同的内涵，"倏"和"忽"蕴含的都是急躁、匆忙的意思，而"浑沌"则是指浑然一体、不可辨识的状态，恰如"惚恍"的含义。这"浑沌"代指的就是"道"，而"倏"和"忽"则指的是人们对于"道"所持有的不正确的态度。"浑沌"没有五官七窍，恰恰象征着"道"的微茫浑然、玄不可识的特点，可是人们偏偏以为"道"是可见、可闻、可触的，因而想着通过感官的作用去捕捉大道。然而，一旦"道"成了五官可以感知到的东西，也就不是"道"本身了，而浑沌之死的寓意就在于此，即五官不可知者方为"道"，而五官可知者就远离"道"了。在第一章，老子说"道，可道，非常道"，其实也就是这个意思，"可道"者，可以理解为通过感官可知者，既"可道"，则"非常道"矣，而"常道"，才是"道"的本来面目。

道是一种超越性的智慧，是高度抽象的哲学概念。认识、体悟与把握大道，需要的是超越性的思维。道如浑沌，浑然一体，片面的从一耳一目来认识它，就不可能理解其本质，如果把握不住本质，在运用它认识和解决问题时必然会失之偏颇，徒有其表。所以，只有深刻领会，全面理解，才会灵活运用就是这个道理。

第十五章

善为士者

【原文】

古之善为士者①，微妙玄通，深不可识。夫唯不可识，故强为之容②：豫焉若冬涉川③，犹兮若畏四邻④，俨兮其若客⑤，涣兮若冰之将释⑥，敦兮其若朴⑦，旷兮其若谷⑧，混兮其若浊⑨。孰能浊以止？静之徐清⑩。孰能安以久？动之徐生。保此道者，不欲盈。夫唯不盈，故能蔽不新成⑪。

【注释】

① 士：又作"道""士"指的就是行为居处符合老子的"道"之原则的人。

② 强：勉强。容：形容，描述。

③ 豫：犹豫，谨慎。涉川：渡河。

④ 犹：犹豫，慎重。四邻：这里指四方相邻者的攻击。

⑤ 俨：恭敬严肃。客：做客。

⑥ 涣：自在随意之义。释：消融。

⑦ 敦：敦厚，朴实。朴：未经雕琢的木头。

⑧ 旷：空旷，开阔。谷：山谷。

⑨ 混：混同。浊：浑浊。

⑩ 徐：慢慢。孰能：经文原为陈述句，非疑问句，本句及下句中"孰能"二字为后人所增，非经文原有内容。

⑪ 蔽不新成：实为"蔽而新成""不"是"而"的误字。蔽，通"敝"。意思是历久而常新。

【今译】

古时善于行"道"的人，精微奥妙而神奇通达，深刻得难以理解。正因为难以理解，所以才勉强地来形容它：小心谨慎啊，就像冬天涉水过河；反复考虑啊，就像害怕四方相邻者的攻击；拘谨严肃啊，就像在外做客；自在随意啊，就像冰雪消融时的样子；敦厚诚朴啊，就像未经雕琢的木头；开阔空旷啊，就像山谷；浑同一切啊，就像浑浊的河水。谁能止住浑浊？安静下来，就会慢慢地澄清。谁能长久地保持安定？变动起来，就会慢慢地焕发生机。持守这种"道"的人，不会要求圆满。正是因为没有达到圆满，所以才能够历久而常新。

【解析】

真正的高人

　　"古之善为士者，微妙玄通，深不可识。""古"，是从前的意思；"善为士者"，指的就是行为符合"道"的人，亦可称作"善为道者"。这样的人是真正的高人，他们"微妙玄通，深不可识"。从字面上我们可以感知到，这是一种相当了不起的状态，绝非泛泛之辈可以达到的。这种描述是针对"善为道者"而言的，但实际上说的就是"道"，只是因为"道"是不可窥知的，所以老子只能间接地通过善为"道"者来进行表述。那么，善为"道"者，究竟是怎样的"微妙玄通"，怎样的"深不可识"呢？下面老子进行了具体的描述，然而，既然是"不可识"的，又怎样去描述呢？其实，"道"的玄妙之处就在这里，它既深不可识，却也并非全然不可领略。如果完全不能够为人所领会，也就根本没有去论说它的必要了；如果它是平平常常就可以认识到的，也就毫不稀奇了。恰恰是处于可识与不可识之间，"道"才彰显出其独特的意义。

　　在这一描述中，老子接连选用了七个排比句来描述真正的高人。"豫焉若冬涉川"，就是说这个人在做事情的时候，非常地小心谨慎，就像冬天涉水过河一样。不是有句话叫作"战战兢兢，如履薄冰"吗，因为冬天河面是结冰的，但是这冰未必很厚，有重物压在上面的时候可能会发生崩裂，所以人从冰面上过河都异常小心，唯恐脚步重了造成冰面的开裂。

　　"犹兮若畏四邻"，就是说，这个人做事情的时候，常常要经过反复的考虑，就像害怕遭受旁人的攻击一样。一般来讲，身边的人是最亲近的，而且相互照顾起来颇为方便。然而，这只是事情的一面，事情的另一面是，一个人最大的危险往往就来自于身边的人，远水虽然解不了近渴，难以借力，但是也不会淹没自己。其实，翻看一下历史也可以很明显地发现，一个国家所遭受到的攻击绝大多数情况下都来自于邻国，在交通技术尚不发达的古代尤为如此。所以，最需防备的不是远方，而是四邻。"豫焉若冬涉川"说的是对自然环境的警惕，而"犹兮若畏四邻"说的则是对人的警惕。

　　"俨兮其若客"，意思是，拘谨严肃啊，就像是在外面做客。一个人，在自己家里总是很随便的，而到了别人家里，一般都是会感到拘谨的，特别是一些做事很讲究的人，因为既是别人的家，就意味着要与别人发生关系，而稍不小心，就可能惹恼了别人，至少是会令别人心里感到不快。《红楼梦》第三回描写了林黛玉进贾府的情形，我们可以来看一下林黛玉是何等的小心翼翼："步步留心，时时在意，不肯轻易多说一句话，多行一步路，惟恐被人耻笑了他去。"一般人做客，虽然不会像林黛玉那样多虑，而且普通人家也不会有贾府那般的讲究，但是受约束怕也总是难免的，即使是到了至亲的家里，大概也不会像在自己家里一样随便的。

　　"豫焉若冬涉川""犹兮若畏四邻""俨兮其若客"，这三句话总起来说，讲的都是谨慎小心的一方面，而下面一句，角度就完全变换了——"涣兮若冰之将释"。什么叫作"涣"呢？"涣"就是散开的意思，特别用于形容冰雪消融之时水势很大的情形。而这一句讲的就是，善于为"道"的人，非常地自在随意，就像冰雪消融时流动不拘的样子。这就与"俨兮其若客"说的完全相反了，一个是拘谨，一个是随意，这样一来，老子所讲的就似乎有些东拉西扯、自相矛盾了，但实际上，这两方面是对立统一的。《孙子兵法》中有这样一句话："是故始如处女，敌人开户；后如脱兔，敌不及拒。"这是说，开始的时候，要像个处女那样稳重、娴静，等敌人放松了警惕，露出了破绽，再像逃跑的兔子一样飞快地进攻，从而使敌人猝不及防。作战是这样，而做人也是这样，应当静的时候就能做到静，而应当动的时候就能够很好地动起来。这说起来很容易，但是做起来很难。但这的确是人们努力的一个方向，不是说"到什么山上唱什么歌"嘛，做人就应当有这样广阔的适应性，才能在生活中得心应手，游刃有余。

"敦兮其若朴"，"敦"，就是敦厚诚朴的意思，而"朴"，是未经雕琢的木头。善为"道"者具有敦厚朴素的特点，但还不是一般的敦朴，而是朴讷到了就像一块没有经过任何修饰的木头一样。这是一种什么样的境界呢？"敦兮其若朴"是一种混同于自然的未经开化的境界，而这样正是善为"道"者的高超之所在。敦兮若朴，换一种说法，也可以讲成具有一股傻气、呆气，但是这种呆傻，不是较常人有所不及的那种状态，而是远高于常人之上的一种修养水平。

"旷兮其若谷"，就是说这个人的胸襟是何等的开阔空旷啊，就好像深广的山谷一样。在第六章，老子将"道"称作"谷神"，说的也是"道"具有山谷一般渊然而虚静的品质，成语"虚怀若谷"就是由此而来。可以说，这一点是老子所一向肯定的"道"的最基本的品质之一。

花看半开，酒饮微醉

这一章的最后，老子说："保此道者，不欲盈。夫唯不盈，故能蔽不新成。"意思是，持守这种"道"的人，不会要求圆满。正是因为没有达到圆满，所以才能够看似保守，却能够不断取得新的成就。

老子在这里表述了善为"道"者的一个基本特点，也就是"不欲盈"，不追求圆满。"盈"字是《老子》一书中提到过多次的一个重要表述。例如，在第四章，老子说："道冲，而用之或不盈。"在第九章，老子说："持而盈之，不如其已。"在第二十二章，老子提到："洼则盈。"在第四十五章，老子提到："大盈若冲，其用不穷。"

对于"盈"，老子大体是从两个角度来谈论的，一个是反面的"不盈"，另一个是正面的"盈"，而在从"盈"的角度来论述的时候，老子说的却又是"不如其已""洼""若冲"，其实说的还是"不盈"，二者归一，在老子看来，"道"是"不盈"的。此外，老子所讲的"谷神""虚心""旷兮若谷"等等，说的也都是与"不盈"同类的含义。

其实，"道"之"不盈"，正是与"物极必反"的道理相合的。"极"，也就意味着一种圆满，也就是"盈"，而一旦达到了"盈"的状态，也就不会再有长进了，不仅不长进，还很可能会走向衰退，况且，不再长进，本身就是一种退步的表现。对此，最为形象的例子就是一件容器，当它盛满了之后就不能盛得更多了，不能盛得更多，也就意味着它是有限量的。然而"道"呢，"道"不是容器，它是没有限量的

明代哲人洪应明说过："花看半开，酒饮微醉，此中大有佳趣。若至烂漫，便成恶境矣。履盈满者，宜思之。"意思是赏花以含苞待放时为最美，喝酒以略带醉意为适宜。这种花半开和酒半醉的境界是极其高妙的。反过来一想就会明白，花已盛开，酒已烂醉，不仅索然寡味而且大煞风景。洪应明的话，可以说是对"不盈之道"的深刻理解和巧妙诠释。

月盈则亏，花开则谢，这是大自然的规律；天道忌盈，人事惧满，这是人类的处事之道。所以一个大人物，不能够像一个容器那样，仅能容纳可数的东西。真正的君子，应当具有"不盈"的特点，能够容纳万物，这样才能够不断地成长而不至于停滞。这一点是有着非常深刻的现实意

义的,每个人在自己的生命中,都会有着高峰和低谷,只是有的人是大起大落,而有的人是起伏不大。在人生的起起伏伏中,不同的人就有了不同的表现,有的人达到了一定的高度之后,就再也不能有新的突破了,也就是被一个"瓶颈"给卡住了;而有的人则不然,尽管人生之中也有低谷时期,但即使在流年不利的情况下,他也依然会兢兢业业、勤勤勉勉,为自己日后走出低谷做准备,如此,在低落的时期,看似他处于衰微的状态,而实际上他却依然在进步着,处于一种上升的态势。相反,另外一些人呢,他们可能表面上似乎从来没有跌下去过,但实际上他们却站在那个高度上一直就没有向更高的地方移动过,他们看起来是站在一个高冈上,是很圆满的,他却不会升得更高了,不会再有更多的收获了,这样的人,就是具有"容器"特性的人。

"不盈之道"还告诉我们,不论做任何事都不要做得太绝,要处处留有余地,这样才能很好地保全自己。如过事事要求尽善尽美,一切行动务求登峰造极,不仅有可能招致内乱,而且也可能引来外患。比如战国时期的廉颇,在与蔺相如交往的过程中,话说得太满,事做得太绝,最后不得不向蔺相如负荆请罪。

大道不可捉摸,天机不可思议。真正的得道高人,对此看得很清楚,并依据道的原理来应对,那就是安而不忘危,存而不忘亡,治而不忘乱。强烈的危机意识可以确保安全,考虑好退路方能奋勇前进,担心变乱才可以图谋天下大治。月盈则亏,物极必反,修养高深的人深明此理,顺道行事,所以不会招来祸殃。

【为人之道】

我的朋友胡适之

在近代中国,有一个著名的人物,名叫胡适。在20世纪三四十年代的中国社会,有一句极为出名的流行语。就是"我的朋友胡适之"。当时,"上至总统、主席,下至司厨、贩夫、走卒、担菜、卖浆……行列之中都有胡适之的朋友"。作为一个学者,他身处"文人相轻"的环境,但他却能以自己巨大的人格魅力凝聚起了一大批知识分子,做出了许多开创性的工作,建立了巨大的历史功绩。

1919年,林语堂到美国留学,生活相当拮据。当他在哈佛大学专心求学时,政府突然停支了他的半公费奖学金,使他几乎陷于走投无路的境地。万般无奈之中,他想起了一位并不太熟悉的朋友胡适。于是他向胡适拍了通电报,请他代向北大校方申请预支1000美元。没多久,钱果然寄来了。林语堂才得以完成哈佛大学学业。后来,他又转入德国莱比锡大学攻读博士学位,又请胡适代借1000美元。学成回国后,林语堂回到北大任教,去向校长蒋梦麟归还2000美元的借款。蒋校长查询财务,才知道两笔钱都是胡适个人所汇。林语堂闻知,深为感动。

胡适帮助过的人不计其数,现代中国许多伟大的名字都曾受惠于他,国学大师王国维、刘文典、季羡林、历史学家邓广铭、周一良、钱穆、何炳棣,文学家徐志摩、张爱玲,红学家周汝昌等等。胡适是益友,更是良师,顾颉刚、傅斯年名满天下自不必说,其他如吴晗、罗尔纲、罗家伦、吴健雄、千家驹、饶毓泰、唐德刚等数不胜数。

台湾著名的作家李敖,恨不得骂尽天下所有有名望的人,独对胡适心存崇敬。李敖曾陷入穷困潦倒之中,向不少朋友和名人写信求助。大学者胡适向这个当时无名之辈欣然寄去1000元。因此,每每提起胡适,李敖总是感佩不已。

他的朋友不仅仅是有地位有名望的大人物,而且是三教九流无所不包。在北平时,拉黄包车的人也会说"我的朋友胡适之",而且他不是在说瞎话,他真的与胡适交情不错。

　　1962 年，胡适去世之后，人们敬致挽联："新文化中旧道德的楷模，旧伦理中新思想的师表。"广大民众更是有数十万人为其送葬，葬礼规模之大极为罕见。在胡适墓的墓碑上，刻着这样的话：这个为学术和文化的进步，为思想和言论自由，为民族的尊荣，为人类的幸福而苦心焦思、敝精劳神以致身死的人，现在在这里安息了！我们相信，形骸终于要化灭，陵谷也会变易，但现在墓中的这位哲人所给予世界的光明，将永远存在！

　　胡适的为人，暗合老子的大道，真正做到"混兮其若浊"。如果你站在某一特定的立场，观察胡适结交的人物，你都会发现，里面有你喜欢的人，也有你不喜欢的人。由此，许多人得出结论，与胡适交往的人太杂了。殊不知，浑浊的河水一样鱼龙混杂的人际圈子，正是他善为"道"的高明之处。

第十六章

殁身不殆

【原文】

致虚极①，守静笃②。万物并作③，吾以观复④。夫物芸芸⑤，各复归其根⑥。归根曰静，是曰复命，复命曰常，知常曰明。不知常，妄作⑦，凶。知常容⑧，容乃公⑨，公乃王，王乃天，天乃道，道乃久，殁身不殆⑩。

【注释】

① 致：追求。极：达到极点。

② 笃：笃实，坚定。

③ 并：全，都。作：生长。

④ 复：循环往复。

⑤ 芸芸：形容事物纷纭变化的样子。

⑥ 复：又。归：复归。

⑦ 作：动作，行为。

⑧ 容：容纳，包容一切。

⑨ 公：公正无私。

⑩ 殁（mò）：死亡。殆：危险。

【今译】

追求"虚"，要达到极点；守住"静"，要笃实坚定。万物全都在蓬勃生长，我从中看出循环往复的道理。一切事物变化纷纭，最后又各自回归到它们的根源。回到根源叫作"静"，"静"叫作"复命"，"复命"叫作"常"，知晓"常"的道理才叫作"明"。不知晓"常"的道理而轻举妄动，就会发生凶险。知道了"常"的道理，才能够容纳一切；容纳了一切，才能够做到公正无私；公正无私，才能使天下归从；使天下归从，才是顺应天意的；顺应天意，才符合"道"；符合"道"，才能长久，终身都不会有危险。

【解析】

致虚守静

老子哲学的整体倾向是保守的，本章所提出的"致虚极，守静笃"就是一个重要的体现。"致"，是追求的意思；"守"，是持守的意思。老子说，要追求"虚"，持守"静"，而且，还一定要达到极点，做到笃实。"极"和"笃"，体现出致虚守静的彻底性。

当然，老子对于"虚"和"静"的强调，书中绝非仅此一例，而是多处均有涉及。其实，老子对于"虚"和"静"的提倡，归根结底，也还是源自于"道"的。"道"是"视之不见""听之不闻""搏之不得"的，是无形无象的，这就是"虚"；而"静"呢，是直接与老子思想中的一个核心概念相联系的，也就是"无为"。"静"，就是"无为"的重要表现。因此，可以说，"致虚极"和"守静笃"就是"道"对人的行为所做出的基本要求。

诸葛亮在写给时年八岁的儿子诸葛瞻的《诫子书》中说道："夫君子之行，静以修身，俭以养德。非淡泊无以明志，非宁静无以致远。夫学须静也，才须学也，非学无以广才，非志无以成学。"在短短的几句话中，诸葛亮三次提到"静"字，而诸葛亮在此谈论的是人生中最为根本的修身、养德、明志、成学的问题，由此可见，在诸葛武侯看来，"静"对于人生修养是多么的重要。而也正是凭着这种"致虚守静"的长期修养和持续的历练，诸葛亮才能未出茅庐而晓天下三分，才能位居汉相，功高至伟，才能做到鞠躬尽瘁，死而后已，才能够以非凡的智慧和高洁的人格而垂范千古。诸葛亮在《出师表》中曾写道："臣本布衣，躬耕于南阳，苟全性命于乱世，不求闻达于诸侯。"这并非完全是谦辞，而的确是当时的实情，也是诸葛亮秉持虚静的一种体现。

这个"静"，代表着一种境界。而与"静"相对的则是"动"。动是由内心的"躁"引发的。躁动是一种不安，是一种烦乱，在这种状态下，不要说感悟大道，就是一丁点儿小事也做不成。我们都有这样的经验，心绪烦躁之时，连一页书都看不进去，何况其他。有句俗话叫作"心静自然凉"，这就是说，心中的平静，可以拂去外在的燥热。进一步引申，性情急躁粗心大意的人，做任何事都不容易成功；而性格温和心绪平静的人，由于性情淡定思虑周密而容易成功。

另外，静是制怒的法宝。科学研究也表明，人在生气的时候，体内会产生大量的有毒物质，对健康是十分不利的。有人说，生气是拿别人的错误来惩罚自己，这话的确不无道理。一个人为什么生气呢？因为别人做了对不起自己的事情，可是别人做错了事，自己因此而动怒，受到伤害的却是自己。这个道理很多人都明白，但在现实中，时不时就大动肝火者还大有人在，就是因为人们"守静"的功夫普遍还不够。有人说，自己在感到生气的时候，是有意地克制又克制的，但还是无法完全克制住。之所以如此，是因为守静的功夫不够。老子说，"守静笃"，持守平静，一定要做得彻底，将心中动怒的因子完全驱除干净，如此，就再也不会因为生活中各种不如意的事情而动怒了。当然，这其实已经是一种很高的修养境界了。也许，平平常常谁都能够轻易做得好的事，老子也就没有必要再诉诸笔端了。

诸葛亮接下来说："非淡泊无以明志，非宁静无以致远。"这两句话所蕴含的道理是极为深刻的，只有淡泊，才能够明确自己的志向；只有宁静，才能使自己立身长远。古人说："藜口苋肠者，多冰清玉洁；衮衣玉食者，甘婢膝奴颜。盖志以淡泊明，而节从肥甘丧矣。"意思是那些粗茶淡饭也能平静生活的人，他们多半拥有冰清玉洁的操守；而追求华服美食的人，他们多半会去做卑躬屈膝的勾当。因为一个人的志向节操，只有在清心寡欲时才能表现出来，而一个人的品行道德，都是因贪图享乐而丧失。这段话，可以说是对淡泊明志意义深刻而精到的解读。

同样，唯有宁静，方可致远。张爱玲有句名言，叫作"出名要趁早"。然而，出名早也未必就都是好事。一个人有了名声，也就意味着会同时收获到巨大的物质利益。而名和利，是最容易将人的头脑冲昏的。自古就有"小时了了，大未必佳"的说法，"了了"，也就是很聪明的意思，一个人小时候就很聪明，很有名气，长大了未必就会取得很大的成就，就像方仲永那样，幼时被视为神童，可是长大了呢？"泯然众人矣"，跟普通人没什么差别了。再看一看说出名要趁早的张爱玲，她本人就可谓是一个出名早的典型，二十余岁，就以小说集《传奇》和散文集《流言》而风靡大上海，乃至全中国，但很令人叹惜的是，她的成名期竟然也就是她的巅峰期。作家与运动员甚至娱乐明星不同，一个作家事业的顶峰一般不会出现在青年时期，而是中年，甚至是老年时期，这一点，查一查历届诺贝尔文学奖获得者的年龄就可以极为明显地感受到，然而张爱玲却恰恰相反，青年时期大红大紫，而此后却如同一颗流星般迅然滑落。成名期过后，终其一生，也没能够再写出为人称道的作品来。这难道与张爱玲的成名之早就没有一点儿的关系吗？成名之后，名利俱收，往往也就很难再全身心地致力于自身造诣的提升了，而自身的素养不够，当走到某一个高度的时候也就很难再向前行进得更远了。这就是"宁静致远"的道理。

由此来看，老子讲的"致虚极，守静笃"，话语极简单，但是道理极深刻，致虚守静，应当是大家为人处世所当持守的一项根本准则。

复归正道

"万物并作，吾以观复。"老子对这个世界的观察视角是很独特的，他说，万物都在各自地运转着，这也就是所谓的世象纷繁。老子告诉我们，在观察这个复杂的世界时，要从"复"这一点上来观察，所谓"复"，也就是循环往复，而这其中又蕴藏着什么奥妙呢？"夫物芸芸，各复归其根"，这是老子给出的解答，他说，虽然世间万物纷纭变幻，但总是各自回归到他们的根源上，这就是"复"的奥妙。

"夫物芸芸，各复归其根。"这实在是概括力极强的一句话。各种事物，变来变去，但总会有一个根本贯穿于其中，也就是所谓的"万变不离其宗"。最为常见的一个例子，水会转化成雨、雪、冰、霜等各种形态，但是它的本质是不变的，都是 H_2O 这种分子。再如，人们常说，"落叶归根"，而龚自珍有两句诗："落红不是无情物，化作春泥更护花。"美丽的花瓣虽然从枝朵上落下了，但是它们并非是无情的，因为落下之后，这些花瓣又化作了春泥，从而又滋养了其他的花朵。花朵从泥土中滋生出来，陨落后又化归为泥土，这就是事物的循环往复。

所以说，明白了事物的循环往复这一根本的规律，对世间的很多问题也就会看得很通达了。很多人可能都有过这样的感受，曾经在当时看得很重要的一些事情，过去了一定的时间之后再回过来看，可能也就觉得很无所谓，至少不会像当初的感受那么强烈了。其实，我们可以静下心来想一想，一些事情对我们自身的影响到底有多大？它们所带来的影响究竟是正面的，还是负面的？"塞翁失马，焉知非福"是中国一个非常熟悉的典故，可以将其看作是对老子"福兮祸所伏，祸兮福所倚"之论述的形象演绎，而福祸之间的相互转换，不也正体现了世间万物循环往复的道理吗？

在老子看来，万事万物，最终"各复归其根"，结局是圆满的。与之相对的是"万劫不复"，这个词虽然与佛教大有渊源，但是，"复"的内涵却取自道家。无论是道家、佛家，都认为如果事物永远无法恢复，人类灵魂没有归宿，那是最糟糕和最悲惨的事情。所谓的永远堕落与沉沦，所谓孤魂野鬼，所谓死无葬身之地都是对"无法回复"的形象化和多角度的阐释和表达。不仅道家和佛家注重"复"，儒家也同样重视。在《易经》中有一卦名叫"复"卦，专门讲"复"的道理。其中说："复：亨。出入无疾，朋来无咎；反复其道，七日来复。利有攸往。"翻译成白话就是，复，亨通，出入都没有疾患，朋友渐次前来无所危害；返转回复沿着一定的规律，过不了七日必将转至回复之时。有利于前进。概括而言，复卦的内涵就是返回到正道上，重新开始，一切都是有利的。由此可知，儒释道三家所言之"复"，都是回归正道，回归本性，回归本源，这也就不难理解，为什么老子要强调"各复归其根"，为什么古代哲人对于不能回复是那样的担忧与恐惧了。

万事万物循环往复的规律，在纷繁复杂的世界里短暂迷失而最终回归正道的思想，对人们有着重要的启发。它告诉我们，要认清和把握事物发展的基本趋势，不可逆流而动。在生活中，有人感叹这个世界太复杂。其实，物质世界表面上茫然无序，实际上是有客观规律可循的。我们要有一双慧眼和勤于思考的心，透过现象看本质，这样才能复归正道，不至于随波逐流。如果违犯客观规律，违背大道，只能自取灭亡。

在前进的过程中，误入歧途是难免的，但要知迷而返。因为现实生活精彩多变，而每一个人对规律的领悟能力又是有限的，所以难免会出现一些失误，比如对形势作出了错误的判断，如果采取了不恰当的措施，就会陷入困境。此时应该即时醒悟，迷途知返，否则只能越陷越深。在为人处事上，为金钱、权势、美色等外物所迷惑也是常有的，但是人应该从中摆脱出来，寻找并回归自己的本性，如果迷失自我，最终不会有好的结局。

【为人之道】

吕布之死

吕布（？ -199），字奉先，五原郡九原县（今内蒙古包头）人，以骁勇而闻名，早年投于并州刺史丁原麾下。当时，汉灵帝宠信宦官，宦官与朝臣之间的矛盾非常激烈。灵帝驾崩后，大将军外戚何进图谋诛除宦官，但是错误地采取了召西凉军队入京的策略，结果，西凉刺史董卓进京之后即占据不出，把持了朝政，并且为恶多端。董卓的倒行逆施自然会招致众人的反对，而丁原就是反对者之一。董卓欲诛丁原，但又因为怯于吕布的勇猛而不便下手，遂略施小计，诱降了吕布。吕布转而杀掉了丁原，投奔了董卓。

董卓对吕布非常看重，并且认其为义子。但董卓又是一个缺乏自我控制力的人，曾经因为一点小小的龃龉，就凶狠地用戟向吕布掷去，吕布虽然躲过了戟，身上没有受伤，但在心理上受到了很大的伤害。另外，吕布还与董卓的一个小妾有染，因惧怕被董卓发现而颇为担忧。

在这一时期，司徒王允认为吕布是一个豪杰，因此与他的交往颇为亲密。一次，吕布去探望王允，将董卓一时怒愤，向他掷戟的事情讲了出来，并且表示出极大的不满之意。而当时王允则图谋除掉董卓这一祸害，便趁此机会让吕布作为内应。但是吕布也有自己的顾虑，因为毕竟他与董卓已认定为父子，以子弑父，殊为不妥。王允对他说道："将军姓吕，而太师姓董，本来就不是骨肉至亲，况且他要杀你的时候，难道就有父子的情分吗？"吕布闻听此言，便定下决心，不久之后即亲手杀掉了董卓。

诛除董卓之后，吕布晋升为奋威将军，留守朝中，但是原董卓部将李傕、郭汜率西凉兵杀入洛阳，吕布抵挡不住，遂去投奔袁术。他本以为自己除掉了袁术的仇敌董卓，因此会受到袁术的欢迎，可是袁术却讨厌吕布这个人反复无常，对他拒不接纳。吕布只得再投到袁绍的门下。袁绍与吕布在常山击败了张燕，而后，吕布居功自傲，请求袁绍给予自己更多的兵马，同时他的部下也颇为骄横，到处劫掠，这令袁绍非常忌恨。而吕布也察觉到了袁绍对自己态度的变化，就请求离去，袁绍担心此后吕布成为自己的祸患，就派人夜间去袭杀吕布，但是没有成功。

吕布从袁绍那里逃走后，就又投奔了张杨。李傕、郭汜闻知，就致书张扬，叫他杀了吕布。吕布知道这一消息后，就赶紧去面见张扬，向张扬陈说了事情的利弊，张扬答应保护吕布出逃。吕布就又辗转到了张邈那里。听从陈宫的劝说，张邈令吕布趁曹操出征之机袭取了兖州。曹操回攻，最终吕布不敌，丢失了兖州，到徐州投奔刘备。

吕布见到刘备，恭敬有加，而刘备虽然表面上善待他，但是心里也很厌恶吕布的反复无常，因此外派他前往小沛驻扎。这时，曹操又使出了"驱虎吞狼"之计，令刘备和袁术交战，而吕布则乘此机会夺取了徐州。这样一来，刘备又反过来投靠了吕布，吕布则又命刘备去小沛屯驻。

袁术有意勾结吕布共击刘备，但是吕布担心袁术击破刘备之后对自己不利，遂采用"辕门射戟"之计，化解了袁、刘之间的争战。显然，吕布是有意偏袒刘备的，而袁术又担心吕布和刘备联合起来不利于己，因而派遣使者与吕布通好，有意同他结为儿女亲家。吕布应允，但随后又听信了陈珪的挑拨，转而背诺，断然回绝了袁术，改变主意，遣人与曹操修好。

汉献帝建安三年，即公元 198 年，曹操率大军攻打吕布，吕布虽勇，但是勇而无谋，又多有猜忌，不肯听从陈宫的劝谏，致使屡屡败绩。曹操围城三月，吕布手下的将士多有叛心。见此情形，吕布心知大势已去，就令左右人等将他捆起来去向曹操请赏，但左右之人不忍如此，遂下城投降。

吕布被押缚着见曹操的时候，说道："从今而后，天下可以安定了。"曹操听了感到诧异，问道："何出此言呢？"吕布说："明公（对曹操的敬称）所忧患的不过是我吕布罢了，现在我吕布已经归服了。如果我带骑兵，明公带步兵，平定天下岂非易事？"吕布又看了看刘备，说道："玄德，卿为坐上客，我为降虏，绳缚我急，难道就不能替我说句话吗？"曹操笑着说："缚虎不得不急啊。"随即命人给吕布松绑，意欲释放吕布。但是刘备赶紧阻止了曹操，说道："不可。明公不见吕布事丁建阳、董太师乎？"这句话是说，当初吕布曾事奉丁原和董卓，可是后来丁原和董卓都死在了吕布的手中，那么现如今让他来投靠你曹操，难道就会得到什么好的结果吗？曹操对刘备的说法表示赞同，因此缢杀了吕布。

老子说："万物并作，吾以观复。"事物不论怎样变化，其中都蕴含着循环往复而始终不变的因素。吕布转投多人，薄情寡义，翻脸即叛。这种反复无常的做法，说明吕布始终不能复归正道，而吕布之死，也正是死在了这一点上。

第十七章
功成事遂

【原文】

太上①，下知有之②，其次亲而誉之，其次畏之，其次侮之。信不足焉，有不信焉。悠兮③，其贵言④，功成事遂⑤，百姓皆谓"我自然"⑥。

【注释】

① 太上：即最上，指最好的统治者。

② 下：指百姓。之：指代"太上"。

③ 悠：悠闲。

④ 贵言：以言为贵，意思是很少发号施令。

⑤ 遂：成功。

⑥ 自然：自己如此。

【今译】

最好的统治者，人民只知道有他的存在；次一等的，人民亲近而又称赞他；再次一等的，人民害怕他；更次一等的，人民轻侮他。统治者的诚信不足，人民就会不信任他。（最好的统治者）是那样的悠闲啊，他很少发号施令，事情都做成了之后，百姓都说："我们是自己如此的。"

【解析】

最高明的领导者

在这一章，老子讲了统治者的四个不同层次："太上，下知有之，其次亲而誉之，其次畏之，其次侮之。"最好的统治者，人民只知道有他的存在；次一等的，人民亲近而又称赞他；再次一等的，人民害怕他；更次一等的，人民轻侮他。这里，老子所说的最好的统治者，也就是奉行无为而治的圣王。在这种治理下，人民仅仅是知道有他这么个人，而并不知道他对人民做了什么。老子所讲的最好的统治者是实实在在的，在他们之外，并没有其他人代行职权，他们并不是没有实权，而只是因为"无为"，所以让人民感受不到他们权力的存在。

《礼记·礼运》一篇讲述："大道之行也，天下为公。选贤与能，讲信修睦，故人不独亲其亲，不独子其子，使老有所终，壮有所用，幼有所长，矜寡孤独废疾者，皆有所养。男有分，女有归。货恶其弃于地也，不必藏于己；力恶其不出于身也，不必为己。是故谋闭而不兴，盗窃乱贼而不作，故外户而不闭，是谓大同。"在社会运行着"大道"的时候，才可以称作"大同"。而"大同"，正是中国古代最高的社会理想，在这样的理想社会之中，大家各行其是，不受统治者的约制，而一切周转正常，这就是"无为"而治，这就是"太上"之治。而这样的统治在什么历史阶段出现过呢？就是被后世过度美化了的黄帝、唐尧、虞舜等上古先王的统治时期。

比这种无为而治的统治者稍差一些的呢？是令人民"亲而誉之"的统治者。这一层次的统治者奉行的是什么样的策略呢？他们奉行的是"仁政"，是"王道"。关于"仁政"和"王道"，孟子有过系统的论述，例如，"是故明君制民之产，必使仰足以事父母，俯足以畜妻子，乐岁终身饱，凶年免于死亡；然后驱而之善，故民之从之也轻。"这是说，圣明的君王，一定会令人民有着能够赖以生存的可靠的产业，上可以赡养父母，下可以供给妻子和儿女，丰年的时候能够饱暖，而饥年的时候不会被饿死；然后再教导人民从善，人民也会更容易地听从召唤。再如，"五亩之宅，树之以桑，五十者可以衣帛矣。鸡豚狗彘之畜，无失其时，七十者可以食肉矣。百亩之田，勿夺其时，八口之家可以无饥矣。谨庠序之教，申之以孝悌之义，颁白者不负载于道路矣。老者衣帛食肉，黎民不饥不寒，然而不王者，未之有也。"概而言之，就是引导人民很好地种田植树、蓄养禽畜，以此令人民免于饥寒之苦，而生活趋于丰盈，再对人民进行很好的教育，令人民懂得礼法，整个社会就会变得文明有序。这样，统治者就一定可以称王于天下了。在这样的统治之下，人民会对统治者心怀敬意，对他亲爱有加，并且交口称赞。在世界历史上，一些为众人所高高景仰的魅力型领袖，大体上就可以归入这一层次，例如唐太宗、华盛顿、甘地，等等。

比"亲而誉之"更下一层的呢，是"畏之"。这样的统治者，人民害怕他，为什么害怕他呢，因为他使用严刑峻法来制约百姓，最典型的一个例子，就是周厉王。周厉王对人民尽行压榨之能事，人民因此而多有怨言。周厉王对此采取了极为严酷的打压措施，派出了大量的执行人员前往各处对人民进行监视，一旦发现有口出怨言者，立即杀掉。这造成了人民的极大恐慌，乃至于"道路以目"，也就是说大家在路上遇见都不敢说话，而只是用眼睛相互示意一下。然而，"防民之口，甚于防川"，公元前841年，终于发生了"国人暴动"，厉王被迫逃出镐京，最后死于边鄙之地。

而最差的呢，就是人民对其很轻侮的统治者。这样的统治者，人人咒骂，预示着天下必将大乱。例如，夏朝的最后一个君主履癸（又名桀、癸），在他统治时期，人民说道："时日曷丧，予及汝皆亡！"就是说，这个太阳什么时候才能灭亡啊，我宁愿和你一同死掉。太阳，是人民对履癸的比喻，人民宁愿与他同归于尽，这是何等深刻的仇恨啊！而履癸果然也成了一代亡国之君。

老子所讲的统治者的四个层次，对当代的管理工作是非常富有启发意义的。作为一个管理者，特别是一个高层管理者，首先要避免的就是令自己的部下轻侮自己，恨自己。一个积恨满身的人，是最为失败的，对于管理者尤其如此，所以老子将其归于最差的一个层次。其次呢，就是要避免让部下畏惧你。当然，这与领导人物的权威是两码事，别人怕你，并不表示就真的尊敬你，而可能是面恭而心不恭，在这种情形下，管理者具有的所谓"权威"，是靠威势得来的，而并非自己本身的魅力，所以，令人惧怕的权威，并非真正的权威，而令人畏惧的管理者，也往往是一个不够高明的管理者。与此相反，较好的管理者会让部下爱戴自己，赞誉自己。而比这更高的层次，也就是"无为而治"了，这样的管理者，无须事事都亲力亲为，一整天忙得不可开交，大有日理万机之意，而是只在自己悠游闲遣的同时，就将自己的事业发展得很好，各个方面皆有条不紊，蒸蒸日上。他实际上是以一种无形的方式来发挥自己强大的力量。

世间最大是诚信

"信不足焉，有不信焉。悠兮其贵言。"信用是权力的重要基础，当统治者的诚信不够的时候，人民对他的号令也就不再信任了。因此，好的统治者应当很悠闲，而很少发号施令。在第二章，老子描述水的杰出品质时就讲到了"言善信"这一点。在儒家学说中，无论是个人修养的层面，还是社会治理的层面，诚信都是核心的一点。"信"是孔子所强调的"仁、义、礼、智、信"这五种最为基本的道德操守之一，而"信"字在《老子》一书中虽不像在《论语》中出现得那么频繁，但是，毫无疑问，在老子的观点中，"信"的地位也是极为崇高的。从这一点上也可以看出，道家思想与儒家思想是有着很大的相合之处的，在很多问题的论述上都是殊途而同归的。

"信"，老子在这里是针对统治者而言的，然而，诚信的要求又岂止仅仅限于统治者呢？孔子说："人而无信，不知其可。"讲求诚信，应当是每一个人赖以立身的根本。事实上，如果失去了诚信的维系，人类社会是根本无法有序运转的。做一个极端的假设，人们在街边购物用现金付款的时候，如果卖主把钱收下了，却偏偏说钱没有收下，或者反过来，卖主已经将钱款的余额如数找还顾客了，而顾客却偏偏说钱还没有找，在这样的情景下，对方怕是难以拿出证据进行反驳的。而在现实中，这样的事情一般不会发生，原因就是在人们的内心之中都有一个诚信的底线存在，这样，顾客在将钱交给卖主的时候，就不必担心对方收下了钱却进行抵赖；反之，卖主也不会在为顾客找还余钱的时候产生对方会进行讹诈的想法。在这样司空见惯、习焉不察的日常现象中，其实都是蕴含着诚信之道。可惜的是，很多人并未能够将这种诚信的原则贯彻到底，因此，在社会生活中的某些层面上，尔虞我诈就成了一种相当普遍的现象。

当然，也并不是说人们在所有的情况下都要固守诚信，在特殊的情形之下，也是可以有所权变的。例如，《孙子兵法》中说："兵者，诡道也。"也就是说，用兵是要讲究诡诈的。再如，孔子离开陈国，经过蒲邑的时候，蒲人将孔子扣留了下来。孔子有个叫公良孺的弟子，非常勇武，与蒲人展开了激烈的搏斗，这使得蒲人有些畏惧，于是请求，如果孔子此后不去卫国，就放了他们。孔子答应了蒲人的这个条件，与他们定下了盟誓，然后蒲人就放过了孔子一行人。然而在此之后，孔子还是去了卫国。子贡问孔子说："难道盟誓是可以背弃的吗？"孔子说："在受到要挟时所订立的盟誓，是没有信效可言的。"其实，孔子的这一说法与孙子所讲的"兵者，诡道也"是相通的，这也就是说，某些时候，是可以不讲求诚信的，但应当注意到的是，这种做法所针对的一定是自己的敌人，一定是出于迫不得已，而对待朋友，对待亲人，诚信的原则是断断不可丢弃的。

令人心仪的自然而然

"功成事遂，百姓皆谓'我自然'。"在大功告成、万事顺利的时候，百姓都说：这是我们自己如此的。这也就意味着，在百姓的心中，功成事遂都说是自然而然的，这里并没有统治者的参与。而这，也就是老子所讲的"太上，下知有之。"百姓只知道他的存在，却感受不到他的作用，而是自己就能够做得很好，这才是最为成功的领导。

《庄子·天地》一篇说："大圣之治天下也，摇荡民心，使之成教易俗，举灭其贼心而皆进其独志，若性之自为，而民不知其所由然。"意思是，大圣人治理天下时，采取的方法是放任民心，使他们成就教化，改易风俗，消除他们的害人之心而促成他们自得的乐趣，就像是本性要那么做，而他们并不知道何以如此。

美国政治学家 H.克里夫兰有一句名言："成功的领导艺术的一个标志是，当事成之后，被领导者均认为'事情是我们自己做的'。"这句政治名言，与老子思想如出一辙，而老子观点的提出，已经是两千多年前的事情了。

与老子的"太上"之治和庄子的"大圣之治"相对应，杰出的现代人本主义心理学家马斯洛提出了"良性社会"的概念，这一概念是与他的需要层次理论密切相联的。依据需要层次理论，人类最高层次的需要是自我实现的需要，只有获得了自我实现的人，才是健全的人，才是获得完全发展的人，而良性社会就是能够为社会上的每一个成员的发展提供必要的资源与条件，然后不再进行干预，让他们进行自主的选择，从而在最大程度上促成其自身获得自我实现的社会。而这样的阐述，可以很显然地看出与老子所讲的"功成事遂，百姓皆谓'我自然'"是多么的相像，尽管老子所表达的仅仅是一种朴素的哲学，而现代的马斯洛已经在自己的学说中融入了大量新的科学进展与发现，但是两者在思想底色上还是颇有相通之处的。简单地说，这也就是赋其"自然"，给予被管理者以充分的自主选择权和自由发展权，只要他们的行为是无妨于他人、无害于社会的，那就尽量让他们去放任地去做好了。

【经商之道】

诚信故事二则

郑炳基是云南普洱茶集团的董事长，诚实是他做人的准则，也是经商的原则。在收购云南普洱茶厂之初，生意并不景气。当时市场上都在炒作老茶饼，而他的茶都是新茶。专家告诉他一级普洱茶的产量每年只有 8 万到 11 万吨，然而有些茶叶销售点一年能卖出 20 多万吨，那是因为很多茶商在造假。普通的茶饼一块只能卖到 15 到 20 元，如果换上破旧的包装变成几十年、甚至上百年的老茶饼，就能卖到几百、几千、几万元不等。在暴利的驱使下，很多茶商铤而走险，以次充好，欺骗消费者。更有甚者，有些茶商把加工好的新茶用高温蒸过，然后放在破砖窑里让蚂蚁咬，把茶叶咬烂再晒干，然后骗消费者说是老茶，价格卖得非常高。经过几个月的学习，郑炳基摸清了造假的门道，但是他不想蹚这浑水。他觉得做生意要对得起消费者，更要对得起自己，宁愿亏损也不卖假茶。

然而正当他为茶叶卖不出去而发愁的时候，来了一位西装革履的香港客人。他要买 15 吨的茶叶，价格按出厂价，不用包装，马上开车拉走。天上真的掉馅饼了吗？郑炳基一边指挥员工搬货,一边请大主顾到茶艺室,泡上最好的茶叶。郑炳基问客户,您这是准备做什么啊?要不要我们帮着加工啊?客户连说不要,只要买散茶。郑炳基渐渐明白过来,他要拿去做假。这笔大买卖对郑炳基来说是雪中送炭,但是他知道这样做的后果是蒙骗消费者,他对客户说:"对不起,茶叶不卖了!如果假茶叶是从我这里出去的,我问心有愧!蒙骗消费者去赚昧心钱,我绝对不干!"他坚持自己的原则,把送上门的生意赶出去了。

郑炳基的茶叶生意依旧冷清,仓库里积压的茶叶越来越多。直到 2006 年,店里的生意变得出奇的好,一直卖不出去的茶叶变得火爆热销。原来两年的销售不畅,使他的仓库里积压了大量货真价实的老茶。这些老茶让郑炳基时来运转,很多人慕名而来,一时间宾客盈门。郑炳基举行了一个春茶的订货会,8 天内订出了 3000 多万元的茶叶。如今,郑炳基不但实现了扭亏为盈,资产评估上了 3 个亿,还把皇家普洱产地——版山开发成了普洱观光园。

不仅中国人重诚信,外国人也是一样,我们来看这样一个故事。美国的多米诺皮公司是一家经营粮食加工的企业,该公司有一项规定:必须保证在 30 分钟之内,将客户的订货送到任何预定的地点。为了严格地执行这一规定,多米诺皮公司采取了各种有力的措施与以支持和保证。虽然公司对这一方面做得极为小心,但是,意外的事情总会出现。有一次,一辆长途送货车半路发生故障,这将导致一家商店不能够及时得到生面团的供应。公司总裁唐·弗尔塞克先生得知这一消息后,立刻决定包下一架飞机,然后将生面团按时送到那家商店。

然而,即便如此尽力,多米诺皮公司也未能完全地避免意外事件的发生,还是有一家商店因为供货的中断而导致暂停营业一天。事故发生后,弗尔塞克立即派助手杰夫·史密斯跑到街上买回了 1000 多个悼念死者时才佩戴的黑袖纱,命令全体员工佩戴了好长一段时间。这次"戴孝"事件令多米诺皮公司的每一个成员都对此留下了永久难忘的印象,他们更加深切地感知到,坚守诚信的原则对公司的生存与发展具有多么重大的意义。

和多米诺皮公司的做法相仿,德国的联邦快递公司自成立以来,一直将恪守诚信作为公司服务中的最高原则。有一次,服务人员发现还有一个小包裹没有装上飞机,可是这时飞机已经起飞了。对于这一疏忽,执行经理想编造某种理由把顾客搪塞过去,再进行一定的赔偿,然而公司的创始人之一史密斯先生则认为,那样做是对顾客的欺骗,显然违背了联邦公司所极力倡导的诚信原则。他断然决定,即使为此而花上几千美元也在所不惜,遂立即雇用私人飞机将这个小包裹专程送到了顾客的手中,并且向那位顾客真诚地表达了歉意。联邦公司虽然在这一事件中付出了一定的代价,但是它坚持了公司一直都遵守的诚信原则,没有因为一时之利而造成永久之弊,而且,这一诚恳的举动为联邦公司赢得了极佳的社会声誉,对其迅速地发展成为全球最大的包裹运输公司起到了极大的推进作用。

第十八章

道亡有义

【原文】

大道废，有仁义。慧智出，有大伪。六亲不和①，有孝慈。国家昏乱，有忠臣。

【注释】

① 六亲：有不同的说法，三国时期魏国的王弼在注解《老子》时释为"父子、兄弟、夫妇"，可以理解为亲属的泛指。

【今译】

大道废弃之后，才有所谓的仁义。聪明智慧出现之后，才有严重的虚伪。亲属之间不和睦，才有所谓的孝敬、慈爱。国家陷于昏乱，才有所谓的忠臣。

【解析】

大道废，有仁义

实际上，在老子看来，社会不是在发展，而是在不断地倒退。上古之时，人们淳朴浑噩，过着穿暖吃饱别无所求的天然生活，人与人之间没有所谓的等级，也没有什么仁义礼法，一切自然而然，合乎大道。但是，随着社会的发展和财富的增多，人们的欲望在膨胀，你争我夺，相互攻打，伪装欺骗之事开始出现并泛滥，为了约束人们的行为，贤明之人开始提倡仁义道德。接下来，人们连仁义也不要了，为了财富、欲望、名声不惜坑害亲人朋友，寡廉鲜耻、损人利己、狡诈奸猾之徒比比皆是，而且过得比善良的人还好，社会风气每况愈下，为了制止这种恶劣风气，才智卓异之士开始创建社会制度，构建了上下等级，制定了烦琐礼仪，用以约束人们的行为。接下来，礼崩乐坏，上对下欺凌暴虐，下对上欺骗玩弄，诡诈之人坑蒙拐骗，势利之徒兴风作浪，于是人们拿起武器相互攻杀，社会陷入混乱，兵连祸结，好不容易结束乱世，强权人物便制定森严法律，来约束人们的行为。可见，由大道到仁义，由仁义到礼仪，社会一个比一个败坏混乱。老子的看法也许偏激，但也不无道理，他的话应该引起我们的深思。

这一章的讲述，充分地体现出老子的辩证法思想。老子的这番言论，目光犀利冷峻，观点尖锐深刻。他以不容辩驳的语气和严谨的逻辑，把人们竭力推崇的仁义打翻在地，向社会和世人提出了沉痛的警告。仁义，是为世人所极力提倡的，是构建我们民族传统文化价值的核心理念，是中国人最为看重和珍视东西。然而老子却说："大道废，有仁义。"也就是，"大道"被废弃了之后，才会出现所谓的仁义。言下之意，人们本来就该彼此平等，和睦相处，互帮互助，彼此仁爱，共享社会资源，但是，由于这天经地义之事被人们的奸诈虚伪、阴谋欺骗所破坏，社会风气败坏不堪，尔虞我诈盛行，所以社会才不得不提倡仁义道德。反过来想，一个到处叫嚷仁义，颂赞仁义的社会，正是仁义道德、善良真诚、乐于助人等基本品德极度缺失的世界。

当代著名的社会学家孙立平教授有一本书叫作《守卫底线》，书中提到了诸如"严禁用公款打麻将""中小学教师严禁奸污猥亵学生""严禁酒后驾驶机动车辆"等一些原本是天经地义的事情，但是这些字样赫然出现在了一些单位和机构的明文条款里面，真是令人啼笑皆非，它提示着人们"警惕这样一个严峻的事实——我们社会生活的底线正频频失守"。其实，在现实当中，讲得最多的，恰恰是做得最少、做得最差的，正因为感到做得还不够好，所以才会有所提倡。在春秋、战国时代，孔子、孟子讲仁义，讲王道，讲了很多，而这正是针对当时"礼崩乐坏""人心不古"的混乱社会现实而提出的。老子对这一点看得非常明白，要不是"大道"沦丧，人们又何必满口的仁义道德呢？

"智慧出，有大伪。"聪明智慧出现之后，才有严重的虚伪。与现代习用的含义有所不同，在这里，"智慧"一词侧重指的是智诈奸巧之义。老子看重的是人的淳朴状态，而极力主张摒弃智巧。在第八十章，老子说："小国寡民，使有什伯之器而不用；使民重死而不远徙；虽有舟舆，无所乘之；虽有甲兵，无所陈之；使民复结绳而用之。"总起来说，老子提倡人们放弃使用各种新式的器具，一切都返回到最为淳朴的原始状态去，这是一种相当保守和倒退的思想。不可否认的是，老子此言的出发点在于对人们奸巧之心的排斥，但是，他在倒洗澡水的时候，连孩子也一起倒掉了。他的药方固然彻底，但实在有些矫枉过正，而且在现实中也是不可能得以实现的。而且，发展中所产生的问题，也一定要在发展中解决，就像一个成年人生了病，你不够想象让他回到婴儿的状态去进行治疗。然而，尽管老子摒弃智巧的思想有着很不可取之处，但是他所提出的伪恶由智巧而生的这一发现还是非常深刻的。所以，我们应该关注老子的批判所指，警惕那些调门高昂、机关算尽、诡计多端、装腔作势、虚饰浮夸之人，他们机巧的背后必有不可告人的险恶之心，因为老子已经看透了这类人，并教导我们说"智慧出，有大伪"。

不少人认为老子的主张带有愚民的色彩，之所以这样说，原因就在于老子的："智慧出，有大伪。"人们一旦有了智慧，这个社会就会发生混乱的。可是老子的错误在于，他是以一种后退的眼光来看待人类发展进程中所产生的这一问题的。在动物界，一般不会有欺诈的现象，可是到人类这里出现了，因为人类在生物进化谱系上比其他动物更高级，那么又如何来避免这一由进化所导致的问题呢？老子给出的办法是：退回去，退回到接近于动物的人类的最为原始的状态。这就如同一个人在赶往前方更为美好的生存境地的路途中遇到了一片泥泞的沼泽，如何摆脱这片沼泽？老子告诉人们，回到原来停留的地方，也就可以避免沼泽了。这样虽然可以免却了沼泽之苦，但是永远也无法抵达更加理想的彼岸了，这实际上也就遏止了人类前进的步伐。那么，面对由智慧所产生的伪恶，应当用什么办法来解决呢？办法只能是：以智制智，也就是说，社会上正义的力量应当运用更加高超的智慧来制约为邪恶之徒所掌握了的智慧，这也就相当于豹的速度与羊的速度共同进化的问题，豹要捕捉到羊，不能想着羊跑得更慢，而只能想着自己要比羊跑得更快。

家贫出孝子，国乱有忠臣

"六亲不和，有孝慈；国家昏乱，有忠臣。"亲属之间不和睦，才有所谓的孝敬、慈爱。国家陷于昏乱，才有所谓的忠臣。在这里，老子以冷静的思维，给我们提供了一个看待问题的独特视角，虽然这个视角观察的现象让人后背发凉。

人们常常会讲哪个儿女是孝敬的，其实，很多情况下，并非某些人孝敬，而是某些人不够孝敬，才使得一些原本平常的行为变成可值得推崇的"孝敬"了。设想，如果每一个家庭中，父母都疼爱自己的孩子，很自然地教导养育儿女；孩子都孝顺自己的父母，很自然地伺候父母的起居，这个时候，谁的心中会有"父慈子孝"的概念呢！当社会上生不养，养不教的父母太多，当社会上冷淡虐待甚至是抛弃父母的不孝子之太多，父母子女之间本来很正常亲情，却显得异常的珍贵，被赞誉为父慈子孝。仔细想来，这样的社会，这样的家庭关系真是可悲，可悲到令人绝望。

同样，如果每一个臣子对国家和朝廷都是忠诚的，又何来的忠诚而言呢？"疾风知劲草，板荡识诚臣。"这是唐太宗在凌烟阁功臣的题词中说到的。——"板"与"荡"，原是《诗经》中的两个篇名，因为叙说的是乱世之慨，所以后来就用"板荡"来指代大规模的社会动乱。——如果不是来了迅疾的大风，每一棵草都是那么挺立着，还有什么软、劲之分呢？如果是在无风无浪的太平盛世，又凭借什么判断哪个臣子是最忠诚的呢？换一个角度来看，有忠臣出现的时代，往往是乱世，譬如在宋末，那么多的人归降元朝了，可是文天祥呢？"人生自古谁无死，留取丹心照汗青。"他是宁肯死去，也不会为元朝统治者服务的。再如陆秀夫，在宋朝大势已去之时，对年仅八岁的小皇帝赵昺说："德祐皇帝辱已甚，陛下不可再辱。"德祐皇帝就是赵昺的哥哥赵㬎，前一年在元军的追击之下，受惊而死。陆秀夫为了避免宋朝的皇帝再次遭受屈辱，毅然背着赵昺投海自尽，为大宋王朝在中国历史上勾勒下充满悲壮色彩的最后一笔。文天祥、陆秀夫这样的忠臣是可钦可敬的，这是国家的幸事，然而从另一面来看，出现了这样彪炳青史的忠义之臣，又实在是一种不幸，因为他们的出现，象征着一个王朝的末世，象征着一个国家的衰微。

有人抨击"清官"政治，虽然道理各异，但究其实质，也不过如老子所言——"国家昏乱，有忠臣"。标榜起来的一个清官，背后隐藏着千百个污官，如此一来，清官的出现岂不是一种大不幸吗？清官本身没有错，他们的一身正气是值得肯定的，然而他们作为一种榜样意义的存在，却说明了严重的问题，说明我们的官场腐化污浊到何等程度。如果说"疾风知劲草，板荡识诚臣"，那么反过来也可以这样讲，"劲草显疾风，诚臣兆乱世"。如此，一个标榜清官的社会，岂不就是一个官场风气败坏，官员普遍腐化的社会现实吗？现实之中往往就是这样，调子唱得越高，实际情况却恰恰相反，这需要人们进行仔细的甄别，能够具有透过表象而看穿其本质的独到眼力。

【为人之道】

假牛布衣

牛布衣是《儒林外史》中的一个人物，一生潦倒落魄，在多次应试赶考结果不利的情形下，彻底放弃了科举一途，转而追求成为以诗文享誉的"名士"。一次，牛布衣去芜湖寻访朋友，结果病倒在甘露庵。他与庵主人甘露僧相处日久，相交甚得。不幸的是，牛布衣不久之后即病逝于庵中。甘露僧认真地装殓了牛布衣，并为他超度，以求给这个漂泊了一生的朋友以最后的安慰。而牛布衣临终之时尚有一事未了，他将自己的两卷诗稿交给甘露僧，请他务必寻找机会将诗卷交给一个可靠的读书人，以传之后世。

且说甘露庵附近有户牛姓人家，祖孙两人相依度日，开了一个小香烛店维持生计。祖父已经年老，他正当壮龄的孙子名叫牛浦。一天，牛老爹翻阅账簿，发现店里存货不多，账上挂欠的倒不少，就打发牛浦去讨要赊账。牛浦路上经过一个学堂，听到里面传来朗朗的读书声，不禁停下了脚步，驻耳倾听起来。原来，牛浦也曾读过几年书，后来因为家里生活困难而只得辍弃学业，帮家里做生意。尽管离学多时，但他心里一直羡慕着读书人，因为在他看来，读书人是很有出息的，将来不仅可以升官发财，还可以结交官场上的老爷们，那是多么惬意而又风光的事情啊！进而牛浦心想：何不弄几个钱买几本书读读啊？

就这样，牛浦跑了一下午，共讨回了六十文钱，他花了十文买了一本唐诗，又自己留下了四十文，只将十文交给家里。有了这本唐诗，牛浦就每天晚上乘牛老爹睡下之后悄悄地跑到甘露庵去念诗，虽然一些字句不是很懂，他也全然不顾，只是摇头晃脑、一知半解地念下去，直到半夜时分，才返回家里。他一连去了好几天，庵里那个甘露僧，见到他这么用功，心里非常感动，此后就让他到殿里去读书。渐渐地，两人熟悉起来。甘露僧见他如此喜欢念诗，就有意将牛布衣的那两卷诗集送给他，牛浦听了非常高兴。但是甘露僧在送他诗集之前就受邀到乡下念经去了，而将佛殿交给牛浦照管，牛浦则索性将诗集偷了出来。他一翻诗集，不禁大喜过望，因为他见到上面有很多诗都是写给一些达官显贵的。他想，原来会作几句诗，就可以和那些贵人老爷们来往，那是何等的荣耀啊。

牛浦又想到，牛布衣姓牛，自己也姓牛，只要自己刻两方印来印在上面，这诗集不就成了自己的吗？于是，此后牛浦就将这两卷诗集窃为己有，冒名牛布衣，开始招摇撞骗起来。更令牛浦惊喜的是，原来这牛布衣还颇有些名气，很多人虽然与他未曾谋面，却深仰大名，这使得牛浦更加得意。

牛老爹见牛浦每每三更时候才回到家里来，对店里的生意也不似前些时候那样用心，生怕他在外面为非作歹，惹出事来，因而急忙给他寻了一门亲事，媳妇就是隔壁开米店的卜老爹的外孙女。这牛浦此前看过这个女子，对她的品貌很是叹羡，而今听得爷爷一说，喜得一夜没有入睡。

哪知，拜堂之后，牛浦只安稳了几天，就又到外面与一些不三不四的朋友整天鬼混在一起，家里的生意是全然不顾了。牛老爹气得出了一场病，不几日，竟然撒手而去。这时，家里一点儿钱也没有了，幸亏卜老爹出钱，给牛老爹入了殓。而牛浦夫妇也无法生活，只得去投靠卜家。刚开始，牛浦还帮着卜家料理一些事情，可时间稍长，老毛病就又犯了，又成天在外面鬼混。

一天，牛浦得知有一个叫董瑛的老爷去京师会试，途经此地，听说牛布衣在此，有意亲往拜访。大喜之下，牛浦接待了来访的董瑛。只见董瑛乘坐大轿而来，头戴乌纱，身着官服，果然是来头不小。言谈之间，牛浦虚与委蛇，竟然也蒙混了过去。

后来，牛浦因为好吃懒做，不事经营，在当地实在混不下去，就去投靠在安东做知县的董瑛。董知县热情地接待了他，还送给了他不少银两，而县里的人见到他是县太爷的座上客，对他也都敬上三分，颇有巴结之意。还有一个姓黄的商人想将自己的女儿许配给他，牛浦则对先前的妻子只字不提，而对这门新的亲事慨然应允，又风风光光地与新妻拜了堂。牛浦在这里安家立户，又假借牛布衣之名，以诗会友，加之有县太爷的庇护、富岳翁的宠爱，日子过得真是不亦乐乎。

这一日，牛浦又外出会客，留下妻子黄氏自己在家，忽然有一个老妇人找上门来，声称是牛布衣的妻子，黄氏听了，感到十分吃惊。

原来，牛布衣是绍兴人士，此次外出访友已经一年多没有音信了，家中的妻子十分惦念，就一路寻来。找到甘露庵的时候见到一口棺材，她以为牛布衣已经死掉，因此心中十分恐惶。随即又听说牛布衣住在安东，便又转悲为喜，一路风尘地寻找过来。

黄氏这边与牛布衣的妻子吵闹的时候，那边已经有人去传告了牛浦。牛浦以为自己在乡下的妻子找上门来，心里立时泼了一盆冷水，但是又躲避不得，只得硬撑着脸面赶回家里。然而，他见到的却是一个陌生的老妇人，于是又放下心来。牛奶奶见这"牛布衣"不是自己的丈夫，真是发疯了一般，咬定是牛浦谋害了自己的丈夫，然后来此欺世盗名，一定要他还自己的丈夫。而牛浦则是矢口否认，只说是凑巧同名而已。不得已之下，事情闹到了县衙。牛奶奶说牛浦谋害了自己的丈夫，却拿不出任何证据，董知县只好将她打发回去。而牛浦虽然没有被告倒，却令董知县对他的身份产生了怀疑，从此不理他了。知县断绝了和他的来往，别人也都跟随着对他冷淡了起来，没过几日，来找他作诗的人就寥寥无几了，而他的岳父对他也完全转变了态度，大有相逐之意，无奈之下，牛浦只得灰溜溜地逃回老家去了。

第十九章

绝圣弃智

【原文】

绝圣弃智①，民利百倍；绝仁弃义，民复孝慈；绝巧弃利，盗贼无有。此三者，以为文不足②，故令有所属③：见素抱朴④，少私寡欲。

【注释】

① 绝：抛弃，拒绝。圣：在这里指聪明之义。

② 文：理论之义。

③ 令：使。

④ 见：表现之义。抱：保持之义。

【今译】

抛弃掉聪明和才智，人民可以获得百倍的好处；去除仁和义，人民可以恢复孝慈；拒绝机巧和利益，盗贼就不会出现。这三个方面用来作为理论是不够的，所以还应当使人民的认识有一个总的归属，那就是，表现单纯，保持朴实，减少私心，降低欲望。

【解析】

放弃仁义智巧

这一章的讲述是紧承上一章内容的，既然是"大道废，有仁义；智慧出，有大伪"，那么统治者应当怎样来做才是正确的呢？——"绝圣弃智，民利百倍；绝仁弃义，民复孝慈；绝巧弃利，盗贼无有。"在《庄子》的外篇和杂篇中，立场很鲜明地反对"圣"与"智""仁"与"义"。《胠箧》一篇说："故绝圣弃智，大盗乃止；摘玉毁珠，小盗不起。"这与老子的提法是基本一致的，第三章说："不贵难得之货，使民不为盗"，而"摘玉毁珠"，正是与"不贵难得之货"相对应的，把珠、玉这些珍贵的东西都捣毁、敲碎，这样，世界上只剩下石头、土块儿，到处都是，随处可取，也就没有人去偷盗了。而在《庄子》中，还将盗窃的行为分作了"小盗"与"大盗""小盗"呢，只需要"玉毁珠"就可以止住了，而"大盗"呢，则非要"绝圣弃智"不可。

关于如何"使民不为盗"这一问题，《胠箧》这一篇进行了详细的论述。所谓"胠箧"，也就是撬开箱子的意思，指的就是盗窃的行为。篇中有这样的一段话："圣人已死，则大盗不起，天下平而无故矣。圣人不死，大盗不止。虽重圣人而治天下，则是重利盗跖也。为之斗斛以量之，则并与斗斛而窃之；为之权衡以称之，则并与权衡而窃之；为之符玺以信之，则并与符玺而窃之；为之仁义以矫之，则并与仁义而窃之。何以知其然邪？彼窃钩者诛，窃国者为诸侯，诸侯之门而仁义存焉。则是非窃仁义圣智邪？故逐于大盗、揭诸侯、窃仁义并斗斛权衡符玺之利者，虽有轩冕之赏弗能劝，斧钺之威弗能禁。此重利盗跖而使不可禁者，是乃圣人之过也。"

上面这段话的意思是：圣人已经死了，大盗也就不会再兴起，天下也就会太平而没有变故了。圣人不死，大盗也就不会终止。即使让整个社会都重用圣人来治理天下，那么这也会让盗窃之徒获得很大的好处。给天下人制定斗、斛等器具来计量物品的多少，那么盗贼就会连同斗、斛一起盗走；给天下人制定秤锤、秤杆来计量物品的轻重，那么盗贼就会连同秤锤、秤杆一起盗走；给天下人制定符、玺来取信于人，那么盗贼就会连同符、玺一起盗走；给天下人制定仁、义来规范大家的道德和行为，那么盗贼就会连同仁、义一起盗走。怎么知道是这样的呢？那些偷窃腰带环钩之类小东西的人会受到刑戮和杀害，而窃夺了整个国家的人却会成为诸侯；诸侯之门方才存在仁义。这不就是盗窃了仁义和圣智吗？所以，对于那些追随大盗、高居诸侯之位、窃夺了仁义，以及斗斛、秤具、符玺之利的人，即使有高官厚禄的赏赐也不可能劝勉，即使有行刑杀戮的威严也不可能禁止。这些大大有利于那些盗窃之徒而不能禁止他们的情况，都是圣人的过错啊。

这段话非常明达而深刻地指出了"绝圣弃智""绝仁弃义"的道理，圣、智、仁、义是因何而生的？是用来制约人的不轨行为的，可是这些理念和规范出来之后又怎么样了呢？是邪恶之徒将这些理念和规范也一同给盗走了，所谓仁义，完全成了虚名，它不仅没有起到制约盗贼的作用，反而为盗贼所利用，让盗贼打着仁义的幌子来做龌龊的事情，这也就是所谓的"诸侯之门而仁义存焉"。

《红楼梦》中的贾府，号称"钟鸣鼎食之家，翰墨诗书之族"，可实际上贾府的那些主子们都做了些什么光彩的事情呢？作者借柳湘莲之口毫不留情地一语点明："只有门口那两个石狮子是干净的。"这是多么严厉的讽刺啊！有个成语叫作"沐猴而冠""沐猴"，也就是猕猴，猕猴带冠，意味着什么呢？冠，原本是象征着人间礼法的，可是被猴子盗了去，头顶着冠，来冒充人。如果没有这冠呢，大家一看，就知道它是猴子而不是人了，而现在呢，有了这顶冠，猴子也就有了一件护身符，将很多人都给迷惑了，大家都以为它是一个了不起的人物了。这顶"冠"，也就相当于老子、庄子所讲的圣、智、仁、义等礼法、规范，有了这些，其结果只能是让坏人打着一个堂皇的名号去做肮脏的事情。所以，老子和庄子说，全不要这些，大家都回到最为朴素的状态去好了。这样的看法未免片面和偏激，但其思想的锋芒无疑是异常锋利的，它带给人们以深刻的反思和猛烈的警醒。

桃花源

东晋太元年间（太元是晋孝武帝司马曜的第二个年号，使用时间为 376–396 年），一个以捕鱼为业的武陵人某一天沿着溪边行走的时候，逐渐忘记了路的远近，忽然见到了一片茂美的桃花林，两岸数百步之间，都没有其他的杂树，而芳草鲜美，落英缤纷，甚是美好。渔人感到很惊异，就接着向前面走，想要穿过这片桃花林。

渔人寻到源头，看到一座山，山下有个洞口，里面仿佛有光的样子，他便离开船，走进了洞里。一开始，里面非常狭窄，刚刚能行走一个人，走了几十步，才豁然开朗起来，呈现在渔人面前的是一片平旷的土地，而房屋都很整齐，良田、美池、桑竹之类俱备，阡陌交通，鸡犬相闻，而男女的衣着都与外面很不相同，仿若世外之人；老人和孩子都怡然自乐，气氛十分地和谐融洽。

里面的人见到渔人，也很吃惊，问他从哪里来。渔人回答了自己的来历，就被邀请去做客。人家待他非常热情，设酒杀鸡地款待他。而村子里的人听说有个外来人到此，也都过来问讯。他们说，先人为了逃避秦朝的乱世，才率领妻子、儿女以及邻里乡亲来到了这个不通人烟的地方，此后就再没有出去过，于是就一直与外界隔绝了。渔人问他们当今是何世，他们根本就不知道有汉朝，更不用说魏朝和晋朝了。因此，渔人就将这些年来外面所发生的重要事情一一都对他们讲述了，他们听了，都很叹惋。此后，村中其他的人也都纷纷邀请渔人到家里做客，并且同样非常热情地招待了他。这样，渔人在此停留了数日才离去。那里的人告诉他："这个地方是不值得跟外面的人说的。"

出来之后，渔人又见到了自己的船。沿着原路返回的时候，为了记住路线，他沿途都做了记号。然后，渔人来到了郡里，将这件奇怪的事情跟太守说了。太守随即遣人与他一同去寻找那个神秘的村落，渔人按照自己先前做的标记来寻路，但还是迷失了，无法找到村落的所在。

这是我国晋代伟大的文学家陶渊明所虚构的一篇故事，故事中为人们描述了一个没有任何扰攘纷争、男女老少尽享天伦之乐的"世外桃源"。在那里，没有圣智和伪诈，人们的思想完全是朴素和真诚的，那里的世界是异常美好的，可以说，"桃花源"就是中国古代社会的"理想型"，它不是现实中可能存在的。所以，陶渊明写道，人们再去寻找它的时候，就无法找到了，渔人的奇遇，就是作者的慨然一梦，梦醒之后，就只有现实了，想要再回到梦中的情境，是无法做到的。尽管"桃花源"是一种不现实的存在，但是它毕竟寄寓了世人的一种理想，作者在末尾讲了号为"高尚士"的刘子骥去寻找"桃花源"，但是还没有得到结果就病殁了，而此后再也没有去寻找"桃花源"的人了。这暗示着，世人已经忘却了对于理想的追寻，这岂不是一种更深层次的悲哀吗！

【为人之道】

清心寡欲才长久

"此三者以为文不足。故令有所属：见素抱朴，少私寡欲。"老子说，"绝圣弃智""绝仁弃义""绝巧弃利"，这三个方面用来作为理论是不够的，所以还应当使人民的认识有一个总的归属，那就是，见素抱朴，少私寡欲。"素"是没有经过染色的白色的丝；"朴"是没有经过雕琢的木头。"素"和"朴"指的都是事物未经改造之前的本来的样子，见素抱朴，也可以说成是返璞归真。而"少私寡欲"其实说的也是同样的道理，人们本来是没有那么多的私心和欲望的，就好像动物一样，它们只求吃饱、睡好，也就会感到很满足了。可是人类就不同了，人创造出了那么丰富的文化，这是一件好事，代表着人类的进步，然而与此同时，问题也产生了，就是人们因此而生出了太重的私心和太多的贪欲。

古希腊的大哲学家苏格拉底有一次被他的学生们怂恿着去商品琳琅满目的集市上走了一遭，回来之后，苏格拉底颇有感慨，他感慨什么呢？他说："原来，这个世界上有那么多我不需要的东西啊！"苏格拉底就是一种具有老子所倡导的"少私寡欲"之精神修养的人，但是大多数人达不到那样的境界。

据说当年乾隆皇帝下江南，有一次住在长江边上的金山寺，他看到长江上的船只往来穿梭，十分繁忙，就问寺中的一位高僧，这奔波往回于长江之上的船只有多少。这位高僧答道："只有两条。"乾隆听了感到很奇怪，明明是那么多的船，这个老和尚怎么说只有两条呢？高僧解释说："一条为名，一条为利。"这就是所谓的"天下熙熙，皆为利来；天下攘攘，皆为利往"。世界上绝大多数的人都是热衷于追名逐利的，人们因此而喜悦，但更因此而苦恼。可是在动物界没有这种现象，为什么呢？因为在动物的世界里，根本就无所谓名和利，它们至多也就争一争食物和配偶，从这一点来说，人类的烦恼可是比动物多得多了。

那么，人类如何才能消除这样的烦恼呢？老子给人们开出的药方就是："见素抱朴，少私寡欲。""小国寡民，使有什伯之器而不用；使民重死而不远徙；虽有舟舆，无所乘之；虽有甲兵，无所陈之；使民复结绳而用之。""邻国相望，鸡犬之声相闻，民至老死，不相往来。"这就是老子的社会理想，他想要人们退回到蒙昧荒古的原始时代，那是一种接近于动物社会的状态，如此，也就可以消除这些人类特有的烦恼了。然而，殊不知，如果那样的话，人类的烦恼是没有了，但人还是真正的人了吗？人与动物的差别又体现在哪里呢？这一方法，就如同胳膊上生出了病痛，而将这条胳膊都砍掉了一样，如此，病痛是没有了，但胳膊也不存在了。

尽管如此，老子的这一主张仍然不无可取之处，适宜地保持朴素、淡泊的心地还是很有必要的，在当代这样一个空前繁华和浮躁的社会中尤其具有重要的意义，只是，提倡"见素抱朴，少私寡欲"，不应当以返回到原始、落后的社会状态为依归，而应当将目光放在前方，令人们做到"君子爱财，取之有道"，而不是企图消灭一切财富，因为那实在是一种同归于尽的办法。

第二十章
独异于人

【原文】

绝学无忧。唯之与阿①，相去几何②？善之与恶，相去若何？人之所畏，不可不畏。荒兮③，其未央哉④！众人熙熙⑤，如享太牢⑥，如春登台⑦。我独泊兮⑧，其未兆⑨，如婴儿之未孩⑩，傫傫兮⑪，若无所归！众人皆有余，而我独若遗⑫。我愚人之心也哉！沌沌兮⑬！俗人昭昭，我独昏昏。俗人察察⑭，我独闷闷⑮。澹兮⑯，其若海；飂兮⑰，其无止。众人皆有以⑱，而我独顽似鄙⑲。我独异于人，而贵食母⑳。

【注释】

① 唯：应诺、答应的声音，引申为奉承。阿（ē）：呵斥的声音。

② 去：距离。

③ 荒：荒远；又说，荒唐。

④ 央：结束。

⑤ 熙熙：兴高采烈的样子。

⑥ 太牢：祭祀时牛、羊、猪三牲俱备的最为丰盛的筵席。

⑦ 春：春日。

⑧ 泊：淡泊。

⑨ 兆：征兆，表象。

⑩ 孩：婴儿的笑声。

⑪ 傫傫：颓丧失意的样子。

⑫ 遗：通"匮"，缺乏、不足之义。

⑬ 沌沌：浑浑沌沌。

⑭ 察察：严苛。

⑮ 闷闷：与"察察"相对，为宽宏之义。

⑯ 澹：辽远的样子。

⑰ 飂：（liáo）：疾风，这里指飘荡的样子。

⑱ 以：用的意思。

⑲ 顽：顽劣。鄙：鄙陋。

⑳ 食：养育之义；又说，应作"德"，与"得"相通，得到的意思。

【今译】

抛弃了知识学问就没有了烦忧。奉承与呵斥，相差有多少？善良与邪恶，相差有多少？众人都畏惧的，就不能不畏惧。荒远啊，自古以来就是如此，到现在也还没有结束。众人都是一副兴高采烈的样子，好像参加太牢般丰盛的筵席，好像在明媚的春日登上高台远眺。唯独我是淡泊的，对这些没有任何的反应，好像还不会笑的婴儿；一副颓丧失意的样子，好像无家可归的游子。众人都绰绰有余，而唯独我好像有所不足。我真是愚人的心思啊！一副浑浑沌沌的样子。世人都是那样的明白清楚，唯独我是这样的暗昧糊涂。世人都是那么的严苛，唯独我是这么的宽宏。辽远啊，就像大海一样；飘荡啊，就像无处止息。众人都有一副本领，唯独我顽劣而又鄙陋。我所要的，就是要与别人都不同，我所看重的是养育万物的母体啊。

【解析】

无知亦无忧

"绝学无忧"这一句在本章显得较为孤立，而与前一章的联系更为紧密一些，因此很多学者主张将这一句归于十九章，但当前的通行本大都还是依仍旧例，将其置于第二十章。

这句话不仅它的位置有争议，更为重要的是有关其含义的争议，焦点就在这个"绝"字上，其一可解为弃绝，另一可解为超绝。那么，到底哪一种解释符合老子的本义呢？其实这一点并不难辨析，因为从前面所提到的"绝圣弃智""绝仁弃义""绝巧弃利"等句子来看，"绝"都是与"弃"互用的，也就是说，"绝"的意思也就是"弃"，并且，从老子一贯的思想立场来看，很显然，老子从没有表述过拥有了超绝的学问就可以免去忧烦一类的观念，所以，"绝"字在这里也应当解释为弃绝之义。但是这样来阐说也并非是圆满无缺的，因为"绝学"还可能有另外一种指向，那就是"道""道"者，正是一种超绝的学问，如果一个人真正地领悟了大"道"，将一切都看得通达了，还会有什么值得烦恼忧愁的呢？这样解释也是未尝不可的。不过，如果将这一句放在第十九章之中，从文意的连贯角度来看，则似乎将"绝"字理解为弃绝的意思更为妥切。

如此来讲，"绝学无忧"所要说的就是抛弃掉了知识，也就不会有所烦恼。如何来理解这句话呢？人世间有着各种各样的烦恼，烦恼的来源各不相同，但是其中有很大的一部分是由知识所引起的。我们知道，动物没有知识，也没有智慧，但是动物们也没有烦恼。人类与动物相比，拥有了知识和智慧，但是人也就因此有了烦恼。据《圣经》记载，人类始祖亚当和夏娃，在没有偷吃禁果之前，生活在伊甸园中，整天过着无忧无虑的快乐生活。但是，自从夏娃受到蛇的诱惑，吃了禁果——智慧之果后，拥有了智慧，能够辨别出是非，判断出善恶，区分出男女，便被上帝逐出伊甸园。他们不仅要为吃穿操劳，而且要面对夫妻关系、家庭关系、人际关系，生出无穷无尽的烦恼来。这个故事，实际上也就说明了，智慧和烦恼是一对双生子，他们相伴而生，不可分割。而且，知识越多的人，烦恼也就越多。大诗人苏东坡本人是个聪明人，可是仕途坎坷，人生蹉跎，他感慨不已，写下这样一首诗："人皆养子望聪明，我被聪明误一生。惟愿孩儿愚且鲁，无灾无难到公卿。"他的这个想法，正是对老子的"绝学无忧"思想形象化说明。

《西游记》中，炼就了一双火眼金睛的孙悟空可以一眼即辨出经过了伪装变幻的妖怪，可是肉眼凡胎的唐僧看不出来，但是看得出妖精的孙悟空往往会因此而给自己惹来麻烦。这在"三打白骨精"一段有着典型的体现。

孙悟空摘桃回来，见到了来给唐僧送斋饭的村姑，他一眼就认出那是个妖怪，朝妖怪劈脸就是一棒，那妖怪留下了一具假尸体，而自己则化作一缕轻烟逃跑了。悟空本是除妖，可这在一旁的唐僧看来，他这纯粹是误伤好人，因此对他大不悦起来。师徒继续赶路，见到了一个拄着拐杖的老妇人，悟空认出又是刚才那个妖怪变的，又是当头一棒，妖怪还是留下了一具假尸体，再次脱身逃走。这次唐僧不由分说，立即就念起了紧箍咒，而且一口气念了二十遍，在悟空苦苦哀告之下，唐僧方才住口。不多时，前面又出现了一个老翁，声称前来找的他的妻子和女儿，悟空见又是那个妖怪变的，好不恼火，急欲上前去打，却害怕再被师父误解，于是先悄悄唤来了众神，让他们在空中为自己作证，然后才过去把那妖精打死了。这次妖精是真的被打死了，地上只留下一堆骷髅。

试想，如果孙悟空不识得那妖怪，又如何会遭受唐僧的紧箍咒之苦呢？这岂不是由知识惹来的麻烦吗？类似的，文艺复兴时期的意大利科学家布鲁诺因信奉哥白尼的日心说，在饱受牢狱之苦后，更是被施以火刑。他看到了地心说的谬误，其他人却看不到，这与孙悟空看出了白骨精，而唐僧却看不出是何等的相似啊。

其实，老子的这句话也是要倡导人们返回到智识尚未开化的蒙昧时代，人们都没有知识，对事物也就不会有什么高低贵贱之分了，就像管宁对待金子那样，如果人们根本就分辨不出金银铜铁之间的价值大小，又有谁会去争抢它们呢？如此一来，岂不是就没有了烦恼？如果人们的头脑中根本就没有什么"日心"还是"地心"的概念，又哪里会有这般纷争呢？布鲁诺又何须为科学与真理而献身呢？

当然，这仍然是一种后退的思想。这种思想，我们应该辩证看待。作为一种思想，"绝学无忧"自有其价值在。但是，在存在竞争的社会里，领导者或统治者抱持这种态度，极有可能会给自己，给国家带来灭顶之灾。由于传统政治哲学的原因，古代中国一直在民间推行愚民政策，在没有外敌入侵的情况下，确实有利于统治。但是，1840年以后的历史，彻底颠覆这种"绝学无忧"思想。因为民智不开，统治者自己也变得愚昧起来，中国几乎亡种亡国，只是后来国人猛醒，才使中华国脉得以延续。

能有多大差别

老子反问道："唯之与阿，相去几何？善之与恶，相去若何？"意即，奉承与呵斥，相差有多少呢？善良与邪恶，相差又有多少呢？问的是相差有多少，实际表达的意思是差不了多少，这就又提到了相对性的问题，在第二章，老子说："天下皆知美之为美，斯恶矣；皆知善之为善，斯不善矣。故有无相生，难易相成，长短相形，高下相倾，音声相和，前后相随。"在这个世界上，事物之间的差别很大，但其中又蕴含着很大的一致性。从自然界而言，高峻的山峰，与平坦的土地，乍看上去，区别很大，但是从土壤和岩石的构成成分上看，没有太大的差别。如果你从更高层面上看，山石和土壤共同构成了地球的岩石圈，它们同属一个圈层。从人类社会上看，世界上存在那么多的国家和民族，又有不同的历史进程，但在马克思看来，所有国家的历史都是沿着原始社会→奴隶社会→封建社会→资本主义社会→社会主义社会。你看，这一切能有多大差别。

在治理国家或者处理事情的时候，许多人觉得自己比别人高明。但是，站在一定的高度来看，相差无几。看这个故事，梁惠王在会见孟子的时候说："寡人对于国家，也可以算得上尽心尽力了，河内地区发生饥荒的时候，就将百姓迁徙到河东，而将粮食运往河内，但是，河东也同样有着饥荒的现象。看一看邻国的政治状况，那些国君都没有像寡人这样用心的，可是邻国的百姓没有变少，寡人的百姓却没有增加，这是怎么回事呢？"

孟子答道："大王喜好战争，就让我用战争来比喻吧。军鼓响起，双方白刃相接，在这个时候，有些士兵丢掉铠甲和武器，只顾逃跑，有的跑回了一百步，有的跑回了五十步，跑回了五十步的士兵嘲笑那些跑回了一百步的，这可不可以呢？"梁惠王说："这当然不行，只不过没有跑一百步罢了，但都是逃跑啊。"孟子说："既然大王知道这个道理，那也就不用期望百姓多于邻国了。"

孟子的意思是，梁惠王虽然自以为对国家是尽心尽力的，可实际上只是做了一些浮浅的表面文章，与其他的国君相比，也不过是逃跑了五十步与一百步之间的差别罢了，实际上做得都不怎么样，而使自己国家的百姓多起来，令国家的实力强大起来，最为根本的还是要施行仁政。孟子讲的"五十步笑百步"这个譬喻，与老子所问的"唯之与阿，相去几何？善之与恶，相去若何？"所蕴含的道理是一样的。很多事物，看似差别很大，可实际上都是差不多的。

这种"相去几何"，一种是程度之大小的差异，而还有一种则是表与里的差异。清朝灭亡之后，在北京大学授课的辜鸿铭依然留着辫子，这引起了学生们的嘲笑，而辜鸿铭对学生们正色说道："我头上的辫子是有形的，你们心中的辫子却是无形的。"这一句话，令原本嘻嘻哈哈的学生们一下子全都静默起来。是的，头上有形的辫子，如果想剪掉的话，拿起剪刀来就剪了，可是那心中的无形的辫子呢，如果想剪，哪里会有那样一把利落的"心剪"呢？

鲁迅先生有过这样的比喻："中国大约老了，社会上事无大小，都恶劣不堪，像一只黑色的染缸，无论加进什么东西去，都变成漆黑。"表面上看来，民国成立之后，中国的变化真可谓是翻天覆地，然而，这些都只是表象上的新鲜而已，中国人的骨子里却依然是腐旧得很，那头上的辫子不见了，可心中的"辫子"却还在牢牢地生着。君不见，那清朝的内阁总理大臣袁世凯，不就是摇身一变，而成了中华民国的大总统吗？再过了几天，他又成了中华帝国的洪宪皇帝了。因此，中国的科学与民主之路，是极为艰辛而漫长的，需要几代人为之付出艰苦卓绝的巨大努力，而绝非武昌城中的几声枪响就可以将任务完成的。

从人事上来看，也是如此。《菜根谭》云："烈士让千乘，贪夫争一文，人品星渊也，而好名不殊好利；天子营家国，乞人号饔飧，位分霄壤也，而焦思何异焦声？"意思是一个重视道义舍得把千乘大国拱手相让的人，与一个贪得无厌连一文钱也要争夺的人，就人品而言有天渊之别，但前者对名誉的渴求，和后者对钱财的贪求，在本质上并没有什么不同。皇帝治理国家，乞丐叫讨三餐，从地位上说，他们有天地之别；但皇帝的焦思苦虑和乞丐的哀求乞讨，在痛苦情形上又有什么差别呢？

"唯之与阿，相去几何？善之与恶，相去若何？"老子提示我们，看事物，要透过表象看其实质，只有这样，才能认清事物的真面目，而不为其纷乱的表象所迷惑。

【为人之道】

"铁屋"中的呐喊

鲁迅先生是中国现代伟大的文学家、思想家与革命家，对于鲁迅先生光辉的一生，毛泽东同志曾给予过十分中肯的评价，他在《新民主主义论》中说："鲁迅是中国文化革命的主将，他不但是伟大的文学家，而且是伟大的思想家和伟大的革命家。鲁迅的骨头是最硬的，他没有丝毫的奴颜和媚骨，这是殖民地半殖民地人民最可宝贵的性格。鲁迅是在文化战线上，代表全民族的大多数，向着敌人冲锋陷阵的最正确、最勇敢、最坚决、最忠实、最热忱的空前的民族英雄。鲁迅的方向，就是中华民族新文化的方向。"

毛泽东为何如此推崇鲁迅？因为在他看来，鲁迅的身上体现了这样几种最可宝贵的品质：政治远见、斗争精神和牺牲精神。

1922 年，鲁迅在为自己的第一部小说集《呐喊》所写的序言中说道："假如一间铁屋子，是绝无窗户而万难破毁的，里面有许多熟睡的人们，不久都要闷死了，然而是从昏睡入死灭，并不感到就死的悲哀。现在你大嚷起来，惊起了较为清醒的几个人，使这不幸的少数者来受无可挽救的临终的苦楚，你倒以为对得起他们么？"这就是 20 世纪中国文学和思想领域最为著名的"铁屋子"的譬喻。

事情的背景是这样的：1911 年，中国爆发了辛亥革命，第二年，中华民国成立，清帝逊位，在中国运行了两千多年的封建帝制到此告终。然而，中国并没有就此走上独立富强的道路，革命果实迅速为北洋军阀袁世凯所窃取，他们依然与帝国主义相互勾结。袁世凯死后，北洋军阀分裂成几个派系，各个派系分别寻找不同的帝国主义国家作为靠山，彼此之间征战不断，俨然一个个的土皇帝，而广大的人民则流离失所，生活在一片水深火热之中，中国依旧是多灾多难，步履维艰。

但是，新的气象还是有的，自从清朝中国被迫打开国门以来，民族先烈们就从来没有停止过向外探索、求新图强的步伐，从最早的林则徐、魏源等人的"开眼看世界"，到李鸿章、张之洞等人领导的"洋务运动"，再到康有为、梁启超等人发起的"维新变法"，一番接着一番的社会和思想的大变革可谓此起彼伏，然而在中国近代史上，令国人思想产生了最为广泛、最为深刻之剧变的，则当首推"新文化运动"。

鲁迅成为新文化运动的主将是有原因的，他曾是满怀救国热忱的青年。21 岁时自题："灵台无计逃神矢，风雨如磐暗故园。寄意寒星荃不察，我以我血荐轩辕。"然而，国人实在是令他过于失望了。在日本求学期间，发生了令鲁迅的灵魂不得不感到剧烈震颤的"幻灯片事件"："有一回，我竟在画片上忽然会见我久违的许多中国人了，一个绑在中间，许多站在左右，一样是强壮的体格，而显出麻木的神情。据解说，绑着的是替俄国做了军事上的侦探，正要被日军砍下头颅来示众，而围着的便是来赏鉴这示众的盛举的人们。"

鲁迅先生在这里用了极具讽刺意义的"赏鉴"一词，而这种"赏鉴"，日后也成为鲁迅在自己的小说中反复表现的主题之一。

他说："从那一回以后，我便觉得医学并非一件紧要事，凡是愚弱的国民，即使体格如何健全，如何茁壮，也只能做毫无意义的示众的材料和看客，病死多少是不必以为不幸的。所以我们的第一要著，是在改变他们的精神，而善于改变精神的事，我那时以为当然要推文艺，于是想提倡文艺运动了。"这就是鲁迅先生弃医从文的经过。

1909 年，鲁迅回国，开始了自己的讲师生涯，同时兼任教育部职员。这一时期，中国历史舞台上的大事一桩接着一桩，可谓高潮迭起，精彩纷呈，辛亥革命爆发，中华民国成立，清朝覆亡，袁世凯篡权，继而复辟称帝，而反对袁世凯倒行逆施的二次革命、护国运动接连兴起，袁世凯在一片唾骂声中死去之后，局势变得更加混乱，1917 年，张勋率领自己的军队再次导演了一出复辟丑剧，而北洋军阀分裂成三大派系，为了争夺权力和地盘，直皖战争、直奉战争相继爆发，而南方的军阀也是各据一方，为了一己私利而毫无道义可言，诚如孙中山所指出的那样："南北如一丘之貉。"当此之际，中国虽然新事不断，底子却是万分陈旧的，其乱可谓极矣。在这样的背景之下，鲁迅对于国势的运转是深感悲观失望的。

他说："我感到未尝经验的无聊""叫喊于生人中，而生人并无反应，既非赞同，也无反对，如置身毫无边际的荒原，无可措手的了，这是怎样的悲哀呵，我于是以我所感到者为寂寞。这寂寞又一天一天的长大起来，如大毒蛇，缠住了我的灵魂了。"

"只是我自己的寂寞是不可不驱除的，因为这于我太痛苦。我于是用了种种方法，来麻醉自己的灵魂，使我沉入于国民中，使我回到古代去，后来也亲历或旁观过几样更寂寞更悲哀的事，都为我所不愿追怀，甘心使他们和我的脑一同消灭在泥土里，但我的麻醉法也似乎已经奏了功，再没有青年时候的慷慨激昂的意思了。"

这就是先觉者的苦痛与悲哀！然而，终于，一份刊物的出现打破了鲁迅长期的沉寂。那时，钱玄同等人正在办一个刊物，名叫《新青年》，但是社会上响应者寥寥，不单是赞成者无几，就是反对者也寻不到几个，而对于一份新出的刊物来说，这恰恰是最为糟糕的处境，因此，钱玄同想请鲁迅出山来助阵。

于是，鲁迅说了前面引述的那段话，讲了自己对于国情与时局的认识，当时的中国，就仿佛是一间铁屋子，而里面的国人都在沉睡着，他们不久就都要闷死了，然而他们并不知觉，因而也就并不感到痛苦，可是倘若有那么一个人，大吼一声，惊醒了几个虽然睡着但是较为清醒的人，让他们来面对这就死的悲哀，难道就是对得起他们吗？因为，他们是没有力量将这铁屋子打破的。鲁迅的这一认识，诚然是悲观的，但不能不说是极为深刻的。

被惊醒的人是痛苦的，而鲁迅岂不是这间"铁屋子"中最早醒来而最感苦痛的人吗？

然而，钱玄同也有自己的看法，他说："然而几个人既然起来，你不能说绝没有毁坏这铁屋的希望。"这令鲁迅产生了另一角度的思考，他应允了钱玄同的请求。

"是的，我虽然自有我的确信，然而说到希望，却是不能抹杀的，因为希望是在于将来，决不能以我之必无的证明，来折服了他之所谓可有，于是我终于答应他也做文章了，这便是最初的一篇《狂人日记》。"

那个时代的的中国，大多数中国人昧于外情，过着"绝学无忧"的生活，但正是这种生活，使中国沦为半殖民地，成为列强掠夺的对象。正是有了严复、康有为、梁启超、陈独秀、胡适、鲁迅之类的"智者"，唤醒民众，中国才有了新的气象。

【经商之道】

"紫牛" 与 "蓝海"

2003 年，美国的营销学家赛斯·高汀提出了这样一个诱人耳目的新名词："紫牛"（Purple Cow，即"紫色的奶牛"，简称为"紫牛"）。何谓"紫牛"呢？大家都知道，奶牛一般都是黑白两色相间的，如果在一群黑白色的奶牛之中有一头紫色的牛，那么它就一定会极大地吸引人们的视线，而这也正是"紫牛营销"的奥妙所在。高汀指出，如果想要让你的商品闯出名气，就应该让它足够显著，走与众不同的独特路线，就像一群奶牛中唯一闪亮的紫牛，这样才会引起注意与讨论。

他更是进一步提出了这样颇具颠覆性的观念：企业必须改掉传统的依赖媒体营销的做法，而应当把以往用来制作和购买广告的高额成本，尽量投资到设计和制作"紫牛产品"中来，一旦产品成为"紫牛"，它便很容易被消费者发现，借由"紫牛"内植的"创意病毒"，以引起"喷嚏者"（即"紫牛产品"的早期接受者）主动将产品的名声传播出去，这样，就会不依靠大众媒体和广告而一样取得轰动的效果，在口耳相传之间由那小部分的早期接受者进而扩散到其他族群。

关于"紫牛营销"的必要性，高汀举了这样的例子：在数年之前，"瑜伽"对人们来说还是一个新潮的概念，瑜伽图书的市场也是一片空白，所有的出版社都希望自己能够发现一本好的瑜伽书，而当时学习瑜伽的人们也迫切地希望得到一本好的瑜伽教材。在那个时候，整个市场的瑜伽书籍就只有那么三四种，然而在今天不同了，一个规模大些的书店里可能有500种以上关于瑜伽的书，无论一个人的精力如何旺盛、时间多么充沛、又是怎样地喜欢着瑜伽，他都不可能在决定购买一本书之前去把那500本以上的书都浏览一遍。所以，如果你写了一本有关瑜伽的书，将面临着严峻的市场考验，这还不仅仅是因为市场上有着大量的竞争者，还因为在当今，瑜伽书已经没有先前那样大的吸引力了。高汀将这种情况称之为"营销末日"。在这种非常不利的局面之下，如何才能够脱颖而出呢？唯一的选择就是：让自己的产品成为"紫牛"。

简言之，"紫牛营销"的基本含义就是：采取与众不同的市场策略，让自己的事业因此而远离平庸与失败。

如果你去风景迷人的菲律宾首都马尼拉旅游，会发现一家奇特的"矮人餐厅"。这家餐馆以奇特的服务员和服务方式独树一帜，上至经理，下至厨师，都是平常难以见到的矮人，最矮的只有0.67米，最高的也不过1.3米。该店的经理吉姆·特纳，身高也只有1.13米。他一会儿跑厨房，一会儿又跑回餐厅，忙得不亦乐乎。他热情地招待顾客，并虚心向顾客征求意见。且不说该店的饭菜味道如何，单是这样的矮人服务员的殷勤好客、服务周到，就使人食欲大增，赞不绝口。有时，矮人服务员还会高兴地为顾客舞蹈一番，更令餐厅的气氛非常活跃。矮人餐厅的老板，用自己独到的眼光，发现了矮人身上的商机，赢得了餐厅经营上的蒸蒸日上。没有人能够赢他，因为他的餐馆太有特色了。对于该餐馆的奇特经营方式和良好的服务态度，顾客们简直提不出什么缺点，人们非常佩服吉姆·特纳。

在营销学界，与"紫牛"相类似，还有一种"蓝海"的提法。2005年，图书市场上出现了一部题为《蓝海战略》的书籍，它是由韩国的W.钱·金和美国的勒妮·莫博涅联合写作的。二人都是欧洲工商管理学院的著名教授，"蓝海战略"是他们历经15年，收集了跨度长达百年以上的浩繁资料，再予以精心的研究而提出的一种新型的营销法则。

什么叫作"蓝海"呢？"蓝海"是相对于"红海"而言的，人们常常将商品销售市场比作海洋，而竞争异常激烈的市场则是充满血腥争斗的海洋，在争斗中流出的血将海水给染红了，也就成了"红海"。而"蓝海"呢，它不是红色的，因为在这片海洋里没有那种残酷的流血般的竞争，它提示着商家，可以从硝烟弥漫、血肉横飞的"红海"中撤离出来，去开拓更少竞争的新的市场，令自己的商船驶向平静而安全的"蓝海"。这实际上也就是一种"独异于人"的思考方式。

第二十一章

惟道是从

【原文】

孔德之容①，惟道是从。道之为物，惟恍惟惚。惚兮恍兮，其中有象；恍兮惚兮，其中有物；窈兮冥兮②，其中有精③，其精甚真，其中有信。自古及今，其名不去④，以阅众甫⑤。吾何以知众甫之状哉？以此。

【注释】

① 孔：大的意思。容：内容。

② 窈：深远。冥：暗昧。

③ 精：精气。

④ 去：离开，废去。

⑤ 阅：这里指认识的意思。众：指各种事物。甫：同"父"，在这里是开始的意思。

【今译】

大"德"的内容，是完全依从于"道"的。"道"这种东西，是恍恍惚惚的。它是那样的惚恍啊，其中又有着形象；它是那样的恍惚啊，其中又有着物体；它是那样深远而暗昧啊，其中却蕴含着精气，这种精气极为真实，其中有着值得相信之物。从古到今，它的名字不会废去，根据它，才能认识万物的开始。我凭借什么知道万物开始时候的状态呢？就凭借这个。

【解析】

做事遵循大道

"孔德之容，惟道是从。""孔"是大、非常的意思，诸葛亮，字孔明，孔明也就是非常明亮之义，而"孔德"，即大"德"，是非同一般的"德"。在这里，我们必须搞清楚老子所说的"德"是什么意思。在老子的思想中，"德"指的是万事万物从"道"那里获得存在的条件，是事物的禀赋和本性。这样一来，"德"便成为道的表现形式。一个事物的存在，一个人做事是不是符合道的要求，人们直接看不出来，而是通过德来认识、把握和判断。概括而言，道是本质是内容，而德是表象是形式，二者密不可分。我们这里说的是"德"，而老子这里说的是"孔德"，孔德有什么样的特点呢？具备"孔德"之人，"惟道是从"，他做什么事情，完全是依循着"道"的。

老子接着描述了"道"的状态："道之为物，惟恍惟惚。""道"这种东西，是恍恍惚惚的。然而，"惚兮恍兮，其中有象；恍兮惚兮，其中有物""道"虽然很恍惚，但是其中又有着形象和物体。"窈兮冥兮，其中有精，其精甚真，其中有信。""道"，深远而又暗昧，但是其中蕴含着精微之气，也就是说，"道"是很精微的，而这种精微之气又是极为真实的，它是值得验证的。这就很直白地说出了"道"的客观真实性，它虽然恍惚莫测，但并非虚妄，而是一种实在，是可以相信的。

老子这里讲述的"道"的永恒性和可信性的观点，对人类有着重要的意义。人之所以为人，在于人会思想，会发问。但凡有一点思想的人，在某个时候，某个环境总会发问，我们为什么活着，这样生活有什么意义。人从出生到死亡，也就几十年的时间，一切的努力，一切的追求，一切的积累有什么意义呢？相对于蜉蝣夏花，人的生命是长久的，但相对于地球宇宙，人的生命也是极其短暂的，所以很容易产生没有价值和意义的空虚感。而老子告诉我们，我们的生命的由来，也是有所归依的，人的生命来自于道，是道推动人来到这个世界上，赋予人某种使命并要求人去完成它，并且，人终究还要回归到道那里去。这样一来，人的生命便有了价值和意义，有了由来和归宿。因为道是实在的，永恒的，人的一切努力和奋斗都因此有了终极的意义。由此，我们便可以摆脱空虚感，使生命充实起来。

孔子虽然一生坎坷，但我们明显感觉到，孔子的人生是自信和从容的。他曾经说道："吾十有五而志于学，三十而立，四十而不惑，五十而知天命，六十而耳顺，七十而从心所欲不逾矩。"孔子之所以如此的自信，因为他对自己的生命以及生命的本质有着深刻而清醒的认识，认为自己的所作所为是"合道"的。在他看来，仅仅"合道"是不够的，最终要做到"从心所欲不逾矩"。用老子的话说，也就是随便按照自己心里所想的那样去做，都能"惟道是从"。这是一种极为难得的境界，圣人修养到了七十岁方能达到，可见其得来不易。在抵达这样的境界之前，人们在做事的时候都会或多或少地想着，怎样做才是正确的，怎样做才合乎规矩。在这种情况下，一个人可以做得很好，但那是在自己有意识的控制之下去努力做好的。而"从心所欲不逾矩"呢，是在丝毫没有偏正之虑、完全不必去想如何才能避免犯错的情形下自然就做得很好的。这种境界，便是老子所说的"孔德"。"道"需要修，"德"同样也需要修。修德的最高境界是"孔德"，修道最终目的是"惟道是从"，二者殊途同归。

认清事物的本质

老子说："自古及今，其名不去，以阅众甫。""阅"，在这里是认识的意思；"众"，指的是万物；"甫"，等同于"父"字，此处指的是开始之义。这句话是说，从古到今，它的名字不会废除，根据它，才能认识万物的开始。

"其名不去"，是一种非常微妙的说法，"道"的名字是不会落空的，应当怎样来理解呢？第一章，老子说："名，可名，非常名。"绝对的"名"，是不可说出来的，而既然说出了

"道"之名，那么"道"也即"非常名"，如果是"非常名"，又如何会"不去"，会永远都存在呢？其实，"道"是一种永恒的存在，它是不可以命名的，但是老子感悟到了它的存在，就需要将它表达出来，故而，勉强地给它起个名字，叫作"道"。在第二十五章，老子就说："吾不知其名，字之曰道。"从古到今，"道"都是一直存在着的，并且还将永恒地存在下去，而从"道"着眼，进行窥探，就可以察知万物的起源。下面的一句设问说的就是这样的意思："吾何以知众甫之状哉？以此。"我凭借什么知道万物开始时候的状态呢？就凭借这个。这个，指的就是"道"。

这里，又体现出老子思想的推本溯源的性质。"道"，是什么？是"天地之始"，是"万物之母"，是宇宙间一切事物的最根本的所在，它上下绵延无限的时间，纵横覆盖无垠的空间，天地万物，亘古而今，没有什么是可以脱离"道"而存在的，"道"就是整个世界的总的依归。掌握了"道"，有什么用处呢？它可以令人知道事物发展和运行的规律，令人知道万事万物的起源之所在。

老子从道的高度，指导我们在观察问题、思考问题和解决问题的时候，要抓住事物的本质。只要抓住本质，认清事情的发展规律，预见事物的发展方向，自然不难找到解决的办法。如何才能抓住事物的本质呢？老子说了，"道之为物"，其中有"象"，有"物"，有"精"，有"信"。循着这样的思路，就可以发现事物的本质。

老子所揭示的把握事物本质的途径是，首先观察事物的表象，其次是搞清事物具体是什么，经过理性的分析，认识事物的特征，进而抽象出事物本质。也就是说，要从事物的表层现象着手，纵深发展，在经过理性的剖析之后，发现存在于现象之后的深一层的事物本质。其意与"深入分析问题""透过现象看本质"的思路相似。

当然，认清事物本质的目的是为了预见事物的发展方向，采取相应的措施，使事情朝着对自己有利的方向发展。

【为人之道】

鲁仲连义不帝秦

鲁仲连是战国时期齐国的名士，以能言善辩著称，而与其他辩士的夸夸其谈不同，鲁仲连将辩论与实际应用结合到一起，决不空谈名物。

公元前258年，秦国围困了赵国的都城邯郸，魏王闻知，派遣大将晋鄙率军火速驰援赵国。但是秦昭襄王致信于魏王，威胁说如若魏国救援赵国，就先行攻取魏国。魏王慑于秦国的威势，又动摇了救赵的决心，命令晋鄙暂且按兵不动。又派出辛垣衍秘密潜入邯郸，想通过赵相平原君赵胜说服赵孝成王一起尊秦为帝，以屈辱换和平，从而解除邯郸的燃眉之急。平原君当然不想尊秦为帝，可邯郸势危，一时无可奈何。这时，适逢游学于赵国的鲁仲连求见。鲁仲连对平原君和辛垣衍直陈厉害，一针见血地指出了秦乃虎狼之国的本质，并且表明了自己宁愿赴死也决不屈辱事秦的坚定意志。接下来，鲁仲连详细地分析了尊秦为帝的危害性和东方各国结成联盟的重要性，他说，现在，魏王、赵王与秦王之间是平等的关系，一旦尊秦为帝，魏王与赵王就成了秦王的臣下，这样一来，魏、赵两国，乃及东方其他各国的主权必然会受到侵害。鲁仲连又据历史上的实例说明了为帝者的残虐强暴和反复无常，明确指出，即使魏、赵两国尊秦为帝，秦国也不会就此放过对魏国和赵国的侵伐。恰恰相反，称帝后的秦国会变本加厉地继续扩大对他国的征讨，到那时，魏王和赵王就悔之晚矣。最后，鲁仲连又强调，尊秦为帝之后，不仅魏王和赵王会沦为受秦王摆布的傀儡，原为魏王和赵王的心腹之人也都会遭受罢黜和迫害，平原君和辛垣衍自是首当其冲者。在鲁仲连的慷慨陈词之下，平原君和辛垣衍都放弃了尊秦为帝的打算。不久之后，魏国信陵君"窃符救赵"，邯郸之围得解。为了表达感谢，平原君欲封赏鲁仲连，但是鲁仲连坚辞不受；平原君又赠千金与鲁仲连，但是鲁仲连同样拒绝了。他说："对于天下人来说，最可贵的品质，是为人排忧解难，却从不索取回报。如果有所取，那就是商人的勾当，我不愿做。"然后，鲁仲连飘然而去，继续云游列国。

在这个事件中，也许是身处危机之中，也许是过多的看重自己的利益，无论是魏王君臣还是赵王君臣，都没有抓住事物的本质。这件事本质的问题是秦国最终要干什么。赵国和魏国都认为秦国不过是想得到一些现实的利益，这当然是他们一厢情愿的梦想。这样想，也许是为形势所迫，也许是缺乏战略阳光，也许是根本不愿往这方面想，总之，他们没有抓住本质，所做出的应对之策显然是不能解决问题的。

而鲁仲连则站在历史发展的高度，通过"象"与"物"把握"精"与"信"，深刻认识到，秦国不断征伐六国的最终目的是兼并天下，小恩小惠不但不能阻止其侵略的步伐反而会激发其更加贪婪的虎狼之心。割让给秦国的国土、交给秦国的财物以及尊奉给秦王的名号，都会化为秦国再次征伐的有利条件。鲁仲连一语中的，惊醒两国君臣。他们才联起手来，合力抗击暴秦，获得了喘息的时机。鲁仲连真是具有高度智慧的得道之士啊！

第二十二章

圣人抱一

【原文】

曲则全①，枉则直②，洼则盈③，敝则新④，少则得，多则惑。是以，圣人抱一为天下式⑤。不自见，故明；不自是，故彰⑥；不自伐⑦，故有功；不自矜⑧，故长。夫唯不争，故天下莫能与之争。古之所谓"曲则全"者，岂虚言哉⑨？诚全而归之⑩。

【注释】

① 曲：委曲。全：保全。

② 枉：弯的意思。

③ 洼：低下的地方。盈：充盈。

④ 敝：旧的意思。

⑤ 抱：持守。一：指"道"。式：即"栻"，是古代占卜用的一种器具，根据它的转动结果来判断吉凶，这里为准则之义。

⑥ 彰：显明。

⑦ 伐：夸耀。

⑧ 矜：自大。

⑨ 虚言：假话，空话。

⑩ 诚：实在。归：归宿，这里指度过一生。

【今译】

委曲反能保全，屈枉反能伸直，卑下反能充盈，破旧反能更新，少取反而会有所收获，多取反而会迷惑。所以，圣人持守着"道"来作为天下的准则。不局限于自己的所见，才能看得更分明；不自以为是，才能明辨是非；不自己夸耀，才会有功劳；不自高自大，才能领导。正是因为不与别人相争，所以天下之人才没有谁能争得过他。古时所说的"委曲反能保全"（这些话），哪里是空话啊？实在是真地能够使人保全而善度一生。

【解析】

万事相反相成

这一章，老子集中讲述了相反相成的道理。

"曲则全，枉则直。"意即，委曲反能保全，屈枉反能伸直。这话怎样来讲呢？大家都熟悉"塞翁失马"的故事，那个边塞老翁的儿子，就因为腿有残疾，没有被征召入伍，才保全了性命，而其他原本壮健的青年却都战死在沙场上了，这就是"曲则全，枉则直"的道理。

"洼则盈，敝则新。"意即，低洼反能充盈，破旧反能更新。下雨的时候，地面上越是低洼的地方，汇聚的水就越多。而东西破旧了，才会进行更新，"旧的不去，新的不来"，讲的就是这个道理。所以说，有时候对于使用的某件物品，半破不旧的，反而不如完全破了好，因为如果它破得不像样子了，用它的人也就会决定再换一个新的来取代它，而如果它勉强还能用呢，则是用着不舒服，扔了又觉着可惜，最是麻烦了。

"少则得，多则惑。"意即，少取反而会有所收获，多取反而会迷惑。这话怎么解释呢？有的人，书读了很多，可是反思起来呢，却似乎什么也没有学到；而有的人呢，书读得并不是很多，但是每一本书他都是很认真地读，因而掌握得很好，学到的知识反而比有的读书很多的人更多。这就是"少则得，多则惑"。当然，读书还是要强调博览的，但是博览必须与精读相结合效果才会好，否则，自己所得到的也就难免都是一些泛泛的、肤浅的东西，是很难有大用处的。

宋朝初年的宰相赵普，据说平生所学仅《论语》而已，宋太宗赵光义为此还特地问过他，赵普回答说："臣平生所知，诚不出此，昔以其半辅太祖（指赵匡胤）定天下，今欲以其半辅陛下致太平。"这就是学好一部书的强大作用，一部《论语》，既可定天下，又可治天下。当然，赵普所读的书不大可能只有《论语》这一部，但从此也可以见出，赵普在读书方面是求精而不求泛的。

"是以，圣人抱一为天下式。"这个"一"，指的就是"道"，而为什么用"一"来称呼呢？因为"道"是一个整体，它不是各种各样零散的道理，而是涵盖一切的根本之"道"。孔子说："吾道一以贯之。"虽然孔子讲的"道"与老子讲的"道"其含义是不尽相同的，但是在"一以贯之"这一点上，二者还是很相似的。圣人持守着"道"来作为天下的准则。如何这样来讲呢？世界上的道理有千千万万，但其层次是不相同的，有的道理其应用面很狭窄，而有的道理其应用面则十分宽广，至于老子所讲的"道"，则具有覆及一切的无限广阔的适用范畴，因此，它可以用来作为天下的准则。儒家学说中将"仁""义""礼""智""信"等理念作为人际伦理中的根本准则，这与"圣人抱一而为天下式"的说法是相通的。

"不自见，故明。"不要什么事情都自己去看，才会看得更分明。这话似乎说得很矛盾，然则很有道理。不是说"眼见为实"吗？什么都要自己去看一看分晓，这才见得事情可靠啊。但是，这样很容易会产生一个问题，那就是为一己之见所局限，如同井底之蛙，以井口作天。正所谓"兼听则明，偏信则暗"，不偏执己见，才可以做到明达事理。

"不自是，故彰。"不自以为是，才能明辨是非。这其实涉及一个很深刻的心理学问题，那就是，人们一般都有着自以为是的倾向，或者可以将其称作"自我幻觉"，也就是常常以为自己的所思所想、所行所为都是正确的，都是合理的，而其实则不然，但当事者自己是不会反省的。人们常说的"情人眼里出西施"，实际上也就是一种"自我幻觉"，在情人的眼里，相貌很平凡的人都是非常俊美的。这就相当于让人丧失了辨别美丑的能力。再有"智子疑邻"的故事，说的也是这个道理，丢了斧子的人，对自己的儿子丝毫不会怀疑，却一直怀疑是邻居将他的斧子偷了去，而事实上坏事恰恰是他的儿子做下的。这也就是说，自是之心会让人丧失辨别是非的能力。

"不自伐，故有功。"不自己夸耀，才会有功劳。"不自矜，故长。"不自高自大，才能领导别人。类似的观点，老子曾多次阐述过，如第二章的"生而不有，为而不恃，功成而弗居"，第七章的"是以圣人后其身而身先，外其身而身存"，第九章的"功成身退，天之道"，等等。

"夫唯不争，故天下莫能与之争。"正是因为不与别人相争，所以天下之人才没有谁能争得过他。这一观点是老子素来秉持的一个基本思想，争，反而不能得；不争，反而无人能与之争。这其实也体现着老子"无为"的主张，所谓"不争"，也就意味着"无为"，无为而治，无为而有得；有为反而生乱，有为反而不得。老子在此所说的，不是假作"不争"，不是以"不争"为手段来达到"争"的目的，而是实实在在的"不争"，无心去争，不会参与世人的争夺之事，而也正是因为其"不争"，世人便无法与之"争"。

高明的保全之道

老子说过：古时所说的"委曲反能保全"，哪里是空话啊？实在是真地能够使人保全而善度一生。

老子思想的整体倾向是保守的，秉持这种思想，或许图之进取有嫌不足，但是用来防守确是大有余地的。就这一章的内容而言，老子大体讲的还是保全之道，而如何来做好自我的保全呢？老子给出的主意不是令自身变得更加强大，更加优秀，而是令自身表现出软弱和鄙陋的一面，是以退守的方式来获得自身的保全。

对于老子的这个思想，庄子领悟得最为深刻，《庄子》一书中讲了这样一个故事：有一个形体很不健全的人，他的名字叫疏。这个人哪，长得什么样子呢？他的脸藏到了肚脐的下面，两个肩膀比头顶还要高，脖子后面的发髻朝着天，五脏的脉络血管突显在脊背上，两条大腿和肋骨几乎是平行的。从这几句描述中我们可以大略地想象一下，这个人的肢体扭曲到了什么程度。这样一个人，依靠替人清洗和缝补衣裳，可以养活自己；再加上给别人占卜算命，就可以养活一家子十来口人。更重要的是，当政府来征兵的时候，他可以大摇大摆地在街上闲逛而不担心被抓去充军；政府在摊派劳役的时候，他也可以免去这种徭役；而在政府救济残疾人的时候，他还能领到一些柴米。这个人身体上的缺陷非常严重，然而却因此保全了自己。当然，这并不是告诉大家都把自己弄成残疾才好，而是提示人们，在生活中应当学会曲枉之道，不要一味地强硬，很多时候，适当地让步是十分必要的，而分毫必争反而会令自己损失更多。

老子的委曲求全之道，看似消极保守，但是在为人处世上有着重要的意义。他告诉我们，做人过于高洁、正直必然招人嫉恨打击；为人过于强势、霸道，必然树敌过多不能长久；待人过于严苛必然被人孤立，四面楚歌。而保持低调，委曲求全一方面能过避祸全身，同时低调和委曲也是被人接纳，形成良好人际关系，甚至是团结大多数的重要方法。

祸福并不由命，也不在天，一切都在人自取。在老子看来，过刚则易折，委曲之人才能求福避祸。人世间的人情变化无常，人生的道路曲折不平。走不通时退回去，绕道前进才会达到目的；事业一帆风顺时，张扬炫耀必然成为众矢之的，谦让三分才能保住财富、名声和地位。孙叔敖是楚国的名相，他向智者狐丘丈人询问处世之道，狐丘丈人对他说："一个人有三种被怨恨的事，爵位高的，肯定遭别人妒忌；官位大的，必然被国君厌恶；俸禄丰厚的，一定招致周围人的怨恨。"由此可见，越是成功之人，处境越是危险。孙叔敖听后，深为赞同，说："爵位越高，我越放低身份；官位越大，我越小心谨慎；俸禄越多，我就拿出去施舍。用这种方法消解这三种怨恨吧！"孙叔敖的做法，深合曲则全的思想。孙叔敖病了，临死之时警戒儿子说："国君几次要把一块肥沃富饶的地方封给我，我都没接受。我死后国王肯定会把这块地方封给你。你一定不要接受，可以向国君请求寝丘之地。寝丘位于楚、越交接之处，土地很一般，名字又丑恶，楚国人迷信厌恶这块地，越国人也不喜欢，只有这样，才能长久保有这个封地。"孙叔敖死后，楚王果然要封给他儿子好地。孙叔敖的儿子推辞不接受，却请求寝丘。楚王把此地封给了他，孙家拥有这块地方，保持了很久。

第二十三章

道亦乐得

【原文】

希言自然①。故飘风不终朝②，骤雨不终日③。孰为此者？天地。天地尚不能久，而况于人乎？故从事于道者，同于道；德者，同于德；失者，同于失。同于道者，道亦乐得之；同于德者，德亦乐得之；同于失者，失亦乐得之。信不足焉，有不信焉。

【注释】

① 希：少的意思。
② 飘风：狂风。
③ 骤雨：暴雨。

【今译】

少说话才是合乎自然的。因此，狂风不会持续地吹一个早上，暴雨不会持续地下一整天。是谁造成的这种现象呢？是天地。天地（的特殊运作力量）都不能够持久，何况乎人呢？所以，追求"道"的人，就与"道"同行；修德的人，所认同的是有德；失德的人，所认同的是无德。与"道"同行的人，"道"也会乐于得到他；认同有德的人，德也会乐于得到他；认同于失德的人，无德也会乐于得到他。一个人不值得信任，才有不信任他的事情发生啊。

【解析】

刚猛的力量难持久

"希言自然。"意思是，少说话才是合乎自然的。西方有一句谚语，叫作："话说得越多，误会就越深。"这就像纸上的一个污点，越想擦掉它，纸上被污染的面积就越大。中国也有句成语叫作"欲盖弥彰"，都是说话多的坏处。而"希言自然"，尤其指统治者要少发号施令，相反，应当遵奉无为而治的治国策略。下面的话，说的就是这样的意思。

"故飘风不终朝，骤雨不终日。"什么是"飘风"呢？"飘风"就是吹得很猛烈的狂风。

什么是"骤雨"呢?"骤雨"就是来势很迅疾的暴雨。"飘风"和"骤雨"气势汹涌,咄咄逼人,但是这样的狂风和暴雨是不能够持久的。因为自然界在某一时段蕴蓄的力量是有限的,这与人体在一定时间内的体能是有限的道理一样的,一个人如果慢慢地走路,可以走很长的时间,可如果很快地跑起来,则一定是持续不了太长时间的。老子此语,意在强调人们的行为应当和缓,在做事情的时候不可操之过急,否则,很可能有如饮鸩止渴,虽然一时缓解了口渴,但是生命长久不了。

"孰为此者?天地。天地尚不能久,而况于人乎?"老子设问:是谁造成的这种现象呢?是天地。伟大的天地进行飘风骤雨这样的猛烈的运作都不能够持续长久,何况是普通的人呢?

在清朝末年,面对衰微的国运,有识之士都意识到社会变革的必要性。然而,对于变革的方式,人们的意见是有着很大分歧的,归结起来,大体可以分作两类,一类倡导温和的改良,而另一类则倡导迅疾的革命。例如,清末民初时的著名思想家严复,就主张欲实现中国的富强当从教育入手,这是一个相当漫长的过程。据说,1905 年,孙中山先生在伦敦时曾与严复会晤,两人对中国的前途深入地交换了彼此的看法,但是二人的意见是迥然不同的。孙中山提倡以暴烈的革命方式推翻清王朝的统治,从而迅速实现中国的振兴;而严复则对这种革命所可能取得的效果持有不同的看法。最后,孙中山激动地握住严复的手说道:"俟河之清,人寿几何?君为思想家,鄙人乃执行家也。"

人们大多认为,面对已经陈腐不堪的中国社会,温和的改良方式是不可取的。后来,还是革命者以武装起义的方式颠覆了旧政权,结束了在中国运行了两千多年之久的封建帝制。然而,中国社会的性质并没有因此而获得实质性的改变,中国人民依然要在半殖民地半封建社会的泥潭中继续奋斗和挣扎。迅猛的革命,一时之间所取得的效果是非常显著的,但是欲实现中国社会面貌的根本转变,则远非用暴力推翻一个旧的政权就可以迅速完成的。革命固然迅速,然而其如暴风骤雨,不可能持久。

老子说,"飘风不终朝,骤雨不终日",激进的革命仅仅是为了夺取胜利而采取的特别手段而已,革命结束后,应该转入持续而稳定的社会建设。美国以革命的形式实现了民族独立,而后经过 100 多年的发展,终于成为世界强国;日本明治维新,也是在革命之后,进行的一个较为长期的建设过程,经过近 100 年的反复,日本才走上真正的发展和富强之路。

老子的书,只是要写给统治者、领导者看的,但是其高深的智慧具有很强的普适性,对于一般的管理者,甚至普通人,都有着莫大的启迪。"飘风不终朝"的思想告诉我们,做企业也好,做人也好,乃至生活与健康,所有事情都不要急于求成,否则就会适得其反。

价值观的重要性

"故从事于道者,同于道;德者,同于德;失者,同于失。"所以,追求"道"的人,就与"道"同行;修德的人,所认同的是有德;失德的人,所认同的是无德。

这里谈到的就是人的价值认同的问题。一个人的行为有着怎样的取向,决定于他的内心之中认同一种什么样的价值。所谓价值观,是指一个人对周围的人或事物的意义、重要性的总的评价和看法。诸多事物在人们的心中,其价值是不一样的,有轻有重,有主有次。价值观决定着人们对事物的评价,能帮助人们确定行为目标,并决定着人们的行为选择,是驱动人们行为的内部动力。

在老子看来，道在这个世界上具有最高价值，具有最深远最重要的意义。道应该是人类的最终追求，是人们行为的准则。认同这一点的人，道将与他同在。比如大思想家庄子，他对道高度认同。据《庄子·至乐》一篇的记载，庄子的妻子去世的时候，他的好朋友惠子前往吊唁。惠子想，庄子与他的妻子情深意笃，这会儿不知道有多悲伤呢，一会儿见到他可一定得好好安慰安慰。可令惠子相当意外的是，他见到庄子竟然像个簸箕似地坐在地上，一边敲着盆子，一边唱着歌，显得非常快活。惠子感到十分不解，责问庄子说："你的夫人跟你一同生活了这么多年，为你养育子女，操持家务，现在她不幸去世了，你不伤心流泪也就罢了，竟然还敲着盆子唱歌，这岂不是太过分了吗！"庄子回答惠子说："不是像你所想的那样。当她刚刚死去的时候，我何尝不是很悲恸啊！可是细细想来，她最初是没有生命的；不仅没有生命，而且也没有形体；不仅没有形体，而且也没有气息。在若有若无、恍恍惚惚之间，变化而产生气息，又经过变化而产生形体，再经过变化而产生生命，如今又变化而死去。这种变化，就像春夏秋冬四季轮回那样运行不止。现在她静静地安息在天地之间，而我还要号啕大哭，岂不是太不通达于命运了吗，所以才止住而不哭了。"庄子鼓盆而歌的行为，并非是不为妻子的死去而悲伤，而是对于人的生死持一种通达的态度，是道的思想在人的生死观上的具体表现。

因为庄子把道作为自己的行为准则，一切行为无不以道为旨归，因此，我们把他归为道家学派的代表人物。简言之，一个人认同什么，他最终就是什么。

同样的，把德作为自己的价值观，追求成为一个道德高尚的人，那么，他最终会达到自己的目的，成为这个世界的道德楷模。举个简单的例子，雷锋把社会主义道德作为自己的最高追求和行为准则，他在做事的时候，自然会想到舍己为人，并以助人为乐。由此，他做了许多对社会对人民有益的事情，成为那个时代的道德楷模。

相应的，那些不认同道德的人，他们的行为自然不会合乎道德。这些人或为一己之私损人利己，或为一时感情冲动打架斗殴，或为满足自己的愿望欺男霸女。因为他们失去道德，干不道德的事，所以他们就成为卑鄙小人，缺德之辈，无耻之徒。

孔子说："不义而富且贵，于我如浮云。"富贵是人人都喜好的，但是得到富贵必须得有一个前提，那就是要通过正义的手段，否则，富贵根本就不值得一提。这就是孔子的义利观。与此相应，对于某些人来说则恰恰相反，他们不是唯义是举，而是唯利是图，在利诱面前，会将仁义廉耻抛得一干二净。孔子还说过："君子固穷，小人穷斯滥矣。"意思是，君子在穷困的处境中，仍然会坚持自己高尚的操守，可是小人就不同了，小人不穷则可，一旦穷起来，就无所不为了。

因此，老子说："从事于道者，同于道；德者，同于德；失者，同于失。"一个人的表现如何，归根到底，取决于他秉持一种什么样的价值观。

追求什么，就会得到什么

对于我们做人而言，一定要清楚的就是自己内心深处的最高价值取向是什么，要知道，人们的行为一般都是有着主观意图的，而一个人之所以这样做而不那样做，就是因为他的心中有一种价值观念在衡量着，到了最为关键的时候，一个人所秉持的最高价值取向就会明白无疑地体现出来，从而展现出一个人的本色。在个别的时候，为了保全自己心中的这种最高的价值，甚至需要牺牲自己的生命。伯夷和叔齐出于维护自己所崇仰的"仁"的观念，宁肯饿死在首阳山上。这在常人看来也许是相当愚蠢而可笑的做法，但是我们看孔子对伯夷、叔齐是如何评价的呢？子贡曾经问孔子："伯夷、叔齐何人也？"孔子回答说："古之贤人也。"子贡又问："怨乎？"意思是，他们心中有什么埋怨吗？孔子说："求仁而得仁，又何怨？"他们追求的是仁德，而也得到了仁德，这还有什么可埋怨的呢？推而广之，我们可以说，一个人如果得到了他心中最高的价值期许，他也就完成了自我的实现，也就不会有所遗憾，尽管在他人看来，自己的行为可能是难以理解和值得认同的，但是自己已经对得起自己了。如果自己最高的价值追求是义，那么就会将义看得高于一切，为了维护义的最高原则，牺牲自己的生命亦在所不惜；如果自己最高的价值追求是利，那么在最为紧要的关头，一切都会以利的得失来进行衡量，就是所谓的"人为财死"；如果自己最高的价值追求是名誉，就会将名声看得比自己的生命、比所有的一切都重要……总而言之，面对重要的人生抉择，关键的不是要看外人的评价，而是要体察自己内心深处的真实想法，真真正正地做到行而无憾，无愧我心。

老子接着说："同于道者，道亦乐得之；同于德者，德亦乐得之；同于失者，失亦乐得之。"与"道"同行的人，"道"也会乐于得到他；认同有德的人，德也会乐于得到他；认同于失德的人，无德也会乐于得到他。这可以归结为一句话：一个人能够成为什么样的人，取决于他想成为什么样的人。

在社会上，不同价值观的人追求是不同的。比如，把功名作为最高价值的人会在艰难中创业，在万马齐喑时呐喊，在时代舞台上叱咤风云。而把道作为最高价值的人，会在淡泊中坚持，在天下沸沸汤扬时沉默，在名利场外自甘于寂寞和清贫。船舷上，一个年轻的僧人面朝大江，合目伫立。船舱里闷热异常，乘客们纷纷挤到自来水旁洗脸。他手拿毛巾，静静等候在一边。终于轮到他了，又有一名乘客夺步上前，把他挤开。他面无愠色，退到旁边，礼貌地以手示意："请，请。"这是一种以退为进，以礼为先的追求，是一种不同于凡俗的对道的追求。这种追求，用谦让的真诚感化浮躁杂乱的灵魂，浑厚、深沉、博大、旷远，有深远的意境和丰富的内涵。

本章的最后，老子又说道："信不足焉，有不信焉。"意思是，一个人不值得信任，才有不信任他的事情发生啊。这句话在第十七章就出现过，这里又进行重复，由此可见，老子对人的信任问题是相当重视的。一个人如果失去了信用，就不足以立身；而作为统治者，如果失去了信任，则不足以立国。普通的人若在信任方面出了差错，或许危及的只是他的个人；而统治者在信任方面出了问题，所危及到的就广及天下了。因此，统治者必须以德信为治国之本，宁肯一时失利，也绝不可以失信。失去利益，尚可挽回；而失去信任，则将一往不复，它给自身带来的，将是一种毁灭性的后果。

【为人之道】

不同的人生选择

我国古代的大诗人屈原，满怀着一腔的爱国热忧，一心崇望着明君贤臣的政治理想，期盼着楚王能够远离谗佞，举贤任能，修明法度，振兴楚国，然而他却"信而见疑，忠而被谤"，遭受到楚王的疏远，被流放至边荒，最终，在楚国郢都被秦军攻破之后，在眼看着楚国日薄西山、隳灭在即的巨大的悲恸之中自沉汨罗，以身殉国。屈原虽然没能够实现自己的人生理想，但是他那高洁坚贞的人格可谓是垂范千古，百世之下，仍时时令人悲慨不已。司马迁称赞屈原道："其志洁，故其称物芳；其行廉，故死而不容。自疏濯淖污泥之中，蝉蜕于浊秽，以浮游尘埃之外，不获世之滋垢，皭然泥而不滓者也。推此志也，虽与日月争光可也。"而李白作诗叹道："屈平词赋悬日月，楚王台榭空山丘。"

西汉初年的文学家贾谊，对屈原也是极为崇赏。和屈原的经历相似，贾谊以其卓绝的才华深受汉文帝的赏识，而屈原在早年也很受楚怀王的倚重，但是不久之后，贾谊就因朝臣的排挤和诋毁而徙官为长沙王太傅，这就意味着他被贬出朝廷，失去了施展自己政治抱负的机会。因此，贾谊常年抑郁不乐，心情十分沮丧。一日，他来到湘江岸畔，这里曾是屈原的流放之地，他怀着深切的同情和伤悼写下了千载传颂的名篇——《吊屈原赋》。在这篇赋中，贾谊虽然对屈原的不幸遭遇表示了极大的愤慨，但是他也提出了自己不同的意见："般纷纷其离此尤兮，亦夫子之故也。历九州而其君兮，何必怀此都也？"这就是说，屈原遭受到如此之大的愁苦，也是和他自身的态度有着很大关系的，楚国不容于他，他完全可以游历他国，又何必恋恋不舍地一味怀念故国呢？这就体现出两种不同的价值取向，诚如贾谊所说，屈原如果那样做了，他也就不是历史上的那个屈原了，屈原精神的最为可嘉之处，就在于他毕生持守忠君爱国的坚贞理想，心系楚国，至死不渝，宁可死而殉之，决不生而叛之。如果像其他的政客那样，在一国志不得逞，就转赴他国，那就实在是仅仅为了一己抱负的施展而已，又哪里来的爱国精神可言呢？相比之下，一个是为了祖国的振兴，而一个只是为了个人的发达，在思想品格和精神境界上，孰高孰低，判然分明。其实，贾谊又何尝不知道这样的道理，他这样说的话，不过是为了表达自己激愤之情的反讽之语罢了。

还有两个可供对比的事例。周景王二十三年（前522），楚国大臣伍奢因为遭受费无忌的陷害而被楚平王杀害，一同被杀害的还有伍奢的儿子伍尚，而他的另一个儿子伍员，也就是伍子胥，则逃离了楚国，后来辗转来到了吴国。伍子胥以自己卓越的才华辅佐吴王阖闾，使得吴国迅速强大起来。此后，为了给父兄报仇，伍子胥带领吴兵连年攻袭楚国。周敬王十四年（前506），伍子胥率领吴军在柏举大败20万楚军，而后长驱直入，攻破楚国都城。当时，楚平王已死，伍子胥掘开楚平王的坟墓，鞭尸三百，借以发泄心中蕴藏多年的怨恨。一时之间，楚国危在旦夕，几乎灭国，然而，伍子胥强烈的复仇心态使得楚国上下心怀恐惧，因此对吴国军队给予了猛烈的抵制和反抗，从而使得楚国得以恢复。

乐毅是春秋战国时期的另一位名将，曾经颇受燕昭王的信赖，率领燕、赵、韩、魏、楚五国联军攻伐齐国，连下齐国七十余城，几乎将齐国灭亡。到后来，齐国所余之城仅有莒和即墨。乐毅认为，欲征服齐国，不可单靠武力，更重要的是收服人心，因此他对这两座城采取了围而不攻的策略，并且积极做好征服地区的安抚工作。就在这时，燕昭王病逝，新即位的燕惠王在做太子的时候与乐毅不睦，因此，他对乐毅很不信任，而他又听到了人们的谣传，说乐毅在齐国大力收买人心，想破齐之后自立为王。其实这是齐国的离间计，但是原本对乐毅就不信任的燕惠王因此而更加生疑，于是派骑劫取代了乐毅的兵权。骑劫完全改变了乐毅的宽仁做法，治下颇为残暴，这激起了齐国军民的普遍反抗，于是，燕国所夺之城迅速被齐国收复，燕军很快就被驱逐到了原来的边境线上，而骑劫本人也被杀于乱军之中。

乐毅被剥夺兵权之后，因为担心自己受到残害，故而回到了先前居住的赵国。而燕惠王害怕乐毅为了报复自己对他的不公待遇而乘燕国兵败之机劝说赵王来攻打燕国，于是写信给乐毅，向他承认自己的错误，企图诱骗乐毅回到燕国。乐毅识破了燕惠王的计谋，断然拒绝回归燕国，但是表示自己决不会率军攻打燕国。此后，乐毅果然致力于赵、燕两国的友好往来，没有对燕惠王进行报复。

伍子胥和乐毅都因国王不明而遭遇不公，尽管有着轻重的不同，但两人对待这种遭遇的情感取向应当是一致的，可两人的做法完全不同，这是因为，伍子胥以私仇为重，而乐毅则以民生为重；伍子胥可以"一将功成万骨枯"，而乐毅却不愿因为一己之快而令众多的兵士为之牺牲，广大的百姓为之受苦。这其中所体现出道理的也是："从事于道者，同于道；德者，同于德；失者，同于失。"

第二十四章

自是不彰

【原文】

企者不立①，跨者不行②，自见者不明，自是者不彰，自伐者无功，自矜者不长③。其在道也，曰馀食赘行④。物或恶之⑤，故有道者不处⑥。

【注释】

① 企：抬起脚跟的意思。立：这里指站立得稳固。

② 跨：跨步走的意思，也就是行走的时候迈出很大的步子。行：这里指行走得快，行走得远。

③ 矜：伐恃有功的意思。长：这里为领导之义。

④ 馀食：剩饭。赘行：即赘形，赘瘤的意思。

⑤ 恶：讨厌，厌恶。

⑥ 处：居处，令自己处于某种状态的意思。

【今译】

踮起脚跟站着，反而是站不住、站不稳的；跨步前进，反而是走不快、走不远的；局限于自己所亲眼所见的人，反而看不分明；自以为是的人，反而判断不清是非；夸耀自己的人，反而没有功劳；自高自大的人，反而不能领导别人。以上那些，从"道"的原则来衡量，只能把它们叫作剩饭、赘瘤。谁都厌恶它们，所以有"道"的人是不以此自居的。

【解析】

顺其自然，不要勉强

"企者不立，跨者不行。""企"，有的版本写作"跂"，就是踮起脚跟的意思。"企者不立"，意即，踮起脚跟来站立，虽然可以站得高一些，但是站不稳。"跨"，是跨大步的意思。"跨者不行"，意即，跨很大的步子来走路，虽然一步可以迈得多一些，但是走不长远。为什么说"企者不立，跨者不行"呢？因为这两种行为当中都带有勉强的成分，而勉强之事总是难为的，效果往往也不尽人意，甚至是南辕北辙。

正所谓"有心栽花花不发，无心插柳柳成荫"，人的主观愿望与行为的实际结果经常会发生背离，也就是有心之事反而不得，为什么会不得呢？就在于它是有心而为的，其中参与了太多勉强的成分。而如果这种勉强的成分所占的比例很大的话，那么一旦制约的力量变得薄弱，事物也就难免走向崩溃和失败了。在世界历史上，曾经出现过多个幅员极为辽阔的帝国，比如新巴比伦帝国、亚历山大帝国、蒙古帝国等，但是这些国家存在的时间都很短暂，甚至可以用昙花一现来形容。为什么会出现这种情形呢？就是因为这些大帝国的形成不是依靠自然的融合，而是依凭武力的强行征服，一旦武力衰弱下来，帝国自然也就会走向解体。中国古代的秦王朝，统一之后仅仅经历了十五年的时间就灭亡了，这在很大的程度上也是因为秦朝在统一的过程中有很多事情都是着力过多，依靠强权来推行的，而天下一旦有变，则会祸乱四起。秦末陈胜吴广起义，之所以能够一呼百应，是因为天下人民不堪秦政之苦。后世皆言秦政暴虐，这其中当然有统治者个人偏好的因素，但是更主要的，还应当说是出于国家统一和政权稳固的需要。然而，过犹不及，秦朝不旋踵而亡，恰恰应了"企者不立，跨者不行"这句话。

我们在日常做事的时候也应当注意到这一点，尽可能依循老子所言，做到"顺其自然"。关于这一点，我国传统文化有很多论述。比如佛家主张随缘，一切都不可勉强；儒家主张凡事都要按照本分去做，不可妄贪其他身外之事。这"随缘"和"素位"四个字，与道家顺其自然异曲同工，殊途同归，都是为人处事的秘诀。因为人生之路遥远渺茫，假如任何事情都定下很高的目标，勉强自己去做，并且务求完美，不但达不到目的，而且难免会引起许多忧愁烦恼。但是，如果能安于现实，诸事皆顺其自然，不但事情容易成功，而且到处都会产生悠然自得的乐趣。

当然，老子主张的顺其自然，并不是要我们不图进取，消极懈怠，而是强调凡事不可强求，在当前行不通的情况下，要耐心等待时机，不要心浮气躁。要求我们遵循事物的基本规律，自然而然地实现自己的目的。老子这里还有一层意思，他告诫我们，对于很多事情来说，亦不可以机谋过重，那样也是很不妥当的。曹雪芹在"红楼梦十二曲"之《聪明累》中写道："机关算尽太聪明，反误了卿卿性命。"这是用来形容王熙凤的。王熙凤作为荣国府的主事者，人称男儿皆不如的，可谓心机多矣，然而其结局如何呢？"生前心已碎，死后性空灵。家富人宁，终有个家亡人散各奔腾。枉费了，意悬悬半世心，好一似，荡悠悠三更梦。忽喇喇似大厦倾，昏惨惨似灯将尽。"

"企者不立，跨者不行"，这两句话一方面告诉我们做事的时候不必过分勉强，另一方面也告诉我们做事要着眼于长远，不能因为贪图一时站得高一些、步子迈得大一些而影响了以后的站立和前行。

做人不能太自我

老子接着说："自见者不明，自是者不彰，自伐者无功，自矜者不长。"局限于自己亲眼所见的人，反而看不分明；自以为是的人，反而判断不清是非；夸耀自己的人，反而没有功劳；自高自大的人，反而不能领导别人。

上述言论，一言以蔽之，做人不要太自我。在老子看来，对名利的欲望未必能损害道心，自以为是的偏私和邪妄，才是残害心灵的最大毒虫；声色之类的享乐未必能损害个人美德，自作聪明才是悟道修德的最大障碍。

事实上，人们之所以会有种种烦恼，只因为把自我看得太重。执着于自我的人，什么事都是在疑惑中。这种人往往过高地估计个人的能力，失去自知之明，从而造成了内心自我意识的膨胀；自视过高，总爱抬高自己贬低别人，把别人看得一无是处，总认为自己比别人强得多；当别人取得一些成绩时，其妒忌之心油然而生，极力去打击别人，排斥别人；以自我为中心，自己想干什么就干什么，想怎么干就怎样干，听不进别人的意见和建议；只考虑自己，不关心他人，总想让别人都围着自己转。这种做法，对己对人都不能作恰如其分的评价，自大自傲，会使自己陷于盲目，使别人受到严重的压抑，进而失去别人的信任与尊重，影响自己的生活、学习、工作和人际交往。太过自我的人，必然会草率行事，给自己带来种种不良后果，甚至导致失败。不要说自己没有什么过人的才能，即便有丰功伟绩，也承受不了骄矜所引起的反效果，假如居功自傲便会前功尽弃。

一个修道悟道，有着高深修养的君子，总会把过人的才华隐藏起来，绝对不会轻易向人炫耀。因为他们明白，招摇浮夸，好大喜功必然招致旁人的嫉恨，不但有损于团结，不利于成功，甚至会招致杀身之祸。《三国演义》中，有一段青梅煮酒论英雄的故事，说的是刘备落难，屈身于奸雄曹操手下。曹操表面大度，内心对刘备颇为忌惮，担心他日后崛起与自己争夺天下。刘备深知这一点，就把自己的抱负和才能隐藏起来。每天在家里整田种菜，一副无所事事的样子。有一次，曹操请刘备喝酒，对他说："当今天下英雄，只有你刘备和我曹操两个人罢了。"刘备听后，颇为吃惊，吓得手中的筷子都掉在地上。这时，刚好响起一阵雷声，刘备趁机掩饰说："雷声的威力，竟至到如此地步。"曹操笑着说："大丈夫难道还怕雷吗？"刘备答道："圣人在迅雷疾风之时，神色都发生变动，我怎不怕？"听完这话，曹操便不再怀疑他。

对于执掌国家政权的统治者而言，不仅要注意放低身段，自掩锋芒，更要做到"无我"。关于这一点，孟子有一段精彩论述："国君选拔人才一定要慎重，即便是左右亲近的人都说某个人好，也不可轻信；就是众位大臣都说某人好，还不能轻信；如果全国的人都说某人好，然后去考察他，发现他确有才干，才能任用他。左右亲近的人都说某人不好，不可听信，众大夫都说某人不好，也不可听信，全国的人都说某人不好，然后去了解，发现他真不好，再罢免他。"也就是说，国君在选拔人才的时候，千万不可凭一己之见，更不可偏私，只有做到无我，才能选拔出真正的国之栋梁。

而后，老子说："其在道也，曰馀食赘行。""其"，指的就是前述的那些行为。这句话的意思是，以上那些啊，从"道"的原则来衡量，只能把它们叫作剩饭、赘瘤，是不仅没有用处，而且令人厌恶的东西。既然如此，有"道"之人应当如何呢？"物或恶之，故有道者不处。"谁都厌恶它们，所以有"道"的人是不会去做那些令大家都感到讨厌的事情的。其实，这样的道理是很显然的，大家都知道，没有谁愿意受人讨厌，可是实际上做起事情来就不全都是这样的了，有些人就会去做很多令人生厌的事。为什么会这样呢？因为他们那样去做的时候自以为是良好的，自我感觉是得意的。但是在自己感到舒畅的同时，却会激起他人强烈的不满，这是相当糟糕的做法，会给自己带来很大麻烦的。要避免这样的错误，就必须要做到深谋远虑，做到有自知之明，学会体察他人的想法，学会照顾他人的感受。

【经商之道】

秦池酒厂的兴衰

秦池酒厂地处沂蒙山区，其前身是成立于 1940 年的山东临朐县酒厂，长期以来，秦池酒厂一直是一个年产量在万吨左右的县一级的小型国有企业。而到了 90 年代初，秦池酒厂发生亏损，一度面临着倒闭的危险。1992 年年底，王卓胜临危受命，成为秦池酒厂的掌舵人。王卓胜敏锐地意识到在东北地区，白酒品牌的竞争尚存有一定的空隙，于是，他运用成功的广告战略顺利地打开了沈阳市场，从而为秦池酒厂赢得了新的生存空间。1994 年，秦池酒打入了整个东北市场。1995 年，秦池酒又走向西安、兰州、长沙等重点市场，接连三年保持了销售额翻番的辉煌业绩。这一年年底，酒厂扩张改制，成立了以秦池酒厂为核心的秦池集团，注册资金为 1.4 亿元，拥有员工 5600 多人。经过短短三年的快速发展，秦池酒厂的面貌可谓焕然一新。

尽管秦池酒厂已经走出了困境，但当时中国白酒市场的竞争是异常激烈的，酿酒企业共有 37000 多家，白酒年产量大约为 700 万吨，这形成了典型的买方市场。在这场白热化的市场争夺战中，名牌大厂无疑占有特别明显的优势，很容易将众多的小品牌和小厂家远远地甩开，成为市场竞赛中的领军者。此时，相对于一些知名的白酒品牌来讲，秦池还仅仅是一个无名小辈；而相对于那些早就将产品推至全国市场的大厂家来说，秦池也不过还是一个小型的地方酒厂。因此，欲在风起云涌的市场浪潮中站稳脚跟，乃至更进一步，令企业向着更大更强的方向继续大踏步地前进，就必须迅速扩大品牌的知名度和壮大企业的生产规模。当然，想要实现这一目标并不容易，在这样一个关键的时刻，王卓胜做出了一个大胆的决定，那就是争夺中央电视台的广告标王。

之所以说这一决定是很大胆的，是因为选择走这条道路要承受很大的凶险。据估算，1996 年度中央电视台广告标王的价码会在 6500 万元左右，而在 1995 年，秦池酒产量 9600 吨，实际销售 9140 吨，当年销售收入 1.8 亿元，利税为 3000 万元，这也就意味着，如果要争夺广告标王，秦池酒厂所付出的代价就相当于其当时年利税总额的两倍还多。

1995 年 11 月 8 日，秦池酒厂终于以 6666 万元的天价击败了众多的竞争对手，夺得了1996 年中央电视台的广告标王。这意味着秦池酒厂从此走上了一条不归之途。

如果要获得盈利，秦池酒厂必须做到在 1996 年，销售额和利税再翻一番，尽管有着前三年显赫的业绩做基础，但这仍然是一个巨大的挑战，如此艰巨的任务，秦池酒厂能够如期顺利地完成吗？人们拭目以待。

事实证明，如此高昂的代价，秦池酒厂终究没有徒然地付出，它获得了超额的回报。夺得中央电视台的广告标王之后，秦池酒厂利用成功的广告运作，由一个鲜为人知的无名小辈一夜之间脱颖而出，转变成一个万众瞩目的大明星，使得自己在这一次华丽的转身之后赫然跻身于中国名酒之列。这样一来，来自全国各地的大小商家纷纷找上门来，秦池酒厂在非常短的时间里就建立起布满全国的营销网络。1996 年，秦池酒厂的销售额达到 9.5 亿元，利税达到 2.2 亿元，远远超出了预期目标，分别比前一年增长了 500% 和 600%。秦池人形象地描述自家广告投入与销售收入的对比："每天开出一辆桑塔纳，赚回一辆奥迪。"

巨大的风险为秦池酒厂赢来了巨大的收益，然而，商业竞争绝不是可以一劳永逸的事情，断非一次成功之后来日就可以高枕无忧的。在取得喜人的业绩之后，秦池酒厂马上就要面临新的抉择：是继续争夺广告标王，还是放弃争夺标王，而将精力更多地投入于产品结构的优化和产品质量的提升？虽然第二种选择更为稳妥，但是正所谓骑虎难下，秦池酒厂作为白酒行业的一匹黑马迅然杀出，笑傲疆场，无疑是以强大的广告投入做后盾的，如果在广告经营方面撒手，秦池酒刚刚建立起来的、在消费者心中尚未得到稳固的品牌形象无疑会因此而大打折扣，这对秦池酒厂接下来的发展当然是非常不利的。面对这种尴尬，王卓胜决定再一次铤而走险，争夺 1997 年中央电视台的广告标王。

之所以要用"铤而走险"这个词来形容，是因为这一年的标王价格已经远非前一年可比，其测算价码为 3 亿元左右。面对这样一个天文数字，秦池酒厂扔下了一个字："上"。1996年 11 月 8 日，秦池酒厂以 3.2 亿元的天价卫冕 1997 年中央电视台的广告标王。这一次，就不是桑塔纳与奥迪的对比了，而是秦池酒厂每天要给中央电视台送去一辆奔驰，按照期望，给自己开回的应是一辆加长林肯。

这一次的市场反响却大不相同了，人们普遍对秦池酒厂的生产能力持有怀疑的态度。不久之后，又有了这样的传闻：秦池酒厂收购川酒进行勾兑，再装瓶出售。一时之间，舆论大哗，秦池酒厂迅速跌入窘境，他们眼睁睁地看着每天开出一辆奔驰，可期待着开回来的加长林肯却迟迟不见踪影，甚至赚回来的钱连每天开回一辆奥迪都不够了。

其实，这并非全都是秦池酒厂的错，在当时，白酒勾兑是被行业普遍接受和认同的做法，绝非造假，秦池酒的质量实际上并没有因为产量的急剧扩大而有所下滑。但是，造假的现象并不是完全不存在，恰恰相反，是非常的猖獗，但是假酒不是出自秦池酒厂本身，而是来自其他很多对秦池酒进行仿造和冒名的不法商贩。这样一来，很多人就以假当真，误以为秦池酒的质量真的就大不如前了，而秦池酒厂还没有来得及澄清这一切，就已经被种种的误传和谬言所淹没，迅速地沉沦了。1997 年，秦池酒厂的销售额和利税较前一年大幅度下滑，分别为 6.5 亿元和 1.6 亿元，全年利税仅相当于夺取标王之付出数额的一半。而 1998 年的经营状况更是惨不忍睹。一颗遽然升起的新星，又如此出人意外地迅然坠落了。

当然，造成秦池酒厂之失败的原因包括来自内部和外部的多个方面，但是在这其中，过于激进的规模扩张无疑是一个基本的因素。秦池酒厂想要在短时间内实现企业发展的飞跃，正应了那句老话，叫作"欲速则不达"，而用老子的话来讲，则是"企者不立，跨者不行"。

第二十五章

道法自然

【原文】

有物混成，先天地生。寂兮寥兮①，独立不改，周行而不殆②，可以为天下母。吾不知其名，字之曰道③，强为之名曰大④。大曰逝，逝曰远，远曰反。故道大，天大，地大，人亦大。域中有四大，而人居其一焉。人法地，地法天，天法道，道法自然⑤。

【注释】

① 寂：指没有声音。寥：指没有形体。

② 周：循环。殆：停止。

③ 字：起名字的意思。

④ 强：勉强。

⑤ 自然：自己的样子。

【今译】

有一种混然一体的东西，先于天地而存在。没有声音，也没有形体，永远不依靠外在的力量，循环运行而没有止歇，它可以算作天下万物的根本。我不知道它的名字，把它叫作"道"，勉强地再给它起个名字叫作"大"。它广大无边而周流不息，周流不息而伸展遥远，伸展遥远而返回本源。所以，"道"是大的，天是大的，地是大的，人也是大的。宇宙之中有着"四大"，而人是其中之一。人取法于地，地取法于天，天取法于"道"，"道"则取法于它自己的样子。

【解析】

从哪里体验"道"

这一章所述，在老子的思想体系中，道居于核心地位。他再一次论述了道的性质和道的规律，并探讨了道的运行和人与道之间的关系。在老子看来，道是超越时间和空间的先验存在，它寂静而又空虚，不依靠任何力量，也不以人的意志为转移；它无所不在，但又看不见摸不着；

在它的内部，蕴藉着无穷的力量，这种能量循环运行，永不止歇；它孕育了万物，推动万物生长，是万物的根本，世界的本源。

"有物混成"既体现了道先天的混沌未分的状态和性质，也体现了道与万物的浑然一体，不可再分，是一个高妙的论断。道的浑然一体，有助于我们对道的理解和体悟。道先于时间空间而存在，而后这个世界上有了"无"，道与"无"是浑然一体的，但道又支配着"无"，推动"无"生"有"，这叫道生一；同时，道与有也是浑然一体，并推动有的运行，化生出阴阳，这叫一生二。阴阳生克化合生出万物，是为二生万物，这里道与万物也是浑然一体的。道是永恒的存在，是无、有、阴阳、万物的根源，而无、有、阴阳、万物之中都有道的存在。我们无法观察道，但是我们可以认识无、有、阴阳和万物，并且从这些事物中认识和体验道。随后，老子强调了道不可由感官来进行察觉，虽然我感觉不到它，但它又无处不在，它支配着这个世界，制约着万事万物的运行，也影响着我们的行动。如果万事万物循道而行，一切都会自然化育，生机勃勃；如果背道而驰，必然会受到惩罚。

"吾不知其名，字之曰道，强为之名曰大。"老子说，我不知道它的名字，就把它叫作"道"，勉强地再给它起个名字叫作"大"。这个"大"，不是普通的大小意义上的那个"大"，而是代表着一种没有穷极的"大"，是一种玄奥广大的空旷形象，它所表达的实际上是道的一个性质，或者说是道的一个基本特点。大道广大无边，又周流不息，它能向遥远的时空无限伸展；当运行到最遥远的时空，它不会消失，而是又返了回来。这就是大道，它不停地运动，周而复始地运行，宇宙万物，生旺衰亡，源于道最终都将会回归于道。

大，是道的基本性质，由它所生的天、地、人也同样拥有这个性质。所以，老子列出来道大、天大、地大、人大这四大。在中国古代哲学中，有天地人三才的说法，在这里，老子又加入了道，这样，就为三才提供了一个本源，使三才学说升级为四大学说。人与道、天、地同大，道就在人的本性中，这充分肯定了人类价值的崇高，为人的向道发展和自我提升确立了理论依据。而另一方面，老子也指出了人与"道"之间进行沟通的可能性，这个沟通的中介，就是介于人与"道"之间的天和地。

总之，道以其早于天地存在的先验性、与天地人混成的内存性、独立存在的永恒性和生化主宰万物的超越性，使道家学说指向哲学探索的终极，体现了人类思想所能达到的最高层次。

道法自然

关于人与"道"如何进行沟通，老子指出："人法地，地法天，天法道，道法自然。"意即，人取法于地，地取法于天，天取法于"道""道"则取法于它自己的样子。

"人法地"，人生长在地面上，虽然人类很早就有了飞天的梦想，但是向太空中发射航天器和运送宇航员到太空去，都是现代才有的事情，甚至飞机的出现也不过仅仅是一百多年前的事。因此，在人类繁衍生息的漫长岁月里，人们直接地都是同大地打交道。即使在当今人类可以对天空乃至外太空进行更多探索的情况下，对人类的生存意义而言，大地也远比天空更为重要。所以，人与"道"进行沟通的第一个步骤是"人法地"。依据地理环境选择生活方式，这一点很好理解，靠山吃山，靠水吃水，这是大家都知道的道理。在为人处事上对我们有何启迪呢？大地的特点是安静沉稳，厚德载物，生养万物而不居其功，这正是我们应该向大地学习和效法的地方。而接下来，就是"地法天"。人的行为取法于大地，而大地则要取法于天的运作，比如冷暖寒热，比如阴晴雨雪，比如晨昏昼夜，这都是由天来决定的。天行健，阳刚之气充盈，周流不止，生生不息；大地不言，只是跟随天的变化默默地来调整自己。事实上，人也应该效法于天，努力而为，永不停息，此所谓顺应天之道。比如，大自然四季的变化，春夏气温回升，大地温暖，万物生机勃勃；秋冬气温下降，寒冷肃杀，草木凋零。做人也是一样，一个性情温和又热情洋溢的人，他的身边必然会聚拢很多人，他的事业容易成功，福分绵长；而高傲冷漠的人，必然无人敢接近，他得到的帮助有限，很难成功，他的福分自然就淡薄。

"人法地""地法天"，而天又取法于谁呢？"天法道"。那么，"道"又如何来运行呢？老子说："道法自然。"

关于"道法自然"，有人将其理解为"道"取法于自然，也就是说，在"道"之上还有一个"自然"。其实，这是一种误解，"道"是一种至高无上的存在，如果说"道"还要取法于他者，那么"道"也就不成其为"道"，而它所最终取法的对象则成为"道"了。因此，"道法自然"的含义显然并非如此。"自然"在这里并不是一个名词，不是我们通常所说的热爱大自然的那个"自然"，它在这里是一个副词，大略相当于"自然而然"的意思。"道法自然"，说的就是，"道"是按照自己的样子来运行的。

"道法自然"对我们做出了这样的提示：最高的境界，就是自然而然。《菜根谭》中说，那些才智卓绝、超凡绝俗的人，其实都不算真正的高人，真正的高人是那些看起来平凡无奇的人。这个说法，正是对道法自然的深刻体悟。战国时期，魏国名臣田子方的老师就达到了这种思想境界。又一次，田子方陪魏文候说话，多次称赞溪工。文候就问他："这个溪工是你的老师吗？"田子方回答说："他是我的邻居，不是我的老师。他说话论事总是十分中肯，所以我称赞他。"文候又问："你有没有老师，他是谁？"田子方说："有，他名叫东郭顺子。他为人真朴，外表跟普通人没什么区别，但内心却合于自然。他既能顺应外在事物，又能保持自己的真性；他的心境宁静清虚但能包容万物，对不合'道'的一切，都能及时指出使人醒悟，引导人们自然消除邪恶之念。作为学生，我不知道用什么言辞去称赞他呢？"可见，那些在平凡中保留人的纯真本性，并能在平凡中显出英雄本色的人，才是真正的高人。

孔子讲："从心所欲而不逾矩"，人生修养所能够达至的最高状态，就是可以随心所欲地行动，但是不会逾越规矩，自己再不需要受到任何来自外界的约束，而只需听凭自己自然地去做就可以了。

【为人之道】

万有引力的发现

"自然界和自然界的规律隐藏在黑暗中，上帝说，'让牛顿去吧！'于是一切成为光明。"这是英国诗人亚历山大·蒲柏对于牛顿所作出的盛赞。

1643年1月4日，伊萨克·牛顿出生于英格兰林肯郡格兰瑟姆附近的沃尔索普村的一个自耕农家庭。这个孩子是一个早产儿，生下来时只有三磅重，也就是体重还不足三斤，周围的人们都很担心他是否能顺利地活下来。谁也没有想到的是，这个出生时如此赢弱的婴儿日后竟然活到了84岁的高龄，更出乎大家意料的是，他后来成了一位举世闻名的、人类历史上屈指可数的伟大科学家。

牛顿的童年并不幸福，他是一个遗腹子，出生之前就没了父亲，自小在外祖母身边长大。也许是因为受到这种成长环境的影响，少年的牛顿养成了沉默寡言的性格。

读中学期间，因为家境贫困，牛顿被迫辍学。但他没有放弃学习，仍然抓紧一切可以利用的时间去读书。那一时候，母亲经常让他和佣人一同上街去卖东西，而牛顿则每次都悄悄地让佣人一个人去，自己却躲在大树后面专心致志地看书。一次，他的这个秘密被舅舅发现了。舅舅没有责怪他，相反，还因为外甥的好学而深受感动。他劝说牛顿的母亲让外甥复学，并且鼓励牛顿继续读大学。

19 岁那年，牛顿进入了著名的剑桥大学三一学院，但是他的家里没有能力支付学费，他只好一边为学校做杂务，一边学习。剑桥大学四年的学习，为牛顿接下来的科学研究奠定了坚实的知识基础。

1665 年，伦敦为严重的鼠疫所席卷，而剑桥就在伦敦的附近，为了躲避肆虐的瘟疫，牛顿返回了家乡。在家乡避居的两年之间，牛顿着手描绘出他一生之中大多数科学创造的蓝图，诸如微积分、万有引力、光学分析等重大科学发现，都孕育于这一时期。

牛顿在自己辉煌的一生中取得了多项重大的科学发现，其中尤为突出的一项就是万有引力定律的提出。

那么，是什么给予了牛顿发现万有引力定律的最初灵感呢？关于这一点，有一个流传很广的故事。牛顿离开剑桥大学避居家乡的时候，将全部的精力都投入于对许多重大科学问题的思考。一天，牛顿正坐在姐姐的果树园里思考问题，忽然"咚"的一声，一个成熟了的苹果坠到了地上。继之，又有其他的苹果同样因为熟透而掉落在地面。这是再平常不过的现象了，然而，从这种大家都习以为常的事情中，具有敏锐洞察力的牛顿却捕捉到这样一个特别耐人思索的问题：苹果为什么会落到地面上，而不是掉到天上去呢？人们对这种现象太熟悉了，从没有思考过。其实，这种大家习以为常的事情有着另外的解释。

牛顿将自己的思考扩展开来，苹果会落到地面上，月亮却一直都悬在空中，难道苹果和月亮有着什么实质上的不同吗？牛顿又见到外甥玩的小球，只见拴在橡皮筋上的小球随着牵引不断地摇摆着，速度越来越快，最后被抛出去，又落到地面上。牛顿觉得，月球的运动与小球的运动是非常相像的，小球在推动它运行的力之外还有一种力，这种力就是地球的引力，月球也同样如此，正是因为受到地球的引力，月球才会围绕地球运行。扩而广之，牛顿认为这种力不仅存在于巨大的天体之间，而是宇宙中所有的物体之间都存在着这种相互吸引的力，只是在很小的物体之间，这种力过于微小，因而是难以察觉的。牛顿由此得出了科学史上意义非凡的万有引力定律。当然，一项伟大的科学发现，绝非如此简单就可以得出的，关于苹果坠地的思考只是给牛顿提供了最初的灵感，而由这一想法的酝酿到万有引力定律的正式提出，牛顿又经过了长达二十多年的充满艰辛的科学探索。

第二十六章

静为躁君

【原文】

重为轻根①，静为躁君②。是以圣人终日行不离辎重③，虽有荣观④，燕处超然⑤。奈何万乘之主而以身轻天下⑥？轻则失根，躁则失君。

【注释】

① 根：根基。

② 君：主宰。

③ 辎重：行军途中所携带的粮食、装备等用品。

④ 荣观：贵族们游玩享乐的地方。

⑤ 燕处：居处悠闲之义。超然：不陷入其中，能够超脱出来。

⑥ 万乘（shèng）之主：指大国的国君。一辆装配有四匹马的战车叫作一乘，"万乘"指的是在作战的时候可以出动一万辆战车，常常用来形容国家的强大。

【今译】

重是轻的根本，静是躁的主宰。因此，圣人整天赶路，全都不离开途中所用的各种装备，虽然享有优裕的生活，居处悠闲，但是并不会沉溺其中。为什么万乘之国的国君，还以轻率的态度治理天下呢？轻率，也就失去了根基；浮躁，也就丧失了主宰。

【解析】

戒除轻率和浮躁

"重为轻根，静为躁君。"重是轻的根本，静是躁的主宰。一棵大树能长得参天之高，是因为它在泥土下面有着很深的根基，而人们在建筑房屋的时候，首先也都一定要打下牢固的基础。此即"重为轻根"的道理。在自然界，任何植物如果根基不牢，都不会长成高大的植株；在建筑上，如果不打牢基础，是无法建成辉煌高峻的楼宇；在政治上，一个国家，如果没有安定的社会，雄厚的经济基础，强大的军事实力，不可能在列国竞争中胜出；在做人上，如果没有强大的人格魅力，没有深厚的人脉积累，没有牢固的事业基础，要想成功几乎是不可能的；在治学方面，要将学问做好，非得有深厚而广博的学习基础不可。针对这一点，苏轼讲过"博观而约取，厚积而薄发"，这说的也是"重为轻根"。

达·芬奇在小时候被父亲送到意大利的艺术名城佛罗伦萨去拜佛罗基奥为师学习绘画，佛罗基奥只叫达·芬奇画鸡蛋，不是画一个两个，而是接连很多天不停地画。达·芬奇感到不耐烦了，这么简单的鸡蛋，有什么可画的呢？佛罗基奥解释道："不要以为画鸡蛋容易。要知道，一千个鸡蛋当中从来没有两个是形状完全相同的；即使是同一个鸡蛋，只要变换一个角度去看，形状也就不同了。比方说，把头抬高一点看，或者把眼睛放低一点看，这个鸡蛋的椭圆形轮廓就会发生变化。所以，要在画纸上把它完美地表现出来，非得下一番苦功不可。"佛罗基奥继续说："我之所以让你在开始的时候反复地练习画鸡蛋，就是想严格训练你用眼睛细致地观察形象和用手准确地描绘形象的能力；如果你能够做到手眼一致，那么以后不论画什么，都能得心应手了。"达·芬奇这才明白老师让自己画这么多鸡蛋的苦心所在，他悉心听从佛罗基奥的教导，经过长期的艰苦学习，终于成为一代名家，和米开朗基罗与拉斐尔共同被称誉为意大利文艺复兴时期的艺术三杰。佛罗基奥可谓是深谙艺术三昧的，他懂得"重为轻根"的道理，而不仅仅在艺术上是如此，对于其他的领域也是如此，越想往高远之处发展，就越要先打好坚实的基础。

"静"和"躁"是古人很重视的一对命题。老子认为，静是动的主宰，静能成事，动则无功。荀子在《劝学》中说，螃蟹有八只脚，前面又有两个坚硬锋利的螯。但可悲的是它连个自己栖身的洞穴都没有，一辈子都是挤在蛇或鳝鱼的穴中过日子。螃蟹之所以如此，就是因为它的腿太多了。腿多了便于行走，所以它喜欢四处乱逛。由于浮躁好动，结果连个安身的洞穴都挖不好。蚯蚓虽然没有爪子也没有牙齿，但由于专心安静地劳作，所以既能够上到地面，也能够钻到地的深处。螃蟹与蚯蚓的差别，正体现了静而受益、躁而无功的道理。

故而，我们在行为做事的时候，要戒骄戒躁，踏实沉稳，唯有如此，才能够办事成功。真正想有所作为的人，待人接物时不可有急躁的个性，更不能有轻浮的举动；如果急躁轻浮，往往会把事情弄糟，进而使自己受到困扰。如此一来，就会丧失悠闲镇定的气度，丧失活泼潇洒的生机。

一个性情急躁的人，一方面缺乏主见和既定的人生目标，显得慌乱而盲目；另一方面，也缺乏实力和信心，言行暴烈，以致跟他接触的人物都会受到伤害；一个安静祥和的人，不仅是有主见的，而且是沉着和富有信心的。二者相较，孰优孰劣不言而喻。保持心情宁静，就会知道喜欢活动的人不仅太辛苦，而且劳而无功。

暴躁一定是不会长久的，只有平静才是一种常态。因此，老子说："静为躁君"，静是躁的主宰。如果反过来，让躁来作为静的主宰，也就是一个人的所作所为完全被狂躁的情绪所左右，那么得到的结果将是多么的糟糕。三国时代的蜀汉名将张飞，武艺非常，但是脾气暴躁，《三国志》中记载："先主常戒之曰：'卿刑杀既过差，又日鞭挝健儿，而令在左右，此取祸之道也。'"刘备经常劝诫张飞，说他对部下的惩罚往往过重，经常鞭打自己的左右随从人员，这是非常危险的，会引祸及身。而张飞的结局果如刘备所担心的那样，在发兵征讨东吴的前夕，张飞为部将张达和范强谋害，盖世英雄，竟非战死沙场，而在卧榻之上亡于小儿之手，岂不令人叹惋！然而，陈寿对此评价说："飞暴而无恩，以短取败，理数之常也。"张飞的不幸结局，实属咎由自取啊！

再看一个事例，生活在非洲草原上的野马，有着一种致命的敌人，但这种天敌不是大型的食肉猛兽，而是一种体躯非常小的吸血蝙蝠。这种吸血蝙蝠经常会对野马进行攻击，附着在它们的身上吸食血液，而遭受攻击的野马往往都会因此而毙命。研究人员发现，蝙蝠所吸食的血量其实是相当微小的，远不足以导致野马的死亡，这也就是说，野马的死亡并非因为失血，而是另有其因。那么，造成野马死亡的直接原因是什么呢？不是别的，就是野马暴躁的性情。它们一旦遭到蝙蝠的攻击，就会立刻暴跳如雷，怒吼狂奔，企图甩开叮在身上的蝙蝠，但是蝙蝠丝毫不会受到其狂暴动作的影响，而只会牢牢地吸附在野马的身上，这样，野马最终就会因精疲力竭而死亡。如果野马能够有一个平静的心态，也就完全不会因为受到一只小小蝙蝠的攻击而导致死亡。因此，不论面临什么样的事情，我们首先都要保持一种虚静恬然的心态。

有备无患

老子说："是以圣人终日行不离辎重，虽有荣观，燕处超然。""辎重"，指的是行军途中用来运载各种装备的车；"荣观"，指的是华美的房屋；"燕处"，也就是安居的意思。这句话是讲，所以啊，圣人整天赶路，全都不会离开途中所用各种装备，虽然享有优裕的生活，居处悠闲，但是并不会沉溺其中。

为什么"圣人终日行不离辎重"呢？有这样一个用漫画形式来表达的寓言，画面上有很多匆匆赶路的人，每个人的身上都背负着一个很沉重的十字架，其中有一个人觉得背着这么重的十字架实在没有什么用处，他就想，将它变得小一些就方便得多了。于是，他就换了一个轻了许多的十字架携带着。后来，他还是觉得重，就又将十字架变小了很多。几次下来，他的十字架总算是很轻了，他为此而感到得意。然而，忽然有一天，他才发现到自己犯下的错误有多么的严重。他们来到了一条沟堑的前面，要继续前行，就必须从这条沟堑上跨过去，但是以沟堑的宽度，仅凭脚步的力量而不用任何工具是跨不过去的。不过没有关系，因为大家都是有准备的，每个人都携带了工具的，也就是那个沉重的十字架。大家将十字架搭在沟堑的两端，十字架就变成了一座桥。人们很顺利地踏着自己背负的十字架越过了沟堑的阻挠，成功地抵达了人生的彼岸。只有那个将十字架变小的人，他所携带的小小的十字架，是足够轻巧，然而要想搭在沟堑上面做桥梁，是根本就不够大的。他只能眼睁睁地看着同伴们都渡到彼岸，向前继续赶路，而自己呢，则只有被阻隔在沟堑的这一方，永远地在此徘徊，再不可能有所进步了。

这个寓言的蕴意是很显明的，那个十字架，象征着人生之中为了不断地前进而为自己准备的各种资本，也就是老子所说的"辎重"，在平时，似乎携带那样沉重的"十字架"是没有什么用处而徒增苦恼的，然而在关键的时刻，它的重要作用就会彰显出来，那就是在遇到人生路途之上之沟堑的时候，是要依靠着它来越过的。如果无所准备，人生也就永远无法进行超越了。"书到用时方恨少""白首方悔读书迟""少壮不努力，老大徒伤悲"……这些句子所阐明的，不都是"圣人终日行不离辎重"的道理吗？

君子不离辎重，言下之意时时刻刻准备着。从消极的一面来看，时刻准备能消除前进路上可能遇到的困难和危机，这一点前文已作解说。从积极的一面来看，时刻准备着能帮我们抓住转瞬即逝的机遇。我们都知道西方有一句名言，叫作"机遇只偏爱那些有准备的头脑"。人们常谈论运气，其实，所谓的运气或者机遇，都是个人准备与时机的契合，没有准备，再好的机遇也不可能给人带来成功。在老子看来，不论是天道还是人道，成功都是自然而然的事情，你一切都准备好了，时机也到了，是自然也就做成了。大自然的百花盛开也好，硕果累累也好，都是树木的准备与天气变化形成的时机结合的结果。因为成功是一种自然的结果，所以获得成功也没什么可骄傲的，故而不可居功。天地孕育万物，何尝把万物据为己有。人也是一样，赶上天时地利人和，获得了成功，也不可把成功看成自己的功劳。

【为人之道】

刘备续佳偶

赤壁之战后，东吴急欲夺取荆州，而当时占踞荆州的刘备断然不肯让与，急得周瑜心似火燎。恰巧此时闻得刘备的妻子甘夫人去世，于是周瑜心生一计，假意要将孙权的妹妹许配给刘备，借此将刘备骗到东吴，囚禁起来，要他用荆州来换，若其不从，就将其斩杀。然而，此等小计，怎能瞒得过足智多谋的诸葛亮呢？刘备虽有迟疑，但是诸葛亮劝他但往无妨，并且令赵云跟从，又向赵云授以锦囊妙计。

来到东吴之后，依照诸葛亮的安排，刘备就先去拜会了东吴德高望重的乔国老，他是孙策夫人大乔和周瑜夫人小乔的父亲，因此无人不敬之三分。本来，招刘备来成亲是周瑜和孙权密定的计策，并不是真的想让刘备成为东吴的女婿，因此没有将此事声张开来，外人当然都不知道。而刘备一到东吴，就先把这件事对乔国老说了，然后又大肆声张，令随从人员购置成婚用的各种物件，闹得城里城外尽人皆知。乔国老马上就去问吴国太，这吴国太原本是孙权的姨母，但是她与姐姐一同嫁给孙权的父亲，因此孙权对她也以母亲相称，而他的亲生母亲又已经去世，所以吴国太的地位就更加重要了。她闻知孙权要将自己的女儿许配给刘备，这么大的事情都没有跟她打个招呼，为此对孙权好生责怪。而这孙权又是一个极为孝敬的人，对母亲不敢违抗，只得将实话说了。孙权、周瑜考虑的是政治和军事上的得失，吴国太首先考虑的却是女儿的终身大事，她詈骂周瑜，身为六郡八十一州的大都督，没有什么本事去取荆州，却来打她女儿的主意，使出这等拙劣的美人计。如果杀了刘备，自己的女儿岂不成了望门寡，以后还怎么嫁人？乔国老劝说孙权，事到如此，莫如就真个招刘备为婿。这弄得孙权很没有办法。而吴国太则说，要亲自看一看刘备是何等人也，若是不中意，就听凭孙权的处置；若是中意，就自将女儿许他。结果，吴国太见到仪表非凡的刘备心中大喜，因此，这门亲事也就定下来了。但是，孙权和周瑜并没有就此罢休，而是在筵席上埋伏下刀斧手，可是并没有得逞，因为刘备将他们的埋伏告知了吴国太。吴国太闻知大怒，开口指责孙权，将那些刀斧手都给斥退了。

然而，刘备并非从此就无虞可忧了，周瑜一计不成，又生一计，这一次用来伺候刘备的不是冷森森的刀斧，而是给刘备尽心地营造了一个软绵绵的温柔乡，意欲令刘备浸淫其中，久而忘返，弄得将士离心，兄弟离德，如此一来，则东吴大事成矣。

而今，刘备正处在和重耳同样的遭遇之中，令周瑜颇为得意的是，时日既多，刘备果然乐不思返，入其彀中。但是，诸葛亮早就预料到了这一点，他在交给赵云携带的锦囊妙计中写道，就说曹操来犯荆州，令主公速回。刘备闻知此事，果然大惊，急忙同孙夫人商议回返事宜，在孙夫人的帮助和诸葛亮的接应之下，他顺利地从既是虎穴之地又是温柔之乡的东吴脱身而归，并且迅速恢复了他素日秉持的英雄之志。

试想，纵使重耳、刘备这般的贤明伟烈之人，尚且难以做到"虽有荣观，燕处超然"，至于普通的人来讲，达到这样的境界就更无须说会有多么地不易了。然而，这的确是人生所应当希求的一种高尚的处世之姿。

第二十七章

善行无痕

【原文】

善行，无辙迹；善言，无瑕谪①；善数②，不用筹策③；善闭，无关楗而不可开④；善结，无绳约而不可解⑤。是以圣人常善救人，故无弃人；常善救物，故无弃物。是谓袭明⑥。故善人者不善人之师，不善人者善人之资⑦。不贵其师，不爱惜其资，虽智大迷。是谓要妙⑧。

【注释】

① 瑕谪：缺点，毛病。

② 数：计算。

③ 筹策：古代计算时所用的竹制的筹码。

④ 关楗：关锁门户的木制或金属的器具。

⑤ 绳约：用绳子捆起来。

⑥ 袭：掩盖，隐藏，不露在外面。

⑦ 资：凭借，借鉴。

⑧ 要妙：指精深玄奥的道理。

【今译】

善于行走，就不会留下痕迹；善于言谈，就不会有可指摘之处；善于计算，就不需要使用筹策；善于关闭，不用栓锁，也能使人打不开；善于捆束，不用绳子，别人也解不开。因此，圣人总是善于帮助人，所以就没有被遗弃的人；总是善于使用各种物品，所以就没有被遗弃的物品。这就叫作掩藏在内的聪明。所以，善人是不善之人的老师，而不善之人是善人的借鉴。不尊重他的老师，不爱惜他的借鉴，即使自以为很聪明，其实却是很糊涂的。这就是精微玄奥的要妙之理啊。

【解析】

至善的境界

"善行，无辙迹。"从字面上讲，"辙"，是车辙；"迹"，是脚印，人们行走，或者依靠双足，或者依靠车辆，因此，总是要留下脚印或车辙，可老子说，善于行走的人啊，是不会留下车辙、脚印之类的痕迹的。为什么要这样说呢？

庄子在《逍遥游》中说："夫列子御风而行，泠然善也……此虽免乎行，犹有所待者也。"列子啊，能够乘着风而行走，实在是轻盈得很哪，可是呢，他还是有所凭恃的，他毕竟还是要依靠风的啊。而真正超达的人呢？"若夫乘天地之正，而御六气之辩，以游无穷者，彼且恶乎待哉？"他能够顺应天地之性，而驾驭六气的变化，遨游于无穷无尽的境域，他需要凭借什么吗？他什么也不需要。庄子随后说："故曰：至人无己，神人无功，圣人无名。"所以说啊，"至人"是没有自我之念的，"神人"是没有功利之心的，"圣人"是没有名誉之想的。正因为这些"至人""神人""圣人"在心中没有这些欲求，他们才能够做到超脱世俗，才能够做到无所凭恃，才能够做到"逍遥游"。列子之行，尚且有风，而对于"逍遥之游"呢，就是了无痕迹的了，这也就是老子所讲的"善行，无辙迹。"所以，老子的这句话不可落实了来看，以为这说的是善于行走的人不会留下车辙和脚印，而是应当这样来理解，它讲的是人所达到的一种境界，这种境界也就是得"道"的境界。得"道"之人，能够达至一种化境，能够什么都不倚借就能将事情做成，就如同孔子所说："从心所欲而不逾矩"，我不需要这个规矩、那个律法的约制，让别人告诉自己应当如何去做，甚至自己的告诫都不需要，而是任其自然地就能够做得十分美善。

"善言，无瑕谪。""瑕"，本义是指玉上的斑点；"谪"，是谴责的意思。"瑕谪"也就是差错的意思。善于言谈的人，他们的话是没有可指责之处的。有人觉得，夸夸其谈、口若悬河之类的人是很善于言谈的，其实这是一种很片面的看法，那样的人，至多不过是善于多说话罢了，而不能够叫作善于言谈。真正善于言谈的人，应当像老子所说的那样，"贵言"，不随便说话，将言语看得很贵重，而"无瑕谪"，话虽然说得不是很多，但每一句都很实在，都是有用处的，是没有差错可以指摘的。有的人，话说得很多，真可谓是滔滔不绝，乍听起来仿若是满腹经纶、学富五车，可细听起来呢，就会很容易地发现，他讲的话里真是漏洞百出，毫无识见可言，毫无长处可取，说得越多，就越彰显出他的浅薄与无知。不仅对于口头语言是这样，对于书面语言也是如此。例如，《老子》一书仅仅五千言，却两千多年来一直被奉为经典，但为学者，无不捧读。可有些人呢，自谓"著作等身"，甚至一年之间就能产出好几部长篇大作，可是其作品中的含金量实在令人不敢恭维，相比于某些经典著作的字字千金，一些高产作者的著作真的就如同一团团蓬松的棉花，看起来规模不小，实际上却没有多少分量。

"善数，不用筹策。""数"，即算术；"筹策"，是古代计算用的竹制的工具，相当于后来的算盘和更后来的计算器的作用。老子说，善于计算的人，是不用筹策的，这句话所阐述的道理与"善行，无辙迹"是相通的，善于行走的人，不用依靠脚和车，而善于计算的人，也用不着筹策。《孙子兵法》中说："不战而屈人之兵，善之善者也。"不需要进行战争，就令对方的军队屈服了，这才是善中之善。这说明了一个什么问题呢？得到的结果相同，但是付出的代价可能大不一样。

至于后面两句，说的也都是同样的道理。"善闭，无关楗而不可开。"善于关闭的人，不用门闩，也能使人打不开。"善结，无绳约而不可解。"善于捆绑的人，不用绳子，别人也解不开。在神话中有定身法，会定身法的人，只要轻轻地念个口诀就可以将人给固定住，令其无法动弹，而不像普通的人那样，要用绳索之物将人牢牢地绑定了才可以。再如，孙悟空可以用金箍棒画个圆圈来保护师父唐僧，因为妖怪是没有办法进入圈内的，这个无形的圆圈，胜过任何有形的保护设施。虽然老子讲的不是神话，但"道"的意境是颇与神话相通的，如庄子所说的"列子御风而行"，这不就是神话中才有的事情吗？在老庄思想中，"道"是无垠无极的，是具有超越性的，而神话也同样有着超越的属性，因此，老庄可以用神话的方式来阐释"道"的内涵。

让物尽其用

老子说："是以圣人常善救人，故无弃人；常善救物，故无弃物。是谓袭明。"因此，圣人总是善于帮助人，所以就没有被遗弃的人；总是善于使用各种物品，所以就没有被遗弃的物品。这就叫作掩藏在内的聪明。

晋代的志怪小说集《神仙传》中记载了一则"点石成金"的故事。西晋初年，南昌人许逊出任旌阳县令，居官十年，颇以仁政而闻名，深受百姓的爱戴。辞官东归之后，时值彭蠡湖（即今鄱阳湖）水灾泛滥，他又带领人民治水，取得了显著的功效，人们对他更加景仰，而有关他的一些神话故事也流传开来，"点石成金"就是其中之一。有一年，灾害非常严重，收成极差，百姓都无法完成交租的任务。许逊就叫大家挑一些石头过来，然后施展起自己的法术，用手指一点，石头就变成了金子。这样，百姓们就可以用这些金子去交租了。

表面上看来，似乎"点石成金"与老子所讲的"圣人常善救人，故无弃人；常善救物，故无弃物"没有什么关系，但两者之间实际上是有着相通之处的。许逊的高明之处在于他可以令普普通通的石头变成昂贵的金子，也就是说可以将原本没有什么用处、用不上的东西变成最为人所需要的、能够发挥巨大用处的宝物，而"常善救人""常善救物"的圣人不正与此相像吗？他们可以令原本大家以为没有用处的、被弃置的人和物发挥出令人意想不到的用处，这难道不就是"点石成金"吗？虽然"点石成金"本身是一种神话，但是它的蕴意却可以与现实当中的事情联系起来，圣人"善救人""善救物"，实际上就是因为他们拥有那种"点石成金"般神奇的化力。

再看一个例子，惠子曾经从魏王那里得到过一种大葫芦的种子，他种下去之后，生出来的葫芦真的非常大，可是，惠子却发现这葫芦太大了，反而用不上了。但是庄子认为，其实惠子是一个不善于用大的人，在庄子看来，用那个有五石容量的大葫芦做成一个大樽用来泛游江湖，岂不是一件乐事吗？怎么能说这巨大的葫芦没有用处因而把它毁掉呢？这就是圣人与凡人的区别啊。

其实，老子的这句话表明的是，如果由圣人来治理天下，则普天之下必将人尽其才，物尽其用。马克思讲，在共产主义社会，每一个人都将取得全面而自由的发展，而用马斯洛的话来表述，就是在那样的社会中，每个成员都会获得充分的自我实现的机会，使得自身的价值得到最大程度的发挥。这与老子所讲的"无弃人"的状态也是相通的，而老子又加上了一个"无弃物"，这就又从另一个角度阐述了人类理想社会的光辉图景。当今社会，环境问题变得越来越重要，而其中突出困扰人们的一项就是数量巨大的生活和生产垃圾处理的问题。有一句话说的是："垃圾是放错了地方的资源。"根据老子的讲述，或许这样说会更合适一些："垃圾是没有被正确利用的资源。"现在大力提倡的是循环经济，在现实生活和生产中，的确有很多具有回收价值、能够被再利用的垃圾没有得到妥善有效的处理，结果就是，不仅污染环境，资源也在很大程度上被浪费掉了。而如果采取"无弃物"的观念来处理这样的问题，结果就会好得多了。当然，这需要较高的技术条件，但是，一种先进的观念是更为重要的，因为有了这样的观念，才可以更好地催生相关的技术。从这一角度来说，老子的观点可谓是十分超前的。

诚心向高人学习

接下来，老子讲出了这样广为引述的名言："故善人者不善人之师，不善人者善人之资。"所以，善人是不善之人的老师，而不善之人是善人的借鉴。孔子曾说过："三人行，必有我师焉。择其善者而从之，其不善者而改之。"这与老子的表述是高度一致的，真可谓"智者所见略同"。类似的，孔子还说过："见贤思齐焉，见不贤而内自省也。"见到德行优秀的人，就要想着让自己的行为也和他一样好；而见到德行不佳的人，就要反省一下，自己是否也有着同样的缺点。两个方面结合起来，说的恰好就是"善人者不善人之师，不善人者善人之资"。

这种表述也说明了一个问题，那就是善人与不善之人是相互影响的，不善之人可以从善人那里得到有益的教导，而善人则可以从不善之人那里得到有益的警鉴，这说的都是积极的影响。而反过来，消极的影响也是可能的，正所谓"近朱者赤，近墨者黑"，善人可以从不善之人那里固然可以得到有益的教训，另一方面，受到消极感染的情形也是很普遍的。那么善人呢，他对于不善之人所产生的影响会都是正面的吗？也未必。就拿西方的民主制度来说吧，它比起在中国已经延续了两千多年的封建帝制，该是先进得多了，辛亥革命成功地推翻了满清政府，让"皇帝"这一名号从此走进了中国的历史纪念馆，然而革命之后又怎样了呢？丑剧是轮着番地上演，中国的政治舞台上，真是你方唱罢我登场，生旦净末，辗转腾挪，好不热闹，可是国家的振兴仍无从谈起，百姓的日子依然一天苦似一天。这说明了一个什么问题呢？用一句经典的话来表达，就是："用之所趋异也"。东西是一样的，可是用在不同人的手里，它发挥的功效也就不同了。这就如同一片盐碱地，再好的种子埋下去，也不会生长出健硕的禾苗，而要想得到预期的收获，则必须先改良土壤才可以。再比如说，历史上的杰出人物都是值得人们去认真学习的榜样，可是，有些人效法曹操，没有学到他的雄才大略和高瞻远瞩，却偏偏学会了阴险狡诈；效法刘备，没有学到他的雄心壮志和忍辱负重，却偏偏学会了厚颜无耻，结果就是，历史上的一干英雄豪杰，传到了某些人那里，无非只剩下了"黑心肠"和"厚脸皮"这两大绝招。所以说，无论是善人，还是不善之人，他对别人的影响都是双方面的，而究竟取其益处还是得其敝处，则要看个人本身的思想底色是怎样的了。

本章的最后，老子说道："不贵其师，不爱惜其资，虽智大迷。是谓要妙。"不尊重他的老师，不爱惜他的借鉴，即使自以为很聪明，其实却是很糊涂的。这就叫作精微玄奥的要妙之理啊。

　　这表达的道理是，人的智慧是从效法与警鉴中得来的。韩愈在《师说》中写道："人非生而知之者，孰能无惑？惑而不从师，其为惑也，终不解矣。"这讲的是同样的道理。人没有天生就什么都知道的，而是一定要向老师学习才可以获得各种生存的技能和生活的知识。当然，这个老师并不一定就是正式的教师，他可以是生活中所遇到的任何人。我们说，父母是孩子的第一任老师，也就是从这个意义上来讲的。而这其中体现的也正是人与动物的根本区别之一，动物可以仅仅依靠本能而生存，但是人类则不同，人是必须要经过大量的、长期的后天学习才可以令自己成为一名合格的社会成员的，这一学习社会文化的过程在社会学中被称作"社会化"。而在这一方面做得较好的人，则会成为社会上的优秀人士。或者说，一个人要想让自己获得持续的成长，实现不断的进步，就必须时时注意从他人身上所具有的各种值得效仿和警鉴的表现学习到丰富的智慧，从而令自己的人生修养变得日益完善。

第二十八章
知雄守雌

【原文】

知其雄，守其雌，为天下溪①。为天下溪，常德不离，复归于婴儿。知其白，守其黑，为天下式②。为天下式，常德不忒③，复归于无极④。知其荣，守其辱，为天下谷⑤。为天下谷，常德乃足，复归于朴⑥。朴散则为器，圣人用之，则为官长⑦。故大制不割⑧。

【注释】

① 溪：溪壑。
② 式：即"栻筮"，古代占卜用的一种器具，这里是准则、榜样之义。
③ 忒（tè）：差错。
④ 无极：指终极的真理。
⑤ 谷：山谷。
⑥ 朴：朴素的状态。
⑦ 官：管理。长：领导。
⑧ 制：宰制，管理。割：割裂，这里指勉强的意思。

【今译】

知道雄强的好处，却安于雌弱的地位，这样就可以成为天下的溪壑。成为天下的溪壑，就会有众多的水流归注其中，而他所秉持的道德也就不会离开他，而且他还能回复到婴儿般的朴质状态，达到一种纯真的境界。知道光明的好处，却安于暗昧的位置，这样就可以成为天下效仿的榜样。成为天下效仿的榜样，他所秉持的道德就不会有差错，他会再回复到那一种终极的状态。知道荣耀的好处，却能安于卑辱的地位，这样就可以成为天下的山谷。成为天下的山谷，就会得到众人的归顺，而他所秉持的道德才算完备，而又回复到朴质的状态。朴质的状态被破坏之后，就会成为具体的器物，圣人依循这个原则，建立了管理和领导的体制。所以，在完善的体制中是不会有强为割裂之事发生的。

【解析】

做人要低调

在这一章，老子着重阐述了自己素来秉持的保守、谦让的观念，极力强调柔弱和退守，充分提倡守雌、守黑、守辱。其实，从根本上来说，这些倡导还是由老子的"无为"观念所决定的，同样，也是"夫唯不争，故无尤"和"夫唯不争，故天下莫能与之争"等观点的进一步延伸。

老子说："知其雄，守其雌，为天下溪。"知道雄强的好处，却安于雌弱的地位，这样就可以成为天下的溪壑。"溪"和后面的"谷"，代表的就是柔弱之道。在老子的哲学里，多处反复强调柔弱之道的重要意义。老子为什么对这个道理反复强调呢，因为对于这一点，天下的人没有谁不知道，可是没有谁会去执行。正因为"知易行难"，所以老子对于"柔弱胜刚强"这一道理可以说是做了不厌其烦的多次论述。与此相关，本书中多次提到的关于婴孩的比喻，表达的也是对柔弱之长处的特殊肯定。

由此生发开来，在执政理念上，老子同样强调以柔下处之。老子认为，在外交上，大国应该甘居下位，以镇静卑谦的姿态与其他国家交往。并进一步指出，大国对小国保持低姿态，最终将兼并小国；如果小国以卑下的姿态对待大国，最终将攻取大国。真正的大国，总是处于下流的地位，因而天下才都归附它，就像河流归于大海一样。我们知道，大海的位置是最低的，正因如此，它才能吸纳万千的河流。大国外交，就应当像大海那样，令自己处于卑下的地位。

接着，老子说道："为天下溪，常德不离，复归于婴儿。"成为天下的溪壑，就会有众多的水流归注其中，而他所秉持的道德也就不会离开他，并且他还能回复到婴儿般的朴质状态，达到一种纯真的境界。

老子为什么特别地用"复归于婴儿"来形容自己的理念呢？因为在老子看来，婴儿的特点恰恰符合自己所积极提倡的柔弱处下、清静无为的状态。刚出生不久的小孩子是最为柔弱的，而且他还没有任何特别的意识，他所作所为的一切都是出于自然的，是最为朴质的，而这正是等同于"道"的表现。当然，婴儿的这种做法是无意的，而老子所要强调的是，对于已经失去了童心的成人来说，一定要积极地恢复自己的赤子情怀，令自己的心地变得纯净无染，只有这样，自己才会接近于"道"的境界。

老子又说道："知其白，守其黑，为天下式。"知道光明的好处，却安于暗昧的位置，这样就可以成为天下效仿的榜样。"为天下式"，与上一句中的"为天下溪"和下一句中的"为天下谷"表达是同一类的意思，都是取得天下人的归附之义。

"为天下式，常德不忒，复归于无极。"成为天下效仿的榜样，他所秉持的道德就不会有差错，他会再回复到那一种终极的状态。在这一句中，老子再次提示大家："道"是无极的。这个"无极"，也就意味着终极，意味着永恒，而终极与永恒，正是"道"的根本特点。至于如何才能臻于这种"无极"的境界，老子给出的答案也就是"知其白，守其黑"。在第八章，老子说："上善若水。水善利万物而不争，处众人之所恶，故几于道。"水的状态是接近于"道"的，因为它"处众人之所恶"，而本章所讲的"知其白，守其黑"，以及"知其雄，守其雌"和"知其荣，守其辱"，指的也就是"处众人之所恶"。

"知其荣，守其辱，为天下谷。"知道荣耀的好处，却能安于卑辱的地位，这样就可以成为天下的山谷。"为天下谷，常德乃足，复归于朴。"成为天下的山谷，就会得到众人的归顺，而他所秉持的道德才算完备，而又回复到朴质的状态。

需要注意的是，守雌、守黑与守辱，是与知雄、知白与知荣密切结合的，这说明，处于雌弱、暗昧、卑辱的地位，不是一种被动的结果，而是一种主动的选择；居于这样的地位，并非是因为自己无知和无能，而是自己知道事情的另一面，也完全有能力做出另外的选择，但是自己心甘情愿地"处众人之所恶"。老子此语的意涵是，将"众人之所好者"让给众人，这样，别人也就不会与自己相争，恰恰相反，自己也会因为这种不争和处下的姿态而得到大家的拥护和爱戴，这样一来，自己就是不争而胜于争，处下而胜于上了，这是一种非常高明的处世哲学。不过，当然，正如老子曾指出的那样，"天下莫不知，莫能行"，这样的道理对很多人来说并不新鲜，真正能用这种理念来指导自己行为的人却是寥寥无几。老子将这样深刻的道理给大家摆出来，引导大家去进行认真地感悟，至于究竟能从中得到多大的教益，那就还是要看个人的修行有多高了。

维护其自然与和谐

在三个排比句之后，老子说道："朴散则为器，圣人用之，则为官长。"意思是，朴质的状态被破坏之后，就会成为具体的器物。圣人依循这个原则，建立了组织或国家的管理和领导的体制。

关于这一点，《庄子·马蹄》一篇进行了深刻的揭示："马，蹄可以践霜雪，毛可以御风寒。草饮水，翘足而陆，此马之真性也。虽有义台路寝，无所用之。及至伯乐，曰：'我善治马。'烧之，剔之，刻之，雒之。连之以羁絷，编之以皂栈，马之死者十二三矣！饥之渴之，驰之骤之，整之齐之，前有橛饰之患，而后有鞭荚之威，而马之死者已过半矣！陶者曰：'我善治埴。'圆者中规，方者中矩。匠人曰：'我善治木。'曲者中钩，直者应绳。夫埴木之性，岂欲中规矩钩绳哉！然且世世称之曰：'伯乐善治马，而陶匠善治埴木。'此亦治天下者之过也。"

这段话的大意是，马原来过着自由自在的舒适的生活，可是自从有了伯乐之类的驯马师之后，马的命运就被改变了，它们被伯乐进行了人为的改造，结果就使得马失去了本性，造成很多马因此而死亡。至于陶工和木工的做法，也都与此相似，他们都把人的意志加给了外物，从而剥夺了外物的天性，破坏了它们自由存在的权力。《马蹄》这篇文章继续说道：我认为，真正会治理天下的人，他的行为一定不会是这样的。百姓们各具其性，比如说，织布而衣，耕田而食，这是他们的本性。这些本性是浑然一体、没有偏私的。真正会治理天下的人，一定会顺应自然，采取放任无为的态度，让百姓的本性得到自由自在的健康发展。文章中还说，损伤物品的本性用来制作器皿，这是工匠的罪过；而毁损大道来倡导仁义的法则，那就是圣人的罪过了。

"朴散则为器，圣人用之，则为官长"的观念还提醒我们，道是不断发展的，在其具体化的过程中，会表现出各种形态，比如雄与雌，黑与白，荣与辱，这是抽象的形态；再比如风云雷电，山川河流，百兽百谷，各色人等，这是具体的形态；再比如民族宗族，家庭婚姻、世相百态，这是社会形态。但是，这些形态必将遵循大道运行，交互作用之后，最终还是要复归于大道。圣人依循这个原则，建立管理和领导的体制，也就是说，高明的领导者，深悉大道是万物的本源，当万事万物各有形态之时，貌似纷繁复杂，实则万变不离其宗，只需坚守大道，知雄守雌，知白守黑，知荣守辱，就可以引导社会复归于道，从而达到无为而治的理想统治境界。

本章的最后一句，老子说的是："故大制不割。"所以，在完善的体制中，上下浑然一体，没有高低贵贱；九州交通往来，物产自然流通，没有壁垒阻隔；社会各阶层任其流动，而没有等级的限制，无所谓谁领导谁服从，谁对谁施以仁义，也无所谓上下尊卑，礼仪法度，一切都如混沌之道，各自按本性运行。在治国上，这才是无上的大智慧。

大智不割的道理还告诉我们，行为处事，应当顺应万物的自然特点，而不可扭曲了它们的本性。待人接物，一定要遵循大道规律，不故意加以区别，分别对待，只有这样，才会取得理想的预期效果。

【为人之道】

淡泊名利的爱因斯坦

爱因斯坦是世界公认的伟大的物理学家，也是一位卓越的思想家，被推誉为"世界千年十大思想家"之一，其地位仅次于马克思。除在科学与思想领域的巨大成就之外，爱因斯坦还是一个将名利看得非常淡泊的人，他曾这样说："金钱会破坏人的恬淡的心境。"

1938 年，爱因斯坦受聘为美国普林斯顿高级研究院教授。在谈及薪金的要求时，爱因斯坦一脸严肃地说："每年一千美元就可以了。"研究院院长弗莱克斯纳新听后，感到十分吃惊，他连忙回绝了爱因斯坦的这一要求，说道："不行，不行，这与教授的身份太不相称了，而且这也会降低我们研究院的声望啊。"但是爱因斯坦表示这些已经足够了。最后，经过弗莱克斯纳新的苦苦劝说，爱因斯坦才勉强同意了院长所给出的最低年薪，这个数字是一万六千美元，他是爱因斯坦自己所要求年薪的 16 倍。

1948 年 5 月 14 日，以色列共和国宣告诞生。1952 年 11 月 9 日，爱因斯坦的老朋友、以色列首任总统魏茨曼逝世。在此前一天，就有以色列驻美国大使向爱因斯坦转达了以色列总理本·古里安的信件，信中正式提请爱因斯坦为以色列共和国第二任总统的候选人。

当天晚上，一位记者给爱因斯坦打来电话，询问道："听说您被邀请出任以色列共和国的新一任总统，爱因斯坦先生，您会接受吗？"

爱因斯坦对这一提问给予了相当干脆的回答："不会。我当不了总统。"

这位记者连忙劝导说："其实，以色列的总统并没有多少具体的行政事务，他的位置是象征性的。爱因斯坦先生，您是最伟大的犹太人。不，不，您是全世界最伟大的人。由您来担任以色列总统，象征犹太民族的伟大，是再好不过的了。"

可爱因斯坦还是很坚决地说道："不，我的确当不了总统。"

爱因斯坦刚放下电话，电话铃又响了。这次是驻华盛顿的以色列大使打来的。大使说："教授先生，我是奉以色列共和国总理本·古里安的指示，想问一下，如果提名您当总统候选人，您愿意接受吗？"

爱因斯坦平静地回答说："大使先生，关于自然，我了解一点儿；可是关于人，我几乎一点儿也不了解。像我这样的人，怎么能担任总统呢？请您向报界解释一下，给我解解围。"

大使进一步劝说道："教授先生，您不会不知道，已故总统魏茨曼也是教授啊。所以说，您一定能够胜任的。"

爱因斯坦丝毫不为所动，回复道："魏茨曼和我不一样。他能胜任，但我不能。"

听到这里，大使激动地说道："爱因斯坦先生，每一个以色列公民，全世界每一个犹太人，都在期待着您呢！"

对于同胞们的好意，爱因斯坦很是感动，但他想得更多的是如何委婉地拒绝大使和以色列政府，既推辞掉自己的总统提名，而又不让他们感到失望和窘迫。不久之后，爱因斯坦在报上发表声明，正式谢绝了出任以色列总统。他说："当总统可不是一件容易的事。"同时，他还引用了自己刚刚说过的话："方程对我更重要些，因为政治是为当前，而方程却是一种永恒的东西。"

爱因斯坦在其光辉的一生中为世界做出了极大的贡献，但是他从不在意自己会得到多少。他说："看一个人的价值，应该看他贡献了什么，而不应该看他享有了什么。"可是在我们身边，有太多的人，其看法与爱因斯坦恰恰相反，他们以为自己的价值之高低，取决于自己已经拥有了什么，而全不在乎自己为这个世界奉献了什么。

老子讲："知其雄，守其雌""知其白，守其黑""知其荣，守其辱"，如此，才可以令天下景仰。我们看一看爱因斯坦高尚伟岸的人格，就会很容易地发现，这位伟大的科学家、思想家，不就是一个甘于平淡、不慕名利的伟大的贤者和智者吗？

第二十九章

圣人无为

【原文】

将欲取天下而为之①，吾见其不得已②。天下神器③，不可为也④。为者败之，执者失之⑤。是以圣人无为，故无败；无执，故无失。夫物或行或随⑥，或歔或吹⑦，或强或羸⑧，或载或隳⑨。是以圣人去甚⑩，去奢⑪，去泰⑫。

【注释】

① 取：这里的含义是治理。为：有所作为。

② 得：达到目的。已：罢了的意思。

③ 神器：奇怪莫测之物。

④ 为：指有意图谋。

⑤ 执：把持。

⑥ 行：行进。随：跟随。

⑦ 歔：(xū)：指轻轻地吹，这里的含义是性情缓和。吹：指用力较强地吹，这里的含义是性情急躁。

⑧ 羸（léi）：羸弱，虚弱。

⑨ 载：这里指成功的意思。另，有的版本写作"挫"。隳（huī）：毁灭，失败。

⑩ 甚：极端的。

⑪ 奢：奢侈的。

⑫ 泰：过分的。

【今译】

想要治理天下而有所作为，我看他是达不到目的的。天下是一个神妙之物，对天下是不能够采取勉强的行为的。有为者必然会失败，把持者必然会失去。因此，圣人无心于为，所以不会失败；不予把持，所以不会失去。各种事物之中，有的前行，有的跟随；有的缓和，有的急躁；有的强健，有的羸弱；有的成功，有的失败。因此，圣人会去掉那些极端的、奢侈的、过分的行为。

【解析】

万事不可强为

"将欲取天下而为之，吾见其不得已。"老子说：想要治理天下而有所作为，我看他是达不到目的的。为什么这样说呢？"天下神器，不可为也。"因为天下是一个神妙之物，对天下是不能够采取勉强的行为的。那么，如果有为呢？则"为者败之，执者失之。"对于天下，有为者必然会失败，把持者必然会失去。"是以圣人无为，故无败；无执，故无失。"因此，圣人无心于为，所以不会失败；不予把持，所以不会失去。

老子在此讲述的就是做事不可强为的道理，《孟子·公孙丑上》中所讲的"揠苗助长"的寓言，就是对这个道理所做出的最为生动的说明。孟子在这篇文章中还讲述道："非其君不事，非其民不使；治则进，乱则退：伯夷也。何事非君，何使非民；治亦进，乱亦进：伊尹也。可以仕则仕，可以止则止，可以久则久，可以速则速：孔子也。皆古圣人也。吾未能有行焉；乃所愿，则学孔子也。"孟子讲述了圣人的三种类型：伯夷是治世则进，乱世则退，他所侍奉的一定是自己的君主，他所使用的一定是自己的子民，正因为如此，他才会"义不食周粟"，最终饿死在首阳山上；而伊尹呢，他的做法与伯夷大有不同，他不论自己遭遇的是治世还是乱世，都是一定要出来建树一番事业的，谁能够重用他，他就辅佐谁；那么孔子呢，他与伯夷和伊尹都不一样，完全是见机而行，仕、止、久、速，可谓往来随心，进退自如。孟子将伯夷称作"圣之清者"，将伊尹称作"圣之任者"，将孔子称作"圣之时者"，并且表示自己所愿意效仿的是孔子。孔子的做法突出地体现出"时"的特点，这个"时"，也就是时机、时宜的意思，孔子做事并不是强而为之，而是讲究机宜的，因此，孟子才将他称作"圣之时者"，并且对孔子最为推崇。

其实，做事情的时候之所以不可强为，归根结底还是因为事情有着自身固有的客观规律，这种规律是不以人的意志为转移的，而一旦强而为之，就意味着对这种规律的违背，往往就会像揠苗助长的宋人那样，产生欲速则不达一类的与自己的主观愿望恰恰相反的结果。

现在是一个很多事情都讲究速成的时代，对这一点是尤其要警惕的。

想有为必将失败，想占有必将失去。从处事角度来看，这个观点告诉我们，凡事不可强求。有些事情，条件不具备，时机不到，需要准备和等待，需要尊重现实而不是心气浮躁强行上马。不遵循事物的基本规律，强求硬推，必然会导致失败。在老子看来，大多数渴望有所作为的的人，其所为多半是违反大道的妄为，而这种妄为除了破坏事物的发展规律，导致事物向反面发展之外，基本没什么作用。比如，有的地区的领导，不管自己所辖地区的财政实力如何，便决定投资多少多少亿，营造新城市，结果除了一片烂尾楼，什么都没留下。有的人，无才无德，总想强行晋升，拉关系，行贿赂，跑官买官，最终被法律制裁，落得个可悲的下场。有的企业，不考虑基础如何，一味快速扩张，结果由于财力不济，整合乏力，最终导致企业破产。还有，许多家长在教育孩子的时候，为了使自己的孩子成为神童、天才少年，不惜违背教育规律，强迫孩子参加各式各样的补习班训练班，结果天才没培养成，反而影响了孩子的全面发展。

"烦恼皆因强出头"，人类痛苦和纷争的病根就在于刚强过了分，假如大家遵循老子的教导，立身处世都天真朴实，不强行不妄为，人们的生活必定会幸福很多。

适度的才是最好的

在这一章，老子主张圣人应去掉那些极端的、奢侈的、过分的行为，做事要讲求适度。有则成语叫作"网开一面"，讲的是商汤的故事。说是有一天，商汤在田野散步，看见一人在四面都张开了大网，他还说着这样的愿望："来吧，鸟儿们！飞到我的网里来。无论是飞得高的，还是低的；是向东的，还是向西的，所有的鸟儿都飞到我的网里来吧！"汤走过去对那人说："你的方法太残忍了，所有的鸟儿都会被你捕尽的！"汤一边说着，一边解除了其中的三面网。

然后祝愿说："哦，鸟儿们，喜欢向左飞的，就向左飞；喜欢向右飞的，就向右飞；如果你真地厌倦了你的生活，就飞到这张网上来吧。"后来，人们就将汤的这一做法称为"网开一面"，意思是只在一面挂起网来，大家在借用这个成语的时候，表达的就是不要斩尽杀绝，而应当留有余地的举措。这实际说的也是一种适度原则。

在儒家思想中，"中庸"是一个根本的理念，这个理念与老子去甚，去奢，去泰的思想是一致的。孔子曾说过，中庸作为一种道德，该是最高的了吧！可是人民离开中庸的道德已经很久了。《论语·先进》一篇记载了孔子与弟子子贡之间的这样一次对话，子贡问孔子，子张和子夏谁更优秀一些，这两个人也都是孔子的学生。孔子说，子张总是做得过多了，子夏却又做得不够。子贡又问，这么说，是子张更好一些了。孔子说，过犹不及，做得过度和做得不够都是一样。什么叫作"过犹不及"呢？举一个很浅显的例子，在种植庄稼的时候，种子一定要埋藏到适当的深度，埋得浅了，种子吸收不到充足的水分和养分；而埋得深了呢，种子又会难以破土，不论埋得浅，还是埋得深，种子都不能够进行正常地发育，这就是"过犹不及"的道理。

落实到个人修养上，老子的思想会给我们很多启示。比如，那些出身富贵之家的豁达之人，自己喜欢过着豪华奢侈的生活，事事讲阔气排场；而出身贫寒之家的人，由于过惯了苦日子，待人也往往刻薄寡淡，甚至近于无情。实际上这两种极端的生活方式都是不可取的，日常生活既不能太奢侈豪华，也不可过分吝啬刻薄。节俭朴素本来是一种美德，但是如果过分节俭，那就成了小气、刻薄吝啬的守财奴，节俭就走向它的反面，有损修养；谦虚也是一种美德，但如果过分谦虚，就会给人装腔作势，好用心机的感觉。尽心尽力去做事本来是一种美德，但是，过于认真会使人心力交瘁并失去生活乐趣；看淡功名利禄本来是一种高尚的情怀，但是，如果过于清心寡欲，也就不会努力做事，更不会对社会大众有所贡献了。在为人处世上，什么事都不能过分，过分了往往会弄巧成拙。所以，一个人既要清廉纯洁，还要有容忍的雅量；既要精明认真，又不能求全责备；既要性情刚直，又不能矫枉过正。把握住这种合适的尺度，才算懂得高明的处世之道。

在待人接物上，我们同样应该注意分寸。当责备别人的时候，不可太过严厉猛揭老底，要考虑到人家是不是能够承受。如果人家受不了，当场翻脸，你不仅会好心办坏事，还可能与人下仇怨，给自己带来麻烦。在教导别人的时候，不能要求太高，必须考虑到被教育者是不是能做到。如果人家做不到，不仅你的努力白费，而且会给人家造成沉重的心理压力。

应用到人际交往上，这个道理要求我们要与人保持适当的距离，不可太过疏远，也不可太过亲密。西方有一个刺猬理论，对此做过精彩阐释。说是两只小刺猬共住在一个山洞里。这天天气异常寒冷，两只刺猬被冻得哆哆嗦嗦地。它们为了取暖拥挤在一起的时候，却感觉到了一阵刺痛，原来它们都被对方的刺扎伤了。于是，它们又分开了，可分开后没多久又都冷得打起寒战来。经过几次磨合，它们终于找到了合适的距离，即能取暖，又不至于被扎伤。这就是刺猬理论，它提醒我们，人与人之间的交往也应该像刺猬一样保持适当的距离。如果人与人之间的交际过于亲密，这时的个性差异就会明显起来、突出起来，就免不了会发生碰撞、摩擦。如果距离过远，就会彼此疏离，相互帮不上忙。因此保持适当的距离，既能减少不必要的摩擦，使彼此少受伤害，又能相互借力，促进共同发展。

不仅对于个人行为来说如此，对于一个组织的发展，乃至一个国家的建设来说，同样都要处理好适度这个基本的问题。

总而言之，我们在生活和工作中的方方面面都要讲求适度的原则，只有做得不失分寸，恰到好处，才会取得最为理想的客观效果。

【为人之道】

徐庶进曹营

徐庶，字元直，颍川阳翟（今河南禹州）人，少年时崇尚武艺，仗义行侠。在一次为人打抱不平的时候，他用剑刺死了一个恶徒，因此被官府擒拿。为了避免连累朋友和家人，在严酷的刑讯面前，徐庶闭口不言，没有透露出自己的任何情况。于是，官府将徐庶压在刑车上游街，让百姓进行辨认。徐庶为大家除掉了为害一方的恶霸，百姓们都很感激，都不愿意出面来指认他。后来，他的朋友上下打点，颇费周折，总算将徐庶营救出来。

经过这次事件，徐庶意识到，仅靠自己的刀剑之力无法除尽人间不平之事，而匡扶天下才是根本，只有创造出一种清明和太平的政治局面，百姓才会真正受益。因此，徐庶决定弃武从文，开始潜心读书，习学经国济世之术。

汉献帝初平年间（190-193），中原地区战事迭起，徐庶为避乱来到荆州。后来，徐庶与诸葛亮相识，二人都为对方的才略和德操感到深深的叹服，遂相互引为知己。

当时担任荆州牧的刘表曾经多次礼聘徐庶出仕。徐庶虽然有出仕的志愿，但经过长期的观察，他发现刘表并不是一个能成大事的人。表面上看来，刘表以善政而闻名，并且能够礼贤下士，从而使得乱世之中，荆州仍然可以算作一方乐土。可是实际上，刘表这个人优柔寡断，知善不能举，知恶不能去，而且缺乏进取之志，只求保得一方安宁。在天下大乱的时候，这种人尚可远离旋涡，暂且自保，但是到了天下将定之时，这种自安的局面就必然会被打破，所以说，在乱世之中这种做法是很不可取的。基于这样的认识，徐庶始终未肯投往刘表的帐下。终于，他发现了一个真正的英雄，一个可以与其共图王霸之业的英主，这个人就是刘备。

刘备自汉灵帝末年起兵讨伐黄巾军以来，可谓运途多舛，屡战屡败。他曾两度占有徐州，但都是旋又失去，以致长期以来都没有一个可以立足的地方。曹操和袁绍于官渡对峙之时，刘备来荆州投靠刘表。在荆州，刘备也并不得志，刘表对他怀有很深的猜忌，表面上待他很热情，而实际上却处处提防着他。后来，刘表令刘备屯兵新野，以拒曹操。虽然当时刘备的势力仍然很弱小，但是徐庶看出他是一个胸怀大志之人，而且颇富才略，又真正能够善待贤士，于是，徐庶前往新野拜见刘备。

对于徐庶的到来，求贤若渴的刘备真是喜出望外，他立即对徐庶委以重任，二人相处得颇为融洽。徐庶不负重托，初战告捷，在刘表拒绝提供援助的情况下，以敌众我寡之势，通过一番精心的军事布置，成功地击退了曹军大将夏侯惇的进攻。

汉献帝建安十三年（208），曹操为了实现自己一统天下的志向，亲率大军征讨荆州。当时刘表已亡，他的儿子刘琮不战而降，刘备势单力薄，只得南撤。而在撤离途中，刘备不愿舍弃跟随他的百姓，使得行军的速度非常缓慢，终于被快速行进的曹军追上。刘备寡不敌众，只得仓促奔逃，而大批的百姓都被曹操所俘获，其中就包括徐庶的母亲。

曹操为了使刘备失去重要的幕僚，同时也为了将徐庶招揽到自己的门下，就伪造了一封徐母的书信，信中称必得徐庶亲往营救，自己的母亲才能脱离危险。徐庶得知此讯，真是痛不欲生，他与刘备洒泪而别，用手指着自己的胸口说："本打算与将军共图王霸大业，耿耿此心，唯天可表。不幸老母被掳，方寸已乱，即使我留在将军身边也无益于事，请将军允许我辞别，北上侍养老母！"刘备当然不舍得让徐庶离开，但是更不忍心割离徐庶与母亲之间的亲情，况且徐母身处险难之中，万一有所不虞，这个责任自己万万承担不起的。

徐庶归曹之后，一方面对曹操的带有伪诈与胁迫性质的招纳非常反感，一方面又眷念着刘备，不愿与刘备以及自己的好友诸葛亮为敌，因此，尽管他有着出众的才华和非凡的谋略，却不肯尽心于曹操，以致在身事曹魏的二三十年的时间内，都没有什么值得称道的建树。同时，由于他曾经与刘备、诸葛亮关系至密，并且归顺也是迫不得已，曹操对徐庶也一直不肯完全信任。这样一来，曹操虽然得到了徐庶，但是并没有给自己带来什么好处，真应了那句俗语，叫作"强扭的瓜不甜"。而从徐庶的角度来说，具有如此卓异的高才远略却出于这般原因而湮没不闻，心屈志抑，徒驰岁月，也是令人深为叹惋的！

第三十章
以道佐主

【原文】

以道佐人主者，不以兵强天下，其事好还①。师之所处，荆棘生焉，大军之后，必有凶年②。善有果而已③，不敢以取强。果而勿矜，果而勿伐，果而勿骄，果而不得已，果而勿强。物壮则老，是谓不道。不道早已④。

【注释】

① 还（huán）：这里是报应的意思。
② 凶年：发生饥荒的年份。
③ 果：达到目的的意思。
④ 已：结束，终了。

【今译】

用"道"来辅佐国君的人，不依靠兵力而雄强于天下，用兵这件事，很快就会得到报应。军队驻扎过的地方，都会生满荆棘，大战之后，就会发生灾荒。只要很快地达到成功也就算了，不敢用兵来逞强。成功之后，不要自高自大；成功之后，不要炫耀自己；成功之后，不要骄傲自满；成功之后，要认为这是不得已而为之的；成功之后，就不要再逞强。事物雄壮起来之后，必然要走向衰老，因此，这样的做法是不符合"道"的。不符合"道"，就会很快地自取灭亡。

【解析】

不以兵强天下

这一章和下一章，老子集中表达了自己的反战思想，他说："以道佐人主者，不以兵强天下，其事好还。"用"道"来辅佐国君的人，是不依靠兵力而雄强于天下的，用兵这件事，很快就会得到报应的。接着，老子直述了用兵所带来的灾害："师之所处，荆棘生焉，大军之后，必有凶年。"军队驻扎过的地方，都会生满荆棘，大战之后，就会发生灾荒。

老子这样讲，绝非危言耸听，而是言副其实。东汉末年，天下大乱，群雄蜂起，争战不断，这给广大人民带来了极为深重的灾难，我们从当时一些诗人的作品中可以窥知其大概，例如，曾转战四方的曹操在《蒿里行》中写道："白骨露于野，千里无鸡鸣。"而其子曹植在《送应氏》里同样写道："中野何萧条，千里无人烟。"再有，同一时期，"建安七子"中王粲的《七哀诗》："出门无所见，白骨蔽平原。"曾被掳至匈奴而复还的蔡琰的《悲愤诗》："斩截无孑遗，尸骸相撑拒。"这一幕幕令人触目惊心的画面，就是对当时兵灾之害的真实描绘。在东汉的太平时期，中国的人口达到五千多万，而到了东汉末年，中国人口锐减到一千多万，甚至有人估计，当时全国的人口仅有六七百万，其中三分天下的蜀国在建立之初，举国尚不足百万人口。当然，不仅仅是兵灾，大规模的疾疫也夺走了数量众多的生命，当时文坛最为著名的"建安七子"当中，就有五人死于建安二十二年（217）爆发的疾疫之中，而另外的两人，孔融和应玚则是在此之前就离世了。疾疫虽然不是由战争所导致的，但是战争却使得数以千万计的平民百姓流离失所，无法享受安稳的生活，更不用说得到优越的医疗条件了，而这无疑更助长了疾疫的肆虐，使得更多的人为此而丧生。

毛泽东曾说过："世间一切事物中，人是第一宝贵的资源。"而战争无疑会造成对人的生命的最大规模的屠戮，正因如此，反人类罪成为现代社会指控发动战争的罪魁祸首的首要的罪名之一。从生物学的角度来看，战争是人类种群内部进行竞争的最为极端的方式，这种激烈的竞争方式，在各种生物之中普遍地存在着。但人类比动物的高明之处在于，人类是有着强大的主观能动性的，是能够进行有意识的自我控制的，正因为人类所具有的种种超越性，才创造出了如此丰富多姿的人类世界，而对于竞争，人类也同样应当采取和平友好的方式来进行，这既是符合大道的。更是符合"人道"的。

因此，老子说："以道佐人主者，不以兵强天下，其事好还。"我国古代伟大的军事家孙武也正是鉴于同样的道理而论说道："故国虽大，好战必亡。"一个国家，无论它是多么的强大，只要它一味地崇尚武力，耀武扬威，穷兵黩武，就必然会走向灭亡的。这一点在历史上已经得到过多次的验证。世界历史上，亚述帝国、赫梯帝国、阿提拉帝国以及蒙古帝国，中国历史上的商朝以及秦朝，无不因穷兵黩武而灭亡。对于其中的原因，《孙子兵法》中进行过明确的揭示："凡兴师十万，出征千里，百姓之费，公家之奉，日费千金；内外骚动，怠于道路，不得操事者，七十万家。"这说明的是，战争对于国力的消耗极大，国家给养战争，就相当于从人的身体割舍血肉一样，久而久之，即使再强壮的身体也会承受不了，即使再强大的国家也会被拖垮。当然，另一方面，也要意识到，在未来相当漫长的时期内，战争都还不具备彻底消泯的条件，而令自身保持着强大的军事防卫力量反而有利于和平的争取。这其中也体现出相反相成的道理，所以同样产生于战国时期的军事学著作《司马法》中写道："杀人安人，杀之可也；攻其国爱其民，攻之可也；以战止战，虽战可也。"用战争来遏止战争，这就是战争的辩证法，需要切记的是，进行战争的目的是消灭战争，捍卫和平，而不是通过战争来炫耀武力，涂炭生灵。

在老子看来，不管是自然界还是人类社会，都是处在自然和谐的状态，这才合乎大道。而战争和杀戮，是极端的冲突对抗，与和谐之道、混沌之道、无为之道格格不入。因而，老子坚定不移地反对战争，倡导和平理念。

果而勿矜

老子接着说道："善有果而已，不敢以取强。"只要很快地达到成功也就算了，不敢用兵来逞强。

然后，老子更为具体地阐说了战争胜利之后所应当给予注意的几个方面："果而勿矜，果而勿伐，果而勿骄，果而不得已，果而勿强。"成功之后，不要自高自大；成功之后，不要炫耀自己；成功之后，不要骄傲自满；成功之后，要认为这是不得已而为之的；成功之后，就不要再逞强。

老子提出的要求，看似简单，但实行起来很困难。因为他讲的道理，是一种逆向思维，与人们的习惯做法反向操作。实际生活中，一个人如果在战场上获得巨大的胜利，通常不自觉地会自高自大，认为自己很了不起。在历史上，取胜之后便骄傲轻敌，最终兵败身死的事例数不胜数。三国时期，曹操击败刘备，并吞刘表之子刘琮统领的荆州，陈兵长江北岸，想灭掉孙权和刘备，结果赤壁之战，被周瑜一把大火，把精兵猛将烧死大半。同样地，大战获胜，功勋卓著，哪个将军不喜欢炫耀自己的战功。自古以来，在胜利后到处炫耀自己的将帅，大都不得善终。年羹尧是雍正时的名将，在安定西部边陲时立有大功。但年羹尧本人，狂妄自大，骄横跋扈，最终被雍正赐死，下场可悲。击败强敌，确实说明一个人有实力，有才干，但是一旦骄傲自大，就容易导致挫败，因为古人有名训，叫作骄兵必败。关羽在水淹七军之后，自以为了不起，逞强斗狠，尽调荆州之兵与曹军决战，结果被吕蒙抄了后路，败走麦城，落了个身首异处，教训极为惨痛。

作为一个战场上的成功者，应该明白，胜利固然有自己的努力，也有其他因素的作用。比如，后方的支持，士兵的勇敢，敌将的无能等等，所以，切切不可把一切功劳视为自己一人的贡献，否则，必将遭到众人的厌弃。再加上功高震主，祸患就不远了。另外，战争本身是不得已的行为，一场大战下来，敌我双方死伤无数，百姓生灵涂炭，经济受到严重破坏，再加之大战之后，凶年紧随，所有这一切有违天道。不论从社会发展的观点来看，还是从大道的要求来看，即便是取得了攻城灭国的战绩，又有什么价值和意义呢。要从这个角度看问题，就算是天大的胜利，又有什么功劳可言的。

老子的这些观点，简单地说，就是要求人们在作战成功之后应当做到心平气和，既不要引以为傲，也不要以之为乐。这里体现的还是老子所持有的强烈的反战思想。如果人们在战争胜利之后不是向老子所谆谆嘱诫的那样，没有做到不自高自大、不进行自我炫耀、不感到骄傲自满、将战争看作不得已的事情、不因为一时的成功而自恃强大，那么其结果未免就是进一步扩大战争，如此一来，在给天下百姓带来巨大灾难的同时，也会导致其自身走向灭亡之途。所以老子才说："善有果而已，不敢以取强。"

合乎大道，才能长久

本章最后，老子说道："物壮则老，是谓不道。不道早已。"意思是，事物雄壮强大起来之后，必然要走向衰老，因此，这样的做法是不符合"道"的。不符合"道"，就会很快地自取灭亡。

这体现的还是物极必反的道理，任何事物都会经历一个由盛而衰、从生到灭的过程，因为宇宙中的万物都是处于不断的演化之中的。在人们的习惯印象中，太阳是永恒存在的，然而，太阳真的就像人们所理解的那样，是永恒的吗？现代天文学研究表明，当前，太阳正在逐渐变暗，并且会在数十亿年后不再发光，最终成为一颗死星。尽管这一过程的进行是极为缓慢的，在相当漫长的时期人类都是感受不到的，但正所谓"朝菌不知晦朔，蟪蛄不知春秋"，每一种存在物都有着其自身的生命度量，天体的演变是以天文时间为计算单位的，人的寿命对于朝菌、蟪蛄之类的生物而言是很漫长的，可人的寿命对于天体的生命周期来说又是多么的短暂呢？同样，也许相对于广袤的宇宙之中另外的某些天体而言，太阳这几十、几百亿年的生命周期怕也就如同人类感受朝菌、蟪蛄之生命一般的短暂吧？总之，生命的长短都是相对的，而生命的衰亡却是绝对的，这是自然界之不易的法则。

物极必反，盛极而衰，也同样是人类社会的规律。《菜根谭》里说过，狐狸打窝的残垣断壁，野兔出没的荒废台榭，都是当年美人歌舞的豪奢场所；长满枯草野菊，烟雾弥漫的荒野，都曾经是英雄争霸的激烈战场。当年的富贵荣华，当年的轰轰烈烈，转眼间就沦为一片凄迷荒凉。这一切，都向我们昭示世事无常，让我们领悟大道的玄妙。

天道忌盈，物壮则老，这些既是天理循环的自然规律，也是为人处事之道。关于这一点，列子说过：眼睛快要失明的人，能看到极远极微小的细毛；耳朵快要聋的人，能听到极细弱的蚊子飞鸣；鼻子快失掉嗅觉的人，能嗅到极微小的气味；心里快糊涂的人，能明辨是非。任何事物，一旦到了极点，也就是到了"壮"的状态，就会走向它的反面。

那么，既然"物壮则老"是一种必然的自然规律，老子为何还说"是谓不道"呢？其实，老子在此所言的"物壮则老"，意在对于人事的警诫。日至中天，必将西沦，这是不可更易的自然现象，但是人在做事的时候可以在一定的范畴之内进行有利的选择，令自身远离"壮"的状态，从而使得自身可以享有更为长久的保全。

老子之所以提出"物壮则老"的观点，还有一个原因，那就是，任何事物的危机和衰相，都萌芽于它的极盛时期。一个王朝或国家，其衰落的因素，败亡的危机，都是在最强盛的时候萌生的。一个人老年时之所以体弱多病，都是因为年轻时不注意爱护身体。因此老子告诫我们，在国家繁荣昌盛的时候，在事业的鼎盛时期，在人生最风光的岁月里，要居安思危，看到盛世下的危机，光辉背后隐藏的阴影。要知道，一个人如果官位太高，权势太盛，必然就会使自己陷入危险之中；一个人如果才华外露，太过强势，就会耗费过大，很快进入衰落状态；一个人如果品德行为过于高洁，就会招来嫉妒，惹来无缘无故的毁谤。

其实，老子在此强调的还是自己一贯的柔弱处上的观念，在老子看来，柔弱胜于刚强，柔弱则能长生，而强壮则会速亡。这种看法虽然未免失之片面，但仍然有着很大的启发意义，不是有那么一句俗语吗，叫作"人在矮檐下，不得不低头"，既然委曲可以保全，又为何自逞刚强而弄得自己头破血流呢？当然，这并不是讲为了苟且偷生而可以抛弃一切做人的原则，还是那句话，万事都要辩证地看，我们在理解一句话的时候，既要看到其偏颇之处，也要看到话中所强调的正确的、富有教益之处。对于老子所讲的"物壮则老"，以及其他很多类似的话语，都应当作如是观，既要看到其偏谬的一面，而更要吸取其有益的一面。

【经商之道】

俞敏洪与"新东方"

2006 年 9 月 7 日，新东方教育科技（集团）公司在美国纽约证券交易所成功上市，根据新东方首日收盘价与成交量来计算，持有公司 31.18% 股权的俞敏洪所拥有的资产将高达 2.30 亿美元（超过 18 亿元人民币），这意味着俞敏洪成了中国最富有的教师，同时，他也跻身于中国百名富豪之列，是当代中国最为成功的企业家之一，而他所开创的新东方学校，则为中国的民办教育打开了一片新的天地。那么，在如此巨大之成功的背后，俞敏洪到底有着哪些足以令人称举之处呢？

1962 年 10 月，俞敏洪出生于江苏省江阴市夏港镇葫桥村，1980 年，在经过三次高考之后，他终于如愿以偿，成功地考入北京大学西语系学习英语。在读期间，俞敏洪因病休学一年，因此读完大学用了五年的时间。1985 年，俞敏洪留校任教。1991 年，俞敏洪从北大辞职，进入了民办教育领域。经过一段时间的摸索之后，1993 年 11 月，俞敏洪创办了自己产业，那就是北京市新东方学校。

新东方最初开办之时，只有几十个学生，然而在十几年后的今天，它已经发展成为一家以外语培训和基础教育为核心，拥有短期语言培训系统、基础教育系统、职业教育系统、教育研发系统、出国咨询系统、文化产业系统、科技产业系统等多个发展平台，集教育培训、教育研发、图书杂志音像出版、出国留学服务、职业教育、在线教育、教育软件研发等多领域于一体的大型综合性教育科技集团。截至 2008 年底，新东方已在全国 39 个城市设立了 41 所学校、400 多个学习中心和 6 家子公司，累计培训学员近 700 万人次。据说，当今在美国、加拿大的任何一所著名高校里，来自中国的留学生，70% 都是从新东方走出来的。

谈及成功的秘诀，俞敏洪讲述了这样一件事：小时候，作为木工的父亲每次帮别人建完房子后，都会把别人废弃不要的碎砖乱瓦捡回来，有时候在路上走，看见路边有砖头或石块，他也会捡起来放在篮子里带回家。久而久之，院子里多出了一个乱七八糟的砖头碎瓦堆。俞敏洪当时搞不清这一堆东西的用处，直到有一天，他见到父亲用那堆乱砖碎瓦左拼右凑，一间四四方方的小房子居然拔地而起，干净漂亮地和院子形成了一个和谐的整体。父亲把本来养在露天、到处乱跑的猪和羊赶进小房子，再把院子打扫干净，自己的家里就有了让全村人都感到羡慕的院子和猪舍。

俞敏洪说："等到长大以后，才逐渐发现父亲做的这件事给我带来的深刻影响。从一块砖头到一堆砖头，最后变成一间小房子，我父亲向我阐释了做成一件事情的全部奥秘。一块砖没有什么用，一堆砖也没有什么用，如果你心中没有一个造房子的梦想，拥有天下所有的砖头也是一堆废物；但如果只有造房子的梦想，而没有砖头，梦想也没法实现。当时我家穷得几乎连吃饭都成问题，自然没有钱去买砖，但我父亲没有放弃，日复一日捡砖头碎瓦，终于有一天有了足够的砖头来造心中的房子。"

由此，这件事情凝集成一种强大的精神一直都在鼓舞着俞敏洪，使得他每当要去做一件重要事情的时候都会问自己这样两个问题：第一个问题是做这件事情的目标是什么，因为盲目地做事情就像捡了一堆砖头而不知道干什么一样，会浪费自己的生命；第二个问题是需要多少努力才能够把这件事情做成，也就是需要捡多少砖头才能把房子造好，之后，就是要有足够的耐心去坚韧地执行，因为砖头不是一天就能捡够的。

　　俞敏洪在回忆自己的成功经历时娓娓而谈，说至少有三件事证明了这个秘诀的好处："第一件是我的高考，目标明确：要上大学，第一、第二年我都没考上，我的砖头没有捡够，第三年我继续拼命捡砖头，终于进了北大；第二件是我背单词，目标明确：成为中国最好的英语词汇老师之一，于是我开始一个一个单词背，在背过的单词不断遗忘的痛苦中，我父亲捡砖头的形象总能浮现在我眼前，最后我终于背下了两三万个单词，成了一名不错的词汇老师；第三件事是我做新东方，目标明确：要做成中国最好的英语培训机构之一，然后我就开始给学生上课，平均每天给学生上六到十个小时的课，很多老师倒下了或放弃了，我没有放弃，十几年如一日。每上一次课我就感觉多捡了一块砖头，梦想着把新东方这栋房子建起来。到今天为止我还在努力着，并已经看到了新东方这座房子能够建好的希望。"

　　这就是俞敏洪成功的秘诀，当然，要想做好一份事业，仅仅有这样的秘诀是远远不够的，但是，它至少向我们说明了这样一个问题，那就是成功不是什么奥秘的事情，而是有规律可循的，在成事的诸多规律当中，树立明确的目标和付出持之以恒的努力，是其中最为根本的两条。有一则大家非常熟悉的成语叫作"水滴石穿"，水的力量那么微弱，而石头又那么坚硬，可是柔弱无比的水却最终会将异常坚硬的石头穿透，水凭借的是什么？就是两点：目标明确和坚持不懈。而用俞敏洪的话来说也就是，第一，心中要有一栋房子，第二，去捡足够的砖头。

　　俞敏洪还曾以蜗牛和雄鹰作为比喻来讲述自己成功的经验。据说，能够到达金字塔顶端的只有两种动物，一种是雄鹰，它可以一飞冲天，靠自己的天赋和翅膀飞到塔顶。而另外一种也能到达金字塔的顶端的动物是什么呢？——蜗牛。蜗牛也能抵达金字塔的顶端？这乍听起来实在是一件匪夷所思的事情，然而，在金字塔顶端，人们确实找到了蜗牛的痕迹。当蜗牛爬到金字塔顶端的时候，它眼中所看到的世界，它收获的成就，跟雄鹰是一模一样的。俞敏洪这样说道："蜗牛肯定能爬上去，这可能要一个月、两个月，甚至一年、两年，而且蜗牛绝对不会一帆风顺地爬上去，一定会掉下来、再爬，掉下来、再爬。"他指出："雄鹰和蜗牛的区别，也就是天才和奋斗者的区别，蜗牛的成功虽然迟来，但是，蜗牛比雄鹰更为富有，因为它的坎坷经历就是一大笔财富。"俞敏洪还非常诙谐地说道："蜗牛可以写回忆录，鼓励一代又一代的蜗牛。"也许，在俞敏洪的心里，自己就是这样一只历尽坎坷而最终成功地抵达了金字塔顶端的渺小的蜗牛。这样来比喻，并不是因为俞敏洪平凡无奇，而是世间的成功者，原本就是属于雄鹰者稀少，而属于蜗牛者众多，雄鹰的成功，只代表着极少数天才的不可效仿的成功；而蜗牛的成功，才昭示着普天下芸芸众生的切实希望。

第三十一章

有道不处

【原文】

夫唯兵者，不祥之器，物或恶之，故有道者不处。君子居则贵左，用兵则贵右。兵者不祥之器，非君子之器，不得已而用之，恬淡为上，胜而不美①。而美之者，是乐杀人②。夫乐杀人者，则不可以得志于天下矣。吉事尚左，凶事尚右。偏将军居左，上将军居右，言以丧礼处之。杀人之众，以哀悲莅之③，战胜以丧礼处之。

【注释】

① 美：这里是自以为了不起的意思。

② 乐：以（杀人）作为快乐。

③ 莅（lì）：参加、到场的意思。

【今译】

兵器啊，是不吉利的东西，谁都厌恶它，所以有"道"之人是不接近它的。君子平时的居处是以左边为尊贵的，而在用兵作战时则以右边为尊贵。兵器这种不吉利的东西，不是君子所用的啊，君子只有在迫不得已的情况下才去用它，而最好是不用兵器，淡然处之，即使作战胜利了，也不要自以为快意。那种为作战得胜而扬扬得意的人，是以杀人为快乐啊。以杀人为乐事的人，是不可以取得天下的。吉庆的事，以左边为尊贵；凶丧的事，以右边为尊贵。偏将军居于左边，而上将军居于右边，这也就是说，人们是将作战当作丧礼来看待的。战争中杀伤众多，应当以悲痛的心情去参加，战争胜利了，也要以丧礼的方式来对待。

【解析】

兵器是不祥之物

"夫唯兵者，不祥之器，物或恶之，故有道者不处。"兵器啊，是不吉利的东西，谁都厌恶它，所以有"道"之人是不接近它的。

春秋战国时期，是中国历史上战事最为频繁的时代，每个诸侯国都难以与战争摆脱干系，善武强兵是各国的必修之事。然而，那一时代的思想家和军事家们却对战争都持有鲜明的抵制态度，战争虽然难以避免，但是发动战争却不可不慎，更不能以战为乐。

作为兵家之祖的孙子，虽然以善战而闻名，但是在其军事著作中一再地表达出慎战与反战的思想，甚至可以这样讲，慎战与反战是贯穿《孙子兵法》全书的一种基本主张。例如，在"火攻篇"中孙子说道："非利不动，非得不用，非危不战。主不可以怒而兴师，将不可以愠而致战。合于利而动，不合于利而止。怒可以复喜，愠可以复悦，亡国不可以复存，死者不可以复生。故明君慎之，良将警之，此安国全军之道也。"在"作战篇"中他也说道："夫兵久而国利者，未之有也。"《司马法·仁本》中他又说道："故国虽大，好战必亡。"孙子的后代，同为著名军事家的孙膑也指出："夫乐兵者亡，而利胜者辱。兵非所乐也，而胜非所利也。"孙子和孙膑的这些论述，充分地体现出"兵者不祥之器""有道者不处"的观念。

在美国纽约联合国总部大厦的前面，矗立着一座十分引人注目的"枪筒上卷"的雕塑，那是卢森堡在 1988 年送给联合国的礼物，打着结的枪筒显然已不能再作为武器来使用，它象征着世界人民爱好和平的强烈渴望。其实，表达同样寓意的雕塑早在 1959 年的时候就已经出现在联合国总部大厦的门前了，那就是为了纪念世界第一次保卫和平大会的召开，由苏联雕塑家叶夫根尼·武切季奇所创作的一尊名为"铸剑为犁"的青铜雕像，雕塑中的青年人一手拿着锤子，另一只手拿着要改铸为犁的剑，象征着人类要求消灭战争，把毁灭人类的武器变为造福人类的工具的美好心愿。

中国古代兵书《六韬》中有这样的话："凡人恶死而乐生，好德而归利，能生利者，道也。道之所在，天下归之。"而老子讲："夫唯兵者，不祥之器，物或恶之，故有道者不处。"此二者所强调的远战而归道的思想是完全相吻合的。

胜而不美

"君子居则贵左，用兵则贵右。"君子平时的居处是以左边为尊贵的，而在用兵作战时则以右边为尊贵。古代的座次是以左为尊的，有一句成语叫作"虚左以待"，意思就是将尊贵的位子空出来，以等待尊贵的客人到来，另外，"男左女右"的说法也体现出古人以左为尊的观念，因为在古代是男尊女卑的。其实，以左为尊的这一习惯在当代的很多场合中也依然保留着。但是，贵左也不是一概而论的，有的时候人们恰恰相反，是以右为贵的，其中的一项重要的体现就是，一般在喜庆的活动中，以左为尊，而在涉及到凶丧之事的时候，则是以右为尊的。比如说作揖，在吉庆的场合都是左手在外，而右手在内，但是在丧礼中则是右手在外，左手在内的。用兵打仗是以右为尊的，这在周代，最为明显地表现为，文官的座次以左为贵，而武官的座次则以右为贵。其原因，就是老子所指出的："吉事尚左，凶事尚右。偏将军居左，上将军居右，言以丧礼处之。"

老子再次强调："兵者不祥之器，非君子之器。"兵器这种不吉利的东西，不是君子所用的啊。不过，虽然如此说，但在某些时候，战争是不可避免的，这是由不得自己的。在八七会议中，毛泽东同志明确地提出"枪杆子里出政权"的看法，坚定地主张发动武装斗争，因为当时的情势是，相对于尚未壮大起来的革命力量，顽固的反动势力可谓异常强大，他们是不会自甘失败，自动退出历史舞台的，必须采取强行的暴力手段才可以真正战胜他们，才可以取得革命的成功。在这种情况下，发起战争就是必需的。所以说，不提倡战争，并不等于一概地反对所有的战争。但是，即使进行战争是"不得已而用之的"，也应当切记，"恬淡为上，胜而不美"，也就是说，对于战争应当淡然处之，即使作战胜利了，也不要自以为快意。"而美之者，是乐杀人。夫乐杀人者，则不可以得志于天下矣。"那种为作战得胜而扬扬得意的人，是以杀人为快乐啊。以杀人为乐事的人，是不可以取得天下的。

最后，老子指出："杀人之众，以哀悲泣之，战胜以丧礼处之。"战争中杀伤众多，应当以悲痛的心情去参加，战争胜利了，也要以丧礼的方式来对待。这一观点，在后人的诗作中有着直接的体现。例如，唐代诗人曹松在《己亥岁二首》其一中写道："泽国江山入战图，生民何计乐樵苏。凭君莫话封侯事，一将功成万骨枯。"唐末诗人张蟫在《吊万人冢》一诗中写道："可怜白骨攒孤冢，尽为将军觅战功。"另一位唐代诗人刘商也在一首题为《行营即事》的诗中写道："将军夸宝剑，功在杀人多。"这说明，将军的战功都是建立在士兵累累白骨之上的，战争的成功，是以巨大的牺牲为代价的，所以说，战胜之后的庆功礼，实际上也是阵亡将士的丧礼。

其实，不仅仅是老子，反战几乎可以说是历来所有伟大思想家的共同主张，因为战争给人类社会所造成的损伤实在是太大了。《孟子·离娄上》中有这样的描述："争地以战，杀人盈野；争城以战，杀人盈城。"这样的说法其实是一点儿也不夸张的，战国后期秦赵两国的长平之战，赵国的四十几万大军全部被坑杀。而"杀敌一万，自损八千"，秦国在此次战争中所投入的六十万军队也死伤过半，尽管经此一役，赵国元气丧尽，但秦国也实力大挫，使得秦国即使面对业已势微力弱的东方，也只得在三十年后才能真正发起全面剿灭六国的大规模战争。长平一战，秦赵双方共有多达七八十万的士兵丧生，这是一个多么惊人的死亡数字啊！汉初的贾谊在叙述秦国的统一战争时写道："伏尸百万，流血漂橹"，从长平之战的惨烈来看，这恐怕就不能说是夸张的修辞了吧。而现代的世界大战，更是会将大半个地球都卷入到战争的狂澜之中，1939 年到 1945 年之间的第二次世界大战，有人统计，共有 61 个国家和地区、大约 20 亿人口都为战争所席卷，大约 6000 万人因战争而死亡，受伤的人数则达到 1.3 亿人以上。这可以说是人类历史上空前的浩劫。

【为人之道】

墨子与公输盘的较量

墨子，名翟，鲁国人，生活在春秋与战国之交，是墨家学派的创始人。墨学在当时非常流行，与儒学并称为显学，孟子曾说："杨朱、墨翟之言盈天下，天下之言不归杨，则归墨。"从这句话中也可以看出当年墨学的影响之大。

墨子创立了一套颇具体系的墨家学说，提出了兼爱、非攻、尚贤、尚同、节用、节葬、非乐、天志、明鬼、非命等一系列的知名主张，在这其中，"非攻"是尤其重要的一项。所谓"非攻"，也就是要求人与人之间、国与国之间，不要相互攻击，这是由"兼爱"思想直接引发而来的。墨子认为，只要大家以相互平等的态度来广施博爱的精神，人与人之间的一切争战也就都会消泯无存。其实，这是一种带有强烈的一厢情愿色彩的想法，不过，其中所体现出的反战思想却是非常鲜明的。墨子指出："今攻三里之城，七里之郭……杀人多必数于万，寡必数于千。"同时，百姓因为战争的袭扰，"居处之不安，食饭之不时，饥饱之不节"。正是因为深深地感触到战争所带有的这种异常残酷的破坏性，墨子才极力地主张反战。他不仅创建了自己的反战学说，而且还曾身体力行地阻止了楚国与宋国之间的一场战争。

楚国是一个大国，不时地进行对外的征战，这一次，它将侵伐的目标指向了宋国。为此，楚惠王还特地延请了公输盘为楚军制作攻城用的云梯。墨子听说了这件事后，急行十日十夜，从鲁国赶到楚都郢来找公输盘。

这个公输盘，就是大名鼎鼎鲁班。鲁班被称誉为中国木工之祖，现代木工仍然在使用的基本器材，例如墨斗、伞、锯子、刨子、钻子等，据说都是公输盘发明的。其实，他的才能远远超出了一般木工的范畴，可以称作是一个非常高妙的机械发明家。《墨子》一书中有这样的记载："公输子削竹木以为鹊，成而飞之，三日不下。"也就是说，公输盘用竹木制作了一只鹊鸟，做成之后，这只"鹊鸟"就飞了起来，三天都没有降落。《墨子》与某些喜好记载神话的先秦典籍不同，它里面的记述，一般都是很实在的科学现象和科技知识。公输盘的这一制作，看似离奇，但也并非全不可信，由此大可以见出公输盘的技艺之精湛程度已经达到了出神入化的境地。如此来看，公输盘为楚王制作的用来攻城的云梯也一定会成为作战的利器，会对楚军的成功产生极大的辅助作用。所以，墨子来到楚国，首先求见的就是公输盘，因为他知道，只要公输盘拒绝为这场战争出力，楚王攻宋的信心就会大减。

墨子见到公输盘后，没有直接说明自己的来意，而是采取了委婉的旁敲侧击的方式来劝说公输盘。他说："北方有人侮辱我，所以我想借您之力将仇人给杀了。"公输盘听了这话，显得很不高兴。墨子立即又说道："请不要担心，我请你做这件事可是有丰厚的报酬的，我可以送给你十金作为酬谢。"公输盘听了这话，更加不高兴了，对墨子愤然地说道："你把我看成什么人了，我怎么会因为贪图这点小便宜就去做那杀人的不义之事呢？"看到公输盘发急的样子，墨子心中暗笑，因为公输盘已经上了他的圈套。他趁机说道："事情是这样的，我在北方，听说你在给楚王造云梯，以此作为攻打宋国的工具，可是那宋国有什么罪过呢？楚国的土地很广大，人民却不足裕，然而攻打宋国，夺得了土地，却牺牲了很多人民，这岂不是去抢夺自己原本就已经很多的东西，而让自己本来就缺少的变得更少了吗？这样做实在不能称为明智啊。再说，那宋国没有什么罪过，却要去攻打它，这也不符合仁义之道啊。你现在知道楚王要去做这种既不明智又违背仁义的事情却不加以劝阻，这能叫作忠诚吗？如果你已经去劝说过却没有得到结果，这只能说明你不够坚强啊。你自恃仁义，不肯去杀一个人，可是现在你做的事情是要去杀数以千万计的人哪，你这岂不是辨事不明，将同类的事情作为两样来看待吗？"

公输盘对墨子的这一席话非常的认可。于是，墨子问道："那么，为什么不将手中的事停下来呢？"公输盘答道："这怎么能行，我可是答应过楚王的啊。"墨子说："这好办，让我去见一见楚王。"因此，公输盘就带着墨子来见楚王。

墨子见到楚王之时，采取了同样迂回的办法来进行说服。他对楚王说道："现在有个人哪，他自己的车子非常的华美，他却想着去盗窃邻居家的破车子；他自己身上穿着绫罗绸缎，却惦记着去盗窃邻居家的粗布麻衣；他自己的家里有很多美食，却想着去盗窃邻居家那难以下咽的糟糠之食。请问大王，这是一个什么样的人呢？"楚王听了感到很好笑，说道："你说的这人，一定是有盗窃癖的吧。"墨子听到楚王这样说，立即将话锋一转，正色疾辞："楚国的领土，方圆五千里；宋国的领土，不过方圆五百里，这就如同奢豪华美的大车与低矮破旧的小车之间的差分啊；楚国有广袤的云梦之泽，犀、兕、麋、鹿等稀有的兽类异常繁盛，又有辽阔的江汉平原，鱼、龟、鼋、鼍等珍异的水族极为丰盈，可宋国不过也就有些野鸡、兔子、鲫鱼之类普普通通的动物罢了，这就如同膏粱美馔与糟糠劣食之间的差异啊；楚国有长松、文梓、楠、豫章等各种各样珍奇的树木，可是宋国连一棵好些的树木都找不到啊，这就如同华服丽装与粗布蓝衫之间的差别啊。臣以为，通过这三种对比来看待攻打宋国这件事，大王的做法与那个染有盗窃癖的人岂不是同类的吗？所以，臣认为大王若攻宋，必将有伤于仁义却不会得到什么好处。"

楚王听了墨子的这番颇具气势的言辞，认为有道理，称赞墨子"说得好"，不过，他又说道："虽然是这样的道理，但是公输盘已经为我做了云梯，所以宋国还是一定要攻打的。"

墨子就对楚王说道："即使公输盘为大王造好了云梯，攻打宋国也不会成功的，因为臣有防御的办法，现在就可以演示给大王看。"

于是，墨子将腰带解下来作为城墙，又拿写字用的碟片来作为武器，与公输盘展开了现场的演练。只见公输盘变换了各种办法来攻城，都被墨子有效地抵挡住而未能成功，后来，公输盘用来攻城的招数已经用尽了，墨子用来守城的技法却还没有用完。公输盘表示认输，不过，他说道："我知道用什么办法可以除掉你的防御，但是我不说。"墨子也说道："我知道你可以通过什么来解除我的防守，我也不会说出来的。"楚王见到他俩神秘兮兮的样子，就好奇地问他们到底在说什么？墨子就对楚王说："公输子的意思啊，不过就是想要把臣给杀了；把臣杀了，宋国也就不能防守了，也就可以去攻打它了。不过我可以说明的是，杀了臣其实也没有什么用处的，臣的弟子禽滑厘等三百人，已经拿着臣制作的用来守御的武器在宋国城墙上防守而等待着楚国的侵犯了，所以说，即使杀了我，也不能灭绝守城的办法。"如此看来，墨子的确是有备而来的，他的功夫并没有仅仅放在耍嘴皮子这方面，而是切实地做好了防御的准备。楚王听后，既惊叹，又无奈，只得赞道："说得好！既然如此，我就不攻打宋国了吧。"

有趣的是，墨子在回返鲁国的途中经过宋国的时候遭遇了这样的事情，《墨子》原书中的记载是："子墨子归，过宋，天雨，庇其闾中，守闾者不内（通'纳'）也。"而鲁迅先生在《故事新编》里的小说《非攻》中对这件事进行了一番颇富谐趣的精彩演绎："墨子在归途上，是走得较慢了，一则力乏，二则脚痛，三则干粮已经吃完，难免觉得肚子饿，四则事情已经办妥，不像来时的匆忙。然而比来时更晦气：一进宋国界，就被搜检了两回；走近都城，又遇到募捐救国队，募去了破包袱；到得南关外，又遭着大雨，到城门下想避避雨，被两个执戈的巡兵赶开了，淋得一身湿，从此鼻子塞了十多天。"

第三十二章

知止不殆

【原文】

道常无名。朴虽小^①，天下莫能臣也^②。侯王若能守之，万物将自宾^③。天地相合，以降甘露，民莫之令而自均。始制有名^④。名亦既有，夫亦将知止。知止可以不殆^⑤。譬道之在天下，犹川谷之于江海。

【注释】

① 朴：朴质，在这里指的就是"道"。

② 臣：即使之臣服，可以理解为支配的意思。

③ 宾：服从。

④ 制：管理。

⑤ 殆：危险。

【今译】

"道"永远是无名的。"朴"虽然很小，但是普天之下没有什么能够支配它。侯王如果能够持有它，天下之人就会自动地服从。天地之间的阴阳之气相合之时，就会降下甘露，人民没有令它均匀，它却会自然地均匀。有了管理，也就有了名称。尽管已经有了名称，也要知道适可而止。知道适可而止，才可以避免危险。这就如同说，"道"之为天下所归，就好像江海为小的河流所归往一样。

【解析】

坚守正道

这一章，老子又来讲解自己"道"的观念，他首先说："道常无名。""道"，永远是没有名称的。"道"之所以不可命名，因为它是一种永恒的存在。而从另外一个角度来理解，"道"之所以不可命名，也是因为"道"保持着最为真朴的原始状态。而对于这种状态，人们是无法对其进行命名的。举一个例子，现在我们将宇宙之中的天体分作行星、恒星、红巨星、白矮星等等，而根据大爆炸理论，大约在150亿年前，宇宙所有的物质都高度密集在一点，这是宇宙最原始的状态，这种状态的宇宙，人们当如何来称呼它呢？似乎叫它什么都不合适，所以，从这个角度来看，原始的"道"也是无法进行命名的。

老子接着说道："朴虽小，天下莫能臣也。""朴"虽然很小，但是普天之下没有什么能够支配它。这个"朴"，其实指的就是"道"所具有的那种朴质的状态，而这种"朴"的状态是十分微小的——宇宙在起初之时，也仅仅是一个"点"而已，可以说是微小至极，这与老子的说法是相通的。虽然在老子的时代还不可能产生如此高深的天文学知识，但是两者之间还是有着"神通"之处的。由此我们也能够感知出老子的思想是何等的精湛绝伦。

这个"朴"，虽然极小，但是它的功用极大；宇宙形成之时的一个微小的"点"，后来化生了万物，这个"点"极小，然而宇宙中的一切都是由它化生而来的。这就是"朴虽小，天下莫能臣也"所体现出的深刻的道理。

然后，老子话锋一转，又提出了自己对于统治者的期望："侯王若能守之，万物将自宾。"侯王如果能够持守它，天下就会自发地服从。老子话锋一转，从哲学转到统治之道。老子认为，作为国家的统治者，应该坚守朴之道。由上文所述可知，老子的朴有两层含义，一是质朴的原始状态，是大道至微。所谓质朴状态，意味着有广阔发展的空间和多样化的发展可能。让统治者坚守这种状态也许很难理解，但是我们看一下与朴相反的状态，便明白老子的意图了。与朴相反的状态是定型化。比如，社会按照一定的礼制，把人分成若干等级，谁是那个等级，享受什么待遇，并且世世代代都是如此。这样就把本来应该平等的人强行按森严的等级划分，这固然有利于统治，但是由于等级之间缺乏流动，社会也就失去了活力，矛盾也很难调和，最终会因矛盾的积累而走向崩溃。所以，老子主张，统治者治国，最好是社会保持朴的状态，不定型，不僵化，这样的社会才合乎大道，才会永远充满生机。

其次，老子要求统治者认识到大道至微，唯有保持这种微小、低下的状态，才能收到最好的治理效果。在一个社会中，统治者居于最高地位，是最大的管理者，为什么要保持微小和低下的姿态呢？保持卑下的姿态，前文已有所论述，因为统治者像大海，只有保持最低姿态，才能引万水来汇，才能成就澎湃的恢宏气象；之所以要保持微小的姿态，是因为人们都喜欢自高自大，卑微的姿态不会对众人形成排斥，反而能吸引更多的人归附。比如，燕昭王高筑黄金台，把智能之士抬得高高的，他自己则卑身相待，结果天下英雄纷纷来归，最终燕国得以横扫齐国，复仇雪耻。秦国国君，对东方贤士总是屈身以待，于是天下英雄无不西行，秦国正是借助他们的才智，才得以兼并六国，一统天下。这就是老子要求统治者保持微小姿态的原因所在。

质朴和至微，都是大道的原则，只有从此"道"，才能使得天下归顺，民心悦服。其实，不仅对于统治者治理天下来说是如此，人们做任何事情也是这样的，只有遵从其中的"道"，按照万物自有的规律来办事，才能够达到理想的效果。

老子又说道："天地相合，以降甘露，民莫之令而自均。"天地之间的阴阳之气相合之时，就会降下甘露，人民没有令它均匀，它却会自然地均匀。为什么会这样呢？因为"天地相合，以降甘露"是符合于"道"的，既然符合于"道"，也就不需要人力的干预了。中国古代极为推崇的"垂拱而治"，其实说的也就是这种状态。

知止不殆

老子说道："始制有名。"有了管理，也就有了名称。"名亦既有，夫亦将知止。"尽管已经有了名称，也要知道适可而止。这话应当如何来理解呢？"道"原本是无名的，可是宇宙形成之后，各种事物也就有了名称，"有名"即意味着事物的生成，而事物的生成是无穷无尽的，在这样的情况下，人的欲求也就会有无限的满足空间，然而，人们一定要注意的是，对于欲望的追求要适可而止，只有这样，才会远离危险，才是符合于"道"的做法。因此，老子说："知止可以不殆。譬道之在天下，犹川谷之于江海。"知道适宜地止步，才可以避免危险。这就如同说，"道"之为天下所归，就好像江海为小的河流所归往一样。

俄国的著名寓言家克雷洛夫有一则寓言叫作《杰米扬的汤》：杰米扬是一个非常好客的人，有一次，他邀请自己的老朋友杨卡到自己的家里喝汤，他亲手烹制的鱼汤味道十分鲜美，杨卡喝了一碗之后赞不绝口，而且意犹未尽。杰米扬听了这种称赞之后，感到非常高兴，就又给朋友盛了一碗。杨卡就又喝了一碗，这一碗喝下去之后，就感觉肚子有些饱了。杰米扬见朋友喝了第二碗之后，赶忙又盛上了满满的一碗。既然鱼汤的味道这么鲜美，杨卡就又撑着肚子再喝了一碗，但是这一碗喝到后一半的时候，他的注意焦点就由口感的舒爽转移到胃部的不适上面了，但是又不好意思剩下半碗，就勉强地都喝下去了。不曾想到的是，杰米扬见他这么喜欢，又接着给他盛上了第四碗，杨卡一再推辞，说实在喝饱了，可是杰米扬一味地劝说，让他再喝一碗。真是盛情难却，杨卡只得很痛苦地又喝下去了这第四碗。满满的四大碗汤喝下去之后，杨卡的肚子甭提有多涨了，可是他刚刚将碗放下，杰米扬就又要去给他添汤，他见此情景，吓得急忙跑了出去。这则寓言说明的问题就是，鱼汤虽然鲜美可口，但是喝得多了也会令人厌烦，这就是适可而止的道理。

同为俄国著名作家的普希金曾经写过一篇著名的叙事诗——《渔夫和金鱼的故事》。一个老头儿和一个老太婆住在海边一个破旧的小木棚里，老头儿以捕鱼为生，老太婆则通过纺线来补贴家用。这一天，老头儿捕到了一条金鱼，不想，这金鱼却开口向他说话了，苦苦地哀求老头儿将它放回大海，并且答应给他贵重的报酬。然而，好心的渔夫将金鱼放归了大海，却什么也没有索求。可是，这个老头儿做了一件很不应该的事情，他回家之后竟然将这件奇遇对自己的老伴儿讲了。他的老伴儿听了，不禁一个劲儿地骂他是傻瓜，对老头儿说道：自己家里这么穷，遇上这样的好事却什么报酬都不要，哪怕就要只木盆也好啊。老头儿听了觉得老伴儿讲得也有道理，于是就回到海边，呼唤金鱼出来，说出了自己的请求。回到家里，老头儿果然发现了一只新的木盆。没有想到的是，老太婆见到金鱼的话果然灵验，就更进一步，冲老头儿骂道："你这个傻瓜，真是个老糊涂！真是个老笨蛋！你只要了只木盆。木盆能值几个钱啊？滚回去，老笨蛋，再到金鱼那儿去，对它行个礼，向它要座木房子。"老头儿听从了老伴儿的建议，就又向金鱼去索要了一座木房子。哪知，这一愿望得逞了之后，老太婆的野心变得更大了，她竟然想要让自己成为一个贵妇人。老头儿惧怕夫人，就又去找金鱼，金鱼对这个请求也答应了。但是，正所谓贪得无厌，老太婆接下来又想做女王。金鱼就又让她成为了女王。可是这个"女王"并不满足，又想成为海上的女霸王，要金鱼来作她的仆人。老头儿被迫又来到海边向金鱼哀求，可是这一次，金鱼一句话也没有说，只是尾巴在水里一划，就游到深深的大海里去了。老头儿在海边等了很久都没有见到金鱼出来，只得回去见"女王"。

令他十分吃惊的是，那富丽堂皇的宫殿已经不见了，出现在他眼前的仍是他先前所居住的那个非常破旧的小木棚，而"女王"也又还原成了先前的那个老太婆，摆在屋里的也还是那只已经用了几十年的破木盆——一切又都恢复到了原来的状态。老太婆因为不知餍足，结果使自己曾经得到的一切又都失去了。这虽然是个童话，但是有着很深的现实寓意。普希金当年写作这篇叙事诗，其现实指向就是沙俄贵族的横征暴敛，不仅仅是沙俄贵族，历史上很多的统治者都是如此，他们有着没有止境的欲求，对人民进行无休无止的剥削，而最终得到的结果必将是为人民所推翻，而自身变得一无所有。

和上面的故事相仿，中国古代也有着"贪心不足蛇吞象"的著名传说。从前有一个很穷的人救了一条蛇，这条蛇为了报答他，就许诺帮助他实现愿望。这个人一开始只是要求一些简单的衣食，但是随着生活条件的改善，他的欲望变得越来越大了，在衣食无忧之后，就要求做官，开始只是要求做一个小官，后来在蛇的帮助之下，一直做到了位极人臣的宰相。但是他还不满足，又去向蛇请求，让他当上皇帝。到这时，蛇彻底明白了，这个人的贪欲是无穷无尽的，自己永远都不可能完全满足他的请求，于是就张开大口，将这个"宰相"给吞掉了。这表明，贪得无厌，最终必然会引祸及身的。

【从政之道】

晋文公称霸

晋文公（公元前697-前628），姬姓，名重耳，是晋献公之子。当年，晋献公想娶骊姬为夫人，而事先请人占测了一番，想了解一下这么做是否吉利，可是，用龟甲和蓍草分别卜筮，得到了两种恰好相反的结果，龟甲为凶，蓍草为吉。晋献公说，就遵从吉利的结果吧。卜者说："龟甲比蓍草更为可靠。"但是晋献公没有听从，后来，晋国果真因为骊姬而引发了一场内乱。

骊姬为晋献公生下了儿子奚齐，她想让自己的儿子当太子，但是要实现这个目的就必须把当时的太子除掉才可以。于是，她就对太子申生说："国君梦见了你的母亲齐姜，你应该去祭祀她一下才好。"因此，申生来到曲沃去祭祀自己的母亲，按照惯例，回来之后将祭祀用的酒肉献给父亲。而骊姬则偷偷在酒肉之中下了毒药，故意让献公发现，然后说这是太子想毒死自己的父亲，早登君位。因为此事，太子申生被逼自尽。而后，骊姬又想方设法对晋献公的另两个儿子重耳和夷吾进行陷害，重耳和夷吾被迫出逃。

几年之后，晋献公薨逝，十五岁的奚齐被立为国君。不久之后，晋国大夫里克就杀掉了奚齐。国相荀息就扶植卓子继位，但是里克又将卓子杀掉，而荀息则自尽而死。里克想请重耳回国即位，但是重耳说："我违抗父亲的命令而出奔，父亲死后我有没有尽到人子之礼去守丧，我又什么脸面回去呢？还是请大夫另立别人吧。"于是，重耳的弟弟夷吾被迎接回国，登上了君位，是为晋惠公。

晋惠公因为重耳还在外面，又担心里克会废掉自己而迎立重耳，因而就命里克自裁，对他说："没有您我就当不上国君，虽然这样，你也杀了两个国君和一个大夫，我给你当国君不是也很危险的吗？"里克说："不废掉别人，你又怎么能够登上君位呢？想要杀我，难道还愁没有借口吗？既然这样说，臣知命就是了。"说完，里克即伏剑自刎。

后来，晋惠公听说重耳很受其他诸侯国的欢迎，就派人去刺杀重耳。重耳此时已经在狄居住了十二年，为了躲避追杀打算到广纳贤士的齐桓公那里去。途经卫国时，卫文公对重耳很不礼敬。在离开卫国途中，重耳因为饥饿而向农夫乞食，农夫将食物装在土器里来送给他。重耳平日所用器皿一向很精致，见到土器非常气愤，想要拒食。但是同行的赵衰说道："土器，象征着有土地，这是吉兆啊，您还是接受了吧。"

到了齐国，齐桓公对重耳相遇甚厚，送给了他二十辆车马，还将一个宗族之女嫁给了他。重耳因此得以在齐国过上了安稳幸福的生活。就这样，重耳在齐国居住了五年，与妻子姜氏感情深厚，不愿再离开。一直跟随重耳的赵衰和咎犯等人见此情形非常焦急，他们不想让主公因此而消磨了雄心壮志，于是悄悄商议着如何让重耳离开齐国。一天，姜氏的一个侍者发现了他们的秘密，就报告给了主人。姜氏怕侍者走漏消息，就将她杀掉了，然后劝重耳马上离开。但是重耳对现在的生活非常满足，说道："人生唯求安乐而已，其他都不值得一提。我一定要死在这里，不能离开的。"姜氏对他说："你乃堂堂一国公子，因为走投无路而避难到齐国，跟随你的那些人都将你看作他们的生命，你不赶快回国，以报答这些劳苦的臣子，却贪恋女色，我为你感到羞愧啊！现在你不去追求，什么时候才能成功呢？"可是重耳依然不肯离开。于是，姜氏和赵衰等人商量，将重耳灌醉之后强行将他拉上车，匆匆离开齐国。走了很长的一段路，重耳才醒来，见到自己被载在车上，勃然大怒，操起戈来要杀舅舅咎犯。咎犯却说道："杀了我而成就了您，这是我的心愿。"重耳咬着牙说："事不成，我就吃了舅舅的肉。"咎犯说："就算事情没有成功，我的肉又腥又臊，有什么可吃的呢？"重耳这才平息了怒气，开始赶路。

途经曹国，曹共公听说重耳的肋骨长得很紧密，就想让重耳脱下衣服来看一看，这是一种很不礼貌的行为。曹国大夫负羁对他说："晋公子很贤明，与我们又是同姓，在穷困之时路过于此，为什么不以礼相待呢？"但是曹共公没有接受负羁的建议，负羁就私下里给重耳送去食品，并且在食品的下面藏了一块玉璧。重耳接受了食物，而将玉璧还给负羁。

到了宋国，宋襄公以隆重的礼节接待了重耳，但是说道："宋国是小国，又刚刚打了败仗，没有能力送公子回国，你们还是去向大国求助吧。"

来到郑国，郑文公待之不礼。叔瞻说道："晋公子贤明，跟随他的人都是国家的栋梁之材，而且又跟我们是同姓，应当礼遇他才是。"郑文公傲慢地答道："各诸侯国流亡的公子来这儿的多了，怎么能每个都那么礼遇呢？"叔瞻又说道："那么，不如将他杀了，不然恐怕以后会成为郑国的祸患啊。"但是郑文公没有听从。

重耳又来到楚国，楚成王以诸侯之礼来接待他，这让重耳觉得难以担当。楚成王问他说："您返国之后，用什么来报答我呢？"重耳说："珍禽异兽，珠玉绢绸，大王都富有余，我不知道可以用什么来报答您。"楚成王说道："虽然这样说，你总该有所表示的吧。"重耳于是说道："如果在不得已的情况下与大王兵戎相遇，请为王退避三舍（一舍为三十里）。"

重耳在楚国待了几个月之后，在秦国作为人质的晋国太子圉听说晋惠公病重而私自回到晋国。秦国对此感到非常气愤，听说重耳在楚国，就想招纳重耳过去。楚成王对重耳说："楚国很远，要经过好几个国家才能到达晋国，而秦国则与晋国相邻，秦君很贤明，您还是去秦国吧！"重耳走的时候，楚成王又赠送了很丰厚的礼品。

到达秦国之后，秦穆公将五个宗族之女嫁给重耳，其中就包括晋国太子圉的妻子。重耳对此很反感，想不接受。司空季子说道："连他的国家都要夺取，又何况他的妻子呢？如果接受下来，就可以与秦国结亲而得以回国，您难道要拘于小节而忘掉大耻吗？"重耳这才答应下来，秦穆公对重耳的表现果然感到很满意。

这时，晋惠公薨逝，子圉继位，是为晋怀公。晋国的大夫栾郤等人听说重耳在秦国，都私下里来劝重耳、赵衰等返国，他们愿做内应。于是，秦穆公发兵送重耳归国。晋国虽然也出兵抵挡，但是大多数人都想让重耳即位，而支持子圉的人则很少。

这样，流亡十九年之后，重耳终于登上晋国君位，是为晋文公。这一年，重耳已经六十二岁了。晋文公迅速地肃清了晋国长期存在的内乱问题，继而修明政治，举贤任能，赏罚有度，施惠百姓，使得晋国上下一心，走上了日益兴旺发达的道路。

晋文公四年，楚成王发兵围困了宋国，宋国求救于晋国，先轸认为帮助宋国是树立晋国威望的良机，于是说服晋文公援宋。狐偃说："楚国刚刚与曹国、卫国结盟，如果攻打曹国、卫国，楚国必然来救，则宋国之危得解。"在强大的晋国军队面前，曹国和卫国很快挫败，但是宋国依然为楚国围困。这时，要救宋国就必须与楚国交战，而楚国有恩于晋国；若不救宋国，则宋国亦有恩于晋国，晋文公因此而陷入两难之中。先轸说："抓住曹伯，将曹、卫两国的土地分给宋国，楚国肯定着急，也就会放弃围困宋国的。"晋文公采纳了这个建议，楚成王果然打算退兵。然而楚将子玉说道："大王对晋国有厚恩，现在晋国明知道楚国与曹国、卫国的关系密切，却故意去攻打他们，这显然是轻视大王啊。"楚成王说："晋侯在外流亡十九年，尝尽了各种艰险，回到国家之后，一定知道怎样治理国家，如何对待百姓，这是上天对他的恩与啊，他是不可抵挡的。"但是子玉坚持与晋国开战。在楚晋交战之时，晋文公信守承诺，令军队退让了三舍的距离，于是，两军交战于城濮，楚军大败。晋国声威大振，其后，晋文公会盟诸侯，成为继齐桓公之后的新一代霸主。

老子说："道常无名。朴虽小，天下莫能臣也。侯王若能守之，万物将自宾。"晋文公最终能够历尽艰险，脱颖而出，成为春秋五霸之一，不正是深刻地体现了这一道理吗？晋文公自少时即以贤德而闻名，长期流亡在外，虽然也曾有过一时的迷惘，但是终究在他人的帮助下迷途知返，不违初志，不忘使命，遂成大业。时人都说这是上天的眷顾，然而究其根本，难道能说不是晋文公卓异的个人品质使然吗？

第三十三章

知人者智

【原文】

知人者智，自知者明。胜人者有力，自胜者强。知足者富，强行者有志。不失其所者久，死而不亡者寿。

【今译】

了解别人，叫作聪慧；了解自己，叫作明达。胜过别人，叫作有力；胜过自己，叫作坚强。知道满足，才是富有；坚持力行，才是有意志。不迷失根据，才能够长久；死了而仍然能够存在的，才是真正的长寿。

【解析】

知人者智，自知者明

"知人者智，自知者明。"老子的这句话再为人所熟悉不过了，但是，真正能够做到知人或者自知，甚至既能知人、又能自知的人，却为数不多。

大家都不是独自生存在孤岛上的鲁滨逊，在生活中必不可少地要与很多人发生各种各样的交往，因此，识人就成为一项重要的处世本领。关于如何识人，人们已经总结出了很多方法，例如，诸葛亮就曾列出过这样的几条来告诉我们如何观人、知人：一、问之以是非而观其志；二、穷之以辞辩而观其变；三、咨之以计谋而观其识；四、告之以祸难而观其勇；五、醉之以酒而观其性；六、临之以利而观其廉；七、期之以事而观其信。

"问之以是非而观其志"，即通过问答来观察其对事物的判断能力，以此来考察其志向。有这样一句话，要判断一个人是什么样的人，可以首先观察他所追求的是什么。由志向来识人，虽然并不全面，但是从中很可以看出他的为人究竟是怎样的。当年，面对秦始皇威风万千的南巡仪仗之时，项羽说道："彼可取而代之"，而刘邦则叹道："大丈夫生当如此"。后来，这二人一个成为西楚霸王，一个成为汉高祖，若不是他们当初即有那般远大的志向，恐怕日后也就未必能够成为震荡乾坤的风云人物了。

　　"穷之以辞辩而观其变"，就是通过出其不意的问答来观察其应对突然问题或意外事件的应变能力。春秋时期，齐国大夫晏婴出使楚国，楚王自恃国力强大，对待晏婴颇为傲慢，见到晏婴身材矮小，就对他说："齐国难道没有人了吗，怎么派你做使者过来啊？"晏婴很平静地答道："齐国都城临淄，大街小巷有好几百条，人们把袖子举起来，就能成为一片云；甩一把汗水，就能下一场雨；道路上的人摩肩接踵，怎么能说齐国没有人呢？"楚王说："既然这样，为什么派你（这么不像样子的人）来出使楚国呢？"晏婴微微笑了一下，说道："是这样的，我们齐国有个规矩，优秀的人才，就去出使优秀的国家；拙劣的人才，就去出使拙劣的国家，我晏婴最无能，所以被派遣出使楚国。"这样一来，楚王取笑晏婴不成，反倒给自己碰了一鼻子灰，好生没趣。其实，楚王的问题是很锋锐的，如果回答不妥，极容易令自己陷入窘境，可是晏婴能够从容淡定，变被动为主动，展现出自己卓越的辩才。

　　"咨之以计谋而观其识"，就是指通过询问计谋来了解其学识的程度。当年刘备三顾茅庐，向诸葛亮求问天下大势，诸葛亮当即提出"隆中对"，为刘备筹划天下大计。诸葛亮未出草庐而知天下三分，充分地显示出自己不凡的识见，而此后几十年间的历史走向，与诸葛亮之说几乎完全吻合。只是后来关羽因与东吴交恶而失去荆州，刘备又错误地兴兵伐吴，惨遭彝陵之败，才使得隆中对策的后半部分失去了赖以实现的基本条件。

　　"告之以祸难而观其勇"，就是突然告诉一个人大难降至，通过观察其表现来判断他是否勇敢。北宋文学家苏洵在《心术》中有这样一句话："泰山崩于前而不变色"，曹操当年与刘备"青梅煮酒论英雄"，直言"今天下英雄唯使君与操耳"，刘备闻之，恐曹操因此而有杀心，故惊得双箸跌落于地，而此时适逢天公忽作霹雳之声，刘备即以此来掩饰，曹操见刘备听个响雷就吓成这样，因而以为他原来是个如此胆小之人，对他的戒备之心也就不那么强烈了。

　　"醉之以酒而观其性"，就是观察其醉酒后的表现如何，由此来判断他的性情。俗话说"酒后吐真言"，人在醉酒之后，大脑的意识部分地为酒精所麻醉，会在一定程度上失去自控能力。而人在这种非完全自控的状态下，就会将平时有意掩饰的一面暴露出来，显示出他更为本真的一面。关于酒后的不同表现，人们总结出了一些规律，例如，醉后就睡的人，属于理智很强的人；醉后爱笑的人，个性随和，心态乐观，往往幽默感也很强；醉后会哭的人，则往往心态消极，性情抑郁，或者说在近一时期正承受着难以排解的巨大压力，内心之中有很多委屈难以向人倾述；醉后喜欢唠叨的人，往往平时情绪很不稳定，而且常常是自命不凡，却又时乖命蹇。

　　"临之以利而观其廉"，就是观察其在利诱面前会做出何种选择，是见利而忘义，还是舍利而取义。东汉的杨震，在担任东莱太守期间，一次因公务途经昌邑，昌邑县令王密曾经受到过杨震的举荐，因此对杨震照顾得极为周到。晚上，王密亲自到杨震的卧室中来，见没有他人，就捧出了重金，来答谢杨震的举荐之恩。杨震急忙拒绝了，王密以为杨震是怕这件事让旁人知道，就说道："我特地在晚上过来，此事不会有人知道的。"杨震闻听此言，怒而言道："天知地知，你知我知，何谓无知？"王密只得又颇为扫兴地将金子带了回去。

　　"期之以事而观其信"，就是令其做一件事情，看看他能否遵守信用，如期完成。孔子曾说："人而不信，不知其可也。"商鞅变法时有"立木赏金"，为的就是取信于人，让大家都能够相信国家的变法是切切实实的，并不是做样子给百姓看的。正所谓"杀身成仁""舍生取义"，作为一个人活在世上，心中一定要有着比生命更为贵重的价值，而遵守信义，就是其中最为重要的一点。

　　以上说的是知人的一方面，而与知人相应，自知也是十分重要的。如《孙子兵法》谋攻篇说：

"知己知彼，百战不殆；不知彼而知己，一胜一负；不知彼不知己，每战必败。"地形篇也说道："知彼知己，胜乃不殆；知天知地，胜乃可全。"

俄国作家克雷洛夫写过一则寓言，叫作乌鸦和狐狸的故事。有只乌鸦得到了一块奶酪，在树梢上站稳，正打算享用，却忽然听到一只狐狸对她说："哎呀，我的宝贝，你长得多么美丽呀！你的脖子生得多么娇美，你的眼睛生得多么迷人，简直就是童话里的公主！你的羽毛又多么光洁，你的嘴巴弯得多么可爱，你一定还有天使一般的歌喉。你应该唱支歌儿，可爱的乌鸦，你唱吧，乌鸦妹妹！你生得这样漂亮，假如你还是一个出色的歌手，那你就是鸟中之王啦！"乌鸦从来没有听谁对自己说过这么多动听的话语，不禁忘乎所以，颇想展现一下自己动听的歌喉，于是就"呱呱"地叫了起来，可是她一张嘴，那块乳酪就落入了地上狐狸的口中。寓言中的乌鸦是很愚蠢的，但是在现实生活中，此类缺乏自知之明的人恐怕不在少数吧。

《战国策》里有一篇"邹忌讽齐王纳谏"的故事，邹忌身材修长，形貌昳丽，而城北徐公也以貌美而知名，邹忌分别问了自己的妻、妾和客人，他们都说徐公不如自己美，可是当邹忌真地见到徐公的时候，仔细地看了看他，觉得自己不如人家美，又拿来镜子细细地端详，就感觉差得更远了，可是为什么那些人都要说假话呢？他在夜里睡下的时候就苦苦地思索着，终于想明白了究竟是怎么一回事："吾妻之美我者，私我也；妾之美我者，畏我也；客之美我者，欲有求于我也。"妻子爱我，妾怕我，而客人有求于我，因此，他们对自己的问题所给出的答案都偏离了客观真实。由是观之，邹忌不失为一个有自知之明的人，而这份自知之明是殊为难得的。

自胜者强，知足者富

"胜人者有力，自胜者强。"能够战胜别人的人，叫作有力，而能够战胜自己的人则叫作强大。在一个人的发展历程中，有着两种超越，一种是对他人的超越，另一种就是对自己的超越。超越他人是很难的，需要有足够的力量才可以做到；但是，在某种意义上讲，超越他人是有着限度的，很可能有那么一天，在一定的范围之内，你会超越了所有的人，到这时，你是否就无人可以超越了呢？并非如此，因为有这样一个人，你对他的超越是永远也不会完成的，这个人就是你自己，只有不断地超越自己，才会取得永无止境的进步，才会成为真正的强者。而在现实当中，超越自己往往比超越他人更为艰难。

居里夫人也曾说："一个人没有毅力，将一事无成。"在十月革命之前的一段时间里，列宁隐居在一个僻静的小山村，他在那里有一个嗜好，就是每天看日出，而看日出需要到山上去才好。因此，每天早晨列宁都会上山去领略日出之时美丽的景色。有一天，列宁出门迟了，按照每天的行路速度，赶到山上去看日出就来不及了。这时，有人告诉了他一条捷径，这所谓的捷径，原来是一带悬崖，靠着山壁有一条曲曲折折的狭窄的小路，而路的另一边，就是深不可测的山崖，望一望，就会令人晕眩。列宁从来没有走过这样的险路，但是为了观赏日出，更为了磨炼自己坚强的意志，列宁毅然决定跟从向导走完这条狭仄而惊险的小路。一路之上，列宁头晕得厉害，他真地担心自己会失足跌落下去，但是凭借着自己坚定的心志，终于顺利地走过了悬崖。回来的路上，列宁为了挑战自己，依然坚持走这条险路，他逐渐战胜了内心的恐惧，后来再从山崖上走过的时候，就如同走在平地一样。列宁终于完全赶走了内心之中的软弱，对自己取得了一次辉煌的胜利。正是凭借着这种不断挑战自我和超越自我的坚韧精神与顽强毅力，列宁才领导了伟大的十月革命取得成功，才建立了苏维埃社会主义联盟，才使得自身成为一个受全世界人民所敬仰的伟大的完美式的领袖。

接着，老子道出了一句老生常谭式的话："知足者富。"知道这句话的很多，可是执行这句话是的很少。其实，这可能是绝大多数的人都难以避免的一个基本问题。这个世界上有那么多的大道理，数说一番，人们会感觉到，那些道理自己也都知道啊，可是自己也没有见得变成多么好的样子啊？同样，对于"知足者富"这句话来说，没有谁不知道，可是又很少有人能做得到。当年，苏格拉底到商品琳琅满目的集市上走过一遭后，说了这样一句话："原来这个世界上有那么多我不需要的东西啊！"其实，认真地体察一番，我们所汲汲追求着的那些事物当中，有着多少是我们实实在在地需要、没有它就活不了的呢？可是，在现实生活中，像苏格拉底那般明智的人却是太稀有了。

人的生存的目的是为了享受生活，可是为了享受生活，就必须要赚到一定数量的钱，问题是，很多人就此沦为了金钱的奴仆，即使自己积攒下来的钱已经很充裕了，但是依然不肯稍有停息，静下心来认真地享受一番美好的生活。结果，赚钱成了为了生活的目的，而生活则成为了赚钱的手段。这种情况，在某些人来说是迫不得已。工人们的收入微薄得仅仅可以用来维持最为基本的生活，他们只有永不停歇地工作下去，才能够维持自己的生存，直到死去。可是，到了当代社会，很多人已经摆脱了那种悲惨的境地，但是他们还是不肯稍有停歇，原因是什么呢？基本的一点，就是不知满足。对于不知道满足的人来说，自己拥有得再多，也是一个穷人；而对于知足的人来说，自己即使拥有得很少，也会感到富有。所以说，贫穷和富有，不仅取决于一种客观的标准，很多时候也会有一种主观的衡量。当然，对于知足，一定要辩证地看，知足而富，并不是说要大家都不思进取，而是要大家摆脱掉很多由欲望所带来的烦恼，从而可以更好地生活。

老子又说："强行者有志。"也就是讲，坚持力行，才是有心志的表现。"有志者事竟成""古之立大事者，不惟有超世之才，亦必有坚忍不拔之志"……这些，说的都是坚定的志向对于人生的重要性，那么，为什么立志对于人生来说具有如此重大的意义呢？清代初年的理学家张履祥说："少年立志要远大，持身要紧严。立志不高，则溺于流俗；持身不严，则入于匪辞。"而现代著名数学家华罗庚先生则更直白地说道："没有雄心壮志的人，他们的生活缺乏伟大的动力，自然不能盼望他们取得杰出的成就。"法国生物学家巴斯德也说道："立志是事业的大门。"这些话语表明，立志是事业有成的基础和前提，一个人日后能够成为什么样的人，首先取决于他想成为一个什么样的人，这就是志向对于事业、对于人生的重要作用。

当然，仅仅立下了志向还不够，还有以"水滴石穿"的坚韧精神去认真地执行，这也就是老子所谓的"强行"，只有立志而又能强行者，方可称为真正的"有志"。否则，"行百里者半九十"，中途而夭，也就只能怪自己的意志不够坚定，怪自己未能够对当初的志向予以坚强地执行了。

长久和永生

何谓"不失其所者久"？也就是说，不失去根据，才会获得长久的立足。我们知道，树的生命一般都比草的生命长久得多，而我们也会发现，树的根基也远比草的根基坚实得多，正是这种深厚的根基，才给予了树木长久的生命。同样的，一座高大的建筑，能够昂然屹立百年乃至千年，一个基本的条件就是，它一定要有着牢固的底基。那么，对于人生事业来讲，也是这样的道理。为什么说青少年时期对人一生的发展起着决定性的作用？就因为青少年时期是为人生建立基础的阶段，如果这个时候没有为自己的人生打好坚实的基础，日后也就难以获得卓越的发展，这也就是"少壮不努力，老大徒伤悲"的道理。孔子说："四十、五十而无闻焉，斯亦不足畏也矣。"一个人，如果到了四五十岁的时候还没有取得什么成就，没有获得什么名声，那么他也就不值得人们对他产生敬畏了，或者说，一个人如果到了中年的时候还是一无所成，那么他这一辈子也就不会有什么大的出息了。然而，一个人中年时期的成就又是由什么来决定的呢？显然，青少年时期的发展会决定着中年时期的状态，四五十岁的时候还默默无闻的人，是因为二三十岁的时候无所作为。中国有句古话叫作"三岁看小，七岁看老"，也就是说从一个人很幼小时的表现就能推断出他长大之后，乃至终其一生的作为如何。就一个人的成长与发展而言，这样的判断未必完全可靠，但是也有其合理性。著名心理学家弗洛伊德特别强调，儿童时期对人的一生具有重大影响，他说："每个人一生的性格，都能追溯到他的童年。"而现代心理学通过大量的精细研究，也的确表明，幼儿和童年阶段，是形成人的一生素质之基础的关键时期，一个人在其漫漫一生之中很多重要的表现与取舍，都可以在其童年时代找到深刻的诱因。所以说，要想取得重大的成就，就必须打好人生的基础。庄子在《逍遥游》中说："适莽苍者，三餐而反，腹犹果然；适百里者，宿春粮；适千里者，三月聚粮。"意思是，到郊野去的人，带上三顿饭的食粮就可以返回来，而且肚子还会觉得饱饱的；要去百里之外的人，头一天晚上就得准备食粮；要远行千里的人，三个月之前就得开始准备食粮。同样的道理，一个人想要成就多么大的事业，就应当早早地做好相应的准备，只有立足于当下的辛勤实践，才会为将来的成功奠定坚实的基础。

在人们的一般观念中，人死了就一无所有，故而有"死亡"一词。但是，老子却说"死而不亡者寿"，言下之意，人的肉体可以死亡，但精神可以永生。关于这一点，我们可以看一下臧克家的诗。中华人民共和国刚刚成立的时候，首都人民举行了纪念鲁迅先生逝世十三周年的集会，著名诗人臧克家亲自参加了这次隆重的纪念活动，他还去瞻仰了鲁迅在北京的故居，心中倍生感慨，13天后，创作了一首日后广为流传的诗篇——《有的人》。这首诗辩证地讲述了"活着"与"死了"的关系，有的人还在活着，可是活得如同行尸走肉，有的人已经死了，可是虽死犹生。他的身体虽然已经不在了，但是他的精神是永存的。这也就是老子所讲的"死而不亡者寿"。

曹操有诗云："神龟虽寿，犹有竟时；腾蛇乘雾，终为土灰。"无论如何长寿，生命都会有终止的那一天，当然，这只是指肉体的生命而言，在肉体的生命之外，人还有着精神的生命。矗立在天安门广场上的人民英雄纪念碑上镌刻着毛泽东亲笔题写的八个大字："人民英雄永垂不朽"。"永垂不朽"指的是什么？就是人民英雄为了民族的解放和国家的振兴而前仆后继、不畏牺牲的伟大献身精神。

关于如何实现生命的不朽，中国很早就有着深刻的论述，春秋时期鲁国大夫叔孙豹在与晋国大夫范宣子的讨论中提出了十分著名、影响巨大的"三不朽"的观点："太上有立德，其次有立功，其次有立言，虽久不废，此之谓三不朽。"唐代的经学大师孔颖达在《春秋左传正义》中解释说："立德谓创制垂法，博施济众""立功谓拯厄除难，功济于时""立言谓言得其要，理足可传"。或者说，"立德"系指道德操守而言，"立功"乃指事功业绩，而"立言"指的是把自己的思想形诸语言文字，著书立说，传于后世。司马迁在《报任安书》中说："人固有一死，或重于泰山，或轻于鸿毛，用之所趋异也。""仆虽怯懦，欲苟活，亦颇识去就之分矣，何至自沉溺缧绁之辱哉！且夫臧获婢妾，犹能引决，况若仆之不得已乎？所以隐忍苟活，幽于粪土之中而不辞者，恨私心有所不尽，鄙陋没世，而文采不表于后也。""亦欲以究天人之际，通古今之变，成一家之言。草创未就，会遭此祸，惜其不成，是以就极刑而无愠色。仆诚已著此书，藏之名山，传之其人，通邑大都，则仆偿前辱之责，虽万被戮，岂有悔哉？"司马迁的自述，极为鲜明地体现出中国古代士人是如何汲汲于追求人生的不朽，这实际上是想要通过切实的作为来对人生的短暂性与有限性做出一种积极的超越，令自己有限的生命成为一种永恒。

【为人之道】

董卓之死

东汉后期，地方豪强势力不断膨胀，严重地威胁着中央政府的统治，汉灵帝时期，朝廷曾致力于打击地方豪强，但是，不断爆发的农民起义和少数民族叛乱，又使得东汉王朝不得不依靠这些地方势力来维护自己的统治，结果地方豪强的势力不仅没有被削弱，反而不断坐大，特别是在镇压黄巾起义的过程中，朝廷给予了地方官僚和豪强以更多的权力和利益，形成了遍地诸侯的分裂局面，当时，汉朝中央已经无力操控地方势力，随后的天下大乱，群雄逐鹿，已经成为不可避免之事。而董卓就是在这一时期崛起的一大地方豪强。

董卓，字仲颖，陇西临洮（今甘肃省岷县）人，出身于豪富之家，自幼好侠，专喜结交豪勇之士和落魄之徒，而他自己体格健硕，力气过人。加之性情豪爽，接待宾友不惜一掷千金，因而使得许多人心甘情愿地依附于他，尤其在羌人之中，董卓颇有威望。自东汉中期以来，羌人就不断地发起叛乱，而在羌人中有着很大影响力的董卓自然会成为朝廷征召抚羌的优选对象。汉桓帝永康元年 (167)，董卓被聘为羽林郎，后因在对羌作战中屡建战功，职位不断迁升，直至并州刺史、河东太守。后来，在镇压黄巾军的一次作战中董卓惨遭失败，因此被革职。但是不久之后，边章、韩遂反叛，兵锋强锐，汉灵帝急忙征召所有可以利用的人抵御，董卓因此而得以东山再起，重新担任中郎将，拜破虏将军。董卓在平定此次叛乱之中立了大功，由此被授为台乡侯。不久，韩遂、马腾再次兴兵，董卓则又一次为朝廷解围。随着董卓权势的增长，朝廷对他也越来越警惕，于是想让董卓迁官为不掌实权的少府。董卓知道朝廷的用意，遂不肯就职。不多时，汉灵帝病重，召见董卓，任命其为并州牧，所辖军队隶属于皇甫嵩。董卓对此安排深为不满，拒绝交出兵权，而朝廷对他则无可奈何。

公元 189 年，汉灵帝驾崩，十四岁的刘辩继位，是为少帝。因少帝年幼，故由何太后辅政，而朝廷大权则掌持在少帝的舅舅、大将军何进手中。桓帝和灵帝两朝，宦官颇受宠信，而他们则自恃受宠，为非作歹，深受朝臣的诟病。何进欲诛除张让等宦官，但是何太后认为新君刚刚即位就诛杀旧臣，是一种轻率和危险的举动，因而不同意。何进便与司隶校尉袁绍商议，招董卓进京讨伐张让，想以此胁迫何太后，进而除掉宦官。但何进谋事不密，反而先为张让所杀，随后，袁绍率兵入宫，杀尽宦官。与此同时，被召的董卓也已率军入京。

董卓初入京之时，所部人马只有三千人，为了震慑百官，他就让士兵晚间悄悄地溜出城外，第二天再声势浩大地开进洛阳城，连续数日，弄得洛阳城中的百官和居民，真是不知董卓究竟带来了多少人马，因而都不敢轻举妄动。当然，这样的伎俩只能作为权宜之策，董卓在虚张声势的同时，紧锣密鼓地通过各种手段，收编了原何进、何苗、丁原等人所属的大批军队，从而掌握了整个洛阳地区的军事力量。

仗恃着强大的军事实力做后盾，董卓在洛阳城中便放开手脚大干了起来，第一件就是废掉汉少帝，而改立陈留王刘协为新君，即东汉的最后的一个皇帝汉献帝。在废立皇帝的过程中，董卓见到满朝文武都不敢反对自己，野心更加膨胀，立即进爵为太尉，掌管全国军事，又自封国相，完全控制了朝廷大权。在大肆扩权的同时，董卓收罗亲信，广树爪牙，大力打击异己力量。朝中反对董卓的人不是被逼出逃，就是惨遭迫害。朝政完全落入董卓手中。

掌控了东汉王朝的最高权力之后，董卓凶相毕露，对自己所欲加害之人极尽残忍之能事，断手、挖眼、割舌、火焚等极其野蛮的行径只道是家常便饭。而董卓所迫害者绝非少数人，而是遍及官民上下。洛阳作为东汉都城，相沿已达一百六十余年，城中富甲之族甚多，董卓见此，流涎欲滴。于是放纵手下士兵进行"收牢"行动，实际上就是赤裸裸地抢劫。如狼似虎般的兵士，奸淫烧杀，可以说是无恶不作，整个洛阳城因此而暗无天日，人心大乱。董卓专权，以其种种滔天的恶迹而在中国历史画卷上写下了最为阴惨的一页。

董卓的这番肆无忌惮的倒行逆施，当然会引起普天之下的共同声谴。在他入京的第二年，各路诸侯就会合成一只声势威赫的讨卓联军，浩浩荡荡地向洛阳进发。为了躲避兵锋，董卓挟持皇帝迁移到长安。同时，在联军内部，各方将领钩心斗角，都想伺机为自身争夺到更多的利益，并不将追击董卓作为首要的任务放在心上。董卓因此得以在长安度过了很长一段时间的舒心日子。

不过，两年之后，董卓还是被杀掉了，正所谓堡垒最容易从内部攻破，董卓最后就死在了他的亲信吕布的手中。吕布本来是丁原的部下，后来为董卓所收买，杀掉了丁原而投靠于董卓。吕布武艺超群，勇猛过人，董卓对他极为看重，给予他隆厚的封赏。董卓知道自己树敌甚众，想要杀他的人不是一个两个，而且他也遭遇过越骑校尉伍孚的刺杀，只是因为刺偏才保住性命。因此，他对保卫自己的安全极其重视，让武力过人的吕布担任自己的贴身侍卫。为了拉拢吕布，他还将吕布认作义子。然而，在这对义父子之间却发生了一次严重的冲突，董卓一时气愤，竟然无所顾忌地抓起戟来向吕布掷去，吕布眼疾身快，及时躲开，才逃却了一劫。对这次意外，吕布表现得很冷静，他见董卓发怒，立即谢罪认错。董卓没有再行追究，也没有将这件事放在心上，仿佛这件不愉快事情没有发生过一样。可是在吕布则不然，他虽然表面上对董卓恭谨如初，可是在内心中对董卓怀怨颇深。造成两人对此事产生不同态度的原因，有个人的地位和性格的影响。此外，这件事中，双方所受到的伤害实际上是不平等的，吕布只是在言辞上抵牾了董卓，董卓却向吕布掷以利刃，如果吕布疏忽，很可能就有性命之虞。董卓因一时失去自控，得罪了他最为亲近又最为依赖的人。当此之时，董卓和吕布之间的君臣之礼和父子之义，在于吕布一方来说已经不复存在了。

另外还有一件事严重地影响了吕布和董卓之间的正常关系。那就是，吕布看中了董卓的一个小妾，情不自禁，竟然与其私下往来。鉴于他与董卓之间的关系，这绝对是件大逆不道的事情。吕布不知道一旦此事为董卓所知会有什么样的后果，日日忧心惶惶。当时，司徒王允等人正密谋除掉董卓，他们选中的铲除董卓之人，正是吕布。因为吕布身为董卓的亲信，要刺杀董卓是最便利不过的了。可是，既然是董卓的亲信，也就意味着是对董卓最为忠诚的人，他怎么可能背叛待其甚厚尤其是与他有着父子之名的董卓呢？其实，王允等人早已看出了这里面的蹊跷。当初，吕布身为丁原部下，丁原亦待其不薄，而董卓仅略施恩宠，诱之以利，他就极为轻率地叛杀了恩人丁原。而今，只要同样地喻之以理，晓之以利，他也就有可能同样地背叛董卓。还有极为重要的一点是，他们已经发现吕布与董卓之间出现的矛盾与裂痕，认为只要加以引诱，吕布必然会与董卓离心。若不然，王允等人也不敢贸然去拉拢吕布。因为如果吕布忠于董卓，透露了此事，他们将有灭族之祸。果不其然，吕布为报仇，也为了能够与爱姬长相厮守，便以报忠朝廷、为国除贼之名，乘董卓入朝之时将其刺杀。

董卓最终丧命于吕布之手，固然是因为他的作恶多端，人人皆欲诛之而后快，不过，从一定意义上讲，这也实在是一种识人有误的结果，他没有充分地意识到吕布乃一反复无常之小人，将这样一个人放在身边形影不离，岂不是相当于在自己脚后跟上捆绑了一颗随时都有可能被引爆的炸弹吗？而他与吕布闹翻之后，却仍然对吕布毫不戒备，依然让他充作贴身侍卫，更是错上加错。尽管他对吕布极示恩宠，殊不知，一桶蜂蜜也远远遮盖不了一勺毒药的杀伤力，他的怒而一掷，没有伤着吕布的身体，却在吕布的心里留下了无法弥合的创伤。如此一来，他其后为吕布所杀，又有什么可奇怪的呢？

第三十四章

不自为大

【原文】

大道泛兮①，其可左右②。万物恃之而生而不辞③，功成不名有，衣养万物而不为主④。常无欲，可名于小；万物归焉而不为主，可名为大。以其终不自为大，故能成其大。

【注释】

① 泛：水向四面流淌的样子。

② 左右：或在左边，或在右边，意指"道"的无处不在。

③ 恃：依靠。辞：不居（功）的意思。

④ 衣养：养育的意思。

【今译】

大道像泛滥的河水一样，或在左边，或在右边，无处不在。万物依靠它而生长，它却不自居有功，成就了一切，却说不出它的功劳究竟在哪里，养育了万物却不以主人自居。永远保持没有欲望的状态，可以说是渺小；万物都来归附，却不加以主宰，可以说是伟大。因为它不自以为伟大，所以才成就了它的伟大。

【解析】

"道"常无欲

这一章，老子实际上是重复地强调了"道"所具有的几个基本特点：一、无处不在，世间万物无不依赖"道"而生存和生长。宇宙的起源演变、地球的沧海桑田、草木的生长荣枯、人事的荣辱变迁，无不依赖于道，无不体现着道。二、没有欲望，虽然功绩最大，却决不自居有功。道虽然推动着万物的生长和发展，推动万事万物的演变进化，但是，道所做的这一切都是无意的，道所起的作用，只是基于它的本性。也就是说，所有的这些伟大的贡献，道也从来不把这些结果视为自己的功劳，因为道没有任何的欲望，所有这一切都不是道的有心之为。三、正是因为"道"从来不自以为大，才真正成就了自身的伟大。《菜根谭》云："恶而畏人知，恶中犹有善路；为善而急人知，善处即是恶根。"意思是，一个人做了一点好事就急着让人知道，说明他行事的目的只是为了虚名和别人的夸赞，这种人在做好事的时候，已经种下了伪善的恶根。与这种有意为之相反，道既无心为之，更不会想去炫耀去显摆，所以这种本然之为更显得伟大和崇高。

由此我们可以得到这样的感悟，"道"具有如此神通广大之功绩，尚且不言功，那么我等泛泛之辈又怎么可以以功自居呢？当年，秦国送晋公子重耳返国渡河之时，跟随重耳一同流亡多年的咎犯向他邀功，故意要离开他。重耳连忙将一块玉璧投入河中，以示之河伯，声称返国之后必当与咎犯同荣华、共富贵。可是一旁的介子推见了，却大笑着说道："公子能够回国实乃天公之意，咎犯却以为这是他的功劳，真是不知羞耻啊，我耻于和这样的人在一起。"说完，介子推就悄悄地自己过了河。重耳回国即位后，对所有跟随他流亡在外的人都进行了重重的封赏，可是唯独忘却了介子推。在逃亡的路上，有一次，他们实在找不到什么吃的东西了，介子推就暗自里将自己大腿上的肉割下了一条来给重耳吃。重耳知道这件事后十分感动，应诺当上君王之后一定要好好地酬谢介子推。可是介子推完全不在意任何功名利禄，辅助重耳回国后就隐居起来。后来重耳特地去找他，他无论如何不肯相见，更不肯接受封赏。为了躲避重耳派出的使臣，他就与母亲跑到绵山上隐藏了起来。有人建议说，只要放火烧山，介子推就会出来了，重耳采纳了这个建议。出乎大家意料的是，介子推与母亲宁肯被烧死也不肯下山，这令重耳感到十分惋惜，为了纪念这位功臣，重耳下令每年的这一天大家都不许烧火做饭，据说这就是"寒食节"的由来。后来的"介休"亦是因为介子推而得名，并且此地名一直沿用至今。介子推不居功，却受到了人们最高的敬仰。这也就是老子所说的"以其终不自为大，故能成其大"的道理吧。

【从政之道】

海瑞无欲则刚

明朝的官员俸禄非常少，少到如果不想办法搞点外快的话，就很难维持生活。所以明朝的官员贪污腐败的现象非常严重，几乎每个衙门都有"小金库"，这在当时是没人管的。但有一个官员却能廉洁自律，他就是海瑞。

海瑞生性刚直，从来没有做过一件违反原则的事情。他没有中过进士，一开始只是以举人身份代理南平县教谕。于是到学宫视察的时候，别人都向御史行跪拜礼，海瑞却只作了个揖，他说："我如果到御史所在的衙门的话，应当行部署之礼，让我跪拜我没有二话。但学宫是老师教育学生的地方，所以不能行此大礼。"后来他迁任淳安县令。七品知县年俸只有三十两白银，根本不够用。但海瑞仍然能够安贫乐道，穿布衣、吃粗粮糙米，让仆人种菜，以此来供应饮食。

当时，奸相严嵩当权，在全国遍布党羽，浙江总督胡宗宪便是他的死党。胡宗宪的儿子胡衙内依仗父亲权势，在胡宗宪管辖的地界内无法无天。一天，胡衙内因为在杭州玩腻了，便带了几个随从到浙江省的其他地方游玩。胡衙内每到一处，当地官员或出于讨好，或出于惧怕，无不小心伺候，悉心招待，临走还要送上"路费"。

这天，胡衙内来到了淳安县，海瑞正在这里担任知县。虽然已经知道胡衙内要来的消息，海瑞根本没有当作一回事。胡衙内到了淳安县之后，发现跟其他府县官员大张旗鼓地在城门口迎接不同，这里没有一个人理他。他窝着一肚子火来到驿馆住下，几天下来，不但没有任何宴请，当地知县连面都没有露一下。一气之下，胡衙内摔碗砸碟，并让手下将驿站的头目捆绑起来毒打，边打边骂："小爷一路走来，就连知府都得给我牵马，你淳安县一个小小知县竟然如此怠慢我，连面都不露一下，待我回去告诉我爹，让你们知道小爷的厉害！"

驿站人员看到这个情形，赶紧跑到县衙去告诉海瑞。海瑞一听，非常生气，便想出了一条计策来对付这个恶少。海瑞带人来到驿站，命人将这个恶棍给抓了起来。胡衙内气急败坏地说："我是堂堂浙江胡总督的儿子，你们谁敢抓我！"海瑞冷笑一声道："你个无赖刁民，殴打国家公务人员不算，现在还敢冒充胡总督的儿子！胡总督乃堂堂国家一品大员，处处体恤百姓，他的公子必定是知书达理、温文尔雅之人，怎会做出你这样为非作歹的勾当，定是假冒，给我掌嘴！"衙役不由分说，几个大嘴巴子上去了。然后，海瑞又警告道："你敢说是总督儿子，还掌你嘴！"胡衙内好汉不吃眼前亏，再也不敢提自己父亲了。接下来，海瑞又命人搜查胡衙内行李，从中发现许多银两、古玩，问从何处得来。答说是沿途官员所送，海瑞佯装发怒："胡说，胡公子乃是官家公子，书香门第，若出游，也必定是爱好青山绿水，风土民情，怎么会接受这些银子、珍宝。你等还敢在这里欺骗本县，败坏胡总督名声，再给我打四十大板！"可怜胡衙内被打得皮开肉绽，鼻青脸肿。

最后，海瑞又给胡宗宪写了一封信，称："最近在县内抓到一个冒充总督公子的骗子。该人在外招摇撞骗，为非作歹，我知道老大人一向教子甚严，公子一定在家攻读，即使到外游玩，也肯定不会收受财报。现在将这个败坏您名声的骗子送回您府上，由您发落。"胡宗宪看着鼻青脸肿的儿子和这封书信，虽然很生气，但敬畏海瑞的清正廉直，只好吃了这个哑巴亏，没敢找海瑞的麻烦。

嘉靖皇帝一心想当神仙，成天躲在后宫里和道士鬼混，已经有二十多年没有上朝了。大臣也不敢提意见，为了保住官位和脑袋，大家纷纷向皇帝进献祥瑞之物。海瑞是不怕死的人，他就是看不惯明世宗这种荒唐的行为。他刚到京城没多久，就递了封石破天惊的奏章。

这封奏章直言不讳地谴责了明世宗的荒唐行为，诚心诚意地希望皇帝能够醒悟过来，把天下治理好。明世宗是被大臣拍惯马屁的人，看到这封奏章后气得把它扔到地上，对左右说："快把他抓起来，不要让他跑了！"宦官黄锦在一旁插嘴道："这个人是出了名的傻子。听说他递上奏章后，也知道自己犯了死罪，事先就买好了棺材，和家里人诀别，把仆人都赶跑了。现在他正在朝廷里待罪呢，是不会跑的。"明世宗顿时哑口无言。过了一会儿他把海瑞的奏章捡起来重新读了一遍，一天内看了好几次，点头叹息。他说："这个人可以和比干相比，但我不是纣王。"明世宗当时生了病，他把徐阶找来和他商量禅让皇位给太子的事，顺便说起了海瑞，他说："海瑞说的都是对的。我现在病了，怎么能上朝？我确实也有不对的地方，导致生病。如果我能够上朝听政的话，又怎能受他责备呢？"他下令把海瑞抓进诏狱，不久又送交刑部，判处死刑。有个叫何以尚的官员觉得皇帝没有杀海瑞的意思，于是上书请求释放海瑞。皇帝大怒，把何以尚打了一百大板，关了起来。两个月后，明世宗去世，明穆宗即位后把海瑞和何以尚放了出来。

第三十五章

执道乐往

【原文】

执大象①，天下往②。往而不害，安平泰。乐与饵③，过客止。道之出口，淡乎其无味，视之不足见，听之不足闻，用之不足既④。

【注释】

① 执：掌握。大象：最为高妙的形象，指的就是"道"。

② 往：归往，投靠。

③ 乐：音乐。饵：美食。

④ 既：尽的意思。

【今译】

掌握了大道，天下的人就会都来归附。即使天下的人都来投靠他，也不会彼此伤害，人们都会平居安泰。音乐与美食，能够使过路的人为之停住脚步。"道"一说出来，就会淡得没有味道，看它也看不见，听它也听不到，然而用它，却用不完。

【解析】

执大象，天下往

"执大象，天下往。"这个"大象"，不是指动物中的大象，而是"道"的一种代指。为什么用"大象"来指代"道"呢？在第四十一章，老子说，"大象无形"，意思是，最大的形象，看上去反而无形，"道"，正是这种无形之象。从老子的论述来看，这句话是说给国家统治者管理者的。作为领导人，如果掌握了治国大道，天下的人就会都来自动归附。其实，大道至简，统治者只要不胡乱作为扰乱百姓，不为私利残害百姓，给百姓安定的生活环境、自由的发展空间，老百姓自然会创造自己的生活，安居而乐业。商朝末年，纣王残暴无道，对外大举征伐，在内大事兴作，搞得民不聊生，怨声载道。而当时的西伯侯姬昌，也就是后来的周文王，勤于政事，礼贤下士，广罗人才；经济上爱惜民力，重视农业生产，促进经济发展；在社会生活上，倡导笃仁、敬老、慈少的风气，声名远播，以致"天下三分，其二归周"。商周两国统治者的做法截然不同，西周执大象顺道而为，商朝则背道而驰，所以，天下民众乃至贵族，纷纷西行归周。西周国力大盛，最终灭掉商朝。周文王的做法，正是老子所谓的"执大象，天下往"。

不仅国家，任何一个组织或企业，要想发展壮大，必须掌握组织管理的客观规律。在企业管理上，谁都知道人才的重要性，但是，许多企业为招不到、留不下人才而苦恼。其实，这是没有把握人才流动的规律，关于这一点，日本著名的企业管理顾问酒井正敬提出了这样一条法则，他说："在招工时用尽浑身解数，使出各种方法，不如使自身成为一个好公司，这样人才自然而然会会集而来。"其实，酒井法则正是老子"执大象，天下往"这一思想在企业管理上的具体体现。

老子具有无上大智慧，往往能见人所未见。许多人看来，众人归附已经达到目的，但老子却不这么认为，他比常人看得更远更清。他认为，即使天下的人都来归附，天下也不一定就是太平安定的，人多是好事，但人多了更容易滋生矛盾和斗争。大家很熟悉"三个和尚没水吃"的故事，很多的人聚拢到一起，往往并非好事，而是会彼此掣肘，反而不利于行动。另外，西方还有一个阿尔布莱特法则，说的是将一群聪明人收编进组织以后，结果往往会变成集体性愚蠢。人多了，人人自以为是，唯利是图，唯名是争，必然导致天下大乱。故而，他在人民归附之后，又提出了"往而不害，安平泰"的观点。也就是说，天下人来归，众人也不会相互妨害，而是大家都会安居乐业，其乐融融。要做到这一点是很难的，但对老子来说却是轻描淡写，他认为，对于统治者而言，只要执守大道，就不会出现人多瞎胡乱的现象，而是来归附的人越多，大家所得到的利处就越大。

可见，达成这种天之人都来归附，并共同创造太平盛世的局面，必须要做到的一个前提就是统治者的所作所为一定要符合于"道"。这道出了一个普遍的历史规律，也就是："得道者多助，失道者寡助。寡助之至，亲戚畔之；多助之至，天下顺之。"统治者只有使自己的作为合之于"道"，才能够取得天下人真心的归顺，才能够将天下治理好。

汉朝初年的政论家贾谊在《过秦论》中提出了这样一个问题："且夫天下非小弱也，雍州之地，崤函之固，自若也。陈涉之位，非尊于齐、楚、燕、赵、韩、魏、宋、卫、中山之君也；锄櫌棘矜，非铦于钩戟长铩也；谪戍之众，非抗于九国之师也；深谋远虑，行军用兵之道，非及向时之士也。然而成败异变，功业相反，何也？试使山东之国与陈涉度长絜（xié）大，比权量力，则不可同日而语矣。然秦以区区之地，致万乘之势，序八州而朝同列，百有余年矣；然后以六合为家，崤函为宫；一夫作难而七庙隳，身死人手，为天下笑者，何也？"

这段话的大意是说，秦朝时起义的陈涉，他带领着一群拿着农具的民夫，几年之间就能够将强大的秦朝给推翻了，陈涉这只农民起义军的力量，和当初东方各国的实力比起来简直是不可同日而语，可是以往崤山之东的各国那么强盛，都一一被秦国灭掉了，而统一之后的秦朝正可谓空前的雄强，可是灭亡在一伙乌合之众的手中，这是什么原因呢？贾谊给出的答案是："仁义不施而攻守之势异也。"当年秦国扫灭六国，是合于国家统一之大势的，而后秦国暴敛无度，是逆道而行，这就是秦国统一前后攻守之势大有不同的根本原因。

老子的话语很简单，但是道出了维持统治长盛不衰的核心奥秘，顺道者昌，逆道者亡，道理就是如此简单，可是实践起来并不容易，而真正做到的人，就会成为优秀的领导者。

大道很平淡

老子又说道："乐与饵，过客止。"音乐与美食，能够诱使过路的人为之停住脚步。这音乐和美食，代表着一般的吸引人、诱惑人的东西，可是"道"呢？"道"是另外一个样子的。"道之出口，淡乎其无味，视之不足见，听之不足闻，用之不足既。""道"，如果说出来，却淡得没有味道，看它也看不见，听它也听不到，这跟音乐、美食等很容易让人着迷的事物是很不相同的。然而，"道"是用不完的，也就是说，"道"的作用是无限的，不像其他许多实用的东西，用处也许很大，但它总有用尽的时候，总会有一个限度。

这句话说明了"道"所具有的两方面的基本性质，一方面是不可感知，也就是所谓的寡淡无味、看不到听不见摸不着，另一方面就是用之不尽。

轰轰烈烈难长久，平平淡淡才是真。老子告诫我们，动听的音乐和可口的食物诱惑人心，使人迷失在声色口腹之欲中。同样的，权势能诱惑人的权力欲，美色能打动人的色欲，名声能驱使人沽名钓誉，金钱能激起人的贪欲，为了这种种欲望，一个人必然会与他人拼命争夺，这将会给自己带来危险；当把这些欲望视为生活目的的时候，人就会迷失自我。在追求这些欲望，实现这些想法的时候，生活可能会跌宕起伏，或登上事业的巅峰，或跌落人生的谷底；可能会追随者众，也可能会众叛亲离，总之，这样的生活很刺激，很过瘾，显得轰轰烈烈，波澜壮阔。而道则与之相反，它平淡无味，你也可以说它很乏味，但是，正像无味的真水一样，它滋养着人的生命，涵养着自然的万物，永恒而伟大。

真正得道的人，不会为种种欲望而驱使，他会抱朴守真，享受生命的自由。《庄子》中有这么一个故事，说庄子在濮水旁边钓鱼，楚王派了两个大臣来看他。这两位大臣看到庄子悠闲自在地钓鱼，便对他说："我们大王想请您到楚国去，他想拜你为相，和他一起治理国家。"庄子听后，一点反应都没有，过了好半天，才回过头来回答说："听说楚国有一只神龟，活了三千年才死。你们的国王把它用布包起来，放在竹盒里，然后藏在庙堂之上。我想问问两位：如果你们是这只神龟的话，是愿意死掉后骨头被供奉在庙堂之上让人敬奉呢？还是愿意活着在泥泞里爬行呢？"那两位使臣毫不犹豫地说："当然愿意活着在泥里爬。"庄子听后，对他们说："请你们回去告诉大王吧，我情愿摇着尾巴在泥里爬，那样更自在！"

一个有道之士，宁可穷困而死也不愿踏进权贵们营私舞弊的地方，因为他们明白，如果走进去，不仅可能招致杀身之祸，而且个人的声誉一辈子也洗刷不清。历史上，有多少人因为权力而趋炎附势，为虎作伥，但最终有好结果的能有几人，相反，像庄子、陶渊明这样淡泊名利的人则彪炳史册。那些真正的得道者，既不被物欲所蒙蔽，也不被空虚寂寞所困扰，身心自在，心情悠然。

面对权势，得道者做出这样的选择，同样，在人际关系上，得道者也是崇尚平淡的。所谓"君子之交淡如水，小人之交甘若醴"，就是道家对人际关系的睿智断言。有一次，孔子问桑雽说："我在周游列国的过程中，遭受了很多的屈辱和磨难，亲戚、朋友和弟子都越来越疏远和离散了，这是什么原因呢？"桑雽举了一个例子，林回在逃亡的时候，连价值千金的璧玉都没有带，却带着孩子，有人说，那玉璧多贵重啊，小孩子能值几个钱哪？而且带着孩子，是多大的拖累啊。林回说道，价值千金的璧玉跟我是以利益相合的，而这个孩子跟我却是以天性相连的。桑雽由此引发说，以利益相合的，一旦遭遇危难，就会相互抛弃，而以天性相连的，则不论发生了什么，都会彼此照顾，永不离弃。所以啊，君子之间的交往平淡得像清水一样，小人之间的交往却甜蜜得像美酒一样。君子之间往来淡泊，但是心地里是亲近的，小人之间往来密切，心地却是疏远的，一旦利益关系不存在了，友情也就断绝了。

可见，判断人际关系好坏的标准，绝不能仅仅看表面上的冷热程度，而应当看维护着那种交往关系的实质是什么，只有当这种交往符合于内在的"道"而不是因凭于外在之物的时候，它才能够长久，因为外在之物是容易变化的，是短暂的，在这种基础上建立起来的人际关系，也就会随着外在境况的变化而变化；而"道"则是恒久的，就像桑雽所讲的那样："夫以利合者，迫穷祸患害相弃也；以天属者，迫穷祸患害相收也。"人际交往，只有取之于天属之"道"，方能同甘共苦，相濡以沫，生死与共，不离不弃。

【为人之道】

恬然知足的孙犁

孙犁（1913-2002），原名孙树勋，河北安平人，以其清新淡雅的独特艺术风格开创了中国现当代文学史上著名的"荷花淀派"。文如其人，孙犁的为人，就如同他的行文一样的明净和淡泊，他生平从来不喜欢凑热闹，曾自述："不大看洛阳纸贵之书，不赴争相参观之地，不信喧嚣一时之论"，还说道："什么东西，一到奇货可居，万人争购之时，我对它的兴趣就索然了。"

的确，孙犁的一生，没有什么大喧大嚷的哗人之处，然而，这样的人生绝非乏善可陈，而是充满了另一番恬然自怡的隽永情趣。孙犁远远高出于常人的一点就在于，他往往能够从常人习焉不察、视而不见的琐细的生活情节里，体会到一种格外的诗情画意。例如，棒子面粥过去是北方的许多农家固定的晚餐，孙犁也非常喜欢喝，几乎长年不断，而这种再普通不过的饮食，对于孙犁来说却有着一种独特的魅力，他曾在文章中写道："冬天坐在暖炕上，两手捧碗，缩脖而啜之……是人生一大享受。"有一次，孙犁偶然夜起，见到地板上有一只黑色的甲虫，竟然匪夷所思地生出这样的感受："优游不去，灯下视之，忽有诗意。"他还曾以拟人的手法去描写一个用了三十多年的煤火炉，说道："它伴我住过大屋子，也伴我迁往过小屋子，它放暖如故。大屋小暖，小屋大暖。小暖时，我靠它近些；大暖时，我离它远些。……每天下午三点钟，我午睡起来，在它上面烤两片馒头，在炉前慢慢咀嚼着，自得其乐，感谢上天的赐予。"就这样，孙犁在平淡无奇的生活中体味到了无穷乐趣。

作为一个作家，孙犁取得了非凡的文学成就。他一生发表了数百万字的作品，这些作品淡雅清洁，风格独具，其中没有任何趋炎附势、媚俗违心的东西。要做到这一点，非有极高的操守、精湛的功底不可。许多人都知道，孙犁自己创作的许多小说，他自己都能背诵上来，可见他的心思都用在写作上。至于写作之外的东西，因为与他的生命无关，则全然不放在心里。

孙犁一生清心寡欲，淡泊名利，不与世俗为伍，用灵魂拥抱自己的事业，用生命书写明净崇高的文字。孙犁的一生，与世无争，徜徉在自由的精神世界里，获得了超脱。在他的晚年，著名书法家辛一夫送他一幅章草，上书"人淡如菊"四字。用这几个字来形容孙犁真是再贴切不过了。晚年孙犁的家，只有一间不大的小屋，屋里安放一张床，此外就是一个书柜和一套简单桌椅。除此之外，只有一台18英寸的电视，电视还是十多年前他的大姐从石家庄硬搬过来的。

　　由此可见，孙犁的生活朴素平淡，但这简洁的生活绝非没有快乐，而是充满着各种温馨而淡雅的情趣的。其实，从某种意义上来讲，这种乐趣正是源自于孙犁所具有的乐观知足的恬然心境。他说："文化生活和物质生活一样，大富大贵，说穿了，意思并不大。山林高卧，一卷在手，只要惠风和畅，没有雷阵雨，那滋味倒是不错的。"能够有如此恬淡之心，又何往而不乐。孙犁的一生，固然是恬淡的，但是，世上哪个人能说，自己的生命比孙犁更加充实而富有意义呢？

第三十六章

欲歙国张

【原文】

将欲歙之①，必固张之②；将欲弱之，必固强之；将欲废之，必固兴之；将欲夺之，必固与之③。是谓微明④，柔弱胜刚强。鱼不可脱于渊⑤，国之利器，不可以示人。

【注释】

① 歙（xī）：收敛，闭合。

② 固：暂且。张：扩张，打开。

③ 与：给予。

④ 微明：即看不见的聪明，比喻智慧的深沉。

⑤ 脱：离开。渊：深的水潭。

【今译】

想要收敛它，必须暂且扩张它；想要削弱它，必须暂且增强它；想要废除它，必须暂且兴起它；想要夺取它，必须暂且给予它。这就叫作难以察觉的智慧，也就是柔弱能够战胜刚强的道理。就像鱼不能离开渊潭一样，国家的有效的武器，是不能够随便拿出来给人看的。

【解析】

大道与计谋

在这一章，老子不厌其烦地列举了很多做事的策略，其目的是阐明相反相成的道理。在老子看来，万事万物都是相反相成，这从太极图中可以得到最为鲜明的体现，阴与阳共同构成了一个整体，而又你中有我，我中有你，既相互区分，又相互包含；既相互对立，又相互转化。老子对这样的道理有着充分的认识，所以才提出了上述的种种"将欲夺之，必固与之"的处事手段。而这种相反相成的思想原理在人类生活中的很多方面都得到了具体的应用，三十六计中的"欲擒故纵"就是直接由此而来。

在古代典籍的分类上，许多人把老子列入兵家甚至是阴谋家之列。之所以如此，主要是因为老子思想里存在不少这样看上去像是阴谋诡计之类的观点。许多军事家、政治家乃至经商的人，都从中得到启迪，把予取先与的思想运用到战场上、政治斗争以及商业经营之中，并由此创造了欲擒故纵、声东击西、以退为进、以守为攻、置之死地而后生、以屈求伸等诸多谋略性、方法性斗争技巧。但是，这样理解老子，多半是对老子的误解。作为一个目光深远、智慧卓异的大哲学家，老子更多的是想向人类阐述大道，解读自然、社会、政治统治及人生的最基本规律，至于这些阴谋诡计，当不在他的考量范围。至于后人从他的大道思想里引申出来的道术以及谋略，那只是后人的理解而已，许多并非老子的本意。我们都知道，文学界有一名言，叫作"有一千个读者，就有一千个哈姆雷特"，这就是读者见仁见智的问题，读者从文本中品悟出来的东西，有时已经远远偏离了作者的意图。把老子视为兵家或阴谋家，正是这个缘故。

纵观老子全书，我们会发现，老子非常喜欢从反面看问题，这一章阐述的观点也不例外。究其本意，不过是要阐述他一如既往的观点，也就是告诫人们，要保持柔弱、守雌、退让、收敛、无为的状态；不要强行作为、肆意扩张、过于强势、巧取豪夺。在这里，老子强调的是，理解大道，秉持大道的德行，最终会获得胜利，并能战胜那些表面上看上去扩张的、强大的、兴盛的、争夺的势力。至于后人把他的这番言论，奉为韬略兵法，那是后人的事，其实与老子本人干系不大。

不过，自然与社会中的许多现象证明，老子的观点确实是正确的。比如，大自然中，水最柔弱，但是，水滴石穿，坚硬的石头挡不住水滴的力量；在植物世界里，草很软弱，但狂风过后，许多高大树木干断枝折，而野草则安然无恙。在人类社会中，政治权力、军事力量是最为强势暴烈的力量，宗教与思想则是无形无力的存在，但是拥有强大军政势力的国家、组织或集团，能持续几百年已经很了不起了，可是宗教和思想能轻易穿越数千年的历史，经久不衰，并能代代传承。历史上，强大好战的波斯王朝被弱小分裂的希腊世界击败，骄横不可一世的罗马帝国被散沙般的蛮族淹没，无不印证了老子的观点，柔弱胜刚强。

正因为如此，许多人才把老子的思想往军政斗争领域落实，以期求得竞争的胜利。因为老子揭示的是规律性的东西，把它落实到实践中，确实往往能收到现实的令人满意的效果，历史上，把老子的思想引入斗争并获得胜利的事例屡见不鲜。比如，西晋末年，石勒对王浚的擒杀，使用的欲擒故纵之计，就是出自老子。当时，幽州刺史王浚图谋篡逆，而石勒也同样心怀不轨，为了进一步扩张自己的势力，就想寻机除掉王浚。但是王浚的势力很强，若强行攻取，恐怕一时难以得胜。于是，石勒就派遣王子春去向王浚进献了大批的财宝，并且扬言有意尊王浚为天子。石勒的假意逢迎，使得王浚忘乎所以，以为自己真的没有敌手，天下完全运转在他的手掌心里，从此就开始放纵起来，对石勒更是毫不戒备。而石勒则乘幽州发生水灾之际兴兵讨伐，被蒙蔽的王浚还以为石勒是来拥戴他称帝，没有进行任何作战的准备，结果被杀得个措手不及。其实，不仅在中国历史上使用此计的战例比比皆是，在国外，这一计策也是被应用得十分稔熟。第二次世界大战中，希特勒先与斯大林签订了《苏德互不侵犯条约》，与苏联相互勾结，秘密商议苏德两国共同瓜分波兰领土，而后希特勒却悄悄撕毁协议，悍然出兵东进，使得仓促应战的苏联在战争之初遭受了极为惨重的损失，甚至首都莫斯科都险些被德军攻克。

不可锋芒轻露

老子说道："鱼不可脱于渊，国之利器，不可以示人。"就像鱼不能离开渊潭一样，国家所拥有的最好的武器，是不能够随便拿出来给人看的。这说的是什么道理呢？老子的这话，讲的就是为人和做事，要讲究韬晦，不可轻露锋芒。而且这种韬晦的修养已经远远超出了个人的范畴，它也应当成为一个组织乃至国家在发展的过程中所应当执守的法则。

所谓不露锋芒，就是将自己的长处和利处隐藏起来，不让别人见到，也就是老子说讲的"国之利器，不可以示人"。为什么要这样做呢？因为韬光养晦可以为自己争取到更好更有利的发展空间，而这样的发展空间，就如同渊潭对鱼的作用一样重要。鱼离开了渊潭就不能够存活，至少是不能够获得最好的生活，而人离开了有利的发展环境，也会给自己带来很大麻烦的。

老子告诫我们，做人不可显得太聪明，不要锋芒太露，不必自命清高，切莫强行进取，最好显得笨一点，做事收敛一点，为人随和一点，在好处面前退缩一点，这不仅是明智之举，更是立身处世的救命法宝，是明哲保身最有用的智慧。古代有这么一个寓言故事，说是吴王度到猕猴聚居的山岭上打猎，许多猴子看到吴王一行，赶快奔逃，躲进树林深处。有一个猴子仗着自己身形灵巧，不把吴王一行放在眼里。在猎人面前，但见它从容不迫地腾身而起，在树枝之间跃来跳去，尽情卖弄。吴王一见，杀心顿起，弯弓搭箭射它。这只猴子敏捷躲闪，并用爪子接过吴王射来的利箭。吴王大怒，命令左右一齐开弓，那只灵巧的猴子无法躲避如雨点般的箭矢，最终被射杀。见此情景，吴王对从臣颜不疑说：这只猴子太过分了，竟然蔑视我，在我面前夸耀它的灵巧便捷，这就是它落得这个下场的原因，我们应该以此为戒！

一个真正聪明的人，应该谦虚有礼，不露锋芒。那些夸耀自己本领高强的人，不知道人外有人，天外有天，其实跟无知之人没有什么不同，这样的人是不会成就什么事业的。在老子看来，一个真正有修养的人，他的能力才华应像珍藏的珠宝一样，绝对不能随便让人知道，更不可到处炫耀。否则，必然招致旁人的嫉恨，甚至会招致杀身之祸。

在现实中，有人炫耀财富，有人夸示才能，这都是不可取的。与此相似，有人喜欢沽名钓誉，夸耀自己名声，这也是一种愚蠢的行为。那些追逐名声的人，其实不如避讳自己的名声显得更高明。追逐名声，不仅自己很累，而且风头过盛，必然招致众人的嫉妒，给自己带来不利的影响；而淡泊名利，谦虚待人，必然会得到众人的认可和帮助，进而为自己的生存和发展创造出有利的环境。《菜根谭》云"隐者高明，省事平安"，深刻地说明了得道之士对待名声的智慧。这种智慧既是老子无为思想的体现，也是一种顺应自然的超迈境界。

事实上，真正的高人不是那些到处显摆，显得聪明博学的人，也不是那些咋咋呼呼，声名远播的人，他们往往深藏不露，甚至显得呆头呆脑。对于这一点，庄子曾进行过非常出色的诠释，这就是"呆若木鸡"的典故。

因为周宣王爱好斗鸡，一个叫纪渻子的人，就专门为周宣王训练斗鸡。过了十天，周宣王问纪渻子是否训练好了，纪渻子回答说还没有，这只鸡表面上看起来气势汹汹的，而实际上它没有什么底气。又过了十天，周宣王再次询问，纪渻子说还不行，因为它一看到别的鸡的影子，马上就紧张起来，说明还有好斗的心理。又过了十天，周宣王忍耐不住，再次去问，但还是不行，因为纪渻子认为这只鸡还有些目光炯炯、气势未消。这样又过了十天，周宣王去问的时候，纪渻子终于说差不多了，因为这只鸡已经变得呆头呆脑、不动声色了，看上去就像木头鸡一样，这恰恰说明它已经进入了斗鸡最为高超的境界。于是，周宣王就把这只鸡放进了斗鸡场，结果，别的鸡没有敢和它交锋的，而是见它掉头就逃，这只斗鸡成了真正的"武林王者"。

这个事例很显然地说明，那只斗鸡的呆，绝非真的呆，而只是看起来呆。这看似一种很奇妙的现象，但在现实中，事理常常如此。比如说，一个乍富起来的暴发户，可能会很得意地向别人炫耀自己是多么的富有，而一个比他富得多的豪门贵族，却恰恰不会在意去显示自己的财富。再如，一个小有学问的人，会在旁人面前夸夸其谈，以表现出自己是读过很多书、喝过很多墨水的，可是一个学术造诣已经相当高深的人，常常是表现得非常谦虚谨慎的。真正的高人应该才华内蕴，木讷少言。他们如看上去昏昏欲睡实则明察秋毫的老鹰，像行路病病歪歪实则蓄势待发的饿虎，表面上没有任何出奇之处，实际上却有经天纬地之才。他们不露才华、不显能干，只是为日后的大业积攒后劲。

汉高祖刘邦曾经接受项羽的赐封，汉光武帝刘秀曾经屈事杀害了自己哥哥的更始帝刘玄，汉昭烈帝刘备曾经投靠自己的对手曹操，西汉、东汉与蜀汉的三位开国之君，都是深晓韬晦之计的英雄，试想，如果他们在自己实力尚很弱小之时，就在劲敌面前锋芒毕露，恐怕最后也就未必能够成就辉煌的事业了。

【为人之道】

多行不义必自毙

"多行不义必自毙"，这是一句当今习用的成语，用来形容某些人的不义之举，指出这种坏事做得多了，必然会自取灭亡的可耻下场。它源出于历史上的一个典故，语出《左传·隐公元年》。

《左传》，是左丘明为阐释孔子所编撰的鲁国史书《春秋》而作的一部历史典籍，因而称作《左氏春秋》，《左传》是它惯用的简称，而从汉代开始又将这部书称为《春秋左氏传》。《左传》记载了公元前722年到前453年之间二百七十年春秋各国的历史，其纪年方式为鲁国纪年。隐公元年，即公元前722年，是《左传》记事最早的一年。在这一年，郑国发生了一件大事。

当初，郑武公娶了姓姜的申国国君的女儿为妻，历史上将她称作武姜。武姜生下了两个儿子——寤生和段。寤生是一个奇怪的名字，其意思是逆生，也就是说，他出生的时候遭遇了难产，所以他也就被起了这么一个不雅的名字，而更为重要的是，武姜由于生他的时候遭受了惊吓而对他很讨厌。后来武姜又生下了段，她就向郑武公请求，立段为太子。但是说了好多次，武公都没有答应她，后来，还是寤生继承了君位，也就是历史上的郑庄公。虽然如此，武姜还是没有改变对他的讨厌，而是一如既往地喜欢着段。寤生继位之后，武姜就积极地请求把制这个地方封赐给段。庄公说："制是一个危险的地方，当年虢叔就死在那里，所以这个地方一定不行，其他的地方，任您随便挑选，我都答应。"于是，武姜就提出把京邑作为段的封地，而从此段就被称为"京城太叔"，京城，指他的封地；太，是一种尊称；叔，则表明他年幼于庄公，是庄公的弟弟。

段受封京邑之后，大臣祭仲赶忙来向庄公进谏道："地方的城池，城墙超过了300丈，就会成为国家的祸害。按照先王的规定，大的城池，其面积不能超过国都的1/3，中等的不超过1/5，小的不超过1/9。可是现在京邑的大小不合乎这种法度，违反了先王的规定，其不利的后果会使您承受不了的。"

庄公回答说:"姜氏要这么做,我又怎么能避开这祸害呢?"

祭仲接着说道:"姜氏有什么可满足的呢?不如早些将这件事情处理了,不让他的势力有所蔓延。如果蔓延开来,就难对付了。蔓延开的野草都除不掉,更何况是您那一贯受宠的兄弟呢?"

庄公于是说道:"多行不义必自毙,子姑待之。"意思是,不义的事情做多了,必然会自取灭亡的,您暂且等着看吧。

其实,庄公虽然表面上说得很无奈,心里却是早有稳妥的打算的。

再来说这太叔段,祭仲说他会给国家带来危害,并不是凭空而发的,他因为母亲喜爱,本有机会继承君位,但是由于父亲的坚执和哥哥的存在而失去了继承大统的机会,不过,尽管哥哥已经继位,他却存有很大的野心,想凭借母亲的支持而与兄长分庭抗礼,甚至伺机推翻庄公的统治。

果然,不久之后,太叔段就命令西部和北部的边邑也同时归他管辖。这时,大臣公子吕就出面向庄公说道:"一个国家不能容纳两个君主,您是打算怎么办呢?如果您想把国家交给太叔,那就请允许我去侍奉他;如果不是,那就请除掉他,不要令百姓产生二心。"

庄公淡淡地说:"又何必大动干戈呢,他会自食其果的。"

随后,太叔段又把自己的领地进一步扩大到了廪延。公子吕就又请见庄公,说道:"现在是动手的时候了,太叔占领的地方多了,就会得到百姓的拥护。"

庄公却说道:"做事有悖仁义,就不会有人亲近,他的地方再大,也会崩溃的。"

接着,太叔段修造城地,聚敛百姓,制作铠甲和武器,准备好了步兵和战车,等待着袭击庄公所在的郑国国都,而武姜则会为他打开城门做内应。

其实,太叔段的一举一动对于庄公来说,可谓悉收眼底,他时刻准备着太叔段不义之举的最终到来。当他得知太叔段偷袭的日期之后,立即说道:"可矣。"然后,马上命令公子吕率领二百辆战车去攻打京邑。果如其言,京邑百姓都知道太叔段的叛反行为是不义的,就都背叛了他,而太叔段则逃到了鄢地。庄公接着攻打鄢地,太叔段又逃向了共国,因此人们又将他叫作共叔段。

庄公对待共叔段的反叛,采取的就是欲擒故纵的策略,当共叔段尚未公开进行反叛之时,可谓驱之不义,难以膺服人心,而且在母亲那里也不好交代,既然自己已经做好了充分的准备,也就不怕他做出什么翻天覆地的事情来,等到他的叛逆真心显露于天日之时,也就是他的灭亡之日了。这就是"多行不义必自毙"的历史典故,当引用起这句话的时候,很多人以为,对于那些图谋不轨的人来说,只要任其多行不义,他就会最终自取灭亡的。其实,这样的看法是相当片面的,要知道,在这个历史事件中,共叔段最终得以自毙,并不仅仅是因为他的做法不得人心,而更是因为郑庄公长期以来都做好了有效的防备,当其忘乎所以之时,出其不意地给予他致命的一击,才使得共叔段很快就遭受了彻底的失败。若不是庄公素有心计,未雨绸缪,恐怕自毙的就不是共叔段了。

第三十七章

道恒无为

【原文】

道常无为而无不为。侯王若能守之，万物将自化①。化而欲作②，吾将镇之以无名之朴③。无名之朴，夫亦将不欲。不欲以静，天下将自定。

【注释】

① 化：化生。

② 作：发生，出现。

③ 镇：镇定。朴：指真朴的状态。

【今译】

"道"总是无所作为，但是又没有什么事物不是出于它的作为。侯王如果能持守它，万物将会自行化生。万物化生而有人想要有所作为的时候，我就用无名的真朴状态来让他安定下来。无名的真朴状态，也就是要人不起欲望。不起欲望而恬静安然，天下就会自己呈现出安定的局面。

【解析】

无为而无不为

"道常无为而无不为。""道"总是无所作为，可是天下又没有什么能够离得开它的作为。类似的话语在《老子》一书中反复出现，也就反复地强调着老子极为看重的这样一个核心的观点：无为而治。在老子看来，只有做到了"无为"，才可以做到"无不为"，一个人如果去做了什么，看上去可能他做得很多，然而即使他做得再多，也毕竟是很有限的，远远不能达到"无不为"的程度；相反，看似什么都没有做，才能够做到"无不为"。那么，既然是"无为"，又如何能够实现"无不为"的目的呢？奥秘就在于，去掉人为，而让之于"道"，也就是老子接下来所要说的："侯王若能守之，万物将自化。"侯王如果能持守着"道"的精神，那么天下万物就会自行化生，而无须你再去亲自操心。

也就是说，在这一章里，老子把道落实到国家治理中，指出最好的统治者应该采取无为而治的统治政策。许多人认为无为而治就是什么都不做，这其实是对无为而治的误解。作为老子政治哲学的核心，无为而治有着丰富的内涵。首先，无为而治是指治国不要瞎折腾，瞎指挥，胡作非为，强行干预社会经济和民众生活。在老子看来，社会经济的繁荣发展，人民生活的富足安康，有一个客观规律支配，是一个自然而然的发育过程，人为的干预，一厢情愿地瞎掺和，不自量力地强行推进，代替民众进行行为选择，种种指手画脚的统治方法都是极其错误的，只能延迟、破坏乃至扼杀社会的自由发展。其次，无为而治的核心要义在于这个理论有前提，这个前提是统治者首先要遵守大道。当社会的发展合乎大道的时候，就任其发展，不加干预；当社会发展背离大道时，应该加以引导，使之走上合乎大道的轨道。为与不为的选择，在于统治者对大道的理解和把握，以及对社会现实的判断。比如，战乱过后，百废待兴，实施休养生息的国策，不去干扰百姓，使社会经济恢复发展，这是无为而治；社会经济发展到繁荣阶段，土地兼并严重，社会风气奢侈浮华，统治者就应当强化思想教育，扭转社会风气，校正社会经济的发展趋势，这也叫无为而治。总之，无为不是不为，而是遵循大道而为，不是按自己的想法而为。

再者，无为而治还包含有所不为的思想。比如作为统治者，不能朝令夕改、言而无信；不能干违背常识和社会道德的傻事，不能干害人害己的蠢事，也不能干损人利己的坏事。无为而治还教导统治者，对社会要保持静观状态，使自己始终处在可以选择的地位上，这样在处理各种事情时，都可以不被动，不匆忙，有时间从容应对，有空间进行回旋。

社会经济和人民幸福不需要统治者的干预，按照自然的规律，市场会自发地调节。在市场中，人人会选择自己最合适的位置，干自己最喜欢也最拿手的事情，获得最大收益。社会上如果每个人都发挥出自己最大的才能，创造出个人的最大价值，相应的整个社会经济的总量自然会获得充分和快速的发展，走向繁荣。这就是无为而无不为。这一思想，与现代西方市场经济的思想是高度一致的。

事实上，不要说是手握实权的统治者，就是一般人，都是喜欢表现自己，喜欢作为的。这是人类的天性，譬如，动物原本都是野生的，可是后来有一部分被人类驯化了，一代代地传续下来，就与野生的同类出现了差别，成为了两个种属。人工蓄养的动物，需要人们投入很多的精力去进行管理，否则动物的生长就会出现问题，在一定的意义上可以这样讲，那些家养的动物，如果离开了人的饲养，就会难以生存。可是，这些动物原本就是不需要人们去进行照料的，它们原本就能够在自然环境下自行健康地衍生，只是人们出于自己的贪心，才改变了它们的本性。老子说，不要这些人为的东西，大家岂是不会生活得会更为轻松和愉快吗？然而在现实中，人们总是做得太多，这是为什么呢？因为人们有着太过强烈的欲望。那么，对于人的欲望，老子提出了什么办法来对待呢？他说道："化而欲作，吾将镇之以无名之朴。"人想要有所作为的时候，我就用无名的真朴状态来让他安定下来。这种"无名之朴"，指的也就是化同于自然、没有任何强为之意、完全不为欲望所左右的得"道"的状态。

消减欲望

老子说："无名之朴，夫亦将不欲。"无名的真朴状态，也就是要人不起欲望。其实，这个"无名之朴"，说的就是"道"，而"道"则是无欲的，人只有消泯掉心中的各种欲望，才能够与"道"同行，才能够做到无所依恃，逍遥自得。

老子又说道："不欲以静，天下将自定。"不起欲望而恬静安然，天下就会自己呈现出安定的局面。岳飞曾经说："文臣不爱钱，武臣不惜死，天下太平矣。"这句话说明，欲望是造成你争我夺、社会混乱的根源，只有天下之人心不为欲望所牢笼，尤其是位高权重之人，能够做到廉洁奉公，以身事国，才能够换来天下的太平，否则，人人皆利欲熏心，为了获取金钱和保全性命而不择手段，毫无廉耻，天下就必将大乱。人们在赞美盛世的太平景象时，经常会用到这样两个成语——夜不闭户，路不拾遗，正所谓"大道之行也，天下为公"，只有当人们的私欲为公义超越之时，才会营造出一个美好的人类社会。

可是，人本身就是欲望的动物，人类如果没有感情欲望和生活嗜好也就不成真正的人。个人私欲与社会安定构成一对难以调和的矛盾，那么，人们应该怎样对待自己的私欲呢？智者老子开出的药方是恪守大道，不起欲望。但是，作为一个人不起欲望是不可能的，其实，老子教导的意义就在于，他提醒我们应该正确对待自己的欲望，尽可能地克制自己的欲望，尤其是统治者，更应该注意这一点。在得道之人看来，一个人只要心中出现贪婪或偏私的念头，那么，他的刚直性格就会变得懦弱扭曲，他的聪明才智就会因蒙蔽而暗昧昏庸，他的慈悲善良就会变得残酷无情，他的纯洁心灵就会变得卑鄙污浊，所有的美德将会因此丧失，甚至会给自己带来无穷的危害。索诸史籍，不难发现古今中外的贪官都在受贿之后，变成由行贿者摆布的可怜虫。

北周宣帝皇后是杨坚的女儿，杨坚因家世和才干出任北周重要官职，手握重权。北周皇族宇文氏对杨坚颇为猜忌，多次设计谋害，均未得逞。后来，北周宣帝也动了杀心，想找个借口把杨坚干掉。宣帝设下一计，他让自己的四个美貌宠姬扮扮起来，娇艳妩媚地侍立在自己的两侧，然后派人召见杨坚。宣帝暗嘱武士，如果杨坚窥视美姬，就立即把他杀掉。出乎意料的是，杨坚上殿后一直目不斜视，宣帝无奈，只好让他退出。不久，宣帝因纵欲过度而死，他的儿子宇文阐即位，是为北周静帝。杨坚以国丈重臣的身份入朝主政。当时，皇族之中汉王宇文赞势力最大，想除掉杨坚自己当皇帝，因此在上朝听政时常与杨坚平起平坐。杨坚也想除掉宇文赞，大权独揽。于是，他选了几个美女送给好色之徒宇文赞。宇文赞一见，喜不自禁，便搬回王府天天与几位美女玩乐，不再过问政事。就这样，杨坚顺利扫除篡权障碍，于公元581年7月称帝，篡周建隋。皇族大臣宇文赞因为贪私，成为杨坚手里的玩偶，任其摆布，致使国家与个人都落得个可悲的下场。

由此可见，无论是做人还是处世，甚或是治理国家，都要奉行大道，大道是宽敞的大路，顺此前进就会广阔无边。而欲望就好像狭路泥潭，一旦踏入不仅坎坷崎岖，更是寸步难行。做人绝对不要因私欲而贪占便宜，一旦被欲望控制，就很容易迷失本性，甚至可能坠入深渊而万劫不复。

荀子认为，人的本性是喜好私利的，由着这种本性发展，人与人之间就会发生争夺；人天生就会忌妒记仇，任由这种本性发展，人们就会去残害忠良；人生来就喜好乐音美色，由此出发，淫乱之事难以避免。所以，如果人人由着自己的本性，那么社会中的谦虚、忠诚、礼义等道德观念都会丧失。因此，人类绝不可放纵自己的本性，任由欲望泛滥，否则，社会必然会相互争夺，秩序败坏，从而导致暴乱。故而，为了整个人类的福祉，也是为了个人安全与幸福，人类应自觉克制欲望，努力促使社会安定。

下篇

德经

第三十八章

上德不德

【原文】

上德①不德②，是以有德；下德③不失德，是以无德。上德无为而无以为；下德有为而有以为。上仁④为之而无以为；上义为之而有以为；上礼为之而莫之应，则攘臂而扔之。故失道而后德，失德而后仁，失仁而后义，失义而后礼。夫礼者，忠信之薄⑤而乱之首。前识者⑥，道之华⑦而愚之始。是以大丈夫处其厚，不居其薄⑧；处其实，不居其华。故去彼取此。

【注释】

① 上德：具有上乘品德的人，老子认为这种德是从"道"里延伸出来，符合自然本性的德，与"下德"相照应。

② 不德：不自以为有德，不知道自己有德。

③ 下德：与自然之德相对应，指的是我们通常所说的德，老子认为这种德是人失去了上乘之德之后又刻意制造出来以调节人际关系的东西，并不符合自然本性。

④ 上仁：即上乘的仁。至于其具体与"下仁"有何区别，作者并未言明。下文的"上义""上礼"之说同样如此。总之在老子眼中，道、德、仁、义、礼均有上下高低之分。

⑤ 薄：不足，少。

⑥ 前识者：能提前看见，有远见。

⑦ 华：浮华。

⑧ 薄：浅陋，此处指"礼"。

【今译】

具有上乘之德的人并不知道自己有德，所以他才具有真正的德；具有下乘之德的人总是自以为没有失去德，正因为如此他其实并没有德。具有上乘之德的人顺其自然，并不刻意表现自己的德；具有下乘之德的人则总想有所作为，并刻意表现自己的德。上乘之仁有所作为，但并不刻意表现自己的仁；上乘之义有所作为，同时有意表现自己的义。上乘之礼有所作为，但它得不到回应时，便会卷起袖子伸出胳膊来强迫别人服从。所以丧失了"道"之后，才会有"德"；丧失了"德"之后，才会有"仁"；丧失了"仁"之后，才会有"义"；丧失了"义"之后，才会有"礼"。而"礼"的出现，正是因为人们天性的忠信不足，因此礼是祸乱的开始。所谓有远见，乃是"道"的虚华，是愚昧的开始。大丈夫应立足于敦厚而避免浅薄，追求朴素，摒弃虚华。要摒弃虚华而浅薄的礼而追求朴素而敦厚的"道"和"德"。

【解析】

上德与下德

　　此章是《道德经》的下篇《德经》的开篇。而实际上，在帛书本里，则是《德经》在前，《道经》在后，因此此篇也可算是《道德经》的第一篇，所以此篇包含了十分重要的内涵。总体而言，与《道经》所讲的事关宇宙本源、万物运行规律的天道不同，《德经》主要讲的是人德。所谓德，即是人对于天道的顺应，对于自然万物运行规律的顺应。天道与人德共同构成了老子思想的两个核心观念，乃是老子哲学体系的基本骨架。

　　具体地，老子在该篇中对德进行了精妙的分析，他将德分为"上德""下德"。所谓上德，即是顺应了"道"的一种德，其如同大道不可道一样，上德同样是不可言说的，具有上德的人根本就不知道自己是具有德的，所以他才具有了真正的德。打个比方，就像小孩子本身具有的美一样，他自己并不知道自己是美的，所以才真正的给人一种天真无邪的美感，受到每个人的喜爱。而那些具有下乘之德的人总以为自己没有失去德，是有德的，那么这种能被人感觉到的德其实已经不是浑然天成、暗合天道的"上德"了，而是次一个等级的"下德"。正如同一个看上去贤惠温柔的淑女固然是美的，但因为她自己在内心里已经知道自己是美的，因此有目地约束自己的行为、姿势、言语等，刻意维持乃至卖弄这种美，这比起小孩子的纯真无邪之美，已经属于下乘之美了。因此，上德乃是一种不可言说，同时又自然而然、具有着浑然不觉的德，而下德则是一种能够画出具体的标准，然后按照标准去执行的德。或者可以这么说，上德即是道家所说之德，而下德则是孔子所提出的儒家之德。

　　通过先秦古籍，我们发现，老子乃至后来的道家人士对于儒家的那套处事规范是很不以为然的，经常对其作出抨击。庄子便曾态度鲜明地指出儒家仁义道德是为大盗准备的，所谓"圣人生，大盗起"。这里的圣人，指的便是具备了"下德"的人，而真正具有"上德"的人反倒不具有圣人的名声。而老子不仅指出了"上德"与"下德"的区别，又具体地对当时的道德进行了一番梳理。他指出，大道无形无名无为无欲，当人的行为暗合大道，便是"上德"；当人的行为不能与大道相合，便产生了一种有意为之的"下德"，并且自以为有德。接下来"德"也开始丧失时，又开始注重博施广济的仁爱；当仁爱也很难做到的时候，便崇尚正直扶持正义；当正直和正义也无法做到的时候，便只能提倡形式上的礼节和修饰了。

　　总体上可以看出，老子虽然不以为意，但也并非对儒家的"下德"一味排斥，只是将其明确地进行了优劣排序。最后，老子又进一步指出，一个人应该尽量"处其厚，不居其薄；处其实，不居其华"。显然，老子反对那种华而不实、刻意为之的"下德"，认为一个人应该尽量追求朴实自然的"上德"，这尽管有些理想主义的色彩，却是老子伦理思想的一种寄托。而这种"上德""下德"之辩也显示出了道家思想与儒家思想的不同之处。本来，道、儒之间的这种争执只存在于学术领域，但是，因为自西汉以后的中国奉儒家学说为正统，于是老子的这种思想便具有了更加实际的意义——老子的这种"上德"经常成为了一些知识分子对抗儒家"下德"的一个有力武器。可以说，老子的"上德""下德"之辩成为了后世历代中国人——尤其是知识分子伦理生命中的一个重要的命题，乃是中国文化彰显的一个有力的发力点。

智与愚

在《道德经》中，老子提出了许多二元对立的命题，并对其进行了辩证的分析，比如强与弱、得与失、巧与拙、进与退、争与不争、有为与无为，等等。其中，智与愚是老子经常提及的其中之一。在此章中，老子便提到："前识者，道之华，而愚之始"，意思是那些所谓的有远见，能够提前对事情有所预测的人，其实是"道"的一种虚华，正是愚蠢的开始。显然，这听上去与我们通常的常识相违背，有远见怎么会是愚蠢的开始呢？老子之所以如此说，其实与他对智与愚的理解有关。在老子看来，许多表面看上去是聪明的行为，其实却是愚蠢的；而表面上看似愚笨的行为，其实却包含了最高的智慧，即所谓的大智若愚。

我们知道，世人都崇尚聪明而鄙视愚笨，但是，老子却不同，他一向都是鄙视各种聪明的机巧，认为所谓的聪明不仅不值得赞许，有时反而是一种不幸。这种观点从《庄子》所记载的阳子居与老子的对话中便可见一斑：

一天，阳子居向老子请教道："如果一个人行为敏捷，办事利索，事理通达，又勤奋好学，那么，他可以成为一个称职的领导吗？"老子回答道："这样的人并不能成为一个称职的领导，如果他意识到这些所谓的优点而随处滥用，反而会陷于日常琐事之中。这样的人，会因为果断而变得盲目自信，会因为敏捷而滑向轻率莽撞，因为通达而失去执着坚韧，因为勤奋而扰乱心神。他们会无事生事，无故扰民。聪明反被聪明所误，难道聪明人干的蠢事还少吗？机巧者干的傻事、坏事还不够吗？虎豹不就是因为皮毛花纹的美丽而招捕杀，猿猴不正是因为动作敏捷而被人捕捉吗？"

显然，在老子看来，聪明不一定是好事，许多时候正是聪明使人干出了许多蠢事。如果说从这段话中，我们所感到的是老子对于"智慧"的辩证态度的话，从另一则故事中我们则可以更鲜明地感受到老子对于"聪明"的排斥态度：

一天，追随孔子周游列国的子路一次单独走在路上时，看到路旁两个老人用桶在打水，于是对他们说："你们怎么还这样打水啊，人们不是已经发明了提水的辘轳了吗？"两个老人一听，竟然呵斥子路道："你说的是那种让人们变得越来越失去纯朴的本性的东西吗，请你赶紧离我们远点吧，我们还想好好地活着哩！"后来子路将这件事告诉了孔子，孔子说："这两个人大概是老聃的弟子吧。"

从这里我们也可以间接看出老子对于智巧的排斥态度。而老子之所以对"智""愚"抱着这种与世人不同的态度，乃是因为他认为世人所谓的愚笨正是一种顺应天道并且人们自己也没有察觉的一种无为的大智，这种大智使人们保持着天性的平静和快乐。而所谓的智慧，则驱使着人们的贪欲，使人们总想去获得更多的东西，最终变得越来越贪婪、诡诈，进而使人们失去自己纯朴的本性，失去自己原本简单、平静而快乐的生活。

将思维放开的话，就会发现老子的这种观点与现代人的感受不谋而合。现代科技使得人们的生活变得越来越方便，同时也使得人们越来越失去自己的本能，肢体变得越来越退化，健康每况愈下。物质生活极端丰富，人们的欲望越来越多，而生活却越来越不快乐。针对这种现象，老子在两千年前就开出了药方，认为只有"绝圣弃智"，回到纯朴、无为的状态才是解决之道。老子曾以婴儿打比方，认为婴儿无知无识，正是处于一种极"愚"的状态中，但是他拥有着简单、平静、快乐、无我、无限等成年人所没有的东西。并且，老子还进一步提出，人类早期社会，即相当于人类的婴儿时期，那时的人们处于一种对世界和自我的意识都比较懵懂的阶段，没有掌握那么多的机巧和智慧，行事能够顺应自然，与天道相合。故而，那时候的人类，过着简单而快乐的生活。后来的社会则正相当于一个人成年了，拥有了智慧之后，反而脱离了"道"。这时的人们，为种种欲望驱使，竞智斗胜痛苦不堪。最后老子在两个层面上均得出结论，无论是作为个人还是作为社会整体，都应该回到婴儿状态。可以说，老子在智与愚的辩证思想上，寄托了自己完整的政治、人格理想。总之一句话，与我们世人通常的观点不同，老子推崇的是"愚"，而非"智"。

【为人之道】

魏晋风流，上乘之德

我们知道，在中国历史上，曾经出现过一个思想自由旷达、文化光辉夺目、名士奇人辈出的被称作绝响的时代，那便是魏晋时代，又被称作是魏晋风流。之所以如此，便是因为当时的众多知识分子在思想和行为上所表现出来的豪放不拘、纯朴自然。通过下面的几个人的故事，让我们一窥其貌。

竹林七贤之一的阮籍，颇具才名，但因为看不惯当时的司马氏的统治，天天故意喝得醉醺醺的，以躲避政治。据说他经常独自一个人驾车野游，随意而行，走到哪儿没有路了，便大哭一场返回来。

阮籍非常孝顺，但是并不严格遵守儒家礼教所规定的孝道。有一天，他正在和人下围棋，邻居跑来告诉他，他母亲逝世了。下棋的对手一听，立刻便要终止下棋。没想到阮籍却不同意，执意要求将这局棋下完。不仅坚持下完棋，而且，在棋下完后，阮籍还违反礼教规定的居丧期间不得饮酒的规定，一下子喝了两斗（这个斗是盛酒器，并非计量单位）酒。然后，阮籍吐血数升。在母亲将要下葬时，阮籍又不顾礼教的约束，吃了一个蒸肫，又喝了二斗酒，然后看了母亲尸体一眼，说了一句"完了"，就大哭一声，又吐血数升。

因为阮籍是当时名人，许多达官名人都来吊唁他的母亲。但是，阮籍非但不接待并对来人表示感谢，而是披散着头发坐在那里，连正眼都不看别人一眼，并非常轻蔑地朝来客翻白眼。一次，当时的名士裴楷来参加葬礼，阮籍依旧只是朝他翻白眼。裴楷却一点也不在意，按礼节吊唁了便走了。出来后，有人对裴楷说："凡是吊唁，主人哭了，客人才依礼哭两声。既然阮籍不哭，你为何还要哭呢？"裴楷回答说："阮籍是方外之士，可以不拘礼节；我是世俗中人，所以按礼行事。"后来又一位名士嵇喜来吊，阮籍同样翻白眼，嵇喜不太愉快地走了。嵇喜的弟嵇康听哥哥说到这件事后，便抱着酒和琴前来吊唁，这次阮籍非常高兴，和嵇康竟然在母亲的灵柩旁又喝又唱。

一次，阮籍的嫂子要回娘家，阮籍前来与她告别。有人讥讽他的行为不合礼数，阮籍却说"礼难道是为我设的吗？"邻居家有个少妇长得颇有姿色，在街上开了个酒馆，是个"卖酒西施"。阮籍经常到她的酒馆里喝酒，醉了，便躺倒在"卖酒西施"的身边。这显然是不大合适的，但是阮籍并不避嫌。"卖酒西施"的丈夫知道了，因为知道阮籍的性子，并不怀疑阮籍和自己妻子有什么。

在魏晋时期，行为狂放自由的绝不仅仅是阮籍一个人，而是一种群体的行为。竹林七贤中嗜酒的刘伶，经常大白天裸体躺在屋子里，有人看到后便讥讽他，他却说："我以天地为栋宇，屋室为裤衣。你们怎么跑到我的裤裆里来了？"据说他嗜酒如命，经常一个人驾着鹿车，抱着一壶酒出门野游，并让一个仆人拿着铲土的工具跟在后面。他对仆人说："我如果死了，就地把我埋了就是。"

不仅知识分子如此，就连魏文帝曹丕都是一个不拘礼的人士。据说曹丕已经被曹操选为继承人，但还没有称帝时，建安七子之一的王粲死了。身为王粲好友的曹丕亲自为其举行了葬礼。在王粲下葬的时候，该曹丕念悼词，他却出人意料地说道："我们就不来那些虚套了，王粲生前喜欢听驴叫，我们就每人学一次驴叫来送送他吧！"于是，葬礼上竟然响起了一片嘹亮的"驴叫之声"。这叫声不仅响彻四野，也响彻千古。

可以看出，整个魏晋时期，人们在思想上很大程度地偏离了汉代所尊奉的儒家正统，行为上也很不符合礼教的要求。但是，我们同时应该看到，魏晋南北朝是中国历史上一个文化灿烂、群星璀璨的历史时期，乃至被后世知识分子推崇为一个不会再重现的历史的绝响。现代人更是赋予其一个充满了向往之情的名字——魏晋风流。这是为什么呢？这些看上去与正统思想和礼数格格不入的东西为何会得到人们的敬仰和艳羡？

这里其实便涉及了老子所说的"上德""下德"之辩。魏晋人士的风流虽然不合儒家礼数和正统思想，但是要知道，儒家所说的"德"其实只是一种充满人为痕迹的"下德"，更遑论"德"之下的"仁""义""礼"了。魏晋人士的思想和行为虽然违反了儒家之"德"之"礼"，却与老子所说的"上德"，乃至与"天道"是暗合的。以阮籍为例，他固然在听到母亲去世的消息后执意将棋下完，在母亲的葬礼上喝酒唱歌，但这并不能说明他对母亲没感情，更不能说明他不孝敬母亲。相反，他为母亲的去世竟然吐出数升血，这种深情和孝敬是一般人比不了的。实际上，现实中还真有那种不孝顺的人，他们打爹骂娘，行为如同禽兽，我们绝不会去推崇这样的人，因为他们连德都丧失殆尽，还谈论什么"下德"和"上德"呢。由此可知，魏晋风流之所以风流，便是其暗合了老子所说的"大道"。

不仅魏晋人士，在现实生活或者文艺作品中，我们经常可以见到一些表面上不符合世俗道德的人物，我们却觉得他们并不坏。在乡间我们有时会遇到一种憨厚朴实的人，他们看上去有些不大"知礼"，但在大是大非面前，他们却能够出人意料地做出清晰的判断，并有着鲜明的态度，比起那些"知书达理"之人的模棱两可更让人肃然起敬。这其实也是那种不合"小礼"，却暗合大道之人。明代的洪应明在《菜根谭》中认为那些性格浑厚朴拙的人，可以培养子孙的元气，其道理便在这里，因为这样的人是暗合了"道"的。

魏晋人士的作为，对于我们每个人的为人处世都给出了一定启示。在对世事或别人的行为进行判断时，我们也不要一味死板地以通常的眼光，即"下德"去裁量。如果能够从更高的"上德"的角度去考虑问题，也许我们的眼界能够更开阔一些，生命的格局能够更大气一些。另外，涉及到我们自己，固然应该遵守社会公德，也就是所谓的"下德"，但是，如果你觉得自己的行为有"上德"作为支撑，那么你不一定要顾及世俗的眼光和标准，不拘常礼，不在乎世俗眼光，打破常规，也未尝不可。我们之所以能够冲破这个社会给我们设立的种种规范，因为老子给我们提供了思想武器，我们可以藐视所谓的德，让心灵直接面对宇宙大道。当我们能够做到这一点，就能摆脱一些惯性的思维，更真切地感受到我们的生命本身，也必将能够开拓出更为独立而精彩的人生。这便是我们从老子的"上德""下德"之辩中得到的启发。

第三十九章

下为高基

【原文】

昔之得一^①者：天得一以清；地得一以宁；神得一以灵；谷得一以盈；万物得一以生；侯王得一以为天下贞^②。其致之也：谓天无以清，将恐裂；地无以宁，将恐废；神无以灵，将恐歇^③；谷无以盈，将恐竭^④；侯王无以贞，将恐蹶^⑤。故贵以贱为本，高以下为基。是以侯王自称孤、寡、不谷^⑥。此非以贱为本也！非乎？故至誉无誉。是故不欲琭琭^⑦如玉，珞珞^⑧如石。

【注释】

① 一：即"道"。在《道德经》中，有"道生一"句，因此老子经常用"一"来代表"道"。

② 贞：领袖，正统。

③ 歇：消失。

④ 竭：干涸。

⑤ 蹶：倾覆。

⑥ 孤、寡、不谷：均是古代帝王对自己的谦称。孤，意思是说自己孤单，有争取臣民拥护之意；寡，与孤类似；不谷，有不善的意思。

⑦ 琭琭：形容玉石的华美。

⑧ 珞珞：形容石头的坚硬。"不欲琭琭如玉，珞珞如石。"是老子心目中有道的君主的样子，老子认为为政者应该"处下""居后""谦卑"，并像磐石那样坚韧朴实。

【今译】

以往曾经得到过道的：天得到道而清明；地得到道而宁静；神（人）得到道而英灵；河谷得到道而盈满；万物得到道而繁衍生息；侯王得到道而成为天下的领袖。再进一步说，天如果不得清明，恐怕要崩裂；地不得安宁，恐怕要塌陷；神（人）不能保持灵性，恐怕要消失；河谷不能保持充盈，恐怕要干涸；万物不能保持繁衍，恐怕要灭绝；侯王不能保持天下领袖的地位，恐怕要倾覆。所以贵以贱为根本，高以下为基础。因此侯王们自称为"孤""寡""不谷"，这难道不就是以贱为根本吗？不是吗？所以最高的荣誉没有赞美称誉。不要求像华美的宝玉，而宁愿像坚硬的磐石。

【解析】

尊卑与贵贱

在《道德经》第四十二章中，老子曾言："道生一。"因此，老子经常以"一"指代"道"。此章中的"一"同样应该是代指"道"。在该章前一部分，老子先是通过有道与无道对于天、地、神、谷、万物、侯王的正反两面的影响突出了道的重要性或者说是尊贵。但是，如同老子在其他章节中所说的，这个如此重要的"道"却是不可言说、不可感知的，因此当然也就无所谓高贵或者卑下了，正是所谓"至誉无誉"。因此，我们通常所言的贵与贱、高与下，其实乃是一种辩证统一的关系，并非那么泾渭分明，自然也就不像世俗所理解的贵比贱要尊崇，高比下要优越了。正是在此基础上，老子进一步提出了"贵以贱为本，高以下为基"的辩证主义观点。

"贵以贱为本，高以下为基"的观点，应该说包含了哲学、政治学、社会学等多方面的智慧。这里，我们重点从对我们的世俗生活有指导意义的方面进行阐释。

实际上，老子的这句话后来曾长时间被当作一种政治观点进行解读，人们通常理解为为政者便应该如同老子所说的那样，身居高位，但在内心则应该保持谦卑、朴实的心态。被万人拥戴，却自感孤独；整天被歌功颂德，却自称"不善"（"不谷"有不善之意）。这种表述包含了老子的政治理想，描述了在他心目中为政者的形象。侯王乃是身份最尊贵、地位最高的人了，却自称是孤独、不善之人，等于是将自己放在了极其卑贱的位置上。这其实便体现出了一种对于高贵与卑贱的对立统一的理解。尊贵虽然高高在上，却是以卑下为依托的，没有卑下也就无所谓尊贵。换句话说，卑贱乃是尊贵的依托。

作为智慧高深的圣哲，老子如此言说，当然并不仅仅是上面讲述的那么简单，而是有更深刻的道理。我们知道，在古代农业社会里，中国的皇帝是最高统治者，而其真正的统治基础则是升斗小民。凡是平民数量最多的时候，往往就是政治和社会最稳定的时候，这种情况一般出现在各个王朝的创建之初。随着社会经济的发展和政治逐渐趋于腐败，往往会出现大量的土地兼并现象。于是，大量的自耕农丧失土地，沦为贫雇农，生活赤贫化。这个时候，社会矛盾便开始激化，农民起义开始发生，皇权开始受到威胁。另一方面，统治阶级内部，大地主为了自己的利益，也开始与皇权离心离德。随着矛盾的进一步积累，国家便会走向崩溃，王朝就会倾覆。在这样一个关系链中，最高统治者与最底层的平民利益是高度一致的，是相互依存的。社会地位最低的平民是最高统治者最牢靠的统治基础，平民利益受损皇权就会陷入危机。所以，皇权最尊贵安稳的前提是最卑贱的平民的安定。到底谁更高贵，谁最卑贱，还真难说。不仅老子这样看，儒家也这样看，所谓"民为贵，社稷次之，君为轻"正是这个道理的另一种表达。因此，身份尊贵、身居高位并不值得骄傲，没必要觉得自己高人一等。要明白，自己其实无法脱离卑贱，卑贱才是高贵的根本。

因此，在现实生活中，我们要明白，世俗所谓的尊贵与卑下并非是一对完全对立的概念，两者是对立统一的。由此，在现实中，我们应该做的是放下自己对于贵贱、毁誉、高下的分别心，使自己尽量忘却世俗的观念，甚至达到一种物我两忘的境界。具体而言，便是不必过于在意自己身份的尊卑，地位的高下。感到自我优越的地方，没必要扬扬自得，但也不必过于妄自菲薄，总之，找到自己的一种平衡，保持一种谦卑、朴实的心态。如此，我们便自然而然地活在了老子所说的"道"中。如同得道的天得以清、地得以宁、万物得以繁衍生息一样，我们必然也能够活得简单、快乐、有尊严而精神充盈。

至于高以下为基的道理，更不难理解。谁都知道，万丈高楼平地起，没有牢固的基础，就不可能建起高楼大厦。空中楼阁，更是人们嘲笑那些不懂这个道理的人的常用说辞。任何伟大的事业，都需要从最基础的东西做起，任何高深的学问，都要从点的积累开始，关于这方面的论述，古人的论述已经相当丰富，在此不再赘述。

学会做一块石头

在本章中，老子最后说了一句："是故不欲琭琭如玉，珞珞如石"。关于这句话的解释，其实不止一种，除了译文中所说的"不要求像华美的宝玉，而宁愿像坚硬的山石"之外，还有一种比较常见的解释是："不强要为玉让人称赞，也不甘愿为石让人非议。"不过，这两种看似相互矛盾的解释其实都是说得通的，只是对老子原话理解的侧重点有所不同罢了。第二种理解乃是从更深层次上对老子的精神进行阐释，因此也更微妙、更难以让人领会并掌握一些；第一种解释则是着重从略微简单的层面上进行了阐释，两者的实质其实是一样的。而从对现实生活的意义上来说，显然是第一种译法更具有明确的指导性和可操作性。即是说，要想达到老子所谓的道的境界，我们便要"不要强求为玉，而要甘愿为石"。这种观点也是老子一向所提倡的"守拙"的观点。总之，如将老子的"守拙"智慧具体并形象化，如果把它拿来指导我们的人生和现实的话，不妨将其简化为——要学会做一块"石头"！

就一般而言，世人都觉得外表漂亮、价值不菲的宝玉要比随处可见的石头珍贵。但是在老子看来，石头却有石头的优点，并且其优点恰恰正是在与宝玉的对比中体现出来的。让我们看一下同宝玉相比石头有哪些优越性呢？

首先，宝玉固然漂亮，处处引人瞩目，却是按照玉匠的审美眼光雕琢而成，已经失去了自己的天然本色，成了一个依靠外在的审美标准而存在的物体，没有了自我。相反，石头虽然被弃于荒野，无人关注，但是能保持自己的天然本色，自由自在地"躺"在天地之间。以之喻人，与其按照社会或别人的眼光去改造自己，进而失去了自我，显然不如按照自己的标准自由自在地生活。比如那些每天见诸报端网络的明星们，虽然看似风光，但时时处处都要考虑自己的形象，因而行事、说话都难免为了迎合大家而失去真实的自我，甚至连恋爱、婚姻等事都因考虑歌迷、影迷的感受而无法自主，这样的生活真的就优于普通人吗？一些明星希望自己只是个普通人，也许并非煽情之言吧！

其次，宝玉的漂亮和昂贵往往引来人们的贪婪、嫉妒、争夺，从而使自己处于一种"危险"之中，而石头正是因为其平常与不值钱，从而可以不为人所注意，不会有人对其产生贪婪心理进而不择手段地争抢它。一个有才能的人正像是一块美玉，固然在生活中风光，却会引起人们的嫉妒，一旦与别人利益发生冲突，容易被人视为大威胁，处境危险。而一个表面上没有什么才能的人（其实是保持内敛，隐藏才能），虽然场面上不那么风光，却可以过平静而快乐的生活。就像一些商界名流固然风光，却是绑架集团惦记的目标，周末到野外开个全家野餐会可能都要考虑安全因素。而普通人却永远不必有这个担心，可以在任何一个周末因为心血来潮而到野外度过一个温馨而快乐的日子。

最后，宝玉正是因为漂亮，也就容不得一点瑕疵；正因为太精致，也就失去了其浑厚，

201

极容易遭到损坏。而石头正因为普通，也就无所谓瑕疵，正因为粗糙，也就可以随便摔打。一个人太出众也是如此，因为已经在别人眼中树立了完美的形象，一旦犯点小错便让人无法接受，必然活得很累。而做一个内敛的人，因为姿态本来就很低，也就不会被过高地期待，犯错误也是正常的，没有人会过分挑剔，反倒是偶尔做了高调的事情，便会被人刮目相看；从另一个角度讲，一个人一旦太成功了，偶遇挫折便可能经受不住打击。而一个姿态很低一路摸爬滚打过来的人，则往往不怕失败的打击，最终更有可能取得成功。

总之，经老子的提醒，石头的优越之处恰恰正是其原本被视为缺点的地方，平凡、卑微、不值钱、平淡无奇等这些原本的"缺点"，其实都是闪光的优点呢。因此，我们要学会甘于处于一种平凡普通的地位，不张扬自己的才能，保持一种朴实、平静、内敛的心态。并且，在这样一种"石头心态"下，我们并没有放弃积极进取的精神，只是具有了更沉稳的思维、更开阔的胸怀、更平静的得失心，其实反倒更容易抵达成功。

【为人之道】

不卑不亢地做人

老子所言的"贵以贱为本，高以下为基"落实在生活中，首先便在于时刻保持一种谦卑、朴实的心态，不要因为自己身份的尊贵、财富的富足或者其他优越的东西而产生扬扬得意的心理。试想，如老子所说，世界上最尊贵的莫过于侯王了，连他们尚且不可倨傲，更何况其他人呢？许多得道之士都认识到了这一点，因而以"尊贵"的身份，秉持谦卑的态度。

大作家托尔斯泰闻名遐迩，又出身贵族，却从不摆大作家的架子，而是始终将自己看得很平凡。一次，他在一个火车站等车，因车还没到，他便在月台上溜达。这时，一列客车正要开动，汽笛已经拉响了。忽然，一位贵妇人从列车车窗伸出头来冲他直喊："老头儿！老头儿！快替我到候车室把我的手提包取来，我忘记提过来了。"原来，这位女士见托尔斯泰衣着简朴，还沾了不少尘土，把他当作车站的搬运工了。

托尔斯泰于是急忙跑进候车室将贵妇人的提包拿来并递给她。贵妇人于是感激地说："谢谢啦！"并随手递给托尔斯泰一枚硬币，"这是赏给你的。"托尔斯泰接过硬币，瞧了瞧，装进了口袋。正巧，女士身边有个旅客认出了托尔斯泰，就大声对女士叫道："太太，您知道他是谁吗，他就是列夫·托尔斯泰呀！"

"啊！老天爷呀！"女士惊呼起来，"我这是在干什么事呀！"她对托尔斯泰急切地解释说："托尔斯泰先生！托尔斯泰先生！看在上帝的面儿上，请别计较！请把硬币还给我吧，我怎么会给您小费，多不好意思！我这是干出什么事来啦。"

"太太，您干吗这么激动？"托尔斯泰微笑着说，"您又没做什么坏事！这个硬币可不能还给您，这是我挣来的。"汽笛再次长鸣，列车缓缓开动，带走了那位惶惑不安的女士。托尔斯泰微笑着，目送列车远去，又继续他的旅行了。

另一个例子是关于被称作"经营之神"的日本松下电器创始人松下幸之助的。有一次，松下幸之助在一家餐厅请客人吃牛排。待大家用完餐后，松下让秘书去请烹调牛排的主厨过来，并特别强调："不是经理，而是主厨。"秘书注意到，松下的牛排只吃了一半，心想过一会儿的场面可能会比较尴尬。主厨表情紧张地过来了，因为他知道将自己叫过来的是大名鼎鼎的松下先生。"有什么问题吗，先生？"主厨紧张地问。

　　"对你来说，烹调牛排已不成问题，"松下说，"但是我只能吃一半。原因不在于厨艺，牛排真的很好吃，但我已 80 岁高龄了，胃口大不如从前。"主厨与其他用餐者，面面相觑，不解其意。"我想和他当面谈。因为我担心他看到只吃了一半的牛排被送回厨房，心里会很难受。"原来松下先生是怕主厨怀疑自己的烹调手艺出了问题。这让主厨很感动，在场的客人更佩服松下的人格，并更喜欢与他交朋友，做生意。

　　实际上，留心的话，会发现那些真正为人们所尊崇的人物之所以受人尊崇，都不是靠自己强势地走到聚光灯下，然后告诉大家自己是多么了不起的，反而都是将自己看得平常不过，甚至低于常人，结果反而恰恰成就了自己的尊贵。

　　不过，如果仅仅是做到了谦卑，其实只是对老子所言的"贵以贱为本，高以下为基"理解了一半。事实上，如果从更深层次上理解的话，这句话还有另一层意思，那便是一个真正得道的人不仅仅应该自甘居下，即不应因为自己地位尊贵、处境优越或暂时获得成功而产生自得、自负心理，还应该不因自己的地位卑下、处境贫贱或一时遭受挫折而自感卑下。关于此，美国诗人卡尔·桑德堡的故事可以给我们以启发。

　　卡尔·桑德堡是《林肯传》的作者，他所著的《林肯传》获得 1940 年普利策历史著作奖。当年，他为了写作《林肯传》，一个人居住在密执安湖边。每天早上，他准时出去，一边散步，一边构思。有人为了同桑德堡开玩笑，花钱请了一位又高又瘦的演员扮成林肯。他们躲在远处，看着那位演员慢慢地朝桑德堡走去，然后两人交错而过……

　　那演员回来后，雇用他的人围住他问："他干了什么？"

　　"什么也没干，只是看了看我。"演员说。

　　"什么也没干？"这些人有些不信。

　　"他鞠了个躬，"演员诚惶诚恐地说，"他说早上好，总统先生。"

　　如果说前面的两个故事为我们阐释了什么叫"不亢"的话，这个故事形象地为我们展现了什么叫作"不卑"。而实际上，"不卑"和"不亢"是一回事，一个面对地位低于自己便趾高气昂的人，在地位高于自己的人面前，必然是一副低声下气的奴才相；而一个并不认为自己比地位低于自己的人优越的人，则自然会觉得自己与地位高于自己的人是平等的。只有同时做到了"不卑"和"不亢"，才可以说真正符合了老子所说的"道"。而到这个时候，也就无所谓高贵和卑下了，因为尊贵和卑贱在他这里已经被解构了。不过，话虽如此，事实上，不得不承认，真正能做到不卑不亢的人并不多。我们也往往能够发现，具此品质的人往往是那些取得了卓越成就之人。这个事实则恰恰又一次证明了老子的辩证法智慧，具有平凡而朴实的心态的人才是最卓越的人！

第四十章

虚中生有

【原文】

反①者道之动②，弱③者道之用④。天下万物生于有，有生于无。

【注释】

① 反：矛盾，相反相成，循环往复之意。

② 动：运动。

③ 弱：柔弱，微妙。

④ 用：作用

【今译】

道的运动是通过循环往复实现的，道的作用是微妙、柔弱的。天下的万物产生于看得见的有形质，有形质又产生于不可见的无形质。

【解析】

微妙的道

在《道德经》中，老子所提的一个最核心的概念便是"道"，在开篇第一章，老子便提出了："道可道，非常道。"意思是能够用语言表达的道，便不是永恒不变的道。老子所说的这个"道"，是不可言说的，因此其本质上便是一个只可意会不可言传的微妙之物。不过，尽管这个道是微妙而不可言说的，但是它始终一刻不停地在起着作用，宇宙万物都处在其支配之下，并受其影响。那么，这个道究竟是如何运行并起作用的呢？此章中老子给出了回答，道的运行是通过循环往复，或者叫作矛盾来运行的，而道的作用则同样是通过一种极其微妙的过程来实现的。

关于"道"的微妙运行，老子其实在许多章节中都曾提及，总结其观点，可以看出其认为道的运行乃是一种对立统一的辩证法。即如其在第二章中所言："故有无相生，难易相成，长短相较，高下相倾，音声相和，前后相随。是以圣人处无为之事，行不言之教。万物作焉而不辞，生而不有，为而不恃，功成而弗居。夫唯弗居，是以不去。"宇宙间的万物都时刻处于这样一种相反相成的矛盾之中，从而才得以存在，而这也正是"道"的运行方式。举例来说，一个人的生正是以其死为依据，没有死也就无所谓生。而自从其生的那一刻起，其便开始了向死转化的过程，生的过程便是不断积累死的因素的过程，到一定时候，生便走向其对立面死；另外，高与低、贵与贱、善与恶、福与祸、有为与无为、智慧与愚蠢，乃至本章所说的"有"与"无"，无不是如此，而这正是道作用于万物的微妙方式。

另外，道的运行除了微妙的特征之外，还有一种柔弱的特征。实际上，有人就干脆将"弱者道之用"解释为"道"起作用的方式是柔弱的，即"道"通过循环往复对宇宙万物施加影响的过程中，是柔弱的，而不是强有力的、具有压力的。或者说，道的属性是柔和、天成的，其影响万物的方式也是顺其自然式的。而实际上观察宇宙万物也会发现，柔弱是所有事物的本性，所有无生命的和有生命的物体从弱开始，中间变强，最终再回复到一种弱的状态。比如，太阳早上时强度很弱，然后逐渐变强，到中午时达到最大强度，而到晚上则复归于柔和；所有的动植物，一开始生命很弱小，力量很有限，很容易被摧毁，到中年时变得十分强大，但到老时复归于弱小。人，自然也是如此。

概而言之，在此章中，老子告诉了我们道的运行方式是通过矛盾的循环往复，而其起作用的特点则是极其微妙、柔弱，因而是顺应万物的。从这里我们便明白了在现实中，要想与不可言说的微妙的"道"保持一致，我们便应该不是以一种张扬、强势的态度对待万事万物，我们同样应该是微妙的、顺其自然的、不急不躁的、常存善念的、清心寡欲的。再进一步地说，与儒家所说的中庸之道有些类似了，具体而言，可以说是：凡事不走极端，始终保持平和冷静的态度，努力但不强求，得失顺其自然，乐天知命，随遇而安，乐善好施。如此，我们便顺应了"道"。因此，虽然"道"本身不可言说，其运行方式也微妙异常，但我们不会与其相违背。

世界本是"空"的

在本章中，老子提出了自己的宇宙观，即"有生于无"。这句话的意思就是，这个看起来纷繁芜杂的世界其实是来自于"无"，也即这世界是凭空产生的。换句话说，这个世界的本质是"空"的。实际上，老子的这种宇宙观，《道德经》中不止一处提到，在第四十二章中有言："道生一，一生二，二生三，三生万物。"这里，老子不仅又一次强调了世界的来源于"无"的宇宙观，而且具体地指出了世界是如何一步步地从"无"到"有"的。当然，这种步骤老子将其说得极其抽象化，但是其已能够大体上将这个过程说清楚了。其已经清楚地指出了世界是先由"道"而生出简单的物质，然后再由简单的物质生成复杂的物质，如此渐趋复杂，最终形成了我们今天的这个世界。而在这个宇宙生成的过程中，所谓的"道生一"，指的便是世界从"无"到"有"的那个步骤。

我们知道，现代人都相信科学，那么便让我们来看看现代科学是怎么说的。现代物理学已经认为：物质是人的错觉。爱因斯坦曾指明：物质形成于场，场是具有能量强度的空间，其中并无一物，因此宇宙中根本没有物质，物质都是有能量之空间的组合。当代西方科学界先驱艾德·蔡安则指出：宇宙物质各系统，一般可归纳为物质、能、电荷等等，而这些则一概都是归于零（空）。我们还知道，关于宇宙的起源，被现代科学界大多数科学家认可的理论便是"宇宙大爆炸"。这个理论认为，现在的宇宙起源于一百五十亿年前的一次大爆炸，至于爆炸之前，宇宙则是空空如也、了无一物。这不是和老子所说的"有生于无"的观点是一致的吗？另外，现代生物学家认为，地球以及生物世界的演变，遵循着由简单到复杂，由低级到高级的规律发展演变，最终形成现在纷繁复杂的精彩世界。通过比较不难发现，这种观点与老子所言的"一生二，二生三，三生万物"的观点也是高度契合的。

综上，我们可以发现，老子的宇宙观与现代科学对宇宙的认识以及世界演化渐进的观点，在本质上高度一致，现代科学，尤其是关于宇宙和生物进化的理论，建立在观察实践的基础上，经过了数百年无数科学家的积累，是人类在科学领域里的最宝贵和最深湛的学问，然而，几千年前，老子仅凭自己的直觉和颖悟，竟然窥透宇宙起源的本质，达到现代科学的最高境界，其智慧之高深，令人感佩不已。

不过，也许我们会觉得这种宇宙观作为一种过于宏大的东西，跟我们的现实生活并没有多大关系。其实不然，一个人的世界观必然是会反映在其人生观中的。也许有的人会因此得出一种人生也是虚无的，进而产生一种虚无主义的情绪。但至少老子对此是不提倡的，老子虽然提出了"空"观，却并非是一位消极主义者，如果真的如此的话，老子也就不会写《道德经》了。而且，在《道德经》中，老子不仅提出了他的宇宙观，而且在此基础上对于为政施治、做人之道都提出了相应的明确的观点。其所说的"无为而治"的统治政策、"守雌守弱"的处世观点，并非是要人们放弃努力，而是要人们在行事时能够顺应大道，更具体点说，便是要顺其自然，不过分强求；提醒人们在做出努力的同时，对结果抱着一种豁达平和的态度。在老子看来，唯有如此，统治者才能获得满意的治理效果，人民大众才能获得欢悦幸福的人生。这种观点，如果用佛家的话说，即是不要太执着，要拿得起放得下。

如果接受老子的教导，我们便能够活得更为洒脱、快乐，又不失积极。这便是老子这种观点所给我们的有益启示，想必老子"天上"（按道教说法，他是成仙了的）有知，应该会觉得这种态度是符合了他的"道"的。

【为人之道】

塞翁失马的启示

老子所言的"道"之微妙运行可以说在现实中无时无刻不在影响着我们，现在我们以中国人所重视并经常提及的福、祸的视角来看一下"道"的微妙运作，看是否能从中得到一些启示。事实上，在《道德经》第五十八章中，老子曾专门提及了这一概念："祸兮，福之所倚；福兮，祸之所伏。"而在编著于西汉时期的《淮南子·人间训》中，则有一个"塞翁失马"的故事对这句话进行了更为形象的演绎。

说在靠近长城一带居住的人中，有位性格开朗并擅长推测吉凶的老头。一天，老头的马无缘无故跟着胡人的马跑了，老人的家人都很愁苦，只有老头并没有因此事而不高兴，好像根本没有发生这件事一样。而附近的邻居听说这件事后，都纷纷前来老头的家里安慰这个倒霉的老人家。但是，没想到老头却说道："说不定这件事是一件好事呢！"大家一听，都很不理解，只是觉得老人可能老糊涂了。没想到的是，过了几天，老头家的马又跑回来了，并且还带回来两匹胡人的品种更为优良的马。老头的家人因此感到很高兴，但老头并没有因此事而流露出开心的表情，依旧像是什么事也没有发生似的。这次邻居们又听说了，于是前来祝贺老头一家。没想到老头又不阴不阳地说了句："这可能未必是件好事呢！"大家又同样把他当作了老糊涂。没想过了一些天，老头的话又应验了，他儿子在骑着胡马去放牧时，因为胡马性子刚烈，将他从马上摔了下来，并摔断了大腿，成了一个瘸子。人们听说这件事后，又一起来到老头家里探视并安慰。没想到的是，事情已经坏到这种份儿上，老头竟然又说道："这件事可能是件好事呢！"这次老头的妻子看着自己的儿子成了残疾，都实在忍不住骂了老头。不过，没想到的是，几年之后，胡人大举侵犯边塞，于是，政府便在边塞征兵，所有的青壮年都被抓去做了壮丁，并因战事不利，十有八九都战死在了沙场。但是，老头的儿子因为腿瘸的缘故，便没有被抓去，因此保住了一命。显然，老头的话又应验了。

塞翁失马的故事有可能是有人专门根据老子的"祸兮，福之所倚；福兮，祸之所伏"而编出来的一个故事，因为其的确十分形象而恰切地注释了这句话。而实际上，正如同福、祸的话题仅仅是老子用于阐述"道"的微妙运行的一个例子一样，"塞翁失马"的故事所给我们的启示同样应该是更深一层的。

总体而言，塞翁失马的故事所能给予我们的启示的核心还是在于要明白在所有事物的表面之下的"道"之存在，许多事情都并非如同表面或者暂时看上去的那个样子，其背后存在一个"道"在暗暗地起着作用。因此我们在看待事物的时候，便要保持一种更为宏阔与长远的目光，不要将目光局限在一个孤立的点上。这样，我们便会更加智慧，看问题看得更透彻。同时，我们要明白，这个"道"乃是一个非常微妙的东西，不是说人力可以掌控的。因此，无论做什么事都要明白，总有你掌控之外的东西的存在，所以在行事的时候，我们便应该保持一种"谋事在人，成事在天"的态度，做自己该做的事，但对结果不要过多强求。

总之，便是保持一种顺其自然的态度，而这，也正是与道的柔弱特性相符合的，如此，其实我们反倒更可能达到自己的目的。而即使达不到，其负面效应也会因为我们的豁达而不像原来那么严重。即是说，我们会变得更为智慧、豁达、成功、快乐！

第四十一章
善贷且成

【原文】

上士^①闻道,勤^②而行之;中士闻道,若存若亡^③;下士闻道,大笑之。不笑不足以为道。故建言^④有之:明道若昧;进道若退;夷道若纇^⑤。上德若谷;大白若辱^⑥;广德若不足;建德若偷^⑦;质德若渝^⑧。大方无隅^⑨;大器晚成;大音希声;大象无形。道隐无名。夫唯道,善贷^⑩且成。

【注释】

① 上士:西周的士大夫分为上士、中士、下士,此处则指的是具有上等智慧、有悟性的人。

② 勤:勤奋,积极。

③ 若存若亡:若,有时;亡,同"忘"。

④ 建言:存在几种解释,一说是书名,老子引用其中的话;一说"建言"是立言、设言,意即通常有这样的说法;一说此"建言"可能是古代的一种谚语、歌谣等。

⑤ 夷道若纇:夷,平坦;纇,崎岖不平。全句意思是平坦的道路看上去好像崎岖不平一样。

⑥ 大白若辱:大,最;辱,黑垢。意思是最白的东西反而看上去像黑垢一样。

⑦ 建德若偷:建,刚健;偷,怠惰。意思是刚健的德看上去似乎是怠惰的样子。

⑧ 质德若渝:质,充实;渝:虚无。意思是充实的德反倒是看似虚无的样子。

⑨ 隅:棱角。

⑩ 贷:施舍,给予。

【今译】

有悟性的人听了关于道的理论,就积极按照道去实践;悟性一般的人听了关于道的理论,有时记得有时就忘了;见识浅薄的人听了有关道的理论,以为荒诞不经,会哈哈大笑。如果不被(见识浅薄的人)嘲笑,那也就不足以称其为道了。所以古时立言的人曾有这样的话:光明的道好似暗昧;前进的道好似后退;平坦的道好似崎岖;崇高的德好似峡谷;广大的德好似不足;最刚健的德好似怠惰;最充实的德好似虚无。最洁白的东西反而看似黑垢;最方正的东西,反而没有棱角;伟大的成就总是最后才完成;最美妙的音乐没有声响;最大的形象,反而没有具体的形体。大道幽隐而不可说，没有具体的名称。只有"道"，才能施恩于万物，才能无所不成。

【解析】

道往往不被理解

在本章中，老子一开始分别谈到上士、中士、下士三者对于道的态度，接着老子进一步指出：不笑不足以为道。这句话可以说对我们是相当有启发意义的。老子的这句话从反面的角度对道进行了阐释——真正的道，往往不会被所有人理解。打个比方，《论语》记载：一天，子贡问孔子说："全乡人都喜欢、赞扬他，这个人怎么样？"孔子说："这还不能肯定。"子贡又问孔子说："全乡人都厌恶、憎恨他，这个人怎么样？"孔子说："这也是不能肯定的。最好的人是全乡的好人都喜欢他，全乡的坏人都厌恶他。"同样，老子所说的道，也必然是如此，上士、中士、下士如果都对其采用同样的态度，这样的道，便往往不是真正的道。而真正的道，必然会被浅陋之人所嘲笑。因为浅陋之人，本身眼光狭隘，它所理解的道理，必然是狭隘之道理。因此正是通过这样一种双重否定，才正证明了道的正确性。

实际上，老子所说的不仅是一种理论上的情况，现实中我们也往往会发现，但凡浅陋而无见识之人，便往往会嘲讽他所不理解的真理。那句话"真理往往掌握在少数人手中"，其实说的也是相似的道理。这句话其实有句潜台词，这里的少数人其实指的是那些有见识、有思想比常人看得远的人士，其实正相当于老子所说的"上士"。正是因为他们看得比一般人远、深刻，所以能够看到普通人视野之外的东西。而因为看不到，普通人便不相信"上士"所说的。而随着时间的推移，等真理被越来越多的现实所证明之后，普通人便也慢慢接受真理了。实际上，几乎所有的真理被接受的路径，无不是如此。无论是科学界的太阳中心说、地球是圆的，还是政治领域的民主制度，乃至基督教、佛教，都无不是如此。因此，最初掌握这些真理的人往往是不被人理解的，其遭遇甚至已经不仅仅是被嘲笑了，许多人付出了生命的代价。

因此，老子所言的"不笑不足以为道"，确实是真理。而且，这句话对于我们的现实生活其实有着很实际的指导意义。在现实生活中，我们会发现，越是浅陋而没有见识的人越是喜欢议论和嘲笑真理，这正是所谓的无知者无畏。让我们来想一下，我们有没有这样的时刻？而等我们在明白过来之后，会不会感到羞愧？因此，在生活中，我们要即使不是"上士"，也尽量不要做那种浅薄的"下士"，以免显得浅薄，最终贻笑大方。实际上，面对我们（一旦存在）的浅陋，人家"上士"也往往是不屑于与我们争论的。以至于有的人便以为别人无法驳倒自己，更加扬扬得意，也就更加浅薄。具体地说，无知不要紧，但要明白和承认自己的无知。对于自己不太理解的东西，便不要轻易发议论乃至嘲讽别人。

另一方面，便是要明白，真正的"道"必然是要遭受嘲笑的，扩而广之，"上士"被"下士"嘲笑是不可避免的。从表面上看，上士似乎是受了侮辱，但实际上，受这种侮辱毋宁是一件值得骄傲的事情呢！这就像一个恶人很仇恨你，这不正表明你是个好人吗？具体到现实生活中，如果你自己觉得自己掌握了真理，在面对不理解的人嘲笑时，便要泰然处之，要明白这本是正常的情况，既不必因有人嘲笑而对自己产生怀疑，也没必要跟他争辩。换句话说，只要你自己觉得是对的，便要勇于坚持并平静地坚持！

相反相成

在该章中，老子提出，"道"在下士那里往往会遭遇到嘲笑，又称"不笑不足以为道"。为了解释其原因，老子举出了一系列的例子。即"明道若昧；进道若退；夷道若纇。上德若谷；大白若辱；广德若不足；建德若偷；质德若渝。大方无隅；大器晚成；大音希声；大象无形"。因此，我们便明白了道之所以被下士嘲笑，乃是因为其在表面上看上去并没有很耀眼的光芒，因此浅陋之人并不能识别出来。实际上，老子所举的这些例子除了解释了"道"遭到（下士）嘲笑的原因之外，同时也是老子的重要智慧——辩证法思想的又一次展现。

在《道德经》中，老子经常论及其辩证法思想，比如在第二章中，老子就曾说过："天下皆知美之为美，斯恶已；皆知善之为善，斯不善已。故有无相生，难易相成，长短相形，高下相倾，音声相和，前后相随。是以圣人处无为之事，行不言之教。万物作焉而不辞，生而不有，为而不恃，功成而弗居。夫唯弗居，是以不去。"可以说，这种观点是老子辩证法的基本观点，其后一些论及辩证法的观点则是在此基础上进行的进一步延伸发挥，比如第十二章的论述。

在本章中，老子再次强调辩证法思想，并得到了进一步发挥。老子认为，相互矛盾的事物其实是相反相成，彼此依托的，而并非如我们所通常认为的那样泾渭分明。如其所举，崇高的德本来应该是处于让人敬仰的位置的，结果反而像是低矮的峡谷；最方正的东西显然是应该具有棱角的，却看似没有棱角；最洁白的东西显然看起来应该比一般的洁白更白才对，结果反而看上去像是黑垢了。显然，似乎一种东西一旦抵达极端之后，便会在外相上看上去似乎是转向了它的反面。因此，相互矛盾的事物不仅是相互依托的，而且是相互转化的。除此之外，老子的辩证法思想还在其他章节有所提及。可以说，辩证法思想贯穿于整部《道德经》之中，是老子的一个重要思想。

而就本章而言，其给我们的启示便是，许多东西一旦走到极端便往往会看上去像是其对立面的样子，因此我们在现实生活中便不要总是以事物表面看上去的样子去作判断，而是应该从更深层次看问题，这样才能够作出准确的判断，避免成为浅陋的"下士"。具体而言，比如，有些稍懂学问的人，遇到别人诚恳地请教他，便觉得对方一定不如自己，于是即使表面上不表露出来了，心里却有些按捺不住的得意。实际上，可能别人的学问比他高得多，而是抱着一种不耻下问的态度请教。因此，这种得意只能是一种浅薄。在社交场合中，有的人看到别人沉默寡言，一副木讷的样子，于是便陡然产生一种优越感，于是高谈阔论，卖弄自己的见识和口才。其实，其可能正应了那句"一瓶子不响，半瓶子咣当"的俗话。许多人习惯以衣着判断别人，看到别人衣着不太讲究，不修边幅，就马上判断别人有些粗俗。殊不知，真正高雅的人往往注重的是自己的内心和精神，在外在形象上往往不怎么在心，其实人家比他高雅多了！

总之，老子教我们的便是——不要成为那种只简单依靠表面现象进行判断的"下士"，即使遇到自己不理解的东西，也不要贸然不以为然，而是要明白自己的有限乃至无知，从而保留判断就是。另一方面，如果你遭遇到"下士"的嘲笑，也不必在意。

大器晚成

　　老子为了证明自己的辩证法思想，举了许多相反相成的例子，这些例子的逻辑是很容易让人明白的，比如崇高的德本来应该是处于让人敬仰的位置的，结果反而像是低矮的峡谷；最方正的东西显然是应该具有棱角的，却看似没有棱角。老子正是以此让我们明白，我们对于事物不应该只凭其表面来判断，而应该更深入地辨别事物的内在，才可能做出准确的判断。不过在所有这些例子中，"大器晚成"这个说法从表面上看似乎稍微有些不协调，因为似乎在逻辑上伟大的成就本来就应该是需要花费时间的。不过，如果仔细辨别的话，其在逻辑上其实是说得通的，其意思是奉劝我们不要因为暂时看不到成就便匆忙作出判断，以为不会有成就了。这同样是在提醒我们，不要为眼前的表象所迷惑。另外，老子的这句话也被演绎出了一种更为普遍的意思，便是不少伟大的人物在年龄较大时才展现出非凡才能。可以说，这两种解释都对于我们有很现实的指导意义。

　　首先，我们把握这种智慧，可以用来作为对别人进行判断时的参考。在别人努力进取的过程中，不要因为别人一时没有成功，便对别人的事业下了定论，认为别人不会成功了。尤其是对于朋友，不要给别人泼冷水，我们应该做的便是鼓励别人，成人之美。现实中的许多人之所以与朋友不欢而散，都往往是因为他们不看好的别人的努力，乃至冷嘲热讽。要知道，这样既打击了别人，自己又失去了一个朋友，又有何必呢？与此类似，有的人因看到别人长时间没有表现出什么才能，不太得志，便认为别人会一直潦倒下去，一辈子也就这样了。这往往是很伤人自尊的，很容易让对方产生赌气乃至报复心理，现实中因此而得罪人的事十分常见，甚至因此结仇的也屡见不鲜。而且，即使不考虑人际关系的因素，仅仅是作为一个有智慧和见识的人，也应该明白，许多事业都是很晚的时候成功的，而很多的人也都是在年龄很大时才成才的，这样的例子不胜枚举。如果连这点道理都不懂得，可以说一个人也就缺乏应有的远见，显得目光短浅而为人浅陋了。

　　其次，则是将老子的智慧直接用之于自身，鼓励自己自立自强，创造一番事业。如果你正在努力想要有所成就，而暂时还未能成功，那么你便应该明白，许多伟大的成就都是在很晚的时候才能够成就的。在面临挫折时，不要灰心，持之以恒地努力就是。而如果你现在身处潦倒之中，对自己的梦想和所选择的道路产生了怀疑，你甚至感觉不到自己的可取之处，看不到前途与光明。这时候，道理是同样的，要学会鼓励自己。并且这绝非是一种虚幻的东西，它很真实，许多人都验证了它。可以想象，每个人的资质、条件不同，最后取得成就或是展现才能的时间必然是不同的，肯定是有的早一些，有的晚一些。成功的时候什么时候到来我们无法把握，我们能做的便是不停地努力，尤其是永远对自己怀有信心，所有的成功无非都是如此。

　　大千世界，芸芸众生，每个人的人生路径肯定是不同的。而对于那些试图有所成就的人来说，因为各自的资质、出身、机遇等条件的不同，每个人最终抵达终点的方式也肯定是不同的，抵达成功的时间也会有早有晚。纵观古今中外，年少得志的人固然不在少数，但实际上更多的人往往是在有了一定的年龄之后才取得成就的。许多故事都表明，一个人即使早年表现得很糟糕，也往往并不影响其在日后取得非凡的成就。

【为人之道】

要勇于坚持自我

从对我们现实生活的指导意义讲，"不笑不足以为道"所带给我们最具意义的启示便是——要勇于坚持自我。在现实生活中，这种情景想必是常见的：那便是在我们坚持某个真理的时候，在我们采取某种行动的时候，在我们选择一条道路的时候，或者我们追求我们的梦想的时候，便会有人投来异样的目光，评头论足乃至冷嘲热讽。现在，老子的"不笑不足以为道"所揭示的道理便提醒我们，这是不可避免的，甚至恰恰证明了你所坚持的东西的超前价值。因此，只要你坚持认为自己的想法是对的，自己的行为是有意义的，那么便要勇敢地坚持自我。而实际上，但凡取得成就的人，无不是在别人的不以为然乃至嘲笑中最终取得成功的。

发明蒸汽机船的富尔顿在制造世界上第一艘蒸汽机船的过程中便遭遇了许多人的嘲讽。

富尔顿出生于美国，他小时候看到人们很吃力地划船，便萌生了这样的想法："如果有办法让船自己行走那该多好啊！"于是，其整个青年时期都一直都研究这个问题。21岁时，富尔顿结识了蒸汽机发明家瓦特，并与之成为莫逆之交。正是与瓦特的交往，让富尔顿产生了"能不能用蒸汽机来推动轮船"的想法。但是蒸汽机是需要燃煤的，显然是不可能用于木结构的船只的。于是富尔顿又进一步想：能不能以钢材作为轮船的材料呢？这种想法显然是惊世骇俗的，因为当时的人们难以想象钢材制造的船能够漂浮在水上。实际上，当年富尔顿曾经找到因为打不过英国海军而无法战胜英国的拿破仑皇帝，提议将他的船只改造成砍掉桅杆，并以钢材为船身的蒸汽机船。军事天才拿破仑却未能免俗地对这种"荒谬"的想法嗤之以鼻，并骂富尔顿为骗子，将他赶走了事。为此，有人声称拿破仑如果接受富尔顿的建议，欧洲历史便会重写。

实际上，富尔顿不仅遭到了拿破仑的嘲笑，在美国，他同样遭到了许多人的嘲讽。当他的第一艘以蒸汽机作为动力的轮船试航时，除了船上的几十个乘客外，河两岸挤满了好奇的观众，他们中的许多人都是来看富尔顿的笑话的。人们看着江面上这个巨大的金属怪物，船体上没有桅杆，只有高高的烟囱，还冒出黑烟，没有人认为它真的能够行走，许多人一直在对其大声嘲笑。然而随着蒸汽机的轰鸣声，轮船缓缓离岸，驶向江心。一位观众大声喊叫起来："啊，上帝，那玩意儿真的竟然能动！"最后，经过32个小时的逆水航行，轮船完成了从纽约到奥尔巴尼距离为240千米的路程。比最好的帆船顺风行驶还要快16个小时。而其顺水回航时仅用了30个小时，它的平均时速达到5.6千米，从此揭开了蒸轮船时代的帷幕。不久，富尔顿取得了在哈德逊河上航行的独占权，并开办了船运公司。富尔顿的成功很快引来无数的效法者。在5年以内，美国和欧洲的内陆河流中已经有50多艘蒸汽轮船投入了营业性航运。

英国作家夏洛蒂·勃朗特从小坚信自己将会是一个伟大的作家。中学时，她将自己想法告诉了父亲，父亲却说："写作这条路太难走了，你还是安心教书吧。"但这并没有改变她的信念。一次，她给当时的桂冠诗人罗伯特·骚塞写信，请求她指点自己如何能够尽快实现自己的梦想。没想到得到的回信却是：这个职业对你并不合适。但是这仍旧没有改变夏洛蒂的信念，她只是大量读书，练笔，最终她写出了《简·爱》这部不朽的名著。

另外，发明电灯的爱迪生、英国著名作家狄更斯、苹果计算机创始人乔布斯等众多成功人士，在前进的道路上其实都经历了挫折、打击乃至嘲讽，但正是其勇于坚持自我的韧劲最终将其引向了成功。

第四十二章

物损而益

【原文】

道生一①，一生二②，二生三③，三生万物。万物负阴而抱阳④，冲气以为和⑤。人之所恶，唯孤、寡、不谷⑥，而王公以为称。故物或损之而益，或益之而损。人之所教，我亦教之：强梁者⑦不得其死。吾将以为教父⑧！

【注释】

① 一：万物皆由一开始，老子经常以其来代指"道"。

② 二：即相互对称的事物双方，可以简称为阴、阳二气。

③ 三：由两个相反相成的对称物共同孕育出的第三者，进而生成万物。

④ 负阴而抱阳：即背阴而向阳。阴、阳乃是老子认为的宇宙万物均含有的两个基本属性。

⑤ 冲气以为和：阴阳二气相互激荡而最终形成和谐的状态。冲，激荡的意思。和，指阴阳相互协调的状态；还有说法称其是阴阳二气相互激荡后形成的另一种气。

⑥ 孤、寡、不谷：均是古代帝王对自己的谦称。孤，意思是说自己孤单，有争取臣民拥护之意；寡，与孤类似；不谷，有不善的意思。

⑦ 强梁者：强暴者，自恃力量强大而不遵从道的人。

⑧ 教父：教育的根本，首先要教育的。

【今译】

道是万物的本源，道生成阴阳二气，阴阳二气相交而形成有形之物，万物正是这样生成的。万物背阴而向阳，在阴阳二气的互相激荡中形成和谐匀适的状态。人们最厌恶的就是"孤""寡""不谷"，王公却用这些字来称呼自己。所以一切事物，有时表面上减损它却反而使他得到增加；有时表面上增加它却反而使他得到减损。别人这样教导我，我也这样去教导别人。自恃强大而不遵从道的人大都不得善终，我把这句话当作首先要教授的。

【解析】

阴阳调和

在本章中，老子概要地指出了宇宙生成的过程：道生一，一生二，二生三，三生万物。即先是由道生成阴阳二气，然后阴阳二气再生成第三者，万物由此而产生。接着，老子又对万物的性质进行了论述，认为万物"负阴而抱阳，冲气以为和"。意思是世间万物的生成与存在都是阴阳相互调和，最后达到一种匀称和平衡之后的结果。可以说，这种"负阴而抱阳，冲气以为和"的思想乃是老子在道乃世界本源的思想基础上，进一步具体指出世间万物生成和存在的本质属性。这种思想对中国古代哲学、文艺思想以及中国人的思维方式、行为习惯都产生了巨大而深远的影响。

老子的这种阴阳学说，是中国人解释世界的基本理论术语。国人认为，世间万物都存在阴、阳两种相反相成的基本属性，并且将世间的许多事物都分成了阴、阳两类。如人们认为日为阳，月为阴；天为阳，地为阴；男为阳，女为阴；火为阳，水为阴；另外，在一个物体内部，也存在阴、阳二气。比如在中医上，人的身体受到阴气和阳气的共同作用。而且，这种关于阴、阳的划分已经不是一种简单的概念，而是扩张为一种普遍的属性，世间的任何东西都可归入阴、阳两类之中。一般来说，凡是剧烈运动着的、外向的、上升的、温热的、明亮的，都属于阳；相对静止着的、内守的、下降的、寒冷的、晦暗的，都属于阴。

而且，老子不仅指出了万物"负阴而抱阳"的本质特征，而且还指出了阴阳之间的一种理想的关系。老子认为，世间万物之所以能够存在，便是阴阳之间相互激荡，并最终达到一种平衡与和谐状态的结果。所谓平衡与和谐，便是一种不偏不倚的中性状态。可以说，老子的这种思想对于中国人的思想和行为都产生了深远的影响。我们知道，历来统治者治国，几乎都是要选择中庸之道；中国人在行为准则上，也一向推崇儒家的中庸之道。实际上，老子的这种"冲气以为和"的思想可以说为中庸思想做出了更为深层次的支撑——这个世界本质上便是中庸的，因此人作为这个世界的一部分，行为做事自然不能脱离宇宙万物的规律。正是因为此，儒家中庸思想一直以来得到中国人的推崇。可以说，无论是中国人一向不走极端，而习惯不偏不倚，走在中间的行事习惯，还是在人际乃至政治交往中所强调"和为贵"，无不受到儒家中庸之道的影响，同时，其背后也都有老子思想的影响

具体到我们的现实生活中，我们便是要明白宇宙万物得以存在的原理便是平衡与和谐，因此无论是国家政策的制定，企业管理文化的定位，还是我们在为人处世，都不可违背这个原则，凡事不走极端，适可而止，以中庸之道行事。在某一个方面比较突出之后，我们便要有意识地往其反面施力，以求使其恢复平衡。比如国家发展过快，就要选择一定的政策，适当降低发展速度，保持平衡，以免引发经济危机；一个企业如果缺乏活力，就应该进行变革，以激发活力。

具体到为人处世上，一个地位本来低下的人，如果在精神上也表现得唯唯诺诺，肯定不能获得别人的看重与尊敬了。要想获得别人的重视，便不妨在精神、气质上表现得张扬一些，让人不敢小瞧。而一个本来地位尊贵的人，则没必要再表现出咄咄逼人的气势，反倒应该有意识地谦卑、低调一些，如此更能获得尊敬；一个人在比较潦倒的时候，显然是应该绷紧着一股精神，发奋拼搏，以图出人头地。这样行为做事，符合平衡之道，往往会得到人们的认可与赞许。而如果一个已经功成名就的人仍然整天绷紧着神经紧盯着名利，我们大概便会觉

得有些不协调了，觉得他其实应该更加恬淡闲适一些才好；在一个朋友圈子中，如果我们过于沉默寡言，那么我们便应该使自己变得更为活跃一点，以更积极地与人沟通，赢得朋友；而如果我们本来已经在圈子里异常活跃，在圈子内以机智和幽默著称，那么我们便应该有意识地收敛一下了，以给别人一些表现自我的机会，等等。另外，表现在人际关系中，阴阳的平衡往往还直接地表现为一个"和"字，就是要和善地与人相处，宽以待人，不背后诋毁别人，得饶人处且饶人，如此等等，不一而足。可以说道的运用之妙，存乎一心。

损与益的辩证

在该章中，老子还提出了一个具有普遍意义的哲理，那便是"物或损之而益，或益之而损"。意思是有时候事物表面上受到损害，反而最终却得到了益处；有时候表面上是为事物好，实际上却使其遭受损失。这可以说是一种令人欣然点头的智慧，因为在现实生活中，这样的例子很多。比如，人工的花草和野草之间的对比，人们对花盆中的花草细心地施肥浇水，倾心照料，遇到刮风下雨的恶劣天气，还将其搬入室内。这表面上看是照顾了花草，使其生长得更为茁壮，而实际上却增强了其对人的依赖性，降低了自身抵御恶劣环境的能力，最终生命力下降，很容易死去；而相反，无人照管的野草既要自己寻找生长的资源，还要遭受风吹雨打。这表面上是遭受了损害，而实际上则使其更能适应自然界的环境，具有更为旺盛的生命力，从而更能茁壮生长。

实际上，类似的道理也适用于我们自身。比较典型的，有的有钱的家长对于孩子过分溺爱，凡事顺着他的性子来，要什么给买什么，什么事情都替他做了。一旦他与其他的伙伴发生冲突，也一味地护短。读书，则一路用金钱为其开道，从小学到中学，再到大学，大学毕业则花钱为其走门路买到一个工作。这样看起来是爱孩子，但是这果真能使孩子得到益处吗？这样的孩子往往既没有什么知识和能力，也没有远大的目标和拼搏的激情，乃至都不会很好地与人相处，这样终究养出一个"废物"出来而已，其实是害了自己的孩子。而有的家长则从小就严厉地对待自己的孩子，让他做各种力所能及的家务，对其不好的行为严厉斥责。无论冬夏，都让其早早地按时起床。这表面上是似乎是过于严厉了，并使得孩子生活得太"苦"了，但实际上培养了其独立自主的生活能力和坚韧的品质。其长大以后更能够适应这个社会，并更可能打拼出一片自己的天地。这才是真正使孩子得到了真正的益处。

在商业领域，有的商人为了眼前的一点利益，放弃了诚信的品质，结果因信誉受损，失去了更多的生意。这也是典型的"或益之而损"，本来是想增加自己的财富，结果却使自己的财富减少了。而有的商人则为了坚守诚信的商业道德，宁肯遭受利益上的损失，结果因为赢得商业信誉而得到更多的顾客和合作伙伴，最终得到了比损失多得多的财富。这便属于"损之而益"的情况。不仅在财富上如此，在名誉上也同样如此，有的人太在乎自己的名誉了，以至于故意去做一些事情以成就自己的名声，结果反而弄巧成拙，被人视作沽名钓誉之辈。而有的人，根本不在乎虚名，行事只随自己的性子，因此经常做出一些看上去不那么迎合大家目光的事情。但时间久了，人们便会明白他才是坦坦荡荡配得上美好名声的人。这也是生活中常见的"物或损之而益，或益之而损"的例子。

总之，在生活中，这样的例子还有很多。事情的好坏都不是像表面上看上去的那么简单，一件事看上去是好事，没准隐藏了祸患；而一件事看似灾祸，也可能是一件值得庆幸的事情。

不过，老子的智慧绝非是将我们导向一种消极的不可知论，从而无所作为。老子所要提醒我们的，是在行事的时候，要将我们的眼光放远，思维拉开，从更为长远和宏阔的角度看问题，从根本上判断是有益还是有损失。而这个标准，说得大一点，便是老子所说的"道"，说得具体一点，就比较多了，举例来说，是否符合宽厚、淡薄、乐观、韧性、谦卑、正直等原则，便是我们应该作为判断好处或是坏处的标准。

【为人之道】

安禄山、史思明之死

　　天宝十四载，身兼平卢、范阳、河东三镇节度使的安禄山，以诛杨国忠为名，率众15万，号称20万，在范阳起兵；安禄山的部将史思明也一起率部反叛，史称"安史之乱"。唐朝自立国一百多年来，内地长期没有战争，官兵根本没有打过仗，战备松弛，斗志全无。许多地方官员一听说叛军来了，干脆直接投降或弃城而逃。勉强应战的也都不堪一击。叛军势如破竹，在一年时间内先后占领唐朝两都洛阳和长安，随后，安禄山称帝。

　　当时，从大局上看，唐王朝基本被击垮了，如果安禄山举措得人心的话，很可能就坐稳江山了。但可惜的是，安禄山却脾气暴躁，是个十足的"强梁者"，最终，他虽然没有被唐朝军队打败，却被儿子杀死。并且有趣的是，另一位叛军首领史思明竟然也同样因其强横残暴而被自己的儿子杀死。

　　安禄山自范阳起兵后，本来就胖的身体更胖了，病也越来越多。尤其是在洛阳称帝后，由于酗酒及纵欲过度，本来就有眼疾的他基本上已经看不见东西，成了个盲人。身体状况恶化后，他深居皇宫，很少再与手下将领们见面，有事基本上都是靠他最信任的谋士严庄转达。安禄山生性残忍，脾气暴躁，后来他身上又长了毒疮。在剧烈疼痛的日夜折磨下，他变得更加暴躁残忍，经常无端的把左右侍从鞭打一顿乃至杀死以缓解他自己的烦躁。整天贴身伺候安禄山饮食起居的宦官李猪儿，经常无缘无故被鞭打，对安禄山怨气最大。就连安禄山最亲信的谋士严庄有时也免不了挨鞭子，结果人人都怕他、恨他。

　　安禄山的长子叫安庆宗，原本在长安做官，安禄山起兵后，被唐玄宗杀了。二儿子安庆绪，跟随安禄山起兵打仗，很有才干，深得安禄山的喜爱。可是不久，安禄山又娶了一个妃子段氏，生了一子叫庆恩。安禄山因宠爱段氏而把对安庆绪的喜爱转移到庆恩身上，并无意间透露出想把皇位传给庆恩的想法。安庆绪本以为自己肯定是接班人了，这下便感到了危机，担心自己会被废黜。

　　唐肃宗至德二年正月的一天，严庄又去向安禄山禀报事情。不知因为什么，安禄山大发其火，又把严庄鞭打一顿。严庄羞愤而出，走出宫门，恰好遇见满脸愁容的安庆绪。颇有心机的严庄察觉到安庆绪的心中有事，于是晚上悄悄来到安庆绪宫中，试探他的口气。话一说透，两人一拍即合，准备一起杀掉安禄山。但这需要内应，于是严庄又想到了被安禄山打得最多的李猪儿。随后，安庆绪将李猪儿叫来，假装慰问。想到自己每天被安禄山鞭打，李猪儿就恨得牙痒痒。等他搞明白了安庆绪的用意，马上便表示愿效死力。

　　几天后的一个夜里，三个人一起来到安禄山的住所。侍卫看严庄和安庆绪都带着武器，有些不对劲，但因为他们的身份，谁也不敢轻举妄动加以阻拦。另外，他们本身也痛恨安禄山，就听任三个人进入安禄山的卧室。进入皇宫后，严庄和安庆绪带刀守在安禄山卧室门外，李猪儿则手持大刀冲进去，对着安禄山腹部上去就砍。安禄山睡觉时常将一把刀放在床边，以备万一。被砍后他赶紧去摸刀，但刀已经被李猪儿提前拿走了。李猪儿奋力砍杀，安禄山就这样惨死在自己的儿子和最信任的谋士和侍从手中。之后，安庆绪对外宣称安禄山病死，自己登基称帝。

而安史之乱的另一主角史思明也同样是死于自己的残暴强横。史思明作为"安史之乱"的二号人物，根本瞧不上后生小子安庆绪。在退守安禄山的老巢范阳之后，史思明得到了安禄山掠来的大量财富，便不再想受安庆绪的节制。安庆绪得知这些消息，便有心除掉他，于是派人以征兵的名义来到范阳，实际上想伺机杀掉史思明。史思明识破其谋，先下手为强，将安庆绪派来的官员骗进城内抓了起来，并投降了唐王朝。

唐肃宗接受了史思明的归降，并封其为归义王，兼任范阳节度使。史思明受诏后，立刻杀掉了安庆绪派来的官员，向唐王朝表忠心。但唐王朝实际上对史思明并不信任，派人秘密盯着他，结果被史思明得知，再次叛唐。同年，史思明杀死安庆绪，并收编了他的部队，回到范阳，自己做了大燕皇帝。

后来，唐将李光弼率军前来讨伐，史思明将其击败，并乘胜攻打陕州，没想到被唐军挫败。史思明只好退守永宁。其间，为防唐军来袭，他不顾将士的疲惫，严令将士连夜修筑城墙。他的儿子史朝义也奉命带领将士修筑城墙，因为看到士兵太疲惫了，便命令大家休息一下。史思明巡视到此，看到之后，大发雷霆。史朝义心生恐惧，向父亲解释哀求，请他允许让士兵歇一会儿，因为大家实在太累了。结果史思明却一点都不为所动，并亲自监督士兵们将城墙完全弄好。临走时，他还对史朝义大骂道："等我打下陕州，一定杀了你！"

史朝义深知父亲是个不念亲情的残暴之人，因此听后大惊失色。此时，已经受够了史思明残暴的其他将领聚拢而来，劝史朝义先下手为强，杀掉其父。史朝义考虑一番，随后答应下来。当天夜里，史朝义先是找到史思明的亲信，那个负责史思明安全的曹将军，向他言明真相。曹将军大惊，但不敢违拗。再则，他也觉得史思明过于残暴了。于是，史思明便落得个同安禄山一样的可耻下场。

安禄山和史思明的故事，非常现实而生动地证明了老子的"强梁者不得其死"的道理。实际上，不止是安禄山和史思明，历史上还有许多因残暴强横而最终为人所杀的例子，比如商纣王、三国的张飞（因逼迫部下完成不可能完成的任务，被部下所杀），隋炀帝、太平天国的东王杨秀清、明末农民起义首领张献忠，等等。基本上，凡过于强横残暴的人最后往往都没有好下场。

第四十三章

不言之教

【原文】

天下之至柔①，驰骋天下之至坚②。无有入无间③，吾是以知无为之有益。不言之教④，无为之益⑤，天下希及之。

【注释】

① 天下之至柔：意思是天下最柔弱的东西。至于其具体所指，结合其他章节，可以认为是水、风，因为水表面柔弱，却可以攻击金石之坚；风最柔弱，却可以摧折巨树。另外也有人认为，这里指的是"道"，其虽然柔弱得连形状也没有，世间最坚硬的东西它也能隐其间。

② 驰骋天下之至坚：一解释为能够在最坚硬的东西间自由穿梭；另一解释为能够驾驭或者战胜天下最坚硬的东西。

③ 无有入无间：无有，指表面上看上去似乎不存在，即没有具体的外形的东西。水、风、"道"，都具有这个特征。无间，指的是坚硬无比的东西。全句意思是无形的东西可以穿透没有间隙的东西。

④ 不言之教：没有说出来的教诲，即一种心灵上的领会。

⑤ 无为：即顺其自然，这是老子一向提倡的政治和人生哲学。其并非是什么也不做，而是强调顺应事物的本性，不刻意，不强求。

【今译】

天下最柔弱的东西，可以腾越穿行于最坚硬的东西中；无形的力量可以穿透没有间隙的东西。我因此知道了"无为"有大的用处。没有说出来的教导，顺其自然的益处，普天下少有东西能赶上它。

【解析】

至柔驰骋至坚

本章中，老子开篇提出"天下之至柔，驰骋天下之至坚"的观点。其意思历来有两种解释，一种解释为天下最柔弱的东西能够在最坚硬的东西间自由穿梭；另一解释为天下最柔弱的东西能够驾驭或者战胜天下最坚硬的东西。而实际上，这两种解释的精神内涵其实是一样的，那便是再次体现出了老子一向所提倡的"柔弱胜刚强"的观点。

说到老子"柔弱胜刚强"的观点，还有一个精彩的故事。说孔子在前往洛阳向老子求教问礼时，老子问孔子，人身上最坚硬东西是什么。孔子想了想回答说是牙齿。老子又问人身上最柔软的东西是什么，孔子回答说是舌头。于是老子张开自己的嘴让孔子看，问他看到了什么。孔子说看到老子的牙齿全都掉光了。老子又问，还看到了什么。孔子说还看到的就是舌头了。于是老子说这就对了，坚硬的东西不能持久，而柔软的东西才得以长久，你做人也应该这样啊！

实际上，这种观点乃是老子"道"的观点的具体化，老子对此观点十分重视，多次强调。除本章外，老子在许多地方都提及他的这种"柔弱胜刚强"的观点。可以说，老子的这种观点一直贯穿于《道德经》的始终。

在老子看来，"强大"也就意味着已在走向衰弱——月满则亏，水满则溢，物壮则老。因此刚强表面上强大，却不能持久，时间一久，便会被柔弱击败。而柔弱虽然表面上看没有力量，比较弱，却并非虚弱、脆弱，而是一种柔韧，具有一种内在的生命力，此正是天下事物生生不息的原因。并且柔韧的东西往往坚忍不拔，适应环境的能力特强，具有不断发展的强大生机，承受外力也有较大的弹性，因此往往能够能战胜"强大"。老子经常拿水举例子，以说明他的观点，水表面上没有任何刚强之处，"天下莫柔弱于水"，但是它能够自由穿行于坚硬的山岳岩石之间。除此之外，老子还举出例子用以证明他的这种观点，比如本章后面所说的"不言之教""无为之益"，便同样是一种柔弱胜刚强的例子。

正是在这种"柔弱胜刚强"的观点下，老子提出了自己的政治观点和人生哲学。政治上，他主张君主应该放弃残暴强硬的政治，行"无为"之政，让百姓安居乐业。而对于一个人的为人处世，老子则主张一个人不应该过分，要贵柔守雌，甘居下位，不矜不争，不为天下先。再具体一点，则可理解为保持谦卑内敛、平和待人、少私寡欲，等等。

而就现实而言，无数的事例验证了老子的观点的正确性。比如，秦国通过暴力征服天下，然后强征民力修筑长城，并通过残暴手段对人民实行残酷统治，试图以此建立万世不变之江山，结果却短短十五年便灭亡了。而汉代建立之后，以与民休息的黄老之术治理国家，结果打造了中国历史上第一个强大的王朝。多少统治者想通过自己的文治武功流芳百世，但是没有一个人比孔子这个一生不得志、颠沛流离的人历史地位更高。在孔子面前，再了不起的君主都不得不跪于他那高贵的身躯，连元、清两代的异族统治者也不例外。在商业领域，许多企业在取得一定的成就之后，急功冒进，追求迅速扩张，最终因为"刚强"而轰然倒塌的例子不胜枚举，如春都火腿、郑州亚细亚商场莫不如此。同时，那些在商业上取得成功的企业无不是时刻把自己放在一个"柔弱"的位置上，最终获得成功。比如微软公司，始终自认为"微软离破产永远只有十八个月"，却一直处于行业霸主的地位。另外，看一下我们的周围也会发现，那些和善、谦卑、宽厚的"柔弱者"总是能赢得更多尊重和信任，人们更愿意与他们接触，而对那些喜欢卖弄、言语刻薄、蛮横粗野的人则会由衷地厌恶，并避而远之。另外，我们也会发现，但凡有取得较高成就的人一般都是不事张扬，行事低调，默默无闻，坚持努力。而那些喜欢张扬、夸夸其谈的人多半不能获得什么成就。联系老子的智慧和这些活生生的现实，我们或许能够得到一些启发。

不言之教

本章中，老子先提出了"柔弱胜刚强""是以知无为之有益"的观点，接着又说到"不言之教""无为之益"。从结构上说，可以说"不言之教""无为之益"均是对于"柔弱胜刚强""是以知无为之有益"的进一步具体化，或者说是为证明其而举的例子。因此，对于不言之教的理解，还是要联系老子所说的"柔弱""无为"的角度进行。实际上，在这里，所谓的"柔弱""无为"说的是一回事。具体到不言之教，所谓不言之教，显然是相对于"言教"而言的。而言教，相对于不言，自然要更积极主动乃至强硬（因为直接用语言要对方接受自己的观点）一些，"有为"一些。而相反，不言，则自然显得态度柔和、"无为"一些。这是我们对于不言之教的基本理解。

联系老子的"柔弱胜刚强""是以知无为之有益"的观点，显然老子认为，不言之教是要比说出来的言教效果更好的。而对于不言之教为何会比言教效果要好，老子没有具体分析，但我们通过在现实生活中的经验不难理解，言教，往往某种程度上有些强迫性质，你即使再声嘶力竭，别人有可能并不接受，甚至还产生反感。但是，不言之教，则并不诉诸声音，而是通过某种精神上的契合而让别人领悟，他自己领悟出来的东西自然是接受的，并且对其行为的影响也会大得多。这可以说是不言之教比言教有效的基本原理。另外，老子在《道德经》开篇便曾言："道可道，非常道。"因此，真正最高深的道理，是不能用语言说出来的，而只能靠一个人自己去领悟。因此也可见，不言之教不仅比言教要有效，而且其所能传递的真理也要比言教所能传授的更为深邃。

正因为此，在中国的教育中，我们一向都不是以语言进行的，而是以无言的"身教"来进行的。所谓言传身教，言语只是讲述其原理，而真正的教育则是以自己的实际行动来影响别人。在中国一向有"上行下效"的说法，又有"上梁不正下梁歪"的说法，其实说的便都是身教的话题。一般而言，上级官员喜欢贪污受贿，下级官员也多是贪官；一个父亲整天吊儿郎当，满嘴脏话，其子受其影响，长大后也多半是这个样子；一个老师整天谎话随口就出，你能指望他教出来的学生是诚实的？因此，"身教"，即通过自己的行动示范给别人的办法来教育别人，一直是中国人最注重的教育方法。在古代，我们知道，皇帝定期要举行盛大的祭祀天地、孔子、太庙等的仪式，其意义并不仅仅是皇帝的一种个人行为，而是在教化全国的官员和百姓强调敬天地、敬圣人，以及要孝敬父母。只不过其不是通过口头强调或文告通知的方式，而是通过自己的行为来进行。同时，皇帝还经常做一些农耕的象征性行为，其虽然是示范性的，但也同样是通过一种以身示范的形式向国人强调农业的重要性。总之，中国有着悠久而普遍的不言之教的传统。而这，显然是非常智慧的。因为你如果想要说服别人做某件事，单凭口头强调的确是比较苍白的，比如你自己自私自利，总为自己打算，却号召别人去奉献，去大公无私，别人自然不买你的账；为人父母的人对自己的父母不孝顺，其子女往往也会从小看在眼里，潜移默化，即使别人告诉他们一个人应该孝顺他们也很难接受；一个父亲自己抽烟抽得厉害，然后对儿子大声痛斥，希望他戒烟，恐怕也很难有效果。因此，中国先人可以说是深谙老子的不言之教的智慧，并已经将其巧妙运用到了现实生活之中了。

不过，需要指出的是，老子所说的不言之教并非简单地局限于一个人的言或不言，而是要宏阔得多。不仅仅一个人可以通过自己的行为来影响别人或启发别人获得真理，而且世间的许多东西都可以给人以启示，如晨曦的美丽、夕阳的深沉、草原的广阔、高山的巍峨、大海的壮观、孩童的无邪、小动物的天真，乃至翱翔于天空的鸟儿的自由自在，等等，均会给人以生命的启示，让人瞬间在情感和智慧上得到某种升华。这些，可以说是来自大自然的不言之教。另外，除了大自然，社会本身也同样具有一种教育功能，一个人身处的社会，也往往会受到潜移默化的影响。如在一个社会风尚良好的社会中，身处其间的个体也往往会不自觉地变得友好、热情、富于正义感；相反，在一个道德沦丧、风气败坏的社会中，其间的个体也往往受到污染，变得冷漠、自私。

具体到我们的现实生活中，老子所说的不言之教可以说有着非常实际的指导意义。

首先，既然明白了不言之教比言教更为有效，那么在我们试图教育别人的时候，便应该明白如果想让别人接受自己的某种想法，自己能够首先实践自己的想法是很重要的。也就是说，想要别人怎么样，自己首先便要做到，不然即使你再声嘶力竭，也难以打动和说服别人。

其次，老子的不言之教也为我们提供了一种提升自我的启发。既然我们知道了大自然时时都在"试图"给以我们生命的启示，在这个喧嚣、沦丧的社会中，我们如果能够在周末或者假日经常到大自然中去走走，乃至无须周末或假日，在工作之余能够时时抬头望一望天上的蓝天白云、沉沉西坠的落日，也许我们都能从中获得一些生命的启示，而从现实的喧嚣中解脱出来，更加真切地把握我们的生命本身，进而升华自我。

无为之益

同"不言之教"一样，老子在本章中之所以举出"无为之益"，旨在与"天下之至柔，驰骋天下之至坚"形成一种互相照应和印证。"无为"这种表面上看上去"柔弱"的做法，实际上却比"有为"这种积极、强硬的做法更能达到目的；同时，"天下之至柔"这种看似"无为""无力"的东西却能够战胜"天下之至坚"这种看似"有为""有力"的东西。

在老子的整个哲学体系中，"道"乃是其思想的核心，但道毕竟是一个形而上的东西，如果无法与人们的现实发生联系，其意义也就非常有限。因此，老子在此基础上提出了"道"在现实中的具体指导思想——那便是"无为"的思想。老子认为这个世界的本质便是"无"，万物都是来源于"无"，即"有生于无"，只有"无为"才符合"道"的原则。为了更进一步具体化，老子在这种哲学观念的基础上又进一步提出了他的政治理想和人生哲学。他提出，一个国家也应该效法"道"的"无为"。老子之所以如此说，与他所处的时代也密切相关。当时的统治者本是无德无能的，却偏偏好大喜功，妄自作为，结果劳民伤财，造成巨大的灾难。因此他认为为政者要学会"无为而治"，尽量不要骚扰人民。如此，则正像道的"无为而无不为"——即"无为"创造了世间万物——一样，少被为政者打扰的人民自然便能够过上安定幸福的生活。针对于个人，老子则提倡一个人也同样应该保持一种"无为"的心态。具体而言，即是要一切顺其自然，保持一种清静无为、少私寡欲的心态，不要妄为、不要贪、不要争夺、不要占有。而一个清静无为、少私寡欲的个人便自然地能够获得自己需要的东西，得到幸福生活。这便是老子所说的"无为之益"。

不过，需要指出的是，老子所提倡的"无为"并非是一种消极的无所作为的做法，而是一种积极行为。他只是认为不该妄为，具体而言，即万事万物都有自身的规律，因此我们行事要不违背自然规律和社会规律，不违背时代发展的潮流，一切不强求，不刻意争夺、表现之意。而这，正如同"不言之教"并非不教，而是通过"不言"来进行更为有效的教育一样，并非放弃作为，而是通过"无为"来更有效地达到目的。关于此，《史记·曹相国世家》所载的西汉相国曹参的故事很生动地作了诠释。汉相国萧何去世后，曹参接任，一切政令法度不做更张，保持政策的稳定连续，收到很好的治国效果，萧规曹随传为历史美谈。

其实，不仅治国是如此，其他事情也莫不如是，无论做何事，我们都要学会这种顺应规律的"无为"之道，看似什么也没做，其实则已经在最有效地"做"某件事了。可以说，几千年来，老子的这种思想对于中国人来说产生了深远的影响，并且还将影响下去。具体到比较实用的层面，我们至少可以得到下面几个启示。

作为个人，我们在做事的时候，应该学会以"无为"博得"无不为"。比如，你所在企业的一个你有可能获得的高级职务空缺出来了，你自然想要获得。但你应该做的不是整天琢磨着这件事，并到处打听有关消息。相反，你应该做的恰恰是根本不把这件事放在心上，只是正常地做好自己的工作。你的领导看在眼里，只要你工作到位了，无须你处心积虑地争取，这个职位便自然会落到你头上。你想在社会上获得好的名声，你需要做的不是整天去打探别人对自己的看法，谨小慎微乃至故作姿态地刻意粉饰自己。你需要做的便只是自然而然地为人处世，在做人上克己奉公，与人为善，光明正大。在做事上认真负责，积极进取，那么，自然而然，好的名声便会伴随着你。一些大学生总是为自己的未来担心，害怕就业形势越来越严峻，自己将来找不到工作，于是惶惶不可终日。与其这样"有为"，不如完全不去考虑这件事情，只是自己尽力做好眼下的事情，努力学习，如此，看似"无为"，实际上已经将未来的问题解决了。另外，在企业管理中，我们也可以从老子的"无为"思想得到启发，一个管理者也应该学会以"无为"的态度去管理一个企业。在企业中，管理者不要给员工太多的干预，放手去让员工发动自己的创造性。这样，也许能够让企业获得意想不到的活力。

【为人之道】

身教故事两则

身教一直是中国人长期以来的教育传统，历史上发生了许多著名的身教故事，石奋的家教便是其中著名的一个。

石奋在汉景帝的时候担任太子太傅，在他的言传身教之下，他的四个儿子也都很有出息，在朝廷里获得了很高的官位。石奋一家乃名门望族，他家的亲戚朋友、后代子孙很多。同时，石奋一家从汉高祖刘邦时期就开始在朝廷做官，得到皇室的宠信，所以子孙中做官的自然不少。每当有做官的子孙回来探望石奋，哪怕是很小的官，他也会穿上上朝时候的衣服，然后行大臣们之间的礼仪，并且称呼子孙的官职，而不直接称呼姓名。

在教育子孙方面，石奋相当严格，每当有子孙犯了错的时候，石奋既不打，也不骂，干什么啊？绝食！你不承认错误，你不向我道歉，我就是不吃饭。结果，子孙们为了不让他生气，只好互相指责对方的错误，然后由犯错的人光着膀子，亲自到石奋的面前请罪。不光这样，这个犯错误的子孙还必须表示，从今以后再也不犯同样的错误，石奋才肯吃饭。

石奋治家也是十分严谨的。那些留在石奋身边已经成年的子孙们，必须遵守他定下的家规，不管什么时候，不管有没有外人，都必须穿得郑重其事，一丝不苟。此外，每当石奋主持丧事的时候，他总会表现得非常悲切，不管这个人是谁！就这样，石奋家的子孙一个个遵循他的教导，做事也都非常谨慎。

当时正是汉武帝初期，赵绾和王臧因为倡导儒学而被抓了起来，窦太后觉得，那些臭儒生们一个个只知道炫耀自己的文才，并没有多少实用价值，而石奋一家就不一样了，他们不仅平时话不多，而且做什么事都会身体力行，一定是治理国家的好帮手。于是，窦太后下令，任命石奋的大儿子石建做了中郎令，石奋的小儿子石庆做了内史。

石建在汉武帝身边做官，很注意给皇帝留面子。每当有什么事需要进谏的时候，石建总是等待机会，等所有人都走了，就剩皇帝和他两个人的时候再慷慨陈词，极力劝谏。可是等到满朝文武在一起商量国家大事的时候，这个石建却变成了"哑巴"。因此深得皇帝信任。

石庆是石奋家做事比较随便的一个，即使这样，与其他人比起来，也算是恭敬谨慎的了。石庆曾经担任太仆，有一次，汉武帝驾着车外出。半路上，汉武帝突然问随从："你们谁能给朕数一下，现在有几匹马在拉车啊？"石庆听后，马上用马鞭指着马，一个一个地数了一遍，然后举起手说："陛下，一共是有六匹马拉车。"汉武帝听后哈哈大笑，意思是这样的小事你也这么谨慎啊！

正是因为石奋的不言之教，石家后人形成谨慎严肃的家风，在伴君如伴虎的汉武帝时期，整个家族得以长保富贵，远离灾祸。

不仅中国人知道以身作则才能服人的道理，深受中国文化影响的日本也同样如此。日本东芝电器前社长土光敏夫也同样是一位深谙只有以身作则才能令大家信服的人。

土光敏夫在1965年曾出任东芝电器社长。当时的东芝虽然人才济济，但由于组织太庞大，层级过多，管理不善，员工松散，导致公司绩效低下。土光敏夫走马上任后，便敏锐地感觉到了这一问题，决心着手进行一番改革。但是，他明白，单纯靠一层一层地喊口号，是不会有什么效果的，管理者只有比员工付出加倍的努力和心血，以身示范，才能够真正起到激励士气的作用。于是他上任不久，便提出了"一般员工要比以前多用三倍的脑，董事则要十倍，我本人则有过之而无不及"的口号，来重建东芝。

提出这个口号后，土光敏夫的口头禅便是"以身作则最具说服力"。为了做到他自己所提出来的口号，他每天都提前半小时到公司，并在上午固定地抽出一个小时时间，和董事们一起动脑筋，共同来讨论公司的问题。在讨论会上，土光敏夫首先自己积极发言，找到了公司的很多问题所在，并提出了相应的解决方案，这极大地带动了大家的积极性，这些董事又影响其属下。如此，逐层传递，整个公司的运转效率显著提高。

后来，土光敏夫又发现公司存在严重的浪费问题，于是他便决心杜绝这个问题。不久，土光敏夫借着一次参观的机会，又以身作则地给东芝的董事上了一课。

东芝的一位董事想参观一艘名叫"出光丸"的巨型游轮。由于土光敏夫已看过多次，所以这位董事请土光敏夫给他做一次导游，于是他们约好一个假日一起去。他们约定，在"樱木町"车站的门口会合。那天，土光敏夫准时到达，董事乘公司的专车随后赶到。

董事说："社长先生，抱歉让您久等了。我看我们就搭您的车前往参观吧！"董事以为土光也是乘公司的专车来的。没想到土光敏夫却面无表情地说："我并没乘公司的轿车，我们去搭电车吧！"董事一下子便愣住了，感到异常羞愧。

正是因为土光敏夫这种以身作则的品质，整个公司的管理层以及员工都深深地受到影响，都养成了勤俭节约的意识，浪费现象逐渐减少，大大节约了成本。最终，东芝电器公司的诸多问题都逐渐得到扭转，成为日本最有活力的公司之一。

其实，这样的例子还有很多，其总体上便是说明了一个道理，身教比言教更为管用。最终也证明了老子所说的"不言之教""天下希及之"的观点。

第四十四章

知足不辱

【原文】

名与身①孰亲？身与货②孰多？得与亡孰病③？甚爱④必大费⑤，多藏必厚亡⑥。故知足不辱，知止不殆⑦，可以长久。

【注释】

① 身：身体，生命。

② 货：财富。

③ 病：有害。

④ 甚爱：过分的爱惜，贪恋。

⑤ 大费：遭到很大的损失与危害。

⑥ 厚亡：厚，快速；亡，失去。即快速失去之意。

⑦ 殆：危险。

【今译】

名声和生命相比哪一样更为与己攸关？生命和财富比起来哪一样更为贵重？得到和失去相比，哪一个更有害？过分的爱名利就必定要付出重大的损耗；过多的积敛财富，必定会遭致快速的失去。所以说，应懂得知足的道理，这样就可避免遭受屈辱；懂得适可而止的道理，就会免遭危险，才可以保持住长久的平安。

【解析】

身重于物

在本章中，老子放下了形而上的"道"，而非常具体地谈起了人生的追求问题。开篇中，老子便提出了一系列的问题："名与身孰亲？身与货孰多？得与亡孰病？"对于第三个问题，其含义一向存在争议，姑且不去说他。但"名与身孰亲""身与货孰多"显然是个不言自明的反问句。因为无论是功名地位，还是巨额的财富，一旦没有生命去享受，也便失去了意义。

因此，显然生命是最重要的。这可以说是简单得连小孩子都能明白的道理。道理虽然简单，但是我们发现，古往今来的人们依旧孜孜致力于对于名声和财富的追求中，多少人因此而葬送了自己的性命，以至于有"人为财死，鸟为食亡"的说法。因此可以说，老子所提醒人们的"身重于物"的道理看似简单，其实却包含了大智慧。

在现实生活中，人们明知道生命比名声和财富更重要，但还是整天琢磨着去获得名利，以至于不惜以欺诈、犯罪的方式去获得这些东西，原因就于人的贪婪本性。面对功名利禄时，人们往往便忘记了其可能存在的危险。可以说，正是由于贪婪遮蔽了理智，以至于人们失去了对于重与轻的判断。老子对此看得非常清楚，因此他在一开始便断喝人们生命本身比身外之物的名利要重要得多。并且接着便提醒人们"甚爱必大费，多藏必厚亡"，意思是过于贪恋名利要付出很大的代价，并不值得，而过多地积敛财富则会导致快速地失去。因此理智的做法乃是知足常乐，适可而止，这样才能够长久。可以说，这便是老子的名利观了。他并不是反对人们追求名利，而是反对人们过度而失去理智地追求名利，主张适可而止。

而且，老子的这种观点不仅在本章中提及，在其他章节也有所论述。如在《道德经》第九章中，老子提出："金玉满堂，莫之能守；富贵而骄，自遗其咎。"意思是获得了过多的财富，但是容易遭到别人的垂涎，往往是守不住的；获得了富贵的地位，往往导致骄横，从而给自己留下祸患。可以说，这里恰恰是对老子主张对于名利的追求适可而止的原因的解释。过多的财富和过高的地位往往会危及生命本身。历史上因财富过多、地位过高而丢掉性命的人数不胜数。如西晋的石崇富可敌国，连晋武帝都无法与其相比，但也正是因为其钱财给他引来了杀身之祸。后来石崇在西晋"八王之乱"的权力斗争中失势，但一直自忖至多被流放，后来被押赴刑场时才明白过来，感叹说："这帮家伙是贪图我的家财啊"。押送者说："知道是财富害了你，为何不早把财富散了？"石崇无言以对。明朝的江南第一富豪沈万三，竟然富到帮助明太祖朱元璋修筑南京城三分之一的城墙的地步，并且还要求出资犒军，结果惹怒朱元璋，落了个充军云南的下场，并且其后人也在几年后遭到杀戮。说到底，还是他的巨额财富惹的祸；而汉代的韩信，在楚汉之争中凭借高超的军事才能，立下不世之功，名扬天下。但也正是因为其名声太大，功高震主，汉朝统治者才担心其威胁自己，于是用计将其抓捕并最终除掉；在吴越争霸中为越王勾践立下大功的范蠡主动功成身退，保得性命，而另一位功臣文种则因贪恋权力和地位，最终被勾践所杀。当然，这里所举的例子都是一些比较极端的例子，具体到比较平常的情况，更多的世人则会因为因整天汲汲于名利而失去了平静的生活、快乐的心境，乃至健康等。可以说，大部分人都或多或少存在这种问题。所谓天下熙熙皆为利来，天下攘攘皆为利往。

对名利的追求，老子认为要学会适可而止。不过，适可而止还不是问题的关键，因为一个人在面临名利的时候，是很难做到适可而止的。因此，老子又进一步提出了一个人最根本的还是应该做到少私寡欲，不要过分放纵自己，即其在第八十章所说所谓"甘其食，美其服，安其居，乐其俗"。在老子看来，一个人的欲望总是无限的，再追求也不可能完全得到满足。因此老子主张一个人应该从身边已有的东西中感受到满足和快乐，其实便是知足常乐，如此，不仅能够免祸，而且还能得到充实快乐的人生。

显然，时代不管如何轮换，追求名利永远是人们无法摆脱的生存姿态，因此老子的智慧也永远都不会过时。联系我们的现实生活，会发现周围因为对名利的追求而忘记自己生命本身的人大有人在。不，不是别人，正是我们自己因为名利而迷失了自我。我们为了工作而在夜里开夜车，忘记了健康；我们为了追求财富才疏于和亲人、朋友联络，丧失了生活本身的乐趣；我们为了一套房子而玩命地奔波，使表面上是房子的主人的我们其实已沦为房子的奴隶；我们为了博得声誉而扭曲我们的心灵，自欺欺人，变得自己都不认得自己了。这些就发生在我们身边，发生在我们身上的事情其实正是老子所指出的不正常现象，乃是违背了"道"的行为。这时候，或许我们可以琢磨一下老子的智慧，也许会有豁然开朗的瞬间。毕竟许多东西，都是信则有，不信则无。如鱼饮水，冷暖自知。

甚爱必大费，多藏必厚亡

在本章中，老子先是以反问的形式提出了生命比名利更为重要的观点。而显然，这个道理大家并非不懂。但是，在具体到每个人的现实生活中的时候，因为名利都是具体可感的，能够瞬间让一个人由卑贱而变尊贵，由贫困而变富裕，所以往往对人们更有吸引力。因此许多时候，人们对于付出的代价也就顾不得许多了，甚至不惜以身试法，以命相赌。而正是针对人们的这种普遍心理，老子进一步指出了其危害性："甚爱必大费，多藏必厚亡。"意即过分贪恋一种东西往往要付出巨大的代价，而获得过多的财富则必然会导致迅速的失去。换句话说，这是一种两头吃亏的行为，在获得的过程中，付出了巨大的代价，可能得不偿失；而这种也许不偿失的得，并不一定能长久地属于你，很可能会迅速地丧失。可以说，老子简单的两句话将那些过分追逐名利的行为给分析透了，乃是一种大智慧。

现实中，也的确是如此，许多时候人们往往因为太想获得，而在眼里只看到我们想要追逐的东西，而忽略了为其所付出的代价已经太大了，甚至已经得不偿失了。可以说，古往今来，在追逐名利的过程中赔进去了自己的性命乃至连家人的性命的都搭上的人，不可胜计。这些人中，有史可查的大人物就不可胜计，如夏桀、商纣王以及在西周和春秋战国时期被灭国杀身或是被大臣篡政并杀身的诸侯王们，以外戚身份夺取西汉江山并最终为农民起义军绿林军所杀的王莽，唐代权臣杨国忠，发动"安史之乱"的叛乱头目安禄山和史思明，引清军入关后反叛被清军杀死的吴三桂，等等，这些人不都是在追逐名利或欲望的过程中，而赔进了自己的性命吗？甚至，那些名垂青史的受后人尊敬的人物，如李斯、关羽、李自成等等，以道家的智慧去看，某种意义上不也死于对名利的追求吗？更别提那无数不曾在史书上留下名字的小人物们，如那些在战争中做了炮灰的人无名士兵，那些在历代的宫廷阴谋、权臣党争中牺牲的小人物，乃至现在的那些为谋财而贪污的官员，为钱财而去犯罪的罪犯，可以说，都是老子所说的追逐名利而得不偿失的人。

另外，关于得到了却又迅速失去的人，我们也同样可以举出一大堆的例子。最典型的：西晋的石崇、清代的和珅，都积累起了巨额的财富，但最终被人杀死，财富瞬间也归别人所有了。甚至正是其巨额的财富遭人垂涎，才引来了杀身之祸，积累过多的财富是好事吗？我们知道，秦桧是个遭人千年唾骂的对象，但是对于钱财的态度，却有相当智慧的一面。据说，一次秦桧到后院溜达，发现儿子正在往后院埋一个密封的罐子，他走上前去打开一看，原来里面藏的全是金子。秦桧于是立即令儿子停止这种做法，并教训儿子道："多藏必厚亡，以后不要做这样的事了！"

总之，这个道理便是告诉我们追求名利时不要利欲熏心，否则得不偿失。同时，在追逐的过程中，要提醒自己，即使付出巨大的代价之后获得了，也可能在瞬间失去，往往正是你所获得的东西因遭到别人的嫉妒和垂涎而给你带来杀身之祸。当然，对于芸芸众生的我们来说，也许那种因为名利而有性命之虞的情况不大可能会落到我们身上，但老子的智慧所启示的道理是一样的。我们在追逐名利的时候，所付出的代价即使不是生命，也往往会是健康、家庭之乐、平静悠闲的心态、生活的乐趣，等等。相比于我们所得到的更高的收入、汽车、房子等物质的东西，也许这些代价已经是得不偿失了。其实仔细看一下，现在的许多人都是如此，年轻时拼命挣钱，损害着自己的健康。结果一过四十，一身的病，再用年轻时挣来的钱去治病，这难道不是愚蠢的行为吗？学会用老子的智慧，从更宏观的层面总结一下自己的生活，必定会活得更加智慧。

另外，对于"甚爱必大费，多藏必厚亡"，还存在一些其他的解释，其中一种为：愈是让人喜爱的东西，想获得它就必须付出愈多；珍贵的东西收藏得越多，在失去的时候也会感到越难过。这种解释显然也颇有启发意义，蕴含着深刻的智慧。的确是这样，凡事都是具有两面性的，得到便意味着相应的付出，而喜欢的快乐同时也意味着一旦失去的痛苦。这便是道家的阴阳平衡哲学了，快乐与痛苦、得到与失去、希望与失望，都是相反相成、紧密联系的。因此，我们对于喜欢的东西，得到它未必是好事；苦苦追求的东西，最终没有得到，也未必就是坏事。老子教导我们要将心胸放开一些，不必过分执着于某物，一切随缘就分，我们会活得更为自在、洒脱一些！

适可而止

本章中，老子在提出了"身重于物"的观点，并指出了过分追求名利的害处之后，最后又提出了我们应该具有的心态，那便是知足、知止，被后人概括为老子的"两知"智慧。不过，老子在第四十六章中专门对知足进行了阐释。此处我们只介绍老子知止的智慧。知止，意思是告诫世人追求名利是可以的，但不要过分了，要学会在适当的时候停止下来。简单说，便是要学会适可而止。

可以说，适可而止，乃是老子反复向人们强调的一种人生态度，《道德经》第三章言："物壮则老。"意思是任何物体一旦过了其最强大的时刻，便要开始走下坡路了。比如太阳中午时光照最强，但也意味着它的强度要开始变弱了；一个人壮年时最强壮，但也意味着他要开始走向衰弱了。民间谚语也有云：水满则溢，月满则亏，反映的便是老子的这种辩证智慧。实际上，适可而止的智慧说的便是一种辩证法，任何一种东西都不可过分，一旦过分，便会走向它的对立面，所谓乐极生悲，说的便是这种状况。因此，凡事我们都要学会适可而止，以使得事情保持一个适当的度，以避免其向对立面转化。

战国时期的商鞅从魏国西出入秦，帮助秦国实施变法，在帮助秦国从一个积贫积弱的国家变成西方强国之后，其声望、地位也达到极点之后，被秦惠王车裂而死。战国时代的另一个聪明人苏秦，刚开始潦倒落魄，回家妻子都不理会他。到后来说服六国君主合纵抗秦，挂六国相印，达到人生的辉煌顶峰。但也正是在这个顶峰，招来了祸殃。另外，清代的大贪官和珅、大将军年羹尧无不是在其辉煌的顶峰，遭到了杀身之祸。可以说，这些人之所以最终没能得到好下场，都与他们不懂得适可而止的智慧有关。相反，我们也能在历史上找到许多因为懂得适可而止的智慧而成功保全自我的例子。比如春秋时期的范蠡，在帮助越国灭吴的过程中立下了首功，却在功成后赢得名声的同时放弃了高位，退隐江湖，最终保全了性命；唐代平定了"安史之乱"的中兴大将郭子仪，并不以功高而骄横，而是谨小慎微，避免了因功高震主而被杀戮的命运。

另外，我们还可以举出一些其他的例子。我们知道，唐朝中晚期，武人拥兵乱政乃是国家大弊所在，并最终导致了唐王朝的灭亡。宋太祖赵匡胤鉴于此，实行士大夫治国的策略，却因为过分的抑武扬文，结果导致整个宋王朝在军事上的被动，受人欺凌，终致亡国。再说得近点，2008年发生于美国的金融危机，便同样是因为没能适可而止的结果。通过种种衍生金融工具固然能够使经济更加活跃，促进人们生活水平的提高，但也要懂得适可而止，衍生工具并不能无限衍生，一旦过头，便会导致这种灾难性的后果。

总之，无论是正面教训还是反面教训，都有许多。老子适可而止的观点可以说是非常实用的智慧，其在我们的生活中可以说是无处不在。因此，无论做任何事情，我们都要懂得适可而止的道理。人参是补药，但吃多同样伤身体；一个人做人要自信，但过头则成了自负；一个人瘦了显得不健康，但营养过剩，身体肥胖，同样是一种不健康；在人际交往中，态度冷淡，沉默寡言，往往朋友稀少。但如果对人过分热情，和谁都打得火热，也往往显得轻浮，最终同样不会有朋友；在爱情中，因为喜欢一个人会对其十分的在乎，固然美好，但如果因此而受不了对方的一点冷遇，对对方疑神疑鬼，那也很可能导致对方因为不堪重负而厌烦。总而言之，适可而止是一门非常实用的艺术，一旦掌握，会受益无穷。

【为人之道】

刘夫人贪财，误国丧命

在历史上，因贪财而丧生乃至误国的事情比比皆是，史不绝书。不仅男人贪财，女人也是如此。五代时期，后唐庄宗李存勖的皇后刘夫人堪称典型。

刘夫人是魏州成安人（现河北省成安县），父亲靠行医算卦为生，父女俩相依为命。有一年，乱军掠夺人口。刘夫人的父亲拼命保护自己的女儿，但最后女儿还是被李存勖手下的袁建丰抢走，并把她送到了后宫。刘夫人被抢走的时候才五六岁，被送入宫后受到良好的教育，学会了吹笙和跳舞。后来她被李存勖看中，纳为妃子，很受李存勖的宠爱。刘父听说刘夫人富贵了，就想去投奔女儿，便来到李存勖的晋王府请求见女儿。李存勖把袁建丰找来辨认。袁建丰看到刘父后对李存勖说："我当时得到刘夫人的时候，有一个黄胡子的老头在旁边拼命保护，这个老头就是那个黄胡子老头，他是真的。"

李存勖马上就把这个好消息告诉了刘夫人，刘夫人这时正跟李存勖的其他几位妃子争宠，她们争相夸耀自己出身高贵，借此压倒对方。这时刘父的突然出现让刘夫人特别愤怒。刘夫人说："小时候的事我还记得一些。我记得我父亲是被乱兵所杀，我在尸体旁哭了很长时间之后才离开的，今天哪个乡巴佬吃了熊心豹子胆，敢到这里冒充。"说完之后就命人在宫门外用鞭子把老父打了一顿。

李存勖称帝后，刘夫人被立为皇后。刘夫人因为出身贫苦，极为渴望财富，把敛财作为自己第一要务。刘夫人早年没当皇后的时候，就贩卖货物牟利，什么赚钱卖什么。当上皇后之后，各地献给皇室的东西都分为两份：一份给皇帝李存勖，一份给皇后刘夫人。后宫的财物堆积如山，国家的财政日益匮乏，士兵的军饷、官员的俸禄都不能按时发放。

后梁灭亡后，后梁的大臣张全义本来罪该一死。为了活命，张全义向刘夫人进献了巨额的财物。刘夫人见到财物大喜，张全义不仅被免除了死罪，还成了当朝大臣。更有甚者，刘夫人还拜张全义为义父。这样，张全义竟成了国丈。从此张全义几乎天天派人进宫，将他在民间搜刮来的财富向刘夫人进献。

正当刘夫人安享富贵的时候，后唐的国势却是江河日下，天灾人祸不断，民不聊生。而作为政权支柱的军队连军饷都发不上了，人心思乱，国家到了危机时刻。而这时后宫却有着堆积如山的财富，大臣们请求将这些财富充作军饷。李存勖应允了，刘夫人却不肯。大臣们强烈要求李存勖将后宫的物资充为军饷，刘夫人见了，就把自己化妆用的物品和三个皇子放在李存勖和大臣们面前，说："各地进献的物品，已经赏赐没了，宫里只剩下这些了，你们把这些东西和孩子赏赐给军队吧！"大臣们哑口无言，军饷的事最后不了了之。

等到有人造反，需要军队去平叛时，刘夫人才不得不把后宫的钱拿出去一些充当军费，士兵们看到了久违的军饷时，都苦笑着说："这钱来得太晚了，我的老婆孩子都饿死了。"

各地的反叛风起云涌，李存勖亲自带兵去平叛，走到半道，士兵已经逃了一大半。为了安抚人心，李存勖亲自去慰问士兵，对士兵说："我儿子魏王已经平定了四川，得到金银五十万，我会把这些钱全分给大家。"士兵说："太晚了，我们不会感恩的。"李存勖见大势已去，不由哭了，回头向负责掌管库房的张容哥索要袍子上的带子，想要赏赐给士兵。张容哥因为一切财物都归刘夫人掌管，自己什么也没有，只好回答："已经赏赐完了。"士兵们听了无不愤怒，以为是张容哥等人把钱贪污掉了，大骂张容哥："国家到了这种地步，都是你们这些人造成的。"有人还抽刀追杀张容哥，幸亏旁边人搭救，才幸免于难。张容哥知道自己没有活路，说："皇后刘夫人吝惜财物，不发军饷，现在把责任推到我身上，有什么事的话，我会碎尸万段的，我不想那样。"随后，张容哥投水自杀。

京城中也有人造反，攻入禁宫，李存勖亲自带兵作战，被流箭射伤，伤势很重，特别想喝水。刘夫人只是派宦官送给李存勖奶酪，自己却不去看望，反而在马上装上金银财宝，和一个叫李存渥的王爷逃走了，临走时还放火烧了皇宫。受伤很重的李存勖很快就去世了。刘夫人逃到太原，在尼姑庵里当了尼姑，想苟全自己的性命。可新皇帝登基后，马上就把她赐死了。

第四十五章

大成若缺

【原文】

大成①若缺，其用不弊②。大盈若冲③，其用不穷④。大直若屈⑤，大巧若拙，大辩若讷。静胜躁，寒胜热。清静为天下正⑥。

【注释】

① 大成：最完满的东西。

② 弊：破败，停竭。

③ 冲：空虚，不足。

④ 穷：穷尽，用完。

⑤ 屈：通"曲"。

⑥ 正：王，正统。

【今译】

最完满的东西，看上去就好像有残缺一样，但它的作用永远不会停竭；最充盈的东西，看上去就像是空虚的一样，但它的作用是不会穷尽的。最直的东西，表面看起来似乎是弯曲的一样；最灵巧的东西，看上去好像是最笨拙的；最卓越的辩才，看上去好似不善言辞一样。清静能够战胜躁动，寒冷又能战胜暑热。清静无为才能够统治天下。

【解析】

看事物不可过于表面

本章中，老子为了证明其"静胜躁，寒胜热，清静为天下正"的观点，举出了一系列的例子，即"大成若缺""大盈若冲""大直若屈""大巧若拙""大辩若讷"。显然，"大成""大盈""大巧""大辩"这些特征，相对于与其一一对应的"缺""冲""屈""拙""讷"，要更为优越，但因为恪守一种清静无为的心态，不事张扬，因此看上去似乎并没有什么优越。同时，单独就这些例子而言，这其实也是老子经常谈到的辩证法的一种体现，所谓物极必反，一个事物一旦在某一方面达到一个极点，便会向其对立面转化。为更加明确，我们不妨对其原理进一步简要论述。

大成若缺。成，也即成就。可以说，世间万物都渴望达到一种成就自我的状态。但是，真正伟大的成就，表面看来，并非处于完美状态。就像是天地自然一样，看上去并非是完美的，之间存在着各种不毛之地、恶劣的天气、自然灾害等，但是世间万物正是其创造出来的。真正伟大的人物，身上总是有这样或那样的缺点，比如孔子的明知不可为而为，老子的保守与隐退。真正的美女，并不是完美无瑕，相反，她们身上总有不尽如人意的地方，比如维纳斯的断臂，杨贵妃的肥胖，西施的病容。也就是说，真正的完满看上去往往是有所残缺的样子。

大盈若冲。说的是真正盈满的东西，往往看上去是空虚的，却用之不尽。相反，小盈却往往看上去像是盈满的样子，但是其实其很快就会用光的。打个比方，在夏季的乡间，雨后往往会在一些低洼的地方形成一池塘的死水，其表面上看上去很多，但是因为没有水源，天晴之后一段时间便会蒸发掉了。而一个小溪，看上去只有涓涓细流，没有多少水，但是其会经年存在，细水长流，乃是真正的"盈满"。

大直若屈。老子说的是事物因顺遂万物的本性，随其曲直，因此许多时候表面上看是曲的，其实却是最直的。就好像黄河、长江一样，表面上在大地上回环往复，曲曲折折，但是其实质上直指大海的目的没有改变，已经是在顺随着地势的前提下尽最短的路程奔流到海了。另外，这里还经常被用来比喻人们的性格，一个生性正直者，有时在表面上反倒并不是一副正义凛然的样子，而是会随机而曲，随缘而适，看上去有些委曲求全的姿态，但其实际上内在的追求正直的想法并没有改变，只有他自己心里清楚这点罢了。

大巧若拙。说的是最灵巧的东西往往看上去是笨拙的。这里不妨拿姜太公垂钓的故事举例，八十岁的姜子牙在渭水上钓鱼，一个打柴的农夫每天路过姜子牙的身旁，从来没见他钓到过哪怕一条小鱼。某一天他才发现姜子牙的鱼钩是直的，难怪钓不上鱼！于是他嘲笑姜子牙："你这个老头怎么这么笨呢，直钩怎么可能钓上鱼呢！"姜子牙却不予理会，结果几天之后，周文王访贤走到了渭水边上，被姜子牙的才学所吸引，拜其为丞相。最后，姜子牙辅佐周文王、武王两代君主建立了强大的西周，并推翻了商纣王的残暴统治，建立了周朝，成就了一番千古流芳的事业。可以说，姜子牙的直钩钓鱼的行为看上去是笨拙得可笑的举动，殊不知其乃是最具智慧的行为了，他最终钓到了周文王这条"大鱼"啊！

而关于"大辩若讷"，我们在后面单独论述。

总之，老子所举的这些例子便有力地证明了其所提倡的清静为本，不事张扬的观点。我们可以从比较简单易于掌握的角度将老子的智慧应用到我们具体的现实中，那便是我们看问题不要过于表面，许多东西都并非如同我们表面上看上去的那样，我们要学会透过事物的表面看到更深层的东西，即使不能看得最深，至少我们要学会保留自己的判断。还是那句老话，人不可貌相！道理虽然大家都懂了，但在实际生活中，许多人还是习惯性这样势利地看待别人。这样的人，如果甘愿庸碌地度过一生也就罢了，但如果要想做出点事业来，他短浅的目光、狭隘的思维便会是其致命的障碍；另外，在与朋友交往的过程中，不要因为对方不经意间说出的一句对你有所伤害的话便判断对方不值得交往。要明白，生活中人与人之间难免会产生误会与不经意的伤害，判断一个朋友，应该根据其整体而非片面的表现；另外，即使在工作中，我们同样需要养成透过表象看到实质的思维习惯，这样我们便能具有更为犀利而准确的目光，能够更快地找到解决的问题所在，自然能够将工作做得得心应手。

大辩若讷

老子在本章中，提出了诸如"大成若缺""大盈若冲""大直若屈""大巧若拙""大辩若讷"一系列包含辩证法思想的见解，这其中均包含着深沉的智慧。而在这其中，"大辩若讷"可以说是对于我们的现实生活最具有现实指导意义的。或者说，其是我们每个人最容易掌握并实践的智慧。生活中，我们大部分人往往都习惯于用语言去为自己辩解，习惯于与人争论，习惯于嘴上不吃亏。但是，言辩是达不到目的的。在西方人际关系学中，有一句名言，那就是"永远不要和他人发生正面冲突"。这句名言的基本内涵是：

争辩的本质恰恰是在与人发生正面冲突。我们大多数都是固执己见的人，多数人都喜欢跟人辩论。其实，我们哪个人愿意被别人说服，又有哪个愿意在被别人驳得体无完肤的时候接受他人的意见呢？既然无法说服别人接受自己的观点，再好的辩才又有什么用处呢！研究发现，在辩论之后，十有八九，各人还是会坚持自己的观点，相信自己是绝对正确的。辩论产生的结果只能是失败，永远无法获胜。即使表面上你取得了胜利，实际上与失败没有什么区别。因为就算你在辩论会上胜了对方，把对方的观点彻底驳倒，甚至指责对方神经错乱，可是结果又会怎么样呢？你自然逞了一时之快，很高兴，但是对方会感到自卑。你伤了他的自尊，他对你心怀不满。所以，天下只有一种方法，能得到辩论的最大胜利，那就是尽量去避免辩论。我们应该知道，当人们被迫放弃自己的意见，同意他人观点的时候，就算他看起来是被说服了，实际上他反而会更加固执地坚持自己的意见。

这个观点，与老子的大辩若讷相反相成，并且从现代心理学的角度解释了大辩若讷的理论基础。因此，大辩不言所提醒我们的便是，在生活中不要逞口舌之利，尽量少与人争论。其实许多时候，对方并不是不承认你的观点，只是在面子上下不来，嘴上不认输罢了，因此你要懂得给别人以台阶，别人自己就下来了。

大辩若讷的智慧便是提醒我们，最有效的辩解往往不是通过语言来实现的，其看上去反倒在口舌上处于劣势的样子。在《庄子·齐物论》中有言："大辩不言。"其道理与老子的大辩若讷其实是一个道理，说得更为具体一些，我们不妨以其作为我们的准则。

实际上，大辩不言，还是老子之前所说的以柔克刚的智慧的体现。生活中我们经常看到两个人为某件事争论得面红耳赤，谁也说服不了谁。这时候，如果来个第三者仔细聆听一会儿的话，便往往会发现两个人其实已经不存在观点上的冲突，而只是出于好胜的一种意气之争。这样的争论显然是不会有结果的，最后只能是双方不欢而散。而真正如老子所言的"大辩"，则并不靠强势的语言来胁迫对方就范，而是靠一种柔和的引导，使对方自然而然地接受你的观点。关于此，有一个寓言故事形象地说明了这一点。

说北风和南风有一天碰在了一起，两"人"想比一比看谁的力量更强大一些。

北风指着路上的一个裹着大衣走路的行人说："我们看谁能把他的大衣吹掉，就算谁的力量大，怎么样？"南风点头同意了。于是北风使劲全身力气盘旋着猛地吹向那个行人，没想到行人一看起风了，赶紧将大衣又使劲往身上拉了拉，裹得更紧了。北风无论怎么用力吹，都吹不下来，只好放弃。然后南风上前去吹，并没有用多少力，这个人一下子感到气温升高了，热得难受，赶紧便将大衣给脱掉了。

其实这个故事便充分地说明了说服别人的技巧，如果你一味咄咄逼人地想让对方就范，很可能适得其反，得到的是不服气的反驳。而如果你并不用强硬的语言，而是通过一种暗中的引导，或者行为上的示范，使得对方自己认识到问题所在，他便心服口服了。

另外，大辩不言还给我们一个启示，语言往往是苍白的，我们要学会去用行动去说话，那时不用你说话，别人便会相信你所说的，这便是老子所说的"大辩"。也就是说，最高明的言辩和说服体现在行动中，体现在"不言之教"里，在课堂上，有时候老师无须多说，只要自己身体力行，学生自然会仿效你的行为；战场上，将军冲锋在前，往往比在后面喊破嗓子更有效果；在组织机构中，领导的模范带头作用要比种种规章制度更管用。这些现象，都是"大辩若讷"的具体体现。

总之，老子的"大辩不言"的智慧便是提醒我们：一、不要与人争论，逞口舌之利；二、如果想要说服别人，便拿出你的行动！

清静为天下正

老子在本章中提出的核心观点便是"清静为天下正"。前面提到的"大成若缺""大巧若拙"等，都是老子为使人们更具体地理解他的观点而举的例子。而"静胜躁，寒胜热"，则是对"清静为天下正"的一种补充说明。老子告诉我们，凡真正具备完满、充盈、正直等优点的事物，表面上看上去往往并不怎么起眼，乃至反而十分差劲。这正是因为真正好的东西往往都是内敛、不事张扬的。由此，我们可以知道，静要优于躁，寒则胜于热。更进一步，清静才是天下的正道，清静无为的统治者才能治理好天下。

其实，老子的这种观点与其一向所坚持的一样，乃是提倡人们的行为顺应天道和自然。关于此，从"正"这个字本身我们也可以看出。《说文解字》曰："正，是也，从止，一以止，凡正之属皆从正。"意思便是守"一"而止，而这个"一"，便是老子所说的"道"。道的本性便是无欲无求，无为而治。因此，一个人也只有能够做到清静无为，才符合了道，才能够成为天下的君长。具体而言，清，即是清心寡欲；静，即是无为、镇定。而与其相反的便是躁动，而躁动的原因便是过多的欲望。于是老子又具体地指出了"静胜躁"。并且，与之呼应的是，老子在二十六章便曾同样指出："重为轻根，静为躁君。"意思是稳重乃是轻浮的根本，静定乃是躁动的主宰。

老子的这种思想对于中国人产生了很深的影响。历史上的统治者都喜欢在房间里挂一个大大的"静"字。之所以如此，便是因为中国人都深深地懂得，一个人只有静定才能够产生智慧，不做出莽撞之举；一个国家也最怕动乱，需要一个静定的秩序。在宗教方面，道教一向讲究打坐以达到空寂的状态；佛教传入中国后，则发展出了以静坐参禅为修行方法的禅宗，且蔚为大观，不能不说是一定程度上受到了老子思想的影响；而儒家所谓的修身养性也同样强调了"静"之智慧。中国的知识分子所喜欢的围棋、钓鱼等娱乐活动，无不透露出一个"静"字。因此可以说，中国人最知道静的作用，其表面上不采取主动，无所作为，其实却是达到目的的最有效的手段，谚语说"以不变应万变"，讲的便是静的效用。

具体到现实中，老子的智慧给予我们两点启示：从宏观的方面来讲，想要有所成就，就必须学会收敛自己过多的欲念和过于浮躁的心理。也即是说，做事应该盯住自己的目标一心一意地去努力，不可左顾右盼，三心二意。试看那些最终取得成就的人士无不是在一种沉静的心态之中努力拼搏，最终才做出了自己的成绩。法国小说家普鲁斯特在父母去世后闭门谢客，埋头于创作，花费二十年的时间最终写出意识流小说的开山巨作《追忆似水年华》。牛顿边煮饭边思考物理学的问题，竟然将怀表放在了锅里，甚至为了他的物理学，他最后连婚都没有结。中国明代人徐霞客出身书香门第，为了实现自己从小立下的遍游名山大川的梦想，放弃了科举考试，30年间，游历流连于中华山水之间，最终成为一代地理学家和探险家，并留下了《徐霞客游记》这部皇皇巨著。

从微观的角度讲，老子又启发我们在现实生活中，要学会以静制动的智慧。事实上，不仅老子如此说，佛教也强调：静生定，定生慧。即冷静才能催生智慧。因此，在我们做事时，不要毛躁，而要保持一个冷静的头脑，这样才能有一个清晰的思路；而在遇到问题的时候，不要顿时慌手慌脚，失去方寸，而要镇定地想办法解决。让我们来看一看美国总统林肯对于遇到的问题是如何沉静解决的：

林肯虽然是美国历史上最伟大的总统之一，但其出身非常寒微，其父亲是一个鞋匠，而当时的参议员大多出身于名门望族，因此许多人对他有些不服气。林肯就任总统后第一次在参议院进行演说时，有个参议员给了他一个下马威。

这个参议员在林肯登上讲台准备演讲的时候，站起来傲慢地对林肯说："林肯先生，在你开始演讲之前，我希望你记住，你是一个鞋匠的儿子。"

所有的参议员一听都大笑起来，因为这句话说出了他们共同的心声。而林肯却既没有表现出羞愧，也没有表现出愤怒，而是表情沉静地等大家平静下来。看到林肯如此沉静，许多人渐渐地便不笑了。林肯这时候才开口道："我非常感激你使我想起我的父亲，他已经过世了，我一定会永远记住你的忠告，我永远是鞋匠的儿子，我知道我做总统永远无法像我父亲做鞋匠做得那么好。"

参议院顿时陷入一片静默里，然后林肯又转过头去对那个傲慢的参议员说："就我所知，我父亲以前也为您的家人做过鞋子，如果你的鞋子不合脚，我可以帮你改正它。虽然我不是伟大的鞋匠，但是我从小就跟随父亲学到了做鞋子的艺术。"

接着林肯又面朝众人，对所有的参议员说："对参议院里的任何人都一样，如果你们穿的那双鞋是我父亲做的，而它们需要修理或改善，我一定尽可能帮忙。但是有一件事是可以确定的，我永远也无法像我父亲那么伟大，他的手艺是无人能比的。"说到这里，林肯流下了眼泪，顿时，大厅里响起了热烈的掌声。

可以看出，如果林肯听到参议员的嘲讽后，无论羞愧难当或是气急败坏，显然都不能压制住别人的嘲讽，而且还显得自己没有教养。而正是冷静本身的震慑力和冷静所催生出来的智慧，使他赢得了赞叹与信赖。

【为人之道】

"以貌取人"故事两则

东晋时期，太尉郗鉴有个女儿，年方二八，生得貌美如花，又乖巧可爱，郗鉴爱如掌上明珠。郗鉴眼看着女儿一天天大了，虽然不舍得，但明白女儿终究是要嫁人的，于是想给女儿找个门当户对的好人家。郗鉴左挑右选，觉得凭借自己的权势，也只有丞相王导能和自己门当户对，并且他素闻王导家里有几位有才有貌的公子都未曾婚配。于是一天早朝结束，郗鉴便凑到王导身边说这件事。王导也一向知道郗鉴有个宝贝女儿，自然十分乐意，于是让他择日到王府中去，届时他会让自己的所有子侄都聚集在一起，由郗鉴挑选。两人就这么说定了。

一天，郗鉴派管家登门拜访丞相府，实际上是来挑女婿来了。王导的几个子侄早就知道这事了，并且也都对郗鉴的漂亮千金有所耳闻，于是纷纷打扮起来，在对郗府管家非常热情的同时，附带展露一下自己的为人风范和才华，希望自己能被看中。郗府管家看来看去，觉得王府的公子果然名不虚传，都一表人才，文质彬彬。最后，他又来到了王府东跨院的一个书房里，却发现一个年轻人袒胸露腹地躺在床上，好像在琢磨什么事情，对自己毫不在意，并且和他说话时他也一副应付的样子。

郗府管家回府后，对郗太尉说：“王府的年轻公子二十余人，听说郗府觅婿，都争先恐后地表现自己，果然是名不虚传，都是有才有貌的青年俊秀。不过，还有一位公子比较奇特，那天只有他独自一人躺在东床上，袒腹躺着若无其事。”郗鉴听后立刻说：“哈哈，我要选的就是他了！”郗鉴于是亲自来到王府，见此人既豁达又文雅，才貌双全，当场决定，择为快婿。这个东床上年轻公子便是后来的大书法家王羲之，并且其官职也做得很高，郗鉴没有看走眼，一下子挑到了最优秀的女婿。成语“东床快婿”就是这样来的。

下面再看另一则故事。

三国时期，曹操派兵打下荆州，刘备逃之夭夭。这时，据守蜀中的益州牧刘璋唇亡齿寒，感到惶惶不可终日，最终决定先和曹操搞好关系，以给自己留条后路。于是刘璋派遣使者张松担任特使，前去向曹操示好。张松乃是一个胸中有万卷书的人物，且头脑灵活，见识通达，可惜的是其长相却不怎么样，身材矮小，眉目委琐，且举止有些狂放。曹操一见到这号人物，便觉得有些瞧不上，于是对他十分冷淡。了解张松才华的杨修极力建议曹操收纳张松，但是当时正志得意满的曹操并没有接受他的建议。

张松受到曹操冷遇，并且知道是自己相貌的问题，于是心里便感到十分不快。回到蜀中后，适逢曹操兵败赤壁，张松便极力撺掇刘璋和曹操交恶，并建议引刘备的势力入川，共同防御曹操。刘璋优柔寡断，又缺乏远见，于是便采纳了张松的建议。其实之所以如此，乃是因为张松在回蜀的路上被刘备所拦截，并受到其极力礼遇，已经与其交好。后来，张松还亲自绘制了蜀中地图，把蜀中的山形地物、关卡险要，以及兵器府库、兵力部署等等军事机密一一报告给了刘备。刘备正是在张松的帮助下，很快反客为主，吞并了蜀中，取得了与曹操、孙权三足鼎立的资本。因此，有后人评价，如果曹操当初没有对张松以貌取人，那么胸无大志的刘璋肯定就依附于曹操了，如此，便没有了后来三足鼎立的局面了。显然，一旦没有与蜀中的联合，东吴也支撑不了太久。因此可以说，曹操正是因为一次以貌取人的过失，导致其最终失去了一统天下的契机。

以上两个故事，郗鉴因为能够不因表象而贸然下判断，并透过表象看到实质，最终选对了金龟婿；曹操却因为浅薄地以貌取人，终至丧失了一统天下的机会。两个故事一反一正，正说明了老子所说的不可以表面判断事物的道理，值得我们思考。

第四十六章

知足常足

【原文】

天下有道，却①走马以粪②；天下无道，戎马③生于郊。祸莫大于不知足，咎④莫大于欲得。故知足之足，常足矣。

【注释】

① 却：屏去，此处为退回，还给之意。

② 走马：走马，即跑得快的马，战马。粪，意为耕种，治田。

③ 戎马：怀胎的母马。

④ 咎：过错。

【今译】

当治理天下合乎"道"，就会天下太平，没有战争，就会把马还给农夫到田间耕种。而当治理天下不合乎"道"，天下就会发生战乱，连怀孕的母马也会被拉上战场，只得在荒郊野外生小马驹。人世间的祸患没有比不知足更大的了，过错也没有比欲望的不知足更大的了。因此只有懂得了知足常乐的人，才会得到永远的富足。

【解析】

知足常足

本章中，老子所教给人们的智慧就是一个词——"知足"。老子先从反面提出了不知足、欲望的贪婪乃是最大的祸患和过错，又从正面提出一旦知足便会感到富足的正面效果，从而向人们讲述了知足的重要性。因此可以说，知足与否会对每个人的人生的幸福与否产生至关重要的影响。另外，不仅如此，老子曾言："天下有道，却走马以粪；天下无道，戎马生于郊。"这显然指的是统治者知足与否所产生的效果，为政者如果能够知足，适当收敛自己的欲望，便会天下安定，没有战争，人民安居乐业；而如果为政者不能感到知足，穷奢极欲，不能餍足，便会导致天下发生动乱，人民陷入战争之中。因此可以说，老子在这里又一次表明了其政治观点。当然，老子的政治观点对于普通人的指导意义不大，我们重点来谈谈老子的知足常足的人生观，这才是对普通人极有价值的智慧。

其实，老子对于知足智慧的提倡，不止本章，第十二章、第四十四章中都有论述。并且多次强调，过多的享受会给人带来的负面影响，从而讲论不知足的弊端。因此可以说，知足的智慧，乃是老子十分推崇的一种人生态度。而在本章中，老子在一开始便从天下有"道"和无"道"所导致的结果说起，然后落实在对于知足的提倡上，其实便指出了知足是符合他一向提倡的"道"的，而不知足则不符合"道"。在这里，他讲出了对于知足的智慧推崇的深层原因。

在提倡知足的智慧之前，老子先是反过来说出了不知足的严重后果，老子严肃地指出，不知足便是最大祸患和过错。而这并非老子危言耸听地吓唬我们，看一下历史和现实中的无论是有权势者还是普通百姓，最终招致身败名裂，乃至灭国杀身的结局的原因，说到底无不是起于贪婪、不知足。有些人是因为对权力的不知足，如春秋时期越国大夫文种、唐代的安禄山、清代的鳌拜；有些人是对财富的不知足，如东晋的石崇、明代沈万三、清代的和珅；有的则是对享受的不知足，如夏桀、商纣王、隋炀帝等历代暴君。另外，除了这些历史上留下名字的人物，还有多少没有留下名字的人因为不知足而招致灾祸的？可以说，所谓"人为财死，鸟为食亡"，便是对不知足的祸患进行的一种形象化表达。因为仅仅是为了基本的生活需求所求的财，一般来说都不会让人付出生命的代价，而那些付出了生命代价的，无不是因为自己的欲望膨胀，对于钱财的不知足。

接下来，老子则指出了知足的效用——知足常足！说实在的，这可是高明的智慧，非是洞悉了人之本性的大智慧之人难以道出！中国的先贤早就知道一个人的欲望永远也得不到餍足，因此儒家所强调的"格物、致知、诚意、正心、修身、齐家、治国、平天下"八目中，其首要的"格物"一条，意思便是控制自己的欲望。另外，集中国古典小说之大成的《红楼梦》中，贾宝玉出生时所衔的"玉"，其实便是谐音"欲望"之"欲"。而西方哲学家叔本华也直接指出，人生就是一团永远无法满足的欲望。可见，欲望就是我们的内在本质，永远也得不到满足，如果你指望通过满足自己的欲望来得到快乐，便会如同一头驴为吃到车夫挂在其眼前的草一样，永远地往前走，却永远得不到。而老子则为我们追寻快乐提出了另一种思维，既然彼岸的快乐永远是可望而不可即的，那么我们何不在此岸抓住快乐。只要能保证自己的基本的物质需求，在精神上有所依托，珍惜自己拥有的东西，爱自己的亲人和朋友，一个人不是便拥有了他需要的一切了吗？可见，不知足的话你便永远也不会感到富足，而一旦感到知足，瞬间便会觉得充实无比。

不过，需要说明的是，老子所说的知足并非是一种禁欲主义，要求我们一味地委屈自己。毕竟，一个财主和一个农民都可能因为知足而感到快乐，但其生活水平不可能是相同的。知足强调的只是每个人应该对自己已经拥有的东西感到满足，并珍惜，不要将眼睛盯着自己不具有的东西。另外，老子所说的知足也并非是一种颓废、消极的人生观，让人们无所追求，萎靡度日。恰恰相反，老子所说的知足常足是一种非常积极的人生态度。他提醒人们以一种更加冷静的目光去审视自己的心灵和行为，然后判断出自己的哪些行为是合理的，哪些是盲目的。从而将自己的精力都投放在最有价值的地方，追求自己真正想追求的东西。这样，也更可能取得一番成就。看一下历史上那些真正取得成就的人，无不是在物质方面要求极其简单，将自己的精力全都投放在了自己的事业上。爱因斯坦到美国加利福尼亚州理工学院担任教职并领到他的第一个月的薪水的时候，曾在信中对朋友感叹道："这么多的钱，我可拿它们怎么办呢？"德国伟大哲学家康德一生几乎未曾离开过自己出生的城市葛尼斯堡，终生未娶，每天重复着极其单调的生活，沉浸在自己的哲学思考中。据说他因为几十年如一日地准时在下午一点半外出散步，以致于市民们都以他散步的时间来校对自己的手表。诸如此类的例子不胜枚举。

老子知足常足的智慧应该说对中国人产生了深刻的影响，中国人一向提倡的"乐天知命""知足常乐"等便是老子这种思想的一种反映。时至今日，这种智慧仍可以给我们的现实人生以非常具体的指导。具体而言，我们还是要懂得，在已有的东西中获得快乐，而不要总是将快乐寄托在还未得到的东西上。要明白自己真正需要的东西，不要因为贪婪、虚荣、与人攀比而盲目追求。最后，即使是并不能做到知足常足，仍然想要得到不曾拥有的东西，那么努力去追求便是，在未曾得到的时候却不必过于焦虑，或者因别人拥有而嫉妒。要明白每个人所拥有的东西，所走的路必然是不同的。总之在追逐的过程中保持心平气静和从容不迫。而即使最终没有得到自己想得到的东西，也不必抱怨，毕竟谋事在人，成事在天，尽力了就行了，不管缺少什么东西，你都有权利并有能力保持快乐。

【从政之道】

长孙无忌不知足之祸

我们知道，位高权重，是古代众多俊杰之士孜孜以求的。但是，所谓爬得越高，摔得越惨。当然，也有身处高位者能既能享有富贵，同时又保全自己的。纵观历史可以发现，这些人的一个诀窍便是懂得知足常足的道理。下面，我们看一个因为不知足而招来杀身之祸的著名例子。

长孙无忌，字辅机，河南洛阳人。其出身北魏皇族支系，乃是唐太宗李世民的大舅子，文德顺圣皇后的哥哥。长孙无忌少年时便和李世民要好，隋朝末年，李渊起兵于太原，长孙无忌追随李渊，并和李世民一起打天下，为唐王朝的建立立下莫大功劳。在后来的李世民和太子李建成争夺皇位的过程中，长孙无忌起了极为重要的作用。他帮助李世民发动"玄武门之变"，为李世民夺权立下首功。因此，在唐太宗李世民用来表彰功臣的凌烟阁里，长孙无忌被列为第一功臣。凭借这种既是国舅，又是第一功臣的身份，长孙无忌被唐太宗任命为宰相，达到为人臣者显赫的极点。但是，长孙无忌虽然功高，但其担任宰相，才能则略显不足。如果他有自知之明，懂得知足的话，荣耀一阵子也就应该放开手中的权力。但是，长孙无忌却并不知足，其还极力参与了下一代皇子间的权力争夺，虽然也取得了成功，却也自食其果，最终招来了杀身之祸。

贞观十七年（643），太子李承乾因谋反而被废为庶人。之后，最有资格被立为太子的，是长孙皇后的另外两个儿子：魏王李泰和晋王李治。两人之中，李泰的可能性更大，他是长孙皇后的次子，比李治年长九岁，唐太宗对他也十分喜爱，并认可他的才能。李治是长孙皇后的三子，性格懦弱，唐太宗不是很喜欢他。按说，两人都是自己的亲外甥，长孙无忌应无厚薄才对。但是，长孙无忌却坚定地支持李治。之所以如此，乃因其自有私下的小算盘。魏王李泰年纪较大，才能出众，在朝廷中与许多臣子交好，党羽丰满。长孙无忌担心他一旦即位，必然会安插他己的党羽在重要职位上，到时自己的权势肯定便被削弱了。而李治没有自己的势力，又生性懦弱，即位后只能依靠自己这个舅舅来执掌权柄，下一任朝廷又是自己的天下了。

因此，他拉拢一些老臣极力向唐太宗推荐李治。

李家夺得天下所依赖的力量乃是关陇集团，而长孙无忌则是关陇集团的核心人物。考虑再三，唐太宗最终立李治为太子。并且，之后唐太宗曾一度想改换太子，但都在长孙无忌等人的反对下放弃了。唐太宗死后，李治登基，是为高宗。果然，因高宗懦弱，以长孙无忌为首的关陇集团基本上控制了朝政。但是，长孙无忌没有想到的是，也正是高宗懦弱最终将其送上了黄泉路。

高宗即位后，将唐太宗的一个才人武则天纳为嫔妃，并对其十分宠爱。后来，武则天杀死自己的亲生女儿，成功嫁祸给王皇后，高宗信以为真，决定废掉王皇后，立武则天为皇后。因王皇后同样是关陇集团的代表人物，因此长孙无忌坚决反对此事。但是，因为长孙无忌常年把持朝政，以许敬宗、李义府、李勣为代表的一批臣僚因为失势而极力赞同此事。最后高宗废掉了王皇后，改立武则天。

野心勃勃的武则天当上皇后后，一方面出于对长孙无忌当初阻挠的愤恨，另一方面长孙无忌等人的存在也是自己权力扩张的障碍，所以进行暗算倾轧。几年后，武则天势力丰满，授意依附于她的许敬宗，想办法将长孙无忌编织进一桩朋党案，进行陷害，又借处理太子洗马韦季方和监察御史李巢朋党案之机，诬奏韦季方与长孙无忌构陷忠臣近戚，要使权归无忌，伺机谋反。结果，懦弱而无主见的高宗，竟然只知道流泪，也不知道当面询问一下舅舅，便稀里糊涂地将其流放到黔州去了。长孙无忌的家属也或流或杀。不久，武则天担心长孙无忌东山再起，干脆又将他搞到狱中，逼他自杀了。武则天之所以能够如此，可以说都因为高宗的懦弱。可叹的是高宗的懦弱，正是当初长孙无忌力举其为太子的原因。而长孙无忌如此做，则在于自己的权力欲望的不知足。按说，长孙无忌身受唐高祖李渊、唐太宗李世民两朝恩宠，应该知足了。并且如果他的另一个外甥魏王李泰即位，其身为两朝元老，加上又是堂堂国舅，其权势即使没有原来那样炙手可热，也低不到哪里去吧。但他不知满足，最终搬了石头砸了自己的脚。实在可叹！其实，他的妹妹文德皇后在世时，就曾多次劝他逊职，但长孙无忌没能理解她的良苦用心。可以说，文德皇后除了具有深谋远虑的眼光之外，还有知足常足的智慧。

第四十七章

不行而知

【原文】

不出户①，知天下；不窥牖②，见天道③。其出弥④远，其知弥少。是以圣人不行而知，不见而明，不为而成。

【注释】

① 户：门。

② 牖：窗户。

③ 见：了解，懂得。天道：日月星辰运行的自然规律。

④ 弥：更加。

【今译】

不出门户，就能够懂得天下的事理；不望窗外，就可以了解日月星辰运行的自然规律。就求"道"而言，走得越远，所知道的道理就越少。所以，圣人不出行却能够推知事理，不用往外看就能讲的出自然的法则，不用做许多事情便自然成了。

【解析】

用心去感受

本章中老子重点阐释了认识论的问题。老子认为，圣人不出门，便可以了解天下，是为"不行而知"；圣人不需抬头看窗户，便能够了解天道，是为"不见而明"。一般认为，老子这里所说的是一种认识的理性论。即一个人只有通过理性认识，才能够认识世界，而非通过感性认识。

我们知道，一个人行走天下，必然见多识广，通过见识获得大量的信息，通过实践获得大量的实践经验。一般而言，显然这个人会对这个社会和人性具备相当的认知，更加谙熟人情世故。但是，如果上升到对于世界的更高层次的认识，便不是如此了。因为走得远，见得多，积累起的总归只是一些感性认识，而非理性认识。而一个人认识这个世界最重要的方式乃是理性认识，而非感性认识。因为一个人无论走多远，积累起多少见识，穷尽一生也都是极其有限的。

只有通过理性认识，才能从宏观上、本质上去把握这个世界，进而才能洞晓更深层次的真理。关于这一点，现实也已经给出了很明显的佐证。我们可以设想，感性认识如果能够更好地认识这世界，那么能够给人们留下真理的便是古往今来那些整天奔波于各地的商人或者旅行家了，但事实上并非如此，目前留下的有关宇宙世界、社会人生各种高深理论和高超认识的往往是那些学者、哲人、僧道等。之所以如此，便是因为这些学者、哲人、僧道等人所进行的便是一种理性思考。中国有句谚语叫"秀才不出门，能知天下事"，说的便是这个道理。诸葛亮身处隆中茅庐，却能够精辟地帮刘备分析天下形势，并提出三分天下的清晰构想，便是老子所说的"不行而知，不见而明"的典型。另外，德国哲学家康德，终其一生几乎未曾离开过其家乡的小镇葛尼斯堡。并且其每天的生活极其单调乏味，像是一架具有固定程序的机器一样在每天固定的终点作息、讲课、在小镇上散步。但正是在这种在外人看来单调而乏味的生活中，他完成了一系列的划时代的哲学巨著，成为和柏拉图、奥古斯丁并列的西方哲学史上的三大巨人。这些例子，都说明了理性认识乃是认识这个世界的关键。之所以如此，是因为世间的道理是相通的，通过以此到彼的推演，便能达到一通则百通的效果，所谓"见一叶而知秋"。

具体到我们的现实中，要想提高自己的理性认识，一般而言，便是要多读书籍，勤于思考。英国哲学家培根曾言："读史使人明智，读诗使人灵秀，数学使人周密，科学使人深刻，伦理学使人庄重，逻辑修辞之学使人善辩。"说的便是读书给人们带来的好处。不过，读书一定要思考，不然食古不化，也是没有什么效果的。尤其是在网络时代，我们每天都会在计算机上获得大量的信息，如果不善于思考，便会淹没在信息的汪洋中，不仅不能提高自己，反而失去了自我。另外需要提醒的是，老子所说的不行而知，并非否认经验和实践的作用。老子的目的在于提醒人们理性思考的重要性，提醒人们如果没有理性的思考，仅仅单纯依靠感性认知的积累，是不能达到认识世界的目的的。事实上，中国古人早就提出"读万卷书，行万里路"的提高认识能力的通衢，认为只有经验与思考的共同作用才是提高自我认知的最佳途径。

不过，说老子所提倡的"不行而知，不见而明"仅仅是一种理性思考，并不是特别确切，其实质上只是说出了老子智慧的一个方面。严格说，老子所谓的理性思考，乃是一种更为宏观和微妙的思维，简单说，便是用心去感受。所谓用心，从思维上讲，包含了理性思维和直觉思维（即感性思维）两个角度；从方法上讲，便是不寄托于向外界追寻，而是向内思索，通过自身来领悟有关世界和自我的真理。老子一向认为人们只能用心才能领悟到"道"的存在，从而自然而然地让自己的思想和行为符合"道"的运行，从而实现自我和宇宙的统一。后世道教徒所运用的打坐修行法，便是这样一种通过心性的调节来提升自我的修为。佛教也同样强调综合理性和感性思维的直感的作用，不从外界寻找真理，而是提倡通过寻找自己的自性来实现认识世界和自我。明朝大哲学家王阳明的"心学"，与老子所提倡的用心去领悟的方法，说的也是一回事。

老子这里所说的用心去领悟智慧的道理，在现实中有着非常现实的意义。在现实生活中，许多人其实都已经麻痹了自己的心灵。比如有的人总有种控制不住好奇心乃至窥视欲，总想通过窥视别人来找到生活的真相。实际上，如果你用心感受一下自己，你真的对你窥视的东西感兴趣吗？而生活的真相也必然只能通过自己的心灵从自己的生命去领悟，而非在别人那里找到。有的人总是习惯于通过和别人对比来确认自我，这也是一种不成熟的心态。一个人没必要去和别人做无谓的比较，只要把握好自己的生命，追求自己想要的，珍惜自己该珍惜的，收获自己的成功或失败，快乐或悲伤，便活得很充实了，便抓住了生命本身的意义了，何必硬要和别人比较呢？另外，我们知道，有句西方谚语叫"生活在别处"，实际上说的是人们的一种普遍心态，便是人们总是对身边的一切感到厌倦，觉得不够精彩，因此总要不断地去远方寻找一种更精彩的生活。一些年轻人总觉得身边的异性不够优秀，不是自己想象中的样子，因此总幻想在远方某一个地方存在一个完美的适合自己的异性。如果你学会了用老子所说的用心去感受的话，你便明白，远方并不存在更精彩的生活，那里的异性也未必比眼前的异性就更优秀。哪里都一样，真正的精彩在于充分把握好你现时的生活，也即佛家说的活在当下，自己创造出快乐与精彩。

不为而成

不为而成，说的还是老子已经多次强调的无为思想。只是在本章中，老子以圣人为例子，并将无为的效果进一步指明，老子认为圣人往往能够通过不为而将事情做成。

关于圣人不为而成的例子，老子没有具体指出，不过孔子倒是曾经谈及这个问题，不妨作为老子的观点佐证。在孔子眼中，周文王是不为而成的典型。在司马迁的《史记·周本纪》中记载了一则故事：说虞国人和芮国人因为田野的界限而发生了争执，一起到西伯侯（就是后来的周文王）那里去请西伯侯做评判。他们到了西伯侯所管辖的西岐之后，发现那里普通百姓都像士大夫一样谦恭有礼；到京城后，看到那里的士大夫都像三公九卿一样礼让恭敬。于是两国的人私下议论道："这里的百姓能够像士大夫一样互相尊让，这里的士大夫就像公卿一样相互尊让，这样的话，这里的君主肯定不是把天下当作私有财产而占为己有的。"两国的来人再想一下自己竟然为了一点土地就赶这么远来找人理论，都感到非常羞愧，一下子都变得谦让起来。最后，还没有见到西伯侯本人，两国的人便私下将自己的问题说清楚，然后各自回国了。

孔子知道这个故事后感慨道："文王之道真是太伟大了，可以说已经达到了无人可比的程度了！没有任何刻意的作为而使人发生了变化，没有刻意做任何事情就成功了，这只不过是因为文王能够自己一丝不苟、谨慎真诚、恭敬待人，然后，虞国和芮国便因此而得到了和解。所以，《书》中说：'惟有文王能够谨慎真诚地修养节制自己。'所指的就是这样的情况吧！"

在《论语》中，孔子又称文王凭借仁德而"三分天下有其二"，说文王没有通过具体的军事行动，天下三分之二的人便归附于他，这同样是对周文王无为而成的赞叹。因此可以说，周文王便是老子所说的不为而成的圣人的典型。另外，如果进一步延伸思考的话，老子本人又何尝不是无为而成的圣人呢。其本来并无意于教化别人，更无意于做高高在上的圣人，他本打算骑青牛悄然隐去，只是在函谷关尹喜的要求下才留下了五千言的《道德经》，结果却一下子成为被中国人尊崇了两千年的圣人。因此他本人也算得上是无为而成的典型了。另外，孔子，成为中国人的圣人，也并非他的本意，也是不为而成。

其实，圣人之所以能够不为而成，并不是偶然的，而是因为他们的行为是符合了老子所说的"道"的，也即天地万物运行的规律。许多时候，以我们世俗的眼光去看的话，圣人似乎什么也没有做，但实际上，正是这种看似什么也没做的行为恰恰顺应了事物运行的规律，使得事物向最好的方向发展。另外，我们还要明白，所谓的"不为而成"中的"不为"并非指消极庸碌、毫不作为，而是指不妄为，不刻意而为。文王得天下，并非刻意要讨好天下，他做的只是治理好周国，却收到天下归附的效果。显然，治理好周国，是需要作为的。圣人们之所以能够征服天下人心，并非他们刻意妄图征服世人，而是他们努力征服了自己，至于征服他人，不过是意外收获罢了。征服自己，则是每个圣人孜孜以求的。

　　不过，不为而成并不是刻意要求我们什么事情都要不去作为。毕竟不是所有的事情都是可以"不为"而成的，关键便是要顺遂事物发展的规律。具体到我们的现实生活中，老子所言的圣人做事的思维我们还是可以学一下的，其可以给我们的现实生活以许多有益启示。比如许多家长为了孩子更好地发展，总是在周末将孩子送去各种各样的辅导班，而不管孩子是否对所辅导的东西感兴趣。实际上这未必就真的对孩子的发展有利。而在周末带孩子到郊外玩一下，接触一下大自然，任凭孩子和伙伴玩自己喜欢的游戏，这表面上是放任孩子，对其教育"不积极"，实际上这样任凭其天性自然发展，对孩子的成长最有利。如果你想在一个新的工作单位给同事留个好印象，工作时时去注意这个，小心翼翼地经营自己的"形象"，可能别人会觉得你太做作了。反而是我行我素，自自然然地展示出一个真实的自我，只要你本性不坏，自然而然大家便接受你了。总之，生活中多用脑子去想，用心去感受事物的规律然后顺应它，便可能获得成功。

【从政之道】

前秦名相王猛

　　在前秦与东晋对峙的时候，流传着两句话："关中良相唯王猛，天下苍生望谢安。"谢安出身东晋名门望族，有着非凡的见识和出众的才华，名重当时可以理解。但是，王猛其人出身贫贱，也没有多么丰富的阅历，他的才华和智慧从何而来呢？阅读史书不难发现，历史上有许多像王猛这样的人，出身、阅历、教育等方面都不够好，其人却能异峰突起，成为一代巨人，比如军事上的霍去病、虞允文、杨秀清；政治上伊尹、管仲、诸葛亮，文学和哲学上的更是多得数不胜数，这些人的才智从何而来，着实令人费解，也许是因为他们对世界有着超凡的感悟，正如老子所说"不行而知"吧。

　　回过头来看王猛其人。王猛本来是北海人，他少年时期家里贫困，只好以卖簸箕为生。据说，在洛阳卖簸箕时，曾入嵩山得遇奇人。王猛相貌俊伟，博学多才，喜欢研读兵书，为人豁达大度，不被日常琐事所扰。如果不是和他非常投缘的话，他多数都是不与之交往的。当时那些轻浮的人都很轻视并且嘲笑他，他一点都不介意。王猛年轻的时候曾经去邺游览过，当时很少有人赏识他，只有徐统见他后青眼有加，要召他为功曹。但他没有应召，而是在华阴山隐居了下来。他胸怀大志，希望遇到能成就帝王霸业的君主。因此他隐居起来不做官，等待时局的变化。桓温入关后，王猛穿着粗麻衣服去见他，一面高谈阔论，一面捉着身上的虱子，旁若无人。桓温看后觉得很惊异，问道："我奉天子的命令，率精兵十万讨伐叛逆，为百姓除害，关中的豪杰却不来投奔我，这是为什么？"王猛回答："您不顾几千里远的距离，深入敌境，长安城已经在你们眼前了，你们却不渡过灞水，百姓没有见到你们的真心，所以不来投奔。"桓温哑口无言。桓温要撤走的时候，送给王猛车马，并给他高官做，请他一起回去。当时东晋的大权都被王、谢、庾、桓四大家族把持，寒族出身的王猛在那里根本就不可能有什么作为。况且桓温也是一个心胸狭窄的人，难成大事。最后，王猛经过慎重思考，还是决定留在关中，没有和他回东晋，而是继续等待可以辅佐的明君出现。

　　公元355年，前秦王苻雄去世，苻坚只是承袭了东海王爵位。苻坚是一个有雄才大略的人，受到当时许多人的推崇。而前秦的君主苻生生性喜欢猜忌，暴虐无道，引起了很多人的离心，于是有人劝苻坚把权力夺过来。苻坚去征求尚书吕婆楼的意见，吕婆楼说："我都快是人家刀子底下的人了，不能有什么作为了。不过我可以向殿下推荐一个人，他就是我私宅里寄住的一个人，名叫王猛，他的才智和谋略是世间少有的。殿下应该请他出来，当面向他请教。"符坚听后，马上派人去接王猛。两人一见如故，谈起天下的兴亡大事，两人意见居然不谋而合，就像当年刘备见到诸葛亮一样。

符坚当了皇帝后，任命王猛为侍中、中书令，兼任京兆尹。光禄大夫强德是强太后的弟弟。他借酒逞凶，娇纵蛮横，抢夺别人的财物和子女，是百姓的祸害，但大家都是敢怒不敢言，没人能制服得了他。王猛一上任就拘捕了他，呈上奏章请求处理，没等回复就把他杀了，并且将他的尸首放在街市上示众。符坚见到奏章后，马上派使者赶过去要将强德赦免，但为时已晚。王猛与御史中丞齐心协力，斩除邪恶，纠正冤案，毫不畏惧。几十天时间，被处死和依法黜免的权贵、豪强、王公贵族有二十多人，震动了朝廷上下。一时间，无人再敢目无法纪，政治清明，境内呈现出一片安宁和谐的景象。符坚见了，感叹地说："我到如今才知道天下有法律了！"

同年前秦王符坚任命王猛为辅国将军、司隶校尉，原来在宫中值宿警卫以及仆射、詹事、侍中、中书令等职务仍然由王猛继续担任。王猛在一年内一连升迁五次，权势极其显赫。王猛不仅能够治国，也能统军作战。他曾南攻荆州，北伐凉国，所在必克。公元370年，王猛受符坚派遣，率步骑兵十万攻燕。王猛一路过关斩将，长驱直入，最后攻破邺都，俘虏燕王慕容玮，燕国灭亡。前秦势力扩展到黄河流域，长江以北大都归入前秦版图。

不久王猛升任为丞相，国家内外大小事务一律由他掌管。他在任期间赏罚分明，执政公平，罢黜了那些光吃饭不做事的人，把隐士和贤能却又仕途坎坷之人都提拔起来，对外整顿军备，对内崇尚儒学，鼓励百姓种桑养蚕，教化他们懂得礼义廉耻，前秦很快就强大了起来，这都是王猛的功劳。符坚曾对王猛说："你日夜操劳，我就像周文王得到了姜太公一样，我完全可以轻松自在地休息了。"王猛说："我只求陛下不要苛责我的过失，我怎么敢和古人相比呢？"符坚说："依我看姜太公怎么能超过你呢。"符坚经常对太子符宏、长乐公符丕说："你们对待王先生，要像对待我一样。"王猛就是如此地受到推崇。

王猛因为操劳过度而生了重病，符坚亲自到南北郊、宗庙和社稷去为他祈祷，并分别派人向各路神仙祈祷，但王猛的病情始终不见好转，于是符坚大赦国内囚犯，王猛卧病在床还上表谢恩，并谈论时政，不少见解都非常有价值。符坚看到王猛的上表后不禁流下了眼泪，其他人也都很伤心。王猛病情终于到了无法挽回的时候，符坚亲自去探望，询问后事。王猛说："晋国虽然偏安于吴越一带，却是继承了正统的王朝。亲近仁人，善待友邻是立国之宝。我死以后，希望皇上不要对晋国有所企图。鲜卑和羌族是我们的仇敌，最终会成为祸患，应该逐步剪除掉他们，这样才对国家有利。"话刚说完就去世了，年仅51岁。符坚放声痛哭，到入殓的时候，符坚连续三次前去哭吊，他对太子说："难道这是上天不想让我统一天下吗？为什么这么早就夺去我的王猛呢？"

王猛临死时一再忠告符坚暂时不要进攻东晋，但是符坚没有听进去，终于招致后来淝水之战大败，元气大伤，从此一蹶不振。

但在那样一个交通、信息不通畅的时代，王猛对于天下局势、地理地形、统治者个人情况，都了如指掌，已经够神奇的了。更奇的是，他一旦被委以重任，立即能治理国家，整治军容，富国强兵。其杰出的才能确实令人叹服，显然，这种能力与他卓越的理性思考分不开，而这种理性思考正是老子说的"不行而知"啊！

第四十八章

为道日损

【原文】

为学日益①，为道日损②，损之又损，以至于无为，无为而无不为。取天下③常以无事④，及其有事⑤，不足以取天下。

【注释】

① 日益：一天天增加，一天天长进。

② 日损：一天天减少。

③ 取天下：治理天下。

④ 无事：即"无为"在政治方面的表现，不妄为，不造事。

⑤ 有事：指出台很多政令，扰攘人民。

【今译】

在求学的过程中，一个人的知识会一天比一天增加；在求道的过程中，一个人的欲念则一天比一天减少。减少又减少，最后达到"无为"的境地。一旦能够做到无为，即不妄为，实际上便能做成任何事情。为政者治理国家时，要以尽量少发布政令，以不骚扰百姓为治国之本，如果经常以繁苛的政令侵扰百姓，那就不能很好地治理国家了。

【解析】

为学日益，为道日损

本章老子重点论述的是"为道"，他认为无论是为政者还是普通百姓都应该具有"无为"的态度，如此，才符合了"道"。而为了说明了"道"与"无为"的关系，老子将"为道"与人们比较了解的"为学"进行了比较。这可以说是一个相当有价值的论题，实际上其论述的便是知识与智慧，或者说知识与真理之间的关系。

老子所指的"为学"，后人一般将其理解为泛泛的知识、学问，也有人将其理解为世人所学的政教礼乐之学。而"道"，则是老子一向所说的宇宙万物运行的规律。显然，如我们所知，知识正是靠量的积累来进行的。一般而言，知识积累得越多，便越有学问。所谓为学日益，很大程度上便是指的对于知识的掌握更多了，更牢固了。然后，在此基础上，老子指出了为"道"的特点则与掌握知识恰恰相反，不是一个一天天增加的过程，而是一个一天天减少的过程。人内心的各种欲望和外在的文饰逐渐减少，人不断除去内心的愚妄，损减外界的蒙蔽，便会越接近"道"。因为老子认为，人掌握的知识越多，内心的各种欲望与想法就会越多，外表上则其文饰也会越来越多，一个人会变得越来越精明、礼貌、有口才等。这在我们世俗人看来，是一种进步，但是在老子看来，则只是变得更加世故和心思复杂而已，反而失去了其纯朴的本性，因此未必是一种进步。其实这种观点和《道德经》第十二章中所讲的存在一种呼应，在该章章中，老子曾言："五色，令人目盲；五音，令人耳聋；五味，令人口爽……是以圣人为腹不为目，故去彼取此。"意思是过多的色彩使人眼睛看不到，过多的声音使人耳朵听不到，过多的美味使人失去味觉，因此圣人都对于这些东西，都尽量少得到。类似地，老子在此处的意思便是知识多了反而使智慧受到蒙蔽。这一观点，与老子曾经提出的"绝学无忧""绝圣弃智""绝仁弃义"等看法近似。

老子的这种对于知识和智慧的关系的认知，显然是具有一定道理的。如我们所知，一个人要想彻底领悟这个世界最深层的真理，通过学习知识其实是办不到的。早在战国时期，庄子就在感慨："吾生也有涯，而知也无涯，以有涯随无涯，殆已。"意思是人生是有限的，而知识是无限的，以有限追求无限，是不可能达到目的的。因此老子在这里则为我们提供了另一条思维，便是从对外寻求转向向内寻求，即通过内心去领悟这个世界的真理。同时，从对复杂的追求转向对简单的追求。而这也为现代科学所证明，越是高深的物理学定律，其公式便越是简单。并且，现在，科学虽然十分发达，人类所制造的望远镜虽然能够望到几十万光年以外，但对于整个宇宙的认知可以说还是处于初始阶段。但在遥远的古代，老子就提出了通过内心去领悟这个世界，并对这个世界作出了完整的解释。而且，不仅老子，佛教也同样是通过向内心寻找"自性"的方式，领悟宇宙和人生的真理。

另外，也有人认为老子所说的为学与为道并不矛盾，说的是一回事，认为所谓为学一天天增加的，即是真理；而为道一天天减少的，即是妄念，两者是统一的。但这其实和上面的说法并不矛盾。总体上，老子在这里便是提醒人们不要只孜孜追求于知识，最终却对于宇宙和人生的真理没有任何领悟。所谓只见树木，不见森林，便必然不能很好地把握自己的人生。

老子对于为学与为道的论述，不仅具有形而上的意义，其在具体的现实生活中，也能给我们一些有益的启示。

首先，它提醒我们，知识并不一定等于智慧，因此在你对知识追求的过程中，不要一味地贪多求全，而要明白，知识多未必是好事。如果知识不能很好地转化为智慧，反而可能成为你的累赘。比如，我们知道，小孩子们既没有多少课本知识，也缺乏实践知识（经验），但是他们说话、做事往往能出人意料之外，就像一个艺术家那样充满想象力和灵性。反而是长大之后，大部分人都变得思维枯竭，想象力贫乏，这恰恰正是他们的知识桎梏了他们的思维。因此，在学习知识时，不可盲目，要用智慧作为一个衡量指标。比如，你要看一本畅销书，可能用你的智慧想一下的话，便会明白这书其实没什么价值，自己这样赶时髦地读书纯粹是浪费时间。比如你禁不起别人的推销去报一个培训班，表面上你是增加了一门技艺，但如果用你的智慧想一下的话，便会明白自己永远也用不上这门技艺的，学它到底是为什么呢？等等。总之，便是用智慧来指导你的学习。

其次，它提醒我们，在我们致力于认识这个世界的同时，千万不要忘了回过头来认识一下我们自己。所谓学习知识，追求学问，一般指的便是认识这个世界。而许多人往往忽略了最大的学问其实在于认识自我。许多人在狂热地追求知识的过程中，忽略了自我，最终迷失。比如，近年每年都会出现一些大学生，乃至一些硕士、博士生自杀的消息。他们的知识不可谓不多，但是之所以走上绝路，正是因为他们对于这个世界有了有条理的认知，对于自身内心的混乱却无能为力。因此，在追逐外在事物的同时，我们也应当时时将目光投注到我们自己的内心深处，这样，无论在这个世界上走多远，我们都不会迷失自己。

最后，它还提醒我们，"为学"和"为道"是分不开的，不可能割裂开来单独去追求某一个。换种和我们现实联系更为紧密的说法，即追求学问和做人是分不开的。一个人若要真想追求学问，必然要结合自己的做人。如果离开了自己的行为本身去追求学问，必然不会有真正的成就。反过来，追求做人的过程本身便是在追求一种人生的大学问。其实，关于这点，中国古人早就明白了，中国古代读书人追求学问的过程首先便是"修身""修身"便包含了追求学问与做人的双重功能，古代那些大有成就的学者无不是如此，如王阳明、曾国藩等。因此，在教育子女时，便要注意从小培养其人格、良好的习惯等，这才是完整的教育。

取天下常以无事

本章中，老子先是通过"为学"与"为道"的不同之处点出了为道的特点正是欲念逐渐减少的过程。最后又落在了"道"在政治上的体现。他认为统治者治理天下便也应该遵循一个"少"的原则，即尽量减少政令和举措，不要过多骚扰百姓。不仅如此，他还直言，如果不能遵循这个"无事"的原则，便不能治理好国家。实际上，这里乃是老子提倡的"无为而治"的政治思想的反映。

在《道德经》中，老子提出了一个最高的准则，那便是"道"，认为此是宇宙万物的本源。在此基础上，老子又进一步将其具体化，从个人行为和国家治理方面给出了具体的准则。个人方面，老子认为一个人应该清心寡欲。而政治上，则主张为政者应该推行"无为"的政治，少侵扰百姓。可以说，这两点思想始终贯穿《道德经》，并在许多章节中反复提及。而就其政治主张而言，老子在第五十七章中，又进一步指出了"无为"之所以可以治理天下的原因："无何以知其然哉？以此：天下多忌讳，而民弥贫；人多利器，国家滋昏；人多伎巧，奇物滋起；法令滋彰，盗贼多有。故圣人云：'我无为，而民自化；我好静，而民自正；我无事，而民自富；'"由此也可见老子之所以推崇"无为""无事"的政治主张的原因了。

需要指出的是，老子所推崇的"无为而治"的政治思想，并非是他第一个提出来的。实际上在春秋时期，面对天下大乱，统治者连年征召人民进行军事战争的情况，在知识分子中间产生了一种普遍的希望统治者能减少对人民的侵扰的愿望，当时的人们都将尧舜禹时代看作是人民安定幸福的时代。当时，不仅道家，儒家也同样推崇无为而治。据说当时中原发了大洪水，尧先是派鲧去治理洪水，鲧治水九年，没能成功。舜又派鲧的儿子禹去治水。禹最终不负众望，用十三年时间平息了洪水。舜继承了尧的无为政治，对老百姓很宽厚。即使老百姓犯法，他也经常是采用象征性的惩罚，比如犯了该割掉鼻子罪的人，就让穿上赤色衣服来代替；犯了该砍头的罪犯，就让他穿没有领子的布衣。为了用音乐教化百姓，舜派夔到各地去传播音乐。有人担心夔一个人不能担当重任，舜说："音乐之本，贵在能和。像夔这样精通音律的人，一个就足够了。"后来夔果然出色地完成了任务。孔子于是赞叹道："无为而治，说的正是舜啊！他自己需要做的，只要安安静静坐着而已。"

不过，最终使无为而治成为系统的政治指导思想的，则是老子。老子从"道"中寻找到了"无为而治"的理论依据，认为统治者应该效法自然，又在现实层面明确指出了统治者的妄为会直接导致国家的动乱，人民的痛苦。而统治者的"无为"，则会给国家带来自然而然的安定，人民则会幸福。并且，老子还进一步指出了统治者实行无为政治的具体做法，便是在本章中指出的"取天下常以无事"，即少颁布政策和法令，少侵扰百姓，让百姓自由发展。

老子的这种政治主张的适用性其实也为历史所证明，秦国通过商鞅变法，在全国上下形成了一种战时法令社会，固然收到巨大的成效，并因此最终统一了六国，但其后来的灭亡也同样是因为过度侵扰了百姓。而汉朝正是推行具有浓厚道家特征的黄老思想，废除过于严酷的刑法，实行薄赋税的税收政策，与民休息，才最终成就了中国第一个辉煌的王朝。

无为而治的政治思想具体到现实方面，应该说其对于一个组织的管理来说，具有启发意义。现在的许多商业公司，为了加强管理，提高工作效率，制定出各种各样的烦琐条例，其效果可能是反而影响员工积极性和自主性的发挥，反而降低了工作效率。还有一种常见的现象便是有的领导喜欢开会，开各种各样的例行会议和临时会议，在会上重复一些员工已经腻烦的话题，其实完全是浪费员工时间，降低其工作效能。总之，老子无为而治的思想便是提醒我们要给予被管辖的人以一定的自由空间，这样自然而然地他便会将事情做好。而如果你紧紧地盯着并管束着他，表面上看，是要使事情往好的方向发展，结果却往往与初衷相反。

【为人之道】

六祖慧能的故事

禅宗乃是最富有中国特色的佛教宗派，其最早是在北魏时期由达摩祖师从印度传来，而其兴盛则始于唐代的六祖慧能。六祖慧能精通佛法，当时许多高僧都拜在其门下，但不可思议的是，六祖却根本不识字。

慧能本是岭南新州（今广东新兴）一个砍柴少年，其父早亡，与老母孤苦度日，未曾读书。一次在集市上卖柴的时候，他听到一个人在诵经。具有慧根的他一听便顿悟了，于是他问客人诵的是什么经，客人告诉他诵的乃是《金刚经》。又询问经是哪里得到的，客人告诉他在湖北黄梅县的东禅寺，住着一位弘忍法师（禅宗五祖），自己是从他那儿得到的。这个客人看慧能和佛法颇有善缘，便资助他十两银子让他安置母亲，再去礼拜五祖了。

慧能到黄梅东禅寺后，便拜见五祖。五祖看他虽然不识字，但是所说的话充满灵性，便留下他在寺里干些粗活。一段时间后，五祖召集众人说，你们每个人都作一首偈子，如果谁的偈子能够表明你已经见性了，我便将衣钵传给他。在众多和尚中，神秀一向是领悟力最高的，别人也知道自己争不过他，便都没有去作偈。神秀作了一首偈，因为没有自信，便在半夜悄悄地将其贴了在佛堂的走廊上，准备看看大家的评价，然后再伺机而动。

到第二天，大家在佛堂看到了这首偈，偈子曰：身是菩提树，心如明镜台，时时勤拂拭，勿使惹尘埃。众僧人看了，都纷纷称赞。五祖知道这是神秀所作，便唤其到自己房间，对他说："你只是到了自性的门口，还没有进来，你回去再作一首，如果能见性，我就将衣钵传你。"

神秀回去后，却作不出更好的偈，这事便这么拖着了。一天，慧能在后院干活，听到有两个童子念神秀的偈子，他一听便知道这首偈未能见性。于是他便问童子此偈的来历，童子告诉他后，他便对童子说："我到这里碓米八个月了，还没有到过堂前，请您带我到偈前礼拜一下吧！"

于是童子将他带到了挂着神秀偈子的走廊，当时许多人还聚集在那里。慧能对旁边的人说道："我不识字，请上人为我念一下吧。"于是其中一个便朗声念了一遍。慧能于是说："我也作了一首偈，烦您帮我写下来如何？"那人有些不相信地说："你也能作偈，稀罕稀罕！"慧能于是说："要学习无上菩提，不能轻视初学者。下下人有上上智，上上人有下下智。"那人说："好，你说吧，我帮你写下来。如果你得法了，先要度我，别忘这句话。"慧能于是诵偈道："菩提本无树，明镜亦非台，本来无一物，何处惹尘埃。"

此偈诵完，徒众大惊，都相互议论道："奇呀，看来不能以貌取人，他才来了多久，就成为肉身菩萨了啊！"

五祖弘忍见大家惊讶，担心慧能树大招风，被人陷害，便走过来用鞋子将偈子擦去，然后说了句："也未见性。"大家听五祖这么说，也便觉得的确是如此。

第二天，五祖又悄悄地走到慧能碓米的地方，然后以杖击碓三下，暗示慧能三更去找他。慧能心下明白，于是晚上三更到了五祖房间。五祖为慧能讲《金刚经》，当讲到经文中的"应无所住而生其心"时，慧能一下子彻悟了，说道："何期自性，本自清净；何期自性，本不生灭；何期自性，本自具足；何期自性，本无动摇；何期自性，能生万法。"五祖明白慧能已经彻悟，于是便将衣钵悄悄传给了他，让他做禅宗第六代祖师。

那天传经之后，五祖担心其他人加害慧能，于是当夜便送他离开了。慧能听从师父的嘱托向南走，因为有人一直想加害他，他躲在猎人群中十五年。后来，为了弘法，他离开猎人队伍到了广州法性寺，正碰上印宗法师在讲《涅槃经》。而听经的两个僧人因为经幡在风中飘舞，一人认为是风在动，一人认为是幡在动，争执不下。慧能听到后，便说道："不是风动，也不是幡动，是仁者的心在动。"众人一听，顿时骇然，惊为高人。

印宗禅师已经听说黄梅禅师的衣钵传承者已经南来，对来人心存疑惑。于是，将慧能筵至上席，询问后确认来者正是五祖传人。于是印宗禅师替慧能削了发，然后拜其为师，从此慧能开始讲经说法，影响越来越大，最终使禅宗成为中国佛教最蔚为壮观的派别。

六祖因为不识字，别人请教其问题时，往往需要别人先念一遍经文给他听，他一听便明白了，然后再将经中奥义讲给请教者。六祖慧能的故事可以给我们很大的启发，那就是知识并不等于智慧。六祖完全不识字，却能够洞晓佛法的真理，令无数学识渊博的人拜服，其根本便在于六祖是通过自己的内心去感知这个世界和自我。因此，一味地追求知识不一定能增长你的智慧，我们也应该学会更多地向自己的内心寻求智慧。

第四十九章

善者吾善

【原文】

圣人无常心①，以百姓之心为心。善者②吾善之，不善者吾亦善之，德善③；信者吾信之，不信者吾亦信之，德信。圣人在天下④，歙歙⑤焉；为天下，浑其心⑥。百姓皆注其耳目，圣人皆孩之⑦。

【注释】

① 常心：固定不变之心，即偏狭的自我之心，私心。

② 善者：善良的人。

③ 德善：德，通"得"，德善即得到了善。下面的"德信"，用法同。

④ 圣人在天下：得道的圣人治理天下。

⑤ 歙（音同吸）：意为吸气，此处指收敛自己的欲望。

⑥ 浑其心：使百姓的心恢复到纯朴的状态。

⑦ 孩之：使动用法，使之恢复到婴儿般淳朴的状态。

【今译】

圣人没有普通人的偏狭之心，他以百姓的心为自己的心。圣人之心的特点是，对于善良的人，我善待于他；对于不善良的人，我同样善待他，这样便得到了善，进而促使人人向善。对于有信用的人，我信任他；对于没有信用的人，我同样信任他，这样便得到了诚信，从而促使人人讲诚信。有道的圣人治理天下，会收敛自己的意欲，使天下之人的心思归于浑朴。百姓都专注于自己的所见所听，而圣人则致力于掩塞他们的耳目，使他们恢复到婴儿般的淳朴状态。

【解析】

不善者吾亦善之

本章中，老子提出了圣人没有像平常人那样的一己之私心，他以百姓的心为自己的心。既然以百姓的心，也即大家的心为自己的心，那么此行为也必然是完全异于常人的。老子在此便给出了进一步的解释，圣人往往会抑制自己的意欲，淳朴得像孩子那样，而且致力于使人们放弃自己聪明的耳目，也恢复到婴儿般的淳朴状态。正如我们从婴儿身上所看到的那样，善良和诚信正是淳朴的最典型的两个特征，因此圣人才致力于追去善良和诚信。其中，在对善的追求的过程中，圣人不同于我们的"善者吾善之，不善者吾无必要善之"，而是"善者吾善之，不善者吾亦善之"。这既是一种博大的情怀，也是一种智慧。

其实，仔细分析的话，便会发现圣人的"不善者吾亦善之"的情怀是其"无常心，以百姓之心为心"的必然结果。作为普通人，我们善待别人是有条件的，也就是说，我们只会善待那些善待我们的人；而那些不能善待我们的人，我们就很难善待他们。之所以如此，原因就在于我们都有一颗自我的私心，凡事都以自我为中心进行权衡。对我好的，我对他好；对我不好的，对不起，肯定我也不会对你好。而圣人则因为没有一颗自我的心，所以便不会以自我为衡量的标准了。对比一下，我们普通人的这种善终归还是自私而狭隘的。不过，对于圣人的这种"不善者吾亦善之"的情怀，我们普通人虽然做不到，但都会在内心深处承认，这是比自己有条件的善更为伟大的情怀。而也正是因为这个心理基础，圣人才能够感召所有的人，和他一起向善。因此，老子所提出的这种圣人之善是伟大而有感召力的。

在现实中，像老子这样提倡"不善者吾亦善之"的绝非孤例。比如，中国古代儒家思想一直提倡的"以德报怨"，显然同老子所说的"不善者吾亦善之"是一个道理。而以"无缘大慈，同体大悲"为精神的佛家则更是直言"慈悲没有敌人"，十分推崇宽恕的精神。从佛家对自我的态度的角度讲，佛教的宗旨便是了却俗世的自我。没有俗世的自我，自然俗世的一切也便与我无关了，也就无所谓别人善待我还是不善待我了。而从对众生的态度来讲的话，佛家一直是持一种悲悯态度的。别人侮辱我或是欺负我，对我并无损伤（因为无我，也就无所谓对我的损伤了），只是他犯下了罪孽，将来要承担因果。唐代摩诘居士王维便具有"以一切众生病，是故我病"的情怀，别人伤害他，他不仅不愤恨，反而悲悯对方的无知，默默祈请佛力唤醒对方早日回头，不再自误误人！还有，基督教也同样提倡的是一种"不善者吾亦善之"的精神。《圣经》里耶稣鼓励人们"爱你的仇人""爱你们的仇敌，善待恨你们的人；诅咒你的，要为他祝福；凌辱你的，要为他祷告。"而德国哲学家叔本华也曾经说："如果有可能的话，不应该对任何人有怒恨的心理。"这些世界最博大的宗教和最高深的思想都提倡老子的"不善者吾亦善之"的做法，显然不是偶然的。其实，各种道理，如果往高了说，如同佛家所说的那样，这个宇宙整体本质上是一体的，或者如同叔本华所说的那样，至少所有的人类是一体的，善待别人便是善待自己，伤害别人也是伤害自己。这听起来或许有些过于形而上了，那么我们下面就从形而下的角度分析一下。

如果说对于那种圣人的无我之善的情怀无法理解的话，我们不妨从比较现实的角度来理解一下这种善。从现实的角度讲的话，"不善者吾亦善之"也是一种智慧。

因为，对于别人的不善，如果心怀愤恨，最终对自己的伤害比别人还要大。经常在影视作品中看到一些子女长大后替父母报仇的例子，这样的作品逻辑往往是小孩躲过劫难，然后拜在高人门下，苦练武功，最后在成年时武功练成，手刃往往已经老了的仇人。结尾时，复仇成功者往往表现出一副痛快淋漓的样子，而观众也会跟着复仇者感到一番快意。但是，被杀仇人固然付出了代价，有谁去想过，这个孩子的一生也因为复仇这件事给毁了。一个人从小便生活在仇恨中，生命和心灵因此而变得扭曲，错过了生命本该拥有的美好。他的损失其实要比那个被他杀掉的仇人要大得多，因为仇人只是在一瞬间丢掉了性命，并且往往还是一条已经苍老的性命。而复仇者则是将自己最美好的许多年的光阴给搭进去了，并且又有更多的干脆连性命都搭上了的。因此，西方有谚语云："为你的仇敌而怒火中烧，烧伤的是你自己。"其实，现代医学也认为，仇恨心理能造成长期性的高血压和心脏病，伴你度过痛苦的一生。你的怨怒充满心间，报复充满四肢，内心和四肢也便缺乏对善和美的向往与追求，事业将遥遥无期。《三国演义》中的一代豪杰周瑜，一世英雄，却竟然因为诸葛亮的一气愤恨而死，这虽然是一种文学手法，但显然是有医学上的依据的。事实上，历史上被气死的人远不止周瑜一个。

可见，因为别人不善待自己便去恨别人，是不划算的。有这样一个故事，令人很受启发：说曾经有一个中年人，每天上班都要路过一个报摊。他因为没有看报纸的习惯，因此从来不买报纸。但是，他却每天都要微笑着跟报摊的主人打个招呼。这个报摊的主人看他从来不买报纸，便有些懒得搭理他了，于是每次对他的招呼总是有些爱理不理的，但中年人似乎不以为意，依旧每天微笑着和他打招呼。一次，一个朋友来看望中年人，他们好几次一起走过那个报摊。中年人同样每次都要和报摊主人打个招呼。报摊主人每次都是爱理不理的。这样几次之后，这个朋友便忍不住对中年人说道："你难道没看出那个人那副样子，你为什么还要跟他打招呼呢？"这个中年人却不以为意地说："我的行为本身是好的，我为什么要根据别人的态度来调整我自己呢。"

显然，故事中的中年人便是一个懂得"不善者吾亦善之"的智慧的人。只要你自己心怀阳光，阴霾的外在环境变伤害不到你。另外，"不善者吾亦善之"不仅可以使你避免伤害，实际上还能够对你大有帮助。人心都是肉长的，他伤害了你，你反而善待他，他怎么会没有一点感触？林肯参加美国总统竞选时，遭受了敌手的许多攻讦甚至诬陷，但其上台后，对于那些有能力的对手，不计前嫌，委以重任。所谓一个好汉三个帮，林肯之所以最终能够建立一个团结而有效率的政府，并取得打败南方反动势力，废除美国农奴制的伟大成就，其原来的对手感恩戴德，死命效忠便是一个重要原因。

总之，"不善者吾亦善之"既是一种博大的情怀，又是一种深沉的智慧，他提醒我们更好地去处理生活中的事情。当然，这并不容易做到，但你一旦做到了，受感动的可能不只是对方，还包括你自己。

不信者吾亦信之

本章中，老子提出圣人没有自己的私心，以百姓之心为心。而其具体表现，便是做到常人难以做到的两件事，一是"不善者吾亦善之"，而另一个便是"不信者吾亦信之"。前面已经对"不善者吾亦善之"进行了解读，下面我们再来解读一下"不信者吾亦信之"。

同"不善者吾亦善之"一样，"不信者吾亦信之"首先是一种博大的情怀。可以说，"不信者吾亦信之"乃是圣人无常心的必然结果。因为一个人之所以会选择信任或是不信任别人，乃是从自己的利益进行的考量，信任是因为相信别人不会给自己带来损失，不信任则是担心别人的失信给自己造成损失。而圣人根本没有私心，也便无所谓自己的利益了，自然也便没必要根据对方的可信或不可信而决定自己是否该信任他了。我们知道，圣人没有私心，但其确有一颗"公心"。对于整个社会来说，显然是需要诚信，一旦没有，可以说一切都会乱套。

因此，拥有一颗"公心"的圣人便会为了社会整体而去维护这种诚信。而圣人之"不信者吾亦信之"正是其维护社会整体诚信的手段。因为这种行为必然会起到一种很好的示范作用，从而维护这种整体的诚信。正如同本章所说，圣人的心正像是婴儿那样的，婴儿显然不会对别人的信与不信有所判断，别人假意递给他东西，他便会当真；别人作势打他以吓唬他，他便会哭起来。

当然，老子所说的这种圣人情怀，对于我们普通人来说似乎是太高远了。但是，其实"不信者吾亦信之"不仅是一种可望而不可即的情怀，也是一种非常实用的人际关系技巧。我们知道，一个人要想做成一番事业，离不开别人的信任与支持。而要想取得别人的信任，便要首先自己做到诚信，"不信者吾亦信之"，正是一种展示自己诚信的最有力的示范。同时，一个人要想做出一番与众不同的事业，必然得有与众不同的胆识，"不信者吾亦信之"正是一种与众不同的胆识。让我们来看一则例子。

1900年八国联军攻占北京后，京城的许多皇亲望族都随慈禧西逃。因为十分仓皇，这些人的金银细软都没来得及收拾，只随身携带了山西票号的银票，一入晋，就赶忙跑到票号兑换银两。

但此时的大多数山西票号设在北京分号的银子被劫掠一空，甚至连账簿也被付之一炬。没有账簿，就失去了依据，真假难辨，并且这些达官贵人通常取银数额巨大，其人数又多，搞不好便要面临巨大损失。就当时情况而言，山西票号要求储户等总号重新清理底账之后再兑付也在情理之中。但以日升昌为首的所有山西票号考虑到储户都身在流亡之中，急需用钱，因此并没有这么做，而是只要储户拿出存银的折子，不管数目多大，一律立刻兑现。

显然，山西票号的这种行为正是老子所说的"不信者吾亦信之"的行为，毋庸置疑，这样做是冒了巨大的风险的。但是，也正是因为此，山西票号的信誉就此如日中天。随信誉而来的，是巨大的回报。此后，从朝廷公侯到普通百姓都纷纷将积蓄放心地存入山西票号，连朝廷的大笔官银都交给票号收存、汇兑。由此可见，山西票号之所以能够在三百年的时间里经营起巨大的金融商业帝国，出身于贫苦之地的山西商人之所以能够在中国商界一度首屈一指，并非是偶然的。

不过，总体而言，对于这种"不信者吾亦信之"的行为，大部分人仍然是抱怀疑态度的，因为毕竟这太冒险了。但是不要忘了，人都是有尊严和良心的，当你真正以一颗坦承的心去面对别人的时候，别人是不会无动于衷的。因为当你把你的信任给予一个本来没有信誉的人的时候，你所给予他的不仅是信任，而且还有尊严。而一个人之所以没有诚信往往恰恰是因为没有了尊严，别人既然不信任我，我也没必要讲诚信了。在上面所说的山西票号的消息发布出去之后，兑现了数千万两的白银，但最后等账目整理出来，核对出入的时候，发现只有区区几百两的误差，可见也没有人趁机浑水摸鱼。只要你给了别人信任和尊严，别人往往便会珍惜这信任和尊严。另外还有一个故事，也很能说明这个问题。当初汉高祖刘邦一路向咸阳进发，途中为减少兵力损失，进攻城池的时候多采用招降的方式，收编了许多投降的秦朝将士。继续进军时，那些投诚的秦朝将士纷纷议论，称自己可能并不被刘邦信任，没准儿会被杀死呢。刘邦知道这件事情后，便亲自从投诚的秦军中挑选了几百名将士，让他们担任负责守护自己安全的亲兵。这一下，那些投降的将士便对刘邦死心塌地了。

另外，"不信者吾亦信之"还提醒我们，对于那些曾经失去过信誉的人，我们要心存宽厚，要给他们改正的机会。关于此，下面这个故事可以给我们以启发。

　　古时有一个小和尚，极得方丈宠爱，方丈将毕生所学悉数教授与他，对他抱有很高的期望。但是，没想到这个小和尚在一个夜里动了凡心，偷偷下了山，从此出没于花街柳巷，放浪形骸。二十年后的一个深夜，小和尚看到外面皎洁的月光，忽然忏悔了，于是快马加鞭赶往寺里请求师父原谅。方丈却因为当年所受打击太大，不愿再收他为弟子，对他说：要想佛祖饶恕你，除非桌子上开花。浪子一听，失望地离去了。但是，第二天方丈走进佛堂时，只见佛桌上开满了大簇的花朵。方丈瞬间大彻大悟，连忙下山寻找弟子，却已经晚了，心灰意冷的浪子觉得自己此生再无希望，重又堕入荒唐的生活中，而佛桌上的花也只开放了短短的一天。方丈临终遗言：这世上，没有什么歧途不可以回头，没有什么错误不可以改正。

　　总之，"不信者吾亦信之"，是一种胸怀，也是一种为人做事之智慧，同时还是一种胆识，不妨在生活中适当地试一下，也许你会对他有更为清晰的认识。不过，需要指出的是，在对没有诚信的人施以信任时，你最好要向其暗示，让他知道你其实已经明白自己可能受骗，但依然愿意信任他。让他明白，你所施与他的，不仅是信任，还有尊严，这才是老子这项智慧的精髓所在。

第五十章

出生入死

【原文】

出生入死①。生之徒②，十有三；死之徒③，十有三；人之生，动之于死地，亦十有三。夫何故？以其生生之厚④。盖闻善摄生⑤者，陆行不遇兕⑥虎，入军不被甲兵。兕无所投其角，虎无所搋其爪，兵无所容其刃。夫何故？以其无死地⑦。

【注释】

① 出生入死：人出世为生，入地为死。

② 生之徒：属于长寿的那一类人。徒，属，类。

③ 死之徒：属于夭折的哪一类人。

④ 生生之厚：前一个"生"作动词，养护，奉养之意；后一个"生"作名词，意为生命，身体；生生之厚，意为求生的欲望过于强烈了，生活过于享受了。

⑤ 善摄生：善于养生的人，善于掌控生命的人。

⑥ 兕：犀牛的一种。

⑦ 死地：致死的境地。

【今译】

人出现在世界上为生，最终埋入地下为死。这其中，属于长寿的人大概占十分之三；属于短命而亡的人占十分之三；本来可以活得长久些，却因为没能掌控好自己的生命而死亡的，也占十分之三。这是什么缘故呢？因为将生命看得过重，太注重享受了。据说善于掌控自己生命的人，在陆地上行走时，不会遇到遭到犀牛和猛虎的攻击，在战争中也不会受到兵器的伤害。因为犀牛对他无法使用它的角，老虎对他无法使用它的爪，武器对他则无法施展它的利刃。这是什么缘故呢？因为他从不使自己置身于死亡的境地。

【解析】

以其生生之厚

老子在本章中指出，有大概十分之三的人本来是可以活得长久的，却因为没能掌控好自己的生命而死亡。对于这背后的原因，老子指出，便是因为"其生生之厚"，即对于生命过于在意，太注重享受优厚的生活，欲望太多。我们知道，本来生命是珍贵的，我们应该爱惜。如果不爱惜自己的生命，或者是因为贫穷的缘故而不能给生命以必要的养护，生命便可能会凋谢。但是，老子在这里又提醒我们，如果对于生命的养护过了头，也未必是好事，其结果可能反而会造成生命的夭亡。

老子这里所说的对于生命的养护过了头，乃是一种泛泛意义上的说法。具体而言，可以从两个层面去理解。

从基本层面上来说，便指的是一个人生活过于优裕。显然，如果一个人的生活过于艰难，食不果腹，风餐露宿，有病也没钱去医治，当然很难活得长久。相反，如果一个人整天大鱼大肉，花天酒地，天天去吃大量的补品，同样不一定能长寿。营养不足固然会导致各种疾病，营养过剩也同样会导致各种各样的疾病。生生厚养还有放纵自己欲望之意，而放纵情欲对人的身体也有很大的伤害。同时，整天身处富庶优裕的生活中，人的生存能力便会变弱，一旦遭遇到战争、家庭败落之类的变故，其适应能力便远远低于贫困之人。我们知道，中国民间有种说法，富人家的孩子比较娇贵，容易夭折，其原因便在于此。富人就像是温室中的花草，被照顾的过于周到，生活过于优裕，对于疾病、灾祸等的抵抗能力便非常弱，因此在变故面前更容易被击倒。我们知道，大部分人总归是处于中下阶层的，别人生活于穷困艰难之中，你却生活过于优裕，便容易引起别人的嫉恨。所谓树大招风，没准就被歹人惦记，死于非命了。历史上的下层民众一旦无法生存下去，揭竿而起之后，首先遭殃的便是那些富人，在农民起义中惨遭杀戮的富人不计其数。

除了基本意，老子所说的"其生生之厚"还有另外一层意思，指的便是那些因为太重视生命的享受，欲望太多，因而对于财富、权力、名声的追求过于狂热的情况。有很多人正是在此追求的过程中搭上了自己的小命的啊！民谚云：人为财死，鸟为食亡。说的便是这个道理。随便举例，历代在争权斗争中死去的皇家子弟和官宦权贵，身份不可谓不荣耀，地位不可谓不尊崇，但依然不能满足，终至死于权斗之中。历代那些有名的大贪官，财富已经够多的了，但依然贪婪地聚敛，最后身死还为万代所骂。又有多少普通人，则是因为欲望的不能满足，走上了以身试法的道路，最终遭到惩处。因此可以说，老子所说的有十分之三的人因为太注重养护自己的生命，反而导致了夭折的情况，并非是想当然地危言耸听，乃是一种客观的说法。

实际上，老子在此章中的这种观点，并非是突然提出的，而是符合老子的一贯思想的。老子认为，天地间最高的法则便是"道"，遵从"道"，才是应该采取的人生态度。其具体的做法便是清心寡欲，与世无争。在《道德经》第四十四章中，老子便提醒人们"身重于物，必然败亡"的道理。接着他还警告人们："甚爱必大费，多藏必厚亡"。即认为一个人对于名利过分追求，必然要付出巨大的代价，得到的多，失去的也快。后来在第四十六章，老子同样提出："祸莫大于不知足，咎莫大于欲得。"然后又提醒人们："故知足之足，常足矣。"而老子在此提出的"以其生生之厚"的道理，便是从反面的角度再次提醒人们应该清心寡欲，知足常乐。

具体到现实中，通过老子的智慧我们应该明白，既然拥有了生命，必然想追求优裕的生活，但是应该明白，物极则反，所以一切还是应该适可而止。比如有的人过于在意自己的生命，总想活得长久一些，于是吃各种各样的补品。这样其实未必对身体有好处，清心寡欲的心态，顺其自然、与世无争的生活状态，才是一个人健康和长寿的保障。去了解一下那些长寿之人，无不是具有这种心态的人。最后，最根本的，还是不要有太多的欲望。我们都知道，一个人的欲壑是难平的，如果你不能果断坚毅地控制它，你便只能成为它的奴隶，它会不断吞噬你的精力，你的快乐心境，乃至你的生命。我们应该学会收敛欲望，知足知止。

善摄生者无死地

老子在此章中先是指出长寿者和短命者各占十分之三，其实，长寿和短命都是一种非人力所能改的自然现象，都不是老子所要论述的重点，老子所要论述的乃是"人之生，动之于死地"的这一类型的人，即本来可以长寿，却因为不能很好地掌握自己的生命而夭亡的人。对于这类人夭亡的缘故，老子指出，是因"其生生之厚"，即对于物质生活的优裕追求得太过了，太放纵自己的欲望了。显然，老子对于这种人生态度是持否定态度的。接下来，老子在否定那些不能很好地掌控自己命运的人的人生态度之后，又指出那些善于掌控自己命运的人的情况。这些人在陆地上行走时，不会遭遇犀牛和猛虎的攻击，在战争中也不会受到兵器的伤害。因为犀牛对他无法使用角，老虎对他无法使用爪，武器对他则无法施展它的利刃。其实，之所以如此，并非是这种人在遭遇到这种危险时不受到伤害，而是因为这些人提前便明了危险的所在，根本不去使自己置身于这些危险的境地，也即善摄生者无死地。

关于老子的这种"善摄生者无死地"的观点，庄子曾进一步做出过更为详细的介绍。在《庄子·秋水》中，庄子曾以寓言故事的形式借助北海之口说："知道大道的，必定通情达理；通情达理的，必能明白权变；明白权变的人，不会让外物来伤害自己。至德的人，火不能烧死他，水无法淹没他，寒暑也损害不了他，禽兽更伤害不了他。这并不是说靠近它们而不受伤害，而是因为他能辨别安宁和危险，安守穷困和通达，进退都非常小心，所以才没有东西能伤害他。"其实，庄子所说的懂得大道的人，与老子所说的能很好地掌控自己的生命的人，其实是同样的人。因为能够掌控自己生命的人，必然是懂得了"道"，能够使自己的生命顺应"道"的规律。而一个人一旦能够让自己的生命顺应"道"的规律，也必然能够很好地掌控自己的生命了。

其实，老子在这里所说的犀牛、老虎、武器其实都只是一种比喻而已，多数夭折之人死于非命的原因乃是来自于人。因追逐权力而死于非命，因和别人争夺财富而被杀戮，因被别人嫉妒而陷害，因被别人仇恨而毒害，因道德问题而被社会所不容，因犯罪而遭到法律的惩处，等等，这些才是绝大多数人所普遍地面临的危险。而善于或不善于掌控自己的生命的人正是在面对这些问题时表现出分野，不善于掌控自己生命的人，对于自己过多的欲望，没有定力去控制，而是任其驾驭着自己去追逐，争夺，总想获得更多的财富，更大的权力，更奢侈的生活，更多的美色。最终，死于追逐的途中。而善于掌控自己命运的人则对自己能时时保持一种冷静和洞察。他非常清楚一点，那便是自己的欲望是无限的，如果任其膨胀，便永远没有餍足的时候，自己永远也得不到平静与安详。因此，当欲望蠢蠢欲动的时候，当诱惑在前面招手的时候，他会清楚地意识到与之相伴而生的危险，从而果断放弃这些东西，保全自己。

为进一步形象化理解老子所说的"善摄生者无死地"的智慧，让我们举个例子。

阮籍，乃是魏晋时期著名文学家，"竹林七贤"的代表性人物。在他所生活的那个年代，国家政治昏暗，各派政治势力争权夺势，斗争激烈。当时的各政治集团都纷纷想拉有名望的人加入自己的一伙，好壮大自己的势力。许多文人谋士，都自愿或被迫地加入了某一派，其中多有惨遭杀戮者。阮籍，作为当时的名士，自然各派都想拉他入伙，但是阮籍早已看破了当时那种钩心斗角的政治现实，每天故意饮酒作乐，佯狂散放，时而读书忘我，形同痴呆；时而隐居山林，不问世事；时而云游四海，修道问仙，不肯加入任何一派，因而在激烈的政治角逐中，他得以成为一个局外人，不被任何一派所嫉恨。曾经有一次，掌管魏国权柄的曹爽钦慕阮籍的才名，出面请阮籍做官，并许以高位。但阮籍推说有病，拒绝了曹爽，并回到了故里。没过多久，司马懿趁曹爽出城打猎，发动政变，将曹爽集团歼灭。于是别人纷纷夸阮籍有远见。后来，当权的司马昭慕于阮籍的名声，又听说阮籍有一女，才貌不俗，便欲派人登门，为其子司马炎说亲。没想到阮籍提前得知了这一消息后，开怀放饮，两个多月都是酩酊大醉，使者来了多次，都无法与之说话，只有作罢。正是通过这种躲避，阮籍没有掺和到当时的政治中去，最终得以善终。凭借阮籍的出身和才华，要想谋得一个高官来做，可以说是易如反掌的，但是他明白高官的背后暗藏着杀身之祸，因此即使别人将高官送到面前，他都加以拒绝。阮籍之处世，体现的正是老子所说的"善摄生者不入死地"的智慧。

总之，所谓善摄生者无死地，讲的便是利益和危险总是相伴而存的，善于掌控自我的人在看到了利益的同时，也会看到危险的存在。往更高的位置上爬的人彼此大打出手，不去凑那个热闹，自然不会波及自身；争夺利益的人凶狠，不和他争夺，便自然不会遭到他的攻击；法律固然严酷，不犯法，惩罚便自然落不到自己头上……当然，要做到这些，首先还是要抑制自己的贪婪和欲望，保持一颗平常心，学会适可而止，懂得知足常乐。

【为人之道】

石崇之死

石崇是西晋时期文学家，其因伐吴有功，被封为安阳乡侯。后来，他又历任南中郎将、荆州刺史等职。在任荆州刺史期间，他通过对过往商客及使臣进行劫掠，积累起了富可敌国的财富。也因此成为了中国历史上和严嵩、和珅等齐名的大贪巨富。但是，也正是这些财富，给石崇引来了杀身之祸。

石崇凭借其巨额的财富，过上了极尽奢靡的生活。据《世说新语》等书记载，其府中下人平时均身穿绫罗绸缎，就连府中厕所都修建得华美异常，里面准备了各种香水、香膏给客人洗手、抹脸。还有十多个女仆恭立侍候，一律穿着锦绣，打扮得艳丽夺目，列队侍候客人上厕所。客人上过厕所，这些婢女会请求客人把身上原来穿的衣服脱下，侍候他们换上新衣才让他们出去。凡上过厕所，衣服就不能再穿了，以致客人大多不好意思如厕。一次，一向简朴的官员刘寔去石崇家拜访，上厕所时，见厕所里有绛色蚊帐、垫子、褥子等极讲究的陈设，还有婢女捧着香袋侍候，忙退出来，笑对石崇说："我错进了你的内室。"石崇说："那是厕所！"刘寔惊讶地说："我可享受不了这个！"遂改进了别处的厕所。

西晋太康年间，石崇到南方出差时，途经博白地（今属广西），遇到美女绿珠，竟用三斛（一说为十斛）明珠聘她为妾，并在都城洛阳为绿珠建造金谷园。该园花巨资建成，园随地势高低筑台凿池，挖湖开塘，里面清溪萦回，水声潺潺。周围几十里内，楼榭亭阁，高下错落，金谷水萦绕穿流其间，鸟鸣幽村，鱼跃荷塘。并且石崇还专门派人去南海群岛换回珍珠、玛瑙、琥珀、犀角、象牙等贵重物品，把园内的屋宇装饰得金碧辉煌，宛如宫殿。园内有一景名为"金谷春晴"，被时人誉为洛阳八大景之一。因明珠思念家乡，石崇便在金谷园内为她建造百丈高的崇绮楼，可极目南天，以慰她思乡之愁。

除了绿珠外，石崇还养有姬妾千余人之多，这些姬妾全都穿着刺绣精美的锦缎，身上则佩戴璀璨夺目的珍贵美玉或宝石。他经常选择数十人，妆饰打扮完全一样，乍然一看，甚至分辨不出来。石崇刻玉龙佩，又制作金凤凰钗，昼夜声色相接，称为"恒舞"。每次他要召美女过夜时，不呼姓名，只听佩声看钗色。佩声轻的居前，钗色艳的在后，次第而进。石崇又洒沉香屑于象牙床，让所宠爱的姬妾踏在上面，没有留下脚印的赐珍珠一百粒；若留下了脚印，就让她们节制饮食，以使体质轻弱。时人称凡天下美妙的丝竹音乐都进了他的耳朵，凡水陆上的珍禽异兽都进了他的厨房。

石崇当时曾经与晋武帝的舅父王恺斗富。王恺府中饭后用糖水洗锅，石崇听说后，便以蜡烛当柴烧；后来王恺做了四十里的紫丝布步障，石崇便做五十里的锦步障；王恺用赤石脂涂墙壁，石崇便用更昂贵的花椒。有一次，晋武帝想暗中帮助自己的舅舅一把，悄悄赐了他一棵二尺来高的珊瑚树，枝条繁茂，树干四处延伸，为当时所罕见。王恺于是把这棵珊瑚树拿来给石崇看，没想到石崇看后，当时便用用铁制的如意击打珊瑚树，将其击碎。王恺当时感到又气愤又可惜，石崇却对呆在那里的王恺说："这没什么好可惜的，我赔给你就是了。"于是让手下的人把家里的珊瑚树全部拿出来，这些珊瑚树的高度足有三四尺，树干枝条举世无双而且光耀夺目，像王恺那样的就更多了。王恺一看，自叹弗如。

后来，石崇在朝廷内的靠山贾谧被诛，石崇也被免官，并最终被杀于闹市。据说石崇自忖其罪行不至于死，直到去刑场的路上，才醒悟："这帮龟孙子是贪恋我的财富啊！"押解他的士兵于是说道："既然如此，为何不及早将钱财散了。"可以说，石崇的死乃是因为其太过放纵自己的欲望，不知适可而止的道理，正是如老子所说的"以其生生之厚"的缘故了。

第五十一章

尊道贵德

【原文】

道生之^①，德畜^②之，物形之，势^③成之。是以万物莫不尊道而贵德。道之尊，德之贵，夫莫之命而常自然。故道生之，德畜之，长之育之，亭之毒之^④，养之覆^⑤之。生而不有，为而不恃，长而不宰，是谓玄德。

【注释】

① 之：指的是万物。

② 畜：蓄养，养育。

③ 势：万物生长的自然环境。

④ 亭之毒之：亭，使成就；毒，使成熟。

⑤ 覆：保护。

【今译】

道生成万事万物，德养育万事万物。万事万物之所以展现出各种形态，便是有一种"势"的力量在其中操纵。因此，万事万物莫不以道为尊，以德为贵。但是，道虽然被尊崇，德虽然被珍视，却并不自以为尊，自以为贵。它总是任由万物顺其自然地生长，不去强制它们。因而，道生成万物，德养育万物，使万物生长发展，成熟结果，并使其受到抚养和保护。生长万物而不据为己有，抚育万物而不自恃有功，导引万物而不主宰，这就是奥妙玄远的德。

【解析】

生而不有

本章中老子指出了"道"和"德"对于万物的作用，具体而言，便是生成了万物却不占有它们；抚育了万物却不自恃有功；对于万物的成长只是引导却不主宰它们。正因为如此，"道"和"德"才被尊崇和珍贵。这显然是一种"玄之又玄"的大道，只有无知无欲的大自然才能做到。不过，虽然不能完全做到，它也为我们做人提供了一种借鉴和思路，在我们的现实生活中，至少我们可以借此明白,你怎样做才是符合大道的,才能受人尊敬。具体而言,"生而不有""为而不恃""长而不宰"可以说都具有相应的意义,从不同的角度给我们的现实人生提供借鉴,我们将其分开分别论述,这里我们先谈"生而不有"。

生而不有,即是虽然生成了某个东西,却不将其据为私有,体现的乃是一种深厚、无私的情怀。"道"创造了世间万物,却没有将一个东西据为己有。而与之相反,我们人类却已经习惯于占有的法则。自己制造出来的东西,便理所当然地据为己有,大家也都觉得这是理所当然的。但是,这事实上并不符合"道"的精神。换句话说,自私,乃是一种不符合"道"的心态。由此我们也就可以理解,为什么那些自私的人在我们看起来总是那么令人不舒服,乃至让人感到厌恶;而相反,那些能够为别人奉献的人——即使奉献的对象不是我们而是他人——总是让我们在内心里感到如沐春风。在生活中,看到有人撕破脸来争抢一个东西时,身为旁观者的我们都会莫名其妙地感到有些羞愧;而看到两个人相互礼让时,我们则会感到这个世界是如此的美好。还有,历史上那些曾经叱咤风云几十年的大人物,显然都是些具有强大生命力的人。但是,有些人虽然非常强大,我们却并不尊敬他,甚至还唾骂他,比如董卓、袁世凯、慈禧等人。我们尊敬的那些人则是岳飞、谭嗣同、孙中山等人。这些人同样是大人物,但其区别便是前者是为了一己私利,后者则是能更多地为他人牺牲。由此,我们便能明白一点,人类所划分出来的正义和邪恶,对与错的标准,并非是凭空创造出来的,而是以"道"作为其最根本的依据的。

总之,"道"之"生而不有"的特征,落实在人类社会中,其实便是一种不自私、为他人着想的情怀。

为而不恃

"为而不恃"是"道""德"的另一个特征,说的是它们虽然创造并抚育了世间万物却并不居功自傲。仔细琢磨一下,也的确是如此,我们所存在的这个世界,绚烂多姿,精彩纷呈,温暖的太阳、柔美的月亮、巍峨的山川、壮阔的大海、秀丽的花草、各色各样的生命乃至我们人类自身,显然不会是无缘无故产生的。若要追究其产生的根源,或许便是"道"的生发和"德"的蓄养吧。但是,我们却从来不会看到"道""德"以一种高调的姿态向我们强调这一点。它们从来没有咄咄逼人地要求世间万物承认它们的伟大,然后膜拜它们。事实上,如果不是老子指出这一点,我们可能根本就不会意识到这一点。这是一种多么伟大而平静的"为而不恃"的精神啊。而反观自身,我们总是习惯于对于自己做过的具有正面价值的事情得意扬扬。这里,"道"再次给我们做出了榜样,告诉我们应该怎么做。联系现实中人们经常遇到的情形,具体可分为三种情况。

其一,那便是对人有恩,不可自恃,而应该忘记。在生活中,你和别人相处,经常会发生你帮助了别人,或是别人帮助了你的情况。对于这两种情况,我们该如何处置呢?中国古代先贤早就给出过箴言,明代的洪应明在《菜根谭》中曾言:"我有恩于人不可念,而过则不可不念。"其中,我有恩于人不可念,显然是符合"道"的精神的。但是,坦白说,要做到这一点并不容易,因为一个人一旦施恩于人,心里不自觉地便会产生居高临下的姿态,即使是一些十分贤能的人也难以避免。在《史记·魏公子列传》记载了信陵君窃符救赵,保全了赵国,但他也因得罪了魏王而不能回国,滞留于赵。赵孝成王出于感激,想把五座城邑封赏给信陵君。信陵君听说后，便露出了居功自满的神色。这时门客中有个人劝说公子道："事物有不可以忘记的，也有不可以不忘记的。别人对公子有恩德，公子不可以忘记；公子对别人有恩德，希望公子忘掉它……"公子听后，才立刻感到十分羞愧。并且始终以魏国罪人自处，最终使赵王给他封邑的事泡汤了。像信陵君这样贤能的人，都难免会因对人有恩而飘飘然，可见有恩而不自恃很难做到。而信陵君门客是个脑袋清醒的人，你对别人有恩，你不用提，别人自然都会记得，如果你总是念念不忘，就不对劲了。道理便是如此。

其二，在你为上司立下功劳之后，不可骄傲。我们知道，一个人立下了功劳，便难免产生骄傲情绪。但是，如果翻阅一下历史的话，会发现有大量的功臣都是因为功高而遭到杀戮的。最著名的便是汉高祖刘邦、明太祖朱元璋，都在开国之后杀了大批功臣。其实，那些开国功臣们即使是不骄傲自满，也时刻遭受着君王的猜忌，有被杀头的危险，而表现得飞扬跋扈，则更是给君王提供了借口。汉代的张良、唐代的郭子仪等人，之所以功高而保全性命，便是因为懂得为而不恃的道理。当然，对于我们普通人而言，有没有为而不恃的智慧不会表现得这么性命攸关。但道理是相同的。在工作中，如果你出色乃至额外地完成了任务，不要骄傲，你的上司自然会看在眼里，记在心里。如果你因为做出了一点点成绩便喜形于色，只能让上司觉得你缺乏沉稳，难堪大任。

其三，在你取得了一定的成功之后，不要骄傲，只有忘掉原来的成功，才能够取得更大的成功。因为成功容易让人形成一种思维定式，因此今天的成功往往会成为明天继续成功的障碍。实际上，关于这一点，在成功学上还有一个专门的理论，叫作"柏林定律"，因为其提出者乃是法国行为科学家欧文·柏林。他的原话是："成功的最大障碍莫过于取得不断的成功。"对于柏林定律的内涵，欧文·柏林还做了进一步的解释：在不断成功之后，人们往往会认为自己已无所不能。因此对于下一步的成功来说，上一步成功往往表现为一种惯性陷阱。可以说，柏林定律指出了一种很容易被人们忽略的关于成功的规律，许多成功的人或者企业难以超越原本的成就甚至后来一败涂地，其原因均与此有关。

另外，不仅企业，"柏林定律"对于个人也有着非常现实的意义。许多人一旦取得成功之后，再也难以超越原来的成就，很大程度上的原因便是"陷入了成功的陷阱"。须知，取得成功固然不易，但是只有那些对于昨天的成就能够"拿得起，放得下"，永远保持前进姿态的人才会最终成为卓越之人。当然，这说起来容易，做起来很难，但如果行事上不能做到，退而求其次，至少在做人上不要使自己因为昨天的成功而成为一个骄横的人。关于此，后现代主义小说鼻祖卡夫卡在《致父亲的一封信》中，对其父亲的描述可以说是一个生动的典型。卡夫卡的父亲因为自己年轻时白手起家，成为一个小有成就的商人，因此处处表现得蛮横自得，"以为自己永远是对的"（卡夫卡语），永远是一副居高临下的姿态。事实上，在生活中，我们会发现这种"事业的成功导致了做人的失败"的事情随处可见，相信你会同意——这种人是令人讨厌的。提醒自己不要成为这样的人，也可算是柏林定律对我们在做人方面的一点启示吧。

总之，"为而不恃"的智慧运用到我们的现实之中，便是提醒我们忘掉你对别人的恩情，忘掉你的功劳，忘掉你的成功。

长而不宰

　　如果说前面所讲的"生而不有，为而不恃"讲的是"道"成就万物的态度，给我们更多的是有关做人做事的态度方面的启示的话，那么"长而不宰"则可以说更偏向于"道"成就万物的方法，因此，其所能给我们的便是关于做事的方法方面的启示了。"长而不宰"，意为导引万物而不主宰。其实便是提醒我们做事情要学会顺应事物本身的特点和规律，不要逆势而动，强势而为，这样，自然便能够成事了。正像是"道"成就万物，"德"蓄养万物一样，从来都不曾生硬而强势地作用于万物，而是根本不让万物感觉到其存在，便自自然然地成就了万物。其实说到顺应事物本身的特点和规律，不去强为，老子在其他章节也都已经强调过许多次了，这还是属于老子所反复提到的"无为"的智慧。在这里，我们从一些其他章节未曾提到的地方谈一下这种智慧在现实中的应用。

　　首先，"长而不宰"的智慧可以给予父母一些启发。谁都知道，父母是爱自己的子女的，可以说其对子女的每一个行为都是包含着爱的。但正是因为此，父母在管教孩子时很容易出现问题。因为父母总是以为自己反正都是为了孩子好，加上孩子年龄小，他们便习惯于在心理上自认为是孩子的主宰，并将孩子当作了一件私人物品，完全忽略孩子是个独立的个体。其实这是一种很不好的行为，有心理学家调查发现，在比较强势的父母管教下成长起来的孩子，要么异常的叛逆，要么过分的温顺，缺乏主见。总之，其结果只能是导致孩子心理和性格上的不健康。

　　其次，在学校教育当中，"长而不宰"也是应该采取的一种理念。即老师应该是根据学生个性特点去导引他们学习，而不是作为学生的主宰，居高临下地向学生灌输知识。千篇一律地要求学生采用某一种学法，强制性地要求学生背诵多少课文，记住多少单词，解答多少习题都是不符合教学规律的，当然也违背了老子长而不宰之道。激发学生的学习兴趣与学习热情，引导他们积极主动学习，进而探索符合个人特点的学习方法，才是遵循"长而不宰"智慧的正确思路。

　　另外，在我们与人相处的过程中，可能有时会遇到需要说服或者鼓励别人的情况。这种时候，许多人往往会因为自认为道理在自己这一边，便会有些强横，摆出一副居高临下教训别人的架势。这种时候，即使你是对的，往往也不能说服别人，因为你没有考虑到人的心理规律。每个人都是有自尊心的，即使你是对的，如此趾高气扬地去要求别人听你的话，也往往会引起对方的抵触情绪。另外，每个人大都只相信自己发现的东西，你将自己的说法说给他，即使是对的，他也会感到苍白，并在心里说你站着说话不腰疼。而如果你能够让对方忽略你的存在，悄无声息地导引对方自己去思考出了你想告诉他的话，效果便会非常好。我们以一个真实的故事来说明这个道理：

　　原美国美孚石油公司董事长贝里奇一天上午上班时，看到公司一个新来的年轻清洁工在跪着擦地板，擦一下还叩一次头，感到十分奇怪，便上前询问。年轻人告诉他，自己是在感谢一位圣人，正是这位圣人帮助自己找到了这份工作。贝里奇听后感到十分震撼，沉思了一会之后，他对年轻人说道："我在南非的温特胡克也曾遇到过一个'圣人'，我今天所取得的成就全都是靠他。这位'圣人'十分乐于助人，你愿意见见他吗？"年轻人说："我愿意，因为我这份工作仅够糊口，如果这位圣人能够帮助我赚更多的钱，我就可以用来感谢那些所有曾经帮助过我这个孤儿的好心人了。"于是贝里奇就放了年轻人的假,并资助他路费让他去见那位"圣人"。一个月后,年轻人风尘仆仆地回来了,并告诉贝里奇:"董事长先生,我历经千辛万苦,爬上那座人迹罕至的大雪山,山上除了我,根本没有什么圣人。"贝里奇看着年轻人的眼睛说:"这就对了,除了你,根本没有什么圣人!"这个年轻人就是后来接任美孚石油公司总经理的贾姆纳。

在这个故事中,贝里奇之所以能够使这个年轻人发现自己的价值,并走上了奋斗的道路,不是因为他的道理有多高明,而是因为他的方法得当。试想,如果他当时对着这个年轻人讲一通"哎呀,世界上没有圣人啊,你要靠自己才行啊年轻人!"这个年轻人很可能摇摇头又去干自己的活了,并可能在心里说:"你已经成功了,当然可以说这种轻飘飘的话了!"而正是通过悄无声息地引导的方式,贝里奇使这个年轻人在内心里领悟到这样的道理——一个人只有靠自己才能取得成功。

其实,"长而不宰"的智慧还可以在其他方面给予我们启示,这里不再多说。总之,"长而不宰"所提示我们的,便是要学会去寻找事物的规律,然后顺着规律行事,便可像"道"成就万物那样自然而然地达到目的。

【从政之道】

说 剑

战国时期,赵文王迷恋剑术,于是击剑的人纷纷前来投靠他,人数多达三千余人。这些剑客在赵文王面前日夜相互试剑术,死伤的剑客每年都有百余人,而赵文王也一直看得津津有味,从没有看够的时候。就这样过了三年,因赵王不理朝政,赵国国力日益衰退,各国诸侯都在谋划攻打赵国。太子感到十分担忧,他对自己的门客说:"你们之中,如果谁能够说服赵王停止比试剑术,我赠予他千金。"门客们都说:"只有庄子能够担当此任!"

太子于是派人携带千金前去拜见庄子。庄子没有接受千金,但跟随使者前来拜见太子,问道:"太子您有什么见教,赐给我千金的厚礼?"太子说:"我听说先生通达贤明,谨此奉上千金用以犒赏从者。先生不愿接受,我还有什么可说的!"庄子说:"太子您之所以赠我千金,目的在于让我说服赵王抛弃对剑术的爱好。假如我游说失败,对上则违拗了赵王的心意,对下也没能完成太子的嘱托。那就一定会遭受刑戮而死,这些赠礼对我来说也就无用了。而假如我能够说服赵王,在太子这儿也遂了太子的心愿,在赵国我希望得到什么难道还得不到吗?"太子点头称是,并说:"是这样的,不过在父王的心目中只有击剑的人。"庄子说:"很好,我也善于运用剑术。"太子说:"不过父王所见到的击剑人,全都头发蓬乱、帽子低垂,帽缨粗实,衣服紧身,瞪大眼睛而且气喘语塞。唉,大王竟喜欢见到这样打扮的人。如今先生要是穿儒服去会见赵王,事情一定会弄糟的。"庄子说:"请让我准备剑士的服装。"三天以后剑士的服装裁制完毕,庄子穿上之后跟随太子一道拜见赵王,赵王已经知道太子要带一个异人来见自己,在殿中等候。

到王宫后,庄子从容不迫地进入殿内,见到赵王也不行跪拜之礼。赵王说:"你有什么重要的话要对寡人说,竟然让太子先作引荐?"庄子说:"我听闻大王喜好剑术,特地以剑术来见大王。"赵王说:"你的剑术怎么样呢?"庄子说:"我的剑术,十步杀一人,千里不留行。"赵王一听大喜,说:"如此,天下没有谁是你的对手了!"庄子接着说:"击剑的关键在于，先有意把弱点显露给对方，再用有机可乘之处引诱对方，后于对手发起攻击，而要抢先击中对手。希望您能给我个机会试一下我的剑法。"赵王说："先生暂回馆舍休息等待通知，等我安排好击剑比武的盛会后，再请先生出面比武。"

赵王在接下来的七天时间里，每天让剑士们比武较量，一共死伤六十多人，最后从中挑选出五六人，让他们拿着剑在殿堂下等候，这才召见庄子。赵王说："今天可让剑士们跟先生比试剑术了。"庄子说："我已经盼望很久了。"赵王说："先生所习惯使用的宝剑，长短怎么样？"庄子说："我的剑术长短都适应。不过我有三种剑，任凭大王选用，请让我先作些介绍然后再行比试。"赵王说："我很乐意听听你的三种剑。"庄子于是说："我的三种剑，一为天子之剑，一为诸侯之剑，还有百姓之剑。"赵王问道："天子之剑如何？"庄子说："天子之剑，用燕溪的石城山做剑尖，用齐国的泰山做剑刃，用晋国和卫国做剑脊，用周王畿和宋国做剑环，用韩国和魏国做剑柄；拿中原以外的四境来包扎，拿四季来围裹，拿渤海来缠绕，拿恒山来做系带；靠五行来统驭，靠刑律和德教来论断；遵循阴阳的变化而进退，遵循春秋的时令而持延，遵循秋冬的到来而运行。这种剑，向前直刺则一无阻挡，高高举起则无物在上，按剑向下则所向披靡，挥动起来旁若无物，向上割裂浮云，向下斩断地纪。这种剑一旦使用，可以匡正诸侯，使天下人全都归服。这就是天子之剑。"赵文王听了茫然若有所失，又问："诸侯之剑怎么样？"庄子说："诸侯之剑，以智勇之士做剑尖，以清廉之士做剑刃，以贤良之士做剑脊，以忠诚圣明之士做剑环，以豪杰之士做剑柄。这种剑，向前直刺一无阻挡，高高举起也无物在上，按剑向下也所向披靡，挥动起来也旁若无物；对上效法于天而顺应日月星辰，对下取法于地而顺应四时序列，居中则顺和民意而安定四方。这种剑一旦使用，就如雷霆震撼四境之内，没有不归服而听从国君号令的。这就是诸侯之剑。"赵王问："百姓之剑又怎么样呢？"庄子说："百姓之剑，全都蓬头垢面、鬓毛突出、帽子低垂，帽缨粗实，衣服紧俏，瞪大眼睛而且气喘语塞。相互在人前争斗刺杀，上能够斩断脖颈，下能够剖裂肝肺，这就是百姓之剑，跟斗鸡差不多，一旦命尽气绝，对于国事没有任何用处。如今大王拥有夺取天下的地位却喜好百姓之剑，我私下觉得大王应当鄙薄这种做法。"

赵文王听后，亲自将庄子引领到殿上。厨师献上食物，赵文王绕着座席惭愧地绕了三圈。庄子说："大王安坐下来定定心气，有关剑术之事我已启奏完毕。"于是赵文王在接下来的三个月都不出宫门，剑士们知道赵文王不再需要他们，于是都在自己的住处自刎而死。

这篇《说剑》，出自《庄子·杂篇》，乃是一篇千载而下为后人所称道的精彩谏文，与《战国策》中的《邹忌讽齐王纳谏》《触龙说赵太后》两篇名篇并列为战国时期的精彩谏文。其中，庄子之所以能够以短短一席话解决太子与众多门客都束手无策的问题，让赵王主动放弃对击剑的偏好，其实便是因为他的方法是包含了老子的"长而不宰"的智慧的。他不是摆出一副真理在手的架势，生硬地劝谏赵王："哎呀，赵王啊，您作为一个君王，应该以国家为重啊，击剑乃是个低级的运动而已，不是您该玩的！"这样说恐怕只会激怒赵王，自己落得个杀头的下场。庄子正是沿着赵王的喜好往前推衍，引导赵王自己认识到自己的行为的荒唐，从而主动放弃了对于击剑的喜好。实际上，大凡效果好的劝谏都是劝谏者能够精巧地利用一种引导术，按照事物和对方的心理规律来进行疏导，最终让对方主动认识到你想劝谏的，《邹忌讽齐王纳谏》《触龙说赵太后》也是如此。

第五十二章

天下有始

【原文】

天下有始①，以为天下母。既得其母，以知其子；既知其子，复守其母，没身不殆②。塞其兑，闭其门③，终身不勤。开其兑，济其事，终身不救。见小④曰明，守柔曰强。用其光，复归其明⑤，无遗⑥身殃，是谓袭常⑦。

【注释】

① 始：开始，本源，此处指"道"。

② 没身不殆：没身，死亡；殆，危险。到死都没有危险。

③ 塞其兑，闭其门：兑，指口、眼耳鼻等和外界相通的器官；门，门径。堵塞上与外界相通的通道和门径，引申为不放纵自己的欲望，不妄用聪明。

④ 小：细微。

⑤ 用其光，复归其明：第一个"其"指"道"，第二个"其"指的是人。用"道"的光照亮人的内在。复归其明：使百姓的心恢复到纯朴的状态。

⑥ 遗：遭致。

⑦ 袭常：承袭万世不变的道。

【今译】

天地万物都有个起源，便是"道"，此可看作是万物之母。既然认知了万物之母的"道"，我们就可以认知天地万物；而认知了天地万物之后，我们再回头去秉守这个创造天地万物的"道"，那么我们直到死都不会遭到任何危险了。不妄视，不妄听，不妄说，不妄用自己的聪明，便可以终身都不辛劳。而如果妄视，妄听，妄说，妄用自己的聪明，那就终身都没救了。能够察见到细微的，叫作"明"；能够持守柔弱的，叫作"强"。运用"道"的光芒照亮外在的同时，再返照自身以达到明，便不会遭致灾殃。这就是承袭万世不变的道了。

【解析】

塞其兑，闭其门

老子在本章中先是提出，"道"乃是天下万物之本源，提示我们可以通过"道"去了解天下万物，然后在了解了天下万物的基础上，再回过头来秉持这个创造万物的"道"。老子指出，一旦如此，我们便可以终身都不会遭遇到危险。接下来，老子又从正反两个方面指出了是否按他前面所说的那样做的具体表现和相应的后果，那便是"塞其兑，闭其门，终身不勤。开其兑，济其事，终身不救。"即，如果能够按照他所说的"既得其母，以知其子；既知其子，复守其母，没身不殆"，便会不妄视、不妄听、不妄说，不妄用自己的聪明才智。这样做的结果便是终身都不会劳苦。需要指出的是，这里所说的劳苦更多指的是一种心理上的劳苦，因为欲望得不到满足而感到痛苦，或是在追逐欲望的过程所遭受到的焦灼、忧虑、挫折乃至来自别人的攻击等。相反，如果不能这样做，其表现便是妄视、妄听、妄说，并妄用自己的聪明才智，放纵自己的欲望，整日纠缠于没完没了的对于名利的追逐之中。而其结果则是终身都无可救药了。这里的终身无可救治，与前面所说的不劳苦相反，主要指的是在心灵上遭受种种苦痛，当然，身体上的劳苦乃至在追逐的过程中丢掉性命也属于此。

事实上，老子在这里所讲的依然是其一向推崇的清静无为的智慧，所谓不妄视、不妄听、不妄说，即是保持一颗清静的心；而不妄用自己的聪明才智，即是一种"无为"的态度。其实说到底，还是要保持一颗清静之心，不要放纵自己的欲望，知足知止。老子所说的这两种正反相对的情况可以说已经被历史无数次证实了。就正面例子而言，魏晋时期名士阮籍、唐代中兴名将郭子仪、清朝剿灭太平天国运动的曾国藩，都堪称典范。就反面例子而言，也是相当多。三国时期占据四川的刘璋的谋士张松，考虑天下形势和刘璋的暗弱，于是打起自己的小算盘，先是暗地投靠曹操，后因遭到轻视又投靠刘备，最终被刘璋杀死。其不就是妄用聪明的结果吗？清代的鳌拜，对权力贪得无厌，最终被康熙所囚禁，老死于囚牢之中，等等。总之，可以说老子所说的"塞其兑，闭其门，终身不勤。开其兑，济其事，终身不救"显然是对于现实准确而精当的概括。而用这种智慧去反观我们现代人的生活，会发现其实这种智慧对我们尤其具有现实的指导意义。

据"21世纪中国亚健康市场学术成果研讨会"提供的有关统计资料显示，在我国，约有15%的人是健康的，15%的人非健康，70%的人呈亚健康状态。这种亚健康，乃是一种心身共有的失常状态。经过日积月累，到一定时候，它便会导致癌症、心脏病等慢性病，甚至直接夺去人的性命。而造成亚健康的主要原因，据医学专家指出，是因为现代人生活和工作节奏的加快，竞争日趋激烈，消费、房价越来越高，造成人们内心越来越不能保持宁静，心理承受的压力越来越大，头脑始终处于一种紧张状态，得不到休息。古人云："万事劳其形，百忧撼其心"。高度激烈的竞争，错综复杂的各种关系，使人思虑过度，素不宁心，不仅会引起睡眠不良，甚至会影响人体的神经体液调节和内分泌调节，进而影响机体各系统的正常生理功能。这种解释大致不差。不过，如果我们用老子的智慧进一步解释的话，可能会对这个问题认识得更深刻，更全面一些。

其实所谓的生活节奏加快，竞争激烈，消费、房价越来越高，都只是一种外部现象，其最终要作用到人的心理上才会起作用。如果面对这些情况，一个人能够始终保持一颗平静安详的心，不去想那么多，一切顺其自然。激烈就激烈吧，我只平静地做好我的工作，只要我尽职尽责，社会上总会有我的一席之地；消费高就高吧，钱少了我就少买点，或是选择便宜一些的品牌；房价高就高吧，买不起我也不去焦虑，因为焦虑也是白焦虑啊。如此，我们还会因为整天绷紧神经，承受过重的压力而导致亚健康吗？其实，之所以我们会处于亚健康，终归是我们内心的欲望太多了，对于外界的生存生活环境反应过于强烈了，过多地去妄视、妄听、妄说，才导致了我们深受其害。中医上说，七情六欲都对人的身体有一定的伤害，所谓过喜伤心，暴怒伤肝，忧思伤脾，过悲伤肺，惊恐伤肾，等等。因此，凡遇事，要心平气和一些，没必要让自己的心情像一个陀螺一样跟着外界事物转，那样不仅于事无补，反而徒自伤害自己而已。佛家所谓"境由心转"，说的便是这个道理，只要你的内心保持安定，你便会发觉原本令你焦虑的事情实际上没什么可焦虑的，顺其自然就行了；原本令你恼怒的事情实际上一笑也便了之了；原本你挖空心思想得到的东西，冷静下来想一下，对自己并无多大用处……

另外，之所以现代人都表现得心理烦躁，精神紧张，还有一个被大家忽略的因素便是我们每天接受的信息量太大。现代人总是习惯于早上或晚上或早晚都看报纸，晚上又习惯性地坐在电视机前，上班期间则更是通过网络接触大量的信息。甚至电视"追"到了公交车上，"广告"也追到了楼梯间，尤其现在的手机上网功能更是将许多人的下班时间也都耗费了。这些都被看作是现代社会的进步，因为我们随时随地都能接触到天南海北的海量信息。但是，许多人忽略了，正是因为这些过多的信息，让我们的大脑和精神很难有休息的时间。我们的大脑无论是在上班，还是在下班，乃至在公交车上，每时每刻都在不停地运转着，对外界的信息做着反应，没有休息的时候。如此，一个人怎么会健康呢？我们知道，计算机都是需要休息的啊！"闭目塞听"本来是一个贬义词，但是，在现代社会，我们有时候还真是需要给自己找出一些规律性的"闭目塞听"的时间呢！在下班的时候，不去看那些报纸，了解一些天边的跟我们毫无关系的新闻；不去看那些没完没了的网络事件，更不去看广告。有空了，我们就闭上眼睛休息一下，深呼吸，放松自我。干脆学下佛教的坐禅或是印度的瑜伽，这些都对人的身心有好处。

另外，除了不要妄听、妄视、妄说、妄想，断绝与外界过多的信息交流，以不受过多的外界影响之外，老子所提醒我们的不要妄用自己的聪明也具有非常现实的意义。事实上，许多人之所以最后陷入不幸之中，不是因为自己太笨了，而恰恰是因为自己太"聪明"了，所谓聪明反被聪明误。往大了说，美国在2008年发生波及全球的金融危机，造成整个世界经济的衰退，大量的企业破产倒闭，无数人失业，可以说正是因为美国人的聪明造成的。事实上，美国金融危机爆发的原因乃是美国的金融从业者利用金融杠杆制造出了形形色色的金融衍生工具，这些工具本身非常巧妙，它使得整个社会的现金更有效地运转，从而在方便人们生活的同时极大地促进了经济的繁荣。但是，也正是这种聪明的东西，因为对于中间的每一个环节的依赖性太强，其中的一个环节出现了问题之后，便导致了整个金融系统的崩溃。可以说，这便是一个聪明反被聪明误的典型例子。而具体到个人，这样的例子也是不胜枚举，现在社会上所流行的传销，说白了就是企图不靠自己的辛勤打拼而快速发财。显然，陷入传销网络的人往往都抱着一种投机取巧的心理。而投机取巧的心理，老实巴交的人是不容易有的，他们对这些东西一开始便会敬而远之，而只有那些自恃聪明的人才会涉足其中。一旦涉足，便很难再脱身了，正是"聪明"导致了他的上当受骗。还有，那些因为炒楼、炒股失败，倾家荡产，乃至结束自己性命的人，哪一个会是那种老实巴交的人呢？可见，老子所说的话并非是一种形而上的玄学，而是非常现实的智慧。聪明者思之！

总之，老子所讲的智慧说到底还是提醒我们要内心清净，克制欲望，追求自己需要的，而不是自己想要的，从而平静快乐地过一生。

见小曰明

在本章中，老子提倡人们把握住"道"这个万物的本源，然后再通过"道"去理解世间万物，最后再回过头来秉守这个"道"。老子先是以"塞其兑，闭其门，终身不勤。开其兑，济其事，终身不救"向人们指出了是否如此做的具体表现和最终导致的正反效果。而接下来，老子则从人们对于外部世界的情况谈起了道的作用，那便是："见小曰明，守柔曰强。"即如果人们能够遵从"道"，便对于外部事物能够看到其变化的细微之处，从而做到洞察，同时又能够恪守柔弱，从而使自我达到强大的状态。其中，"守柔曰强"的观点，老子已经反复提及，并在其他章节有所论述，这里我们只论述一下"见小曰明"的智慧。

其实，对于"见小曰明"，历来存在两种解释，一种观点认为，这里的小，指的就是"道"本身。因为"道"本身一向是隐蔽、微小的，一直是以一种隐蔽的姿态起作用，如在《道德经》第三十二章中，老子曾言："道常无名，朴虽小，天下莫能臣也。"他认为人们能够看到细微的"道"，便可称作明了。而另一种观点则认为，这里的小指的是事物变化的微小征兆，如汉代开创黄老之学的河上公在为《道德经》作注的《河上公章句》中言："萌芽未动，祸乱未见，为小昭然，独见为明。"而实际上，这两种解释应该说是一回事的，只是前一种解释乃是"道"之体，后一种则是"道"之用罢了。总体上，老子便是提醒我们要懂得去察觉事物的细微之处，他认为这里往往是事物成败的关键。如在《道德经》第六十三章中，老子便指出："天下难事，必作于易；天下大事，必作于细。"具体而言，这种能洞见事物细微之处的智慧又可分为几种情况。

一种便是于细小而平凡的事物或现象中发现其背后所蕴含的原理。这样的例子很多了，比如大科学家牛顿之所以能够发现伟大的万有引力定律，便是因为他对苹果落地这一人们司空见惯的现象进行了深入的思考。而瓦特之所以能够发明蒸汽机，据说是一次他在姨妈家串亲戚时，看到烧开的开水将茶壶盖顶起来，然后他便想到对蒸汽的这种力量加以利用，最终发明了蒸汽机。还有，物理学家阿基米德之所以能够发现浮力原理，则是在洗澡时看到水从澡盆里漫出来中，他从中受到了启发。可见，高深的知识和学问并非藏在人们难以发现的幽暗之处，它就堂而皇之地存在于每个人都能看到的地方，只不过非细心和勤于思考的人难以发现罢了。

不仅在科学领域如此，在日常生活领域也同样如此。春秋时代，一个官员从偶尔听到的一个女人的哭声中便发现并了解了一桩命案。一天，郑国大夫子产外出，半路听到一妇人的哭声，觉得哭声有些不对劲，便停车细听。听了一阵之后，他便派人把正在哭泣的女子带来审问。审问之下，那女子果然招供是她和别人发生奸情，谋害了亲夫。身边的人都感到非常奇怪，询问子产如何在没有见到女子的情况下便知道她谋害了丈夫。子产说道："因为她的哭声中带有恐惧。按照人之常情，一个人的亲人如果病了，他会感到忧虑；将死的时候，他会感到恐惧；而死去了，他便会感到哀痛。但是，这个女子为死去的丈夫而哭，哭声并不悲哀，却是带有一种恐惧。所以我断定这里面肯定有问题。"

由此可见，即便是仅对人之常情保持一种洞察，就能有比别人更多的发现。此外，能洞见事物的细微之处的另一种表现便是，如果能将从多角度思考问题，就能将事情考虑得更加全面。

《吕氏春秋》中记载了这样一个故事：鲁国法律规定，如果有鲁国人在别的诸侯国做奴隶的，有人出钱将其赎回国来，可以到国库中报销所付出的赎金。孔子的学生子贡是一个做国际贸易的商人，非常有钱，他知道这一法律后，一次便从别的诸侯赎回了一些鲁国人，但是他没有到鲁国官府领取自己所付出的赎金。周围的人知道这一情况后，便纷纷赞扬子贡的慷慨和仁义。孔子听说了这件事情后，却对此不以为然，他对子贡说道："你这样做其实并不对，因为你作为一个受大家拥戴的人，你的一举一动都是大家的榜样，可以起到移风易俗的作用，因此不可只考虑自身的品行是否高尚。你这样做的结果，只会令后来去赎人的人感到，如果自己再接受国家支付的赎金便是不够廉洁，品行不够高尚，因此不好意思再去兑取赎金了。现在鲁国富人少，穷人多，如此一来，即使有鲁国人在国外看到了沦为奴隶的同胞，也因为无法承担或不想承担赎金而不再提供帮助。我看呀，以后不会再有人从别的国家去赎回鲁国人了！"子贡一听，便向老师承认自己是错的。

这里，孔子便是从长远和行为可能导致的后果这样的角度来看问题，从而看到了别人所忽略的地方，并提出了令人信服的见解。其实，所谓能洞察事物于毫末之间，通过一叶而知秋之将至，很大程度上便是要学会动态地看问题，将时间因素考虑在内，如此，便能够对于事物发展的趋势有一个准确的预测。

由此也可见，所谓的那些料事如神的先知先觉，其实往往都只是他们有一双充满洞察力的眼睛，加上能够善于把握事物发展的规律，从而推演出事物发展的趋势而已。总体而言，老子的"见小曰明"的智慧便是提醒我们，一个人要表现得比别人更有预见性，能够对于事物未来的走向有更好的把握，敏锐地捕捉到机会或躲避开祸患，或者能够从被别人忽略了的事物中发现真理，便要学会凡事留心，对于事物的细微之处多加留心和思考；同时要学会全面地考虑问题，各个角度都考虑到，利弊两面都做一番分析；最后还要用发展的眼光看问题，将时间拉长来看。总之，老子的这个智慧具有非常现实的意义。

第五十三章
盗竽非道

【原文】

使我介然有知①，行于大道，唯施是畏②。大道甚夷③，而人好径④。朝甚除⑤，田甚芜，仓甚虚。服纹彩，带利剑，厌⑥饮食，财货有余，是谓盗竽⑦。非道也哉！

【注释】

① 我：指有道的人。介然有知：稍微有些认识，知道些道理。

② 唯施是畏：施，音同迤，此指邪行，邪径。唯施是畏，意即只害怕走上邪径。

③ 夷：平坦。

④ 径：邪径，小路。

⑤ 朝甚除：朝，朝廷。除，废弛。朝甚除，意即朝廷十分腐败。

⑥ 厌：饱足。

⑦ 盗竽：盗魁，强盗头子。

【今译】

假如我稍微有些认识，就会在大道上行走，并且小心谨慎，唯恐走了邪路。大道是那么的平坦，那些君主却喜欢走邪径。结果导致朝政腐败不堪，百姓的田地也都是一片荒芜，国家的仓库十分空虚，而那些君王却穿着漂亮的衣服来显示自己的尊贵，佩戴着锋利的宝剑以夸耀自己的强悍，饱餐美味佳肴，占有富余的财货而不去接济他人，这样的君主，实在就是强盗头子嘛。这是不符合"道"的啊！

【解析】

统治者总爱走邪路

本章中，老子重点从反面的角度论述了"道"，即从与大道相违背的小径的角度反衬出大道的重要性。老子指出，那些君王放着平坦的大道不走，反而喜欢走邪径。联系老子一向的政治主张，可以知道，这里的大道，指的便是采用清静无为的方式治理国家，不去颁布过多的政令，不发动无谓的战争，尽量不去骚扰人民。同时，统治者本人也应克制自己的欲望，不给人民增加过多的负担。如此，必然会使国家昌盛，人民安居乐业。而所谓的走上邪径，则是指统治者违背治理国家的大道，穿着漂亮的衣服来显示自己的尊贵，佩戴着锋利的宝剑以夸耀自己的强悍，饱餐美味佳肴，占有富余的财货而不去接济他人，像个强盗头子那样。总之，便是不知道体恤人民，一味放纵自己的欲望。走邪路的结果便是朝政腐败不堪，百姓的田地一片荒芜，国家的仓库空虚。这里，老子的话实际上并未说尽。其隐含的意思便是：既然朝政腐败不堪，百姓的田地荒芜，国家的仓库空虚，那么统治者离灭亡也不远了。显然，这样的例子不胜枚举，事实摆在那里，也无须老子进一步点破了。这里，老子正是通过统治者走在大道还是小径上的对比，来论述"道"的重要性。而实际上，统治者仅仅是老子举出的一个例子罢了。大道和小径的差别，其实具有更为普遍的意义。可以说，不止是治理国家，无论做任何事情都存在一个走大道还是小径的差别；不止是统治者，任何人都面临着对大道和小径的选择问题。

在《道德经》中，老子反复告诫人们无论做人还是做事都要遵循"道"，也即要走在平坦的大道上。其具体的表现便是清静无为，克制自己的私欲，贵柔守雌，居下不争，做事顺应事物的本性和规律，不强行妄为。更具体点说，遵循国家法令和世俗道德，不过奢侈的生活，诚实守信，孝亲仁爱等等。如此，便是走在了大道上。而相反，过分放纵自己的欲望，对财富、名声过分贪婪，恃强凌弱，使用机巧追逐名利，违背道德，违法犯罪，舍本逐末，等等，则是走在了邪径上。而看一下我们的现实，可以说，有几个人真的是走在大道上呢？可以说，几乎所有的人都或多或少地偏离了大道。之所以如此，是因为虽然大道平坦易行，只要默默地走下去便可以到达目的地，但人们总觉得平淡无奇、不刺激，没有激情，于是偏喜欢刺激、冒险、另辟蹊径，自以为能比别人更快地到达自己的目的地。其具体的表现便是世界上的人都喜欢耍小聪明，凡事投机取巧走捷径。而其结果重则给自己带来大祸，轻则搬起石头砸自己的脚。关于此，下面的这个故事便十分形象地说明了这一点。

从前有个国王，十分喜欢种花。后来他年纪大了，自己没有子嗣继承王位，便想出了一个主意。他在全国挑出了十名最聪明的孩子，每人发了一粒花种，然后告诉他们：把这些种子种下去，谁培育出的花朵最美丽，谁就是未来的国王。孩子们当着国王的面种下了那粒珍贵的种子，然后各自捧着花盆回家了。一年后，他们又捧着花盆重新站在了国王面前。这时候，有九个孩子的花盆里都盛开着美丽的花朵，颜色艳丽，芬芳扑鼻。但是排在最末的孩子手里捧着的却是一只空花盆，他的头低着，样子显得窘迫，与其他九位兴高采烈的孩子形成了鲜明的对比。"孩子，你的花呢？"老国王和蔼地问道。那个孩子一下子哭了起来："陛下，我真的没有偷懒，我每天都会小心翼翼地照顾它，每隔几天就会浇一次水，晚上冷了还会把它拿到房间里去。可是我不知道为什么，它就是不发芽。"

听到这里，老国王非常高兴地抱起了那个孩子宣布道："这位就是未来的国王了。"众人不解地问："为什么会是他？"国王答道："因为我发给孩子们的种子都是煮熟的！"那九个孩子立刻羞红了脸——他们都调换了花种。

在这个故事中，便体现出了大道与邪径的差别。那些小孩子正是因为不肯老实地走在大道上，放弃了自己诚实的本性，想通过耍弄聪明来达到目的，结果弄巧成拙。当然，这个故事本身是一个杜撰的童话故事，但故事里的逻辑是十分普遍的，可能大多数人都做过、正在做、将来还会做与故事中的那些小孩类似的投机取巧最终搬起石头砸自己脚的事。

具体到我们的现实生活中，偏离大道，走上邪径的事可以说是俯拾皆是。总体而言，这样一种行为的典型特征便是见小利而忘大事，舍本逐末。比如，一些企业在经营的过程中，不知经商的大道，为了眼前的一点利益，便舍弃自己的商业道德，在商品制作的过程中偷工减料，在销售的过程中采用欺骗的方式。结果，虽然暂时得到了一点点小利，却毁掉了自己的商业信誉，失去了客户的信任，本来可以长远的买卖最后全都做成了一锤子买卖，最终导致企业在市场上无法做大，乃至无法立足。一些年轻人一门心思想要发财，出人头地，却不懂得一步一个脚印地去努力拼搏，而是妄图通过投机取巧一口吃个胖子。或是痴迷于炒股、炒房，或是在没有任何经验和调查的情况下盲目地借钱去创业，结果年纪轻轻债台高筑，多年无法翻身。还有的甚至走上了诈骗、犯罪的道路，干脆一下子将自己的未来全部赔了进去。现在的许多女孩子，贪慕虚荣，在找对象的时候，不是去看对方是否具有善良的品性，是否具有一颗上进的心，是否真的喜欢自己，而是看对方是否有车有房。结果嫁给有钱人之后，毫无幸福，可能几年之后还遭到遗弃，等等。这些便是现实中常见的舍本逐末导致不好的结果的现象。所谓欲速则不达，走在大道上，看上去虽然走得慢一些，但因为方向是正确的，总能走到自己要去的地方。小径看似一时抄了近路，其结果则可能是背离了正确的方向，或者干脆是条死路。还以上面的例子为例，一个企业不在于大小，只要能够本分经营，坚守信誉，便是走在了大道上，这样的企业迟早能够逐渐做大做强。一个姑娘只有将眼光放在对方的心地、品性上，才是寻找到幸福的大道。关于如何走在大道上，我们不妨看下面正面的例子。

唐代名臣狄仁杰在武则天当政时期曾任宰相，长期受到武则天宠信，被尊称为"国老"。他之所以能够获得如此尊崇，正是因为其恪守为政的大道，廉洁奉公，以百姓之心为心。在做人上，他则恪守守柔、豁达、无争的本性。一次，狄仁杰到离京到外面出差时，有官员便到武则天面前说狄仁杰的坏话。狄仁杰回京后，一向宠信他的武则天告诉狄仁杰有人说他坏话，问他想不想知道详细情况。没想到狄仁杰一听，哈哈一笑说道："有人指出我的缺点，我很高兴，我很乐意知道我有哪些缺点，但我并不想知道这个说出我缺点的人是谁。"武则天一听非常高兴。从这里我们也就不难明白狄仁杰为何能够长期受到武则天的宠信了，他靠的并不是投机钻营，逢迎拍马的手段，而是靠走在为政为人的大道上！

正如老子所说，大道是多么的平坦啊，为何偏偏要去走那些前途未卜、崎岖不平的小径、邪径呢。仔细想想，老子所说的"假如我稍微有些认识，就会在大道上行走，并且小心谨慎，只怕走上邪道"，并非是他老人家故意夸张，对于看透了"道"的他来说，这应该是肺腑之言了！

【经商之道】

寓言故事两则

春秋时期，有两户人家，一家住在齐国，姓国，十分富有，远近闻名；一家住在宋国，姓向，非常贫穷，无人知晓。一天，姓向的穷人听说齐国有这么一家姓国的人家很有钱，便专程从宋国跑到齐国，向姓国的请教致富的方法。

姓国的富人告诉他说："我之所以能够积累起这么多财富，其实是因为我很善于'偷'。我只花了一年的工夫就不愁吃穿；两年下来就已经相当富足；而三年之后，我就土地成片、粮食满仓，成了方圆百里之内的大户。而在我富有之后，便向周围的穷人施舍财物，大家也都得到了我的好处。"

姓向的人听了便觉得自己已经知道致富方法了，还没来得及听姓国的进一步解释，便匆匆离开了。他以为姓国的致富靠的就是偷盗，他将姓国的所说的"偷"理解为翻越人家的院墙，撬开人家的房间，然后将自己能看到的，并且手又能拿到的东西，统统拿到自己家里，归自己所有。如此，便会快速致富了。他回家以后，到处偷窃。如此，过了段时间，他便被官府逮住了，人赃并获，他也因此被判了罪。这个可怜的人不但清退了全部赃物，而且还被判罚没收他以前积累的所有家产。这下，本来就穷的他这下彻底成了一个穷鬼。

姓向的想来想去，觉得是姓国的人欺骗了自己，最终导致了自己这个结局。于是他又千里迢迢地来到齐国去，找到姓国的并责备他说："你骗我，说偷可以致富，我按照你说的办法去做了，却犯了法，害得我连以前的家产也没有了！"

姓国的一听便哈哈大笑，问他道："那你是怎么去偷的呀？"姓向的于是便将自己翻墙撬门偷盗人家财产的经过讲给姓国的听了，姓国的一听，又好气又好笑地对他说："哎呀，你怎么这么糊涂啊！你那天根本没弄懂我所说的'善于偷盗'是什么意思，便急着走了。现在你仔细听着，我给你解释清楚。我们知道，天有四季变化，地也随着四季而产生丰富的物产，我所偷的就是这天时和地利呀。雨水霜露，有助于我庄稼的生长，山林提供我建造房屋的材料，湖泽的养殖供给我特产。我能够在陆地上'偷'飞禽走兽，在有水的地方则'偷'鱼虾龟鳖。而无论是庄稼和林木还是禽兽和鱼虾龟鳖，这些东西都是大自然的产物，原本并不属于我。我正是依靠自己的辛勤劳动，在自然界里获取财富，自然不会触犯法律，也不会有灾祸了。而那些金银宝石、珍珠宝贝、粮食布匹，却是别人积累起来的财富，你用不劳而获的手段去占有别人的劳动成果，这当然便是犯罪啦。所以，你因偷盗罪而受到了处罚，只能怪你自己呀？"姓向的听了这番话，非常惭愧地离开了。

再看另一则故事。

从前，在南美洲地区有一个年轻人，一心想要发财。在他的脑海中，最快的发财手段莫过于学会点金术了。于是他便投入自己仅有的金钱到炼金实验中。这样折腾了几年，也没有什么成果，而他则变得一贫如洗，连饭都吃不起，靠邻居们的施舍度日。一次，他听一个过路的人说住在某山里的一个智者会炼金术，于是他又燃起希望，生磨硬泡地跟人借来一些盘缠便出发了，去向那个智者学习炼金术。

几个月后，他来到了智者面前，诚恳地向其请教炼金术。智者听他讲述完自己的经历之后，便认真地说："的确如人们所传言的那样，我已经学会了炼金术，但是，我一直并未能炼出金子。"年轻人迷惑地问道："那是为何？"

"因为炼金的材料还不齐。"智者答道。

"那么还差什么呢？"

"现在唯一缺的就是三公斤香蕉叶下的白色绒毛。而这些绒毛必须得是你自己种的香蕉上的。如果你能够收集到这个东西，到时我们便一块来炼金。"

这个年轻人一听，便高兴地回家了。他一回家，便立刻在自家已经荒废多年的田地上种上了香蕉。另外，为了尽快收集齐香蕉绒毛，他还开垦了许多新的荒地来种植。每当香蕉成熟后，他便小心地将白色绒毛刮下来保存好。同时，为了能生活，他也顺便将这些香蕉都弄到市场上卖掉了。结果，几年之后，由于卖香蕉，他的日子也逐渐阔绰起来了。一次，当他又一次从市场上带着卖香蕉得来的金币回家的时候，突然间领悟了智者的意思正是点化他通过劳动来获得金子。明白这个道理后，他更加勤奋地劳动，最终成为当地有名的富翁。

这两则寓言故事，一个是中国，一个是国外，其所要告诫人们的道理却是相同的，那便是要想获得财富，便只能凭借自己的劳动，这才是老子所说的大道。而偷盗、炼金术则是代表了邪径，其结果不仅不能达到目的，反而会使人遭遇到危险。进一步讲，无论做任何事情，都有一个大道可走，舍弃大道，而走邪径，都是表面聪明其实愚蠢的行为。

第五十四章

善抱不脱

【原文】

善建①者不拔，善抱②者不脱，子孙以祭祀不辍③。修之于身，其德乃真④；修之于家，其德乃余；修之于乡，其德乃长；修之于邦，其德乃丰；修之于天下，其德乃普⑤。故以身观身，以家观家，以乡观乡，以邦观邦，以天下观天下。吾何以知天下然哉？以此。

【注释】

① 建：建立，立法，立德。

② 抱：坚持，抱持。

③ 辍：停止。

④ 真：纯正，真实。

⑤ 普：普及，普遍存在。

【今译】

天下有形的东西，容易被拔去，购置有形的物品，容易被取缔。唯有善于修德持德的人，建于心，持于内，也就不容易被取缔了。如果能够遵循这个道理，世世代代都能遵循这个道理，那么社稷宗庙的祭祀必将能够代代不绝。将这个道理贯彻到修身上，他的德行便会是真实纯正的；把这个道理贯彻到治家，这一家人的德行便会是丰盈有余的；将这个道理贯彻到治乡，整个乡的德行都能得到增长；将这个道理贯彻到治理邦国，便能使整个邦国的德行丰盛硕大；将这个道理贯彻于治理天下，便能使德行无处不在。所以，德行既修之后，便可以自身观照别人；以自家观照别家；以我一乡观照别乡；以我的邦国观照其他邦国；以现在的天下观照未来的天下。我为什么能够了解天下的情况呢？就是凭借以上的办法和道理。

【解析】

善建者不拔，善抱者不脱

本章中，老子论述的核心点便是"善建者不拔，善抱者不脱"，正是在此基础上，老子才得出了后面的结论。对于"善建者不拔，善抱者不脱"的解释，一般认为是天下有形的东西，容易被拔去，购置有形的物品，容易被取缔。唯有善于修德持德的人，建于心，持于内，也就不容易被取缔了。对于这句话所包含的智慧，大致可分为两点。

其一，便是对于可见的、张扬的东西，老子是持一种怀疑的态度。老子在这里所说的"善建""善抱"指的便是建立在内心的德，正是因为建立于人的内心之中，是无形的，不事张扬的，并且这种建立于内心的德必然是主动建立，而非强加，所以很难被拔去，也很难脱落掉。而与其相对应的即是建于外的，或者说是外在强加的道德规范或社会规范，这种东西往往是社会规范所强加给个人，或者是个人为了迎合别人而去刻意表现出来的。因为不是发自内心的，便必然是很容易丧失掉的。关于这一点，庄子曾进行了进一步的阐释，其在《庄子·列御寇》中，假借孔子之口说道："人心比山川还要险恶，比天道还难推测。天还有春、夏、秋、冬四季的变化和早晚的区别，人的内心却深藏在外貌的后面，叫人无法了解。有的人外貌谨慎，行为却傲慢无礼；有的人貌似聪明，却满肚子愚鲁；有的人形貌顺从，内心却轻佻无比。有貌似坚强，内心软弱的人；也有貌似宽静，内心急躁的人。这些人饥不择食地急急趋向仁义，又像避火一样地迅速舍弃它。因此，君子要任用某人时便要用几种办法来试探他。让他远离自己任职，以观察他们是否忠诚；亲近他，以观察他是否恭敬；让他做繁难的事，以观察他们是否有能力；突然向他提问，以观察他是否足够机智；交给他期限完成的任务去办，以观察他是否守信用；把财物托付给他，以观察他是否清廉；把危难告诉给他，看他会不会变节；让他酒醉，看他是否守法；让他处在人物混杂的地方，看他是否会淫乱。通过这九种试验，贤肖之徒便能够挑选出来了。"这里，庄子将老子对于外在的道德、礼制的怀疑进一步条分缕析地具体化，并且还给出了一系列检验其是否真实的办法。

其二，老子告诉了我们要建立自己的道德和信念，具体做法便是将其根植于我们的内心深处，如此，便能够做到不被外界所拔出，不会自己脱落。这里的被外界拔出，指的是迫于外界压力或者诱惑而丧失掉，自己脱落则是因为不够牢固。显然，老子所说的话乃是十分切中现实的。现实中，一个人所拥有的道德或者信念，一旦不是从自己内心里生发出来的，便很容易被外界所动摇，或者时间一长，自己便脱落了。比如本来道德并不高尚的人做了教授，迫于社会学上所讲的人们对于这种职业的职业期待和这种社会角色本身的光环而表现得道貌岸然，时间长了，这些本身卑鄙的人便会暴露出令人惊讶的卑劣品质。再比如有的人并非是出于内心的真实需要，而是出于一种虚荣心而去追求一个东西，这往往是出于一种迎合社会和他人的心理，这种也许很狂热的追求因为没有内在的动力很容易在某一瞬间变得索然无味。总之，老子在这里所告诉我们的是，无论是道德还是信念，只有自己内心真正认可，从而主动地建立，才会真正坚韧，才会对一个人形成持久的激励。

综合以上两点，"善建者不拔，善抱者不脱"所给予我们的现实启示便是要善于建立自己的信念。其具体做法便是一开始便要将其建立在内心深处，而不要对外张扬。因为张扬往往是出于一种迎合社会和别人的目的。而只有将信念建立在内心深处的人才会不因外界的压力和诱惑而变动，不因时间长了而淡漠乃至消失。关于此，我们肯定在生活中也有体会，一个人如果是认真地给自己定下一个信念时，必然不会是大张旗鼓地对别人宣扬，而是暗下决心。因为所谓信念，正是一种内心深处的东西。而一个人一旦大肆张扬地对人宣称自己要怎么怎么样，结果往往是哗众取宠罢了，这样的人，仔细观察的话，最后都很难兑现自己所说的话。关于此，鲁迅小时候的一则故事很能说明问题。

鲁迅十三岁时，他的祖父因科场案被逮捕入狱，父亲长期患病，他经常到当铺卖掉家里值钱的东西，然后再在药店给父亲买药。一天，鲁迅因为去当铺和药店，上学迟到了。先生看到他迟到了，就生气地说："十几岁的学生，还睡懒觉，上课迟到。下次再迟到就别来了。"

鲁迅听了，点点头，没有为自己作任何辩解，低着头默默回到自己的座位上。第二天，鲁迅很早就来到学校，并在书桌右上角用刀刻了一个"早"字，心里暗暗下定决心，以后再也不迟到了。在后来的日子里，父亲的病更重了，家里很多活都落在了鲁迅的肩上，同时，他还要更频繁地去当铺和药铺。他每天天不亮就早早起床，料理好家里的事情，然后再到当铺和药店，之后又急忙地跑到私塾去上课，再也没有迟到过。其实鲁迅将"早"字刻在桌子上的同时，也刻在了自己心里。正是因为此，他才能够排除困难，实现自己的信念。

其实，之所以在树立信念和目标时，要不事张扬，将其刻在内心，只是手段，其最终的目的还在于使这信念和目标一旦产生，便不因环境的影响和外界诱惑而轻易变换，能够持久地激励我们，说到底，就是要立长志，而不要常立志。我们知道，一个人树立信念和目标，只有坚持不懈地朝着它前进，才有可能最终实现。如果三天打鱼两天晒网，最终很可能一事无成。追求一个目标就像挖井一样，如果在这个地方刨两下，在另一个地方刨两下，就不可能挖出水来的。做任何事，一旦缺乏恒心，便不可能成功。因为凡是大事必然都要经历一番磨难，经历时间的考验，而缺乏恒心的人必然在中途就撂挑子不干了。海尔总裁张瑞敏曾说："重复地做简单的事就不简单。"说的便是这个道理，那些做出一番事业的人往往不是最聪明的人，而是最专注的人。美国总统林肯出身寒微，在 29 岁认定从政之路后，经历了九次竞选失败，最终成为美国最杰出的总统。好莱坞明星史泰龙为当演员，写好自己做主角的电影剧本，挨个拜访好莱坞的 500 家电影公司，相继遭到拒绝。其后，他在第二轮、第三轮拜访中又均遭拒绝，直到第四轮的第 350 家电影公司，老板才破天荒地答应他留下剧本先看一看，但正是这次，史泰龙实现了梦想。还有众所周知的发明家爱迪生、发明飞机的莱特兄弟、苹果计算机创造者乔布斯、作家狄更斯，等等，无不是在经历多次失败后才最终拥抱成功。

总之，老子在这里所给我们的启发便是：要善于建立自己的信念。要明白，所谓成功，便是在内心深处种植下你的信念，然后矢志不移地去努力实现它。

【为人之道】

有关信念的一则故事

美国漫画家的查尔斯·舒尔茨因为连环漫画《花生》而誉满全球，殊不知，这位漫画家早年经历从未品尝过胜果，而正是依靠根植于内心的坚定信念，才使他最终走向了成功。

舒尔茨在学校读书时，总是被看作全校最差劲的学生，各门功课都是惨不忍睹，尤其物理成绩通常都是零分，因此成了学校有史以来物理成绩最糟糕的学生。甚至在体育上他也落在大部分人的后面，虽然他参加了学校的高尔夫球队，但在赛季唯一一次重要比赛中，他输得干净利落。再谈谈他的交际，在这方面，他拙嘴笨舌，社交场合从来不见他的人影。因此，大家几乎完全忽略了这个人的存在。如果有哪位同学在学校外主动向他问候一声，他会受宠若惊并感动不已。

　　但舒尔茨却有一个爱好——画漫画，他深信自己拥有不凡的绘画才能，并为自己的作品深感自豪。但是，除了他本人以外，他的那些涂鸦之作从来没有人看得上眼。上中学时，他向年刊的编辑提交了几幅漫画，但一幅也没被采用。但他并没有灰心，依旧将成为一个职业漫画家作为自己的梦想。

　　中学毕业那年，舒尔茨向当时的沃尔特·迪斯尼公司写了一封自荐信。公司给他出了个题目，让他画些作品寄来看看。舒尔茨受到极大鼓舞，投入大量时间和精力画了几幅作品并寄了过去。但最终迪斯尼公司没有录用他。

　　再后来，感到走投无路的舒尔茨开始将自己的充满失败的人生经历画入漫画，讲述了一个童年灰暗、青年失败，想成为艺术家却屡遭退稿的人物形象——一个名叫查理·布朗的小男孩。这是一个充满失败的人：他的风筝从来就没有飞起来过，他也从来没踢好过一场足球，他的朋友一向叫他"木头脑袋"。结果，这本连环漫画却取得了巨大成功，即是后来风靡世界的《花生》系列漫画。

第五十五章

含德之厚

【原文】

含德之厚，比于赤子①。毒虫不螫②，猛兽不据③，攫鸟④不搏，骨弱筋柔而握固，未知牝牡之合而朘作⑤，精之至也。终日号而不嗄⑥，和之至也。知和曰常，知常曰明，益生曰祥⑦，心使气曰强⑧。物壮则老，谓之不道，不道早已。

【注释】

① 赤子：初生的婴儿。

② 毒虫：指蛇、蝎、蜂之类有毒的虫子。螫：毒虫用嘴咬人或用尾端刺人。

③ 据：兽类用爪、足攫取食物。

④ 攫鸟：指鹰鹯之类的猛禽。

⑤ 牝牡之合：指男女的交合。作：指生殖器勃起。

⑥ 嗄：嗓子沙哑。

⑦ 祥：这里指妖祥、不祥之意。

⑧ 强：逞强。

【今译】

含有深厚道德的人，就像初生的婴儿一样。毒虫见了他不螫他，猛兽见了他不伤害他，凶恶的鸟见了他而不搏击他。他虽然筋骨柔弱，但拳头握起来，却是很紧。他虽然还不知道男女的交合之事，他的小生殖器却常常勃起，这是因为精气充足的缘故。他终日号哭，嗓子却不会沙哑，这是因为元气和谐的缘故。认识和谐的道理就称为知晓真常之道，知晓真常之道就称为明智。如果不以常道养生，而是放纵自己的欲望就会遭到灾殃，欲念主使精气就叫作逞强。事物过于壮盛了就会衰老，这就叫不合于"道"，不遵守常道就会很快死亡。

【解析】

含德之厚，比于赤子

本章所论述的是"德"的强大作用。为了说明"德"的效果，老子将含有深厚道德的人，比作初生的婴儿，然后以婴儿的种种表现来描述"德"的作用。应该说，这个比喻是十分恰切的。可能许多人都习惯上认为，所谓"德"乃是一种后天学来的东西，婴儿因为并没有多少的自我意识和认知能力，因此他是不具有"德"的。只有在长大之后，一个人才会在这个社会之中逐渐掌握"德"。当然，其具体的数量则是根据这个人的认知能力和道德水准而有所区别。实际上，这种认识与实际情况是恰恰相反的。《三字经》云："人之初，性本善。性相近，习相远。苟不教，性乃迁。"这里的"性本善"，按照佛家说法，其实并非是善良之意，而是完善的意思。即人在初生到这个世界上时，其自性便是圆满的。而佛家所谓的自性，指的便是儒家和道家所说的"德"。因此，可以说，一个初生的婴儿一来到这个世界上，便具有完善的"德"。恰恰是后天受到社会习气的污染之后，这些"德"才逐渐减少了。所谓"性相近，习相远。苟不教，性乃迁"，说的便是因为受到社会习气的污染，所以每个人长大后的"德"便不一样了。而所谓的那些缺少"德"的人，不是因为后天没有学到"德"，而是其先天的"德"丧失掉了。因此，仔细思考的话，会发现无论是儒家提倡的"止于至善""明明德"等修身养性的目标，道家的"清心寡欲""返璞归真"，以及佛家的放弃欲望、追求自我圆满的修行目标，在很大意义上，都是返回到婴儿状态的意思。因此，可以说，看似无知而弱小的婴儿，其实能给我们诸多启发，下面试说两点。

其一，婴儿因为没有自我意识和自己的欲望，因而他便没有大人们通常有的诸多恐惧、忧虑、敌对等情绪，周围的一切对他来说都是美好的，他对一切都是友善的，能够得到所有人的喜欢。我们知道，大多数人都不会对婴儿怀着敌意，即使是奸恶之人，看到婴儿也会滋生一丝柔情。乃至如老子所说，毒虫见了不螫他，猛兽见了不伤害他，凶恶的鸟见了而不搏击他。实际上，老子在这里所说的并非是夸张。我们知道，即使是大人，一般情况下，只要你不主动攻击动物，也不因为害怕夺路而逃，即使是危险的动物一般也不会攻击人。而婴儿因为没有自我意识，对他周边的事物既没有敌意，也没有恐惧。正因为此，动物往往并不攻击他。历史上传说中周的始祖后稷，相传其母姜嫄因踩到巨人的脚印而怀上他，以为不吉祥，于是在他出生后便将其抛弃。一次，他的母亲故意将其放在巷子里不管，但是过往的牛羊纷纷避开他，并没有将他踩死。另一次，姜嫄又把他放在树林里，希望野兽吃了他，但是野兽并没有吃他。姜嫄又将他放在寒冰上想冻死他，但是大鸟飞过来用翅膀覆盖他给他保暖。当然，这只是历史传说。不过，在现实中，世界多个地方都曾出现过小孩子跟随狼群，被狼养大的"狼孩"事件，还有类似的"野猪孩""熊孩"等。这些事例有力地证明了老子所说的话。

婴儿的这种无我无私的特点，可以给我们许多启发。生活中，我们对于周围的一切，往往用一种带有情绪的眼光去审视，进而将周围的人区分出朋友或者敌人。又会习惯性地按照对方的身份将人分为高低贵贱。对地位高或者有钱的人，我们在心理上不自觉便会产生一种重视，对卑贱者我们则不经意地便会有一种轻视。面对不同的场合，我们便会产生相应的情绪。比如在一些稍微隆重的场合，我们可能便会感到一种紧张；遇到危险的情况，我们又会产生恐惧。之所以如此，便是因为我们总是带着一种强烈的自我意识去打量这个世界，因此，一切以对我们是有利还是有害为判断的标准，从而得出结论。如此，我们便失去了那种与世界一体的情怀，失去了那种打量世界的平和眼光。而如果我们能够跳出自我意识的狭隘格局，试着像我们婴儿时期那样去打量这个世界，那么我们便会总是友好和善的，也不会根据别人的身份地位，或者是根据是否对自己有利而下意识地将人分作等级、敌友，因此我们也必然能收获更多的友善。同时，一旦没有那么强烈的自我意识，便不会总是被外界环境所左右，因为外界环境的情况而产生恐惧、紧张等情绪。总之，我们看上去必然是胸怀博大而和善亲切的，做人的格局必然是不一样的了。

其二，老子说，婴儿虽然筋骨柔弱，但拳头握起来，却是很紧。他虽然还不知道男女的交合之事，他的小生殖器却常常勃起，这是因为精气充足的缘故。他终日号哭，嗓子却不会沙哑，这是因为元气和谐的缘故。这里边启发我们要保存自我的精气不外泄，或者说要保持一种内敛的精神状态，同时，保持自我身体和精神上的和谐。我们知道，婴儿之所以精气不外泄，同时元气和谐，是因为他对于自我和这个世界都还是懵懂的，也就不会为无论是内在的自我还是外在的世界去费神。他的内心世界和脑子中是异常简单而平静的一个世界，他不会为因得到什么而过分地高兴，也不会因失去什么而过分地悲伤；不会因自己独有什么而骄傲，也不会去嫉妒别人的什么；他不会伤感，不会忧虑，不会烦恼，不会仇恨，更重要的是，他没有什么欲望，不会因为放纵欲望而耗费精神。总之，他就是一个简简单单的存在，他的精气神不会耗费在那些无谓的地方。自然，在他身上也便不会产生因某种情绪过分而产生的元气不和谐的情况。

而和婴儿相反，成年人则往往是将自己的精气神无限地分散在了没完没了的思虑和情绪中，时而为自己拥有什么而高兴得不得了，时而又为自己失去了什么而伤感不已；时而羡慕别人，时而又暗自庆幸；时而为一件过去的事儿恼怒不已，时而又为将来可能会发生的事儿万分忧虑。而这些情绪和思虑都会交替着不断严重耗损我们的精气，某种过分的情绪又会破坏我们元气的和谐。正是因为此，我们成年人总是感觉处于一种精神疲惫之中，甚至许多人都处于医学上所说的亚健康状态。同时，许多人不知不觉便患上了某种慢性疾病。其实，精神上的思虑本身是耗费精气的。我们可以分析一下我们现代人每天的生活，就现在来说，我们每天的营养条件应该是很好的了，每天其实并没有做什么过重的体力劳动，之所以感到累，原因在哪呢，就在于我们过重的思虑。另外，可能许多人都有体会，小时候我们都不喜欢午休，因为没有感到累。但是，长大后，许多人中午不午休便难受得要命，原因何在，便在于思虑的过重。而一旦某种性质的情绪过分突出，我们的身体便会出现不和谐。因此，在这个方面，婴儿所能给我们的启示便是要学会化繁为简，将复杂的世界变得简单。具体做法便是放下纷纷扰扰的思虑和情绪，学会看淡生活中的一切，不以物喜，不以己悲。如此，我们便不会有烦恼，会拥有更为旺盛和集中的精神去做事，同时也会具有更为沉稳的情绪和心境。自然，我们的事业会更成功，生活也会更快乐。

其实，因为每个人都是从婴儿成长起来的，因此所谓向婴儿学习的智慧，实质上是捡起我们本来就已经拥有后来却丢失了的德行，乃是一种向人本性的回归。

【从政之道】

"不以物喜，不以己悲" 的范仲淹

范仲淹，北宋著名政治家，文学家，以其公正无私的为人而受到世代敬仰，其散文《岳阳楼记》中的名句"不以物喜，不以己悲"和"先天下之忧而忧，后天下之乐而乐"更是道出了一代政治家的博大心胸。

范仲淹出生于吴县（今属江苏），从小便对读书产生浓厚兴趣，而对于物质生活毫不在意。他曾经一个人离家到庙中读书，每天只煮一锅稠粥，凉了以后划成四块，早晚各取两块，拌几根腌菜，调半盂醋汁，吃完继续读书。这便是后世所说的划粥割齑的典故。二十三岁时，范仲淹来到当时著名的睢阳应天府书院（今河南省商丘市睢阳区）就读。期间，范仲淹的一个同学、南京留守（南京的最高长官）的儿子看他终年吃粥，便送些美食给他。没想到他竟一口不尝，听任佳肴发霉。同学知道后便怪罪起来，他才长揖致谢说："我已安于过喝粥的生活，一旦享受美餐，日后怕吃不得苦了。"

大中祥符八年(1015)，二十七岁的范仲淹考中进士，开始了他的政治生涯。从政之后，范仲淹一心为公为民，对自己的职位则浑不在意，尽量为百姓做实事。天禧五年(1021)，范仲淹被调往泰州海陵西溪镇（今江苏省东台市附近），做盐仓监官——负责监督淮盐储运转销。实际上这是一个很闲的职务，但是，范仲淹却依然找到了有所作为的事情。他发现当地海堤因多年失修，已经破败不堪，造成官府盐田受损和不少灾民流离失所。于是，他上奏朝廷，痛陈厉害，然后建议重修堤坝，得到批准。没想到在修建期间，一次突袭的海潮卷走了一百多民工。其他官吏均打起了退堂鼓，认为堤坝难以修成。对此，范仲淹不顾个人安危，在风浪再次到来，兵民们纷纷惊避的时候，从容地站在那里。官是民的榜样，民工们的情绪稳定下来。最终，堤坝修成了，为国家和百姓生活带来极大地便利。往年受灾流亡的数千民户，又扶老携幼，返回家园。人们感激范仲淹的功绩，把海堰叫作"范公堤"。当地不少灾民，竟跟着他姓了范。至今那里仍有范公祠遗址，为父老怀念。

天圣六年(1028)，范仲淹受晏殊推荐，担任皇帝的文学侍从，开始在中央政府中有了一席之地。但是，新来乍到，政治上无依无靠的范仲淹刚刚摸清中央的政局，竟然不顾当时政治斗争的险恶，上奏章要求当时垂帘听政的刘太后将权力交给已年满二十的宋仁宗。此举引起刘太后不满，不久他便被贬到外地。

三年之后，刘太后死去，宋仁宗将范仲淹召回京中，委任他为专门评议朝事的言官——右司谏。自从当上言官之后，范仲淹更是直陈时弊，无所避讳了。明道二年（1033），京东和江淮一带遭遇大旱的同时又闹蝗灾，范仲淹奏请仁宗马上派人前去救灾，仁宗却声称了解详情后再说。他便质问仁宗："如果宫廷之中半日停食，陛下该当如何？"仁宗惊然惭悟，就让范仲淹前去赈灾。他归来时，还带回几把灾民充饥的野草，送给仁宗和后宫。

范仲淹看到宰相吕夷简大开后门，滥用私人，朝中腐败不堪。在调查之后，他绘制了一张"百官图"，在景祐三年(1036)呈给仁宗。他指着图中开列的众官调升情况，对宰相用人制度提出尖锐的批评。因此，范仲淹与当朝最有权势的大臣成了对头。结果，由于宰相势力庞大，加之又善于在皇帝面前买好，而范仲淹则因一心为公，在弹劾宰相的同时，时不时地还让皇帝难堪，结果便多次遭到贬谪。只是因为他每次遭贬到地方上后，总是因在地方上政绩卓著重新返京。刚开始的几次遭贬，在他离京时还有人相送，后来来送的人越来越少。刚开始离京时，一路上还有官员接待，后来也越来越少。一次被贬饶州时，他从开封走水路到那里，至少须经十几个州。除扬州外，一路之上竟无人出门接待他。对此，范仲淹并不介意。他已经习惯于从京师被贬作地方官了。他捻着已经花白的头发，在饶州官舍吟起一诗："三出青城鬓如丝，斋中潇洒到禅师""世间荣辱何须道，塞上衰翁也自知！"

在饶州期间，体弱多病的范仲淹又患了肺疾。不久，妻子李氏也病死在饶州。在附近做县令的诗友梅尧臣，寄了一首《灵乌赋》给他，劝诫他说，他在朝中屡次直言，都被当作乌鸦不祥的叫声，因此愿他以后拴紧舌头，锁住嘴唇，除了吃喝之外，只管翱翔。范仲淹立即和了一首《灵乌赋》说，不管人们怎样厌恶乌鸦的哑哑之声，我却宁鸣而死，不默而生！

　　本来，已届晚年的范仲淹可能就此老死饶州了。但是宝元元年（1038），本来归顺于宋王朝的党项族首领元昊，突然另建西夏国，自称皇帝，并调集 10 万军马，侵袭宋朝延州（今陕西延安）等地。于是范仲淹被调任到陕西前线担任军事副帅。范仲淹到任后，采取了以守为攻的正确策略，并推行了一系列措施整饬军务，提高军队战斗力，最终使得西夏主动来与宋朝廷议和，从而缓解了北宋王朝的西北危机。

　　因为范仲淹稳定西北的大功，已是满头白发的他再次被调入中央，并且开始了他在政治上最有作为的时期。当时，宋王朝外扰不断，边防开支庞大，百姓负担不断加重，各地暴乱越来越多，政治局势危机不断。在此情况下，仁宗罢免了宰相吕夷简，范仲淹被授以副宰相之职。面对内忧外患，范仲淹力主变革，得到皇帝的支持。于是，在他的领导下，北宋历史上轰动一时的"庆历新政"开始了。新政实施的短短几个月间，政治局面焕然一新：官僚机构得到精简；以往凭出身做官的子弟，受到重重限制；昔日单凭资历晋升的官僚，增加了调查业绩品德等手续，有特殊才干的人员，得到破格提拔；科举中，突出了实用议论文的考核；全国普遍办起了学校。

　　但是，范仲淹的新政却触动了大批守旧官僚的利益。最终在守旧集团的压力下，仁宗也放弃了新政，范仲淹再次被贬离京城。这次，他再也未能回京。在此期间，他写下了那篇被人们千古传颂的《岳阳楼记》。在他人生的最后几年，他出资购买良田千亩，让弟弟找贤人经营，收入分文不取，成立公积金，对范氏宗亲的后代子孙义赠口粮，婚丧嫁娶也予以资助（有俸禄的官员除外），这种善举感动天下，全国范姓人民视范仲淹为圣贤而敬之。

　　皇祐四年（1052），范仲淹调任颍州，他带病前往，在中途的徐州溘然长逝，享年 64 岁。这时范仲淹积蓄已尽。一家人贫病交困，仅借官屋暂栖，略避风雨。范仲淹死讯传开，朝野上下一致哀痛。就连西夏甘、凉等地的各少数民族百姓，都成百上千地聚众举哀，连日斋戒。凡是他从政过的地方，老百姓纷纷为他建祠画像，数百族人来到祠堂，像死去父亲一样痛哭哀悼。皇帝闻讯后难过万分，追加范公为兵部尚书，赐其极荣耀的谥号"文正"，并亲书褒贤之碑。纪念范公的碑文由曾支持他变法的文学泰斗欧阳修撰写，两年方成，热情饱满，词语生动。

　　可以说，范仲淹的一生是不避艰险，一心为公的一生，是"不以物喜，不以己悲"的体现。而之所以会如此，正是因为他内心保留有更多婴儿般的"德"，即很少有自我和自私的意识。仔细了解的话，会发现的确如老子所说，但凡具有深厚道德的人，其之所以伟大，仅仅就在于其保留有更多婴儿时期的特征罢了。

第五十六章

知者不言

【原文】

知者不言，言者不知。塞其兑，闭其门①；挫其锐②，解其纷；和其光，同其尘，是谓玄同③。故不可得而亲，不可得而疏；不可得而利，不可得而害；不可得而贵，不可得而贱，故为天下贵④。

【注释】

① 塞其兑，闭其门：兑，指口、眼耳鼻等和外界相通的器官；门，门径。堵塞上与外界相通的通道和门径，引申为不放纵自己的欲望，不妄用聪明。

② 锐：锐气。

③ 玄同：玄妙的"同一"境界，即"道"的境界。

④ 贵：尊贵。

【今译】

真正领悟了"道"的人只是心里知道，却很难用语言表达出来。而那些夸夸其谈热衷于炫耀的人其实是不知道的人。领悟了"道"的人必然会塞堵住嗜欲的孔窍，关闭住嗜欲的门径。不露锋芒，消解纷争，挫去人们的锋芒，解脱他们的纷争，收敛他们的光芒，混同于尘世之间，这就是深奥玄妙的"同一"的境界。达到"同一"境界的人，你不能够亲近他，也不能够疏远他；不能够让他尊贵，也不能够让他卑贱，因为他已经超脱亲疏、利害、贵贱的世俗范围，所以也就是天下最尊贵的人。

【解析】

知者不言，言者不知

本章中，老子所提出的一种重要智慧便是："知者不言，言者不知。"实际上，这种观点乃是老子一贯的宇宙人生观点的反映，是老子在《道德经》第一章中便说出的"道可道，非常道；名可名，非常名"观点的进一步延伸。真正懂得的人往往是不去言说的，而反过来，去言说的往往并不懂得。关于此，庄子也持相同的看法，并在《庄子·知北游》《庄子·外篇·天道》中对此问题进行了详细的阐释。

在《庄子·天道》中，庄子说道：世人所珍视的大道，是文字的记载；文字的记载不外乎语言。但是，有的意义是可以用语言来表达的，有的用语言无法表达出来。以语言文字流传下来的东西往往并无多大价值。我之所以不珍视它的原因，是因为他们所看重的东西，并不是世界上最珍贵的东西，因为那些真正珍贵的东西往往是只可意会不可言传的啊。眼睛看得见的是形体和颜色，耳朵听得到的是声音，人们竟然试图通过这些媒介来了解大道，那是做不到的啊。因为那些形、色、声、名根本无助于人们了解真正的大道。

在《庄子·知北游》中，庄子则直言："辩不若默，道不可闻""道不可见，见而非也；道不可言，言而非也"。庄子同样是假借寓言的形式指出：不知晓是深奥玄妙，知晓是浮泛浅薄；不知晓处于深奥玄妙之道的范围内，知晓却刚好与道相乖背。简单说，不知晓就是真正的知晓，知晓就是真正的不知晓。道不可能听到，听到的就不是道；道不可能看见，看见了就不是道；道不可以言传，言传的就不是道。要懂得有形之物之所以具有形体正是因为产生于无形的道，因此大道不可以称述。因此有人询问大道便随口回答的，乃是不知晓道。就是询问大道的人，也不曾了解过道。道无可询问，问了也无从回答。无可询问却一定要问，这是在询问空洞无形的东西；无从回答却勉强回答，这是在说对大道并无了解。内心无所得却期望回答空洞无形的提问，像这样的人，对外不能观察广阔的宇宙，对内不能了解自身的本原，所以不能越过那高远的昆仑，也不能遨游于清虚宁寂的太虚之境。庄子最后又总结出：至言去言。

需要指出的是，对于"知者不言，言者不知"的解释，也有一种观点认为可直接解释为"智者不言，言者不智"。即认为真正有智慧的人往往是少说话的，而只有没有智慧的人才往往自以为知道很多东西而去夸夸其谈。不过，这里的"知"无论是解释为"知道的人"还是"有智慧的人"，其差别不大，其总归所要告诉我们的观点就是不要说那么多话。关于不要去说那么多话的智慧，可以分作几个层次来讲。

首先，如上面所言，宇宙间真正高深的道理不是用语言所能表达的，因此即使有人感悟到了，也无法用语言传递给别人。因此现实中那些夸夸其谈，坐而论道的人，所讲的肯定不是真正的道。曾经有人说过一个形象的比喻，说每个人的知识都是一个圆圈，圆圈外面的部分乃是每个人的未知部分。因此，一个人的知识越多，其圆圈的周长就越大，同时，其所接触的未知世界就越大，也就更感觉到自己的无知。这就是为什么越是有学问的人越是谦卑和沉默的缘故。相反，那些一知半解的人，总是急于表现自己的"学问"，这种人往往显得浅薄浮躁，遭人暗地里嘲笑。民谚云：一瓶子不满，半瓶子咣当。说的就是这种道理。

少说话的另外一个层面便是，有些事你心里明白便可以了，不要说出来。想必生活中经常会遇到这样的情景，有些事情只能心里明白，但不能说出来。一旦说出来，便可能会引起不好的后果。比如在一个特定的形势、场合、背景下，尽管有些事你心里知道，但是不该说的就不说，说了反而不如不说的好，甚至还会带来祸害。或者是有人私下里向你打听一些有关别人的私人信息；或者是有人不怀好意地询问你对别人一些行为的看法，试图和你一块在背后挖苦挖苦别人，这些时候，便是你运用"知者不言"的智慧的时候了，给他来个假装没看见，没听见，或者装傻充愣，这才是真正的"智者"了。相反，那些不知轻重，不知什么该说什么不该说，毫无顾忌地拿起什么说什么的人，表面上似乎比别人多知道些东西似的，其实是真正的"不智者"。现实中，因为不懂得适时沉默，因此给自己带来麻烦，乃至带来灾祸的人，可谓数不胜数。

列子，是战国时期一个传奇人物，据说他能乘风而行，轻虚缥缈，微妙无比，一飘就是半个月，非常自在。于是有不少人便想拜其为师，但是从来没有人学会过，谁也不知道为什么。有一位叫尹生的人听说列子有乘风之术，很羡慕，就带上干粮找到了列子。尹生每天和列子住在一起，帮列子打柴做饭，一连住了几个月，为的是抽空向列子请教乘风的技艺。但是，尹生向列子探问过十次，列子总不开口。尹生便感到很生气，认为列子心胸狭窄，不愿传授给他人，便告别列子回家去了。列子也没有一句挽留的话。

尹生回来后，回想起自己的这番经历，觉得不对头。因为他早在见到列子之前，就已经听说了他的事迹，据说饥者求食，他将仅有的一碗饭分与一半；寒者求衣，他将身上的夹层衣剥下一层；别人丢东西怀疑他，他也并不怨恨。由此可见列子不是个心胸狭窄之人，乘风之术他绝不会密不传人。对于自己的求问不作回答，必有他的道理。想到这里，尹生便后悔自己太轻率了，于是他又重整行装，二次拜见列子。

列子见尹生又回来了，便奇怪地问："你走了才几天，怎么又回来了？"尹生跪拜说："学生先前怨恨先生不肯教授我乘风之术，所以才离去。但后来一想，先生不授肯定自有道理，此次消除了怨恨之心，特地向先生请罪，望先生能再次接纳。"列子一听便长叹一声道："你在这里待了几个月，我每天都向你传授。你要回去，我以为你已经领会了大道的奥妙，所以任你离去了。没想到你不但没有领会，而且还没入门呢，是在令人遗憾！"尹生一听感到十分迷惑："先生几个月都未发一言，怎么说天天向我传授？"

"唉，既然你如此不敏，我就只好以口传授了。"列子说到，"乘风之术本来就无法用语言来传授。用语言传授，表面上似乎说得很清楚，实际上却离道会越来越远，只有默默不语才能慢慢领会它。当初我跟随老商先生学习乘风之术，三年时间里，老商先生没说过一句话。我虚心静气，安养精神，三年后能做到心不敢念是非、口不敢言利害的境界，直到这时老商先生才斜眼看了我一次。我又修炼了两年，达到了心敢念是非、口敢言利害的境界，这时老商先生才破例向我微笑了一次。我又修了两年，能够做能随心所欲而心中无是非、随口所言而言中无利害，这时老商先生才让我与他比肩而坐。我又修了两年，能够放纵心思，任其驰骋，放纵口舌，任其闭张，而对于所思所言的内容我则浑然不知。既不清楚我的是非利害是什么，也不清楚别人的是非利害是什么。不知道究竟老商先生是我的老师，还是我是老商先生的老师。甚至我的体内身外都好似没有区别了。感觉眼睛像是鼻子，鼻子又像是嘴，心凝结在了一起，骨肉都消融了，不知道我的身体倚靠着何物，也不知道自己站立在何处，只觉得自己在随风飘荡，或东或西，好像是没有知觉的树叶一样，弄不清楚到底是我乘风而飘荡还是风乘我而飘荡。

"而你，在我门下学艺不过几个月，就有这么多的怨愤，这怎么行呢？怨愤是由彼此之间的界线产生的。之所以有怨愤，乃是因为觉得别人对不起自己，这样就在自己和别人之间划出了一条界线。怨愤越大，这种界线也就越深。界线越深，自己和他物就越难以融合。难以融合则气不能容纳你的身体，地不能托载你的双足，要乘风而行也就无从谈起了。"

总之，"知者不言，言者不知"所要提示我们的便是，首先，真正高深的道理，往往是语言难以表达的，只能通过内心去领悟。因此，说得天花乱坠的人往往并非真正的高人。而我们则要避免成为那样的人。其次，许多东西知道了便可以了，不必非要说出来，一旦说出来，往往只能说明你的不智。假装不敏，装傻充愣，反而是最聪明的做法。最后，便是提示我们要想让别人听从自己，话说得再好，都不如通过默默地行动去影响别人有效。

第五十七章

以正治国

【原文】

　　以正①治国，以奇②用兵，以无事取天下。吾何以知其然哉？以此：天下多忌讳③，而民弥贫；人多利器④，国家滋昏；人多伎巧，奇物滋⑤起；法令滋彰⑥，盗贼多有。故圣人云："我无为，而民自化⑦；我好静，而民自正；我无事⑧，而民自富；我无欲，而民自朴。"

【注释】

① 正：简单平易的方法，即"清静无为"之道。

② 奇：出奇诡秘的计谋。

③ 忌讳：禁忌，限令，法令。

④ 利器：权谋。

⑤ 伎巧：技巧智慧。奇物：邪恶之事。滋：越，更加。

⑥ 彰：明白，彰显。

⑦ 自化：自我化育，自然变得顺化。

⑧ 无事：即不去用政令、战争骚扰百姓。

【今译】

　　治理国家要用简单平易的办法，只有在用兵时才用奇巧诡诈的办法，治理天下则应该尽量不去骚扰百姓。我为什么知道这些呢？从下面这些反面的情形便可以知道了：天下的禁忌越多，百姓动辄得咎，无所适从，便不能安心干活，生活便会贫困；朝廷中大人物的权谋越多，为政者钩心斗角，国家便会混乱；人的智诈机巧越多，邪恶的事就会层出不穷；法令过于严苛森严，束缚人们的生活自由，盗贼就会越来越多。因此，圣人有鉴于此而说道："我无为而治，人民便自然变得顺化；我喜欢清静，人民自然会端正思想和道德；我不去用政令和战争骚扰人民，人民便自然会幸福安康；我不放纵自己的欲望，人民便自然朴实淳厚"。

【解析】

以正治国，以奇用兵

一般认为，自本章始，老子开始进入了频繁地论述自己的政治观点的章节。包括接下来的第五十八、五十九、六十等章在内，老子开始将其"道"的观点结合到治理国家的过程中去。而本章开篇的"以正治国，以奇用兵，以无事取天下"，可说是老子的政治观点的总纲。关于"以无事取天下"，在《道德经》第四十八章中，有一句类似的话，曰："取天下常以无事，及其有事，不足以取天下。"对于这种观点，在第四十八章中也已经做了专门的论述，这里不做重复，我们重点分析一下老子所说的"以正治国，以奇用兵"的思想。

在这里，对于治理好国家的关键，老子将其落在了一个字上，便是"正"。何为"正"呢，老子在后面给出了解释，他从正反两面进行了阐释。老子先是指出，天下的禁忌越多，百姓动辄得咎，无所适从，便不能安心干活，生活便会贫困；朝廷中大人物的权谋越多，为政者钩心斗角，国家便会混乱；人们的智诈机巧越多，邪恶的事就会层出不穷；法令过于严苛森严，束缚人们的生活自由，盗贼就会越来越多。可见，法律严酷苛刻、禁令繁多、朝廷中的权谋越多，人们的伪善机巧越多，便是不"正"。而接下来，老子则又借圣人之口论述了好的政治是什么样子的，即我无为而治，人民便自然变得顺化；我喜欢清静，人民自然会端正思想和道德；我不去用政令和战争骚扰人民，人民便自然会幸福安康；我不放纵自己的欲望，人民便自然朴实淳厚。显然，这里又从正面论述了何为"正"。可以看出，所谓的"正"即是一种无为、清静，为政者不放纵欲望，不骚扰百姓的统治政策。

其实在《道德经》中，老子经常用到这个"正"字，比如在第三十七章中，有："不欲，以静，天下将自正（有版本作'定'）。"在第四十五章中，有："清静为天下正（有版本作'定'）"。而对于这个正的解释，事实上也不止一种，不过，这里我们不作过多的文字上的分析，姑且就以这种"清静无为"的执政策略为其本意。总之，老子在这里所强调的便是他所推崇的无为而治的政治理想。

接下来，让我们看一下"以奇用兵"的含义。我们知道，老子是一个反战主义者，但是同时我们也知道，老子所生活的那个时代，正是一个天下失"道"，群雄逐鹿的时代。在政治上，周王室大权旁落，只相当于一个二流的诸侯国。同时，群雄争霸，连年战争，大国不断蚕食小国。由于卿大夫势力强大，各国内部动乱也时有发生，权力更替频繁，弑君现象屡见不鲜。据史书所载，春秋时代的二百四十二年间，有四十三名君主被臣下或敌国杀死，五十二个诸侯国被灭，有大小战事四百八十多起，诸侯的朝聘和盟会则达四百五十余次。期间，先后出现齐桓公、晋文公、宋襄公、秦穆公、楚庄王五个霸主，史称"春秋五霸"。到春秋末期，经连年吞并，一百四十多个诸侯只剩下了二十多个。可以想见，这完全可以称得上是一个弱肉强食的黑暗时代。在这样的时代背景下，老子虽然是反战的，主张清静无为的政治。但是，那只能是他的一种政治理想。面对这样一个残酷的现实，老子并没有一味地闭上眼睛，假装看不到。其实，老子对于战争还是有所关注的，比如在《道德经》第三十一章，老子云："兵者，不祥之器，非君子之器，不得已而用之。"可以说，这句话总体上道出了老子对于战争的态度，并非是盲目地反对，而是认为不得已不要用罢了。并且，在《道德经》靠后面的许多章节中，老子都直接对用兵的策略进行了探讨。而本章中老子所言的"以奇用兵"则可算是老子对于用兵的一种总括性思想。

　　所谓"奇"，意思与"正"相反，乃是复杂、诡诈之意。老子的这种军事思想实际上也是一语中的，在《孙子兵法》中，便有"以正合，以奇胜"的战术思想。另外，不仅在此章中，在后面的章节中，老子对于自己的军事思想还有一些更为具体的论述，阐述了关于用兵的五个原则，即（一）夫慈，以战则胜，以守则固。天将救之，以慈卫之（六十七章）。（二）善为士者，不武。善战者，不怒。善胜敌者，不争。善用人者，为下。是谓：不争之德。是谓：用人之力。是谓：配天古之极（六十八章）。（三）用兵有言：吾不敢为主而为客，不敢进寸而退尺。是谓：行，无行。攘，无臂。扔，无敌。执，无兵（六十九章）。（四）祸莫大于轻敌。轻敌者，几丧吾宝（六十九章）。（5）抗兵相加，哀者胜矣（六十九章）。由此也可以看出，老子虽然反战，但是其对于军事战争的策略还是相当有研究的。老子作为当时周王室的国家图书馆馆长，肯定能够看到不少兵书，事实上，其军事思想和姜子牙的军事思想十分类似，许多学者认为老子对姜子牙所著的《六韬》有深入的研究。

　　而在这里，老子将其治国思想与用兵思想放在一起论述，也可说是一种不得已而为之。因为无为而治，乃是一种对于国内百姓的治理，但是，如果其他国家发动战争侵略本国，无为而治显然不够了。这时候便需要以军事行动来对抗。对此，老子又提出了以奇谋战胜对手的总体军事策略，意即尽量以最小的代价获得胜利，以便尽量少地影响百姓的生活。因此，"以正治国，以奇用兵"可以说老子对于自己的"无为而治"思想的进一步补充。

　　具体到我们普通人的现实生活中，"以正治国，以奇用兵"的思想内容本身可能并无多大的用处，不过这种思维方法本身倒是可以给我们以启发。我们知道，老子一向崇尚大道至简，无论是为政，还是做人，老子都提倡清静无为，但是谈到军事战争时，他的态度便不一样了，他主张的不是简单，而是诡诈、复杂。这便提示我们在思考问题时，不可僵化，要根据事物的性质来决定我们的思维方法。既不要一味地将问题考虑复杂，也不要一味地将其简单化。而是要具体问题具体分析。举个例子，在做一件事情时，我们便应该尽量将问题想复杂，将问题的各个方面都考虑周到，对可能出现的各种情况都有所预测；但在做人时，我们不妨简单一些，不要刻意将人与人之间的关系想得过分复杂，而是维持一种简单的好。

【从政之道】

刘邦的"奇""正"结合之道

　　我们知道，在秦末农民起义中，最有实力的两支武装力量便是刘邦集团和项羽集团。其中，刘邦的出身要比项羽卑贱许多，刘邦的个人能力也远远比不上西楚霸王，而刘邦集团的武装力量也一直落后于项羽集团。但是最终，刘邦却打败了项羽，夺得天下，并建立了中国历史上第一个辉煌的朝代，这其中的原因，用老子的智慧进行解释，便在于刘邦的"奇""正"结合之道。

　　首先，刘邦以一介布衣，能够迅速成为一个军事集团的首领，获得自己集团内的将领和谋士的拥戴，说明刘邦把握了统治正道。不仅如此，他还在争霸的前期便获得了民心，为以后争霸天下打下重要基础。之所以能够如此，正是因为刘邦采取了"治国以正"的策略。

　　关于这点，刘邦在打败项羽之后的庆功宴上询问群臣他之所以胜利的原因时，高起、王陵曾说，他们认为刘邦的一个最大的优点，那便是有功就赏。派人攻城略地时，谁攻下来了就封给谁，从不吝惜，愿意和天下人共同享受利益，所以大家都乐意为他效力。这里便体现出了刘邦的高明之处。所谓无利不起早，那些跟随刘邦打仗的人，卖命的最大的动力无非便是为了能够得到荣华富贵。刘邦能够抓住这一点，用一种最简单的策略笼络人心，使得整个军事集团得以高效运转。之后，刘邦自己也说出了一个原因，那就是让人尽其才，他特别提到对萧何、韩信、张良的信任和重用。放手让自己身边的人才各自发挥自己的才能，是管理中的有效策略，能使集团内人尽其才，产生了巨大的战斗力。

而除了上面的原因，刘邦取得胜利还有一个至关重要的原因，那便是他得到了民心。而之所以能够得到民心，可以说起采取的措施同样是异常简单。公元前206年，刘邦率领大军攻入关中，秦王子婴投降。为了赢得民心，刘邦接受张良的建议，下令军队还军霸上，并将关中各县父老、豪杰召集起来，郑重地向他们宣布道："秦朝的严刑苛法，把众位害苦了，应该全部废除。现在我和众位约定，不论是谁，都要遵守三条法律。这三条是：杀人者要处死，伤人者要抵罪，盗窃者也要判罪！"父老、豪杰们都表示拥护约法三章。接着，刘邦又派出大批人员，到各县各乡去宣传约法三章。百姓们听了，都热烈拥护，纷纷取了牛羊酒食来慰劳刘邦的军队，刘邦却拒绝了。由于坚决执行约法三章，刘邦得到了百姓的信任和支持。我们可以看到，刘邦之所以能够赢得民心，其采用的办法十分简单，只是克制自己的军队不去骚扰百姓，并颁布执行三条法令而已。

从刘邦管理集团内部和治理关中百姓的手段来看，他采用的是"治国以正"的策略，即采用简单、无为的策略，从而赢得了军心和民心，为自己夺得天下奠定了基础。不过，在采取"治国以正"策略的同时，在军事斗争中，刘邦则采取恰恰是"用兵以奇"的策略，而这则是他之所以能够取得胜利的另一个重要原因。当然，这些军事思想大多不是刘邦本人的主意，而是其部下为其出的主意。

刘邦的"用兵以奇"的策略可以说在他与项羽争霸的整个过程中都体现，我们举几个重要的例子。

首先便是著名的"明修栈道，暗度陈仓"了。据《史记·高祖本纪》记载：项羽自封为西楚霸王后，分封诸侯，其中把巴、蜀、汉中三郡分封给刘邦，立为汉王。刘邦接受张良建议，在去领地途中令部下烧毁了一段栈道，以向项羽表示自己没有向东扩张的意图，同时这也阻止了其他诸侯西进，有利于不受干扰地发展壮大自己。然后，刘邦待积蓄了力量后，便抓住时机迅速挥师东进。刘邦的大将军韩信为刘邦谋划夺取陈仓的计策。陈仓是刘邦由川蜀进入关中的必经之地，两地之间有险山峻岭阻隔，又有雍王章邯的重兵把守。刘邦按韩信的计策派了最信任的大将——樊哙带领一万人去修五百里栈道，并以军令限一月内修好。当然，这样浩大的工程即使三年也不可能完成。正是这一点，迷惑麻痹了陈仓的守将。雍王章邯万万没想到刘邦的精锐部队摸着无人知晓的小道翻山越岭偷袭陈仓。正是凭借"明修栈道，暗度陈仓"的奇谋，刘邦顺利攻取关中，站稳了脚跟，拉开了他开创汉王朝事业的大幕。

接下来，在与项羽集团进行军事斗争的过程中，刘邦本不占据优势，可说是屡战屡败。但后来在张良的建议下，刘邦采取了利用项羽集团内部矛盾，联兵破楚的策略。此即是著名的"下邑之谋"。以此战略，刘邦派舌辩名臣隋何前往九江，策反九江王英布；接着又遣使联络彭越；同时，再委派韩信率兵北击燕、赵等地，发展壮大汉军力量，迂回包抄楚军。在"下邑之谋"的战略下，一个内外联合共击项羽的军事联盟终于形成，扭转了楚汉战争的局势，使刘邦由战略防御转为战略进攻。

接下来，正是因为刘邦按照"下邑之谋"的策略，对项羽形成了一种战略包围，使得项羽东、西两面来回奔波作战，疲于应对。公元前 204 年 11 月，刘邦用计再次收复成皋，斩杀了项羽大将曹咎。项羽在击败彭越后，寻汉军主力决战不成，屯兵广武（今荥阳北）与刘邦形成对峙。不久，韩信在歼灭齐楚联军，完成对楚侧翼的战略迂回，又派灌婴率军一部直奔彭城。项羽腹背受敌，兵疲粮尽，遂与汉订盟，以鸿沟为界，中分天下，东归楚，西归汉。楚、汉订盟后，项羽引兵东归。这时，刘邦在张良、陈平等人的提醒下，突然违背盟约，回过头来全力追击楚军。刘邦、韩信、刘贾、彭越、英布等各路汉军约计七十万人与十万久战疲劳的楚军于垓下（今安徽灵璧县南）展开决战。最终，楚军寡不敌众，仅剩不到两万伤兵随项羽退回阵中，坚守壁垒。楚军兵疲食尽，又被汉军重重包围。这时，汉军士卒齐声唱起楚歌，歌云："人心都向楚，天下已属刘；韩信屯垓下，要斩霸王头！"使楚军士卒思乡厌战，军心瓦解，项羽只好率八百人突围，最终自刎于乌江边上。取得胜利的刘邦并没有因此高枕无忧，而是立刻还至定陶，驰入韩信军中，收夺了他的兵权，以防他有二心。

可以看出，刘邦在军事上之所以能够战胜项羽，凭借的正是一些高超的战略和令人防不胜防的奇谋。这正体现出了老子所说的"用兵以奇"的军事思想。

并且，在定鼎天下，建立汉朝之后，面对并不稳定的政局和残破的天下，刘邦则又采取了"治国以正"的策略。他实行"与民休息"的政策，豁免繁重的徭役，减轻人民的负担，减轻田租，释放奴婢，同时，废除秦朝过于严酷的法律。正是通过这种清静无为的政策，汉朝江山最终得以稳固下来，成就了中国历史上第一个辉煌的时代。

第五十八章

福祸相倚

【原文】

其政闷闷，其民淳淳①；其政察察，其民缺缺②。祸兮，福之所倚；福兮，祸之所伏。孰知其极？其无正③也，正复为奇，善复为妖④。人之迷，其日固久。是以圣人方而不割⑤，廉而不刿⑥，直而不肆⑦，光而不耀⑧。

【注释】

① 闷闷：昏昏昧昧的样子，这里指政治宽松。淳淳：淳朴。

② 察察：法律严酷，严密。缺缺：狡诈、怨恨。

③ 正：固定的标准。下一个"正"则为正直之意。

④ 妖：邪恶。

⑤ 方：方正；割：用刀刃伤害人，这里指迂腐。

⑥ 廉：锐利，犀利；刿：用刀尖伤害人。

⑦ 直：直率；肆：放肆。

⑧ 光而不耀：光，光亮；耀，炫耀。

【今译】

治国者看似无为无事，政治看似浑浊不清，其实人民生活安定，内心淳朴。治国者有为有事，一国的政治看上去条理分明，其实人民不堪束缚，内心反而狡诈。所以说灾祸里，未必不隐藏着幸福；而幸福里面，则可能隐藏着灾祸。这种祸福交互存在的循环，是没有一定准则的，谁知道它究竟是什么呢？本是正直的东西随时可能突然间变作了虚假；本是善良的东西突然间变作了邪恶。长期以来，世人都看不透这个这道理，每每总是各执己见，作为是非的标准，结果陷进回环往复的循环中，无法自拔。而圣人则因为已经明白这个道理，所以才会表现得方正但不迂腐，锐利但不伤害别人，直率但不放肆，光亮而不炫耀。

【解析】

祸福相依

本章中，老子先是谈到一个现象，表面看上去浑浊不清的政治，结果可能人民生活很安定，民心很淳朴；表面看上去条理分明的政治，结果可能人民生活并不幸福。由此现象，老子便推出了一个结论，许多事情看上去是好事情，其实未必是好事；有些事看上去是坏事，其实也未必是坏事。这便是老子所说的"祸福相依"的智慧，具体而言，便是："祸兮，福之所倚；福兮，祸之所伏。"显然，这是一种大智慧。实际上，老子的这种观点乃是老子辩证法观点的一个侧面，在《道德经》第二章中，老子曾言："故有无相生，难易相成，长短相较，高下相倾，音声相和，前后相随。"他把事物看成彼此对立的两个方面，而这两个方面又互相联系、互相依存。并且，他还进一步提出一切事物都要向它的反面转化的观点。如"曲则全，枉则直""物壮则老"等。而"福"和"祸"这一对相反的命题，显然也不会例外，两者本身同样是相反相成，相互依存的。得到福的同时，也可能埋下了祸患的种子；而遭遇祸患的同时，未必没有埋下福德的种子。

春秋时期，鲁国的阳虎专权作乱，鲁国国君一次突然发难，命令国人紧闭城门捉拿他。声称抓到他者得重赏，胆敢私下放走他者杀无赦。于是各个城门被人把守起来，阳虎东窜西逃，当来到最后一个城门前，发现仍没有办法逃出去。阳虎绝望，便拔出剑来，准备自刎。守门人看到了他的举动，便制止了他，并对他说："何必如此灰心呢，人生的路还有很长啊，我放你出去吧！"阳虎这才得以逃出了城。就在他出城后，却回身刺伤了这个守门人。守门人愤怒地说："我本来和你非亲非故，只是因为同情你才放了你，为此我已经犯了死罪。你不但不感激我，反而刺伤我，这真是天降灾祸于我啊！"后来，鲁国国君发现阳虎逃走，便调查这件事情。最后也没有调查出结果，于是断言，阳虎又不会飞，反正肯定是从哪个城门跑的。于是下令，凡是未受伤的守门人全都抓起来治罪，而受伤的则给以重赏。结果，这个放走阳虎的守门人因为身上负伤而得到了重赏。

这则故事便形象地说明了祸福相依的道理，在故事中，守门人放走了阳虎反而被其刺伤，不仅是犯下了死罪，而且还十分倒霉。但是，结果他不仅没有被处死，反而被重赏。而被阳虎刺伤这件本来令他感到倒霉和愤怒的事情，恰恰成了他受重赏的原因。可以看到，无论是灾祸，还是好事，都并非如同一眼看上去的那样。好事的背后可能隐藏着祸事，祸事背后可能隐藏着好事。实际上，这绝非仅仅存在于那些看似有些偶然性的故事中，可以说，任何事情都是如此。一个女孩子漂亮，是好事吧，但是，其未必不是坏事。历史上的那些美貌女子，比如西施、貂蝉、杨贵妃、陈圆圆，往往或是像一个物件一样被有权势者争来夺去，身不由己，或是成为政治的牺牲品，早早殒命，最后还落得骂名。即使不说这些绝色女子，现实中平凡的美貌女子，恐怕美貌给她们带来的也未必全是好事。另外，我们知道，一个人取得成功肯定是令人高兴的好事了。但是，其未必不是坏事。而反过来，逆境也未必全是灾祸，英国历史学家汤因比在其历史学名著《历史研究》中在对古今各个文明体进行研究之后，便得出一个结论，文明的产生和进步都产生于对来自环境（包括自然环境和人文环境）的挑战的应战，换句话说，正是对于逆境的应对造就了人类早期的各个文明体，而后来的文明进步与演变的动力也同样是出于对逆境的应对。在《历史研究》中，汤因比认为正是由于世界的气候产生了重大变化，使得原本的原始人身处逆境之中，他们为应对环境挑战，取得生存，才逐渐聚居为早期的族群、部落。而后，同样是出于应对环境挑战或来自邻近部族的战争，人类建立起早期的文明。这些来自环境或者其他部族的战争威胁，使得早期的文明体时时处于被消灭的危险之中，正是这种逆境逼着早期的文明体向前发展，最终才演化成现代的人类社会。并且，汤因比还在书中举了反例，如蒙古人和因纽特人，这两个族群所生存的环境（草原和北极）几千年来少有大的变化，他们对自己所生存的环境完全地适应了。正是因为没有了逆境的挑战，所以这两种人的文明便停滞了，几千年来他们的生活方式都没有变化，文明也没有多大发展。

　　总之，通过老子的这种智慧，我们应该认识到，在遇到事情的时候，无论是好事，还是坏事，都不要仅仅看到短暂的现实，而要学会用一种更为全面的、动态的目光去看问题，能够看到事情表面背后隐藏的趋势或者苗头。也不要看到好事就高兴得忘乎所以，遇到坏事便万念俱灰，失去方寸。并且，值得一提的是，把握这个智慧，我们不仅可以发现灾祸背后的福气，而且还能够施加影响，使得灾祸变为福瑞。

方而不割，廉而不刿

　　老子在本章中指出，好事和坏事会相互依存，正直和虚假会彼此转化，善良和邪恶也会相互易位，并没有一定的标准存在。而世人却看不透这一点，只是执着于自己的理解和标准，结果陷入混乱之中，无法自拔。而圣人却因为看透了这个道理，所以能够做到"方而不割，廉而不刿，直而不肆，光而不耀"，即方正但不迁腐，锐利但不伤害别人，直率但不放肆，光亮而不炫耀。其实，这就是一种不走极端的中庸之道。应该说，这四条准则对于我们为人处世具有重要的指导意义。而在这四个准则中的"方而不割，廉而不刿"侧重于理解别人，而"直而不肆，光而不耀"则侧重于强调的是克制自己。因此，我们将其分开论述，这里先论述"方而不割，廉而不刿"的智慧。

　　其实对于"方而不割，廉而不刿"的解释，不止一种，除了上面所说的方正但不迁腐，锐利但不伤害别人外，还有人认为其可解释为方正但不生硬，廉洁但不疾恶太严，苛刻太甚。不过，可以看出，这些解释本质上差别不大，总的意思便是说一个人可以要求自己在内心坚持原则，但在处世时，便要学会圆融，不要用这种原则去苛责别人，以免伤害别人。简单说，即是对自己严格，对别人则宽厚。显然，这是一种值得推崇的为人处世之道。

　　我们知道，每一个人出生和成长的环境是不一样的，所受的教育也是不一样的，因此看待事物的方式和衡量行为的标准肯定有所不同。同时，每个人的智慧高低也是有差别的，因此对于一个事物的认识也会有智愚之别。有时候智慧的人看到的东西，别人未必能够看出来。当然，一般而言，大家对于正直、诚实、廉洁等品格都是认可的，并会在一定程度上要求自己去做到。但是，每个人因为各种内在和外在的条件的不同，所能做到的程度是不一样的。这个时候，我们便不能以自己的标准去苛责别人。要知道，每个人的原则都应该只是用来约束和激励自我，而不应该是用来衡量别人的。孔子曾言自己每天都反思自己今天有没有做不符合仁义的事情，却从来没有说要积极去衡量别人有没有符合仁义。美国著名小说家菲茨杰拉德在自己的小说中曾经说过一句话：每当你想要指责别人的时候，要明白不是每个人都有你出生至今所拥有的优越条件。这便提示我们，对待自己，不妨严格一些，而对待别人，则以宽厚为好。每当你要苛责别人的时候，要明白什么事情都没有绝对的标准，你认为对的未必就真的那么对。用一种并不绝对的准则去衡量别人，只能是一种自以为是，结果显得自己苛刻、狭隘，乃至愚蠢，最后被人厌烦。

有一位刘先生，是一位颇有原则的人，诚实严谨，不阿谀奉承，不投机取巧，不参与坏事，更不占别人便宜，还乐于助人。按说，这应该是个受人尊敬，人缘很好的人。但事实并非如此，他的朋友很少，大家都躲着他，不太愿意跟他交往。原来，这个人正是因为自己在道德上做得还行，于是自我感觉良好，过分看重自己，以为自己是个十全十美的人，以为人人都应该以他为模范，为导师。生活中他总是摆出一副道貌岸然、神圣不可侵犯的神态，随时随地地去教训别人、指导别人，像大人管小孩，老师对学生一样。另外，他还不能容忍别人对他有丝毫不恭敬、不忠实之处。如果他吃了别人一点的亏或受了别人一点点欺骗，那他就把对方当作罪大恶极、无耻之极的人，加以攻击、嘲笑、讽刺或谩骂不已。可以看出，这个人的问题便在于他用自己的标准去衡量别人，以为自己认为对的东西，别人便同样应该认可。显然，老子所说的"人之迷，其日固久"说的就是他了。

实际上，正如老子所说，世间的许多东西都是不一定的，大家都有一个自己的标准，你的标准就一定比别人的高明吗，其实不一定。另外，即使你是正确的，别人是错误的，也要明白，每个人的处境是不一样的，也许你站在他的立场，身处他的状况之中，你同样会那样做。总之，凡事最好能站在别人的角度想一想，多一份宽容和理解。比如你在街头看到有人随地吐痰，你可能一下子觉很这个人很恶心，并对他行为感到愤怒。但是如果你站在对方的角度想一想，他的行为引起别人的鄙夷本身已经是一种惩罚了，所以他首先是一个可怜的人。另外，可以想象，这个人可能没有接受过多少教育。因此，他是不对，但你大可不必为此愤怒。现在街头有很多乞讨的人，或是摆出一副可怜相坐在那里等待人们施舍，或是声称自己是外地来此，遇到了困难，主动上前请求你帮助。当然，其中的确有不少人是骗子，就是利用别人的同情心去骗钱。这的确是很坏的事情，正是这些人使得人们因为真假难辨，干脆使自己变成了一个冷漠的人。平心静气地想一下，不管他是不是骗子，总归他不会是一个家境优越的人，之所以走上这一步，说不定有什么不得已的苦衷。因此，你施舍一点钱给他体现的是你的爱心，你完善了你的心灵。而如果不施舍也就算了，但不要鄙夷乃至痛恨他。

我们看一下历史上那些因道德被大家敬仰的人，就会发现，他们在严格要求自己的同时，对别人则总是相当的宽容。事实上，古人对此有一个专门的词，便叫作"外圆内方"。"内方"，即是人格独立、灵魂正直，胸怀大义，坚持真理。而"外圆"则是指对待对朋友、同事、左邻右舍，要宽容、温和、平易近人，和气共事，不要老看不惯别人，不要得理不饶人。明代文人洪应明在《菜根谭》中言："处治世宜方，处乱世当圆，处叔季之世当方圆并用。"曾国藩在写给自己弟弟的信中告诫弟弟："立者，发奋自强，站得住也；达者，办事圆润，行得通也。"现代著名教育家黄炎培还将"外圆内方"的智慧送给将要出国读书的儿子，他在给儿子写的座右铭中就有这样的话："和若春风，肃若秋霜，取象于钱，外圆内方"。这些人对于老子的智慧是有体悟的。

另外，提到"外圆内方"，其还包含了另外一层意思，即不苛责别人，不伤害别人，会使自己免受伤害。因为首先，如果你对别人苛责，大家必然都不愿与你亲近，所谓水至清则无鱼，人至察则无徒。如此，没有一个很好的人际关系，你做事便会缺少帮助。我们知道，孔子肯定算是一个有原则的人了吧，但是在那个交通不便，文化落后的时代，他的学生竟然能够达到三千人。设想一下，如果他总是用自己的标准去衡量学生，可能没有几个人能够令他满意，但是他并没有嫌弃他们，而是秉承"有教无类"的教育理念，给他们以指导。也正是因为此，才成就了孔子的伟大。想想看，如果没有这些学生，孔子恐怕早就湮没于历史之中了，哪还有后来的儒家思想。说得实际一点，没有学生们的帮忙，恐怕他周游列国都不能成行。因此，"外圆内方"实际上还是非常实用的一种为人处世态度，他能够给你带来许多现实的帮助。正如励志大师卡耐基所说："一个人的成功只有15%是依靠专业技术，而85%却要依靠人际关系、有效说话等软科学本领。"其次，世间总是有不少心胸狭隘的人，你某天指责了他的过失，他便可能怀恨在心，说不定哪天便会报复你。因此，可以说，"方而不割，廉而不刿"，也是使自己免受伤害的不凡智慧。

【从政之道】

"内方外圆"的卓茂

卓茂是西汉末年的官吏，他在为人处事时，对内严于律己，对待别人异常宽厚，体现的正是一种内方外圆，"方而不割，廉而不刿"的智慧。

卓茂，字子康，南阳人，其祖父和父亲都当过郡守级别的官员。他早年在长安官学中学习，十分刻苦，以儒家修身之道精进修身，并以儒家道德约束自己的行为。后来，他当了地方官，依旧如此，做事时内心原则明确，条理清晰，看问题十分犀利。

卓茂被朝廷派到河南境内的一个县做长官。到任后，他先是深入调查境内的一些情况，然后颁布了一系列新的政令，并废除了一些老的政令。对于他的举措，衙门里的一些刁钻的公差觉得没有什么用处，便经常私下里嘲笑他，说他没什么才能。后来这种闲言碎语传到了附近的城镇，那些地方的人也嘲笑起这位新来的长官。后来，这种话传到了河南郡守的耳朵里，郡守信以为真，便派了一位官吏来和卓茂一起治理该县。卓茂也知道事情的大致情况，但是他并不在意，只是按照自己的想法推行政令。结果，几年之后，效果便显现出来了，整个县的风气焕然一新，经济繁荣，民众富庶，夜不闭户，路不拾遗。

后来，外戚王莽摄政，明眼人都知道他要篡位自立，内心正直的卓茂看不下去，以有病为借口祈求回家休养，然后常年不肯出任实职。几年后，王莽篡位自立。王莽登基后，封卓茂为侍中祭酒，并召他到京城长安。卓茂到长安后，才知道了王莽已经篡位，便以年老请求退休，为此差点被王莽所杀。当时，卓茂和同县的孔休、陈留蔡勋、安众刘宣、楚国龚胜、上党鲍宣六人，以不仕篡汉的王莽一起名重当时。八年后，汉光武帝刘秀推翻王莽政权，马上求访刚直的卓茂，并下诏曰："前密令卓茂，束身自修，执节淳固，诚能为人所不能为。夫名冠天下，当受天下重赏，故武王诛纣，封比干之墓，表商容之闾。今以茂为太傅，封褒德侯，食邑二千户，赐几杖、车马，衣一袭，絮五百斤。"大意是卓茂不事王莽的义举，可以和商朝忠臣比干相比，因此不仅封他为太傅，而且还封他为侯。另外，他的儿子也都被封官。建武四年，卓茂逝世，皇帝亲自前来送葬，可见对他的尊重。

卓茂之所以能够不受别人的嘲笑和怀疑的干扰，将辖下治理得路不拾遗，夜不闭户，乃是因为他首先能够准确看到问题所在，并坚持自己的原则。而其之所以受到如此隆重的封赏和尊崇，正是因为其在内心严格按道德要求自己，为了符合自己内心的准则，甘愿冒被杀头的危险。总括这两条，可以看出，卓茂乃是才华卓著，同时又原则性很强的一个人。但是，卓茂在对待自己原则性强的同时，并不以自己的原则去要求别人，相反，其对待别人的宽厚乃是出了名的。

当初刚出来做官时，卓茂在当时的丞相孔光府里担任史官。一次，他骑着马外出办事，没想到一个人上前指着他的马说："这是我丢失的那匹马！"卓茂问那人道："请问您的马丢失了多久了？"那人回答："一个多月。"

卓茂拥有这匹马已经有几年了，知道这人是认错了，但是他并没有多做解释，而是把马给了那人道："既然是你的马，就还给你，如果你以后找到了你的马，就将这匹马送到丞相府还我。"过了一段日子后，那人果然找到了自己丢失的马，便牵着卓茂的马到丞相府谢罪，卓茂却只是微笑着接受了自己的马，丝毫不怪罪他。

卓茂在担任密县县令期间，一次，有个刁钻的人因为和一个亭长有些私仇，便设计陷害。他先是送给了亭长一些米肉，然后又到卓茂面前告状道："您的手下收受我的贿赂。"卓茂一听便屏退周围的人仔细了解情况，他问那人道："是亭长问你要的，还是你主动送给他的呢？"

"是我主动送的。"那人沉默了一下回答道。卓茂说："你既然主动送他的，为何还要到我这里来告他？"那人说道："我听说贤明的长官能使百姓不害怕官吏，官吏也不取人财物。现在我因为害怕官吏，所以才给他送东西。他接受了，我就来说明情况。"

没想到卓茂却说道："人之所以贵于禽兽，是因为有仁爱，知道互相尊敬往来。现在邻里长老尚且赠送食物，这是人道，何况是官吏与民众呢？官吏只是不应当以自己的威力向百姓强行索取罢了。偏偏你不按此道理，难道你能够远走高飞，脱离这个世界吗？那个亭长我比较了解，他平素是个好官，过年时有人送他些米肉，这是礼节。"

那人还不甘心，追问道："既然如此，法律为何还要禁止这样的事情呢？"卓茂笑着说："设定法律是用来给大家一个大的准则，而具体到日常礼制之中还要考虑人之常情。比如说，现在我用礼仪来教导你，你必定没有怨恨；而我用法律来惩治你，便显然会过分了！"那人接受了卓茂的训诫，亭长听说后，也很感激他。

我们可以看到，卓茂在面对自己的时候，非常严格，可以说是蹈死不顾。但是在对待他人的时候，他则显得异常宽厚，一点都不苛责别人，而是始终能站在别人的立场上，并利用人之常情去理解别人。这便是典型地体现出一种"方而不割，廉而不刿"的智慧。

第五十九章

治人尚啬

【原文】

治人事天①，莫若啬②。夫唯啬，是谓早服③。早服谓之重积德；重积德则无不克④；无不克则莫知其极；莫知其极，可以有国⑤。有国之母⑥，可以长久。是谓深根固柢⑦，长生久视之道⑧。

【注释】

① 治人：治理百姓，治理国家。事天：养护身心。

② 啬：吝啬，节俭，这里指爱惜精力。

③ 早服：早做准备。

④ 克：战胜，胜任。

⑤ 有国：即治理国家。

⑥ 有国之母：母，即保有国家的根本大"道""有国之母"，即"有国以母"，用大"道"去治理国家。

⑦ 深根固柢：根柢，树根向四面伸的叫作根，向下扎的叫作柢。

⑧ 长生久视：即长久存在。

【今译】

治理国家和养护身心，最好的方法，莫过于爱惜精神。因为只有爱惜精神，才能做到早作准备；早作准备，就是不断地积"德"；能够不断积"德"，就没有什么不能担当的；没有什么不能担当，就无法估量他的力量；具备了这种无法估量的力量，就可以担负治理国家的重任。掌握了治理国家的原则和道理，国家就可以长久安定。这就是根深蒂固、长久存在的道理。

【解析】

治人事天，莫若啬

　　"治人事天，莫若啬"是老子在本章所论述的中心思想，其意思乃是无论治理国家还是修身养性，最好的办法便是"啬"。"啬"，本意是将农作物放进仓库收藏起来。后来引申为节约、节用，《韩非子·解老篇》言："少费谓之啬。"苏辙说："啬者，有而不用，至于没身而终不试。"可见，所谓"啬"，并非是因为匮乏而不用，而是虽然拥有，却主动克制自己的欲望，而不去过奢侈的生活。因此，"啬"包含了老子一向所推崇的"俭"的精神。在《道德经》第六十七章中，老子曾言："我有三宝，持而保之：一曰慈，二曰俭，三曰不敢为天下先。"这里的"啬"，便指老子的三宝之一——"俭"。

　　我们知道，人和动物的一个最大的区别，便是动物的欲望是有限的，而人的欲望是无限的。一头牛一旦吃饱了便躺下来心满意足地反刍了，狮子一旦捕获了一头鹿，饱餐之后便会安闲地躺下来晒太阳；鸟儿只要搭起一个简陋的窝巢便很知足地每天以此为家，老鼠仅仅在潮湿的地下打个洞便觉得是天堂了；可以说，在吃、住、性这些基本的生存需求方面，动物大多都只求最基本的满足。人类却不同，人类不仅要吃饱，还要吃好，讲究"食不厌精"，对食品的味道要求越来越高，要变着花样去吃，甚至要吃濒临灭绝的各种珍稀动物，去吃需要别人冒着生命风险去悬崖上摘来的"燕窝"等营养品。不仅要吃好，而且还要刻意比别人吃得好，要故意不吃完浪费掉，以显示自己的阔绰。在住的方面，不仅要求房子安全、冬暖夏凉，而且还要大，要比别人的气派。对于异性的追求上，人类更是贪得无厌了。并且，不仅在这些基本的生理需求方面远远高于动物，人类还有与生存无关的许多需求，比如总想拥有尊贵的地位，想要和有名望的人结交，占有稀有而珍贵的艺术品，等等。总之，人类的欲望可说是无止境的，没有餍足的时候。不然也不会有那么多的本来已经身处高位，已经拥有花不完的财富的人还因为争权夺利而丢掉性命了。老子清醒地看到欲望的无止境，通过满足欲望的方式去追求幸福永远不可抵达，于是便提醒人们反向而为，节制自己的欲望，在物质上崇尚节俭，知足常乐，认为这样反而能够得到幸福。

　　老子的观点是深刻的，但也并非是孤立的，事实上，除了老子，无论是儒家圣贤，佛教戒律，乃至基督教、伊斯兰教，都告诫人们要节俭，要克制自己的欲望。因为节俭不仅是钱财的问题，而是追求个人修为的基本路径。我们知道，一个人要想追求真理，最基本的一点便是要内心平静，所谓静生定，定生慧。而要做到静，首先便要摆脱欲望的纠缠，一个人内心有欲，便会蠢蠢欲动，浮躁不安，自然无法修行。正是因为如此，老子提出修身养性，首先要节俭。

　　对于治理国家的统治者来说，节俭与否就不止是他个人的事情了。如果他个人欲望膨胀，想要过更为奢华的生活，住更华丽的宫殿，占有更多的美女，那便会对人民征收更多的税收，要人民服更多的徭役。如此，人民必然生活艰难，怨声载道，国家必然不能安定。更进一步，有的统治者在对内横征暴敛的同时，仍不满足，还想占有别国的珍宝、美女、土地，那么，战争便来了，这个国家就更不安定了。相反，如果统治者能够克制自己的欲望，崇尚节俭，那么国家对人民的征敛必然比较少，对人民的骚扰也会比较少。同时，各级官僚也会效仿，不会因追求奢侈的生活而过度盘剥人民。如此，人民生活便会安定幸福，国家自然便治理好了。正是因为这个机理，老子认为，一个人修身的道理用到治国上，便可以治理好国家，因为说到底，修身，便是克制欲望；治国，最关键的地方也在这里。关于这个道理，"文景之治"

便是一个典型的例子。

　　具体到我们的现实生活中，应该说，老子这种"啬"的智慧对我们是具有非常现实的意义的。先不说追求人生大"道"，就比较现实的层面而言，"啬"的智慧对解决我们现代人过于焦虑的状况是很有帮助的。过多的劳作消耗了我们的体力，过多的追求分散了我们的精神；过多的娱乐消解了我们的意志，过多的言说耗散了我们的心气；过多的欲望戕害了我们的身心，而所有这一切，都是我们的身体之宝、精神之宝、幸福之宝，这些元素的过度消耗会使我们心浮气躁，内心焦虑不安，最终导致体质下降，精神不济，道德损伤。唯有节制自己，守护精气神，才能长保健康。当然，如果你有权有势，节欲惜用，不仅能使你常保富贵，基业长青，事业光大，也能促进与他人乃至社会的和谐，而至福德绵长。

【为人之道】

苏轼的"三养"之道

　　大家都知道，苏轼是北宋时期的大文豪，诗、词、画、书法都开一代风气，但是可能许多人不知道，苏轼对于养生之道也颇有造诣，受到许多人推崇。也正是凭借自己的养生之道，一生坎坷的苏轼还是活了六十四岁，换作别人遭遇他那样的经历，可能夭寿。对自己的养生之道，苏轼将其总结为"三养"，在下面这个故事中，苏轼的"三养"之道得到了生动的体现。

　　元丰二年（1079），苏轼因"乌台诗案"被冤枉并贬为黄州团练使这样的小官。到黄州后，苏轼生活更加贫困。但他仍保持乐观态度，开荒种稻，养牛种菜。在给友人的信中，他说："口腹之欲，何穷之有，每加节俭，亦是惜福延寿之道。"他自奉节俭，每月初一，取钱4500文，分为30串，挂在屋梁上，每天只用一串（150文），如有剩余，就存入竹筒，以待宾客。

　　苏轼的书法造诣非常高，与黄庭坚、米芾、蔡襄并称为"苏、黄、米、蔡"，乃是宋代书法"四大家"之一。对于苏轼这样的人物，黄州地方的人是很难亲眼见到的。苏轼到黄州后，当地的乡绅们纷纷前来拜望，很想留下苏轼的一些墨宝，不少人表示愿意出很高的价钱买，但是苏轼一直不肯答应。一次，当地的乡绅们修建了一座南天门，很想让苏轼题字，并请他的医生朋友前来请托。苏轼碍于朋友面子，便答应了下来，但说明这算是帮朋友的忙，并不收钱。

　　一天夜里，苏轼兴致来了，便铺开宣纸，开始挥毫。但是刚写好"南天"两字，突然听到自己的儿子苏迈喊道："有贼啊！"苏轼一听，便放下笔到外面看看怎么回事。来到院子里之后，发现那个贼已经被儿子和仆人抓住，自己的妻子也拿着灯出来了。苏轼再看那个贼，已经吓得浑身发抖。

　　苏轼走上前来，问那个贼是什么人。那个贼看到苏轼后，跪在地上连连求饶，声称自己名叫马小二，家住附近的村庄，听说这里来了个从京城来的大官，钱多得没处放，就挂在梁上，就来偷窃，以后再也不敢了。说完，他还从怀里掏出从梁上偷来的一袋钱。

　　苏轼一听，不禁失声笑出来，他叫马小二自己打开钱袋数一下，看有多少钱。马小二数了一遍，告诉苏轼有150文。苏轼告诉他："这就是我一家老小一天的生活费，你偷一袋，我们就要挨一天的饿啊！"

　　马小二一听十分惊讶，不太相信地问道："这真是您一家一天的开销？"苏轼点点头，马小二于是说道："那您和我们普通百姓一天的开销差不多啊！"苏东坡笑着说："物质生活上的追求是没有极限的，你就是太注重生活的享受才铤而走险的吧！"

马小二一听慌忙申辩道："大人，我知道您是好人了，但是我也不是像您说的那种坏人啊！我家中的老母卧病在床，妻子是个哑巴，三个儿子幼小，生活实在过不下去了，我才出此下策啊。并且我发誓这是我第一次偷东西，没想到就被您抓住了，求您放了我吧。"苏轼一听，便让儿子去请自己的几个医生朋友来，看马小二说的是否是真的。

几个医生朋友过来了解情况之后，告诉苏轼这个马小二说的是实情。苏轼一听，对马小二十分同情，告诉马小二，念他事出有因，又是初犯，要放了他。马小二一听，十分感激，连连磕头后，便转身准备走。

苏轼一看，喊住了他，对他说道："你也看了，这袋子里的钱对你没多大帮助，这样吧，我给你一个东西，可以让你多换些钱。"说完，苏轼转身回到书房，大笔一挥，在宣纸上点了一个墨点。然后将其卷起来，交给马小二，让他好好保存这个东西，说这个东西可以卖一万钱。马小二一听，有些丈二和尚摸不着头脑，疑惑地拿着那卷纸回家了。几个医生朋友也不大明白苏轼的意思，问苏轼原因，苏轼只是笑而不答，并让他们告诉求字的乡绅明天前来拿字。

第二天，乡绅们高高兴兴地来到了苏轼家，苏轼便引他们到书房取字。乡绅们看到桌子上放的题字苍劲有力，非同凡响，纷纷大加赞赏。但仔细一看，却发现其中的"门"字少了一点，于是指给苏轼看，请他给补上去。苏轼这时笑笑说："对了，这一点是忘在后村的马小二家了，你们去那里取吧。"

马小二回家后，瞪着眼在灯下看着那一点很久，也不知道苏轼到底是什么意思，最后只好洗洗睡了。第二天一大早就又爬起来，拿起那一点仔细端详起来，心想，这一点怎么会值一万钱？最后他还自作聪明地想到，听说这个官爷很有学问，是不是他拐着弯骂我呢，这一点其实是暗示我一点也不懂得呢？正在狐疑之际，却见到本乡的几个有钱的乡绅上门来了，一问来意，顿时明白了苏轼的意思。于是，他便开口要价一万钱，分文不让。乡绅们知道苏轼的字值钱，并不计较那么多，一口答应了他的要求。

乡绅们走后，马小二便将一万钱分作两份，自己留了一千文，另外九千文他带在身上来到了苏轼家里。见到苏轼后，他将情况说明，然后表示要将这钱给苏轼，他说道："大人您的生活也不富裕，况且这些钱本来就属于您。"苏轼不肯收，只是笑着说："我虽然不富裕，但是我每天150文，已经足够了！"

马小二于是便很迷惑地问："大人您浑身是宝，写一个点就值一万钱，为什么却过这么清苦的日子？"苏轼笑着说："因为君子提倡俭朴，俭朴的生活看起来清苦，实际上却有"三养"呢？"马小二问道："哪三养呢？"苏轼虽然知道说了马小二也不会懂，但还是解释道："安分以养福，宽胃以养气，省费以养财。"

马小二自然不太懂苏轼的"三养"是什么意思。今天看来，苏轼所讲的"三养"，其实便是将老子所说的用以修身养性的"啬"的智慧进一步具体化。即通过克制自己的欲望和精神来获得健康和安适的心境，避免灾祸。

第六十章

以道治国

【原文】

治大国若烹小鲜①。以道莅②天下，其鬼不神③。非④其鬼不神，其神⑤不伤人。非其神不伤人，圣人亦不伤人。夫两不相伤，故德交归⑥焉。

【注释】

① 治大国：治理百姓，治理国家。

② 莅：面临。

③ 神：通"伸"，意为发挥作用、作祟。接下来的"神"字同此意。

④ 非：非但。

⑤ 神：神灵。

⑥ 德交归：德复归于他们。

【今译】

治理大国就好像煎烹小鱼，常常翻动，小鱼就会破碎，因此不可朝令夕改，过于多事，否则人民就会不堪其扰，国家便会乱。不过，只有有道的人才能做到如此。用"道"治理天下，鬼神便会各归其位。因此鬼不再出来作祟；非但鬼不再作祟，神也不伤害人；非但神不伤害人，圣人也不必伤害那些坏人。鬼神和圣人都不伤害人，这就是天下德行感交的时候，也好像天下之人都回归到本来天真与纯朴的世界那样的祥和与清静。

【解析】

治大国若烹小鲜

"治大国若烹小鲜"，是老子流传的得最广影响最大的几句话之一，不仅被中国两千多年来的历代君王引以为治国箴言，甚至曾在 1987 年被美国政府写入国情咨文中。这句话之所以受到如此推崇，是因为老子以一个传神的比喻形象而准确地道出了治理国家这件世代存在的大事难事的关键。在这里，老子用煎烹小鱼这样一件极小的事来比喻治理国家这件极大的事，两件事本来看似不可同日而语，但经老子这么一提示，两者内在的规律的确是非常的相像。煎烹过小鱼的人都知道，小鱼骨脆肉薄，要想将它煎好，首先火不能太猛，所谓"猛火煎蛋，慢火煎鱼"。其次，则是切忌频频翻动，否则小鱼则会散架破碎，不成形了。可以看到，这两点也恰恰是治国的关键，治理一个国家时，也恰恰是不能一味任性而行，不尊重客观事实和规律，使用过于刚猛的政策治理国家。并且，也非常忌讳朝令夕改，忽左忽右地瞎折腾，令百姓无所适从。这便是老子所言的"治大国若烹小鲜"的基本含义。

我们知道，老子在《道德经》中曾多次谈及他的政治主张，比如在第三章中，老子提出："常使民无知无欲，使夫智者不敢为也。为无为，则无不治。"在第十九章则提出："绝圣弃智，民利百倍。"在第四十八章则言："无为而无不为，取天下常以无事；及其有事，不足以取天下。"在第五十八章则有："其政闷闷，其民淳淳；其政察察，其民缺缺。"总体上，其对于治理国家的主张便是无为而治，即反对统治者过多地使用智力，制定烦琐严密的法令约束百姓，出台过多的政令去侵扰、折腾百姓。因此，"治大国若烹小鲜"只是以一种更为形象的方式表达了老子的无为而治的政治主张。事实上，本章后面的"以道莅天下"便是老子对"治大国若烹小鲜"的补充，进一步点明了他的观点，以"道"治天下，即无为而治。只不过，"治大国若烹小鲜"显然要更为形象具体一些，给统治者指出了更可具操作性的治国策略。

不过，老子作为东周的一个文化大师，只是提出了治国策略，并没有亲自掌舵，实践自己的政治主张。为了进一步理解老子的这种治国策略，我们不妨以另一位和他持同样观点的政治人物的治国策略为例，来更真切地感受老子的这种政治主张，这个政治人物便是商朝名相伊尹。实际上，老子的"治大国若烹小鲜"虽然以比喻精妙流传广远，但他并非是第一个将治国比作烹饪的人，第一个如此做的乃是伊尹。

伊尹是辅佐商汤打败夏桀建立商朝的第一谋臣，是中国历史上第一个贤能相国，因为比孔子要早一千三百多年，因此被称作元圣人。传说伊尹的父亲是个厨艺高明的奴隶橱子，因此他自小便学会了一手高超的烹饪技术。但在学习烹饪的同时，伊尹勤学上进，喜欢思考，深谙治理国家之道。后来商族首领汤知道了他的才能，便将他请到自己身边当谋臣。据说一次，商汤向他请教治国之道，伊尹便借用自己擅长的烹饪来打比方，他说道："做菜既不能太咸，也不能太淡，要调好佐料才行；治国恰恰如同做菜，既不能操之过急，也不能松弛懈怠，只有恰到好处，才能把事情办好。"

伊尹所言正是老子"治大国若烹小鲜"的观点。违反这一治国之道，往往会导致国家倾覆的危险后果，关于这一点，历史上不乏其例。秦始皇兼并六国后，第一次建立起了一个强大的统一帝国。这个帝国建立后在政治、经济、文化上取得一系列成就，在军事上也是所向无敌，这个帝国不可谓不强大。但是，因维持庞大的官僚机构和庞大的军队，并进行多次大规模战争、修筑万里长城与阿房宫等大型工程，秦朝对人民征敛过重。过于严酷的法律，对知识分子的残忍打击，使人民"苦秦久矣"，最终引发大规模农民起义，加上六国贵族的响应，便二世而亡了。另一个典型例子是隋朝。我们知道，隋朝同样非常短命。但是这个短命王朝相当伟大。因为，往前算的话，可以说自东汉末年至南北朝，中国便一直未曾出现过一个强有力的稳定统一政权，尤其自"五胡"入华以来，中国在长达两百多年的历史里处于分裂状态。隋朝建立之后，其强盛在中国乃至世界历史上都空前绝后。隋朝不但疆域辽阔、经济繁荣、文化昌盛，而且甲兵强锐，所向披靡，小国莫不臣服，这也为后来唐朝的强大兴盛奠定了基础。但是，正是因为这些赫赫功绩，统治者忘乎所以，对百姓役使过分，导致民怨沸腾，最终亡国。总结秦朝和隋朝这两个例子可以看出，治理国家时统治者不能凭借自己的主观愿望任意而行，哪怕是你的政令不是出于自己的享乐，而是有利于国家的强盛，只要你的政令不遵循客观规律，过分骚扰人民，便可能有亡国的危险。因为这种做法，正像是用过于猛烈的火去煎鱼，最终只能是将鱼煎煳。

具体到比较现实的层面，老子的"治大国如烹小鲜"其实不仅可以应用于治国，而是可以作为一种普遍的管理学智慧。可以说，任何一个团队，包括一个协会，一个学校，一个企业，都可以利用这种"烹小鲜"的智慧。作为一个团队的首领，对于一个团队的管理，首先应该做到顺应规律，不强求，不妄为；其次，则是不能一拍脑门一个主意，一会这样一会那样，反复无常。拿一个企业来说，如果领导者总想一口气吃个胖子，不管市场和生产规律，强行制定不现实、冒进的生产和销售目标，结果便只能导致企业的挫败。或者在制定公司的战略时，对产品缺乏定位，今天要走高端路线，明天又要多管齐下，抓住中低端消费群，最后只能导致什么路线也没走成。因此，一个企业大的原则和定位轻易是不能变的，只能因时间推移、市场演变和外界环境的变化而做出相应的"小调整"和"小改变"。企业只要抓住了大的原则，制定了大的、基本的规章制度，使企业有了一个正确的、基本的运行轨道，在通常情况下，就应当坚持"以不变应万变"。只要基本的东西是正确的、较为完善的，就不要轻易去"翻弄"它。

更进一步，无论是顺应规律，还是不来回折腾，其背后深层次的道理便是要保持冷静，不急不躁，便是老子所说的"静为躁君"的道理。一个人只有保持冷静，才能够清晰地看到宏观的局面，看到事情的规律，并判断出自己该走的路线，才能够静下来关注事情的细节。说到细节，我们知道，其实"烹小鲜"除了火不能太猛，不能翻动太多，还有重要的一点便是要在细节上下功夫。因为烹饪小鱼除了在火势、翻动频率上的功夫外，还需要在准确地掌握火候，恰当地放调料等细化的功夫上做到位了，才能使鱼味道鲜美。同样，在管理的过程中，能够沉静下来在细节上下功夫也是至关重要的。关于这一点，丰田汽车公司的社长丰田英二的一句话颇为典型：丰田汽车最为艰巨的工作，不是汽车的研发与技术创新，而是生产流程中技术工人对每一根绳索不高不矮、不偏不倚、没有任何偏差的摆放和操作。总之，"治大国如烹小鲜"在现代管理学上具有十分现实的意义，如果全部展开，还可以有更为细化的论述，这里就点到为止。

【从政之道】

子产治郑

春秋时期，子产担任郑国宰相。在掌管郑国权柄之后，看到郑国内忧外患的政治局面，子产采取了一系列改革措施，并顶住反对派的力量，最终将郑国治理得井井有条。

郑国乃是一个小国，当时处于晋国、楚国、齐国等大国的威胁之下，子产认为当务之急应该是增强国力，提高军队战斗力。为实现富国强兵的想法，子产采取了一系列社会改革。他一执政，便下令划清土地疆界，挖好沟渠，承认土地私有，并在私田上按田亩收税，这就限制了旧贵族，使他们不能再任意掠夺兼并土地，也鼓励了农民的劳动积极性。同时，子产还规定，农民有战功的，可以做甲士，担任小官吏，这样就打破了甲士身份的限制。子产优待农民的政策明显触动了旧贵族势力的利益，遭到他们的强烈反对。事实上，子产的前任子驷就是因为整顿田地疆界，占用了一些贵族的土地，而被这些贵族作乱杀死。子产知道这种情况，但他并没有被吓倒，仍旧坚定不移地推行他的政策。

为了提高军队战斗力，必须增加军费，因此，子产加大了税收额度。结果，一时之间，民怨四起，郑国百姓对他咬牙切齿，甚至还有人要密谋加害他。如此一来，他遭到了来自上层贵族和下层百姓的双重仇视，原来和他站在一起士大夫也站出来反对他。甚至子产的家人也都劝子产改变主张。

但是，面对来自四面八方的压力和处处存在的危险，子产不为所动，他对自己的朋友解释说："我不会因为别人的反对而改变我坚信的正确主张，只要我是对的，我并不在乎为此牺牲自己的名利乃至性命。现在郑国百姓之所以反对我，是因为我的政策没有收到立竿见影的效果，过一段时间之后，他们看到了效果，自然不再恨我了。如果我现在因为阻力而半途而废，我以后的所有政策都会因为阻力而无法实施。"

过了几年，鼓励农业的政策收到了效果，人民的生活水平得到显著提高，国库充盈，军队也逐渐强大起来，足以抵御外国的军事侵略。看到这种情况，郑国的官员和百姓都转而支持子产。

在春秋时期，统治者崇尚"法不可知，则威不可测"的法治观念，国家虽然制定有法律，但是并不让老百姓知道，以在内心里威慑百姓不敢犯罪。并且，因为对于法律的解释只有官员和贵族说了算，所以他们经常凭自己的意愿任意处置百姓。面对这种状况，子产下令铸了个金属宝鼎，把原来刻在竹简上的郑国刑法一条一条地铸在鼎上。他让人把鼎安置在王宫门口，让老百姓学习了解法律，进而做到心里有数。这就是春秋时期著名的"刑鼎"。刑鼎铸成后，遭到郑国贵族的强烈反对，他们认为刑法一公布，百姓心中就有了底，就用不着再怕贵族和官吏了。这样不分尊卑，还怎么治理百姓呢？子产却不为所动，坚持认为这样才有利于人民遵守法度。子产的这个措施得到了郑国百姓的普遍欢迎，因为对法律心里有数，知道了自己行为应该止步的边界，郑国的犯罪之人大大减少。

除此之外，子产还有一个为后人称道的举措，便是在全国各地办理称作"乡校"的学校，教授郑国百姓一些文化知识。不过，人们一旦有了固定的聚集地点，又学了点知识，便开始评论国家各项制度和政策，同时还对君王和官员的行为评头论足。这样一段时间后，许多贵族和官员觉得如此下去，必然会对统治者造成威胁，因此强烈要求关掉"乡校"。子产却在朝廷上辩论道："为什么毁掉乡校？人们早晚干完活儿来到这里聚一下，议论一下施政措施的好坏。他们喜欢的，我们就推行；他们讨厌的，我们就改正。这对于我们制定政策具有很好的指导和监督作用，为什么要毁掉它呢？我听说尽力做好事以减少怨恨，没听说过依权仗势来防止怨恨。难道很快制止这些议论不容易吗？然而那样做就像堵塞河流一样：河水大决口造成的损害，伤害的人必然很多，我是挽救不了的；不如开个小口导流，不如我们听取这些议论后把它当作治病的良药。"

最终，在子产的极力坚持下，"乡校"保存了下来，郑国人的文化水平得到了提高，人们更知书达理了。同时，子产经常派人收集人们的言论，对他们抱怨的政令加以取缔或修改，对于他们欢迎的政令则继续推广，人们的抱怨也便逐渐减少了，郑国上下达到了空前的安定和团结。

子产治理郑国的二十几年，郑国的内政修明，国家安定，人民幸福，外交上也不再吃大国的亏。因此，孔子也对子产大加赞赏，称他是一个了不起的君子。可以看出，子产之所以能够将郑国治理得安定强盛，便是因为他正是像老子所说的"治大国如烹小鲜"的方式治理郑国的。我们知道，他所推行的政令，无不遭遇了极大的压力，如果他因为碍于压力，便放弃自己的改革措施，今天承认土地私有，明天又收回政令；今天允许有功的农民担任官吏，明天又取消了这个规定，恐怕郑国便会像是一条被不断翻动小鱼那样支离破碎了。而他正是明白这一点，于是顶住重重压力，使得自己的措施得以始终如一地实施，直到显示出了效果而被大家接受，他才能够得以成功。另外，子产之所以能够改革成功，其对于改革的时机和火候的把握显然也是至关重要的，而这同样与"烹小鲜"是一样的道理。

第六十一章
大者宜下

【原文】

大国者下流①，天下之交②，天下之牝③。牝常以静胜牡，以静为下。故大国以下小国，则取小国；小国以下大国，则取大国。故或下以取，或下而取。大国不过欲兼畜人④，小国不过欲入事人⑤。夫两者各得其所欲，大者宜为下。

【注释】

① 下流：江河下游，低处。
② 天下之交：是天下河流交集的地方。
③ 牝：雌性的鸟兽，也泛指阴性事物。与后面的"牡"相对应。
④ 兼畜人：把人聚集在一起加以养护。这里指大国收服小国。
⑤ 入事人：侍奉别人，这里指小国事奉大国。

【今译】

大国要像大海居于江河下游那样，使天下百川河流交汇在这里，处在天下雌柔的位置。雌柔往往能够以安静守定而胜过雄强，这是因为它安静且能处下的缘故。因此大国如能对小国谦下忍让，就可以取得小国的信任，并甘心归附；小国若能对大国谦下有礼，就可以见容于大国。所以，或者大国对小国谦让而取得小国的信服，或者小国对大国谦让而见容于大国。而无论是大国谦下以求得小国的信服，还是小国谦下以求得大国的见容，两者都不外乎见容或求容于对方。故而为了达到目的，两国都应该谦下忍让。但是这其中的关键，还是大国首先应该谦下忍让。

【解析】

大者宜为下

"大者宜为下"乃是老子对于统治者提出的一种殷切期望。他认为只有大国做出谦下忍让的样子后，小国自然便会仿效，对大国更会谦下忍让，主动归附。如此，各国之间便能够和平相处，人民便可安居乐业了。老子之所以会提出这样的观点，与他当时所处的社会环境是密不可分的。

春秋时期，可以说是中国历史上的第一个乱世。当时，周王室大权旁落，沦落为一个只相当于二流的诸侯国。因此，天下失去中心，于是各诸侯国之间群雄争霸，连年战争，大国不断蚕食小国。在这种连年征战的局面之下，百姓们饱受战争蹂躏，痛苦不堪。而老子作为一个"以百姓之心为心"的哲人，自然在内心悲悯天下苍生。他在关注玄之又玄的宇宙大"道"的同时，也始终将目光投注到社会政治层面，发表了诸多政治方面的主张。诸如"无为而治""以无事取天下""绝圣弃智，绝仁弃义"等等。不过，总结可以发现，这些都是老子从一个统治者如何治理内部社会的主张，期望统治者不要用政令、徭役、战争等骚扰人民。但是，仔细想一下，便会发现，其实这种主张并不完备。因为，一个君主可以不去主动发动战争，进而使人民不受战争的折腾。但是，他却无法阻止别人发动战争来进攻他的国家。这样的情况下，百姓便不可避免地要陷入战争之中了。可能正是考虑到这一点，老子在这里又进一步提出了这种"大者宜为下"的观点。这种观点其实便是老子对统治者处理国际关系的一种期望。即他希望大国能够不自恃其大，而是主动表示出一种谦下忍让。如此，小国自然更不会主动找碴儿了，更会表现得谦卑忍让。如此一来，天下自然就太平了。当然，这毕竟只是老子提出的一种政治主张而已，各国的统治者能不能听从就无能为力了。事实上，根据春秋战国时期群雄争霸，战争不断的历史事实来看，老子的这种主张即使偶尔起到了作用，可能避免一些战争的爆发，但从整体来看，显然这只能是一种带有理想色彩的政治见解。

虽然老子的"大者宜为下"的政治见解，并未成为春秋战国时期的主流政治哲学，但其高超的政治智慧依旧是不可否认的。可以说，老子的这种见解，抓住了两个国家之间保持和平共处的关键。即使是到现代，两个国家之间能够保持和平，其关键也在于大国能够首先保持一种谦下忍让的风范。事实上，春秋战国时期，如同孔子的仁政不可能得到统治者的青睐一样，老子的这种"大者宜为下"的国际关系主张也不可能得到实施。因为在那样一个失去秩序、弱肉强食的时代，众多诸侯国彼此虎视眈眈，即便没有伤人之心，也不可能没有防人之心。在这样一种彼此间充满怀疑和不信任的整体氛围中，拥有强大的实力才是生存的最可靠保障，将别人消灭了自己才会真正安全。所以，管仲、商鞅、李斯这样的法家人物，苏秦、张仪这样的纵横家，白起、廉颇、孙膑这样的军事家才是最受欢迎的。但是，一旦这样的乱世结束，一种稳定的秩序建立之后，彼此之间基本的信任有了之后，"大者宜为下"的主张应该说还是具有相当实用的价值的，不失为处理国家关系的一种高超的政治智慧。下面这个故事便能体现这一点。

汉高祖刘邦死后，吕后掌权。当时的匈奴单于冒顿看汉朝由一个女人掌权，便不把她放在眼里，肆意挑衅。冒顿派人下书给吕后，无礼地称："你死了丈夫，我死了妻子，我们都不快乐，没有让自己高兴的方法，干脆我们俩凑合成一对吧！"面对一国的掌权者，说这种话显然是极其无礼的。但是吕后考虑到刘邦时期多年的战争已经使国家穷困，人民疲敝，天下亟需休养生息，和匈奴开战是极不明智的，于是强压怒火，忍受着屈辱给匈奴回了信。在信上吕后平心静气地回复冒顿道："我已经年老衰弱，头发和牙齿都掉落了，走路也不方便。"婉言谢绝了冒顿的"好意"，并且还赠送车马给冒顿，以表达谢意，最终化干戈为玉帛。匈奴看到本是强大一方的汉朝还如此忍让，便自愧失礼，派遣使者前来汉朝认错。

其实，这样的例子还有很多，我们知道，自汉代以来，中原朝廷对周边的国家往往采用和亲政策以维持睦邻友好。所谓和亲，就是将公主或者宗室之女嫁给少数民族首领，并赠送大量财物。而中原朝廷以强大的一方却做出这种略微有些屈辱的事情，实际上便是老子的"大者宜为下"政治智慧的体现，事实也证明，这的确是一项有效的换取和平的政策。

而且，"大者宜为下"的智慧不仅适合于国与国之间，而是具有更为普遍的意义，实际上是老子一向强调的"守柔""处下"观点的反映。关于这一点，老子在《道德经》许多章节都进行过强调。在第六十六章，老子称："江海之所以能为百谷王，以其善下之，故能百谷王。是以圣人欲上民，必以言下之。"在第七十六章，则有："坚强处下，柔弱处上。"

应该说，老子的这种观点得到了中国古人的普遍认同，那些身在高处的人，往往都能够主动将自己放在低处。我们知道，君王应该是天下最有权势的人，但是他们以孤、寡、不谷（有不善的意思）这样卑下的词汇来称呼自己。诸葛亮以自己的聪明才智辅佐刘备从没有立锥之地到建立了蜀汉江山，可说是建立了赫赫功勋，但仍然自称为"南阳野人"。周公是历史上著名的政治家，为了尊敬贤能，吃饭时如有客人来访，也要放下手中的筷子，吐出嘴里的饭，恭敬的款待他们。孔子是圣人，还不厌其烦地向人请教。即使是小孩子，只要他说的对，孔子都认真地听取。孔子的学生告诉他说："老师，有人笑话你那么大的学问，还什么都要问。"孔子不以为然，说道："不懂就问，这难道不应该吗？"

并且，不只是中国人，国外的不同文化背景下的伟大人物，同样也不约而同地表现出了一种"处下"的风范。

我们再来看一个大科学家爱因斯坦。晚年的爱因斯坦已经功成名就，他的邻居中有个十一二岁的小女孩，常常到他家里去。孩子母亲对女儿的行踪感到奇怪，询问之下，孩子告诉她：别人告诉我说那里住着一位非常有名的数学家，所以我在做数学作业遇到困难时就去请教他。他也很乐意帮助我。他对所有的问题都解释得很清楚。还说有什么困难问题，都可以去找他。孩子母亲感到女儿的这种冒失不妥，连忙去向爱因斯坦道歉。爱因斯坦却真诚地说："事实上，我很希望您的女儿能够常来，因为我在谈话中，从这孩子身上学到的，比她从我这儿学到的还要多呢！"

因此可以说，古今中外的那些伟大的人物身上，都表现出了一种令人感动的谦卑、"处下"的风范。而这也恰恰成就了他们的事业，因为这种"处下"的做人格调，使得他们具有包容一切的胸怀，能够吸纳一切对自己有益的力量，从而推动自己的事业。正如老子所说的，大海居于最低的地方，故能成其大，伟人自甘居于低位，反而成就其在人们内心的高度。相反，那些将自己看得很高的人，则往往遭到人们的鄙视，古往今来的多少自视伟大，将自己看作大众救星的人，最终都成为了历史的笑柄。

具体到我们普通人的现实之中，虽然我们未必是"大者"，但是学会"处下"的智慧，对于我们的为人处事肯定也有十分现实的意义。结合你自己的体会，自负而咄咄逼人的人，你会喜欢他吗？人同此心，因此，做人低调、谦卑一些，必然会使你赢得更多的赞许和信赖，前进的路上获得更多的支持。

【从政之道】

昭王屈身纳贤

燕易王十二年（前321），易王去世，他的儿子姬哙继承了王位。当时，子之作为燕国的丞相，手握大权，地位尊贵。尽管如此，子之的权力欲望还是没有得到满足，他渴望拥有更大的权势。随后，他要弄阴谋诡计，欺骗燕王哙，燕王上当，把国君之位和权力让给了子之。子之篡权夺位的行为引起了燕国臣民的极大不满。原燕国太子姬平发兵讨伐子之，这一乱就是好几个月。齐王打着为燕国除乱的旗号出兵伐燕，轻松攻克了燕国都城，杀死燕王哙和子之。齐王本来想就此一劳永逸地吞并燕国，但被燕国人识破，便携带着在燕国掠夺来的财宝回国。随后，燕国百姓拥立太子姬平即位，称为燕昭王。

燕昭王在国家处于极度动荡的时候登上王位，很想振兴燕国，并向齐国复仇。他觉得，人才是强国的关键，便对先朝老臣郭隗说："可恨的齐国趁着我们国家发生内乱，发兵攻破我国。但燕国现在人口少，力量弱，还不具备报仇雪恨的能力。只有得到贤能的人才来治理国家，才能一雪先王耻辱！先生您如果发现贤才的话，请推荐给我，我一定要重用优待他。"郭隗被燕昭王的决心所感动。他说："大王您如果一定要招纳贤才的话，就请从我开始吧。如果连像我这样平庸的人都能受到尊敬，那么，比我更加贤能的人即使在千里之外也会赶来归附您的。"燕昭王采纳了郭隗的建议，拜他为相，替他改建了住宿的房屋，像对待自己的老师一样尊重他。果然，各国品行高尚和有才能的人听到这个消息后纷纷赶到燕国，投奔燕昭王，其中包括来自魏国的名将乐毅，来自齐国的名士邹衍，来自赵国的剧辛等等。在重用人才的同时，燕昭王还非常关心百姓的生活，老人去世了，他亲自去吊唁，还经常慰问孤儿，和燕国的百姓同甘共苦，百姓们非常尊敬、爱戴他。

燕昭王招纳的贤才中，来自魏国的乐毅是其中的佼佼者。他是战国初年名将乐羊的孙子，自幼饱读兵书，熟知兵法，具有雄才大略。他原本在魏国做官，但一直得不到魏王的信任和重用。当他听到燕昭王向天下广招贤才的消息后，感觉到施展自己平生抱负的机会终于来了，于是就收拾好行装赶往燕国。燕昭王以最高礼节欢迎他的到来，乐毅深受感动。昭王向他请教兵法，乐毅一一回答，燕昭王非常满意。昭王发现了乐毅这样一个难得的将才感到万分欣喜，马上任命他全权主持燕国的军事和国防。

为了报答燕昭王的知遇之恩，乐毅开始对燕国的军事进行了大幅度的整顿。他先从整顿燕军的编制着手，组建了燕国的第一支骑兵部队，然后把单项兵种从主力部队中分离出来，各自开展独立的专业化的训练。他还组建了一支专门用于对付骑兵冲锋的重装步兵，并且配备有攻击骑兵用的长枪和专砍马腿的马刀。等到各兵种组建齐全后，他又全面更新改良了燕军的装备，针对原来青铜武器不够坚利的缺点，选用坚韧锐利的铁制兵器替代；针对燕军原有盔甲非常笨重的弊端，选用片甲来替代；针对原有木制盾牌不够坚固的缺点，用金属盾牌来替代。军队的装备更新后，乐毅开始运用全新的方法练兵，使用当时诸侯国中最先进的战术来训练部队，燕国的军事实力日益强大。

燕昭王二十八年（前284），燕国经过国君以及大臣的治理，国力大大增强，百姓生活殷实富足。在乐毅的统领下，兵士身体强壮、精神饱满、士气高昂，不畏惧作战。燕昭王觉得报仇雪恨的时机已经成熟了。于是，他任命乐毅为上将军。联合赵国、韩国、魏国、秦国、楚国共同讨伐齐国。六国联军浩浩荡荡杀奔齐国，一路上势如破竹，齐军大败。燕国军队追击败逃的齐军，攻入齐国都城临淄，齐湣王逃到了外地。燕国军队焚烧了齐国的王宫以及齐国先王的祭庙，把齐国国库中的财宝，包括二十八年前齐军从燕国抢来的财宝全部运回了燕国。燕昭王亲自来到济上犒赏三军，乐毅凭借着巨大的功勋被封为昌国君。当时的燕国成为国力仅次于秦国的一等强国。齐国只有聊、莒和即墨三处城池没有被攻下，其余的七十二座城池都为燕国所占领，并且隶属于燕国达六年之久。燕昭王屈身招揽人才，信任重用人才的战略终于得到了丰厚和完美的回报。

这里，燕昭王放下了作为国君的尊严和架子，保持着一种令人尊敬的谦卑与低调。他不仅对来自各国的贤才恭谨有加，放手使用，对自己的国民也充满关切和尊重，这既是一种卓越的治国智慧，正是靠这种"大者处下"的策略，他在短短的时间里便使燕国强盛起来，并实现了向齐国复仇的愿望。这个例子，精彩地诠释了老子的深刻思想。

第六十二章

万物之奥

【原文】

道者，万物之奥①，善人之宝，不善人之所保。美言②可以市尊③，美行④可以加人⑤。人之不善，何弃之有？故立天子，置三公⑥。虽有拱璧⑦以先驷马⑧，不如坐进此道。古之所以贵此道者何？不曰求以得，有罪以免邪！故为天下贵。

【注释】

① 奥：深藏，庇护之意。

② 美言：合乎道的语言。

③ 市尊：换得尊重。

④ 美行：合乎道的行为。

⑤ 加人：加于人，凌驾于别人之上，即受人尊崇，居于统领的地位。

⑥ 三公：古代中央政府中最高的三个官职，一般一个执掌行政大权，一个负责军事，一个负责监督政府，各代名称不一，这里泛指百官。

⑦ 拱璧：指双手捧着贵重的宝玉。

⑧ 驷马：四匹马拉的车。古代的献礼，轻物在先，重物在后。

【今译】

道是无所不包的，可以庇荫万物，不仅善良的人将他视为修身养命的宝贝，就连不善的人也经常依靠它来保护自己。所以有时候只要你说出一句话合乎道的至善至美，就可以获得人们的尊敬，只要你的某个行为合乎大道，比较高尚，你便在此时得到人们的看重。即使是恶人，只要你因为明白了大道，真心悔过，道怎么会弃你于不顾！所以即使你登上了至高无上的王位，设置了文武百官前呼后拥，拥有稀世珍宝的美玉，乘坐富丽堂皇的马车，这样的尊贵也不如获得道来得可贵。古人为何要如此重视道呢？还不是因为有道可以立身，有求就能得到，有罪就能免除吗？所以道可以说是天下最尊贵的了。

【解析】

美言可以市尊

本章老子仍意在论述"道"的可贵之处，不过，其着眼点"善人之宝，不善人之所保"的角度。在老子看来，"道"乃是"万物之奥"，可以庇荫万物，其不仅是善良之人的珍宝，即使是不善的人，也可以借助"道"来保护自己。可以说，道是公平无私的，并不刻意区分好人还是坏人，只要所说的话是符合了"道"的美言，便可以凭此赢得人们的尊重；只要一个人的行为是符合了"道"的美行，便能够被人们所看重。其中，"美言可以市尊"，可以说对人们颇有启发意义，我们单独拿出来说说。

我们知道，现在"美言"这个词的意思和老子所说的意思已经不一样了。现在我们所说的"美言"，意思是好听的话，所谓"请您多多美言"，意思是说些请人帮自己说些好听的话，以获得某人的青睐。这种"美言"是否符合事实，也即符合"道"呢，则不作计较了。事实上，我们也知道，人们都是有辨别能力的，好听的话未必能够获得别人的认可。而真正能够得到人们尊敬的话，则是符合了"道"的话。所谓符合"道"的话，具体到我们的现实之中，便是诚实、正直、客观、有见地的话，简单说，便是高明的真话。我们知道，真话往往是不那么好听的，所谓良药苦口，忠言逆耳，说的便是这个意思。老子在《道德经》八十一章中也曾直言："信言不美，美言不信。"尽管真话听起来不是那么美妙，会暂时让人不舒服，但只要是有智慧的人终归会认同他，进而尊重说真话者。而那些虚饰的逢迎拍马、阿谀奉承之言，虽然暂时听起来美妙，可能会讨得听话者欢心，但最终会遭到鄙视。关于此，我们可以举出不少例子。

众所周知的铁面包公堪称"美言可以市尊"的典型。在担任谏官的期间，包拯多次议论和斥责那些权臣，请求朝廷废除一些不正当的恩宠。他还建议皇帝要积极纳谏，认清楚那些结党营私的人，不能光凭主观来判断谁好谁坏。他的意见大多都得到了朝廷的采纳。

包拯后来被任命为开封府知府，负责京城各项事宜。由于他为人刚直，那些皇亲国戚都不敢冒犯他，嚣张的行径也收敛了很多。包拯不苟言笑，公正严厉，无私无畏。当时京城贪官污吏无不畏惧，坊间流传这样一句话："关节不到，有阎罗、包老。"包拯升任谏议大夫后，上奏说："太子的位子已经空缺很久了，导致民心不安。陛下却长时间犹豫不决，是为什么？"原来宋仁宗自己没有儿子，本来按规定他可以在宗室子弟里面挑选出一个合适的当太子，但他始终不肯放弃自己生儿子的希望，一直不肯立太子。但不立太子的话，万一皇帝有个三长两短，朝廷就会乱掉，所以立太子是当时人们的一块心病。宋仁宗问包拯："你想让谁立太子？"包拯回答："我请求皇上立太子是为国家着想。陛下却问我想让谁做太子，这不是怀疑我吗？我都七十岁的人了，又没有儿子（包拯的儿子早死），立谁为太子难道对我有什么好处吗？"宋仁宗很高兴，说："我会慢慢考虑这事的。"

包拯从来不随意附和别人，他为人严厉正直，非常讨厌那些不正之风。他当官以后，就断绝了和亲友们的来往，从不为他们谋取好处。包拯曾说过："后世子孙做官，如果有犯了贪污罪的，不准进家门，死后也不准进祖坟。不听我话者，不是我的子孙！"包拯在六十四岁那年去世，虽然生前顶撞皇帝，整治权贵，严惩贪官，许多人都在心里恨他，但他死后，却赢得了皇帝大臣的深切哀悼，黎民百姓膜拜爱戴，坚守大道，使他万古流芳。

北宋王安石主持变法时期，有一个叫吴孝宗的官员依附保守势力，极力诋毁新法。可是过了一段时间后，他和保守派闹掰了，便转而支持变法。为讨好王安石，他写了《巷议》十篇呈送，说街巷之间的百姓都在议论新法的好处，其实内容全是他编造的。王安石一看便明白了他的用心，对他十分鄙视，对他更加疏远。还有一位名叫郭祥正的官员，当时是邵阳（今湖南邵阳市）武冈县令，为了升官，他向神宗皇帝上奏章，对王安石大加颂扬，极尽溜须拍马之能事。一天，宋神宗问王安石："你认识郭祥正吗？这个人才似乎不错。"王安石说："我在江东时认识他，这个人口才像纵横家，而行为轻浮浅薄，是个不可委以重任的人。"王安石接着问神宗："皇上，是不是有人举荐他？"神宗拿出郭祥正的奏章给王安石看，王安石看后摇摇头笑了，他认为被这样阿谀奉承的人所颂扬，实在是莫大的耻辱。他态度坚决地向宋神宗表明像郭祥正这样的人万不可重用。

从上面的例子中，我们便可以看出，一个人说话能否取得别人的尊敬，绝不在于是否将话说得好听，而在于你说话是否客观、公正。只要你说话能够做到问心无愧，公正客观，哪怕是听起来让人不舒服，也往往能赢得别人内心深处的尊敬。如果你说话只是一味地投其所好，表面上听起来是好话，其实却是违心的奉承之言，也往往不能获得有智慧的人的感激，反而会遭到轻视。

老子所说的"美言可以市尊"的道理在现实中也可以给我们以有益的启示。在平时说话时，我们便要符合大"道"。凡说话力求客观公正，不偏不倚，根据自己内心的真正想法发表见解，如此，我们才能获得别人的尊敬。相反，如果怀有私心，出于某种目的去说一些空话、假话、套话，只会让人觉得你这个人是个没有个性、没有思想的庸人，没有人会真正地尊敬你。

另外，它还提醒我们，在和朋友交往的过程中，要勇于客观公正地指出朋友的不足不妥之处。虽然，这样做可能一时会令他不快，但时间长了，他便会感受到你的良苦用心，会真正地把你当有益的朋友。相反，如果总是想通过迎合别人的观点和想法来维持友谊，只会让人觉得你毫无主见，缺乏真诚，这段友谊也就失去了存在的基础。古人云：道吾好者是吾贼，道吾恶者是吾师。说的便是这个道理。

美行可以加人

与"美言可以市尊"相同，"美行可以加人"乃是老子证明"道"的巨大功用的又一角度。所谓美行，并非指行为本身是否在表面上令人感到舒畅，而是指其深层次上是否符合"道"的精神。具体来讲，指行为本身是否是善意的、正义的、刚直的，等等。善意地对待别人，是一种博大的关怀，是对人的信任、鼓励和帮助，能让人感到温暖亲切，这样的行为让人感动，必然会得到被帮助者的感激和回报，也必然会得到世人的尊重和敬仰。正义的行为多是为了维护良风美俗，为了维护大众的利益，为了维护社会长远的利益，这种行为往往需要无私无畏，乃至牺牲自我，也许，这些人当时不被理解，但是事后必定会得到最广泛的认可，得到全社会的敬仰，比如为科学献身的布鲁诺，为种族平等而牺牲的马丁·路德·金，他们都以自己的牺牲成就了伟大的事业，最终为人类永远缅怀。在中外历史上，以美德善行而被铭记的人很多，下面看个例子。

在东汉初期，有一个著名的明德马皇后，被历代史家颂扬。马皇后是名将马援的小女儿，父母在她很小的时候就去世了。因为马援死后被奸臣诬陷，马家的日子一直很不好过，所以马皇后只好进宫侍奉太子，她脾气很好，人又聪明，很得太子的宠爱和阴后的喜欢。太子登基不久，有关官员请皇帝立皇后，皇帝还没说话，阴太后就提议立马皇后，这事就这么定了下来。马皇后喜欢读书，不喜欢奢侈的东西，虽然贵为皇后，还是经常穿粗布衣服，也不在衣服上加花边，有人劝她稍微奢华点也没关系，但马皇后拒绝了。汉明帝喜欢到园林里游玩，马皇后担心他耽于游乐而误了国事，所以经常劝诫，话说得情深意切又很周到，一般都会被汉明帝接受。当时朝中如果有什么争议较大的事难以决断，明帝一般都会来问马皇后的看法，而皇后一般都能找出问题的实质，分析得头头是道，经常对政事的不足提出弥补的意见，但从来没有让自己家的私事去干扰皇帝，所以汉明帝一直都非常尊敬和宠爱她。

明帝死后，章帝即位，章帝很想给马太后的兄弟们封爵位，但她一直反对，后来朝中上下都赞成封马家兄弟爵位，太后用前朝外戚干政的典故来教育章帝，坚决不同意封他们为侯。汉章帝虽然不是马太后亲生，但是马太后把他从小带大，章帝对马太后感情一直很深，他觉得不封舅舅们为侯心里实在过意不去，但不得不尊重马太后的意见。马太后对自己娘家人要求很严格，如果谁勤俭朴素，她会很高兴地表扬嘉奖，而那些追求奢华的亲戚，她就打发他们回老家。后来天下太平，章帝决定封舅舅们为列侯，他们也都纷纷推辞，马太后鼓励了他们的这种行为，但圣旨已下，他们便在接受了封爵后辞官回乡。

马皇后没做什么惊天动地的大事，她身处后宫贵为皇后，以至孝侍奉太后，以宽容和善良对待嫔妃宫女，以自己的才能和智慧帮助皇帝，匡正时弊。当她成为皇太后，权高威重，并为朝廷尊崇敬仰时，她重大局公正无私，并时刻保持一种低调和谦和，为天下做出表率和榜样，促进了朝廷的和谐和政治的清明。正是这种美德善行，她才被奉为被历代后宫佐治的典范，被永远传颂。

据《北梦琐事》记载，宋代有个叫王光远的官员，向来急功近利，凡是对自己有好处的人，他都极其忍让宽厚。他到比他尊贵的人家中喝酒，有时对方因为喝醉，将他当作小丑一样地玩弄。他不仅不生气，反而始终赔着笑脸。有一次，他的上司喝醉了，知道他的脾气，便借着酒疯拿起鞭子对他说："我要鞭打你，如何？"王光远赔着笑脸说："只要是您的鞭子，我非常乐意接受。"说完就真的转过身子，把背部对着上司。半醉半醒的上司说："好，那我就打了。"于是，真的打起来。可是王光远一点也不生气，始终和颜悦色，还说着客套话。同席的朋友们对王光远的做法，实在看不过去，就问他："难道你就不懂得羞耻吗？"王光远毫不隐讳地说："我只懂得结交他有益无害。"于是世人称他："面皮厚如铁"，这也是"铁面皮"一词的由来。

还有一个故事。据《宋史》记载，宋真宗时，寇准看上了一个叫丁谓的人，就提拔他当副宰相。出于感恩，丁谓对寇准侍奉十分殷勤。一次，官府举办宴会，寇准的胡须沾了汤汁，丁谓见了连忙走过来，当着众多官员的面小心翼翼地为他拂拭。寇准一看，便十分不自在地说："你的好意实在难得，但你好歹也是副宰相，这有些不成体统了吧。"这便是溜须拍马中的"溜须"的由来。后来这件事传开，同样传为笑柄。

上面两个故事中的人，表面上看，一个宽厚，一个体贴，最终却都成了千古笑柄，原因便在于他们对人示好的行为出于自私，算不上"美行"，更不合大"道"。当然，不是说一个人的行为自始至终都要合乎"道"，才算是美行。这样的人就是圣人了，古今中外找不出几个。实际上，老子所说的合乎"道"的美行，乃是有一件算一件，并不因为一个人是坏人，便没有美行了。因为老子明确讲了："人之不善，何弃之有？"

某杂志一篇文章连续讲了三个故事，一个是说有个潜逃多年的杀人犯，因思念妻儿，偷偷潜回老家，但他一下火车就被警察盯上了。情急之下，他拦住一辆出租车，强行将司机拽下来，疯了一样的开车在大街横冲直撞。他很清楚自己被抓后等待他的是什么，他成了一头受惊后丧失理智的公牛。身后的警车声越来越刺耳，他把油门踩到了底。正狂逃时，他猛然间狠狠踩了刹车。原来，前面人行道上，一队小学生正列队而过。这些孩子，穿着统一的蓝白相间的校服，一人手里提着一个小马扎，好像要去哪里，队伍很长。他猛的想起来，今天是六一儿童节。天罗地网他都敢闯，但现在没了勇气。他默默地注视着孩子们横过马路，直到警察追上来铐住他。第二个故事说的是一个小偷，在撬开一户人家后，进门闻到了一股浓浓的煤气味。直觉告诉他，这家的煤气泄漏了。他快步冲进屋里，发现一个小男孩正蜷缩在床上，两眼翻白，喉咙里发出粗重的呼吸声，显然是煤气中毒了。他想都没想，抱起孩子直冲出去向医院跑。因为抢救及时，孩子保住了性命。当孩子父母赶到医院，想见恩人一面时，那个不速之客正在派出所里录口供，他投案自首了。第三个故事说的是一个拦路抢劫的少年，潜逃到内蒙古隐姓埋名多年。然而，不久前他落网了。在那个寒冷的早晨，他跳进冰冷的湖里，接连救起了两个落水儿童。他的义举暴露了自己，自然就被捕了。

在连续讲完这几个故事后，杂志编辑总结道，不管怎么说，这些故事里的"坏人"在那一刻是伟大的，他们所做的坏事丝毫不能遮掩他们做好事的光辉，甚至更显耀眼，相信读了这篇文章的人都会有这种感觉。这可以说为老子所说的"美行可以加人"，做了进一步的注解。合乎"道"的美行，并不一定归属谁，不管你在其他的事情上是否合乎"道"，只要你做的那件事是合乎"道"的，那么你此刻便是受到了道的保护，此刻的你便是高尚的，便会受到人们的敬重。"道"随时随地都在准备着庇荫你，就看你是否愿意拥抱它了。

具体到现实生活中，我们应该明白，要想为人所看重，一切全在于自己。不要在乎你的行为在细节上如何，表面上如何，而要明白你的行为是否是真正符合"道"的。这一点，从长远来说，既骗不了别人，更骗不了自己。一切都是种瓜得瓜，种豆得豆。并且，在做一件事情的时候，不要考虑其他的事情自己是如何做的，这件事合乎"道"了，在这件事上便会得到人们看重，那件事不合乎"道"，便会那件事上遭到人们的鄙视。至于怎么样算是合乎"道"，那就要看各自的领悟与修行了。

备受尊重的汲黯

西汉时期的大臣汲黯说话非常直接，即使对汉武帝说话也是如此，以至于在朝廷上以愚直著称。我们知道，汉武帝采纳董仲舒的建议，罢黜百家，独尊儒术。但实际上，罢黜百家是真，独尊儒术是假，在具体治国的实践过程中，汉武帝却并未将儒家的仁政作为施政的纲领。汉武帝为了实现自己的政治抱负，一味穷兵黩武，奢侈无度，结果天下虚耗，财力枯竭，百姓流离。对此，众多大臣都心里明白，却不敢指出。而唯独汲黯当面指出汉武帝的虚伪。一次，汉武帝招揽文学之士和儒生，和大家探讨如何利用儒家思想来治理国家。在谈论的过程中，汉武帝问汲黯的看法，没想到汲黯竟然答道："陛下心里欲望很多，只在表面上施行仁义，怎么能真正仿效唐尧虞舜的善政呢！"汉武帝本来正在兴头上，一听这话，便立刻沉默不语，脸色一沉便罢朝了。周围的公卿大臣都暗暗为汲黯捏一把汗，并责怪汲黯说话太直接，汲黯却说："天子设置公卿百官这些辅佐之臣，难道是让他们一味屈从取容，阿谀奉迎，将君主陷于违背正道的窘境吗？何况我已身居九卿之位，纵然爱惜自己的生命，但要是损害了朝廷大事，那可怎么办！"后来，汉武帝并没有找汲黯的麻烦，只是对身边的近臣抱怨说："汲黯这个人未免也太愚直了！"

汲黯身体不好，经常让同僚代替自己向汉武帝请假养病。一次，庄助替他请假，汉武帝便问道："你觉得汲黯这个人怎么样？"庄助答道："汲黯这个人，其实才能一般，你让他当官执事，并没有过人之处。然而让他辅佐年少的君主，坚守已成的事业，则是上好的人选。他不受利益的诱惑，也不会被威力所恫吓，即使有人自称像孟贲、夏育一样勇武非常，也不能撼夺他的志节。"汉武帝听后点头说："是的。古代有所谓安邦保国的忠臣，像汲黯就很近似他们了。"可见，汉武帝对汲黯极为敬重。

汲黯的为人耿直是出了名的，就连汉武帝也对他另眼相待。当初，赫赫有名的大将军卫青求见皇上的时候，皇上蹲在厕所里接见他；丞相公孙弘平时拜见皇上，皇上经常衣冠不整地接见他。唯独汲黯来了，皇上非常注意仪容，衣冠不整就不敢露面。有一次，皇上坐在帐帷中，闻听汲黯有事上奏。此时，皇上还没来得及戴帽子，就连忙把头缩回去，躲进帐帷里，命人批准了汲黯的奏折。由此可见，汉武帝不但很尊重汲黯，甚至还有一点敬畏。

汲黯不仅在言论上以敢于直言著称，其行为也常迥异他人。汲黯做官期间，同情民众的疾苦，始终将百姓的利益放在首位，并坚持自己的原则。有时，为了坚持原则，他甚至敢抗旨不遵。建元三年（前138），闽越王和东海王打仗。汉武帝得知后，便派汲黯以天子名义前去视察。没想到汲黯走到吴地（今江苏苏州）就打道回京了。他向汉武帝汇报：越人之间的打打杀杀，是他们的习俗，根本不值得大汉天子的使者前去。我走到半路已探明消息，觉得天子没必要去管这样的小事，所以就回来了。这明显是违抗圣旨。汉武帝并没有处罚他。

另有一次，河内郡（今河南武陟县）发生大火灾，烧了几千户人家，汉武帝派汲黯前去视察。汲黯回朝后向汉武帝报告：由于房屋密集，烧了不少人家，不过没什么大不了的，不值得皇上忧虑。我路经河南郡（今河南洛阳），看见当地百姓受水旱之灾，灾民多达万余户，甚至发生父亲吃儿子的惨剧。我未经您准许，以钦差大臣的名义，打开河南郡的国家粮仓，赈济当地灾民。现在我交回符节，情愿接受假传圣旨的罪名。这要论起来，罪大了去了，但是汉武帝并未处罚他，而是调任他为荥阳县县令。汲黯却"耻为令"，借口有病把官辞了。汉武帝只好将他调回身边，任命他为太中大夫。我们知道，汉武帝当时是血气方刚的雄才之主，对汲黯为何如此忍让呢，原因便在于汲黯的行为看似有些不合规矩，但总体是合于大"道"的，因此得到了汉武帝的认可。即便第一次抗旨的理由有些牵强，但他总归是站在国家的利益考虑的。

不仅对皇帝如此，在平时与人相处，汲黯也经常不怎么讲礼数。当时，王太后的弟弟武安侯田蚡做了丞相。年俸中二千石的高官来谒见时都行跪拜之礼，田蚡竟然不予还礼。而汲黯求见田蚡时从不下拜，只是向他拱手作揖而已。汲黯和大将卫青交厚，后来卫青的姐姐卫子夫做了皇后，卫青当上了大将军，地位尊崇至极。但是汲黯仍按照原来的习惯与他行平等之礼。有人劝汲黯说："天子早想让群臣居于大将军之下，如今对大将军尊封和器重，使之地位更加显贵，你不可不行跪拜之礼。"汲黯却回答："大将军有拱手行礼的客人，就使他不受敬重了吗？"这话传到卫青耳朵里后，他更佩服汲黯贤良，多次向他请教国家与朝中的疑难之事，看待他胜过平素所结交的人。

汲黯时常攻击儒学，总是当着众大臣的面指责公孙弘。说他表面上装作很有智慧，阿谀奉承皇上，实际上内心奸诈。还说张汤等刀笔吏光会研究法律条文，巧妙地诬陷别人有罪，而且罪状勾画得天衣无缝，让人无法看清事实的真相，然后以断案的成功来显示自己的功劳。公孙弘、张汤两个人心里十分恨汲黯，而且认为皇上也不喜欢他，就想找借口杀掉汲黯。公孙弘以丞相的身份对皇上说："右内史的管辖范围中，住有很多的皇族和大官，不好管理。应该派个有能力的官员去担任，我看汲黯就很合适。"于是皇上就派汲黯担任右内史。在汲黯做右内史期间，从来没出现大的乱子，政务处理得井井有条。公孙弘等人本想借刀杀人，置汲黯于死地，这下全没了话说。

汲黯一生，美言美行无论是对刚愎的汉武帝，还是对当时权贵，没有丝毫的媚态，言行一致，刚正不阿。虽然皇帝和权贵经常被他弄得恼羞成怒，但背地里他们对汲黯极其敬畏，其原因便在于汲黯所说的话、所行的事都是符合"道"的美言美行。而相反，如果所说的话和做的事不符合"道"，即使能让人十分舒畅，也不会得到别人的尊敬。

【为人之道】

周处浪子回头

晋代的周处，字子隐，原是东吴义兴（今江苏宜兴市）人。他的父亲周鲂曾担任太守，但很早就去世了，时值少年的周处从此无人管束，不读诗书，任性使气，整天在外面游荡。成年后的周处身材魁梧，气力过人，喜爱骑马射箭，对人则凶悍粗鲁，横行乡里，动不动就拔拳打人，甚至动刀使枪，乡里人都惧怕他。当时的孩子哭时，大人一说"周处来了"，孩子便不敢哭了。一次，他走过东门菜花桥的一个酒坊，这时一只狗从酒坊里窜出来，朝他叫了几声。周处火冒三丈，骂道："你这只畜生，也敢来咬我周处？"抬起脚将狗踢得汪汪叫，满街乱跑，但周处还不罢手，提刀非要宰了这狗。酒坊老板一看是周处，赶紧磕头作揖，向周处赔罪，请周处饶了这只看家狗。周处却恶声恶气地讲："狗不打死，酒缸打翻！"老板没办法，只好眼睁睁看他把狗打死了。周处整天游手好闲，无人愿意与其相处，只要看见他过来，大家都唯恐避之不及，连家中老母亲看着儿子回来都战战兢兢，非常惧怕。当时在义兴附近的南山有一只白额猛虎，经常出来伤害百姓和家畜，当地的猎户也制伏不了它。同时在当地的长桥下，有一条大蛟（一种鳄鱼），出没无常，不少人丧命其口。于是义兴人便把周处和南山白额虎、长桥大蛟一起并称为义兴"三害"，并且将周处列为"三害"之首。

一天，周处在外面闲逛，看到人们都闷闷不乐的样子，便找到一个一向仁厚的老年人问："今年的收成不是不错吗，大家为何还是这么不高兴？"老人讲："有三害在，大家怎么高兴得起来！"周处第一次听见"三害"这个说法，便问："您说的三害是指哪三害？"老人说："在南山中有一头白额虎，这畜生经常出来伤人，是为一害；在长桥下，有一条大蛟，害了不少人的性命，还使得人们不敢再到河里捕鱼；至于这第三害嘛……"老人犹豫了一下，但最后还是直说了："大概要算是阁下你了，并且你还是这'三害'之首。"周处一听，自己多年以来自以为勇武，是条汉子，没想到竟然成了乡邻们眼中最大的祸害，感到十分羞愧。当时他便看着老者说："好吧，我周处自小无父，承蒙乡亲们关照长大，我这就为乡亲们除去这三害！"老人说："如此，则是地方上一大幸事了！"

周处说到做到，回到家后，他便准备武器和干粮，第二天便孤身带着弓箭，背着利剑，进山找虎去了。到了密林深处，只听见一阵虎啸，从远处窜出了一只白额猛虎。周处闪在一边，躲在大树背面，拈弓搭箭，"嗖"的一下，射中猛虎前额，结果了它的性命。然后周处下山告诉村里的人，有几个猎户上山把死虎扛下山来。大家都挺高兴地向周处祝贺，周处说："先别忙，等我收拾了长桥的大蛟再说。"第二天，他又背着干粮，带着弓箭和利剑出发了。

周处躲在岸上等了一天一夜，那蛟才出现，于是周处连发三箭，射中了蛟的背部。那畜生也比较机警，一看形势不对，便赶紧潜水躲起来了。周处一看，等它伤养好了，再杀它就难了，于是果断带着利剑跳入水中，和蛟龙进行搏斗。没想到那畜生虽然受伤，但威猛不减，和周处且战且退，试图逃往下游。但周处毫不松懈，一直对它紧追不舍，结果直从上游折腾到下游，三天三夜之后，才将这畜生杀死。

再说这些乡邻，他们一看周处一连几天都没有回来，派人去查看，只见长桥下有血迹，便以为周处和大蛟一起死在河底了。这下，乡邻们以为三害一下子都去除了，都十分高兴，相互庆贺。

　　没想到，几天后，周处又回来了，只是受了点轻伤而已。当他回到家里，听说乡邻都在为自己的死去而高兴，便更加认识自己平时是多么被人们所痛恨。他决定痛改前非，重新做人。他听说吴郡有两位有名望的人，一个是陆机，一个是陆云，便前去拜见。当时陆机不在家，他便将自己的经历和想法跟陆云谈了，他称自己后悔醒悟得太晚了，想要干一番事业，但又怕来不及。陆云鼓励他说：“别灰心，您有这样决心，前途还大有希望呢。一个人只怕没有坚定的志气，不怕没有出息。”周处点头表示认可，便留下来跟随陆机、陆云学习。周处一面刻苦攻读诗书，一面努力提高自己的道德修养。由于向善改过的决心和之前为民除害的举动，仅仅一年，他便获得了很好的名声，州、府的地方官纷纷举荐他出来做官。不久，东吴称臣于晋朝，周处就成了晋朝的大臣。

　　此后，周处为官三十多年。在任上，他克己奉公，政绩卓著。在新平任太守时，他非常高妙地处理了汉族和少数民族的关系，解决了当地长期存在的民族纠纷；在广汉当太守时，他处理了数十年积累下来的积案；在担任御史中丞期间，作为言官，他一反当时流行的“事不关己，高高挂起”的清谈之风，仗义敢言，不趋炎附势，即使皇亲国戚，他也从不肯徇私枉法。

　　因为周处的刚直不阿，当时朝廷上的恶势力对他恨之入骨，欲置之于死地。元康六年（296年），少数民族元帅齐万年率氐羌族7万人起兵反晋。当时朝中的梁王等权贵趁机推荐周处出征，朝廷便以周处为建威将军，梁王为征西大将军，都督关中诸军。僚属孙秀深知周处此去处境险恶，便私下叫周处以家母年迈多病为托词而不去。周处却答以忠孝不能两全，毅然从命。第二年，用心险恶的梁王命周处率五千兵马为前锋前去迎战，周处也明白梁王的险恶用心，当即严正指出：“军无后继肯定失败，我死倒没什么，但这也是国家的耻辱啊。”说罢愤然离去，率领人马行至离敌人不到两里的地方等待援军。没想到援兵未到，一夜间催战令却接连而至。第二天早上，军队尚未吃饭，梁王又传令进军，周处明知此战必败，无奈军令如山，仍跃马上阵，自晨激战至暮，弦尽矢绝，援兵不至，部下劝其暂退，再作计议，周处勃然大怒道：“是吾效节授命之日也！”继续挥刀策马，奋力拼杀，终因寡不敌众，力战而死。建武元年（304年）冬，他被追封平西将军，清流亭侯，谥孝，后人称周孝侯。

　　周处的故事在历史上非常有名，这应该说是一个典型的浪子回头的故事了。周处当初在乡邻眼中竟然比吃人的猛虎和大蛟危害还要严重，可想他曾经做过多少坏事。尽管如此，他一旦认识到自己的错误，洗心革面，仍然能够养成受人崇敬的德操，并创立了一番功业。这正是验证了老子所说的“其不善者，何弃之有”的道理。可见，只要一个人能够在任何一瞬间感悟到“道”的存在，并决心行在其中，“道”都不会“嫌弃”并“拒绝”他。

第六十三章

能成其大

【原文】

为无为，事无事①，味无味②。大小多少，抱怨以德。图难③于其易，为大于其细。天下难事，必作于易；天下大事，必作于细④。是以圣人终不为大，故能成其大。夫轻诺必寡信，多易必多难。是以圣人犹难之，故终无难矣。

【注释】

① 事无事：将无事当作唯一的事。无事，即没有特别的目的。

② 味无味：将没有味道当作唯一的味道，恬淡无欲之意。

③ 图难：图谋难的事情。

④ 细：小事，细节。

【今译】

人们往往是抱着有所为的态度而为，而圣人则是抱着无所为的态度而为；人们往往是抱着一定的目的行事，圣人做事则没有固定的目的；人们往往是为了满足贪欲而品味，圣人则并不为贪欲而去品味。人们是以大为大，以小为小，以多为多，以少为少，而圣人则是以小为大，以少为多。人们通常恩怨分明，以德报德，以怨报怨，圣人则是以德报怨。天下的难事，必定是从容易的地方开始着手；天下的大事，必定是从小的地方做起。所以圣人不肯舍弃小事情而总想一下子做成大事，所以他才能够最终做成大事。一个人一旦轻易许诺，那么肯定不守信用；一个人将事情看得过于简单则必然会遇到许多困难。因此，圣人总是从一开始就将事情看得很难，时时戒慎、反省自己，结果反而根本不会遇到难事了。

【解析】

图难于其易，为大于其细

"图难于其易，为大于其细"是老子所提出的一个具有很现实的方法论意义的智慧。这个智慧不同于"天道"那么宏观、形而上，而是对于人们的行为做事具有很重要的指导意义，因此历来受到人们的推崇。

正如老子所说，天下难事，必作于易；天下大事，必作于细。所有的看上去了不起的大事业，必然是从小的地方着手，一步步自小而大积累而成的。看上去十分难的事情，必然是从简单的地方开始做，将困难一点点地解决掉，最终完成的。下面这个寓言便很形象地说明了这一点。

一只新制造出来的小钟被放在了货架上，在它的旁边是两只旧钟。两只旧钟"嘀嗒""嘀嗒"一分一秒地走着。小钟有些不知所措。其中的一只旧钟便友好地对小钟说："来吧，你也该工作了。"停顿了一下之后，又接着说："不过，我有点儿担心，你走完3200万次以后，恐怕会有些吃不消。""天哪！3200万次。"小钟吓了一大跳，"要我做这么大的事？我肯定做不到！还是算了！"这时另一只旧钟开口了："别听他胡说八道。不用害怕，其实很简单的，你只要每秒"嘀嗒"摆一下就行了。""哦，事情这么简单"，小钟一听，有些半信半疑，"如果这样，我就试试吧。"于是小钟很轻松地每秒钟"嘀嗒"摆一下，不知不觉中，一年过去了，它摆了3200万次。

其实许多所谓的大事正是如此，看上去老虎吃天，无从下口，那是因为你心浮气躁，只看到了结果，而忽视了过程。实际上，如果你能够静下心来，将大的事情分拆成一个一个的步骤，然后一步一步地去做，在完成这些小的步骤时，其实并不难。只要你坚持不懈，持之以恒地去做这些简单的步骤，时间到了，你会发现自己不知不觉间已经接近甚至做成那个当初看来可望不可即的大事情了。

洗洗擦擦、装装卸卸、摆摆放放之类的工作，并不需要多少技巧和技能，只要认真坚持下去就行了，可坚持下去也不是太容易的事情。在有人看来，这类小事也太不起眼、太微不足道了，因而就不愿意去做。他们一心想着做大事，取得大的成功，想一举成名，认为干这类小事不会有出息。殊不知，任何大事业总是由一件件小事串成的，不严肃认真做好每一件小事，所谓大事也就是一句空话。天下难事必做于易，天下大事必做于细。坚持并认真地做好琐碎的小事，干好别人不愿干的工作，是成就事业必备的品质。如果平常拒绝坚持做小事，想要在关键时刻创造辉煌，那是不可能的事情。事实上，我们在自己所做的每一件工作上都签下了自己的名字，活儿有多漂亮，我们的名字就有多响亮。一心渴望成就伟大的事业，却不甘于平淡，伟大的事业必定了无踪影；认真做好每个细节，伟大的事业就会不自觉来到你的面前。在美国，已故的西尔斯公司董事长裘利亚斯·罗山在世时，有人问他是如何取得事业的成功的，他的回答是："如果我是一个柠檬的话，我就只想着如何做柠檬水。"只要我们具备了这样认真的态度，脚踏实地做好每一件小事，干好每一件不起眼的工作，我们就会取得自己想要的成功。

但在当今的社会中，有不少人也知道小事重要，开始时也能充满热情地去做，但时间一长，锐气消磨，热情减退，再加之有时看不到希望，于是便懈怠了，敷衍了。这种人多半因为不理解小事的价值，也不明白自己的目标，半途而废，终无所成。而对于目标明确的敬业者来说，工作无小事，每天兢兢业业地把所在岗位的每一件事做好、做到位，并坚持下去，就不简单了。海尔最与众不同的地方就是能够把看起来不起眼的小事坚持做到底，公司总裁张瑞敏说："把每一件简单的事做好就是不简单，把每一件平凡的事做好就是不平凡。"做小事很容易，但要坚持做到底就不容易了。

"海不择细流，故能成其大；山不拒细壤，故能就其高。"只要把不起眼的小事坚持到底，终究能成就伟大的事业。

　　有位哲人曾说过，看似最为平常、最容易做的事，也是最难做的事，谁做好了最为平常、最容易做的事，谁就会取得非凡的成就。把不起眼的小事能做到位，把不起眼的小事能坚持做到底，小事也能成为大的事业。

　　另外，不仅大的事业是从小地方着手，难的事情是从简单的地方做起，那些不可挽回的不好的事情，也往往不是突然爆发的，而是有一个过程。如果能够在细节上，在简单的地方及早注意，防微杜渐，也是可以遏止的，这同样是一种"图难于其易，为大于其细"的智慧。

　　其实，说到底，"图难于其易，为大于其细"的智慧便是一个把握哲学上的量变和质变之间的关系，并将其运用到自己的行事中去的智慧。我们知道，任何事情，不管是好事还是坏事，都有一个从量变到质变的过程。难以做到的事，一旦将其拆分为若干步骤，要做这些步骤往往是简单的。要阻止不可挽回的坏事的发生，事到临头，往往是难以做到的，但提前防患于未然，在细节上未雨绸缪，则是容易的。总之，要做大事情，既不要好高骛远，也不要被其困难所吓住，要先从小事情干起。清人彭端淑的《为学》中曾讲了一个故事，说四川的边境上有两个和尚，其中的一个贫穷，另一个富有。一天，穷和尚对富和尚说："我想去南海，你觉得怎么样？"富和尚问："您靠什么去呢？"穷和尚说："我靠着一个水瓶一个饭钵就足够了。"富和尚说："我几年来一直都在想雇船而往下游走，还没有能够去成，你靠这个就想去？"到了第二年，穷和尚从南海回来了，并告诉富和尚此事，富和尚显出了惭愧的神色。这里，这个富和尚之所以失败，便是因为将困难想得过大，不敢着手去做。而穷和尚之所以成功，便是因为不畏困难，从简单的地方入手——我先出发，遇到困难再想办法解决。实际上，所有的所谓大事，不都是这样做成的吗？

轻诺必寡信

　　为解释圣人凡事在一开始"犹难之"，以在最后"无难矣"的智慧，老子指出了"轻诺必寡信，多易必多难"的道理。的确，凡事如果在开始觉得容易，往往到最后便觉得难；而在一开始便将其当作一件难事，更加认真努力地做，结果便会变得容易。在这里，"轻诺必寡信""多易必多难"所讲的道理有相通之处，但也有各自独特的含义，我们将其分开单独讲述，这里先说"轻诺必寡信"。其实，"轻诺必寡信"自从老子说出，早就成了一句广为流传的至理名言。如在中国清代鬼怪小说《聊斋志异·凤仙》中便有："吾家非轻诺寡信者。"应该说，这句话所说的道理是得到了古往今来的中国人的认同的，无数的事例也证明了其正确性。"轻诺寡信"之所以会成为一种普遍现象，有其深刻的根源。按照老子的说法"天下难事，必作于易；天下大事，必作于细。""多易必多难"，也就是说，天的事情，特别是好事大事，要想做成做好，是很困难的，它不仅需要漫长的时间，而且要克服数不清的困难。这就要求做事者既要有足够的耐心，又要有坚定的意志和充分的自信心。但是，那些"轻诺"之人，往往把事情看得太容易，对困难估计不足，所以做起来就会大出意外，要么半途而废，要么功亏一篑，到时候，即便他不想失信，也没办法兑现"诺言"。况且，这些轻诺之人，往往是没有耐心的浮躁之徒，许多事情只是随口说说而已，并未认真思考事情能否办成，自己能否兑现诺言，所以一遇困难便会轻易放弃，最终成为"寡信"之人。由于浮躁和盲目，这些人往往缺乏责任感和坚强的意志，他们不能严格要求自己，且不把做成事或兑现诺言看得多么重要，事情做不成就算了，诺言兑现不了也不放在心上，因此，不负责任的"轻诺"结局必然是"寡信"。历史上，这样"轻诺寡信"的事比比皆是，不多赘述。

在我们现实的生活之中，在我们自己身边，"轻诺必寡信"的事也不少见。当你请求别人帮忙时，许多人往往都会满口应承，让你回头等消息，但是，时间一天天过去了，那个消息却永远也没有到来；在单位，你觉得自己的才能被压抑，得不到发挥，有一天你终于鼓足勇气要求离开。但是，一个大腹便便的领导和蔼和亲地再三挽留你，一再强调你是个人才，让你再埋头干段时间，肯定会得到重用。结果，你一埋头就是几年，还是没人理你，领导早就忘记了他的话了，说那样的话是他的习惯性用语而已，并非像你当初想象的那样你终于遇到了知音。各种商家在电视、报纸或是当面做出的各种"包修包换包退"信誓旦旦的承诺，你相信了。但当你掏出你的钱，将产品购买回去之后，一旦出现问题，再回来找商家要求兑现承诺时，你才会发现自己当初相信这样的承诺时多么的天真。总之，轻诺必寡信，一点也不假，当别人轻易地说出自己的承诺时，你最好站在他的角度想一想，我要是他，会兑现吗，人同此心！难怪鲁迅先生在遗嘱中专门留了一句话告诫妻儿：不要轻信别人的诺言。

除了不要轻信别人的承诺之外，"轻诺必寡信"的智慧还提醒我们自己不要轻易做出承诺，以免自己不能兑现，在别人眼中成了一个没有信誉的人。实际上，在现实生活中，可能大部分的人对此都并不怎么注意，根本不认真考虑自己能不能兑现，很轻易地便许出了诺言。到后来自己不能兑现，甚至干脆都忘记了这回事。比如在朋友有事要我们帮忙的时候，我们其实并不能保证自己能办到，但是为了显得够哥们义气，便拍着胸脯说"没问题""包在我身上"，甚至一开始自己就明白根本办不到，碍于面子却稀里糊涂地应承了下来。结果，到后来，没能兑现，事没办成，还耽搁了别人办事的时机，不仅当初的面子、义气全没了，你的信誉也没了。更有甚者，这事成了你们之间的一个疙瘩，对方也不提，你却老觉得心虚，久而久之，干脆躲着人家，何苦呢？还有一种常见的情况，你问别人借钱，担心别人不借，于是你便信誓旦旦地承诺多久肯定还，其实你心里并没有谱，甚至干脆明知道这个时间还是不可能的。最后，别人借给了你，到时却没还上，结果不仅你再也不好意思问人借钱，而且人家再也不会相信你这个人。实际上，可能别人也并不急用钱，你晚点还也没关系，但问题是你要跟人家提前说清楚。总之，在许诺之前，我们最好要想清楚自己到底能不能兑现，如果不能，便不要轻易许诺。即使是答应了别人，也最好将情况给别人说清楚，比如说：这件事我尽力而为，提前说好不一定能办成。如此，我们便才真正守住了自己的面子，守住了义气，守住了信誉和友谊。

另外，"轻诺必寡信"还存在于一种常见的情形，那便是在商业领域中。现在的许多商业公司，为了拉住客户，在一开始对于客户的要求总是尽可能满足，而不管自己能不能兑现。结果却不能兑现，失去了客户的信任，人家再也不愿与你合作了，可以说是丢了芝麻捡西瓜，许多公司之所以不能长期经营，就是因为这个原因。与此相反，香港最成功的商人李嘉诚为我们做出了榜样。

李嘉诚凭借其商业帝国成为香港首富，关于其成功之道，已有许多书籍做过探究，其最后都基本没有绕开一个字——"诚"，也即信誉。事实上，自创业之初，李嘉诚便不肯为了眼前利益而"轻诺寡信"。李嘉诚起家于塑胶花生产，当时曾有一位对塑胶花需求量很大的外商前来香港订货，李嘉诚想做这笔生意。但是外商担心他的供货能力，要求他找一个大厂为他担保。李嘉诚当时正处于创业初期，磨破了嘴皮子也没人愿意为担保，无奈之下的李嘉诚对外商如实相告。但外商感动于李嘉诚的诚实，愿意在没有担保的情况下和他签约。没想到李嘉诚却拒绝了，并诚实地对外商说："先生，能受到如此信任，我不胜荣幸之至！可是，因为资金有限得很，一时无法完成您这么多的订货。所以，我还是很遗憾地不能与你签约。"显然，换做一个有"心眼"的商人，可能会先将合约签下来，然后再去找资金扩大生产规模。但是，这显然不一定能做到，有可能会导致最后不能完成外商的订单，而耽搁人家的事。所以，李嘉诚肯失去绝好的商业机会，而不肯轻易许诺。李嘉诚的诚实让外商大受震动，当即表示要与李嘉诚这样诚实的商人合作一回，并表示自己愿意预付货款。正是凭借这种诚信的商业精神，李嘉诚一步步地发展成为塑胶花大王，进而经营起了其今天的商业帝国。

最后，还有一种情况值得一提，即不仅不要对别人轻诺，对于自己也不要轻诺。许多人在决定减肥、戒烟、早起晨练时，往往会给自己制订完备的计划。但许多人往往一开始便制订出很苛刻的计划，坚持一段时间后便懈怠了，如此一来，便对自己失去了信心，觉得自己不可能做到，最后干脆放弃。与其如此，不如制订一个稍微宽松的计划，以使自己能够长期坚持。比如，只规定自己少吃肉而不是完全不吃肉；戒烟不是一下子戒掉，而是规定每天少抽半包甚至几支；早起的时间不定得那么早，如此，降低难度，使自己容易长期坚持，自己便能够兑现自己的计划，便会越来越有信心了。

【为人之道】

法拉第的人生飞跃

法拉第是 19 世纪英国最伟大的科学家之一，在化学、电学，尤其是电磁学领域做出了杰出的贡献。可能许多人并不知道，法拉第连中学都没有读过。但是，他靠自己的努力，一步一步前进，最终成为一个伟大的科学家。

法拉第全名迈克尔·法拉第，于 1791 年出生在英国萨里郡纽因顿的一个铁匠家庭。由于家庭贫困，他早早辍学，十三岁时到一家书店送报和装订书籍。借助与书籍接触的机会，求知欲很强的法拉第不断地充实自己。他对自然科学尤其感兴趣，在阅读了大量的相关书籍以及一些科学家的传记以后，他产生了强烈的愿望，希望自己能够成为一名科学家。但是，刚产生这个想法的时候，再想想自己早早辍学，缺乏系统学习，整天又忙于一些粗活的现状，法拉第感到有些沮丧，觉得这对自己来说简直是痴人说梦。

但是，经过一番思索之后，法拉第认为，虽然自己的梦想听起来有些遥远，但也并非完全不可能。他想，且不管结果如何，反正我对自然科学感兴趣，即使成不了自然科学家，我至少满足了自己的兴趣，就尽我所能往前走就是，走到哪儿算哪儿吧。于是，他挤出一切休息时间将自己装订的书籍从头到尾地读一遍，读后还临摹插图，工工整整地做读书笔记；用一些简单器皿照着书上进行实验，仔细观察和分析实验结果，把自己的阁楼变成了小实验室。就这样，在这家书店待的八年期间，他废寝忘食、如饥似渴地学习。八年之后，由于对自然科学已经积累起相当多的知识，他很想摆脱这种低层次的工作，专心研究自然科学，却苦于没有机会。

一次，他听说英国皇家学院张榜为大名鼎鼎的物理学教授戴维招募科研助手，激动不已。但考虑到自己仅仅是个小学毕业的装订工人，他又有些自卑，觉得自己希望不大。最后，他对自己说："不管怎么样，还是那句话，走到哪儿算哪儿，至少去报个名是我能做到的。"

于是，他便报了名。没想到考试前一天，法拉第接到选拔委员会的通知，称他作为一个普通的装订工人，没有资格参加考试，取消了他的考试资格。

对这个结果，正如法拉第所料，看来自己注定不可能成为一个科学家，那个梦想太遥远了。但是，转念一想，他又有些不服气，心想自己总该再争取一下。于是，他找到选拔委员会，声称要他们给一个说法。那些委员傲慢地告诉他："一个装订工人怎么可能成为皇家学院著名教授的助理！除非戴维教授表示同意让你来参加考试。"

这也算是一个说法。无奈之下，法拉第便只好回来了，心想，他们说的也有道理，一个装订工人怎么能到皇家学院去呢？他几乎要放弃了，但是转念一想，既然他们说了只要戴维教授同意，他还有机会，自己为何要放弃呢。即使到皇家学院看上去遥不可及，至少去拜访一下戴维教授并不困难吧，自己还没有走到死路啊！于是，他决定去拜访戴维教授。

起初，自感卑微的法拉第还是有些犹豫，担心人家那样的大教授根本不会理睬自己。但他觉得，至少自己不应该主动放弃这个看起来渺茫的机会。他怀着忐忑不安的心情来到了戴维教授的门前，当他用颤抖的手按响门铃之后，没有人来开门。他更怀疑自己的行为是不是愚蠢而可笑，转身要走。但是，当他转过身来，看到太阳正好升起，他又充满了勇气，他告诉自己："即使是自己失败了，至少将来回想起来，原因不会是自己没有做再按一下门铃这么简单的事情。"于是，他回转身又一次按响了门铃。这次，一位鹤发童颜，精神矍铄的老人为他开了门，并微笑着对他说："请进来吧，门没有拴。"

法拉第吃惊地说："教授家的门从来不闩吗？"老者微笑着说："为什么要闩门呢，要知道，当你把别人闩在外面的同时，也是将自己闩了起来啊，我才没那么傻呢！"看这个老人出言不凡，法拉第傻愣愣地问："请问您是……"

"我就是戴维呀！"老者微笑着说。法拉第没想到这么出名的教授竟然如此的和蔼可亲，又高兴又激动，不知说什么好。"进来吧，年轻人！"戴维教授看他激动的样子，便微笑着说。进屋以后，法拉第将情况对戴维教授说了一遍。戴维教授听后，爽快地答应了法拉第的要求，迅速写了一张小纸条递给法拉第，说："去吧，年轻人，告诉他们这件事我戴维老头同意了！"

凭借戴维的介绍，法拉第如愿参加了竞选考试。经过激烈的竞争，法拉第凭借自己自学的扎实基础和养成的科学思维打败了众多竞争者，成功当选为戴维教授的科研助理。就这样，一个没读过中学的装订工人堂而皇之地跨进了高贵的皇家科学院的殿堂。实际上，在参加竞选的人当中，有不少是来自名牌高校的大学生乃至博士生，连法拉第自己也不敢相信自己的科学知识和科学素养已经能够击败这些人。后来的事，我们都知道了，法拉第成了英国历史上名垂青史的科学家之一。

在这个故事中，法拉第面对自己从装订工人到科学家的飞跃，开始觉得是可望而不可即的东西。但是，他并没有因此而放弃，而是秉承先做自己能做到的事，走到哪算哪的哲学，一步步往前走。在遇到困难的时候，他总是告诫自己至少做自己能做到的事，包括去报名参加竞选，去拜访戴维教授，甚至去转身第二次敲门，正是通过去做到这些简单容易的事情，法拉第一步步地走近了自己的梦想，最后收获了梦想。可以看出，法拉第的这种先做自己能做到的事其实便是老子所说的"图难于其易，为大于其细"的智慧。

第六十四章

无为无败

【原文】

其安易持，其未兆易谋，其脆易泮①，其微易散。为之于未有②，治之于未乱。合抱之木，生于毫末③；九层之台，起于累土④；千里之行，始于足下。为者败之，执者失之⑤。是以圣人无为故无败，无执故无失。民之从事，常于几成而败之。慎终如始，则无败事。是以圣人欲不欲，不贵难得之货；学不学，复众人之所过，以辅万物之自然而不敢为。

【注释】

① 泮：散，解。

② 未有：未曾发生。

③ 毫末：细小的萌芽。

④ 累土：累，土笼，盛土的筐子。累土，即一筐一筐的土。一说累乃堆积之意。

⑤ 为者败之，执者失之。是以圣人无为故无败，无执故无失：此句为二十九章错简于此。

【今译】

国家安定的时候，为政的人容易保持对国家的治理。因为一切纷乱的事情还没发生的时候，如果有违反正常的事情刚要发生，便能一目了然，很快找出解决掉。事情还未见端倪的时候，总是容易图谋的。这就像是脆弱的东西容易分化，微小的东西容易散失。因此，做事情要在它尚未发生以前就处理妥当，在祸乱还没有发生之前就做准备。合抱的大树，是从细小的萌芽生长起来的；九层的高台，是由一筐一筐的泥土堆积起来的；千里的远行，是从脚下的第一步开始的。违反以上的规律，试图有所作为，固执任性的人必然会失败。因此，圣人总是无所作为所以不会失败，无所执着所以不会遭受损害。普通人做事情，往往会在快要成功的时候遭遇失败，因为不能始终如一。所以在事情快要完成的时候，也要像开始时那样慎重，这样就不会有失败的事情了。圣人深知此理，所以他所追求的东西都是别人并不想要的，而众人所稀罕的难得的财货，他却并不稀罕；他所学习的知识也不是众人所喜爱的那些可以用来卖弄聪明的知识，排除众人所有后天的妄见妄知。总之，他确守无为的道体，辅助万物自然发展，而不敢有所作为。

【解析】

慎终如始，则无败事

"慎终如始，则无败事"，是老子给我们留下的又一至理名言，两千年以来一直受到人们的推崇。的确，人们在做事情时，在开始时很容易保持旺盛的斗志和冷静的头脑，但是在快要接近成功时，会因为前面的顺利而形成骄傲心理，同时也会因为接近成功而头脑兴奋，失去冷静，进而丧失谨慎的态度和应有的沉着，功败垂成。对于这种现象，其实不仅老子，很多中国古人都看得很透彻，并提出了谆谆告诫。比如《诗经·大雅·荡》中便有言："靡不有初，鲜克有终。"在《论语》中，孔子对曾参说："参乎！吾道一以贯之。"一以贯之，说的便是一种持之以恒，善始善终的做事态度，与老子所说的"慎终如始"显然是一个意思。人们之所以会如此多地强调这种"慎终如始"的智慧，正是因为如老子所说："民之从事，常于几成而败之。"人们在做事情的时候，经常都会发生在快要成功的时候功亏一篑的现象。在中国历史上，这样的例子可谓不胜枚举：

我们知道，三国时期的刘备，乃是三国基础条件最差的。但他之所以能够成就一番事业，与隐忍低调、谦虚谨慎、从善如流的做人品质密不可分。这一点从他礼贤徐庶、三顾茅庐等事中得以充分表现。另外，从他对儿子刘禅"勿以善小而不为，勿以恶小而为之"的告诫中，也可体会出他谨慎克己的做人信条。正是凭借这种对己严格，对贤能之士尊重的做人风范，他才得以立足荆州和川蜀，创建蜀汉，与占据了"天时"的曹操和占据了"地利"的孙权鼎足而立。但是，在西川称帝以后，刘备便逐渐失去了其早期谦虚谨慎的作风，甚至对于前来投奔他的士人也不那么礼遇了。实际上，早在据有荆州之后，刘备的作风便有所改变了。当初凤雏庞统前来投奔于他，他看人家其貌不扬，便将其冷落，只是给了他一个小官便打发掉了。在称帝之后，他开始变得刚愎自用，听不进别人意见。当关羽被东吴杀害之后，刘备怒发冲冠，不顾包括诸葛亮在内的大部分人的劝阻，执意兴兵讨伐东吴。而这便破坏了自己联吴抗魏的立国之策，是十分不理智的。结果，他的一意孤行导致了后来的夷陵之败，蜀汉元气大伤，他自己也抑郁而终。后来，诸葛亮多次北伐都没能成功，也与此有关。

另外一个例子是唐末农民起义领袖黄巢。唐朝末年，黄巢率军转战南北，因为起义军作战勇敢，又得民心，一路上队伍不断壮大。黄巢率领起义军攻下东都洛阳后，没有就此懈怠，仅在洛阳停留了十几天，便向长安进发。因唐王朝人心离散，起义军很快便攻下了长安，唐僖宗率众逃亡四川。起义军刚进入长安时，黄巢张贴布告晓谕市人："黄王起兵，本为百姓，非如李氏不爱汝曹，汝曹但安居无恐。"其果然军纪严明，并向贫民散发财物，百姓热烈欢迎。得到民心的黄巢很快称帝，建立大齐政权。但是，黄巢称帝后，便开始失去了原本的进取精神。当时，唐僖宗仍在四川，是个隐患，同时，起义军只是占领了长安城，而在长安周围还驻扎有不少唐朝军队，随时可能反扑长安。但是，志得意满的黄巢既没有派人入川追杀唐僖宗，也没有派兵攻打长安周围的唐军。而是在长安安稳地当起了皇帝，过起了奢侈糜费的帝王生活。所谓上行下效，起义军将士面对富庶的长安，失去了原本严明的军纪，开始烧杀劫掠，哄抢财物，起义军失去了民心。而唐王朝经过一番喘息之后，调动长安周围的军队反扑长安，将起义军赶出了长安，黄巢率人逃窜，最终兵败被杀。

实际上，这样的例子还有许多，这些人都是在基本上已经获得成功的时候放松了自己的意志，最终功亏一篑，这正是因为没能像老子所说的"慎终如始"的结果。不仅是在争夺政权的过程中是如此，其他事情也同样如此。西方有一位数学家，毕生从事圆周率的计算。他花了半生的心血把圆周率推算到了小数点后的七百多位数，他也因此受到人们的尊崇。但是，后来人们发现他在小数点后的二百多位数那里就出错了，这意味着他后面的努力全是无用功。真可谓"一着不慎，满盘皆输"，令人惋惜。可以想象，在一开始时，他肯定清楚地知道从事圆周率计算这样精密的计算工作，是不能出一点岔子的。因此在开始时他肯定是抱着一万分的谨慎进行他的工作的，甚至都可以想象他肯定是做出了反复的验证的。但是，可能是前面的验证没有出现过错误，在后面他便开始放松警惕了，结果导致了这个令人遗憾的结果。

"慎终如始"的智慧，对治的是人们常犯的两类错误，一类是早期靠"守道"获得成功，而后期因"失道"导致失败。这类人，其前期靠虚怀若谷，励精图治，戒惧谨慎，创立了了不起的功业，但是，巨大的成功也改变了他的心态和人格，使这些取得了一定成就的人走向反面，最终因得意忘形、懒惰懈怠、贪图安逸而溃败。

总之，正反两面的无数事例已经反复证明了老子所说的"慎终如始，则无败事"的正确性。这句话告诫我们，想要做成一番事业，保持一颗进取心和一颗冷静的头脑，同时保有一种坚忍不拔的意志是必要的，但还不够，最关键的还要将这些东西保持到完全胜利的那一刻。古人讲："行百里者半九十。"说一百里的路程走了九十里，便和走了五十里没区别，因为同样是没有达到目的地。

【为人之道】

远见卓识辛宪英

辛宪英是三国名人辛毗的女儿，以洞察幽微的眼光而闻名。辛毗原先追随袁绍，官渡之战后，袁绍覆灭，他又成为袁绍儿子袁谭的谋臣。公元 204 年，曹操消灭袁谭，因看重辛毗的才华，上表推荐他任议郎，后辟为丞相长史。

曹操晚年，曹丕和曹植争夺继承权，斗争十分激烈，辛毗支持曹丕，被曹丕引为心腹。后来，曹丕被立为太子。当得知这个消息，曹丕高兴得抱着辛毗的脖子说："辛先生知道我很高兴吗？"辛毗把这事告诉了女儿，辛宪英摇头叹息道："太子是继承国家宗庙社稷的人。接替君主的位子责任重大应该心怀担忧，况且将来要主持国政，做太子身系国家安危，不能不怀有恐惧，应该担忧惊惧的事他却感到高兴，怎么能够长久地统治下去？太子如此，魏国怎么可能会繁荣昌盛起来呢？"在这里，辛宪英仅仅听了父亲简单的几句话，就对一个国家的命运作出判断，而且判断十分准确，她见微知著的才能令人佩服。果不其然，从曹丕篡汉到司马氏代魏，曹魏政权只存在了短短的 45 年。在这件事上，辛宪英表现出非凡的政治智慧，试想，一个国君岂是那么好干的，千斤重担在肩，应当谨慎戒惧，如履薄冰。而曹丕则不然，竟然兴高采烈，得意忘形，如此看来，魏国能不短命吗？

辛宪英有个弟弟名叫辛敞，当时在军中为官，被大将军曹爽任命为参军。曹睿临死前，因曹芳年幼，把朝政大事托付曹爽和老臣司马懿。后来，由于皇帝的信任，曹爽大权独揽，极力排斥司马懿。不得已，司马懿装病，伺机而动。249 年，曹爽得知司马懿"病入膏肓"，便放心陪皇帝到高平陵祭祀。曹爽离开都城后，司马懿突然发动政变。

　　曹爽的司马鲁芝得知消息，准备冲出城去向曹爽报信，并招呼辛敞一起行动。辛敞很害怕，他急急忙忙来找辛宪英，问道："天子现在在外面，司马懿把城门关上了。大家都说司马懿要篡国夺权，情况真的这么严重吗？"辛宪英说："事情的状况现在还不清楚，但据我估计，太傅这样做也是迫不得已的。当年魏明帝临终的时候，拉着司马懿的手臂，把后事都托付给他，这事朝廷里谁不知道？而且曹爽和太傅两人都接受了托孤的任务，但只有曹爽一个人独揽权势。司马懿这样做不过只是为了诛杀曹爽罢了。"辛敞问："司马懿能成功吗？"辛宪英说："曹爽根本不是司马懿的对手，司马懿肯定会成功的。"辛敞说："既然这样，那我就可以不出去了是吧？"辛宪英说："你怎么可以不出去呢？忠于职守是做人的大道理。普通人如果有了困难，还应该同情他；你做别人属下怎么能无动于衷呢。不过，作为普通部属，你只要尽该尽的责任就行了，如果是亲信，那就应该献出生命。你是一般臣属，看大家怎么做，你跟着做就是了。"辛敞见许多人都行动起来，自己也就跟着出奔城外。后来司马懿果然讨伐了曹爽。这件事平定下来后，司马懿认为辛敞做人有情义，并且当时也是各为其主，就没有加害辛敞。等过了这个坎，辛敞叹息着说："我如果不和姐姐商量的话，差点有亏大节了！"在这里，辛宪英把事理剖析的如此精到，斗争各方的才智心态无不洞察，不仅准确预测到事件的结果，更可贵的是，她给自己弟弟所出的主意既合情又合理，不仅帮他成功地避祸保身，而且帮他逢凶化吉。

　　262年，钟会被封为镇西将军，率兵伐蜀，辛宪英对侄子羊祜说："钟会怎么跑到西边去了？"羊祜回答道："朝廷准备让他去消灭蜀国。"辛宪英说："钟会做事骄横跋扈，不甘心老老实实地做臣子，我是担心他心怀不轨。"钟会受命率军出征，行前征调辛宪英的儿子羊琇做自己的参军，辛宪英很犯愁，担心地说："从前我只为国家而担忧，没想到今天灾难快要降临到我家了。"羊琇听母亲剖析事理后，坚决向晋王司马昭请辞，但司马昭没有同意。辛宪英对儿子说："算了，你还是去吧，记住做事要小心谨慎些！古代的君子在家里就对自己的亲人孝顺，出去就为国守节尽忠，在官位上要想着自己的职责，在道义上要想着树立的志向，出门在外，不要让父母担忧就行了。在军队里可以解救危难保全你性命的，大概只有仁义和忠恕之道了！"羊琇谨记母亲所言，随钟会出征。在灭掉蜀国后，钟会果然起兵造反，被朝廷平定。事后，朝廷得知羊琇曾劝阻钟会，不仅没有降罪于他，而且给他叙功，嘉封为关内侯。这里，辛宪英对钟会的认识和判断让人惊叹，最难得的是他看着自己的儿子身赴险境，却无法阻拦。即便如此，面对可能发生的危险，她还是找到最恰当的应对之策，帮儿子渡过了难关。

　　羊祜是辛宪英的侄子，对她十分敬重，曾特意用锦缎做成被子送给她。辛宪英收到后，觉得盖这样的被子过于奢侈，于是就把它反过来盖，她就是如此的节俭和有见识。她在七十九岁那年去世。

　　在历史上，辛毗、羊琇等人无不以智谋著称，但是，当他们遇到困难时，都赶紧去找辛宪英商量，可见她惊人的智慧和远见。一个足不出户的妇女，竟然有着这样卓越的政治洞察力，简直是个奇迹。之所以能够每言必中，原因在于她做到了"为之于未有，治之于未乱"，而这样的高深智慧，正是老子所教导的。

第六十五章

善为道者

【原文】

古之善为道者，非以明民①，将以愚之②。民之难治，以其智③多。故以智治国，国之贼④；不以智治国，国之福。知此两者亦稽式⑤。常知稽式，是谓玄德。玄德深矣远矣，与物反矣，然后乃至大顺⑥。

【注释】

① 明民：使劲用法，使民明，明，学会巧诈。

② 愚之：使之愚，愚，非愚蠢之意，而是自然淳朴之意。

③ 智：并非智慧之意，而是智巧诡诈。

④ 贼：灾祸。

⑤ 稽（楷）式：发式，模式。

⑥ 大顺：返璞归真，顺应自然。

【今译】

古代善于用道治理国家的人，不教人民以斗智机巧，而是教人民淳朴敦厚。国家之所以难以治理，就是因为人民智谋太多。所以用智巧心机去治理国家，就等于是教人民相互斗智，君臣相欺，国家必然遭受危害。倘若为政者不以智巧治国，人民必然自然纯朴，则国家上下相安无事，这才是国家的福祉。"以智治国"和"不以智治国"是古今治乱兴衰的标准界限。若能常怀这种标准在心，不以智治国，就是有玄妙德行的人，这种玄妙德行既深又远，与万物一起复归道的质朴，从而完全顺乎自然。

【解析】

以智治国，国之贼

本章老子所重点阐述的还是他的政治观点，总体而言，其观点依旧是其一向强调的"无为而治"。不过，在本章中这种观点则更具体化了，老子明确指出："以智治国，国之贼；

不以智治国，国之福。"所谓"不智"，结合老子在前面所说的"古之善为道者，非以明民，将以愚之。民之难治，以其智多"，其实就是"愚"的意思。由此可见，老子所提倡的便是一种"以愚治国"。可以看出，这里，不同于其他章节中的"有为"和"无为"，老子从"智"与"愚"的角度探讨了治国的策略。

先说"智"。我们知道，虽然世人都崇尚智巧，也即聪明的。但老子一直是反对人们利用聪明的。如在《道德经》第十九章中，老子声称："绝圣弃智，民利百倍""绝巧弃利，盗贼无有"。之所以抱持这种观点，是因为对于个人来说，智巧往往会使人鬼迷心窍，忘记了大"道"，丢掉了自己的本性。正是因为世人都丢弃了自己顺其自然的本性，自恃聪明想方设法去强争妄为，必然导致人与人之间尔虞我诈，互相算计，到头来谁也得不到好处。而对于一个治国者来说，一个统治者总是靠弄智巧、耍权术去治理人民，则人民为了避免受到其智巧权谋的伤害，也会采取相应的措施来应对，如此，必然导致全国上下都充满着欺诈，丧失了诚实、公正，那么国家便乱了。

对于老子的这种观点，继承了老子主要思想的庄子在《庄子·胠箧》中作了进一步的阐述。在文章中，庄子明确指出，断绝圣人摒弃智慧，大盗就能停下来；弃掷玉器毁坏珠宝，小的盗贼就会消失；焚烧符记破毁玺印，百姓就会朴实浑厚；打破斗斛折断秤杆，百姓就会没有争斗；尽毁天下的圣人之法，百姓才可以谈论是非和曲直。搅乱六律，毁折各种乐器，并且堵住师旷的耳朵，天下人方能保全他们原本的听觉；消除纹饰，离散五彩，粘住离朱的眼睛，天下人才能保全他们原本的视觉；毁坏钩弧和墨线，抛弃圆规和角尺，弄断工匠的手指，天下人才能保有他们原本的智巧。因此说："最大的智巧就好像是笨拙一样。"削除曾参、史鳅的忠孝，钳住杨朱、墨翟善辩的嘴巴，摒弃仁义，天下人的德行方才能混同而齐一。人人都保有原本的视觉，那么天下就不会出现毁坏；人人都保有原本的听觉，那么天下就不会出现忧患；人人都保有原本的智巧，那么天下就不会出现迷惑；人人都保有原本的秉性，那么天下就不会出现邪恶。那曾参、史鳅、杨朱、墨翟、师旷、工倕和离朱，都外露并炫耀自己的德行，而且用来迷乱天下之人，这就是圣治之法没有用处的原因。庄子打了个比方，说弓、箭、戈等东西一多，飞鸟就遭殃；钓、饵、网等东西一多，水中的鱼便混乱；栅、网、陷阱等东西一多，林中的鸟兽便慌张；懂得欺诈、狡猾、奸佞的知识越多，世人就越来越迷惑。如此，世人便只知道追求外在的知识，而忽略了保守已具有的天性；只知道批评别人的过错，不知省察自己。正是通过这种机理，聪明引起了天下的大乱。

在否定了"以智治国"之后，老子提出了自己的见解，那便是以"愚"治国。我们知道，老子一向对于"愚"是情有独钟，他在《道德经》第二十章中曾言："我愚人之心也哉，沌沌兮，俗人昭昭，我独昏昏；俗人察察，我独闷闷。"可见，在他眼中，"愚"是比"智"高明的，所谓"大智若愚"。这里，谈到"愚"在治国过程中的作用，我们首先要对"愚"的意思做一番辨析。

我们知道，"愚"在现在的意思往往是和"蠢"联系在一起，是笨人，干傻事，可笑事的代表，谁被冠以此称呼，便是遭到了别人的侮辱、蔑视。但其实，现在的这种意思是后来延伸出来的。在早期，"愚"的本意是心在一定范围内，意识守中，不跑太远，其实便是纯朴自然之意。另外，"愚"又引申为本分，本职之意。由此可见，老子所说以"愚"治国，并不是要人们愚蠢，而是要人们不要想太多，过多耗费精神，同时每个人都安守自己的本分。显然，如此一说，便立刻明朗了。一个国家如果能够每个人都纯朴自然，不去胡思乱想，安于自己的本分，国君安于职守，治理国家；官员爱惜民众，秉公执法；商人诚实无欺，安分经商；农民不违农时，勤奋种田；士兵努力守卫国家，如此，一个国家怎么会不安定，人民怎么会不幸福呢？显然，老子所说的"不以智治国，国之福"的内在道理就在这里。

具体到对于我们现实生活的指导，老子所提倡的以"愚"治国的策略其实可以应用到任何一个团队中去。一个团队，如果其领导者总是想用自己的智巧去驾驭属下，结果只能使属下心怀鬼胎，总想着如何去对付上司，不能安分地做自己的本职工作。而相反，如果一个领导者能够借用一种"愚"的手段去管理，则每个人都安于本分，各司其职，这个团队才会发挥出最大的效能。但是，在现代的一些企业中，许多老板因为担心员工消极怠工，于是制定出各种规章制度来约束自己的员工，甚至有的干脆在办公室安装摄像头监督员工。这些手段往往只能使员工也变得更为狡猾，没有了创造的热情，并想出刁钻的办法应付差事，消极怠工，最终并不是企业的福祉。

【从政之道】

唐太宗不以权谋治国

我们知道，唐太宗是中国历史上最有作为的君主之一，在他的治理下，唐王朝迅速从长期的战争离乱中恢复过来，社会财富快速积累，人民安居乐业。尤为难得的是，当时吏治清明，司法公正，据说许多年间都没有一件冤狱，史称"贞观之治"。唐太宗之所以能把国家治理成这个样子，正是因为他秉承老子的"不以智治国"的理念，从不耍弄权谋，而是以真诚来处理国事。

唐太宗为了从之前的帝王那里取得好的借鉴，并吸取反面的教训，阅读了大量的历史类书籍，并经常和大臣们讨论历代帝王治国的优劣得失。一次，唐太宗阅读《三国志》，当看到这样一个故事，说一次曹操带领军队出征，半路上军粮不足，便私下问主管军粮的人有什么办法，回答说发放军粮时改用小斗。曹操表示同意，让他就这么做。但是，这么一来，士兵们不高兴了，私下纷纷议论，说曹操欺骗他们。曹操知道这个情况后，生怕士兵闹事，便把主管军粮的人找来，对他说："特当借汝死以厌众，不然事不解。"意思是只好借你的死平息众怒，不然此事过不去。于是将他斩首示众，还在其脸上题了十个字："行小斛，盗官谷，斩之军门"。唐太宗读完这个故事后，在一次和大臣们谈论古代帝王时，他便谈到曹操的这件事，并评价这个人太诡诈了，表示对其很反感，要引以为戒。

事实上，唐太宗也的确是这么做的。我们知道，古代帝王一直都有所谓的驭人术，即是通过耍权谋来控制臣下，但是唐太宗不屑于这么做。一次，有人给太宗上书，请求清除善于谄媚的佞臣。太宗问："什么样的人才是佞臣呢？"上书的人献策说："您可以试探他们，在与大臣们谈话时，假装生气，那些坚持真理而不屈服于您生气的人，就是正直的大臣；而那些看到您生气，惧怕您的威严，依顺您的旨意的，就是谄媚的佞臣"。太宗听完他的话，说："国君好比水源，大臣好比水流，水源要是浑浊，而要水流清澈，那是不可能的。国君自己作假，怎么能要求大臣们正直呢？我相信用至诚之心能治理天下，所以不能用这种诡诈的手段对待臣下。您的法子虽然很好，可惜我不能采用。"

对自己任用的大臣，唐太宗从不轻易怀疑。要想在唐太宗面前诬害一个人，是难以得逞的。曾经有一次，宰相萧瑀曾诬告房玄龄结党营私，对皇上怀有二心，建议唐太宗派人悄悄调查他一下。唐太宗听了后对萧瑀说：你的话未免太过分了。国君"选贤才以为股肱心膂，当推诚任之"。我虽谈不上圣明，但还不至于糊涂到好人坏人都分不清。之后，唐太宗没有采取任何手段调查房玄龄，而是对其一如既往地信任。

鄙弃了诡诈权谋的同时，唐太宗对于臣子一直以一种将心比心的赤诚来处理彼此的关系。有一次，大将李世勣得了急病，医生在对他开的药方上写着"须灰可疗"四个字。唐太宗知道后，便亲自剪下自己的胡须，为李世勣和药。李世勣当时感动得"顿首出血泣谢"。唐太宗却对他说：我这样做，是为国家，不是为你个人，何谢之有！这在今天看来可能没什么，但在古代，因为人们一直恪守儒家的"身体发肤，受之父母"的观念。对于一个普通百姓来说，剪掉自己身上的毛发，都是大逆不道的行为，更别说在道德和行为应该是大家的表率的皇帝了。为人臣者当然不可能不被这种真诚所打动了。

还有一次，贞观十九年（645），在唐王朝出师高丽的战争中，大将李思摩中了弩矢，唐太宗竟然亲自用嘴为他吮血。"将士闻之，莫不感动"。

宰相房玄龄病危时，唐太宗派人将其接到宫中治疗。一旦其病情稍稍稳定，唐太宗则喜形于色；病情加剧，则深深忧虑。房玄龄临终时，唐太宗"握手与诀，悲不自胜"。

可能有人会说，唐太宗的这些行为是作秀，乃是收买人心的一种手段，本身就是权谋。但是我们要知道，我们说一个人的行为是作秀，是因为这个人的行为乃是偶尔为之，并且往往是做一些不难为之的表面文章，故意给大家看。最关键的，是缺乏真诚心。但是，看唐太宗的行为（除了这里列举的，还有许多类似的记载），显然不是偶尔为之，而是始终如此。并且，亲自为大臣吮血这样的事，仅仅出于作秀的目的，未免代价太大了（要知道，常人都很难做到，更别说一个皇帝了）。总之，一个人作秀是不可能作一辈子的，反过来说，作了一辈子的秀，也就不是作秀了。

对朝廷重臣，唐太宗大多能真诚地表达自己的关爱，不但如此，即使对那些犯了错误的大臣，唐太宗在直言指出他们过错的同时，也能宽容为怀，真诚对待。

唐太宗刚刚即位时，当初在秦王府跟随他的一些人便私下抱怨自己一直得不到升迁。唐太宗知道后，便找到他们，听取了他们的意见后，直言对他们说：你们说的话我能理解，但是我无法照你们说的那样做。因为作为皇帝，只能以大公无私昭示天下，我和你们，衣食都取之于民众，设置官职并选择贤良之人做官也是为了民众，不管贤良与否就让自己的老部下做官怎么能行呢？你们要想升官，只能凭借自己的政绩，等你们有了政绩，我会很高兴地提拔你们。这样，便没有人再抱怨了。

还有一次，唐太宗在宫中设宴招待群臣。席间发生了意外，时任同州刺史的功臣尉迟敬德自恃功高，生气地对坐在他上首的人说：你有何功劳，坐在我上首！这时，坐在尉迟恭下首的任城王李道宗便过来劝说尉迟敬德，哪知尉迟敬德非但不领情，反而对李道宗报以老拳，几乎将其眼睛打瞎。唐太宗一气之下，宣布中止宴会。后来他对尉迟敬德说：我见汉高祖刘邦诛灭功臣，常常有责怪他的意思。因此我很想与你们这些功臣共享富贵，但是你屡次犯法。我这才知道韩信、彭越这些功臣被杀，也并非完全是汉高祖的罪过。国家的纲纪，就靠赏与罚维持。你好自为之吧，不要到时后悔莫及。被唐太宗这么一番掏心窝子的训斥后，尉迟敬德才开始老实起来。

在当上皇帝以后，唐太宗明白"人苦不自知其过"的道理，作为国君，更需要保持清醒的头脑。于是，有一次他推心置腹地对大臣们说："人主惟有一心，而攻之者甚众。或以勇力，或以辩口，或以谄谀，或以奸诈，或以嗜欲，辐辏攻之，各求自售，以取禄位。人主少懈，而受其一，则危亡随之，此其所以难也。"意思是，皇帝仅有一颗心，但周围有大量的人都想利用各种各样的手段打动并利用这颗心，以获得官职。皇帝稍微一懈怠，就十分危险。因此，他真诚地要求大家面对面地、直言不讳地给他提意见。

唐太宗的这番话并非如有些帝王那样只是叶公好龙，只为表面上为自己争取一个善于纳谏的好名声，而是来真格的。唐太宗对大臣的意见可以说真正做到了闻过则喜，从善如流。有一次，唐太宗因为担心官员受贿，便秘密派人假扮行贿者试探一些官员。其中，有一个官员着了道，接受了一匹绢，唐太宗一怒之下，便打算杀掉这个官员。裴矩劝阻说，"做官受贿，确实犯了死罪。但是陛下派人行贿，设法使人落入法网，也不符合'道之以德，齐之以礼'的古训"。太宗听后立刻转怒为喜，并告诉文武百官说，"裴矩做官能够据理力争，不因为在皇帝面前就唯命是从。如果每件事情都这样，我何必担心国家治理不好呢？"

不仅从善如流，唐太宗有时还主动向大臣询问自己的过失。比如有一次，唐太宗看近段时间大臣们没有指出自己的过失，便主动要求群臣向他提意见。长孙无忌等人想了一会儿，并商量了一下，也没有找到可以提的意见，于是便说，皇上没有过失。唐太宗一听，便不大高兴，批评他们说：我让你们给我提意见，你们却碍于情面，对我阿谀奉承。现在我倒要当面说一说你们诸位的优缺点，让你们改一改碍于情面的毛病。接着，他果然直言不讳地一一评点了各位大臣的长处和短处。

不过，唐太宗毕竟也是一个人，也有听不进批评意见的时候。一次，河南中牟县县丞皇甫德上书说，皇上修洛阳宫，劳民；收地租，厚敛；民俗好高髻，都是受了宫中的影响。唐太宗看完奏章后便带着火气对房玄龄等人说：难道国家不役使一人，不收一斗租，宫人也都不留头发，这样皇甫德才能满意吗？在场的魏征便谏道：当初贾谊给汉文帝上书时曾用"可为痛哭者一，可为流涕者二"这样激烈的言辞，自古上书言语不激烈，不能打动国君。所谓狂人之言，圣人择焉，愿皇上明察。听了魏征这么一说，唐太宗才没有了怒气，还赏给魏征二十四匹绢。但是，几天后，魏征又提起此事，说皇上近来纳谏不像以往那样高兴了，虽然接受谏言，但总有点勉强，不如以往闻过则喜。唐太宗听后，便作了自我检讨，并加大了对魏征的赏赐。

可以看出，唐太宗和臣子之间的关系的确是十分的坦诚，因此也就十分的融洽，做到了"君臣如一体"的地步。正是这种撤除了权谋和诡诈的君臣关系，使整个国家机器能够最大限度地减少不必要的内耗，极大地提高了行政效率，缔造出一个河清海晏的清明世道。可以说，这正是老子所说的"以智治国，国之贼；不以智治国，国之福"的典型例证。

第六十六章

莫能与争

【原文】

江海之所以能为百谷王①者，以其善下之，故能为百谷王。是以圣人欲上民②，必以言下之；欲先民，必以身后之。是以圣人处上而民不重③，处前而民不害④。是以天下乐推而不厌。以其不争，故天下莫能与之争。

【注释】

① 百谷王：百谷，即百川，众多的河流；王，河流所归往的地方。

② 上民：即通知人民。

③ 不重：不感到重，不感到压迫。

④ 不害：不感到受伤害，不以为害。

【今译】

江海之所以能够成为百川汇流的地方，乃是因为它善于处在低下的位置。同样的道理，圣人要想高居万民之上，必须心口一致地在言辞上表示谦卑，自以为下；要想居于万民之先，必须主动靠后，把自己的利益放在所有人的后面。正是因为圣人懂得这些道理，所以他虽然身处上位，却不威迫凌人，不使人们感到有压力；虽然他居于人民之前，人民并没有感觉受伤害。正是因为此，天下的人民都乐意推戴他而永不厌弃。因为他不和任何人相争，所以天下没有任何人能够争得过他。

【解析】

以其不争，故天下莫能与之争

老子在本章中再次提出了"不争"的思想。在《道德经》中，老子对于"不争"思想的强调可谓十分频繁了，在第二十二章，老子言便说过与本章中类似的话："夫唯不争，故天下莫能与之争。"在本章接下来的第六十八章，老子则言："是为不争之德。"等等，而且，在《道德经》的最后一章的最后一句话，老子所说的仍旧是："天之道，利而不害；圣人之道，为而不争。"由此，我们也不难看出，老子对"不争"思想的重视。之所以如此，是因为老子认为，天地间的"道"是清静无为，一切应顺其自然，人要顺应"道"，便同样应该清静无为，顺其自然。如此，该属于你的自然会得到，而不该属于你的，你去争，便违反了"道"，其结果往往是徒劳的，不仅如此，强争还可能给自己带来灾祸。历史上许多事情都已经证明了这一点。

汉高祖刘邦死后，吕后掌权。为了掌控汉家江山，她先是对刘姓皇族大开杀戒，接着大肆分封娘家人为王。但是，她的努力是徒劳的。在她死后，刘姓宗室集团和功臣集团结成联盟，共同诛灭诸吕。齐王刘襄发难于外，周勃夺取北军于内，杀尽诸吕的所有男女成员，史称"周勃安刘"。诸吕被灭以后，这些元老功臣们开始讨论让谁继承帝位。在经过一番争论后，代王刘恒被选中。之所以选他，一方面是因为刘邦仅剩的三个儿子中，齐王刘襄母舅势力过大，功臣们担心起再来个吕氏专权，而淮南王刘长则"家母恶"，因此两人被否决。另一方面，便是因为代王刘恒从小就没有荒淫之举、骄矜之态，以"仁孝宽厚"名显于世。于是，功臣们派人前去请代王前来，继承皇位，是为汉文帝。

从这里我们可以看出，诸吕处心积虑争夺皇位，结果不但没有争到，反而搭上了自己和全家老小的性命。而代王刘恒并没有争夺皇位，仅仅因为"仁孝宽厚"的名声，便轻轻松松地白捡了个皇帝当。这个故事，典型地证明了老子所说的"以其不争，故天下莫能与之争"的深刻道理。

老子在这里所说的"争"，事实上是一种强行，是一种条件不具备的情况下的妄为。比如，国家的实力并不强大，而君主则强出头想当霸主，不论是外交的纵横捭阖还是战争的四处征伐，必然会严重损耗国家的力量。如此，一旦强敌压境，或者其他力量联合起来，就有可能招致国破身亡的悲剧。春秋历史上争霸的宋襄公，现代史上发动"一战""二战"的德国，还有当代侵吞科威特的伊拉克，都是如此。

国家如此，企业也是如此，在实力不济的情况下，与对手打价格战，或者进行疯狂的广告宣传，希图霸占市场，通常都会耗尽企业财力，以失败或破产告终。前些年的爱多集团，还有争夺标王的秦池古酒，都是死在强争上。

个人也是如此，在组织机构中一旦有较高的职位空缺，许多人都会"争取"。不少人在平时的工作中，一没有表现出过人的才智，二没有做出过什么贡献，而是走歪门邪道，上蹿下跳，出于私心谋求高位，这种人跳梁一时，往往终成小丑，成为人们的笑柄。历史上因争权夺利招来杀身之祸的例子举不胜举，现实生活中更是随处可见，不可不引以为戒。

现代人们在教育自己的子女的时候，总希望孩子聪明、刚强、富于竞争力，没有一个希望自己孩子笨拙退让、柔弱不争。但是，孩子养成强争的习惯，就能终生获得幸福吗，以老子眼光来看，恐怕收获的痛苦更多。在这个社会里，人人都想以自己的聪明才智来出人头地，都想在千万人中鹤立鸡群，独占鳌头。这是世人认可的成功的标志，也是人们工作学习的动力。但从另一个角度看，这也成了人精神苦闷的根源。因为古人说得好，人们往往是"聪明反被聪明误"，一切"烦恼皆因强出头"。

需要说明的是，所谓不争，并不是拒绝，而只是一切顺其自然，做自己该做的事情，不去过多地考虑得失，不处心积虑地去争夺。如此，该做的事你做好了，结果自然是好的；而该做的事没有做好，却妄图得到好的结果，只会失望。举个例子，在现实生活中，有的上司总想制造自己在下属眼中的权威感，并得到下属的尊敬。于是，他总是板起一副面孔，对下属颐指气使，挑剔工作，这样起便会在下属眼中有权威吗？恐怕未必，其效果恰恰相反，其在下属眼中反而面目可憎，甚至滑稽可笑，很可能被免费赠予一个外号。而相反，一个上司只要能够清楚地知道自己和下属的工作分工，勇于担当自己该承担的责任，并在工作上给下属做出表率，自然而然地，下属便不可能不对其产生敬重感；另外我们知道，有的人因为很在意自己在别人眼中的形象，于是在做事情乃至走路的时候，总是很在意别人的眼光，希望自己能够在别人眼中留下一个好的印象。这样的人往往在别人眼中会显得没有个性，甚至假惺惺的。其实，只要自己能够诚实、守信、对人友好，做事认真，何必担心自己会给别人以坏的形象呢，自然而然，别人便乐意亲近你，和你交朋友了。

另外，"以其不争，故天下莫能与之争"的道理在商业领域也有很大的应用价值。我们知道，商业领域是竞争的领域，但是，最强有力的竞争反倒是老子所说的"不争"。有的企业一心跟别人竞争，眼睛总是牢牢地定在对手身上，而忘记了提升自己的产品和服务，其结果肯定是一败涂地。而只有那些表面上并不关注对手，闷声致力于自我创新和发展的企业，才能够获得消费者的青睐，从而赢得竞争的胜利。

老子认为，人类痛苦和纷争的病根就在刚强过了分，争夺过了头。低调、谦和、处下、柔弱才是大道，它会促使人在默默之中积累起成功的力量，会使人在社会之中获得最广泛的认可和支持，最终轻松到达成功的彼岸。更为重要的是，这样的成果没有人能从你手中夺走，而且你能在成功的同时收获幸福。

【经商之道】

不争而胜案例两则

我们知道，在商业领域，竞争是谁也躲不开的事，商业的成功，实际上即是竞争的胜利。不过，真正高明的竞争，并非是死盯着对手，而恰恰是埋头做自己的事情，似乎压根没有竞争对手似的。这正是老子所言的"以其不争，故天下莫能与之争"的境界。这里，我们来看两个利用这种理念取得胜利的商业案例。

一个案例是著名的日用消费品企业宝洁公司。宝洁公司始创于 1837 年，总部位于美国俄亥俄州辛辛那堤，目前是世界上最大的日用消费品公司之一。宝洁公司全球雇员近 10 万，在全球 80 多个国家设有工厂及分公司，所经营的 300 多个品牌的产品畅销 160 多个国家和地区，其每年在全球的销售额高达几百亿美元。在《财富》杂志最新评选出的全球 500 家最大工业 / 服务业企业中，排名第 86 位。毋庸置疑，这是一个十分优秀的企业。我们也知道，在日用消费品这种技术门槛不高的领域，竞争是相当激烈的。而宝洁能够获得目前的市场地位，显然不可能绕过这种激烈的竞争。不过，与众不同的是，宝洁所进行的竞争，乃是通过一种"不争"的方式来实现的。

我们知道，在现代商业竞争中，许多企业为了能够更好地把握市场，赢得先机，往往会将目光紧盯着竞争对手，不遗余力地调查对方的战略动态，细微的价格变动，营销策略等等，以做到知己知彼，百战不殆。但是，保洁公司采用了完全不一样的策略，即他们所自称的"当对手关注我们的时候，我们在关注消费者"。正是这种不盯住竞争对手的言行而专注于用户的需求的企业理念，使得宝洁做到了"不争而善胜"。

宝洁公司里有这样一个信念，就是世界上每一个买宝洁产品的女性都是他们的老板。而了解他们的老板的需求和消费体验，被作为是宝洁的公司的重中之重。宝洁的研发中心为更加深入地了解消费者的需求，在开发产品的同时，他们对顾客也进行了广泛的接触。他们全面地观察顾客的态度与行为，生理和精神上的需求——头发的种类、渴望的方式、顾客们的生活方式。这些深度研究为他们细分市场提供了依据，从而有针对性的生产一系列产品——如潘婷、飘柔等，这些产品都有特定的市场定位。

在 2000 年，宝洁公司曾花费将近 2000 万美元，对 70 万个女性顾客进行了长期的跟踪调查。按照不同的年龄、种族和生活方式的不同，他们把这些消费者进行归类。其目的是想知道她们如何交流彼此的美容经验，并了解她们在美容产业里得到了些什么——还有更重要的是——还缺什么。以此作为产品开发的参照，一句话，宝洁公司专注于女性真正需求。

此外，保洁公司还对消费者购物时的购物环境和购物体验感兴趣。比如他们通过调查发现，面对令人眼花缭乱的日用品，有 64% 的消费者在柜台前没有耐心挑选对她合适的护肤品。由此，宝洁公司判断，需要使购买的过程更简单、清楚及打动人心。宝洁公司与零售商进行了沟通协调，想出种种办法使消费者的挑选过程更有针对性，能更快地找到自己想要的产品。于是，在一些商店里，宝洁提供了互联网服务，顾客能够直接与专家交流，从而选择合适的美容产品。他们还通过为零售商设置先进的头发、皮肤及颜色设计分析仪器，为他们的顾客进行特别需求的研究。

除了了解消费者的需求和消费体验，宝洁公司将精力用在产品研发和品牌维护上。我们知道，所谓品牌，本质上便是一个承诺，它的基础在于联系。当品牌强大，顾客会与它建立感觉和经验的联系。当顾客正在购买、使用、感受宝洁产品时，宝洁的品牌总能在顾客所能看到、听到、触摸到或闻到的地方出现。品牌推广活动在顾客身边打转，消费者便能充分地感受到特定产品给她的效用，并且相信它是可靠的、愉快的。当宝洁做到这一切时，消费者就会把它作为自己的品牌，给予信任，购买，成为她生活中的一部分。正是通过这种对于产品的研发和服务方面的孜孜不倦的努力，宝洁的品牌赢得了女性消费者的信任。宝洁以其"不争"，赢得了竞争的全面胜利。

另外还有一个例子是海尔集团。我们知道，一种商品一旦走到普及化的阶段，个别短视的生产商为了获得市场占有率，往往会降价销售。其他生产商即使不愿意，为了不被挤出市场，也不得不调整自己的产品价格，甚至将价格调得更低。如此一来，恶性循环，往往会出现价格战。中国的洗衣机市场便出现过这种情况，当时，各厂家彼此紧盯着对手们的价格，一旦有风吹草动，便立刻也做出相应的调整。但是，就在价格战杀得血流成河的时候，海尔却不为所动，没有凑这个热闹。在原有产品价格不变的同时，海尔组织研发部门潜心开发了"小小神童"洗衣机、"双动力"高端洗衣机等一系列产品。这些产品以更加便捷的功能赢得了消费者的青睐，虽然价格比其他的洗衣机要贵一些，但消费者依旧愿意多掏这份钱。这些产品迅速获得了很高的市场占有率，"小小神童"洗衣机市场占有率在某些地区甚至高达 98%以上，海尔双动力高端洗衣机，在一些地区的市场占有率则达到 60%。"小小神童"洗衣机不仅稳稳地占有市场，并且也没有被其他企业仿造。因为海尔公司用 26 项专利将生产这款产品的技术方案完整地保护了起来。并且，海尔还将仿生学运用到了"双动力"上，使双动力高端洗衣机的市场销量呈直线上升。应该说，"小小神童"洗衣机和海尔双动力高端洗衣机在市场上的成功是海尔长期埋头于创新和保护知识产权工作的必然结果。

后来，海尔的这种不与人争一时的短长，只埋头做自己事情的策略也用在了其他产品上，比较典型的便是海尔彩电。我们知道，在 2000 年及接下来的几年，彩电经历了一场场血腥的价格大战，中国几乎所有的知名彩电企业或出于主动或出于被动都参加了价格战。但是，海尔集团没有因此而乱了方寸，它认为伴随着国内中低端彩电产品的技术趋同和价格竞争的愈演愈烈，家电微利时代的来临，竞争逐步向中高端市场转移。基于此，高品位彩电将成为升级换代的主流产品。因此，海尔始终将开发高端产品，树立良好品牌形象作为自己的着力点，同时，主打出口牌。就在国内的价格战打得如火如荼的时候，海尔彩电出口产品型号达 60 多种，遍布世界各地。在欧洲，海尔彩电已经获得了相当高的声誉；在美洲，海尔彩电取得了质量免检的资格；在中东，海尔彩电推出了个性化的设计；在亚太地区，海尔彩电实现了当地化设计、当地化生产、当地化销售。2001 年，海尔在中东地区推出了"护眼神"海尔宝德龙彩电、高清晰网络 E 体化海尔美高美彩电，以及海尔彩电拉幕式系列、全景系列、高清晰度系列等数十个规格品种的新产品，引起国外各大家电经销商和消费者的瞩目。如此，海尔彩电凭借出口市场获得了生机。

在埋头产品创新的同时，海尔集团在产品的售后服务上也做到了独步海内。关于海尔人真诚地为客户服务的故事很多，下面这个故事便是其中一例。据新闻报道，一位女士想把家中用了 5 年的海尔热水器清洗一下，就拨通了海尔服务电话。仅仅 5 分钟后，海尔服务中心就派人来到该女士家。很快热水器修好了，服务人员又细心检查连接电路，发现电路有问题，于是马上又修好了电路。其实，在服务条款上，电路并不在服务范围之内，但海尔服务人员说："今天既然我们海尔来了，在能力范围内，就一定让您用上安全的热水器。"可以看出，海尔集团的那句"海尔，真诚到永远"的承诺并非仅仅是句广告词。

正是因为埋头于产品的研发和对服务承诺的兑现，海尔集团成长为世界白色家电第一品牌，品牌价值达到了 812 亿元，并在 2010 年获美国《商业周刊》评出的"全球最具创新力企业 50 强"。海尔的成功秘诀在于，不和人争一时之短长，只埋头做好自己该做的事情。

宝洁和海尔的成功所给出的商业启示便是，在激烈的市场竞争中，要想取得胜利，需要做的并非是紧盯着对手的一举一动，而是埋下头来做好自己的事情。这是老子的"以其不争，故天下莫能与之争"的智慧在商业领域的应用。

第六十七章
我有之宝

【原文】

天下皆谓我道大，似不肖①。夫唯大，故似不肖。若肖，久矣其细也夫！我有三宝，持而保之：一曰慈②，二曰俭③，三曰不敢为天下先。慈故能勇，俭故能广④，不敢为天下先，故能成器长⑤。今舍慈且勇⑥，舍俭且广，舍后且先，死矣。夫慈，以战则胜，以守则固。天将救之，以慈卫之。

【注释】

① 似不肖：肖，即相像之意。似不肖，意思是不像任何具体的事物，即已大到无形。

② 慈：慈爱。

③ 俭：这里指俭啬，即节约精神，爱惜精力。

④ 广：宽广，生命能够更宏阔，做出更大的事业。

⑤ 器长：万物的首领。器，指物；长，首领。

⑥ 舍慈且勇：舍弃慈爱而妄逞勇武。且，选取。

【今译】

天下人都说我的"道"大，看上去和任何具体的事物都不像。正因为它很大，所以才不像任何具体的事物。如果它像某一样具体的事物，那么它也就变成了微不足道、不值一提的东西了。我认为，有三件宝贝是应当永远保持的：第一件叫作慈爱，第二件叫作俭啬，还有一件是不敢居于天下人的前面。慈爱则视人民如赤子而尽力卫护，所以能产生勇气；俭啬则能蓄精积德，应用无穷，所以使生命活得更为宽广；不敢居于天下人的前面，乃是一种谦卑，这样便能够受到人们的尊敬和拥护，成为人们的首领。但是如果舍弃慈爱而妄逞勇武，舍弃俭啬而贪图功名，舍弃退让而争先，那是走向死亡的道路。在这三个宝贝之中，慈爱最重要，以慈爱之心用于战争就会取得胜利，用来防守就能巩固。能够发挥慈爱之心的人，天也会来救助他，卫护他。

【解析】

慈爱的力量

本章中，老子论述的重点在于"三宝"，分别是"慈""俭""不敢为天下先"，我们一般将其理解为慈爱、蓄精积德和谦卑不争的性情。在这三宝之中，"俭"和"不敢为天下先"在其他章节我们都已经有所论述，这里不做重复，而关于"慈"，则需要着重论述一番。对于"慈"，老子在《道德经》也多有几处提及，比如，老子在第十八章中提到："六亲不和，有孝慈。"但是，在那些地方，老子并没有对于"慈"做着重论述，而只是顺带提及。并且，第十八章中所提及的"孝慈"指的是被儒家礼仪化了的东西，与老子在本章所说的人们天性的慈爱并非一回事，老子对儒家孝慈持一种否定的态度。而在本章中，老子则给予了慈爱以很高的地位，将其列为其"三宝"之首。而对于慈爱的作用，老子则从"慈故能勇"的角度进行了论述，并且，其能够"以战则胜，以守则固"。可以看出，老子认为，慈爱是能够产生力量的。而这显然也是符合事实的。

我们知道，一个人去做一件事，必然是有动机的。或者是为欲望所驱使，或者是为利益所吸引，或者是被胁迫不得已而为之，等等。但是，能带给人的力量和韧性的，便是出于爱的动机。欲望、利益、胁迫等这些动机下所作出的行为，说到底都是一种从自己的利益才出发，权衡利弊之后所作出理性判断。一旦代价过大，弊大于利，行为便失去了动力。而因慈爱去做一件事，则是为了所爱之人去做，本身并不考虑自己的得失，自然也不太顾及代价，如此，一个人必然是浑身充满了力量的，其往往具有令人意想不到的作用，甚至能够创造出奇迹。最常见的便是母爱所激发出的强大力量。我们知道，母鸡就能够为了保护小鸡而与力量悬殊的老鹰进行殊死搏斗；而女子虽然柔弱，但在身为母亲时，则会突然变得坚强。

一个读小学三年级的小女孩，下课后到教室外面去玩，几个调皮的男同学将一只又粗又长的蚕宝宝放在她的书包里。她在教室外面玩了一会儿后，回到教室，见到书包里蠢蠢欲动的虫子，吓得尖叫一声，倒在地上晕了过去。从此，女孩种下了病根，只要有人在她面前说一声"有毛毛虫"，她准会吓得脸色煞白，浑身冒汗。她每天上学，都会绕过路上那片树林，因为树上经常会有毛毛虫。长大结婚后，她依然没有驱散毛毛虫在心里烙下的阴影。洗菜洗出毛毛虫，她都会惊恐地大叫，好几天都摆脱不了恐惧。虽然她有时觉得自己未免过于胆怯了，但她也只好沮丧地想，或许我永远也摆脱不了毛毛虫的阴影了。

后来，她生了一个女儿，这让她感到十分幸福。在女儿三岁那年，她抱着女儿回娘家。在路过那片熟悉的小树林的时候，女儿指着她胸前问道："妈妈，这是什么呀？"原来是一条毛毛虫在蠕动，可能是刚才树上的虫子掉在身上。这时的她感到十分惊恐，刚想大叫，但是看到女儿清澈如水的眼睛，她本能地收住了嗓子。她觉得自己惊恐的大叫肯定会把女儿吓哭的。于是，她轻轻地抓起毛毛虫，对女儿说："这是毛毛虫，它并不可怕，是不是？"女儿于是乖巧地点点头。她把毛毛虫扔到地上，便和女儿说笑着走出了小树林。从此以后，她再也不怕毛毛虫了。在这个故事里，我们看到，正是她对女儿的爱使她获得了一种力量，这种力量竟然使她克服了多年挥之不去的阴影。

还有一个故事：在 20 世纪 70 年代的美国，曾经有一位母亲将睡着的幼年孩子留在四楼的家里，到商场买东西。但是当她从商场返回时，在离自己楼的入口还有大约几十米时，她看到自己的孩子竟然趴到了自家的窗台上。突然间，她条件反射性地意识到将要发生什么。

她丢掉手中的东西，飞快地奔向自家的窗台下，正如她所料，孩子从阳台上掉落下来。就在孩子落到地面前的一瞬间，她伸出双臂接住了孩子，孩子得救了。但是，在这件事情发生后，有人计算了孩子坠落到地面的时间和她当时离自家窗下的距离，人们震惊了：即使是一位最优秀的百米运动员，也不可能在这么短的时间里赶到窗台下。人们只好认为是伟大的母爱给予了这个母亲以惊人的力量，并创造了奇迹。

实际上，不仅是人类的爱能够给人以意想不到的力量，动物的爱也同样如此。

20世纪90年代，美国的一个公园着火了，整个公园的树木都烧成了一片火海。救火队员根本无法靠近树林，他们只能在大火熄灭之后查看是否有人受伤。他们发现，原本茂密的树林此时冒着浓烟。在搜救过程中，一位救火队员在树下惊奇地发现一只被烧焦的鸟直直地站在那里。他感到很好奇，这只鸟怎么会站着死去？于是，他就从地上捡起一根木棍，轻轻地拨了拨那只鸟，奇迹发生了：几只小鸟从这只死去的鸟翅膀下飞了出来。

救火队员对这只鸟儿肃然起敬，他们立刻明白了事情的前因后果：在树林里的大火烧起来之后，鸟妈妈本来可以展翅飞走，找到一个安全的栖息地。但是母爱使她忘记了对大火的恐惧，她本能地知道有毒的浓烟会向高处升腾，为了保护自己的孩子，她带着小鸟飞到大树底下，然后展开自己的翅膀，为小鸟建成了一个天然的保护伞，直到自己被烤死，她都一直保持原有的姿势以保护翅膀底下的孩子们。

这些活生生的例子生动地说明了慈爱给人以巨大的力量，并产生令人意想不到的效果，有力地支持了老子的观点。可以说，爱可以战胜怯懦，战胜自卑，战胜一切困难。只要拥有爱，付出爱，天地之间没有办不成的事情。这应该是老子给予我们的主要启示。不过，反过来说，老子也给了我们另一个启示，什么才是真正的勇敢。显然，老子认为由爱所激发出来的勇敢才是真正的勇敢，也即只有在自己所爱的人面临威胁时出于自卫的目的而表现出的勇敢才是必要的勇敢。这也符合西方一句谚语，即：一个男人在需要勇敢时才表现出的勇敢才是真正的勇敢。实际上，老子在本章中已经明确指出："舍慈且勇……死矣。"即不是出于爱的勇敢，只是一种逞勇斗狠，并不可取，只能是死路一条。扩而广之，这里也反映了老子的战争观，我们知道，老子一向是反对战争的。这里，我们便更进一步看清了，老子所反对的乃是那种逞勇斗狠、主动挑衅的战争，但是对于出于慈爱，为保护自己所爱的人所进行的战争，老子是支持的。并且，老子认为这种战争也是必定胜利的，所谓"夫慈，以战则胜，以守则固"。

具体到我们的现实中，老子所给我们的启发便是在我们感到精神空虚，方向迷失时，要善于从爱中去找到自我，寻找力量。同时，要明白，如非为了你所爱的人，便没必要表现得勇敢，没有爱的勇敢要么是逞强，要么是不必要的冒险。

母爱的力量

有一个母亲，非常不幸，本身家庭贫困，结果所生下的六个子女中，莫名其妙地有四个都是聋哑人。这样一个母亲该对生活如何地绝望，而她的聋哑子女又该如何地不幸呢？但事实上，这个母亲凭借自己的坚韧意志不仅将几个子女养大成人，而且还让他们都学会了自立自强，使他们个个成家立业。这个母亲是重庆市合川区太合镇二桥村的左天慧。

左天慧的老伴是一名中医，1963年，夫妻俩的大女儿诞生，孩子乖巧伶俐，夫妻两个十分疼爱。但是，女儿过了 3 岁还只能咿呀发声，不能说话。后来到医院检查，才发现女儿是先天性聋哑，这辈子都不能说话。对左天慧夫妇来说，这无疑于晴天霹雳。但是，更不幸的还在后面，左天慧接下来又添了两个儿子和三个女儿。其中除了老二、老六能说话，与正常人一样，其余几兄妹与老大一样不能说话，没有听力，成了聋哑人。

那时，左天慧的老伴在镇诊所上班，她一个人既要在家抚养 6 个孩子，还要挣工分，而儿女之间相差只有两三岁，还无法相互照顾，其吃饭穿衣天天得伺候，左天慧过得十分艰难。尤其是孩子生病时，既要花钱，又耽搁挣工分，她心里很着急。

对此，有好心人见她负担太重，叫她将孩子悄悄送人。左天慧犹豫了。担子虽然很重，但他们都是自己身上掉下来的肉。她的父亲是名教师，几十年了她还记得老人的教诲：聋哑儿也是亲骨肉，既然生了他们，就要养育他们，这是做父母的责任。于是，她暗下决心，不但要将孩子们养大，还要教会他们自立自强，自己学会生活。

在当时那样的环境里，左天慧一家过得相当艰难，家里从来都没钱添置新衣服，孩子们的衣服破了，她就熬夜缝补；脏了，熬夜清洗，然后用火烤干，第二天接着让孩子们穿。穿衣服还无所谓，关键是吃饭就更犯难了，小孩子正是长身体的阶段，但在当时米少粗粮多，完全没有营养。尽管左天慧想方设法喂养孩子们，但老四 5 岁刚过还是死了。

四个聋哑儿女，3 岁前还无忧无虑地过日子。但过了 3 岁，左天慧发现，孩子们看到其他孩子唱歌说话很羡慕，看得出他们想说话却发不出声，既羡慕又着急，有时甚至急得直跺脚。时间久了，孩子们就有了自卑情绪，过了四五岁还要靠她一个人张罗吃饭、洗衣服。左天慧心里很沉重。

一次，看到儿女们坐在桌子旁等她将饭端给他们，左天慧"狠心"地嚷他们道："你们只是聋哑，但有脚有手，饭菜坐着是等不来的。"左天慧要求孩子们学会自己动手动脚干活，并教育他们，虽然不能说话，但只要勤快，一样会生活得很好。从那以后，孩子们吃饭、穿衣靠自己，后来还学会做饭、洗衣、干农活，养成了勤快、自立的独立生活能力。

当时没有聋哑学校，左天慧为了使孩子们能够自食其力，在大女儿 7 岁时，将她送到了学校。在学校，女儿整天一言不发，老师很奇怪，同学们说她是聋哑人，结果老师就让她不要去了。回到家里，女儿伤心地哭了。

看到聋哑孩子读不了书，左天慧很着急。她知道，这样的话，孩子们将来就更没有办法与人交流，也就更无法适应社会了。苦思冥想之下，不懂哑语的她决定自创一套与孩子们交流的哑语：两个拳头相互敲打表示出工上班；用手捂住肚子就表示肚子疼；先用手捂住肚子，然后用手来回向嘴里刨东西表示肚子饿了想吃饭……因为有了自创的"哑语"，孩子们能够交流了，也变得自信起来。除了大女儿读书很少，几个孩子后来都上过学，能识字算账。

就这样，左天慧艰难地将儿女们抚养长大。后来，除了最小的老六之外，她的几个子女都成了家，过上了自食其力的、平淡幸福的生活。

从左天慧的故事里，我们可以看出，正是深沉的母爱使得这个女人表现出了了不起的勇气和韧性。这正说明了老子所说的慈爱能够给人以无比的勇气和力量的道理。

第六十八章

不争之德

【原文】

善为士者不武①；善战者不怒；善胜敌者不与②；善用人者为之下。是谓不争之德，是谓用人之力，是谓配天古之极③。

【注释】

① 士：勇士，也指领兵打仗的将帅。不武：不崇尚武力，不逞其勇武。

② 不与：不争，不与人正面冲突。

③ 配天：符合天道。古之极：自古以来的准则。

【今译】

真正的勇士不会逞其勇武，显出凶狠的样子；真正善于作战的战士，不会轻易就暴躁发怒；善于打胜仗的将帅，不和敌人正面交锋；善于用人的人，反处于众人之下。这就是不与人相争的德行，就是善于利用别人的力量。能够做到不争和处下，就是合乎"道"的极致了。

【解析】

善为士者不武

在《道德经》最近的几章中，老子比较频繁地讲述了自己对战争、武力的观点。在上一章中，老子提出了"慈故能勇""夫慈，以战则胜，以守则固"的观点，即认为慈爱能够使人勇敢，并且慈爱所产生的勇敢往往是不可战胜的。这是从武力、用兵的出发点来论述武力。而在本章中，老子既谈论了自己对于武力的态度，即"善为士者不武"，又论及了武力制胜的具体策略，即"善战者不怒；善胜敌者不与"。其中，"善为士者不武"可以说总领老子这几章的观点，体现了老子对于武力的一种终极态度。

对于"善为士者不武"的意思的解释有两种，一种认为是善于为将帅的人，不轻易发动战争，另一种则认为真正的勇士轻易不动武。其实这两种解释意思是相通的，两者分别是从群体的角度和个体的角度阐明了对于武力的正确态度。即只有在迫不得已时动用武力，才是正确的，这样的战争方是正确的战争，这样的个人行为才是真正的勇敢。而老子在上一章中所言的出于慈爱而动用武力，便是其中的情况之一。关于战争，因为和我们个体的联系不大，这里，我们着重探讨一下个体动用武力的正确态度，也即什么才是真正的勇敢。

我们知道，所谓勇敢，其第一层意思便是去做一件有一定风险的事情，即克服恐惧去冒险。但是，不畏惧便是勇敢吗？未必，我们知道，一个小偷，在漆黑的夜里，翻越别人家的高墙，然后撬门入室，偷窃别人的东西。显然是需要胆量的，但这样便是勇敢吗？黑社会里的亡命之徒，每天躲在阴暗角落里，提着自己的脑袋打打杀杀，一不小心便被其他的团伙所杀死或者被警察所击毙，可谓在刀口上过日子，这是勇敢吗？一个人在饭馆里吃了饭，然后强横地大摇大摆地起身就走，对于前来要饭钱的店员张口就骂，甚至出手伤人。胆小的人恐怕做不出来，这是勇敢吗？恐怕大家都不这么认为。因为这些人虽然有足够的胆量去冒险，但是他们的行为违背道义。因此，可以说，勇敢的定义不仅是敢于冒险，而且要符合道义，也即要是正义的。关于这个问题，孔子曾经谈到过，一次，一向比较勇敢的子路请教孔子："君子尚勇乎？"意思是君子应不应该崇尚勇敢呢？孔子便回答道："君子义以为上。君子有勇而无义为乱，小人有勇而无义为盗。"意思是说，君子应该崇尚勇敢，但这种勇敢是有制约的，有前提的，这个前提就是"义"。有了义字当先的勇敢，才是真正的勇敢。否则，一个君子会以勇犯乱，一个小人会因为勇敢而做盗贼。

除了应该符合道义之外，勇敢还应该符合理想，即不应该是鲁莽的。有这样一个故事，说古时候有两个壮士在一起喝酒。刚开始，他们用的是酒杯，一个壮士为了显示自己的"勇敢"，就说，大丈夫喝酒怎么能用酒杯呢？两个人就抱着酒坛子喝。过了一会儿，酒菜没有了。店主要再给他们加一些酒菜。这时，另一个壮士为了表示自己更加勇敢，就说，身上带着酒菜，何必还要去拿？于是，他就从自己身上割下一块肉来，切一切吃了。后来，两个人开始较上劲，不断地从自个身上割肉。结果，两人都一命呜呼了！这两个人可谓胆量过人，勇气非凡了，但这是勇敢吗？同样不是，勇敢不是毫无目的的炫耀，毫无意义的牺牲，而应该是理性的冒险，必要的牺牲。

关于此，有这样一个故事更能说明问题：说有一天，英国首相丘吉尔在担任海军大臣时，一次到一艘军舰上视察。为了检阅士兵，他让舰长从士兵中挑选出一位最勇敢的士兵。舰长将所有人都集合在一起，说要考验他们的勇敢。他指着波涛汹涌的大海对一名士兵说："你，敢跳下去吗？"这名士兵看了一眼大海，眉头没有皱一下，便跳了下去。结果，转眼便在海里消失了。接着，舰长又走到另一名士兵面前，对他说："他很勇敢，你能够证明自己比他更勇敢吗？"这名士兵三下五除二爬到桅杆上，然后从上面跳到了大海里，结果又不见了踪影。舰长又走到一个士兵面前，对他说："你能证明比他更勇敢吗？"这名士兵朝他大声吼道："我才不会做这种傻事呢！"这时，丘吉尔走过来对舰长说："好了，你就是这这艘舰艇上最勇敢的人了！"这个故事便说明了，勇敢不仅仅意味着有胆量，而且还要有头脑，能够对自己的行为作出价值判断，敢于拒绝荒唐的命令。勇敢不是莽撞、冒险蛮干和心血来潮，不是为了毫无价值的事情去做无谓的牺牲。没有智慧的勇敢只是蛮干，蛮干者并没有证明勇敢，只证明了自己的愚蠢和虚荣。真正勇敢的人，是有胆有识有爱的人。是在有必要显示出勇敢时才挺身而出的人。因此，现实中，那些整天故意去跟人打架的人，其实一点也不勇敢；那些专玩极限游戏的人，也并不是真正意义上的勇敢。

事实上，除了道义和理性之外，勇敢还有一层内在的属性，即真正的勇敢不是从外在的行为表现出来的，而是一个人的内心所具有的临危不惧、从容不迫的心态。孔子在回答子路关于"勇"的问题时还说道："君子泰而不骄，小人骄而不泰。"君子因为有心态的平和、安定和勇敢，他的安详舒泰是由内而外的自然流露；小人表现出来的则是故作姿态，骄矜傲人，因为他内心多的是一股躁气，气度上便少了一份安闲。

在日本江户时期，有一个著名的茶师，这个茶师跟随着一个显赫的主人。有一天，主人要去京城办事，因为喜欢茶师的茶，便要他跟自己一起去。这个茶师却很害怕，对主人说，您看我又没有武艺，万一路上遇到点事可怎么办？主人说，你就带上一把剑，扮成武士的样子。茶师无奈，只好换上武士的衣服，跟着主人去了京城。到京城后，主人出去办事，茶师一个人在外面逛。这时迎面走来一个浪人，向茶师挑衅说，你也是武士，那咱俩比比剑吧。茶师老实说，我不懂武功，只是个茶师。浪人说，你不是一个武士却穿着武士的衣服，简直是侮辱武士，我看你更应该死在我的剑下！茶师一想，心想看来是躲不过去了，就说，你容我几小时，等我把主人交办的事做完，下午我们在池塘边见。浪人想了想同意了。

分手后，茶师直奔京城里最著名的大武馆，他看到武馆外聚集着成群结队前来学武的人。茶师直接来到大武师的面前，对他说，求您教给我一种作为武士的最体面的死法吧！大武师很吃惊，他说，来我这儿的人都是为了求生，你是第一个求死的。这是为什么？茶师把与浪人相遇的情形复述了一遍，然后说，我只会泡茶，但是今天不得不跟人家决斗了。求您教我一个办法，我只想死得有尊严一点。大武师想了一下说，那好吧，你就再为我泡一遍茶，我再告诉你办法。茶师很是伤感，他心想，这可能是我在这个世界上泡的最后一遍茶了。他做得很用心，很从容地看着山泉水在小炉上烧开，然后把茶叶放进去，洗茶，滤茶，再细心地把茶倒出来，捧给大武师。大武师一直看着他泡茶的整个过程，他品了一口茶说，这是我有生以来喝到的最好的茶了，我可以告诉你，你已经不必死了。茶师说，您要教给我武功吗？大武师说，我不用教你，你只要记住用泡茶的心去面对那个浪人就行了。

这个茶师听后就去赴约了。浪人已经在那儿等他，见到茶师，立刻拔出剑来说，你既然来了，那我们开始比武吧！茶师一直想着大武师的话，就以泡茶的心面对这个浪人。只见他笑着看定对方，然后从容地把帽子取下来，端端正正放在旁边；再解开宽松的外衣，一点一点叠好，压在帽子下面；又拿出绑带，把里面的衣服袖口扎紧；然后把裤腿扎紧……他从头到脚不慌不忙地装束自己，一直气定神闲。

对面这个浪人越看越紧张，越看越恍惚，因为他猜不出对手的武功究竟有多深。对方的眼神和笑容让他越来越心虚。等到装束停当，茶师最后一个动作就是拔出剑来，把剑挥向半空，然后停在那里，因为他不知道再往下该怎么用。此时浪人却扑通就给他跪下了，说，求您饶命，您是我这辈子见过的武功最高的人。

这个故事是真是假难以考究，但其中的逻辑绝对是说得通的，一个人内心所表现出来的从容、笃定的气势的确是足以震慑住一个人的。正如《史记·刺客列传》中所记载的田光在评价荆轲时所说的"血勇之人，怒而面赤；脉勇之人，怒而面青；骨勇之人，怒而面白。荆轲，神勇之人，怒而色不变。"一个人一旦面对危险表现得气定神闲，才是最为勇敢的人。那个浪人正是被茶师的这种发自内心的勇敢震住了。

总之，真正的勇敢不是邪恶的，而是正义的；真正的勇敢不是盲目的，而是理性的；真正的勇敢不是表面的，而是发自心灵深处的。因此，具体到我们身上，真正的勇敢举动，不是表现给别人看的，而是自己理性思考后，觉得自己有必要做出的举动。这种举动不一定是惊心动魄的事情，面对生活中突如其来的变故，自己坚强面对；向别人承认自己的错误；放弃安逸的生活，追求自己的梦想，都是真正的勇敢。

【为人之道】

韩信不逞一时之勇

　　韩信，乃是中国历史上伟大军事家，在楚汉之争中，他举足轻重，能左右整个战局，所谓"为汉则汉胜，与楚则楚胜"。他最终选择帮助刘邦，成为刘邦得天下的第一功臣。当时的人们评价他为"国士无双""功高无二，略不世出"。西汉建立后，他因功被封为楚王。但就是这样一位勇武非凡的人物，早年却经受过常人难以忍受的胯下之辱。

　　韩信很小的时候就失去了父亲，跟随母亲贫苦度日。韩信自小喜欢读兵书，练习武艺，既不喜欢干农活，对经商也无兴趣。母亲死后，他更是失去了生活来源，经常寄居别人家中。后因遭人厌烦，自己钓鱼度日，连一日三餐都不能保证。有一次，韩信走在街头时，一群小流氓当众羞辱韩信。其中一个屠夫对韩信说："你虽然长得又高又大，喜欢带刀佩剑，其实你胆子小得很。有本事的话，你敢用配剑来刺我吗？如果不敢，就从我的裤裆下钻过去。"韩信注视了对方很久，最终真的当着许多围观人的面，从那个屠夫的裤裆下钻了过去。这便是史书所记载的著名的"胯下之辱"的故事。

　　几年之后，陈胜、吴广在大泽乡起义，天下诸侯云集响应。项梁渡过淮河北上，韩信带着宝剑投奔了楚军，在部队默默无闻。项梁败死后，他又归属项羽，项羽让他做了郎中。韩信多次给项羽献计，项羽不予采纳。后来，韩信投奔了刘邦，开始仍得不到重用。于是，韩信在一天夜里悄悄逃走，深知韩信才能的萧何连夜将韩信追回，推荐给刘邦。刘邦真的拜韩信为上将军。此后韩信便表现出了非凡的军事才能。

　　成为刘邦的军事统帅后，韩信很快就设谋欺骗楚军，明修栈道，暗度陈仓，一举平定三秦，接下来，他率军擒魏、破代、灭赵、降燕、伐齐，对项羽实施了战略上的包围之势。彻底扭转了刘邦的屡战屡败的被动局面。最后，刘邦与韩信合力在垓下全歼项羽。在这个过程中，韩信没有打过一次败仗，可见其军事才能的卓越。关于韩信打仗能力的卓越和个人的勇武，有许多故事，下面举两个例子。

　　一次，韩信带领 1500 名将士与楚军大将李锋交战。苦战一场后，楚军不敌，败退回营，汉军也死伤了四五百人。随后，韩信整顿兵马返回大本营。当行至一山坡，忽有士兵从后面赶来报告，说有楚军骑兵追来。韩信一看，远方果然尘土飞扬，杀声震天。这时汉军刚厮杀一场，已十分疲惫，看到对方杀气腾腾，便顿时乱了方寸，队伍一片哗然。韩信一点都不慌张，镇定地骑马到坡顶观察敌情。他发现来敌不足五百骑，便急速点兵迎敌。他先是命令士兵 3 人一排，结果多出 2 名；接着命令士兵 5 人一排，结果多出 3 名；他又命令士兵 7 人一排，结果又多出 2 名。韩信马上向将士们宣布：我们有 1073 名勇士，敌人不足五百，数量上我们占绝对优势，并且我们居高临下，何必怕他们。汉军一向信服韩信，这时见他如此从容镇定，并且仅仅一列队便算出了士兵的精确人数，对他更加信服。于是士气大振，一时间旌旗摇动，鼓声喧天，回头英勇地迎向楚军。楚军看汉军突然军威大振，反而失去了自信，没战几个回合，便落败而去。

　　另一次，韩信统兵几万欲过太行山井陉口进攻赵国。赵王与成安君陈余陈兵二十万在井陉口阻击汉军。广武君李左车向陈余建议："韩信渡西河、掳魏王、擒夏说、血洗阏与。现又有张耳加盟，乘胜来攻打赵国，军队锐不可当。可是我听说：'千里运粮，士卒就有挨饿的危险；到吃饭时才去打柴做饭，军队就不会餐餐吃饱！这井陉口，车不可并行，骑兵不可列队，行军数百里，粮草必落在后面，希望您拨给我三万骑兵，我从小路截断汉军辎重粮草；您深挖护营壕沟，加高兵营围墙，等待战机。汉军前不得战，退不得回，我的部队断绝汉军后路，荒野无食可掠，不出十日，韩信、张耳的头颅就可悬在您的旗上了。希望您考虑一下我的计谋，否则肯定被他俩擒获。"成安君陈余自恃自己兵力雄厚，没有采纳李左车的建议。韩信最怕的就是李左车这招，当得知他的计策没被采纳后，才放心地引兵前来，离井陉口三十里驻扎下来，半夜选二千轻骑兵，命每人持一面红旗，从小路到山坡上伪装隐蔽起来，窥视赵军，并且告诫将士：赵军见我军退却，一定倾巢而出，你们就乘机迅速冲入赵军营地，拔掉赵国旗帜，插上汉军红旗。同时命令副将传令大家："今天打败赵军之后会餐。"将士们谁都不相信，只是假意称是。韩信又召集将领们分析认为，赵军已先占据了有利的地势，他们在未见到汉军大将旗鼓之前，定会担心我们遇到阻险而退兵，是不肯轻易发兵攻打我们的。韩信派一万人为先头部队，背靠河水摆开阵势，赵军见汉军摆出只有前进而无退路的绝阵，都大笑不已。天刚亮，韩信打起了大将军的旗号和仪仗鼓吹，击鼓进军。赵军果出营迎击，大战良久，韩信、张耳弃鼓旗，佯装打败，退到河边的军阵之中。赵军见状，果然倾巢而出追击韩信，争夺汉军丢下的旗鼓。韩信、张耳退入河边阵地，岸边将士迎战赵军，个个拼死作战，赵军无法把他们打败。这时，韩信所派的两千轻骑兵，乘机冲入赵军营垒，拔掉赵军旗帜，竖起二千面汉军的红旗。赵军久战不胜，想退回营垒，却见营中都是汉军红旗，大惊失色，认为汉军已经把赵王及其将领全部俘虏了，于是阵势大乱，四散逃走。赵将竭力阻止，却不见成效。这时汉军两面夹击，大破赵军，斩杀陈余，活捉赵王歇。

这两则军事战例证明了韩信临危不惧、有勇有谋的大将风范。纵观韩信后来的一系列武功，联系他早年所遭受的"胯下之辱"，可以看出，韩信并非是一个懦弱之人，只是他觉得勇气没有必要无谓地表现，不愿逞一时之强罢了。所以，他才在当年甘愿忍受"胯下之辱"，这是一种理性选择的结果。而事实上，韩信后来也对此谈过自己的看法。在帮助刘邦安定天下后，韩信因功被封为楚王，驻守下邳（今江苏邳州市东）。回到家乡后，韩信召见让他从胯裆下爬过去的少年，并没有责怪他，而是封他为中尉，并且告诉诸将说："这是位勇士，当年他侮辱我时，我难道不能杀了他吗？杀了他不会扬名，白白赔他一命罢了，所以我忍了下来，这才有了今天的成就。"显然，韩信的勇敢正是一种在理性控制下的勇敢，这才是真正的勇敢。并且考虑到韩信"略无败绩"的军事才能，可以说，他的勇敢是一种充满了智慧的勇敢，这就更难能可贵了。

第六十九章

哀者胜矣

【原文】

用兵有言："吾不敢为主①，而为客②；不敢进寸，而退尺。"是谓行无行③，攘无臂④，扔无敌⑤，执无兵⑥。祸莫大于轻敌，轻敌几丧吾宝⑦。故抗兵相加⑧，哀者胜矣。

【注释】

① 主：主动发动战争冒犯别人，即发动非正义的战争。

② 客：指对于别人的军事进犯被动应战，即出于自卫性质的正义战争。

③ 行无行：摆开阵势就像没有阵势一样。第一个"行"是动词，为摆开阵势之意。第二个"行"为名词，为阵势，行列之意。

④ 攘无臂：要挥举手臂又像没有手臂一样。攘，举起手臂之意。

⑤ 扔无敌：面对敌人就像没有敌人一样。扔，对抗之意。

⑥ 执无兵：拿着兵器就像没有兵器一样。兵，指兵器。

⑦ 吾宝：老子曾称自己有三宝，慈、俭、不为天下先，因此对此的解释有两种，一种认为此处指的是这三种宝，另一种解释认为此处指的是三宝中被老子排在第一的"慈"，即慈爱，悲悯之心。

⑧ 抗兵相加：两军对垒，力量相当。抗兵，指对抗的军队。相加，力量相当。

【今译】

兵家曾说："我不敢先挑起战端进犯别人，我只是在不得已时才起而应战；在作战时，我不敢逞强冒进，而宁愿退避三舍。"这就叫作：虽然有阵势，却像没有阵势一样；虽然要奋臂，却好像没有臂膀可举一样；虽然拿有兵器，却好像没有兵器可以持一样；虽然面对敌人，却好像对面没有敌人一样。因此常能致敌于先。但是，切莫看轻了敌人的力量，以致于遭到毁灭的祸患。因为轻敌违反了悲悯之道。所以说两支实力相当的军队遭遇，怀有对苍生的悲悯之心的那一方会获胜。

【解析】

祸莫大于轻敌

本章中，老子先是重述自己对战争的总体观点："吾不敢为主，而为客。"即反对主动的侵略性的战争，认为只有在迫不得已时自卫反击的战争才是正义的。接下来，老子则又具体地提出了一条战争的具体战略，即"祸莫大于轻敌"。并且，与其相对应，老子还提出了"不敢进寸，而退尺"的具体做法，并进行了进一步的阐述。这是老子在之前的章节论述的"慈故能勇""善战者不怒""善胜敌者不与"等战略的基础上提出的另一条重要的军事战略。应该说，这条战略看似简单，却至关重要。在兵家圣经《孙子兵法》中，同样严肃地提出"不轻寡"的告诫，即不轻视兵力少的敌人。这条看似已经说得很滥的警告之所以被惜字如金的老子和孙子都加以强调，是因为虽然理论上人们都懂得这一点，但在具体的战争中，一旦自己具有优势，往往不由自主地产生轻敌的情绪，进而遭致失败，这样的战例数不胜数。

秦朝末年，陈胜、吴广起义爆发，但很快被镇压。但同时，天下各地起义已成燎原之势，其中，势力最为强大的是楚国名将项燕的后代项梁。项梁听从范增的建议，寻找到流落民间的楚怀王之后，将其立为楚王，借此项梁为自己树立了一面具有号召力的大旗。之后，项梁出江东，面对强大的秦军，没有丝毫的怯弱和退缩，取得了一系列的胜利。他先是派军在襄城（今河南省襄城县）攻城得胜，然后与齐军在东阿（今山东省东阿县阿城镇）大破秦军。之后，项梁派刘邦与项羽攻拔城阳（今山东鄄城县东南），这支部队在濮阳东击败秦军，攻定陶不下后绕道雍丘（今河南省杞县），大破秦军，斩杀李斯之子、秦三川郡守李由，取得了重大的胜利。项梁自东阿赶至定陶，再破秦军。由于取得连续的胜利，项梁产生了轻敌骄傲情绪，觉得秦朝军队不堪一击。对于项梁的骄傲轻敌，谋士宋义规劝道："打了胜仗，将领就骄傲，士卒就怠惰，这样的军队一定要吃败仗。如今士卒有点怠惰了，而秦兵在一天天地增加，我替您担心啊！"项梁根本听不进去，为图耳根清净，干脆派他出使齐国。宋义在路上遇见了齐国使者，问他道："你是要去见武信君吧？"回答说："是的。"宋义说："依我看，武信君的军队必定要失败。您要是慢点儿走就可以免于身死，如果走快了就会赶上灾难。"果然如宋义所言，秦朝出动大量精锐增援秦将章邯，攻击楚军，在定陶大败楚军，项梁战死。不过有意思的是，章邯在击杀项梁后，也产生了骄傲情绪，认为楚国起义军不会有大的气候了，没有对项羽、刘邦等人进一步打击，而是率军北上进攻赵国的起义军了。结果，项羽率领楚军北上在巨鹿"破釜沉舟"，击败章邯。

再看王莽新朝末年的昆阳之战。新莽末年，因为王莽的一系列政治、经济改革失败，社会矛盾激化，各地起义军蜂起，其中以绿林、赤眉声势最大。绿林军乘王莽主力向东攻击赤眉军之机，推举汉朝皇室后裔刘玄为帝，恢复汉制，年号更始。王莽于是派大司空王邑急赴洛阳，与大司徒王寻调集各州郡兵 42 万南进，号称百万军，企图一举消灭汉军。王邑等人自恃兵力强大，扬言："百万之师，所过当灭，今屠此城，蹀血而进，前歌后舞，顾不快耶！"为躲避锋芒，刘秀率领起义军从阳关（今河南禹州市西北）撤回了昆阳，这更让王寻认定起义军不过是一群乌合之众，完全不将其放在了眼里。但是，由于起义军的坚守，莽军一时未能攻下昆阳。为寻求支援，刘秀率领十几个人悄悄出城，然后调集了万余人驰援昆阳，从背后对王邑的军队进行了进攻。此时的王邑因为轻视起义军，命令各营不准擅自出兵，而由自己和王寻率领万人迎战刘秀的冲杀。但是，王邑的轻敌给自己造成了大祸：在刘秀所率精兵的猛烈进攻下，王邑手下的万余人马很快陷入被动挨打的困境、阵势大乱。剩下的四十万大军因王邑有令在先，谁也未敢去救援，致使王邑军败溃，王寻也做了刀下之鬼。昆阳城内的守军此时也乘势出击，内外夹攻，打得王邑全军一败涂地。昆阳大捷后，王莽新朝便大势已去，天下纷纷诛杀新莽牧守，用汉年号，服从更始政令。

显然，上面两个战争案例中的项梁、章邯以及王邑都因犯了轻敌的错误而导致了自己的失败。当然，轻敌遭致失败的战争案例绝不仅仅是这两个，古往今来，多少英雄都是栽在了轻敌情绪上。

其实，进一步讲，老子所说的"祸莫大于轻敌"不仅适合于战争中，在商业、体育比赛等所有竞争性领域，这都是一条值得强调的箴言。许多强大的商业公司最后之所以遭致失败，一个普遍的原因便是自恃强大，不再将对手放在眼里。比如 20 世纪初期，占据汽车行业老大地位的通用汽车便是因为轻视福特汽车，其行业老大的地位被后起之秀福特抢走。而后来，福特汽车也犯了骄傲轻敌的错误，通用汽车则重新夺回老大地位。此外，20 世纪末，强大的IBM 公司同样是因为傲慢轻敌，没有将微软这个小弟放在眼里，甚至还对其提供了帮助，结果被微软打了个措手不及。

更进一步讲，不仅是存在明显对手的竞争性领域，即使做一般事情，我们都有一个隐性的"敌人"，那便是可能会遇到的困难。对于这个我们看不见的隐性"敌人"，我们一旦对其产生了"轻敌"情绪，同样可能会带来"祸事"——失败。因此，这提醒我们在做一件事情时，一开始便要对困难有充分的估计，如此，我们才不会因为"轻敌"而失败。

总之，"祸莫大于轻敌"的智慧大概是老子的智慧中最通俗易懂的了。但是，通俗易懂归通俗易懂，犯这个错误的人从来也都不缺乏。这是因为傲慢是人很难去除的一种习性，一旦有了优势，能够控制自己骄傲情绪的人很少。但是，这样的人并非没有。那些取得大的成就的人和团队无不是成功地克服了这种情绪的，只不过这种情绪往往在一个人失败时才会被作为原因总结出来，而不会被作为成功的原因，因此我们不知道罢了。可以说，在外人看来辉煌洒脱的成功，在成功者本人这里的感觉，往往是一种努力和谨慎。因此，一个人能够取得多大的成功，除了能力之外，在取得成功之后能否仍旧保持"不敢进寸，而退尺"的心态至关重要，这往往是成功与失败的一个重要的分野。

【从政之道】

唐军的怛罗斯之败

熟悉历史的人都知道，唐朝是中国历史上异常强盛的朝代，自贞观晚年开始，中国在对周边民族的军事力量上便一直处于优势地位，到高宗年间，东、西突厥汗国先后被中国所灭，伊吾（哈密）、鄯善、高昌、焉耆、龟兹、疏勒、于阗等西域小国在此后的几十年中或被迫投降唐朝、或被武力灭国。唐朝从此建立了以安西四镇——龟兹（今新疆库车）、疏勒（今新疆喀什）、于阗（今新疆和田西南）、焉耆（今新疆焉耆西南）为核心的西域统治体系。到唐玄宗时期，经过早期一系列卓有成效的治理，唐王朝的军事力量更是达到了前所未有的强盛。但是到了晚年，唐玄宗开始放弃励精图治的作风，对内奢侈靡费，疏于政事，对外则好大喜功，不断开疆拓土。杜甫诗中所说的"边庭流血成海水，武皇开边意未已"，指的便是这些。边关的守将为了迎合唐玄宗以邀功，不断挑起对外战争，侵扰周边少数民族。唐王朝在唐太宗时期定下的对周边民族的以亲善、怀柔、安抚为基调的政策逐渐被抛弃，变成了用棒槌代替胡萝卜的短期行为。而怛罗斯战役便是这种政策的产物。

天宝初年，唐朝的宿敌吐蕃以武力迫使小勃律（今克什米尔的吉尔吉特）与之联姻。由于小勃律地处吐蕃通往安西四镇的要道，于是西北二十余国皆臣服于吐蕃，中断了对唐朝的朝贡。唐朝大将高仙芝于747年受唐玄宗之命，率步骑一万长途远征。他从安西都护府出发，仅用百余日便到达连云堡（小勃律西北部今阿富汗东北的萨尔哈德）。连云堡易守难攻，且有万余吐蕃兵防守，由于高仙芝指挥得当，加上唐军作战神勇，半天时间便攻占了该城。此后，高仙芝率兵继续深入，越过险峻的坦驹岭，进入阿弩越城，活捉小勃律国王及吐蕃公主。此役之后，唐军在西域威名更盛，高仙芝也被提拔为安西四镇节度使。天宝九载（750），高仙芝再度奉命出军，击破亲附吐蕃的师国，俘虏其国王勃特没。这两次艰难的远征使得唐朝在中亚的扩张达到了顶点，高仙芝本人也在西域获得了极大的声誉。此时，高仙芝俨然是大唐在中亚的总督。

750年，唐王朝因为西域藩国石国"无番臣礼"，派唐安西节度使高仙芝领兵征讨。对于强大的唐朝军队，石国十分惶恐，赶紧请求投降，高仙芝接受了。但不久，高仙芝反悔，背信弃义，攻占并血洗了石国城池，掳走男丁，屠杀老人、妇女和儿童，搜取财物，俘虏石国国王。751年正月，高仙芝入朝，将被俘的几位国王献于玄宗面前，并将石国国王斩首。侥幸逃脱的石国王子遂向阿拔斯王朝（阿拉伯帝国）求救。大食决定对唐开战，出兵袭击唐朝西域四镇。高仙芝得到情报后，自恃兵力强大，决定先发制人，主动进攻大食。

应该说，当时的唐朝军事力量还是很强盛的。唐军虽是马步混合部队，但是步兵均有马匹，平时以马代步，作战的时候才下马作战，行军速度较快。唐代因为改进了冶炼技术，以灌钢法取代了百炼法，战刀更加锋锐，铠甲也更轻更坚硬。此外，唐军还改进了秦汉时期已经使用的抛射兵器——弩，其射程与威力远非寻常弓箭可比。可以说，当时中国军队无论装备、素质、士气还是将帅能力都达到了冷兵器时代的高峰。但是，当时的阿拔斯王朝军队的力量也不容小视，其大马士革刀一直享誉世界，步骑两用的阿拉伯弯刀锋锐无比；骑兵所乘的阿拉伯马是当时世界上最优秀的马种，再加上游牧民族本来就骑术精熟、性情剽悍。因此可以说，唐朝军队遇到了劲敌。

但是，唐朝军队显然是对于这个未曾交过手的凶悍敌人有些轻视了，高仙芝在并没有作详细勘察的情况下，率领大唐联军长途奔袭，贸然深入七百余里，最后在怛罗斯与大食军队遭遇。高仙芝攻城十分艰难，作战英勇的唐朝将士连续作战五天五夜，竟然攻城不克。唐军损失惨重，疲惫不堪。在这个关头，敌人援军赶到，从背后袭击唐军。接着，双方在怛罗斯河两岸展开决战。唐军中的一些雇佣军见势不妙，突然背叛，唐军阵脚大乱。大食联军趁机出击，疲惫的唐军在内外夹击下再也支撑不住，终于溃败，统帅高仙芝单骑逃离。此役唐军损失两万多人，安西精锐部队几乎全军覆没，只有千余人得以生还。

怛罗斯之战后，唐朝再也无力染指帕米尔高原以西之地，许多自汉代以来就已载入中国史籍的古国落入阿拉伯人手中，华夏文明从此退出中亚。

而回到怛罗斯之战，唐朝军队之所以在强盛的巅峰惨遭失败，因为无论是皇帝还是主将，都心存傲慢，强兵锐卒携屡胜之威，已成骄兵。军中上下自恃强大，轻视敌人，故遭此祸。这说明，老子"祸莫大于轻敌"的论断，确为真理。

第七十章

被褐怀玉

【原文】

吾言甚①易知，甚易行。天下莫能知，莫能行。言有宗②，事有君③。夫唯无知④，是以不我知。知我者希⑤，则⑥我者贵。是以圣人被褐⑦怀玉。

【注释】

① 甚：非常，十分。

② 宗：宗旨，指"道"。

③ 君：原则，同样指"道"。

④ 无知：不知道这一点，即不知道我的言行都是以"道"为依据的。

⑤ 希：同"稀"，稀少。

⑥ 则：法则，此处活用作动词，效法

⑦ 被褐：被，同"披"，穿着。褐，粗布衣服，为穷人所穿。

【今译】

我所说的话很容易理解，也很容易施行。天下的人却无法明白，又不肯依照着去做。事实上，我的言论有它的宗旨，行为有它的原则，那便是遵循大道。人们没有掌握这一点，所以不能理解我。理解我的人少，效法我的人就更难得了。因此圣人就好像是一个身上披着旧衣服的人，怀中却有宝玉，别人怎么会知道呢？

【解析】

圣人被褐怀玉

本章中，老子以自己为例，阐述了一种观点，即"圣人被褐怀玉"。表面的意思是圣人就好像是一个身上披着旧衣服的人，怀中却揣着宝玉。实际上这句话所比喻的意思是得"道"的圣人往往不被人理解，他虽然没有显赫的名声，但具有宝贵的品质。老子的这个观点可以分作两个层面来进行解读，一个层面是人们对自我的心态，另一个层面则是一个人该如何看待别人。

从第一个层面来说，"圣人被褐怀玉"为我们提供了一种对待自我的智慧，即我们应该采取一种低调、不争、朴实、追求内在精神的态度去做人。这其实又可分为两个层面，即首先我们应该不去追求外在的衣服的华丽，而应该追求怀中有宝。也即不追求外在显赫的地位和名声，而追求内在精神的纯朴宁静。其次，在我们怀中有宝的时候，我们不应该在乎披在身上的衣服。也即只要具有了内在的高贵精神，不被人理解和重视也无所谓。实际上，这也是老子一向提倡的态度，比如，"知其雄，守其雌……知其白，守其黑……知其荣，守其辱""大丈夫处其厚，不居其薄；处其实，不居其华"，所提倡的便同样是这样一种不争、处下、谦卑的处世观点。对于老子的这种观点，继承了其思想的庄子也有所探讨。在《庄子·让王》中，有这么一段故事，说"曾子居卫，三日不举火，十年不制衣，正冠而绝缨，捉襟而肘见，纳屦而踵决。"意思是孔子的弟子曾子居住在卫国的时候，生活十分困顿，有时连续三天不生火，十年没做新衣服，正一正帽子，帽上的缨绳就断，拉下衣襟，胳膊肘就露出来了，提一提鞋，脚后跟露了出来。但是他依然"曳屣而歌商颂，声满天地，若出金石"，意思是拖着破鞋唱《商颂》，声音充塞天地之间，像从金石中发出的一样悦耳。另外，在《庄子·山木》中还记载：庄子穿着一件粗布衣，而且上面打着补丁，鞋上的系袢没有了，用根麻绳绑着，就这样去见魏王。魏王说："何先生之惫邪？"庄子反驳道："贫也，非惫也。士有道德不能行，惫也；衣敝履穿，贫也，非惫也。此所谓非遭时也。"说明衣服破只是贫穷，并不是精神困顿萎靡，也就是说，圣人有德，不在衣饰如何。这两个故事，都是庄子对于老子的"圣人被褐怀玉"的形象化阐释。

庄子以儒家的曾子为例阐释自己对于"道"的理解，也显示出道家学派虽然不同意儒家的具体见解，但对儒士追求高贵精神的态度是认可的。事实上，孔子的为人也是"被褐怀玉"的典型。当年孔子为实现自己的政治主张，带着一干人等，辗转流离卫、曹、宋、郑、陈、蔡、叶、楚诸国。这一路上，君主们虽然大都很热情，却只是仰慕孔子的名声，而对他的"仁"政主张兴趣不大。因此孔子没能实现自己的政治抱负，甚有几次差点把老命搭进去。但是，尽管如此，在陈、蔡之间被围困，几天没有粮食，差点饿死的时候，孔子还依旧弹琴自娱，这显然是"被褐怀玉"之行。当然，老子和孔子具体所怀之"玉"是有所不同的，老子所指乃是天地大"道"，孔子所指乃是"仁""义""礼""智""信"，但他们对于"宝"的基本态度是一致的，即应该追求内在的"宝"，而不要为外在的物质、名声所羁绊。事实上，无论是老子的通达大"道"还是孔子的"仁"的境界，我们常人都是很难做到的，我们所能学习的应该是这种不看重外在的虚华，而注重自我内在价值的做人心态。在生活当中，我们不应该出于迎合外在眼光的目的而去刻意表现自我，不为争得别人表面的尊重而买名牌衣服，不为赢得别人的羡慕而做虽体面自己却不喜欢的工作，不为赢得别人的欣赏而刻意卖弄自己的才能，因为这些外在东西其实并不值得追求，我们应该追求的是自己内在的价值。只要我们内心明白自我的追求，按照自我的原则做自己喜欢做的事，不自欺欺人地追求自己并不需要的华丽之物，那么，即使在外面不被人重视，乃至遭到势利之人的白眼，但我们的内心是充实完满的，因为破烂衣服之下，我们怀有珍宝啊。

从第二个层面讲，"圣人被褐怀玉"则是提醒我们在看待别人时，不要只注重外在的东西，而更应该注重内在精神。我们知道，许多人在看待别人时，习惯于通过外在的东西去下结论。比如，看到一个人地位高，便认为这个人有才能；看到一个人夸夸其谈，便认为这个人知识广博，非等闲之辈；看到一个人口碑好，便认为这个人一定是个好人，其实这些都是不一定的。地位高的，可能是善于钻营而已；夸夸其谈的，往往没有真才实学；口碑好的，没准是个善于作秀的沽名钓誉之辈。根据老子的"圣人被褐怀玉"智慧，我们知道，那些真正有才能的人通常不让人们知道他的才能，给人一种没有什么才干的表象；那些真正有才学的，恰恰三缄其口，很少展露；那些具有良好品德的人，做好事总是故意不让人知道，所以默默无闻。总之，正像老子所说的"物极必反"，一个东西达到了极点之后，看上去往往像是其反面。此外，更通俗地讲，"圣人被褐怀玉"所包含的一层意思便是那句老话，"人不可貌相"。即不可从表面上去判断一个人，这个道理无须过多理论，我们就讲个故事作为启迪吧。

19世纪80年代的一天，一对老夫妇来到了哈佛大学的校长接待室，想要见哈佛校长。校长秘书看这对夫妇中的老太婆身上穿着褪色的棉布衣服，老头则穿一套价格便宜的旧西装，便对他们爱理不理的。这位先生礼貌地表明来意，声称想见哈佛校长。秘书因为校长提前交代过不要让不重要的人随便打搅，因此不太耐烦地告诉他们校长很忙，意思是没时间接待他们这样的小人物。没想到他们却不知趣地表示他们可以等，并且真的坐了下来耐心地等待。秘书没说什么，一直不理睬他们，希望他们知难而退。没想到他们就这么一直等了两个小时，秘书无奈只好通知校长，校长有些不太高兴地同意了。

校长在办公室很事务性地接待了这对不起眼的夫妇，希望他们能尽快离开。这对夫妇告诉校长，自己有一个儿子曾经在这个学校读一年大学，但在到欧洲去旅行的时候出了事故死去了。他们知道儿子在哈佛的一年过得很开心，因此想在校园里为自己的儿子建造一个纪念物。校长一听，想也没想就回绝道："如果每个在哈佛读过书的学生在死后都要在校园里留下个纪念物，哈佛校园看上去不就像个墓园了吗！"女士一听，赶紧纠正说："我们不是要为儿子建造一座纪念碑，而是要建造一栋大楼。"校长一听，又看了一眼这对夫妇身上穿的衣服，然后有些阴阳怪气地说："你们知不知道建造一栋大楼要花多少钱吗？我们学校里的建筑物造价最低的都在一百万以上。"这位女士一听不吭声了，校长以为他们现在终于知道自己想法的荒唐了，没想到女士沉默了一会儿后对丈夫说："建造一栋楼才花费一百万元？我们有一亿，何不干脆建造一所大学来纪念我们的儿子呢？"丈夫点了点头表示同意，于是他们建设了另外一所大学，这便是后来美国现在最著名的大学之一——斯坦福大学。而这对其貌不扬的夫妇便是美国加州的铁路大王老里兰德·斯坦福及其夫人。

【为人之道】

韦诜慧眼识婿

唐玄宗时期，出身名门的润州刺史韦诜有个千金，才貌都不错，也到了适嫁的年龄。当时，许多有名望的官宦之家纷纷前来提亲。但是，韦诜对于挑选女婿很谨慎，总是会派人暗暗调查对方的情况，结果都觉得不太满意。

一天闲来无事，韦诜和夫人女儿一起到城楼上眺望风景，享受天伦之乐。这时，他远远看到城中一个花园中有几个人在掩埋什么东西。他感到十分奇怪，便派仆人前去询问情况。仆人回来报告说，刚刚看到的那个花园是参军裴宽家的，他的仆人在后花园里掩埋的是别人给他送的鹿肉。裴宽一向不肯接受赠礼，总是将别人的礼物退回。有时实在是碍于情面收下，也往往要以价值相等的礼物回馈。并且，他还将别人送他的礼物悄悄埋掉，以免自己因为享受惯了而一发不可收拾。裴宽是韦诜的下属，韦诜觉得这个年轻人办事挺稳重，品格也不错，今天听人这么一说，便对他产生了好感。接着，他又派人打听裴宽的为人，都说这个人为人耿直忠厚，为官清廉克己，尽职尽责。得知这些，韦诜便有意将女儿嫁给他。

　　为了进一步了解裴宽，韦诜还想了个办法试探他。一次，韦诜在府上设宴，只请了裴宽一个人。韦诜对有些不解的裴宽说，请他来并非公事，只是想和他进行私人性质的聊天。随后，韦诜便东拉西扯地和裴宽聊了起来，两人谈得挺投机。韦诜看裴宽已经不因为自己是下属的身份而那么拘谨了，便假意道："裴宽啊，我到这个地方做官也有段时间了，在这么多下属中，我就发觉你办事能力比较强，人也比较可靠，因此我挺赏识你的，一直想对你有所表示，"顿了一下后接着说，"我发现你的住房相有些过于寒酸了，因此想给你换一座更好的，不知你意下如何？"裴宽听到这里，赶紧离席跪下说："对于大人您的美意我很感激，不过我所做的事情都是我职责范围内的事，已经拿了国家的俸禄，怎么能再额外接受东西，大人的好意我心领了。"这时，韦诜故意看着裴宽的眼睛暗示地说："你放心吧，宅子的事别人不会知道的。只要你接受了，以后我就把你当作自己人，以后你只要对我忠心，有我的好处就有你的。"听到这里，裴宽顿时变了脸色，厉声说："大人，我原来一直很敬重您，以为您是个廉洁之人，没想到你竟有这种想法！恕我不识抬举，既然已经得罪了您，我想我最好还是辞官吧！"没想到这时韦诜大声笑了起来，然后拍着裴宽的肩膀说："恩，不错，果然是个正直、廉洁之人！"然后，韦诜便将自己想招他做女婿，因而故意试探的实情告诉了裴宽，并问他是否同意这门亲事。裴宽十分高兴地答应了这门亲事。

　　裴宽走后，韦诜高兴地对妻子说："想给女儿找个佳婿，一直未曾如愿，今天终于找到了。"妻子问他看上了谁，韦诜便告诉了她。在一次裴宽因公事前来拜见的时候，韦诜让妻子及家人躲在屏风后面，偷偷观看了裴宽。妻子一看，裴宽的官职不过是低得可怜的九品，而且人长得又瘦又高，没有一点男子汉的雄霸之气。当时也在屏风后的仆人，更是过分地把裴宽比作一种外形丑陋的鹳鹊。韦诜的妻子简直要哭起来，对他抱怨道："我还以为你给女儿找了个什么佳婿呢，原来是这样一个其貌不扬，官职低微的人物！"韦诜却对妻子说道："爱护女儿，就应该让她做德才兼备的大官的妻子，难道要找一个漂亮的奴才吗？我看了，这个年轻人品格优秀，做事认真，又胸有大志，将来官位必定在我之上。"几天后，韦诜便为裴宽和女儿举行了婚礼。

　　后来，裴宽在润州干了几年，因为政绩突出，被提拔为河南丞，又迁为长安尉。朝廷要重新丈量天下的田地，侍御史宇文融了解裴宽的才干，推荐他担任江东覆田判官。后来，裴宽又回到长安，担任太常博士。再之后，裴宽又去刑部担任员外郎，成了司法官员。一次，万骑将军马崇白日杀人，犯了死罪。唐玄宗的亲信宠臣王毛仲，动用了大量关系，想免马崇一死。此案由裴宽负责，他顶住压力，坚持原则，仍然依法给马崇判了死刑。从此，他名声大振。他历任中央政府的兵部侍郎、户部尚书、兼御史大夫等高职，也曾担任蒲州刺史、太原尹这样的地方大员，官职的确在岳父韦诜之上。赏识裴宽的唐玄宗曾写诗"德比岱云布，心如晋水清"褒奖他，甚至有让他出任宰相的打算，只是因为奸相李林甫的陷害未能如愿。不过，李林甫的陷害只是让他贬官，并未危及性命，并且裴宽后来又重新得到重用。裴宽高寿，活了七十五岁，死后朝廷赠他为太子太傅。不仅如此，百姓们也对他十分怀念和爱戴。许多年之后，人们谈起天宝年间的旧事，还认为裴宽是那个年代最好的官员。而韦诜的女儿韦氏果然和裴宽白头偕老，福寿尊贵，亲戚中没有人能比得上。

　　在这个故事中，韦诜之所以能够慧眼识裴宽，便是因为他做到了不从外表和一时的状况判断一个人。他不仅从裴宽穷困中看出他有远大前途，而且为女儿觅得佳婿，成就了女儿一生幸福。显然，韦诜是深谙老子所说的"被褐怀玉"的智慧的。

第七十一章

以其病病

【原文】

知不知，上①矣；不知知，病②也。圣人不病，以其病病③。夫唯病病，是以不病。

【注释】

① 上：上等，最好。

② 病：毛病，缺点。

③ 病病：第一个"病"是动词，意即把病当作病，知道缺点是缺点，把缺点当作缺点。

【今译】

知道自己不知道，这很好；不知道，却自以为知道，这便是缺点了。圣人之所以不存在这个缺点，是因为圣人把这个缺点当作缺点。正是因为把缺点当作了缺点对待，才没有了缺点。

【解析】

夫唯病病，是以不病

"夫唯病病，是以不病"应该说是一个听上去很简单的道理，实际上却有着很重要的意义，因为这看似简单的道理，实际上很少人能够做到。在说出这个道理之前，老子先是以圣人作为具体的例子，提出之所以"圣人不病"，原因在于"以其病病"。需要指出的是，这里的"病"所包含的不仅是缺点，也可以指一个人所犯的错误，总之，对于需要改正的东西，只有你认识并承认它的存在，才具有了改正它的基本可能。正如老子所说，圣人之所以看上去没有缺点，不犯错误，乃是因为他正视自己的缺点和错误的缘故，而非其生来如此。关于此，圣人孔子便是典型的例证。

孔子师徒周游列国时，一次在陈国和蔡国之间被人误以为是强盗团伙堵截了起来，粮食也没有了，师徒一直饿了好几天。后来颜回出去讨了一些米回来，然后开始煮饭。饭煮好后，颜回看到锅里有一些脏东西，于是便用勺子将带有脏东西的那团米饭给捞了出来，因为当时粮食紧张，颜回不舍得将其扔掉，便将这团饭给吃了。这时孔子正好路过做饭的地方，看到了颜回吃米饭的举动，以为他是因为饿便提前偷吃米饭，于是便上前指出颜回这样是不对的。颜回解释了缘由。孔子马上向颜回道歉，称自己不该在没搞清楚情况的时候便贸然下结论。并且，他还在后来专门给学生们讲了这件事，并从中引申了道理，他感叹道："人可信的是眼睛，而眼睛也有不可信的时候；可依靠的是心，但心也有不足依靠的时候，弟子们要记住，知人真是一件不容易的事呀！"

还有另一件事。孔子师徒到了齐国，孔子在拜见了齐景公之后，并没有去拜见齐国宰相晏婴。当时的晏婴在内政外交上卓有功绩，是一个十分贤能的人，名声传扬到了各诸侯国。孔子对这样的贤能者一向是尊崇的，往往会专门或顺便前去拜见。子路对此感到有些奇怪，便问老师道："老师呀，听说晏婴很贤能，您来到了齐国，怎么不去拜访他呢？"孔子如此做果然有他的原因，他解释道："我听说晏子侍奉过齐国的三代君王，都能得到宠信，这说明他有三个心眼，因此我怀疑这个人的为人，不想见他。"

晏子后来听到了孔子的这番话，便有些委屈地给人解释道："我是齐国的子民，如果不修正自己的行为，没有自知之明，就无法立身于世。得到宠幸的臣子总是看到好的一面，得不到宠幸的臣子看到的都是恶的方面。诽谤和赞誉是一对孪生兄弟，声音和回响相互呼应，它们都是一个事物的两个方面。我还听说，用一个心眼去侍奉三位君王，因此才能顺应君心，以三个心眼去侍奉君王，必然不能顺应君心，而今孔子并未看到我是如何工作却非议我顺应君心。我还听说，君子身子正直不会惭愧影子歪斜，君子独自睡觉不会惭愧魂魄远游。我还听说，孔子被人驱逐追杀不以为惭愧，被人围困在陈蔡之间不自以为卑贱。并不是人们不了解他的过去，这好像河边人轻视斧子的作用，山里人轻视渔网的作用，话从嘴中说出却不知其中的困惑。起初我看到儒生们认为他们很高贵，现在看就存在疑问了。"后来，这话又传到了孔子耳朵里，孔子便对学生说道："我私下评论晏婴却没切中人家的过失，我的过错很危险。我听说君子才能超过别人仍能以别人为友，才能不及别人要以别人为师，如今我错怪了晏婴，责备了人家，他应该是我的老师啊。"于是，孔子先是派自己的学生宰我到晏婴府上登门道歉，还不放心，又亲自到晏婴府上去拜见并致歉。

从这两件事中，可以看出，孔子对自己的过错，是从不掩饰和回避的。在自己所熟悉的弟子面前，他并不因为自己身为师长便羞于对颜回认错，或者是蛮横地狡辩。不仅如此，他还将这件事讲给其他的弟子，并借题发挥，告诉大家一定的道理。我们可以预知，孔子自己以后肯定不会犯这样的错误了。而第二个故事，同样是表明了孔子的知错就改，并且是十分真诚而严肃地先是派学生登门致歉，然后自己又亲自登门道歉，实在是令人感动。可以想见，换作其他人，很可能就不了了之了，因为反正自己也没有当着晏婴的说那些话。即使什么时候哪天碰到晏婴，也可以推脱说是以讹传讹造成的就是了。事实上，现实中，人们面对自己的过失，不都是这样"大事化小，小事化了"的吗？人们对于自己的缺点或者过错，总是有意无意地回避，不愿意直面。之所以如此，有的人是因为自我感觉良好，对自己的错误和缺点视而不见；有的人则是出于傲慢，采取一种"不屑一顾"的态度，不予重视；还有的人则是出于自尊，担心承认错误和缺点会使得自己没有面子，于是死不承认。这几种态度显然都是不可取的，如此一来，这种缺点便会附着在我们身上，永远都无法摆脱了；而犯了一次的错误因为没能从中吸取教训，也很可能还要再继续犯下去。不仅如此，错误和缺点还有可能会持续变大，给我们造成更大的麻烦甚至不可挽回的灾祸。

我们知道，是人便难免要犯错误。人说"人非圣贤，孰能无过"，其实即使是圣贤也要犯错误，正像上面所举的孔子的例子，只是圣贤能够正视错误并改正错误。因此，有过失和缺点并不是问题，问题是能否改正。而改正的第一步，便是承认过失和缺点的存在，即"病病"，把"病"当作"病"，不讳疾忌医，不文过饰非，不给自己找借口开脱。只有这样的人才会不断取得进步，最终成为真正的强者。同时，要想赢得面子，获得别人的尊重，对缺点和过失死不承认，也只会得到别人的鄙视。相反，坦然承认，知错就改，不仅不丢面子，反而能获得别人由衷的尊敬。关于此，台湾作家刘墉曾经讲过一个自己所经历的往事，可以给我们以启发。

刘墉自称二十多年前，他在当记者的时候，有一次要去韩国采访一个影展。当时出国的手续很难办，不但要各种证件，而且还得请公司的人事和安全机构出函担保。他费了很大的劲才将各类文件准备齐全，然后送到电影协会去，交给了一位工作人员。可是刚回到公司，他就接到电话，对方称说他少了一份文件。

"我刚刚才放在一个信封里交给您啊！"刘墉说到。"没有！我没看到！"对方斩钉截铁地回答。没办法，刘墉只好立刻赶回影协的办公室，并当面告诉那位工作人员自己确实已经细细地点过后才装在牛皮纸信封里交给他，文件肯定是齐全的。对方干脆举起刘墉的信封抖了抖，说"没有！"

"我人格担保，我将文件装进了信封里！"刘墉简直有些气愤地说。"我也人格担保，我没收到！"对方也针锋相对。"你找找看，一定掉在了什么地方！"刘墉有些气急地说。"我早找了，我没那么糊涂，你一定没给我。"对方毫不示弱。

影展时间马上就要到了，刘墉只好气呼呼地离开，然后又重新去办。然而就在快要办成的时候，他突然接到了那个影协工作人员的电话。对方在电话里说道："对不起先生，是我不对，我不小心夹在别人的文件里了，我真不是人、真不是人、真不是人……"对方在电话里不停地道歉，并骂自己。作者写道，当时自己突然愣住了，这件事明明是对方的错，但在那一刻并未怪罪对方，反而觉得对方很伟大。要知道，当时在办公室里他是多么理直气壮地和自己争论啊，换作有的人，即使是后来发现是自己错了，也很难有勇气去向对方承认。何况这件事只要自己死不承认，对方也是一点办法没有的。但是他现在主动向自己承认错误，如果此时遭到对方谩骂，恐怕也无话可说。正如作者所说，自己非但没有谩骂的冲动，反而十分佩服这个工作人员，觉得他是一个勇者。

其实许多时候都是如此，在浅层次上丢了面子，往往在深层次上赢得了尊重；在小的地方占了小便宜，在大的地方却造成了大损失。对于自己的过失和缺点，应该采取的便是从大处着眼，从长远考虑的态度，而正确的做法便是正视过失和缺点，以"病"为"病"。

另外，需要指出的是，有的人虽然正视自己的"病"，却并不急于改正，而是抱着侥幸态度，慢慢"治病"，这是使不得的。《孟子》中载有一个小故事：战国时期的宋国有个当大官的人叫戴盈之。有一天，他对孟子说："百姓们对我们现在的税收政策很不满意，我打算改正一下，先减轻一些，等到明年再完全废止现行的税制，你看怎么样？"孟子说道："现在有这么一个人，每天都要偷邻居家的一只鸡。有人劝告他说：'这不是正派人的做法。'他回答说：'那我就逐渐改吧，以后每个月偷一只鸡，等到明年，我再也不偷了。'——既然知道这样做不对，就应该马上改正，为什么还要等到明年呢？"这个故事就是明显的知错不改的例子。故事中的官员并没有真正地以"病"为"病"，而是在纵容自己。实际上，在现实中许多人对于自己的缺点和错误往往采取一种"下不为例"的态度，这种态度和那个偷鸡贼其实是一样的。所谓下不为例，意思是下次不再犯了，言外之意便是这次是可以原谅的。

而这往往是为自己开脱的托词，以后会有无数个"下不为例"。因此，以"病"为"病"，是不该有任何托词和借口的。

【从政之道】

陈后主"不知知"致亡国

南朝陈末代，最后一任皇帝陈叔宝即位，是为陈后主。陈后主本身并非是一个庸才，但可惜的是，他的才能不是在治国方面，而是在吟诗作词上。陈后主的诗词不少，后人对其作品评价也颇高，尤其他为宠妃张丽华所写的《玉树后庭花》一诗，堪称极品。他也因此与南唐后主、宋徽宗并称为中国历史上最有文采的皇帝。不过，正是这种艺术方面的才华，养成了他眼高于顶、盲目自大的情绪。强不知以为知的结果是，在他登基七年后，陈便被北方的隋朝所灭亡。

陈后主的强不知以为知首先表现在用人上。陈后主在用人方面，完全不懂得知人善任，更糟糕的是，他却自以为善于识别人才，因而乾纲独断，听不进忠良之士的建议。那么在委任官职时，他是凭借什么来判断人才呢？他不是根据一个人的政治才能，而是凭借自己的感觉，其中两类人深受重用：一是与自己意气相投，二是具有文学才华。显然，这种标准用来选择文友是适宜的，但是作为挑选大臣的标准，就不大合宜了。这样，陈后主身边聚集起的大臣，几乎全都是一帮没有什么治国才能的酸腐文人。其中的代表人物，就是当时的宰相江总和尚书孔范。江总当上宰相完全是凭借博学多闻，善写浮靡的五言七言宫体诗。身为宰相，他对于政事不闻不问，每天带着一帮文人陪陈后主在后宫赏花赋诗，君臣沉迷于诗酒的快意中。山阴人孔范容止温雅，文章瑰丽，得到陈后主赏识。后主不喜欢听别人说他的过失，孔范在这方面处处为后主文过饰非。因此，后主对他宠遇优渥，言听计从。孔范曾对后主说："在外面带兵的将军们，都是出身行伍的大老粗，只有一些匹夫之勇，要想他们具有高深的见解和长远的谋略，怎么可能呢？"从此，带兵的将帅微有过失，就会被陈后主夺去兵权。武将权力失落，军政大权便落入刀笔吏手中，边备因此更加松弛。如此，就造成了陈朝文武解体，士庶离心的混乱局面。

南陈的开国皇帝陈武帝志度宏远，恭俭勤劳，乃一代英主。其后的陈文帝、陈宣帝也都能励精图治，加上南朝本身地处富庶之地，不久就安定强盛起来。在与北方政权的几次战争中，南朝也取得了几次胜利，不仅成功阻击北周、北齐政权的南下入侵，而且还一度占领了长江以北的不少领土。在这样的局势下，生长于富贵乡中的陈后主便以为陈朝可以一直这样偏安下去。自登基后，他大兴土木，修建豪华建筑，其中的临春、结绮、望仙三阁，高数十丈，袤延数十间，穷土木之奇，极人工之巧。窗牖墙壁栏槛，都是以沉檀木做的，以金玉珠翠装饰。门口垂着珍珠帘，里面设有宝床宝帐。玩好珍奇，器物瑰丽，古今罕见，无不极尽奢华。同时，他还从全国找来众多才色兼备的美女，终日带着宠臣们与她们冶游，并通宵达旦地举行宴会。如此奢华靡费的生活，必然导致财政吃紧。为弥补不足，陈后主任命善于聚敛财富的中书舍人施文庆为太市令，专门负责为自己筹钱。施文庆一上台，便大幅度的提高税收，赋税翻番地往上涨，老百姓苦不堪言。不仅如此，陈武帝当初为笼络知识分子，对他们实行免税政策，但施文庆将这个规矩取消了，知识分子也要交税。钱收上来了，陈后主很高兴，施文庆也得到了高升，但民心和士心都失去了。就在陈后主还沉醉在长久偏安的迷梦里时，南陈已经人心离散了。

这时候，混乱的北方逐渐稳定下来。隋文帝取代了北周，并灭掉了北齐，统一了北方，对南陈虎视眈眈，准备统一全国。在暗暗做南下准备的同时，隋文帝听从谋士的建议，每逢江南将要收割庄稼的季节，就在两国边界上集结人马，扬言要进攻南陈，使得南陈的百姓没法收获。等南陈把人马集中起来，准备抵抗隋兵时，隋兵又不进攻了。这样一连几年，南陈的农业生产受了很大影响，守军的士气也松懈下来。隋兵还经常派出小股人马袭击陈军粮仓，放火烧毁粮食，使南陈遭到很大损失。公元588年，隋文帝造了大批战船，派他的儿子晋王杨广、丞相杨素担任元帅，贺若弼、韩擒虎为大将，率领五十一万大军，分兵八路渡江，开始玩真的了。隋文帝亲自下了讨伐南陈的诏书，宣布陈后主二十条罪状，还把诏书抄写了三十万张，派人带到江南各地去散发。南陈的百姓本来恨透了陈后主，看到隋文帝的诏书，人心更加动摇起来。

杨素率领的水军从永安出发，乘几千艘大船沿长江东下，看上去满江旌旗，战士的盔甲在阳光下闪闪发光。南陈的江防守兵看了，都吓得呆了，完全丧失了抵抗的勇气。同时，其他几路隋军也都顺利地开到江边。北路贺若弼的人马到了京口，韩擒虎的人马到了姑苏。江边陈军守将告急文书接连不断地送到建康。但是此时的陈后主正跟宠妃、文人们正喝得东倒西歪，他收到告急文书，连拆都没有拆，就丢到了一边。

后来，边关告急文书越来越多，越来越急。大臣多次请求商议抵抗隋兵之事，陈后主才召集大臣商议。陈后主开口便道："东南是个福地，从前北齐来攻过三次，北周也来了两次，都失败了。这次隋兵来，也不过是来送死，有什么可怕的！"宠臣孔范也顺着他的意思附和道："陛下说得对。我们有长江天险，隋兵又没有翅膀，难道能飞得过来不成！这一定是守江的官员想贪功，故意造出这个假情报来。"就这样，这帮君臣将隋军嘲笑了一回，然后不去采取任何措施，任由边关守将抗击了事，而上下依旧是每日歌舞，吟诗作词。

次年正月，贺若弼的人马从广陵渡江，攻克京口；韩擒虎的人马从横江渡江到采石，两路隋军逼近建康。直到建康城被隋军包围之后，陈后主才知道隋军真的来了，这时才着急忙慌起来。当时，建康城内还有十几万军队，但陈后主委以重任的江总、孔范一伙都不懂得怎么指挥，陈后主也急得手足无措。结果，隋军很轻易地攻入了建康城。

隋军攻进皇宫后，却找不到陈后主。后来，捉住了几个太监，才知道陈后主携带了两名妃子藏在后殿的一口枯井中。陈后主就此被俘，南陈灭亡。

应该说，陈后主的灭亡很大程度便是因为他对国家政事所知不多，对敌人也缺乏了解。可悲的是，他偏偏认为自己对这些很清楚，自作聪明，自以为是，正如老子所说的"不知知"，结果导致了亡国。

第七十二章
自爱不贵

【原文】

民不畏威①，则大威②至。无狎③其所居，无厌④其所生。夫唯不厌，是以不厌⑤。是以圣人自知不自见⑥，自爱不自贵⑦。故去彼取此。

【注释】

① 威：威吓，指统治者的暴力镇压和威慑。

② 大威：巨大的威胁、祸乱。

③ 狎：通狭，意为压迫、逼迫。无狎，即不要逼迫。

④ 无厌：厌，即压，压迫。无厌，即不要压制人民谋生的道路。

⑤ 不厌：即不厌恶。前一个不厌，是不压迫，是针对统治者而言；后一个不厌，是针对人民而言。

⑥ 自见：见通"现"，自见，即自我表现。

⑦ 自贵：自以为高贵，自显高贵。

【今译】

人民一旦不害怕统治者的威势，则可怕的祸乱就会随之而来。因此，执政的人不要逼迫人民，使他们不得安居；不要压榨人民，使他们无法安身。只有不压迫人民，人民才不会厌恶统治者，才不会带来祸乱。所以圣人总是有自知之明，却不自我表现；有自爱之心，却不自显高贵。因此我们应该舍弃后者（自见、自贵）而保持前者（自知、自爱）。

【解析】

自知不自见

本章中，老子先是从反面告诫统治者以武力去镇压和威慑百姓，结果只会导致百姓更强烈地反弹，最后引起祸乱。然后老子又从正面建议统治者不要去逼迫、压榨百姓，如此，便不会遭到百姓的厌恶和反抗，国家便安定了。接下来，老子又指出，正是因为此，有道的圣人统治百姓时，便会"自知不自见，自爱不自贵"。老子之所以这么说，乃是因为"自见"

和"自贵"正是统治者逼迫百姓、压榨百姓的原因。因为想要"自我表现"，所以才会骄傲放纵，残暴妄为，乃至发动战争；因为自以为高高在上，比所有人都要尊贵，所以才会穷奢极欲，恣意靡费，进而横征暴敛，掠夺人民财货。正因为此，老子指出，正确的态度应该是"自知不自见""自爱不自贵"，即有自知之明，明白自己作为一个君王的能力所及和限制，知道自己的职责所在，而不去刻意彰显君王的权力和奢华；爱惜自己应该真正爱惜的东西，比如自己的生命价值、在臣民中的威信等等，而不自视过高，过于看重自己。这里，老子主要还是表达他的一种政治观点。不过，除此之外，"自知不自见""自爱不自贵"其实还具有一种更为普遍的意义，那便是对于普通人来说，这两句话仍然具有非常实用的行为指导意义。这里我们将其分开来说，此部分先谈一谈"自知不自见"的智慧。

我们知道，"自知不自见"意思是有自知之明，但不刻意表现自我。进一步分析会发现，这句话包含了两层意思，一层是"自知"，即了解自己，其实说的是自己与自己的关系问题；而另一层则是"不自见"，即不刻意对别人表现自己，其实说的是自己跟别人的关系。两层意思合起来，便是说我们应该对自己有个清晰的把握，知道自己的优缺点所在，知道自己言行的意义所在，同时我们不必在意别人的眼光，不必刻意去以一些言行博取别人的认可或者理解。显然，这是非常明智的，一个人以此作为自己的行为准则，便会更好地把握自己，也会更好地处理自己与外部世界的关系，在为人处事上都会比较从容，并且，会更清楚自己真正想要做的事情，进而坚韧地去追求，因此也就更可能获得成功。

关于此，韩信"胯下之辱"的故事是最生动的注解。我们知道，韩信乃是真正的勇士，这是毋庸置疑的。但当时韩信竟然当着众父老乡亲的面，从那少年裆下钻过。韩信忍受常人难以忍受的屈辱，并非是因为胆小，而是因为心中怀有大志，不想因小事而丧失做大事的机会。可以说，当时在他身上所体现的正是老子所说的"自知不自见"的行为准则。即他自己心里清晰地明白自己并非怯弱之人，但为了成就一番大事业，没必要和这种小混混较劲。同时，他也明白自己的"屈辱"举动会引来别人的嘲笑，但他并不因此便去迎合别人的目光，以向人证明自己的勇武。

可以说，韩信的这种"自知不自见"的行事准则乃是任何一个想要做一番事业的人采取的态度。因为要做成一番事业，便必须综合考虑主客观各方面的条件以及时机，然后决定自己到底该如何做。而如果总想着去迎合别人的目光，刻意在别人眼中取得一个成功者、优秀者的形象，这样往往会打乱自己的步骤，不能有条不紊地取得最后的成功。实际上，但凡要做成一番事业，往往都是要经历一段孤独而落寞、不被人理解乃至遭到别人鄙视的过程。在这个过程中，往往会有人对你的行为评点议论，这时只有那些具有坚韧品质的人才能清晰地把握自己的行为，不为别人的眼光和评点所动，最终沉着地走向成功。

英国大作家狄更斯从小流浪，没有接受过正规的教育，但他坚信自己可以在文学上做出一番事业。便在做学徒时不管别人异样的目光，坚持阅读写作，同时十分留心收集人们的日常语言，进行小说创作。很长一段时间，其小说都得不到承认，遭到无数次退稿，但最终等来了成功。另外，还有发明蒸汽机船的美国发明家富尔顿、发明电灯的爱迪生，等等，这些人在追求成功的道路上无不遭受重重挫折和别人的不理解乃至嘲笑，但他们一直在内心深处清晰地知道自己想要做什么，并不刻意去迎合别人的目光，他们最终都取得了成功。实际上，要做任何一件事情，总会有人投来异样的目光，如果老是想去迎合别人的目光，便什么事情都做不好了。因此无论做任何事情，只要自己明白自己在做什么就行了，没必要去刻意向别人表现什么。

具体而言，除了上面所说不要让别人目光决定自己的行为之外，"自知不自见"还可以就我们在现实中经常遇到的情形给出一些具体的启发：

在我们取得成功时，不要因为别人投来的赞赏、敬佩目光而飘飘然，而要在自己心里明白，自己之所以取得成功的关键在哪里，自己有哪些经验教训可以总结；自己目前所取得的成功是自己最终的目标吗？也许在别人看来的所谓成功，在我们原本的计划里仅仅是我们的一个步骤而已。还要思考，自己下一步该如何做，等等。这些，才是我们应该拨开别人的赞赏目光之后所应该认真思考的。

在我们遭遇挫折时，也许别人会投来瞧不起的目光，甚至冷嘲热讽。这个时候，只要我们在心里明白，自己的挫折只是一时的挫折，并且自己对此也早有准备，这就行了。而大可不必去跟人解释自己的运气是如何的差，结果才导致了失败，以获得别人的理解和同情。并且，向别人保证自己仍将会继续努力，等等。这些东西只要自己心里清楚就行了，何必要去跟别人讲呢？

有的时候，我们难免在生活或工作中遭到别人的误解。当然，有的时候，解释一下是必要的，但是有的误解，则是不需要解释的，或者说是解释不清楚的。比如你的工作没有做好，存在一定的客观原因，上司却一口咬定是你的工作能力不够所造成的。这时候，你非要去做出解释，可能只会让上司觉得你在狡辩，推卸责任。这种时候，最好的办法是干脆不去解释，自己知道其中的缘故，并不因为上司对自己能力的怀疑而沮丧就可以了，当然在接下来的工作中，自己则应该付出更多将工作做得更出色，到时上司对你的怀疑自然便消解了。

除此之外，"自知不自见"的智慧在现实中还可以应用于更多的情形中，总之，这种智慧的核心便是两点，首先，要清晰地把握好自己；其次，便是不必刻意迎合别人。

自爱不自贵

前面讲了"自知不自见"的智慧，这里再谈一谈"自爱不自贵"的智慧。

与"自知不自见"一样，"自爱不自贵"同样是谈了两个层面的问题，即如何处理自己跟自己的关系以及如何处理自己跟别人的关系。以及它们之间的联系。简单说，"自爱"意思便是洁身自爱，即要懂得自己所处的地位，所扮演的角色，以及自己言行如何才是适宜的。一般而言，表现得谦卑谨慎，言行合乎道德、法律，不做违背道义、法律之事，便是一种基本的"自爱"。而"自贵"的意思则在某种意义上与"自爱"相反，即将自己看待得很尊贵，自视高于别人一等，总想让别人抬眼高看自己。显然，"自爱"与"自贵"往往是不能并存的，懂得"自爱"的人便自然不会"自贵"，而"自贵"之人则不懂得"自爱"的道理。但是，事实却是，"自爱"的人虽然不自视很高，却往往能被别人尊敬，被置之于尊贵的地位；相反，一味"自贵"的人，则很难能得到人们的真心尊重。关于此，正反例子都有许多。

康熙年间，安徽桐城县发生了一件出名的事，大学士张英家人与邻居叶秀才因墙基争地界打起官司。当时，张英在京城做高官，他在桐城的家人要在老宅上盖房子，地界紧靠叶秀才家。叶秀才提出要张家留出一条路以便出入。但张家认为，自家的地契上明明写着的"至叶姓墙"，现在如果留出一条路的话，等于把自己家的地皮作为公用之路，显然是吃亏的事。因此，张家的人拒绝了叶秀才的请求，并称即使是要留出一条路来，也应该是两家的墙各后退一些才合理。当时，不仅张英位高权重，而其子张廷玉（雍正、乾隆两朝名臣）也已考中进士，在朝为官。张家权大势大，根本没将叶秀才放在眼里，不由分说便将墙砌了起来。没想到，这叶秀才来了书生意气，不肯向张家服输，一纸诉状将张家告到县衙。这时，张家人才不得不认真起来，张英的母亲写了一封信给京城的儿子，要他出面给县衙打个招呼。不久，张英便写了回信，但是信上只有一首诗：千里家书只为墙，让他三尺又何妨。万里长城今犹在，不见当年秦始皇。张母一看来信，便明白了张英的意思，马上让家丁将墙拆掉，后撤三尺，让出了一条路来。叶秀才看到势大的张家官司还未打，便主动将墙后撤，感到莫名其妙，后来听说了张英家信的内容，十分感动，也将自己家的墙后撤三尺，形成了一条开阔的六尺巷。此事一时传为美谈，这条巷子也被称作是"六尺巷"，后世许多人都专门跑去看那条著名的巷子。

还有一个故事，明朝嘉靖年间，总督胡宗宪权势很大，很多人对胡家人奉承巴结，而海瑞则不然。胡宗宪的儿子公子仗着老子官高，骄横得不得了。一次外出游玩，到处索要贿赂，横行霸道。当时，海瑞在淳安县做知县，胡公子到此，继续为非作歹，吃拿卡要，海瑞不仅把他抓起来打了一顿，而且把他沿途勒索的几千两银子全部没收。胡公子骄横跋扈，自己抬高自己的结果，是海瑞送给他的藐视和羞辱。

这两则故事可以说正是一反一正地对"自爱不自贵"进行了注释。在第一个故事中，张英身为宰相，面对一个无权无势的秀才，如果自恃高贵，随便就可以把他摆平了。但是，一旦如此，便有仗势欺人之嫌，在道义上便处在了劣势，在别人心目中也不会有好的声誉，可以说这不是一种洁身自爱的举动。而相反，他没有选择"自贵"，而是选择了洁身自爱，反而在人们心目中获得了好的名声，被别人主动放于尊贵的地位。而第二个故事则相反，胡衙内自以为高贵，不停地告诉别人自己的尊贵身份，不知洁身自爱，结果，反而在别人眼中一点也不尊贵，还遭到鄙视，最终成为人们的笑柄。他挨打后，各地官差和老百姓都高兴得很，可见，这种人在人们心中的地位之卑贱了。

这两个故事告诉我们的道理便是，一个人能否在别人心中获得尊贵的地位并不是靠自己强行争取的，只要你洁身自爱了，自然而然地人们便会尊崇你。关于此，还有一个名人故事，此人便是18世纪法国杰出的思想家卢梭。在自传《忏悔录》里，他毫不保留地把自己的丑事公诸世人，写下了真诚的"忏悔"，可以说是"不自贵"的。可他逝世后，人们却把这种勇于自我解剖的精神称为"最大的革命"，认为他是人类历史上最崇高尊贵的人之一，并把他的遗体安葬到伟人公墓。相反，不知洁身自爱，一味去追求尊贵，恰恰是不可得的，著名例子便是明太祖朱元璋。洪武年间，他将自己的语录印刷成册，下发给每一户老百姓，让老百姓背诵，好使自己成为民众的偶像。但是他一死，他的语录便被人抛入故纸堆，其人也被冠以残暴的名声。

最后，让我们再进一步展开，所谓自爱，就是珍惜自己的生命价值，爱护自身的人格，维护自己的尊严。不自轻自贱，不自暴自弃，不放纵自己，不草率行事，这些就是自爱。而"不自贵"则是指，处理好与他人的关系，不傲慢骄横，不自以为是，不能有强烈的优越感，更不应该表现出浅薄的特权思想。要有平等的意识，要学会尊重他人，做人要自爱，却一定不可自贵。自爱者，众人仰之；自贵者，众人远之。

【从政之道】

夏启"自爱不自贵"得人心

原始社会末期，经历尧、舜、禹之间的禅让之后，禹的儿子启通过武力手段赶走了按照禅让制应该接替禹的位置的伯益，自己继承了父亲的位置。然后，启又在钧台举办大规模的宴会，并强迫各地的部落首领赴宴，宣布建立夏朝，成为了夏朝的第一个君主。

夏启的不合传统规矩的举动遭到了一些诸侯首领的坚决反对，其中第一个站出来反夏的是有扈氏。他指责夏启破坏了长久以来实行的禅让制度，要他把王位交给伯益。夏启自然不会同意，于是双方在甘泽发生一场大战。由于有扈氏得到了一些地方部落的支持，把夏启打得落花流水。其他的诸侯看夏启吃了败仗，也都开始跃跃欲试地反对他了。这时，夏启身边的一些支持者便建议他招兵买马，重整旗鼓，和有扈氏再打一回。但是，夏启心里明白，他破坏禅让制夺得君位，很不得人心，即使再召集军队，许多人可能都不愿意为他效力。即使效力了，也并不会很卖力地打仗，因此再打一仗，也未必能够取胜。他认为，当务之急乃是赢得大家的拥护，只要让天下人知道自己是一个德才兼备的人，由他掌管天下要比伯益好得多，到时候人心肯定会向着自己，那时再打仗才有取胜的可能。

于是，夏启回朝后便开始严格要求自己，他不将自己看作是尊贵的帝王，而是表现得平易近人，尊重老人，爱护孩子，并大力提倡其他人也这么做。他吃饭时只吃一碗清淡的蔬菜，睡觉则是躺在简陋的柴草上。并且，除了祭祀神灵之外，他从不演奏音乐来娱乐。同时，他还四处寻访贤能之人，让他们到朝廷来担任重要职务。

就这样，几年之后，夏启的声誉得到了极大的提高，人们纷纷说："夏启真不愧是大禹的儿子，他对自己严格，对人热情，又懂得选拔贤能之人，我看天下就应该交给他来治理。"如此，人们便逐渐地接受了夏启这个君王，觉得他这样父死子继也没有什么不合理的。

夏启看到人心已经逐渐朝向了他，便开始积极准备招兵买马，扩充军队，并向有扈氏发动了第二次战争。这次，因为夏启的巨大威望，战士们打仗都十分卖力。当时，有扈氏的士兵也都有些认可夏启了，不再那么拼命反击。结果，夏启很快取得了战争的胜利，有扈氏也被俘虏，被夏启放逐到了草原地区。这样，夏启所建立的夏朝正式稳定下来，中国也正式由原始社会进入到阶级社会。

在这个故事中，夏启正是通过"自爱不自贵"的方式得到了民心。所谓"自爱"，便表现在他准确地知道自己作为一个君王的职责和意义，爱惜自己的名声，他先是严格要求自己，起到一个君王应该起到的表率作用；同时他尊老爱幼，体现了君王该有的美德；他选拔贤能之人治理国家，则是治理国家的有效举措。如此一来，他这种洁身自爱，甘卑处下必然会赢得"他爱"，自然得到了人心。而从另一个角度来讲，他不以自己为君王便觉得尊贵，平易近人，爱惜百姓，同时又不过奢华享乐的生活，这便是老子所说"不自贵"。正是他这种不自贵，反而让人们感觉到他的尊贵，愿意拥护、支持他。总之，虽然夏启的"自爱不自贵"有些作秀成分，但他正是依靠这些才赢得了民心，巩固了自己的地位。

第七十三章

天网恢恢

【原文】

勇于敢①则杀，勇于不敢②则活。此两者，或利或害。天之所恶，孰知其故？是以圣人犹难之。天之道③，不争而善胜，不言而善应，不召而自来，繟然④而善谋。天网恢恢⑤，疏⑥而不失。

【注释】

① 勇于敢：性格刚强，胆大妄为。

② 不敢：柔弱，不逞强。

③ 天之道：即自然的规律。

④ 繟然：指宽缓，安然的样子。

⑤ 恢恢：广大无边的样子。

⑥ 疏：稀疏。

【今译】

性格刚强、胆大妄为的人，必不得善终；勇于表现柔弱的人，则能保全自己。这两者虽然同样是勇，但是勇于刚强是有害的，勇于柔弱则会得到益处。天道为什么厌恶勇于刚强的人呢？谁又能知道缘故呢！所以即使是圣人，要想理解天意也是很难的，何况一般人呢。自然的规律是，不斗争而善于取胜，不言语而善于回应，不召唤万物而万物自动到来，坦然而善于筹划安排。这就好像是一面广大无边的天网一样，它虽然是稀疏的，却没有任何东西能从中漏掉。

【解析】

勇于敢则杀，勇于不敢则活

"勇于敢则杀，勇于不敢则活"，说的仍旧是刚强与柔弱的问题。不过与前些章节中老子直言的"柔弱胜刚强"不同，老子在这里将刚强与柔弱的阐释放在了我们现实生活更为直观的"勇"字上。老子指出，"勇于敢"往往遭致杀身之祸，而"勇于不敢"则能够保全性命。根据老子一向的观点，老子并不排斥"勇"，而是对"勇"做出了一种分类界定。比如在《道德经》第六十七章中，老子指出"故慈能勇""今舍慈且勇……死矣"，即认为慈爱能够让人产生勇气，变得勇敢，人为了保护所爱的东西，往往变得前所未有的勇敢，敢于面对暴力和邪恶。但是，不是出于慈爱的勇敢，便是自找死路了。显然，老子在这里提倡那种出于防卫性质之勇，而反对逞强恃能之勇。此外，除了不逞强恃能，老子对"勇"还有一些其他方面的界定，勇还应该是理性的，充满智慧的，否则仅仅出于一时冲动，便只是一种莽撞罢了。

在前面的章节，我们已经举过韩信"胯下之辱"的故事，这里不妨再从那个侮辱他的少年的角度来分析一下。在这个故事里，人家韩信好好地走在街头没有惹他，他偏偏找上门去侮辱人家。根据后来的故事，可以知道，韩信甘受他的胯下之辱，显然不是因为缺乏勇气，而是正如韩信所说"杀了他不能成名"罢了。想象一下，如果韩信当初如果稍微克制不住自己，手起刀落，他的小命恐怕也就没有了。另外，即使当初没有杀他，韩信功成名就之后，如果换做一个心胸狭隘之人，将他捉起来杀掉也是一句话的事。幸运的是，他遇到了韩信这样的高人。因此可以说，这个人当初的"勇于敢"之举，已经使自己的脑袋冒了两次险了。这正是如老子所说的："勇于敢则杀"了。当然，韩信的不争一时之胜，甘受胯下之辱的举动，则是典型的"勇于不敢则活"了。事实上，像韩信这样的故事之所以被传为美谈，是因为这样的事情非常少有。而在其他的类似情形下，那些逞强恃能的人最后被人"以牙还牙"的情况是更常见的。我们知道，中国人一向推崇："人不犯我，我不犯人；人若犯我，我必犯人。"比如，秦国的范雎对得罪他的人"睚眦必报"，更何况是奇耻大辱。再如，明代小说《水浒传》中，泼皮牛二对落魄而卖刀的杨志咄咄逼人，结果落了个身首异处的下场。

而所谓的"勇于不敢则活"，则是因为考虑到更为长远的利益，对于别人的咄咄逼人的挑衅采取忍让回避的态度。这不仅需要智慧，同时往往还需要一个人有更大的勇气，因为示弱往往会遭到别人的嘲笑，所遭受的心理压力可能比"勇于敢"所可能遭受的危险所带来的压力更大。关于此，战国时期的"将相和"是一个典型了。

战国时期，因为蔺相如带和氏璧出使秦国，期间利用自己的机智既成功带回了和氏璧，又没让秦国找到入侵赵国的借口，立下大功。后来，他又在秦王和赵王的渑池之会上保全赵国体面，再立大功，结果被封为上卿，位在廉颇之上。廉颇乃是赵国著名将领，曾为赵国立下汗马功劳，对于蔺相如位居自己之上，廉颇很不服气。他对身边的人扬言说："我廉颇一生为赵国攻城拔寨，立下赫赫军功，而那蔺相如不过是耍耍嘴皮子，凭什么位居我的上头。我什么时候见到他，一定当面给他个下马威，让他难堪！"这话传到了蔺相如那里，他便嘱咐手下人，让他们以后遇到廉颇的人时，一定要谦让。并且，自己出门的时候，也尽量避免和廉颇遭遇。有时知道廉颇的车子从前面过来了，他赶紧让车夫掉头躲开。

对于蔺相如的这种行为，他手下的人便有些愤愤不平。他们对蔺相如说道："您怕廉将军吗？您的地位要比廉颇高，他侮辱您，您不理睬也就算了，何必这样忍让，这样下去，恐怕他更不把您放在眼里了。"蔺相如听了，便笑着反问他们道："我问你们一个问题，廉将军和秦王比起来，谁更厉害一些？"手下人回答："当然是秦王了。"蔺相如说道："那么诸位想一下，我连秦王都不害怕，我会怕廉将军吗？"手下人都不知道怎么回事，蔺相如接着道："我之所以处处忍让廉将军，是考虑到现在秦国之所以不敢来进攻赵国，是因为赵国文有我蔺相如，武有廉颇将军。如果我们两个之间发生争斗，就等于为秦国制造了进攻赵国的大好机会呀！你们想想，是国家安危重要，还是我个人的面子重要？"大家听了之后，都点头表示认可，以后遇到廉颇的人。也都更加小心谦让了。

后来，蔺相如的活传到了廉颇的耳朵里，廉颇感到十分惭愧，他脱下上衣，露着膀子，背上一束荆条，来到蔺相如的府上认错。蔺相如一得到消息，慌忙从府里出来迎接。廉颇看到蔺相如，立刻跪在地上，请求蔺相如用自己带来的荆条鞭打自己。蔺相如则赶紧把荆条扔掉，为廉颇穿上衣服，将其请到府中。从此，两人成了刎颈之交，秦国也不敢欺负赵国了。

在这个故事中，蔺相如的行为便是一种典型的"勇于不敢"。正如他所说，他之所以不和咄咄逼人的廉颇争斗，并非因为他没有胆量，而是出于一种理性，考虑到大局。应该说，这种理智而谨慎的态度表面上不够"勇敢"，其实却是一种大智大勇。而这种"勇于不敢"也果然如老子所说最终取得了良好的效果。而从廉颇的角度讲，他一旦知道蔺相如对自己忍让的原因之后，以自己尊贵的地位竟然负荆请罪，从"勇于敢"变成了"勇于不敢"，也是一种大智大勇之举。最终，蔺相如和廉颇两人，各以其"勇于不敢"，保全了赵国的利益，并名垂千古。

总之，正如美国总统艾森豪威尔所说，谨慎并不意味着怯弱，正如勇敢并不意味着鲁莽。许多时候，谨慎和怯弱看上去很相像，勇敢和鲁莽也只有一步之遥，关键要看你深层次的动机如何了。如果仅仅是为了个人的欲望铤而走险，或者为了一时的冲动而做出伤害别人的举动，这绝非是勇敢，而只是莽撞罢了。这种行为往往给自己带来的是悔不当初的后果，看那些因为作奸犯科而身陷囹圄的人，其行为不可谓不"勇敢"，但是正是这种"勇敢"使他们的一生蒙上了耻辱，也许再也无法摆脱。相反，那些看似做事稳重，用理性控制自己行为的人，看似不那么"勇敢"，其实恰恰是做出了正确的选择，理性的人都会赞同他们的举动。总之，让我们记住一句话：勇敢只有在必要的时候表现才是真正的勇敢。反过来说，在不必要表现勇敢的时候变现勇敢，往往是一种灾祸。

天网恢恢，疏而不失

"天网恢恢，疏而不失"在生活中还有种更为通俗的说法，叫作"天网恢恢，疏而不漏"。对于这句话，想必我们都不陌生。通常，人们对其的理解是天道是公平的，作恶的人必定逃脱不了惩处。而事实上，这是后世对它的一种通俗化、狭隘化的理解。老子的这句话所表达的本意则要宽泛许多。

要正确理解这句话，还是先从本章的语境进行分析。本章中，老子从"勇"字入手，对刚强之"勇"和守弱之"勇"的利弊进行剖析，引出了"天之道"不争而胜、不言而应、不召自来的判断。最后，老子则进一步得出了"天网恢恢，疏而不失"的结论。意即天道如同一张广大无边的天网一样，它虽然看似稀疏，却没有任何东西能从中漏掉。比喻天道无时无刻不在万事万物上体现出来，产生影响。可以说，这是个颠扑不破的真理。许多即使看上去非常偶然的事情，其背后也往往存在着深刻的必然性。而这种必然性，从一定角度讲，便是天道的作用。当初西楚霸王项羽被围垓下，突围失败，自刎之前曾说过一句话："此天亡我也，非战之罪也。"由此不难看出，项羽对自己的失败不太服气，认为是上天不眷顾他，并非他本人的过错，觉得自己的失败具有很大的偶然性。而实际上，如果仔细分析的话，会发现并非如此，他失败的偶然性的背后具有很大的必然性。他违背天道的一系列行为，还有性格上的缺陷都是他失败的原因。

我们知道，项羽之所以失败，有两个重要原因，一个是不会用人，听不进别人意见。在用人上，他唯一的谋士范增老谋深算，颇具战略眼光，对他忠心耿耿，他却听不进其意见，乃至对他猜忌，最终使他含恨离去。对手下的有才能的大将，他也不能充分任用，不愿委以重任。项羽凡事独断专行，亲力亲为，导致自己疲于奔命，将士离心。其中影响最大的，便是韩信，他本来是项羽的部下，多次给项羽提意见，却不被接受。失望之余，韩信投奔刘邦，成为刘邦击败项羽的第一功臣。项羽之所以不能充分利用身边的人的力量，就是因为他骄傲自大，刚愎自用的性格。我们知道，"天道"本身是内敛、守柔的，项羽的这种性格显然是与天道不合的。而另一原因，则是项羽的残忍暴虐，不得人心。巨鹿之战后，秦将章邯率二十万将士投降项羽。但是，项羽却担心将来进攻咸阳时这些士卒反叛，在一夜之间将其全部坑杀，真是残忍到了极点。而刘邦则不然，率先进入咸阳后，与民约法三章，并善待投降的秦王子婴和秦朝贵族。项羽到咸阳后，杀死子婴和秦朝贵族八百多人，并火烧咸阳宫，纵容士兵烧杀劫掠关中。与刘邦的宽仁相比，天地悬殊，自然不得人心。项羽的这种残暴行为显然也是与"天道"的和善、宽仁相违背的。因此可以说，项羽在楚汉之争中落败，原因在于他自己的一系列行为违背了天道，不是偶然，是必然的。应该说，这正典型地证明了老子所说的"天网恢恢，疏而不失"的道理。

再看下面一则故事。汉文帝为人仁孝宽厚，但也免不了帝王的通病：信鬼神、好长生。一次，文帝做了一个梦，梦中他想登天，却怎么也登不上去，这时有一个黄头郎从后面把他推了上去，他回头看到黄头郎穿了一件横腰的单短衫，衣带系结在背后。梦醒后，文帝前往未央宫西边苍池中的渐台，私下寻找梦中推他上天的黄头郎，看到邓通衣带从后面穿结，正如梦中所见。就问他姓名，回答说姓邓名通，音近"登通"。文帝听后十分高兴，日渐宠幸他。邓通为人谨慎，个性温和，不喜欢张扬，文帝几次赐他休假，他都不肯出去玩。文帝更加喜欢他，前后赏赐邓通十几次，累计有亿万钱之多，并把他提拔为上大夫。有一天，文帝让一个善于看相的人为邓通相面。相人说："邓通会穷困饿死。"文帝说："能使邓通富有的是我，怎么说他会贫困呢？"于是将邓通家乡附近的大小铜山都赏赐给他，准许他私自铸钱。邓通十分感激文帝。一次，文帝身上生了毒疮，他竟然主动用嘴吮吸。当他要再次给文帝吮吸时，文帝问他："天底下跟我最亲近的人是谁？"邓通回答说太子。文帝太子前来探望时，便要太子给自己吸毒疮。太子感到十分恶心，对邓通怀恨在心。文帝去世后，太子登基，是为景帝。一次，有人奏报邓通私自在塞外铸钱，景帝便下令免其官职，并没收了他的全部家产。可怜的邓通晚年身无分文，寄居他人之家，最后果真饿死。

在这个故事中，相面人竟然能预测出富贵的邓通将来会饿死的结局，听起来未免有些玄乎，未可全信。不过，在这个充满离奇色彩的故事中，看似有许多偶然性，实际上背后仍然是有"天道"在暗暗起作用。邓通为汉文帝吮吸毒疮，显然不合人之常情，是违背天道的。并且，邓通的夸张举动导致太子遭受耻辱和不快，给自己埋下了祸根。凭借汉文帝对他的宠幸，邓通获取私自铸钱的特权，凌驾于国法之上，这就违背了"守柔""处下"之道。尤其在汉文帝死后，他还不知收敛，被汉景帝整治也是很自然的事情了。不过，因为他个性温和，最终总算保住了性命。邓通一生充满戏剧性，看似偶然，实际上都是必然的。其中有一个"天道"在暗地里起着作用，在决定着他的荣辱。可以说，这也是一个"天网恢恢，疏而不失"的例子。

事实上，如果仔细分析的话，众多的看似纷繁复杂的事情背后，都有一个"天网"在起作用，我们的一言一行，其实都逃脱不了他的"监控"。总之，"天网恢恢，疏而不失"便是警告我们，凡事都是有因有果的，不要在做坏事时心存侥幸，也不要在做好事时感觉无力。还是那句话，善有善报，恶有恶报。不是不报，时机不到。另外，刘备在临死前曾经告诫其子刘禅："勿以恶小而为之，勿以善小而不为。"说的是一个质变和量变的问题，不仅大事情会对你的人生产生重要影响，不起眼的小事情同样是会引起一定的后果的，积累多了，便足以造成重大影响。另外，除了善、恶这种具有道德判断性质的事情，"天网恢恢，疏而不失"其实具有更为宏阔的应用。说到底是提醒我们，凡事都有一定的因果联系，相应的行为必然产生一定的后果，即使你当时看不到，它也是必然会发生的。在我们的生活中，无论是遇到好事还是坏事，有时看似偶然，仔细想想，都不是无缘无故的，总能从我们之前的行为中找到相应的因果联系。比如，有一天你突然发现自己年纪一把，一事无成，于是感到伤感，自己不够努力当是主要原因；再比如，某个人对你似乎总怀有一种敌意，你对此感到莫名其妙，这很可能是无意中冒犯了对方。总之，要知道，"天道"虽然看不到，但它无时无刻不在起着作用，要想能够获得眷顾，便要尽量顺遂其特征，不争、无为、处下、守柔等。如此，不必刻意追求，在不知不觉之中我们做事便会更为顺利，内心便会更为安宁，也能获得更多人的赞誉和认可，似乎冥冥之中真的有神灵在帮助你似的。

【从政之道】

宋太宗伐辽

北宋立国后，先是南下消灭后蜀、南汉、南唐、吴越等南方诸国，移兵北上，进攻依附于辽国的北汉政权。辽国出兵援助北汉，但在白马岭（今山西盂县北）之战中，为宋军所败，结果北汉投降宋朝。至此，五代十国的各割据政权都被削平，北宋唯一没能纳入囊中的原属于中原王朝的国土便是为辽国所占有的燕云十六州。燕云十六州指的是后晋天福三年（938），石敬瑭割让给契丹的位于今天北京、天津以及山西、河北北部的十六个州。燕云十六州为险要之地，易守难攻，是中原王朝的北方门户。燕云十六周的失去致使中原国土暴露在北方少数民族的铁蹄下（因中原士兵善守城，而北方少数民族士兵善攻）。因此，拿下北汉后，收复燕云十六州就被提到了北宋王朝的议事日程上来。

979 年六月，北汉刚刚平定，宋太宗赵光义因刚刚登基即位，意气风发，急于建功立业，在没有做好充分思想准备和军事准备的情况下，便发兵北上争夺燕云十六州。当时，因与北汉的战争刚结束，宋军不仅兵力消耗巨大，而且经过数月艰苦激战的士卒疲惫不堪。同时，战胜后的封赏还没有进行，士气松懈，加上天气炎热，整个军队毫无战斗力。而且，北宋文臣武将只有崔翰一人主张进兵，其他人都表示反对。但是，宋太宗却认为凭借战胜北汉的气势和余威，拿下燕云十六州，应如探囊取物一般，于是强令发兵。

宋太宗下令宋军在镇州（今河北正定）集结兵力，出发进攻幽州（今北京）。六月十三日，宋太宗因为急于进攻，没有等北伐大军全部抵达集结地点，便迫不及待地率军北上。进入燕云十六州后，宋军取得了一些胜利，先是在沙河（今河北易县）击败辽军。辽易州刺史岐沟关守将刘禹投降。接着，宋太宗进至涿州（今河北涿州市），辽涿州刺史刘原德降宋。几天后，宋军抵达幽州城南，击败辽军 1 万余人。二十六日，宋太宗命宋偓、崔彦进、刘遇、孟玄喆等率军四面攻城。但是，未能奏效。为对付宋军，辽国以耶律沙和耶律休哥为将，率领五院军来救援幽州。宋军攻城不下，又遭遇了辽军来袭，同时幽州城内的辽军也开门出击。在辽军的前后夹击下，宋军大败。宋太宗本人也中箭负伤，仅以身免。北宋热血沸腾的第一次北伐，就这样失败了。并且，宋太宗所留下的箭伤自此年年复发，最终也是因此送命。

986年，宋知雄州(今河北雄县)贺令图等上言，说辽国皇帝年幼，其母专权，国内政治混乱，是收回燕云十六州的好机会。事实上，这并不属实，当时执政的萧太后是个十分能干的政治家，当时的辽朝国力正处于强盛时期。赵光义却信以为真，又一次不顾宰相李至等大臣的反对，不顾粮草、军械缺乏、北伐准备不足、开战胜算不多的实际情况，又一次对辽大举用兵。结果，这次北伐又同样因盲目发兵以惨败告终。此后，辽朝逐渐由守势转变为攻势，不断南下骚扰北宋边境。

1004年，辽军在萧太后和辽圣宗的统率下，再度大举南下。但进展并不顺利，一路上许多城池并未攻下，当打到北宋都城东京附近时，辽军已成孤军深入之势。因为害怕遭到宋朝的前后夹击，再加上大将萧挞凛也中箭身亡，士气低落，辽国便派出使者议和。宋朝也因没有把握打赢辽军，顺势接受了议和条件。其内容规定，北宋承认燕云十六州大部分归辽国所有，同时宋朝每年向辽提供白银十万两，绢二十万匹。此条约因在澶州签订，而澶州又名澶渊，遂史称"澶渊之盟"。"澶渊之盟"为北宋换来了一百多年的边境和平，但这个盟约，明显是用钱购买和平的具有屈辱意味的条约。

后世史学家分析，宋太宗之所以在前面的两次北伐中均遭遇惨败，根本原因在于其一味只是想建功立业，根本没有仔细考虑敌我双方的实力对比。在当时，辽国是以骑兵为主，而北宋则以步兵为主，如此，双方在燕云十六州那样的以平原为主的地形上作战，宋军显然是不占优势的。但是宋太宗等不及建立强大的骑兵，而是心急火燎地开战，试图凭借侥幸取得胜利，表面上看来很勇敢，而实际上则是一种缺乏理智的莽撞行为。战争的结果是，宋王朝败于辽国，并在最后签订了屈辱的条约，甚至宋太宗本人也死于第一次北伐时的箭伤复发，这正是老子所说的"勇于敢则杀"的例证。

第七十四章

民不畏死

【原文】

民不畏死，奈何以死惧之？若使民常畏死，而为奇者①，吾得执而杀之，孰敢？常有司杀者②杀，夫代司杀者杀，是谓代大匠斫③。夫代大匠斫者，希④有不伤其手者矣。

【注释】

① 为奇者：奇，奇诡，邪恶。为奇者，即捣乱作恶的人。

② 司杀者：指冥冥之中掌管万物生死的神灵，或者是死亡的自然规律。

③ 大匠：高明的木匠。斫：用斧子砍木头。

④ 希：同"稀"，很少的意思。

【今译】

人民不畏惧死亡，用死来吓唬他们又有什么用呢？假如人民真的畏惧死亡的话，那么只要有人作奸犯法，就把他抓起来处死，谁还敢再做坏事，触犯刑法？但事实显然并非如此，天下的刑罚何其多，犯法的人却从来都不少。因此冥冥之中自有有司掌管人的生死，又何必要人参与其中。但是，世上的许多执政者，往往凭借自己的私意枉杀人命，替代冥冥之中的有司，还自以为是替天行道，实际上这就像是不知技巧而去替木匠砍木头一样。凡是代木匠砍木头的人，很少有不砍伤自己的手的。

【解析】

民不畏死

本章中，老子的观点简单而明确，即是反对统治者以严刑峻法的方式治理百姓。与其他章节中老子从正面强调"无为而治"，进而间接地否定严刑酷法的方式不同，在本章中，老子是以一种十分严厉的方式直接指出的。在一开头，老子便直言："民不畏死，奈何以死惧之？"这可以说是对统治者的一种严厉警告。接下来，老子为了使自己的观点更令人信服，进一步假设道：假如老百姓害怕死亡的话，凡犯法的人，都立刻抓起来处死，还有谁敢再犯法呢？但是，事实并非如此，虽然统治者都制定了烦冗严酷的法律，但是犯法的人只见增多不见减少，可见"民不畏死"。然后，老子对统治者通过严酷的手段治理百姓的行为进行了总体评价，认为冥冥之中存在着掌管人生死的神灵，而统治者却用严酷的法律来决定百姓的生死，这是一种越俎代庖的行为。老子打了个比方，这就像是不懂技巧的人要去代替木匠砍木头一样，这是危险的，往往会伤到自己的手。这显然是警告统治者，利用严刑峻法来治理百姓，最后往往会遭到百姓的反抗，最终伤害自己。可以看出，老子于自己观点的论述，逻辑是很严密的。

实际上，在《道德经》最近的几章中，老子比较集中地论及了这个问题，在第七十二章中，老子直言："民不畏威，则大威至。"同样是以一种严厉警告的方式告诫统治者如果总想依赖严刑峻法来压制人民，那么即使刚开始有些效果，但一旦到了一个极限，人民则会连严刑峻法都不再害怕了，那时真正的祸乱就要发生了。而在第七十五章中，老子言："民之轻死，以其上求生之厚，是以轻死。"这里，老子则是指出了百姓轻死的原因，即统治者穷凶极欲，过分追求个人生活的奢靡，因此对百姓盘剥过重，人民无法正常生活，即使不犯法，也要饿死冻死，左右是个死，当然也就不必惧怕因触犯法律而死了。而老子之所以会提出这种说法，与当时的社会现实是密切相关的。事实上，当时的社会现实，正如老子所说的那样，百姓的确是没必要特别害怕死亡的。因为在春秋时期，整个社会动荡不安，战争不断。统治者为了保全自我，或是为了扩张领土，经常要发动战事，因此在物质上便要征收更多的赋税，在人力上则要抓更多的壮丁，百姓生活大多苦不堪言，朝不保夕。我们知道，人们对死的害怕往往是因为对生的留恋，而当时的人们在这样痛苦的生活下，享受不到生的快乐，自然对死也就不那么害怕了，甚至死恰恰是对痛苦生活的一种摆脱。而人民一旦对死不再害怕，自然也就不怕严刑峻法了。老子正是看到了这一点，才会含着一种悲愤向统治者发出这种警告。而事实上，老子的这种警告也的确并非危言耸听，历史上一再发生的农民起义，难道是因为统治者的刑罚不够严酷吗？实际上恰恰相反，往往是统治者的刑罚过于严酷了，反而造成了人民更激烈的反抗。这样的例子可以说俯拾皆是：

商纣王穷奢极欲，造酒池，悬肉为林，耗巨资建鹿台，为压制人民的反抗，多用辟刑，甚至将铁柱烧红，让罪犯从上面走过。商纣王的手段可谓残忍至极，令人恐怖，但这并没有吓住人民，最终被周文王所率领的人民所推翻。秦始皇，统一全国后更是横征暴敛，赋税征收额度甚至占到了百姓收入的 2/3，同时大规模征发徭役，对不堪其苦的人民的抱怨则采取严刑峻法来打压，甚至在当时还实行了连坐制度，以加强对人民的控制。但是，在短短十五年后，天下便群起而反秦，秦帝国也迅速崩溃。还有，三国吴主孙皓、晋愍帝、隋炀帝，等等，其法制不可谓不严酷，但是都没能威吓住人民，最终导致亡国。这些王朝的灭亡，都可以作为老子的"夫代大匠斫者，希有不伤其手者矣"的注脚。对于这一点，甚至连以暴虐著称的明太祖朱元璋都不得不信，他曾言："天下刚刚稳定，百姓顽固，官吏不公，即使早上在街头将十个砍头，晚上就又有百人仍旧去犯罪。老子云：'民不畏死，奈何以死惧之。'因此朕决定废除极刑而将囚犯囚禁起来。"要知道，朱元璋这个皇帝专制得很，当他看到孟子所说的"民为重，社稷次之，君为轻"时，大发雷霆，把孟子牌位从孔庙中撤掉！

具体到本章智慧在我们现实中的应用，我们也能从中得到一些启发。比如在企业管理中上司对待员工，或者教育过程中师长对待学生，或者是父母对待子女，同样不应该一味地迷信于威严和惩罚，那样往往会使对方产生一种抵触情绪。最好能够威严和和蔼交替施行，最容易达到效果。另外，"夫代大匠斫者，希有不伤其手者矣"，则提示我们做事情要有分工，各司其职，不可越俎代庖，等等。

【从政之道】

国人暴动

周厉王是周朝的第十位国王（前 878– 前 841 在位），他是中国历史上著名的暴君，其残暴的统治最终导致了一场大规模的反抗运动，叫作"国人暴动"。

其实早在周穆王时期，因为贵族阶层对百姓的剥削日益严重，国家又不断对外发动战争，国人的不满情绪便开始增长。但是周穆王不是去改善人民生活，而是制定了"五刑"以威吓人民。当时设定的刑法总共 3000 多条，其中不乏额上刺字、割鼻、砍脚等酷刑。但是严峻的刑罚并没有吓倒百姓，人民不满的情绪越来越强烈。然后又经历了周共王、周懿王、周孝王、周夷王几任没有什么作为的君王之后，周厉王即位了。

周厉王即位后，对于日益突出的社会矛盾，以及一触即发的形势，他不是设法去疏导，反而变本加厉，更加严重地盘剥百姓。为了增加收入，以满足自己的奢靡生活，周厉王重用一个叫作荣夷公的大臣，并听从他的建议，对国家的山川实行"专利"制度，即霸占国土上的山林、湖泊、河流，不准人民利用这些天然资源谋生；同时，他们还勒索财物，虐待人民。当时，住在城外的农民叫"野人"，住在都城里的平民叫"国人"。周都镐京的国人对周厉王的暴虐措施十分不满，一时怨声载道。一向正直的老臣召公听到国人的议论越来越多，便忧心忡忡地进宫告诫周厉王道："百姓快要忍受不了啦，大王如果不趁早改变做法，迟早是要出灾祸的！"对此，周厉王却满不在乎地说："你不用急，我已经想到一个好办法了。"令召公目瞪口呆的是，周厉王的办法便是下了一道命令，禁止国人批评朝政，还从卫国找来一个巫师，要他专门刺探批评朝政的人，让他一旦发现有人在背后诽谤周厉王，便立即向他报告。这个巫师为了给周厉王办好这件事，便派出许多人到外面去，四处刺探胆敢讥讽周厉王的人。但是，这些刺探者也不是省油的灯，除了告密之外，还利用手中的权力敲诈勒索，谁不乖乖听话，他们就诬陷谁。周厉王也不辨真伪，一味对这些所谓的违法者施行残酷的刑罚或者直接杀死。最后，许多人都因议论朝政受到诬陷而遭了殃。一时之间，风声鹤唳，国人真的不敢在公开场合里议论国事了。甚至人们在路上碰到熟人，也不敢交谈和打招呼，只是相互交换了一下眼色，就匆匆地走开。

周厉王见批评朝政的人几乎没有了，便感到十分高兴。在一次见召公时，周厉王扬扬得意地说："你看，已经没有人非议朝政了吧？"召公听了却叹了一口气说"你这是用强制的方法堵住人民的嘴啊，这样怎么行呢！"为了让周厉王明白其中道理，他继续解释道："堵住人的嘴，不让人说话，比堵住河流还要危险哪！治水的关键便是要疏通河道，让水顺利流进大海；治理国家也是一样，必须引导百姓说话。您这样硬堵住河流，早晚要决口；硬堵住人的嘴，早晚也是要出大乱子的呀！"周厉王听了，却撇撇嘴，不以为然，召公于是进一步劝道："古代圣君明主在处理政务的时候，要让文武百官献上来自民间的民谣歌曲，讽刺文章；让乐师演奏民风民俗的音乐；让智囊们进献可以借鉴的历史来警诫自己。这样百姓的意思就可以间接的表达给执政者，执政者反复权衡利弊得失，再做出符合民心，顺应历史的正确决策，不是和治理大江大河的思路一样吗？让人们开口发表议论，政策是好是坏便由此反映出来，人民认为好的就去实行，不好的就加以规避。这就是执政者的财富、衣食能够不断增加的道理。人们心里考虑的事情总是要从嘴里说出来，思考成熟以后就要说出来，怎么能够堵得住呢？"最后，看周厉王干脆不再理睬自己了，便说了一句气话："您如果不听我的劝告，仍旧不让人民说话，那么恐怕没有人能帮您了！"说完便失望地离开了。

果然，三年后，也就是公元前841年，国人不堪忍受，最终爆发了一次大规模的暴动。起义者围攻王宫，要杀死周厉王。周厉王因为提前得知风声，便慌忙带着一批近臣逃到了黄河边上的一个地方，再也不敢回来。有人探知王子静逃到召公家躲了起来，难耐愤怒的国人赶来，又围住召公家，要召公交出王子。召公没奈何，只好把自己的儿子冒充太子送出去，才算把王子保护了下来。厉王出走后，国家没有了君王，经大臣们商议，由召公和另一位大臣周公主持贵族会议，通过这种会议决议的方式行使国家最高权力，历史上称之为"共和行政"。我们现在所说的"共和"一词便是由此而来。值得一提的是，正是从共和元年，也就是公元前841年始，中国历史才开始有了确切的纪年。共和行政一共存在了十四年，得知出逃在外的周厉王死去后，大臣们便拥立太子姬静即位，是为周宣王。周宣王在政治上比较开明，得到诸侯的支持，不过自此周王室的君权也开始衰落了。

"国人暴动"正是老子所说的"民不畏死，奈何以死惧之"的例证。同时，周厉王本人被赶出王宫以及随之而来的周王室的衰落，也证明了老子的那句"夫代大匠斫者，希有不伤其手者矣"。

第七十五章

无以生为

【原文】

民之饥，以其上食税①之多，是以饥。民之难治，以其上之有为②，是以难治。民之轻死③，以其上求生之厚，是以轻死。夫唯无以生为者，是贤于④贵生⑤。

【注释】

① 其上：指统治者。食税：征收赋税。

② 有为：有所作为，指制定繁苛的政令，或者发动战争，总之是折腾百姓。

③ 轻死：看轻自己的死亡，不怕死。

④ 贤于：胜过，超过，比……好。

⑤ 贵生：即过分在乎自己的生命的人，不仅是在物质方面，一些人刻意追求浮华的名声也可算是过分看重生命之举。

【今译】

人民之所以遭受饥饿，就是由于统治者征收赋税太多，所以人民才陷于饥饿。人民之所以难于统治，是由于统治者多事妄为，政令繁苛，使人民无所从，所以难于统治。人民之所以轻生冒死，是由于统治者生活过于奢靡，把民脂民膏都搜刮净了，人民活着也是挣扎在痛苦中，所以人民觉得死了也没什么，甚至反倒是种解脱。只有那些恬淡自然，不刻意养生保命，不刻意有所作为的人，要胜过那些特别在乎生命的人。

【解析】

无以生为，贤于贵生

本章老子所谈论的仍旧是他的政治观点，他认为统治者对百姓征收赋税过重、政令过多、穷奢极欲往往会造成"民之饥""民之难治""民之轻死"的结果。仔细分析的话，老子所说的话又具体地分为一定的层次，从百姓这里来讲的，"民之饥""民之难治""民之轻死"三者其实是一个逐渐递进的过程，正因为被征敛过重，所以不得不忍受饥饿，于是百姓便会怨声载道，也就难治了。而更进一步，如果所受的压迫更重，实在无法生存了，便会起而暴力反抗，即使面对着杀头的危险也不怕了。而从统治者的角度来讲，则可分作两个层面，统治者之所以对百姓造成压迫，一方面是出于自我享受的考虑，极穷奢极欲所造成的对百姓的压榨。另一方面，则是统治者出于自我膨胀的成就感的需求对百姓所造成的伤害，比如对内频繁颁布政令，或者对外发动战争，等等。如此，皇帝本人往往赢得了文治武功的美名，而实际上百姓则受到了极大的痛苦。关于此，汉武帝是个典型。

我们知道，在中国历史上，汉武帝是一个大有作为、极有个性的皇帝。但是，殊不知，他的雄才大略、大有作为正是建立在百姓的痛苦之上的。我们知道，汉武帝最为后人所称道的政绩便是北击匈奴，开疆拓土的赫赫武功，这使得汉王朝国威远扬。但是，在这国威远扬的背后，是百姓的不堪其苦。在汉武帝之前的文帝、景帝执政时期，汉朝廷对北边的匈奴采取的政策主要是和亲与安抚，在战争上则是防御为主，在遭受侵略时有时会发动小规模战争反击。这些政策虽然有些软弱，但结果换来了汉朝经济的快速发展和百姓的安定生活，史称"文景之治"。而汉武帝登基后，一改原来的对外政策，对匈奴采取了强硬的政策，多次与匈奴展开大规模战争。尤其是在元狩四年（前119），汉武帝以卫青、霍去病为统帅，率领十万精锐骑兵出击漠北，铲除匈奴王庭。虽然这次战役的结果是彻底击败了匈奴，解除了汉朝北方的边患，但是作为胜利方的汉朝在这场战役中损失了数万精锐骑兵，出征的战马也损失了十余万匹。并且，因为这次进军距离漫长，途中要跨越渺无人烟的荒漠，十万大军的补给成了大问题。为了解决这个问题，汉武帝下诏，征集全国的马匹24万匹和壮丁50万人，用于为出征大军提供后勤保障，可谓是倾全国之力。而彻底击垮匈奴后，因为经过与匈奴的连年战争，汉朝在文景时代积累下来的钱粮耗费一空，人力物力的消耗也几近汉朝能够承受的极限。虽然汉朝的国威远扬，国力却受到了极大的削弱。

如果说与匈奴作战还是情势使然，迫不得已的话，汉武帝在击败匈奴后所发动的一系列战争就纯粹是出于个人欲望的膨胀了。在击败匈奴后，好大喜功的汉武帝便产生了骄傲自大的情绪，为进一步开疆拓土，他接连又对东北、西南和南方不断发动征服战争。汉朝先是出兵灭掉了卫氏朝鲜，将朝鲜半岛中部和北部纳入了中国的版图。又出兵灭了西南的夜郎国，将汉朝的版图扩展至云贵高原。此外还收服了秦末脱离中国统治的南方百越地区，将岭南地区重新纳入了中国的版图。这些战争虽然极大地开拓了汉朝的疆域，却给人民造成了沉重的负担。并且，随着这些赫赫武功的建立，汉武帝个人也更加飘飘然起来，觉得自己有理由生活奢侈一些。他不断修建壮丽的宫殿，还进行了规模浩大的泰山封禅和多次出游巡幸，一路上兴师动众，折腾沿路百姓，耗费无度，使汉朝的国库越发空虚。为了解决财政危机，汉武帝则进一步压榨百姓。一方面，他任命擅长理财的桑弘羊主管国家财政，推行盐、铁、酒的国家专卖，以此将高额的利润归入国库；另一方面，他又对所有商人硬性征收高额财产税，一时间逼得许多商人走投无路，家破人亡。同时，他还推行所谓的"均输"和"平准"政策，其实就是政府经营商业，与民争利。这些措施虽然增加了朝廷的收入，缓解了汉朝的财政危机，却对商人阶层造成了沉重打击，对西汉商业的发展十分不利。

汉武帝强硬的对外政策和讲求排场的个人生活给百姓造成了深重的灾难。在汉武帝晚年，在许多地方不堪其苦的百姓发动了农民起义，其规模可观，且绵延不绝，甚至可比于秦末农民起义，只是最终被镇压了。并且，由于汉武帝认识到了自己的错误，下"轮台罪己诏"，表示要与民休息，停止对匈奴用兵，社会才趋于安定。

汉武帝死后,继位的汉昭帝则一反汉武帝的做法,实行与民休息的政策。针对武帝末年因对外战争、封禅等所造成的国力损耗严重,农民负担沉重,国内矛盾激化的情况,进行了适当的变革。在内政上,汉昭帝多次下令减轻人民负担,减免赋税。在对外方面,他也一改武帝时对匈奴的敌对政策,在加强北方戍防的同时,重新与匈奴和亲,以改善双方的关系。从而使得武帝时期的大规模战争停止下来,这有助于国内的经济恢复与发展。另外,因武帝实行盐铁专卖引起天下议论,汉昭帝专门召开"盐铁会议",对武帝时各方面政策进行讨论,最终取消了对酒的专卖,而保留盐铁专卖。通过这一系列得当的内外措施。武帝后期遗留的矛盾基本得到了控制,西汉王朝衰退趋势得以扭转。史称"百姓充实,四夷宾服"。

从汉武帝和汉昭帝的对比可以看出,汉武帝雄才大略,大刀阔斧,从后世的眼光来看,他的确是一位了不起的皇帝。但是对当时的百姓来说,他却是痛苦的根源,可以想见,他在民间是遭受唾骂的。而汉昭帝本身没有做出什么惊天动地的举动出来,但是其治下的百姓生活无疑要幸福得多。这便典型地证明了"无以生为,贤于贵生"的道理。因为一个统治者一旦想有所作为,以满足自己物质方面的欲望,或者总想张扬自己的生命力,其结果必然是对别人的生存造成压迫,使别人的生命力受到抑制。总之,一个人过于"有作为"未必是好事,而一个人无所作为则未必是坏事。

具体到对老子的"无以生为,贤于贵生"的道理的运用,应该说是极其丰富的。

首先,在一个企业中,一个领导者未必是越有作为越好。一个领导者自己有着过多的想法,总想强势地实现自己的意志,其结果往往会压缩了下属发挥能动性的空间。因此,一个看似不那么"作为"的领导,往往能够使得整个团队做出出人意料的成绩。日本著名企业家松下幸之助曾无意中对一位企业高管说:"我每年都要批准他人的很多决定。实际上只有 40% 的决定是我真正认同的,余下的 60% 是我有所保留的,或者仅仅觉得还过得去的。"这位管理人员听后非常吃惊。因为在他看来,如果松下不同意办某件事,一口否定就是了,大可不必如此。但松下则认为,对于那些自己认为还算过得去的计划,自己宁愿在实际操作过程中加以修正,使其更加符合自己的预期,也不愿因此而拒绝员工的建议,因为他觉得这会挫伤员工的积极性。这里,松下幸之助正是刻意地抑制自己的意志,给员工以更多的发挥空间。

其次,许多家长教育自己的子女时,往往过于强调自己的意志,以为自己是为子女好,便习惯于将自己的意志强加给子女。这样做的结果往往造成子女表面上做个"乖孩子",实际上内心则更加叛逆,远远没有表面上看对子女"放任"的父母的教育效果好。

还有,在与同事、朋友相处的过程中,也同样是如此,如果一个人总是过于在乎自己,总想充分展现自己的生命力,彰显自己,即使这个人十分优秀,也往往不被大家欢迎,原因就在于他太强势了。相反,一些性情温和、恬淡无欲的人,即使平庸一些,往往更受欢迎,原因便在于他无所作为,也就不会因为太优秀而对人构成一种压力。

【从政之道】

过于强势的朱元璋

在中国历史上,明太祖朱元璋由平民出身,通过农民起义夺得天下,是一位颇具传奇色彩的皇帝。可能也正是因为此,朱元璋当上皇帝后,自视甚高,很少能够听进别人的意见,成了中国历史上少有的强势皇帝。他的强势具体便表现在他不依常规,肆意按照自己的意志对国家进行治理。其中，也有一些做得好的地方，但也有更多的地方为后人所诟病。

朱元璋的强势主要体现在三个方面。

首先，便是他为加强中央集权，对政治体制进行大刀阔斧的改革。朱元璋起自布衣，比较了解社会的真实情况。他认为元朝灭亡的原因是由于权威下移，君主为臣下所蒙蔽，不了解民情，政策也得不到坚决贯彻。朱元璋常常思考如何建立一种政治体制，确保不会出现主弱臣专的局面。在明代之前，各朝采用的基本都是秦始皇所创立的君主之下设立宰相辅政的政治框架，只是各朝相权的具体形式和职权大小有所区别而已。而在地方行政机构方面，各朝也大致差不多。朱元璋上台后，对这些旧制度都不满意，于是按照自己的意志亲自设计、制定了几项重要的政治制度。无论是中央机构，还是地方行政机构，还包括军事制度，朱元璋都对之进行了重大变革。而在这些设计之中，有一些是不错的，比如军事上的卫所制度，而另外几个方面的制度则非常糟糕。

政治方面，首先便是他为加强中央集权，废除了宰相制度。朱元璋刚当皇帝时所沿用的仍是元朝的制度，李善长为丞相，此后胡惟庸继任。但是，胡惟庸当丞相几年后，其门生故吏遍于朝野，形成一个势力集团，威胁皇权。1378年，朱元璋找借口将胡惟庸关了起来，以结党营私罪处死，同时还以此为借口收拾朝中大臣，前后受牵连者多达3万人。处死胡惟庸后，朱元璋借机宣布废除中书省，以后不再设丞相，而是提高六部职权，分掌天下事务，六部尚书直接向皇帝负责。同时，为防止自己的子孙更改他的制度，还在《祖训》中明文规定不许变乱旧章："以后子孙做皇帝时，并不许立丞相。臣下敢有奏请设立者，文武群臣即时劾奏，将犯人凌迟，全家处死。"朱元璋罢丞相，是对一千多年来中央政治制度的一次重大变革。不设丞相，六部直接将全国政务奏请皇帝裁决，实际上是皇帝兼行相权。如此一来，明朝皇帝们的权力得到空前加强。

变革政治的第二个方面建立是"台""谏"合一的制度。"台"指的御史台，即御史，主要是负责监督皇帝的；"谏"则指的是谏官，主要职责是监督政府官员。而朱元璋将两者合一，都用来监督政府官员。如此一来，皇帝便失去了监督者，可以为所欲为了。

再者，他建立了特务政治。朱元璋生性猜疑，为加强对大臣的控制，设立特务组织锦衣卫。据说这些锦衣卫四处打探大臣的举动，事无巨细，家长里短，都报告给朱元璋。有一个非常有名的例子，可以看出当时的恐怖情景。钱宰被征编《孟子节文》，罢朝回家做了一首诗："四鼓冬冬起着衣，午门朝见尚嫌迟。何时得遂田园乐，睡到人间饭熟时。"第二天上朝时，朱元璋告诉他说，你昨天诗作得不错，只是"嫌"用得不好，我并没有嫌你迟，不如改成"忧"字更好些。钱宰听后大惊失色，吓得直磕头谢罪。类似的事例还有很多，所以大臣们都提心吊胆，就连李善长、徐达这样的功臣也都人人自危。朱元璋的目的也正在于此，他要让大臣对自己和大明江山忠心无二，要他们知道恐惧，不敢营私舞弊、结党乱政。

朱元璋设立锦衣卫为明代特务政治开了一个恶劣的先例。后来明成祖朱棣在锦衣卫外，增设特务机关东厂（因设于东安门北而得名），明宪宗则又加设西厂。正德年间，权阉刘瑾奏设内行厂。有明一代，这些特务机构，成为维护皇权的重要手段，但更多的时候是被专权的太监如刘瑾、魏忠贤等人所利用，成为打击报复大臣的有力武器，许多忠臣惨死其中。

可以看出，朱元璋的这三项举措目的是相同的，即加强皇权。但是，在有明一代，正因为皇帝权力过大，又没有相应的约束机制，到了中后期，皇帝为所欲为，极度腐朽，甚至数十年不上朝。因为不设宰相，皇帝需要批阅大量奏章，十分劳累，在能够上马打仗的朱元璋和明成祖朱棣来说，还能够吃得消。但他们的后代哪里吃得了这个苦，皇帝偷懒，便让身边的太监代为批阅。如此一来，宦官专权便成了整个明代的痼疾。后来，宦官专政与特务统治两个痼疾又合二为一，更成为明代中后期政治腐败的主因。明朝最终灭亡，也与此有关。有趣的是，朱元璋设计这些制度的初衷是使自己的子孙能够更好地保有江山，结果却恰恰因此葬送了江山。

其次，朱元璋的强势还体现在他完全凭借个人的意志玩弄司法。朱元璋出身贫苦，从小饱受元朝贪官污吏的敲诈勒索，他的父母及长兄就是死于残酷剥削和瘟疫，他自己也被迫出家当和尚。所以，他在参加起义队伍后发誓：一旦自己当上皇帝，先杀尽天下贪官。登基之后，他果然不食前言，在全国掀起轰轰烈烈的"反贪官"运动，矛头直指中央到地方的各级贪官污吏。但是，杀贪官固然是好事，但是，朱元璋的做法完全抛开法令，全凭借一己意志施行过于严酷的刑罚。他干脆在明朝政府法《大明律》之外另立了一套更为严峻的法规《大明诰》。在罪行上，其中设有"游食""官吏下乡""寰中士夫不为君用（即有才能者不肯出来做官）"等明律中没有的罪名。在刑罚上，对于同一罪名，《明大诰》比《大明律》要重得多，并且还设有断手、刖足、阉割为奴等《大明律》中不存在的残忍刑法。这些残忍刑罚不仅针对犯有十恶不赦之罪的罪犯，而是在《明大诰》中明令用以惩罚各种一般性的犯罪，其中特别针对官员的贪污行为。总体而言，《明大诰》提倡的是"对人极度蔑视"的封建强权主义和无节制的滥杀政策。其严重违背了"罚罪相当"的法律精神，是朱元璋根据自己好恶搞出来的一套恶法，可以说是中国法制的倒退。《明大诰》在明初一度是家家收藏、人人诵读的御制圣书。

最后，朱元璋的强势还表现在对于中国科举制度的破坏上。建立明朝后，朱元璋认识到，元朝之所以灭亡，除了统治者本身的素质以外，整个社会失之教化也是一个原因。因此，一登上皇位，他就采取了一系列强制措施，兴建学校，选拔学官，并坚持把"教育工作"作为衡量地方官政绩的重要指标。为了选拔能听命于皇帝的官吏，明朝政府规定科举考试只许在四书五经范围内命题，考生只能根据指定的观点答卷，不准发挥自己的见解。答卷的文体，必须分成八个部分，称为"八股文"。从此，中国的科举制度走入了僵化的八股取士阶段。

总之，朱元璋的这些凭借个人意志所制定的制度和推行的举措，有许多都是倒退和愚昧的。他的这些自以为是的变法，给国家和人民带来了许多祸患。而相反，建文帝继任后，曾对他的这些举措进行了一定的纠正，比如他部分地恢复了中书省的功能，使得几位儒家师傅在事实上行使宰相职权，分割了皇帝的权力。他还废除了祖父朱元璋在《明大诰》中过于严酷的法律，使法律回到正常轨道上来。同时，他还在明太祖减税的基础上再次减税，以减轻人民负担。正是因为这些宽仁的举措，建文帝受到了人民尤其是知识分子的拥护。可惜不久建文帝的叔叔燕王朱棣因为不服削藩而造反，通过战争手段夺了建文帝皇位。建文帝的政策也都基本被废除了。但是，朱棣胜利后，为建文帝殉难的知识分子前赴后继，而民间百姓也非常怀念这位皇帝，由此可见，建文帝是受到当时人民爱戴的。对比明太祖朱元璋和建文帝，朱元璋可以说是一个强势追求有所作为，刻意彰显自我生命力的人，而建文帝则是一个宽仁而恬淡自然的人。但建文帝更受人们爱戴，施政策略也更为合理一些。应该说，这其中体现了老子所说的"无以生为，贤于贵生"的道理。

第七十六章

强大处下

【原文】

人之生也柔弱①，其死也坚强②。草木之生也柔脆，其死也枯槁。故坚强者死之徒③，柔弱者生之徒。是以兵强则灭，木强则兵④。强大处下，柔弱处上。

【注释】

① 柔弱：这里指的是肢体的柔软。

② 坚强：指人死后身体变硬。

③ 死之徒：徒，类型。死之徒，即死亡的类型。

④ 兵："烘"的假借字。木强则兵，指树木高大了就会被樵夫砍伐，用作柴薪。

【今译】

人活着的时候身体是柔软的，死了以后身体就变得僵硬。草木活着时质地是柔软脆弱的，死了以后就变得干硬枯槁了。所以说，凡是坚强的东西属于死亡的一类，凡是柔弱的东西都属于有生命力的一类。因此，用兵逞强反而不能取胜，树木高大了就会遭到砍伐。凡是强大的，总是处于下位，凡是柔弱的，反而居于上位。

【解析】

强大处下，柔弱处上

本章中老子所讲的是"守柔居弱"的智慧。可以说，"守柔居弱"的智慧，是老子一向强调的观点，在《道德经》许多章节中老子都有提及。比如第八章与第三十六章中，老子均直接言明了"柔弱胜刚强"的观点。而在本章中，老子再次提到强与弱的问题，应该注意的是，这并非是简单的重复，而是对这一话题的延伸。首先，老子在这里对人们直言劝告，面对"强大"与"柔弱"这两种姿态，应该怎样选择。那就是要"强大处下，柔弱处上"，也即要优先选择示以"柔弱"，而尽量避免示以"强大"。其次，老子则更进一步给出了他建议人们这样做的原因。

在解释为何要"强大处下，柔弱处上"的深层原因之前，老子先是给人们指出了一个直观的现象："人之生也柔弱，其死也坚强。草木之生也柔脆，其死也枯槁。"即人活着的时候身体是柔软的，死了以后身体就变得僵硬。草木活着时质地是柔软脆弱的，死了以后就变得干硬枯槁了。所以说，凡是坚强的东西属于死亡的一类，凡是柔弱的东西都属于富有生命力的一类。显然，这是很有说服力的。而接下来，老子则进一步对"强大处下，柔弱处上"的深层次原因进行了解释，解释的方法则是利用了他的另一个重要的智慧——"物极必反"。而"强大"与"柔弱"作为一对相反相成的状态，自然也难逃这种规律。所谓"兵强则灭，木强则兵"便是老子对于"强大者必然不能长久"的形象化表述。而在现实中，无数的实例也都证明这一点。

秦王朝当初以雄厚的物质基础、强大的军事实力相继灭掉六国，吞并天下，其不可谓不强大。但是在统一六国之后，秦朝依旧不收敛这种强大的武力，四处开边，征伐无度，并用强大的军队来对内欺压百姓。结果，短短十五年，秦王朝便告灭亡。成吉思汗当年所建立的蒙古铁骑，急如狂飙，势如山压，所向披靡，被称作是"蒙古旋风"。先后攻灭金国、西夏，后又灭云南大理国、南宋，最终统一中国。不仅如此，在统一中国前后，成吉思汗及其后世子孙曾举行过三次大规模的西征。因蒙古人骁勇善战，忍耐力强，加上运用从汉族学来的火药、抛石武器以及机动灵活的战术，在西征的途中势如破竹，令敌人闻风丧胆。先后征服俄罗斯、匈牙利、波兰、叙利亚、埃及、伊拉克等国家和地区。并建立起了一个占欧亚大陆3/4的超级大帝国。但是，因为蒙古人在马上得天下后，依旧依恃武力，在马上治天下，结果短短几十年这个大帝国便宣告崩溃了。其他类似的例子还有许多，总之，兵力强大者往往都是一时强大，却不能保持长久，正如同老子所说的"兵强则灭，木强则兵"。

不仅是一个国家是如此，作为个人，同样如此，一旦总是摆出一副强大的姿态，往往也不能保全自我。关于此，战国时期的二桃杀三士的故事便是一个典型例证。

战国时期，晏子出任齐国宰相。当时在齐国有三个勇士，分别是公孙捷、古冶子和田开疆，这三个人因为自恃勇武，又立过不小的功劳，不把其他人放在眼里，对晏子经常表现得很无礼，甚至在国君面前也不是很遵守礼数。晏子有天便找到齐景公商量道："我听说，贤能的君王蓄养的勇士，对内可以禁止暴乱，对外可以威慑敌人，上面赞扬他们的功劳，下面佩服他们的勇气，所以给他们尊贵的地位，优厚的俸禄。而现在君王所蓄养的勇士，对上没有君臣之礼，对下也不讲究长幼之伦，对内不能禁止暴乱，对外不能威慑敌人，这些是祸国殃民之人，不如赶快除掉他们。"齐景公也同意晏子的话，并请教晏子该怎么做，晏子便出了一个好计策。

在一个招待外国来客的宴席上，齐景公派人赏赐这三个勇士两个桃，对他们说："你们按照功劳的大小来分这两个桃子吧！"公孙捷率先走过来，拍着胸膛说："有一次我陪大王打猎，突然从林中蹿出一头猛虎，是我冲上去，用尽平生之力将虎打死，救了国君。如此大功，还不应该吃个桃吗？"晏婴说："冒死救主，功比泰山，可赐酒一杯，桃一个。"公孙捷于是饮酒食桃，站在一旁，十分得意。古冶子见状，不服地说道："打死一只老虎有什么稀奇！当年我送国君过黄河时，一只大鼋兴风作浪，咬住了国君的马腿，一下子把马拖到急流中去了。是我跳进汹涌的河中，舍命杀死了大鼋，保住了国君的性命。像这样的功劳，该不该吃个桃子？"齐景公说："当时黄河波涛汹涌，要不是将军斩鼋除怪，我的命早就没了。这是盖世奇功，理应吃桃。"晏婴忙把另一个桃子送给了古冶子。

一旁的田开疆眼看桃子分完了，便不满地说道："当年我奉命讨伐徐国，舍生入死，斩其名将，俘虏徐兵五千余人，吓得徐国国君俯首称臣。如此大功，难道就不能吃个桃子吗？"晏婴忙说："田将军的功劳当然高出公孙捷和古冶子二位，然而桃子已经没有了，只好等树上的桃熟了，再请您尝了。"田开疆手按剑把，气呼呼地说："打虎、杀鼋有什么了不起。我南征北战，出生入死，反而吃不到桃子，在国君面前受到这样的羞辱，我还有什么面目站在朝廷之上呢？"说罢，竟挥剑自刎了。公孙捷大惊，也拔出剑来，说道："我因小功而吃桃，田将军功大倒吃不到。我还有什么脸面活在世上？"说罢也自杀了。古冶子更沉不住气了，大喊道："我们三人结为兄弟，誓同生死，亲如骨肉，如今他俩已死，我还苟活，于心何安？"说完，也拔剑自刎了。

在这个故事中，三个勇士便是死于不懂得"守柔处弱"的智慧，行事过于强硬，结果才遭到国君和宰相的厌弃，决心除掉他们。而他们在宴席上争功好胜，最后自刎而死，正是因为他们内心太过于好强。

总之，正如老子所言，刀刃太锋利了，便很容易损坏，不能长久保存；相反，刀刃钝一些，却可以使用得久一些。并且，正如老子所说的"物极必反"，许多看似柔弱的东西其实往往最强大。所谓"天下莫柔弱于水，而攻坚强者莫之能胜"。通过老子的教诲，我们应该明白，许多时候，守柔处弱都是十分明智的选择。具体到我们的现实情境中，便是要为人谦卑，做事低调，不争强好胜，不刻意抢风头，对人忍让、温和、宽容，等等。事实上，总结一下古今中外的那些取得了了不起成就的人，会发现这些人往往都具备上面所说的那些品质。这些品质，使他们够得到周围人的好感，从而愿意帮助他们，愿意和他们合作。如此，这些表面柔弱的人因能够从别人那里汲取力量反而表现得异常强大。并且，在他们取得成就之后，因为依旧能够保持谦卑，不骄傲冒进，他们的强大也能够长久维持。无论是商业精英、科学大家、政治领袖，莫不如此。这的确值得我们深思。

【从政之道】

唐太宗以"柔"处理民族关系

我们知道，唐朝是中国历史上非常强盛的一个朝代，在"安史之乱"之前，唐帝国可谓国强民富，文化昌盛，真正路不拾遗，夜不闭户。之所以能够长久维持这种繁荣局面，与周边民族的良好关系可以说是一个非常重要的前提。当时，唐帝国的民族关系达到了前所未有的融洽和睦。这一点，与唐太宗不依恃武力，以"柔"处理民族关系的政策密不可分。

应该说，唐帝国的军事实力绝对是不弱的，但是唐太宗却不愿意轻易动用武力，尽量避免与周边民族动武，表现出的是一副"柔弱"的姿态。唐朝，北方的突厥汗国崛起，时常南下骚扰中原王朝。贞观元年（627），唐太宗刚刚即位，东突厥的颉利可汗认为唐朝政局不稳，乘机亲率十万大军南下，直逼渭水，驻兵便桥之北。唐太宗亲自身披甲胄，跨上御马，带着大臣高士廉、房玄龄等六骑以及京城禁军，出长安城，抵达渭水。然后，唐太宗和颉利可汗隔着渭水进行对话，言称不想无辜牺牲将士性命，并重提之前双方的友谊，再许以金帛等物。颉利见唐军军容整齐，也不敢轻举妄动，最后和唐太宗在便桥上，杀了白马，歃血为盟，答应不再进犯唐朝，引兵而去。

后来，东突厥并没有遵守诺言，依旧经常骚扰唐朝边境。629年，唐太宗趁东突厥遭遇天灾，内讧不断的时机，派大将李勣、李靖带领十几万军队出击突袭，在第二年俘虏了颉利可汗，东突厥灭亡。之后，唐太宗并没有杀掉颉利可汗，而是将他和他的家人都安排在了太仆寺，并厚加款待。颉利虽然十分感激，但因为亡国，仍然整天郁郁不乐。他不住房屋，在院子里搭了帐篷。经常同家人悲歌哭泣，形容消瘦。唐太宗知道了，就改任他为虢州（今河南灵宝）刺史，并对颉利说："虢州地近山区，麋鹿野兽很多，可以游猎。"颉利不愿前去，唐太宗就改任他为右卫大将军，赏赐了大量田宅。后来颉利病死，唐太宗按照突厥风俗施行火葬，还在灞水东面为他修筑了高大的坟墓，并让颉利的儿子承袭父职。

击败东突厥后，唐太宗在东突厥故地设置了许多羁縻州府，同时任用东突厥贵族作地方军政长官，并按照他们的习惯，规定职务可以世袭。这些州府名义上要接受唐帝国的册封，定期向中央朝贡；但允许不向唐交纳赋税，仍然保持本民族的风俗习惯。如此，本地人都感到十分满意。这样，我国北部边疆出现了空前安定的局面。不仅如此，唐太宗还同意一些突厥人内迁到中原地区，甚至不少突厥人在长安安居，据当时统计，京城有近万户突厥人家。长安城内蕃汉杂居，蕃人有戴汉帽的，汉人也有戴蕃帽的，和睦相处，亲热非凡。就连皇太子也常把突厥人召入宫中游玩。

如此一来，唐朝廷的权威大大提高，东北地区的奚、室韦等十几个部落，还有西域的各小国都纷纷要求归附唐朝。逃到高昌的突厥人，听说唐朝对归降的突厥人待遇优厚，重又回来归唐。公元 630 年 3 月，西域和北部边疆各族的君长来到长安，上表尊奉唐太宗为各族共同的首领"天可汗"。

在其他少数民族地区，唐太宗也采取了和东突厥一样的管理办法。不仅如此，唐太宗还在朝廷里大量任用少数民族将领，并将他们和汉朝将领一视同仁，如此，便赢得了少数民族将领的尊重和效忠。在唐太宗巩固边疆的战争中，少数民族将领和首领起了很大作用。

除了不主动无故以武力征讨周边的少数民族外，唐太宗还大力推行和亲政策。因为北方民族的习俗，政权多由后妃操纵。唐太宗认为，公主出嫁，生了儿子后，就是唐朝皇帝的外孙。外孙做可汗，不会侵犯唐朝。一次，敕勒部落之一的薛延陀真珠可汗派人带着厚礼来求婚，唐太宗说："我是百姓的父母，只要对百姓有利，决不爱惜一个女儿。"于是，唐太宗答应把一个公主嫁与真珠可汗。在这前后，他把自己的妹妹衡阳公主嫁给了突厥处罗可汗的儿子阿史那社尔；把另一个妹妹九江公主，嫁与在朝为官的突厥酋长执失思力。吐谷浑可汗诺易钵入朝，唐太宗把弘化公主嫁给他。吐蕃王松赞干布派人入朝求婚，唐太宗把宗室女文成公主嫁给了他，等等。这些政治婚姻极大了拉近了唐王朝和周边少数民族的关系，使得唐王朝在各个方向都拥有了一个天然屏障，从而可以长期处于安定之中，发展经济，进而创造了唐王朝的第一个盛世——"贞观之治"。并且，这种柔和的民族政策也促进了中外文化的交流，极大地丰富了唐朝的经济文化，比如，印度的佛教文明，西亚的阿拉伯文明，中亚的许多文明相继进入中国，丰富了中华文明的内容。同时，中国的先进科技远播亚非欧大陆，为世界文明的发展和进步做出了贡献。

可以看出，唐太宗虽然拥有雄厚国力和强盛军事，但从不自恃强大，主动侵犯周边弱小民族，反而示之以"柔弱"，以和亲政策笼络这些民族，只有在不得已的情况下才会动用武力，他所体现的正是老子的"强大处下，柔弱处上"的智慧。唐玄宗之后的几位唐朝皇帝，基本继承了这种"守柔"策略，正是对这种智慧运用，唐王朝才成功避免了前面隋朝的"兵强则灭，木强则兵"的悲剧，开创出了一个空前绝后的盛世。

第七十七章
不欲见贤

【原文】

　　天之道，其犹张弓欤？高者抑之①，下②者举之。有余③者损之，不足④者补之。天之道，损有余而补不足。人之道则不然，损不足以奉有余。孰能有余以奉天下？唯有道者。是以圣人为而不恃，功成而不处⑤，其不欲见贤⑥。

【注释】

　　① 高者抑之：高，指弦位高。弦位高了，就把它压低一些。

　　② 下：弦位低了。

　　③ 有余：指弦的长度有余。

　　④ 不足：指弦的长度不够。

　　⑤ 处：拥有，享有。

　　⑥ 见贤：见，同"现"。表现贤能。

【今译】

　　自然的规律，不就像张弓射箭吗？弦拉高了就把它压低一些，低了就把它举高一些，拉得过满了就把它放松一些，拉得不足了就把它补充一些。自然的规律，是减少有余的补给不足的。可是人世的法则不是这样，要减少不足的，来奉献给有余的人。那么，谁能够减少有余的，以补给天下人的不足呢？只有得道的人才可以做到。因此，有道的圣人虽有所作为而不占有，有所成就而不居功。他是不想表现自己的贤能。

【解析】

其不欲见贤

　　本章中，老子先是对比了天道"损有余而补不足"与人道的"损不足以奉有余"的区别，然后指出圣人不同于一般人的做法。我们知道，普通人总是贪婪而自私，总想更多地占有无论是物质产品还是精神享受。正因为如此，占有得越多的人往往因为拥有更强的攫取能力，进而能从匮乏的人那里掠夺更多的财物。最终造成富者越富，贫者越贫的"马太效应"。而与普通人不同的是，圣人则不按照人的可悲人性做事，而是顺应天道，"为而不恃""功成而不处"，并且"不欲见贤"，也即有所作为而不占有，有所成就而不居功，不想表现自己的贤能。其中，"为而不恃""功成而不处"在前面的章节已经有所论述，这里我们来谈一谈"其不欲见贤"的做法。

通俗点说，"其不欲见贤"就是一种不刻意张扬自我的做人态度。显然，这是值得推崇的。事实上，老子本人就正是如此。我们知道，老子的《道德经》虽然只有短短的五千言，但一直以来，它便和《论语》《周易》一起被视为中国几千年来智慧的经典。在该书中，我们可以窥见老子那洞察天地大道的深邃思想，他也当之无愧地被人们视为圣人。殊不知，老子本人当初并无意留下《道德经》，也没想成为人所共知的"圣人"。只是出关归隐之时，因尹喜请求才写下了《道德经》。同样，圣人孔子同样是持这样一种态度，我们知道，孔子的思想与老子一样是非常深邃的，按照我们现代人的想法，肯定要有所著述，以展现自己的思想了。但是，孔子并没有著述，而是"述而不作"，在晚年整理了《易》《礼》《乐》《诗》《书》《春秋》六经，对这六本书，他也只是整理编辑，而记录其思想的主要作品《论语》，是他的学生在他去世后整理出来的。

实际上，不只是像老子、孔子这样的圣人，不愿意刻意张扬自我，即便是那些历史上优秀的人物也往往都是不事张扬的。诸葛亮身怀经世之才，不出茅庐，而对天下大事了然于胸，但其却只是隐居南阳乡下，和仅有的几位朋友往来。伟大的文学家曹雪芹，花费 10 年时间写出《红楼梦》之后，虽然自己深知此书的文学价值，但他并没有想要通过小说来来博取声誉和财富，他的小说一直都只是在朋友圈子里传阅而已。奥地利现代小说家卡夫卡写的大部分小说都不曾主动发表，多是在小圈子内给朋友们传阅取乐，甚至作者临死前嘱咐朋友将自己的作品全部烧掉，但朋友没有遵照他的遗命，将之发表，之后才一下子轰动世界。

真正的优秀者往往都是内心强大的人，对自己都有一个清晰的把握，对于自己优点的确认也不需要别人的称赞，对于自己的缺点也有着清醒的认识。但是，这些人最终被证明才是真正有才能的人，并能得到最大的声誉。如上，不事张扬的诸葛亮获得了"卧龙"之称，曹雪芹的名声更无需多言，而卡夫卡则被尊为后现代小说的鼻祖。

如果一个人总想在别人面前表现自我，多半是因为他对自己没有自信，所以才需要去刻意获得别人认可。结果却恰恰相反，他们最终所表现的往往不是自己的优秀，而是自己的浅薄乃至愚蠢，这种表现不仅不能给他带来称赞，还往往使他陷入尴尬境地。下面这个故事便形象地说明了这一点。

从前，有一个先知，他让自己的弟子到各地去修行。其中有一个弟子，在经过一番苦修后，练成了"在水面上行走"的绝技。他好不得意！在其他弟子面前讲得眉飞色舞，并兴奋地问先知："老师，如何？我够厉害吧！大家是不是该向我多多学习呢？"先知一语不发，带着大家到河边叫了艘船，领着众人一起坐着船渡到对岸。大家都不知道老先知要做什么，等到了对岸后，先知问船家："要多少钱呢？"船家说："两块钱。"这时，先知微笑地对那位心高气傲、不可一世的弟子说："年轻人，你引以为傲的本事也不过值两块钱而已。"那位弟子听了之后满脸羞红，从此以后更努力地培养自己的品德，几年之后，成了一位既谦虚又有能力的人。

许多时候，我们扬扬自得，或在内心引以为豪的东西，实际上都如同这个年轻人的"在水面上行走"的绝技一样，并没有多少价值。如果你自己并不张扬，别人可能还觉得你的确有一些才能，但是一旦主动去炫耀，这点认可也会被狂妄所抵消掉，在别人眼中，你便是一个过高估计自己的轻浮之人。

在现实生活中，"其不欲见贤"的智慧对我们有着非常现实的指导意义。事实上，绝大多数人都会或多或少地有表现自我的冲动。美国著名喜剧评论家威廉·温特尔曾经说过："自我表现是人类天性中最主要的因素。"人类喜欢表现自己就像孔雀喜欢炫耀美丽的羽毛一样正常，原因在于人的内心里都有一种感受自我价值的需求，对于多数人而言，这种感受往往是从与别人的对比中所产生的优越感而来。具体而言，人们或因自己的财富比别人多而感到了不起，或因自己是名人而感到飘飘然，或因自己地位高而觉得高人一等，甚至有的人仅仅因为自己出生在比较富裕的地区或者出生在大城市而感受到一种优越感，等等，都是这种心理的典型表现。如果从深层次分析，我们会发现这种心理的基础是比较浅薄的，不刻意去表现这种优越感，低调内敛，是明智的做法。如果按捺不住去表现自己的这些优势，生怕别人不知道，那就浅薄了。关于此，下面这个故事很形象地说明了这一点：

某年的世界文学座谈会上，有一位相貌平平的小姐端正地坐着。她的旁边坐着一位某国的男作家，他问她："嗨，请问你也是作家吗？"

"应该算是吧。"小姐亲切地回答。男作家继续问："哦，那你都写过什么作品？"小姐谦虚地回答："我只写过小说，并没有写过其他东西。"男作家骄傲地说："我也是写小说的，目前已写了三十几本，多数人都觉得不错，也颇获好评。"说完，男作家又问，"对了，不知道你写过几本小说？"小姐微笑着回答："我没有你这么厉害，我只写过一本。"

"只一本？叫什么名字呢？"男作家的得意之情溢于言表。小姐和气地说："我那本小说叫《飘》，拍成电影时改名为《乱世佳人》，不知道这部小作品你有没有听说过？"听了这段话，男作家惊愕得无法言语，原来这个女作家就是鼎鼎大名的玛格丽特·米切尔。

另外，还有一些比较常见的浅薄的自我张扬之举便是在言谈之间，有些人或是想表现自己比别人有见识，敢对自己不懂的东西大发议论；或者是想表现自己比别人高明，便在与别人交流时总是表现得很强势，总想将自己的观点强加于人；或者是想表现自己的口才好，在与别人交谈时总是争抢话题，不给别人说话的机会，自己则口若悬河，滔滔不绝，等等。这些情形，不但不能使自己得到别人的认可，反而只会表现自己的肤浅，遭到别人的反感。总之，越是自我张扬，想获得别人认可者反而遭到别人的鄙视，越是内敛，不刻意表现自我的人，反而会得到别人的尊敬和认可。

【为人之道】

不自我标榜的卢梭

卢梭是法国 18 世纪的著名思想家，哲学家，在当时及后世都享有极高的荣誉，除了《论人类不平等的起源和基础》《社会契约论》《爱弥儿》《新爱洛伊丝》等名闻遐迩的著作之外，卢梭还有一部受到人们无限敬仰的著作，那便是他晚年所写的《忏悔录》。在《忏悔录》中，卢梭完全以一种真诚、客观的角度对自我进行了犀利的剖析，其中多有对自己一生中龌龊、阴暗的心理和行为进行的毫不隐瞒的揭露。在人类历史上，写自传对自己进行自我剖析的人并不少，这样做的大思想家就有好几个，比如古罗马大哲学家奥古斯丁、法国作家蒙田都有类似的行为，但是这些人在对待自身不光彩地方的时候，都没有像卢梭这样坦白。因此，《忏悔录》被认为是世界上最值得尊崇的自传。

在《忏悔录》中，卢梭曾经批评了过去写自传的人"总是要把自己乔装打扮一番，名为自述，实为自赞，把自己写成他所希望的那样，而不是他实际上的那样"。他进一步以16世纪的大散文家蒙田为例，认为他在剖析自我的散文集《随感集》中，虽然也讲了自己的缺点，却把它们写得相当可爱。表面上是一种自责，实际上则有些自赞的性质。对此，卢梭针锋相对地提出了一个颇具哲理性的警句："没有可憎的缺点的人是没有的。"同时他还指出，其实认识到这一点并不难，但是要公开承认自己的"有可憎的缺点"，特别是把这种"可憎的缺点"披露出来，却需要绝大的勇气。正是在这样的认知基础上，卢梭在《忏悔录》一开始就这样宣布："我现在要做一项既无先例、将来也不会有人仿效的艰巨工作。我要把一个人的真实面目赤裸裸地揭露在世人面前。"他接着说道："请看！这就是我所做过的，这就是我所想过的，我当时就是那样的人。不论善和恶，我都同样坦率地写了出来。我既没有隐瞒丝毫坏事，也没有增添任何好事；假如在某些地方作了一些无关紧要的修饰，那也只是用来填补我记性不好而留下的空白。其中可能把自己以为是真的东西当真的说了，但绝没有把明知是假的硬说成真的。当时我是什么样的人，我就写成什么样的人：当时我是卑鄙龌龊的，就写我的卑鄙龌龊；当时我是善良忠厚、道德高尚的，就写我的善良忠厚和道德高尚。万能的上帝啊！我的内心完全暴露出来了，和你亲自看到的完全一样，请你把那无数的众生叫到我跟前来！让他们听听我的忏悔，让他们为我的种种堕落而叹息，让他们为我的种种恶行而羞愧。然后，让他们每一个人在您的宝座前面，同样真诚地披露自己的心灵，看看有谁敢于对您说：'我比这个人好！'"

而卢梭也的确如他所宣称的那样，对自己不光彩的一面毫不隐瞒，他大胆地把自己不能见人的隐私甚至是下流的行径，公之于众。他坦白自己说过谎，行过骗，调戏过妇女，偷过东西，甚至有偷窃的习惯。不仅如此，他还具体地讲述了自己有过的卑劣行径。比如，曾经有一次，他偷了一颗贵重的纽扣后，因为担心遭到惩罚而将这件事转嫁到自己喜欢的一个女仆玛丽头上，造成了她的名誉受到污蔑；还有一次，在朋友勒·麦特尔需要他帮助的关键时刻，他却抛弃了他；另有一次，他为了混一口饭吃就背叛了自己的新教信仰，改奉了天主教。

不仅坦白自己的卑劣行径，甚至对于内心深处的一些龌龊想法，卢梭也并没有避开，而是直接将其袒露出来。比如在谈到自己偷东西的事情时，他就坦言，他偷东西时经常挨打，刚开始时还感到屈辱，但是被打多了以后，便"渐渐对挨打也就不在乎了"，甚至"觉得这是抵消偷窃罪行的一种方式，我倒有了继续偷窃的权利了……我心里想，既然按小偷来治我，那就等于认可我做小偷"。另外，卢梭还袒露自己对于钱财的态度，他坦白承认自己一方面对金钱极端鄙视，而同时又对金钱极端吝啬，害怕囊空如洗的感觉。对此，他还借助具体的事情对自己的金钱观进行了剖析，他眼见庇护自己的华伦夫人挥霍浪费、有破产的危险，他就想偷偷摸摸建立起自己的"小金库"，但一看无济于事，就改变做法，"好像一只从屠宰场出来的狗，既然保不住那块肉，就不如叼走我自己的那一份。"

总之，诸如此类，卢梭在《忏悔录》中正是如此地对自己进行了无情的剖析，没有丝毫的文过饰非的地方。可以说，《忏悔录》的坦率和真诚达到了令人想象不到的程度，这最终使它成了文学史上的一部奇书。在这里，作者的自我形象呈现出了惊人的真实。在他身上，既有崇高优美，也有卑劣丑恶；既有坚强和力量，也有软弱和怯懦；既有朴实真诚，也有弄虚作假；既有精神和道德的美，也有某种市井无赖的习气。这里，卢梭展露了一个活生生的复杂的个人，为整个人类社会提供了非常宝贵的，用卢梭自己的话来说，"关于人的研究——这门学问无疑尚有待于创建——的第一份参考材料"。尤其难能可贵的是，卢梭当初在写这本书时，并非是身处功成名就的安闲之中，而是正遭遇着无数的谴责。在卢梭晚年，他写了《爱弥儿》这本为后世所尊崇的伟大的教育学著作，虽然受到不少人的追捧，但是他的思想触动了当时的封建统治者和教会利益，因此被宗教界人士称作是"疯子""野蛮人"。同时，他也遭到了当局的迫害，不得不离开法国，开始他流浪生涯。他先是逃到瑞士，瑞士当局也下令烧他的书。他又逃到普鲁士的属地莫蒂亚，教会发表文告宣布他是上帝的敌人。他没法继续待下去，又流亡到圣彼得岛。在逃亡途中，他又遭遇了更严重的打击，1765 年出现了一本题名为《公民们的感情》的小册子，对卢梭的个人生活和人品进行了攻击。令人痛心的是，这一攻击并不是来自敌人的营垒，而显然是友军之所为。在这种眼见自己已经被抹得漆黑、将要成为一个千古罪人情况下，卢梭迫切感到有为自己辩护的必要，于是他开始了这本书的创作。但是，在这样一个自己遭到严重污蔑的背景下，卢梭并没有为了争取人们同情而刻意美化自己，而是采取了一种近乎冷酷的态度对自己进行剖析。与其说他是在辩护，不如说他是在对自己的进行揭露。

显然，卢梭在《忏悔录》中所采取的态度便是一种"不欲见贤"的态度，不刻意张扬自己的高尚。但是恰恰因为这种态度，反而使他显示出了常人所没有的高尚，得到了人们的无限敬仰。法国思想家伏尔泰甚至称卢梭是"18 世纪人类的良心"。这也给我们以启示，一个人要获得别人的认可，靠的并不是自我的刻意表现，而是真诚与自然。

第七十八章

柔之胜刚

【原文】

天下莫柔弱于水，而攻坚强者莫之能胜，以其无以易^①之。弱之胜强，柔之胜刚，天下莫^②不知，莫能行。是以圣人云："受^③国之垢，是谓社稷主；受国不祥，是为天下王。"正言若反。

【注释】

① 易：替换，代替。
② 莫：没有人，无人。此"莫"与前面的"莫"不同，前面的"莫"意思是没有任何东西。
③ 受：承受，承担。

【今译】

天底下再没有什么东西比水更柔弱的了，但是攻坚克强没有什么东西可以胜过水，因而水是没有任何东西可以替代的。弱胜过强，柔胜过刚，遍天下没有人不知道，却没有人能实行。所以圣人说："能承受全国的污辱，才能成为国家的君主；能承担亡国的祸灾，才能成为天下的君王。"这就是"正言若反"——合于真理的话，表面上总与实情相反——的道理。

【解析】

天下莫不知，莫能行

本章老子所强调的依旧是"弱之胜强，柔之胜刚"的观点，并又一次以水为例，向人们讲述"守柔处弱"的智慧。对于此，我们都相当熟悉了，因为在前面的一些章节，我们已经不止一次地探讨过"守柔处弱"的智慧，这里我们不再重复了。这里，老子的另一句并非其论述重点的话倒是值得我们探讨一番，那便是"天下莫不知，莫能行"。在逻辑上，老子的这句话只是对世人的一种无奈的慨叹，认为人们虽然都明白"弱之胜强，柔之胜刚"的道理，但具体到现实生活中，却都不愿意"守柔处弱"，往往为了一时痛快而争强好胜，自我张扬，等等。老子所说的"天下莫不知，莫能行"这句话说出了另一个普遍的真理，那便是"知易行难"，即知道道理是容易，而要具体去做却很难。关于这一点，下面这个故事便是形象的注解：

唐朝诗人白居易年轻时接触佛教后，觉得很好，决心去学佛。他听说鸟巢禅师的佛法高深，便专程前去拜访。见到鸟巢禅师后，白居易诚恳地问道："我刚接触佛学，您能不能先总括性地告诉我一下佛法的大意？"鸟巢禅师于是便淡淡地说道："诸恶莫作，众善奉行。"白居易一听大笑起来，然后不以为然地说道："这个，连三岁小孩都知道！"鸟巢禅师平静地说道："虽然三岁的小孩也说得出，但八十的老翁未必能够做到。"白居易一听，顿时服膺，便施礼退下了。

这个故事典型地说明了"知易行难"的道理。的确是如此，要知道一个道理往往是容易的，关键在于能不能落实在行动中。事实上，不仅老子如此说，在《尚书》中同样有言："非知之艰，行之惟艰。"几乎所有的道理都是如此，随便举例，我们知道，有句话叫"寸金难买寸光阴"，是告诫大家要珍惜时间，这个道理可以说人人都随口背得出来。但是具体到日常生活中去，有多少人真正去珍惜时间呢？还有句话叫"少壮不努力，老大徒伤悲"，念过两天书的人无不知晓并认可，但是，又有多少人因此在年轻时就发奋努力了呢？另有，"骄傲使人落后，谦虚使人进步"，也是说滥了的名言，想必也没有人有异议。但是，人们一旦取得一点成功，便会将这句话抛到九霄云外，不自觉地飘飘然起来。在取得成功之后，仍旧能够保持谦虚的人是非常稀有的。因此，历来取得大成就的人总是少数，而平庸者则永远是多数。总之，各种各样的道理被人们反复讲，讲透了也讲滥了，但是，能有几人能将其落实到自己的行动中！古往今来的那些能够取得成就的人，并不是因为他们懂得多，而是因为他们积极地行动。让我们来看下面这个故事：

一天，古希腊大哲学家苏格拉底在上课结束时，宣布要给大家布置了一个课后作业。他笑呵呵地说："我的作业是这样的，要你们将手臂先尽量向前甩，然后再尽量向后甩。"说完，苏格拉底向学生们做了示范。学生们看了以后，都嘻嘻哈哈地笑起来，觉得这太容易了，简直怀疑老师是在和他们开玩笑。但是，苏格拉底接着说道："从今日开始，每个人每天都要这样将手臂甩动三百下，大家能够做到吗？"

学生们不知道老师葫芦里卖的什么药，异口同声地回答说："能！"的确，这么容易的事，谁会做不到呢！一个月过去了，苏格拉底把学生召集到一起，严肃地问："上次规定的每天甩动手臂三百下的事，谁做到了呢？"90%的学生举起了手臂。两个月过去了，苏格拉底再次询问甩手臂情况，这时举手回答的只有80%的学生了。

转眼间，一年时间过去了，苏格拉底又向学生们问道："同学们，每天甩动三百下手臂的事，你们谁一直坚持在做呢？"这时，众多的学生，你看着我，我看着你，都没有说话，整个大厅里只有一个人举起了手臂。这个人就是大哲学家柏拉图。

从这个故事里，我们便可以窥见柏拉图取得了不起成就的关键——他了不起的行动力。进一步而言，古往今来的成功者都是如此，正是因为能够积极行动，才使他们最终获得了常人所不能获得的成就。现在成功学研究表明，一个人要想获得成功，行动力比思考力更为关键。所有的成功者都不可能事先将计划订得完美无缺，才去付诸行动，恰恰相反，他们总是先付诸行动，然后克服困难，最终抵达成功。一个人之所以一事无成，不一定是这个人不够聪明，能力不够强，多半是因为太"聪明"了，将困难提前都预见了，结果不敢行动。观察现实，也可以发现一个有趣的现象，即取得成功的往往并非那些最聪明、学历高的人，而是那些敢于去做的人。如果了解一下我们周围的那些民营企业家，你会发现这些人往往不是学历最高的那部分人，高学历的人往往在为他们打工。这看似奇怪，其实并不奇怪，下面这个故事便能做出解释：

说20世纪80年代，一位智商颇高、就读于名校的青年毕业后，决心"下海"。有朋友告诉他炒股能发大财,他便决定炒股,但在开户时,他犹豫了:"炒股有风险啊,先等等看吧。"又有朋友建议他到夜校兼职讲课,他觉得不错,但要上课时,他又犹豫道:"讲一堂课才20块钱,前途不大啊。"就这样,两三年过去了,他一直也没下到"海"里去,一事无成。

这天,他路过乡间,看到一片苹果园。看到这些在阳光下闪闪发亮的苹果,他由衷地感叹道:"上帝赐给了这个主人一块多么肥沃的土地啊!"正在锄草的主人一听,回答他说:"那你就来看看上帝是怎样在这里耕耘的吧。"

总之,无论什么事,成功的起点是计划,但成功的关键是去做。曾听一位游泳教练谈及教学,称教一个人游泳,别的都不重要,唯一重要的便是先让他下水。这正形象地给行动力做了一个注解,行动力,就是先"下水"再说。

另外,在涉及一个集体的时候,人们往往将行动称作是执行力,即一个团队对战略意图贯彻实施的能力。关于此,日本软银集团总裁孙正义曾说过这样一句话:"三流的点子加一流的执行力,永远比一流的点子加三流的执行力更好。"以此强调执行力的重要性。其实通俗点说,执行力即是无条件服从的能力。

关于执行力的一个经典的范例便是美国西点军校的士兵对军官问话的回答。其校训规定,士兵在回答军官的问题时,只能从四个选项中选择其一,分别是:

1. 报告长官,是!

2. 报告长官,不是!

3. 报告长官,不知道!

4. 报告长官,没有任何借口!

这种规定看似苛刻,却大有深意,其目的是培养西点每一个学员强大的执行能力,以使他们从意识深处养成不寻找任何借口、全力以赴执行任务的习惯。只有集体的战略意图具体地落实在了每个个体的行动上,整个集体才会有效地运转,并最终实现战略。近年来执行力在企业中越来越受到重视,大部分大公司都专门设立了执行总监、执行总经理、执行总裁等职务,社会上新出现的许多专门的执行力培训机构也说明了这一点。

【经商之道】

顶级推销员传授秘诀

有一位非常知名的推销大师,其推销业绩总是遥遥领先,屡次创造推销奇迹。同行们感到十分敬佩,同时对他到底是如何推销的都感到十分好奇,都以为他有什么推销的诀窍。他却一直声称自己没有什么诀窍,人们不信,觉得他吝于将经验告诉别人。一天,这位推销大师要退休了,行业协会的人找到他,希望他能在退休前做一次告别演讲,同时暗示他是不是可以说出他的推销秘诀了。推销大师这次爽快地答应了,并明确表示自己会将秘诀公布。消息见报后,人们纷纷前来,甚至有不少人从其他城市专程赶来听他演讲,希望能够得到大师的秘诀。

演讲在城市的一个大礼堂中举行,当天晚上,人们早早地来到了这里,可以说是座无虚席。人们发现,在大礼堂前面的讲台上,竖立着一个高高的铁架子,上面有一条粗大的钢索,下面悬挂着一个硕大的铁球。人们都不知道这是干什么用的,也没在意。令人感到意外的是,演讲时间到了,推销大师却没有出现。主持人只好尴尬地表示可能是路上堵车,要人们等一下。但是20分钟过去了,大师还是没有出现,会场开始有些骚动,有些人离开了。接着又过了10分钟,大师才姗姗来迟,这时人们一下子提起了精神,拿出纸笔,准备将秘诀学到自己手里。

　　没想到的是，大师到了舞台上之后，既没有就自己迟到做道歉，也没有跟观众打个招呼，只是招呼两个工作人员抬着一个大铁锤，放在自己面前。然后，他对主持人耳语了一番。主持人对观众说道：请两位身体强壮的人，到台上来。好多年轻人站起来，转眼间已有两名动作快的跑到台上。推销大师对上来的年轻人提出了自己的要求，让他们拿起那个铁锤用最大力气去击打那个铁球，直到把它荡起来。其中那个性急的年轻人一听，也不跟另一个同伴客气，直接抢起铁锤击打起来。只听咣当一声刺耳的巨响，那球纹丝不动。随后，他接连不停地砸起来，但是直到他气喘吁吁，那球都纹丝不动。另一个年轻人也是同样。接下来，两人在下面观众的加油助威声中，轮换着击打了许多次，都没有能够使铁球动起来。两个小伙子和台下的观众都看出来了，这样击打下去是没有用的，球是不会动的。台下的观众不再呐喊，两人也向大师承认自己无法做到，并表示放弃。大师向他们表示感谢后，让他们回到座位。然后，所有的观众都将目光转向大师，觉得他肯定要就此给出一番有关推销的说辞，而他的诀窍就在其中！

　　同样令人没想到，大师并没有站在话筒前讲话，而是面向观众从怀里掏出一个小锤，然后一言不发地转过身，开始用小锤敲那个大铁球。只见他敲得十分认真，每当"咚"地敲了一下之后，便停顿一下，然后再敲一下。人们对此都感到十分奇怪，觉得他可能是跟大家开玩笑而已，或者要以自己的举动形象化地给大家讲授一个道理。但是，随着时间的推移，人们渐渐发觉——他是认真的，他试图用小锤使这个铁球动起来。起初，观众还饶有兴致地看推销大师在那里敲，显然那是徒劳的举动。但随着时间一分钟一分钟地过去，观众便有些不耐烦了。10分钟之后，礼堂便开始骚动起来，人们在下面窃窃私语。20分钟过去了，不少人开始毫不隐晦地表达自己的不满，他们大声叫喊，甚至叫骂，有的性急的人干脆离开了。但是，推销大师仿佛根本不知道还有其他人在场一样，专心致志地重复着自己徒劳而乏味的举动。半个小时过后，人们叫喊累了，开始安静下来，百无聊赖地看着这个依旧认真敲球的老推销员，许多人心里想，倒要看看这个故弄玄虚的家伙最后怎么收场。

　　大师敲到大概40分钟的时候，突然传出一声女人的尖叫声："球动了！"这是坐在前排的一个女观众发出的，她的声音里充满了惊讶。大礼堂内顿时安静了下来，人们纷纷将目光集中于那个大球。果然，那个大球随着老人的敲击在以极其微小的幅度摆动，不仔细看根本看不出来。但是，逐渐地，随着老人不断的敲击，它摆动得越来越明显。所有人都瞪大了眼睛，聚精会神地看着大球在老人的敲击声中越荡越高，它拉动那个铁架子，"哐、哐"作响，巨大的响声强烈地震撼了在场的每一个人。终于，大礼堂内爆发出经久不息的掌声。在掌声中，推销大师转过身来，慢慢地将小锤揣进兜里。

　　然后，推销大师走到麦克风前开始说话，但他只说了一句话：这就是我推销的秘诀。

　　显然，推销大师一开始的迟到是一种故意的行为，他想通过这个不礼貌的行动故意考验观众的耐心。而他敲动大铁球的举动所向人们阐述的道理便是，推销的成功，所靠的无非是以足够的耐心面对人们一次次的拒绝。而这个道理显然不怎么高深，想必每一个推销员在工作的第一天便会被上司告知。老人之所以这么费周折地再次演示这个道理，显然是具有更深一层的意蕴，即这个道理虽然人人都知道，但有谁真正将其落实到行动中去呢。对老人迟到的不满，以及当老人敲动大球时的不耐烦，恰恰说明了人们虽然都懂得推销的成功便是耐心等待的道理，但人们显然不能将这个道理落实。正如老子所说，大家"莫不知，莫能行"。推销大师通过这一课，告诉大家要想取得成功，便是将这个人人都明白的道理运用到自己的行动中去，"一小锤一小锤"地去追求成功！

第七十九章
道与善人

【原文】

和^①大怨，必有余怨，安可以为善？是以圣人执左契^②而不责^③于人。有德司契^④，无德司彻^⑤。天道无亲^⑥，常与善人。

【注释】

① 和：调和，调解。

② 执左契：执，拿着，掌管。左契，古代借贷金钱、米粮等财物的债券明证。先秦时期，人们订立契约后都将契约内容记载在竹简或木片上，然后分作两半，左边的一半由债权人保留。因此执左契的人即债权人。

③ 责：索取偿还，即债权人以自己持有的债券要求负债者偿还财物。

④ 有德司契：有德的人就像掌管借据的人（那样宽容大度）。

⑤ 无德司彻：彻，周代规定农民收入按照收成交租的税收制度。司彻，即负责征收租税的人。无德的人就像掌管税收的人（那样苛刻刁诈）。

⑥ 无亲：没有偏私。

【今译】

深重的怨恨即使和解了，必然也会残留下残余的怨恨，这岂是好的方法？因此，圣人保存借据的存根，但并不以此向人索取。有"德"之人就像持有借据的圣人那样宽容，无"德"的人则像掌管税收的人那样苛刻刁诈。天道虽然毫无偏私，却永远帮助有善良之人。

【解析】

天道无亲，常与善人

此章中，老子从善恶的角度将"道"与人的行为联系起来，认为天道无私无欲，不偏袒任何人，但是它永远眷顾那些善良的人。这很容易让我们联想到中国那句古老的俗话——"善有善报"。关于有记载的"善有善报"的故事有许多，我们随便举两个。

在一个电视访谈栏目中，一个人曾讲述了他父亲的亲身经历的事情。这个人的父亲中华人民共和国成立前是国民党的一个军官，在一次行军途中，其父看到一个卖杂货的老奶奶在路边哭泣，就上前询问老人为何如此伤心。老奶奶说：刚刚有个人用一块假银圆买走了她许多东西，她家里十分贫穷，这下更是雪上加霜。其父动了恻隐之心，掏出一块真银圆给了老人，并顺手将假银圆放在了胸前口袋里，重新上路了。在随后的战斗中，其父当胸中了一枪，并且正好是心脏的位置，战友以为他这下死定了，没想到他只是受了一点轻伤而已。原来那颗子弹正好打在了那个假银圆上。

再看另一个真实的故事。第二次世界大战期间，欧洲盟军最高统帅艾森豪威尔在法国的某地乘车返回总部，参加一个紧急军事会议。那一天大雪纷飞，天气寒冷，汽车一路疾驰。经过一片荒野时，艾森豪威尔忽然看到一对法国老夫妇坐在路边，冻得瑟瑟发抖。艾森豪威尔立即命令停车，让身旁的翻译官下车去询问。这时参谋提醒艾森豪威尔说："我们不能耽搁，时间已经相当紧了，这种事情还是让当地警察来处理吧。"但艾森豪威尔回道："如果等到警方赶来，这对老夫妇可能早就冻死了！"询问之下他了解到，这对老夫妇是去巴黎投奔儿子，汽车在中途抛锚了。在茫茫大雪中连个人影都看不到，正不知如何是好呢。艾森豪威尔听后，略一沉思，便请他们上车，并且特地先将老夫妇送到巴黎儿子家里，然后才赶回总部。

这件事本来就这么过去了，但是，过了一段时间后，盟军从敌方所获取的一个情报让艾森豪威尔以及其所有随行人员都震撼不已。原来，那天德国纳粹事先获知艾森豪威尔的行踪，在他必经之路上设下了埋伏，准备用炸弹炸死这位盟军统帅。对于这件大事，希特勒也是知情的。此事经过严密部署，一切天衣无缝，没想到最后却扑了个空，艾森豪威尔的车并未经过。对此，纳粹一方还认为是情报部门出了偏差，没想到的是艾森豪威尔的一时善念挽救了他自己。如果不是艾森豪威尔的一时善念，或许"二战"历史就要重写了。

可以看出，上面几则故事都是典型的"善有善报"。不过，这几个故事似乎都具有一种偶然性，许多人会不以为然。

需要指出的是，所谓善良也不一定都得是救人于危难之间，而得到的报偿也不一定都得是保全了性命或者得到财富等颇具戏剧性的事情。实际上更多时候，善良体现在日常之中，体现在一些细微的举动之中，体现为一种与人为善的心态。而其回报也往往是存在于这些细节之中，生活中偶尔的一个善举往往能够为我们换来相应的回报。毕竟，人是有感情的动物。老子所讲天道眷顾善良之人的机制，说到底便是一种因果律，你对别人做出友好之举，自然会得到别人同样的对待；你对别人心存善意，别人内心自然对你也是如此。如此一来，你便可能拥有更多的机会，人际圈子也更融洽，做事能得到更多人的帮助，心情也更愉快，这不就是对于你善良的报偿吗？总之，别忘了生命就是一个回声！

【为人之道】

"烧债券"故事两则

战国时期，齐国有个人叫冯谖，穷困潦倒，无以维持生计，便托人请求孟尝君，表示愿意做他的门客。孟尝君问他有什么才能，他回答说没什么才能。孟尝君听后一笑，但还是接受了他，让他寄居在府上。按照孟尝君的待客惯例，门客按能力分为三等：上客吃饭有鱼，外出乘车；中客吃饭有鱼外出无车；下客饭菜粗劣，外出自便。下面的奴仆见孟尝君只是勉强收下冯谖，便将他作为下等门客来对待。

　　过了几天，冯谖便故意靠在柱子上，用手指敲着他的佩剑高声唱道："长剑啊，咱们回去吧，这里吃饭没有鱼啊！"仆人于是将这件事告诉了孟尝君，孟尝君便说："那就给他提供中等门客的待遇吧。"又过了几天，冯谖再次靠在柱子上，用手指敲着他的佩剑高声唱道："长剑啊，咱们回去吧，这里出门没车坐啊！"左右的人又将这话传给了孟尝君。孟尝君说："那就给他提供上等食客的待遇吧。"于是，冯谖便经常坐着他的车，高举着他的剑，整天四处拜访朋友，并告诉朋友们自己现在是孟尝君的门客，并受到器重。没想到过了一段时间，冯谖又开始唱了："长剑啊，咱们回去吧，这里赚不到钱养家糊口啊！"这次孟尝君手下的人开始有些气不过，感觉冯谖太过分了。但是孟尝君听后，命人去了解冯谖家中情况，得知他还有一个老母时，便派人按时供养冯谖母亲的日常生活。冯谖知道后，十分感动，从此不再向孟尝君索要。

　　就这样，冯谖在孟尝君府上待了一年。孟尝君在担任齐国相国时，在薛地有万户食邑。因为门下养有三千多食客，开支比较大，封邑的收入不够奉养食客，于是孟尝君派人到薛地放债收息以补不足。放债一年多了，还没收回利息钱，门下食客的奉养眼看就要没着落了。孟尝君想在食客中挑选一位能为他收取利息钱的人。有人推荐冯谖："冯谖看上去能言善辩，况且他也没有别的才能，就让他收债吧！"孟尝君觉得可行，便请来冯谖，说让他帮助去收取利息钱。冯谖爽快地答应了。他备好车辆，整理行装，装置好契约准备去薛邑收债。冯谖在辞别孟尝君时问道："收了钱之后，需要买些什么东西吗？"孟尝君随口答道："你看府上什么缺的就买一些吧。"

　　冯谖辞别孟尝君，驱车到了薛地，派官吏召集应该还债的人，催他们偿付利息钱，结果得利息钱十万，但也有多数债户交纳不出。冯谖便用所得利息钱置办了宴席，然后召集余下的所有的债务人，不论是否能够偿还利息钱，让他们都来验对债券。债户到齐后，冯谖先是让大家拿出债券验对，凡有能力偿还利息钱的，当场订立还期；而对无力偿还利息钱的，冯谖也收回债券。并假传孟尝君的命令，为无力还款的老百姓免去了债务，将这些债券当场烧掉了。之后，冯谖又请大家吃了宴席才回去。因此，当地百姓十分感激孟尝君的恩德。

　　冯谖回到孟尝君府上后，孟尝君已经提前知道了冯谖将债券私自烧掉的事，心里十分不快，他将冯谖叫来当面质问。冯谖问孟尝君道："您有了个小小的薛邑，不把那里的百姓当作自己的子女一样加以抚爱，却用商贾手段向他们敛取利息，我认为不妥，就假托您的旨意，把债赏赐给那些无力偿还的百姓。况且，我记得临走时您曾经说过，让我看府上缺什么就酌情买一些。我看了一下府上，您的财宝、骏马、美女应有尽有，唯一需要添置的便是在百姓中的'仁义'名声，我便为您买了回来。"孟尝君一听，明白了冯谖的用意所在，但心里仍旧不是很舒服。

　　几年后，孟尝君失势，被齐王废除了相位，只好退隐到自己的封地。当走到离薛地还有几十里的地方时，发现薛地百姓扶老携幼前来欢迎。此时孟尝君才恍然大悟，明白了冯谖所买的"仁义"的价值，从此对其十分尊重。

　　再看下面这个南朝宋时期的故事。南朝宋时，吴郡人顾恺之为官清廉，颇有名声。起初，他担任山阴县的县令，将这个向来号称难管的地方治理得井井有条，政治清明，诉讼基本没有，百姓安居乐业。因此，他获得了很好的为官名声。顾恺之不仅善于治理县政，而且还善于治理家门，能使一家上下异常和睦。但是，他一直有个心病，那就是他最为富有的三儿子顾绰喜欢对乡民们放债，家乡的许多人家都欠他的债。为此，顾恺之曾多次写信劝告顾绰，不要再这样做，但并不见效。而他自己一直在外地做官，对于顾绰也无可奈何。

后来，因为政绩卓著，顾恺之被提拔为太守，调到家乡吴郡任职。顾恺之便决心想办法搞定三儿子的问题，思来想去，他想到一个办法。一天，他找到顾绰说："以前我劝你不要在乡里放债，是担心我在外地，你在这边无权无势，遭人欺负。现在我到家乡来做官，没人敢欺负你了。听说现在你有很多债都没有收回来，这样吧，你把债券拿给我看一下，我帮你催要！"顾绰正有许多账收不回来，看到父亲愿用自己的权力帮忙，自然十分高兴，心想这下肯定没人敢再拖延。他回到家里，将别人欠他钱的借据都拿来给父亲，竟然有一柜子。令顾绰没想到的是，父亲竟然一把火将这些借据全部烧掉了。并且，顾恺之还专门告知那些借了顾绰债务的人，说借据已经被烧掉了，所有债务也就一笔勾销了。顾绰虽然感到十分沮丧，却也无可奈何，只好接受事实。顾恺之的义举很快传开，更加得到了百姓的信任。后来，此事传到朝廷，他也更受朝廷的信任和器重了。

在这两个故事中，冯谖和顾恺之不约而同地做了一件出人意料的事情，便是将债务的债券烧毁。这种举动从常理上看是不可理解，乃至是有些疯狂的，但是用老子的标准衡量的话，便是不足为怪。这种举动正是一种"执左契而不责于人"的举动，其不可理解的背后所蕴含的是一种超越常理之上的大善。而从故事中，我们也可以看到，这种大善也得到了回报。正是"天道无亲，常与善人"。

第八十章

小国寡民

【原文】

小国寡民①。使有什伯之器②而不用。使民重死而不远徙。虽有舟舆③，无所乘之；虽有甲兵④，无所陈之。使民复结绳⑤而用之。甘其食，美其服，安其居，乐其俗。邻国相望，鸡犬之声相闻，民至老死不相往来。

【注释】

① 小国寡民：使国小，使民少。

② 什伯之器：各种各样的器具。什伯，极多，各种各样。

③ 舆：车。

④ 甲兵：披盔甲的士兵。

⑤ 结绳：文字产生之前，人们用绳子打结来记述事情，传递信息。

【今译】

理想的国家是这样的，国土很小，百姓不多，即使有各种各样的器具，却并不使用；人民重视死亡，而不向远方迁徙；虽然有船只和车辆，却没有乘坐的必要；虽然有武器装备，却没有地方去布阵打仗；使人民再回复到远古，不用文字、不求知识、结绳记事的自然状态之中。人民吃得香甜，穿得漂亮，住得安适，过得快乐。国与国之间互相望得见，彼此鸡犬的叫声都可以相互听见。但因为生活安定，人民老死也不会离开自己的国家，与邻国的人相互往来。

【解析】

简单快乐地生活

本章所表达的乃是老子的一种社会理想，老子用寥寥数语勾勒出了他所认为的一种理想社会。从老子的描述可以看出，他心目中的理想社会比较关键的地方有三个：一、国家不存在战争；二、人民物质生活丰富；三、人们精神上淳朴自然，简单快乐。而如果仔细分析，会发现老子所提出的三个关键条件，其中的第三条，即人们内心的淳朴自然、简单快乐乃是最为核心的条件。因为，战争之所以发生，说到底是因为人内心的欲望和冲动，想要掠取更多的财富，想要使自己获得更大的权势。而所谓的物质丰富，也没有一定的标准，如果内心欲望很多，即使拥有了很丰厚的物质生活，可能仍然感到不满足。而一旦内心安闲恬适，知足常乐，则即便物质生活稍微差一点，也同样能够过得舒心快乐。为进一步分析这一点，我们不妨以东晋大诗人陶渊明所幻想出来的世外桃源为例来进行分析。

东晋诗人陶渊明曾经虚构过一个名叫《桃花源记》的故事，说东晋太元年间，武陵郡有个以打渔为生的人。有一天，他沿着溪水划船，忘记了路的远近。走到一片陌生的水域，忽然遇到一片桃花林，生长在溪流的两岸。桃林有数百步宽，其中没有其他树，花朵鲜艳，青草美丽，坠落的花瓣繁错交杂。渔人感到很惊奇，继续往前走，想看林子尽头是什么。结果他发现林子尽头是溪流的源头，源头旁边是一座小山，山上有一个小洞，隐约能够从洞中看到一些光亮。渔人于是离开船，从洞口进去。洞内开始比较狭窄，一个人只能勉强通过，而越往前走则越开阔。走着走着，突然前面一片光亮，呈现出了一大片开阔地，这里土地平坦宽阔，房屋整整齐齐，有肥沃的田地、幽美的池塘、茂密的桑竹。田间小路也交错相通，村落间可以互相听到鸡鸣狗叫之声。接着，他也看到了一些人，这些人来来往往地在田间耕种劳作，男女的穿着打扮，和桃花源外的世人差不多，而老人和小孩，都逍遥快乐。

桃花源里的人见到渔人，就大吃一惊，问渔人从哪里来。渔人回答了他的问题后，便有人邀请渔人到自己家里去，摆酒杀鸡做饭来款待他。村中的人听说有这样一个人，全都来凑热闹，并和渔人交谈。渐渐地，渔人便了解了这里的情况。原来这些人的祖先在秦朝时，为了躲避战乱，带领着自己的妻子儿女及乡邻们来到这与世隔绝的地方，再也没有出去，就此和外面的人断绝了来往。桃花源里的人还好奇地问渔人现在外面是什么朝代，他们竟然不知道汉朝的存在，更不必说魏和晋了。渔人把自己所知道的事一一详细地告诉了他们，村中的人都很惊叹惋惜。其余的人又各自把渔人请到自己的家中，都拿出酒食来款待他。渔人待了几天以后，告辞离去了。渔人离开时，一路上作了标记，但回头试图根据路标重新找到桃花源时，却再也找不到了。

其实，仔细对比的话，会发现陶渊明所虚构的"桃花源"，便具有老子理想社会的影子。在"桃花源"内，没有战争，甚至都没有政府，人们自然也不用缴纳赋税；同时，根据他们对渔人的招待也大致可以看出，人们的物质生活水平也是不高不低，大致小康水平；而这里的人明显的是淳朴自然，简单快乐的。因此可以说，"桃花源"便是老子在理论上所勾勒的理想社会的具体形象化。但是，可以想象，这样一个社会之所以能够（在故事中逻辑合理地）维持了几百年，其中的一个最为关键的因素便是这里的人们内心的清心寡欲，知足常乐。试想，如果有人欲望膨胀，不满足于自己的既得，内心产生机诈的念头，便会打别人的主意。这样，"桃花源"内势必出现偷盗劫掠、恃强凌弱之事。如此一来，这里便需要一个政府维持秩序，继而，人们自然便需要缴纳赋税，进而接受统治者的盘剥乃至压迫。显然，"桃花源"也就和外面的世界一样了！

其实，这里想要说的便是，老子的理想社会，说到底还是要以个人的清心寡欲、知足常乐为基本的前提。如果个人不能够做到简单快乐地生活，所谓的理想社会也就不可能存在。而反过来说，如果一个人内心能够保持一种快乐简单的思维，乐天知命，随遇而安，不强争强为，不要弄机巧，即使在不那么美好的社会中也能够过得快乐充实。简而言之，这番分析所要启示大家的便是，要学会简单快乐地生活。

【为人之道】

故事两则

　　汤普森急救中心是位于英国伦敦的一家著名的医院，其名声却不止于伦敦，世界上许多地方的人们都知道这家医院。之所以如此，并非是因为该家医院的医术的高明，而是因为该医院大楼墙壁上的一句话——你的身躯很庞大，但你的生命需要的仅仅是一颗心脏。这句话说的是美国好莱坞影星利奥·罗斯顿。1936年，他在英国演出时因患心肌衰竭被送进了这家医院。医院安排最优秀的医生，并使用了当时最先进的药物和医疗器械，但最终仍然没有能挽救罗斯顿的生命，一颗艺术明星陨落了。他的疾病起于肥胖，据说他最胖时一度达到385磅，腰围达到6.2尺。他在临终时喃喃自语地说的就是这句话。当时在场的医院院长、胸外科专家哈登听到后深受震撼，为了警示后人，他们将这句话刻在了医院的大楼上。

　　到底有多少人受到了这句话的影响不得而知，至少有一个人看到这句话后完全改变了自己的人生轨迹，这就是美国石油大亨默尔。默尔住进这家医院已经是利奥·罗斯顿逝世四十年后了。他因为生意过度操劳而同样患了心脏类的疾病。刚住进去时，为了避免遍布美洲的数十家公司在自己生病期间出现意外，默尔在病房里安置了五部电话机和两部传真机，除了必须的治疗时间外，他依旧不肯放下手头的工作。

　　但是，一次偶然的机会，默尔从护士那里听到了有关利奥·罗斯顿在这家医院死去的故事，也知道了利奥·罗斯顿临终时所说的那句话。令医生和护士感到惊讶的是，第二天，默尔便撤销了自己病房里的通信设备，并开始积极配合医生的治疗。结果，他的心脏手术十分成功。一个月后，默尔出院。默尔出院后，突然将自己价值几十亿的公司全部卖掉，所得金钱全部捐给了社会慈善和卫生事业。然后，他在苏格兰乡下买了一栋别墅，自己在那里定居了下来。

　　1998年，八十高龄的默尔在参加了汤普森医院百年庆典时，有记者问他：当初为什么要卖掉自己的公司？他神采飞扬地指着刻在大楼上的那句话说：是利奥·罗斯顿提醒了我。默尔在乡下别墅中曾经写了一本自传，其中有句话是这样的：巨富和肥胖并没有什么两样，不过都是获得超过自己需要的东西罢了。这句话后来也成为名言，跟利奥·罗斯顿的那句话同样闻名遐迩。

　　再看下面这则故事。在医学上麻醉剂发明之前，西方医学对手术过程中的疼痛问题一直无法解决，因此许多时候都只能眼睁睁看着病人死去。18世纪末，化学家戴维走进实验室后，突然闻到了一股带有甜味的气体，不一会儿，奇迹发生了：折磨了他一整夜的牙痛竟然消失了。为此他感到十分惊讶。当他走出实验室后不久，牙痛又向他袭来。他又重返实验室，发现牙痛又一次消失了。经过检查，他找到了其中的奥秘，原来，一只盛有一氧化二氮的容器密封不严，以致该气体物质逸散到空气中了。这时他联想到另一件事，当时有位物理学家前来拜访，不小心将实验室桌上一只盛有一氧化二氮的玻璃瓶碰倒在地，摔了个粉碎。他俩连忙收拾玻璃碎片，谁知道玻璃碎片还未收拾干净，两人突然相对大笑起来，并笑个不停，直至离开实验室，方才止住了笑。戴维把一氧化二氮称之为"笑气"，因他不懂医学，故未将此发现公布于世。

　　到了后来，一位美国化学家在对"笑气"进行了一番研究，发现这种气体对人体有一种催眠功能。于是，其到处做巡回表演，试图以此赚点钱。在一次表演中，他的表演激起了一个名叫威尔斯的牙科医生的联想：既然可以催眠，是不是可以用作一种拔牙时的麻醉剂。于是，威尔斯对此进行了实验，并取得了成功。1845 年 1 月，威尔斯来到美国波士顿麻省总医院，向人们公开演示为病人在麻醉下进行无痛拔牙的手术。当时，因为病人吸入"笑气"的分量不足，在拔牙过程中疼得哇哇大叫。在场的人哄堂大笑起来，可怜的威尔斯也被当作骗子被赶出了医院，并搁下了进一步的研究。

但是，威尔斯的助手莫顿对麻醉拔牙术深信不疑，只是觉得一氧化二氮可能不是最有效的药物而已。于是他另辟蹊径，寻找一种新的有效的麻醉药。他就此向波士顿牙医杰克逊请教。杰克逊向他讲述一个奇特现象："有一天，我不慎吸入一些氯气，当时就觉得嗓子发痒，咳嗽不止。为了解毒，我吸了几口乙醚，症状随即消失，不一会儿人就睡熟了……"莫顿对乙醚进行了深入研究，并经多种动物试验及自身试验，他最终证实乙醚有强烈的抑制中枢神经的作用，可以用来作为拔牙手术中的麻醉剂。于是在 1846 年 9 月，他让自愿接受能缓解拔牙之痛的任何疗法的一位重症牙痛病人弗罗斯特吸入乙醚，随后拔出他的病牙，病人事后声称没有感到丝毫疼痛。接下来，莫顿便在许多医生和公众的众目睽睽之下，让病人吉尔伯特·阿博特吸收乙醚，然后外科博士瓦伦给病人做了开颈取瘤的手术，并取得圆满成功。从此，麻醉药物发明宣告成功，人类走入了手术无痛的年代。再以后，麻醉术进入崭新时代，其他的麻醉药物及麻醉技术不断涌现。

19 世纪 50 年代，美国国会为表彰手术麻醉给人们带来的福音，拨出 10 万美金，奖励"无痛外科的发明者"。在当时，10 万美金乃是一笔巨款。但是，对于究竟该把奖发给谁，国会并未指名道姓。令人始料不及的是，这直接导致了一场令人不忍卒读的闹剧的产生。牙医杰克逊、莫顿以及威尔斯均提出自己应获此奖。并且，令人遗憾的是，三个人为了突出自己的贡献，无不对另外两人进行指责、攻击。结果，不仅三个人谁都没有获得这个奖，并且，杰克逊住进了精神病院，威尔斯患精神病自杀死亡，莫顿患因情绪波动太大患了脑溢血，再也不能正常工作。此事以闹剧开始，以悲剧结束。

在第一则故事中，默尔因为领悟了人生真谛而毅然将自己从繁杂忙碌的对金钱的追逐中抽身出来，开始过上简单快乐的生活，从而获得了幸福。而在第二则故事中，三个本来都是具有可贵的探索精神的科学家、知识分子，最终却因为名利而使自己置身于一场是非之中，最后不仅名利尽失，鸡飞蛋打，连正常的生活乃至生命也失去了，可谓得不偿失。这两个故事，可以说是一正一反，相互映衬，向我们揭示了简单快乐的人生态度的重要性。

第八十一章

善者不辩

【原文】

信言①不美，美言②不信。善者③不辩，辩者④不善。知者不博⑤，博者不知。圣人不积⑥，既以为人己愈有，既以与人己愈多。天之道，利而不害，圣人之道，为而不争。

【注释】

① 信言：真实可信的话。

② 美言：好听，漂亮话。

③ 善者：善良的人，做出善举的人。

④ 辩者：口头上说得很好听的人，唱高调的人。

⑤ 知者不博：知识丰富、知道得多的人不以为博学，不卖弄。

⑥ 积：私自保留，积藏。

【今译】

真实可信的话不好听，好听的话不真实。真正行善的人往往不说那些好听的言辞，而总是说漂亮话的人大多并没有行善的举动。真正有知识的人不卖弄，卖弄自己懂得多的人不是真有知识。圣人是不存占有之心的，而是尽力帮助别人，他自己反而更充足；他尽力给予别人，自己反而更丰富。自然的规律是让万事万物都得到好处，而不伤害它们。圣人的行为准则是有所为而不争强好胜。

【解析】

信言不美，美言不信

老子在本章中指出了一种现象——"信言不美，美言不信"，即诚实可信的话往往听起来不那么好听，而听起来好听的话则往往并不真实。显然，结合我们的日常生活经验，这句话是符合事实的。事实上，关于这个道理，另一句话流传得要更广一些，即"良药苦口利于病，忠言逆耳利于行"。这句话出自《孔子家语》，乃是孔子告诫弟子的言论。可以看出，这句话与老子的观点是一个意思，并且，还将老子的意思进行了进一步的点明。"忠言"即是"信言"，虽然听起来不好听，却对听者有益。显然，反过来，"美言"虽然好听，却对人没有好处，甚至往往有害处。关于这个道理的历史教训，实在是太多了。

商纣王荒淫残暴，大肆建造宫殿，滥用民力，同时在后宫建酒池肉林供自己享乐。纣王身边的奸佞之臣恶来、费仲投其所好，每每顺着纣王性子来说话，并给他的种种行为找借口，使他认为自己的残忍的行为很合理。于是，纣王十分高兴，倍加宠信他们两人。而担任商朝最高的政务官"少师"比干看纣王如此下去必将亡国，于是冒着灭族的危险，连续三天进宫抨击纣王的过错。纣王被比干批评得无言以对，十分难堪，恼怒地问比干道：你为什么这样不给寡人面子？比干说：我不能为了给你面子，便丢掉了大义。纣王又问：何为大义？比干答：夏桀不行仁政，失了天下，我王也学此无道之君，难道不怕丢失了天下吗？我今日进谏，正是大义所在！纣王看比干不肯退让一步，就说："我听说圣人的心有七窍，不知道是真是假？"说罢，命人剖开了比干的胸膛。最终，纣王的残暴引起了天下人的共怒，民心尽失。西北的西周部落发难之后，天下响应，商朝灭亡，纣王也落了个自焚的下场。

类似的例子还能举出很多。当然，这些有关帝王将相的故事许多人可能都已经听腻了，觉得他们的事情离我们的生活实际太远了，对于普通大众的我们来说，所谓的无论"美言"还是"信言"，对我们都不会产生生死攸关的后果。尽管如此，所谓事不同而理同。在生活中，"美言"与"信言"所对我们产生的影响同样是泾渭分明的，而有的时候，对我们的人生所产生的影响同样会是决定性的。让我们来看一则比较贴近我们生活实际的例子。

巴德·舒尔伯格是美国著名的作家，他的作品《在滨水区》《码头风云》《什么使萨米逃走》《醒着的梦》《聪明的糊涂和糊涂的聪明》《我喜欢这个不讨人喜欢的人》等，曾经风靡一时，受到众多读者的追捧。在获得了巨大的声誉之后，巴德曾写了一篇文章谈到自己的成功之路。在文章中，他回忆道，在七八岁的时候，自己写了一首诗，母亲出于对他的疼爱，搂着他不断地赞扬。于是他内心感到飘飘然，十分得意。他的父亲回家之后，母亲将儿子的诗拿给他看。父亲虽然已经提前被告知这是自己年仅七岁的儿子写的，仍旧客观地说："这首诗写得糟糕透了！"听到这话，幼小的巴德一下子知道了母亲的赞扬不过是出于对自己的疼爱，原来的那股自豪之情很快消失了。不过，在母亲的鼓励下，他仍旧不断地进行一些创作，一直到长大。而在这个过程中，他的父亲始终对他的作品持一种完全客观的态度，完全不留一点情面。因此他从父亲那里得到的绝大多数是批评，只有在真正获得进步时，父亲才会公正地指出这一点。巴德在文章结尾表示，自己是幸运的，在成长过程中不仅仅获得了母亲的赞扬，同时还有一位严厉的父亲客观地评价自己。他认为，正是因为父亲客观公正地不断挑毛病、指出不足，才促使他写作水平不断提高，不断超越自我，最终成为了一名真正意义上的作家。

这个故事则是更为贴近我们普通人的实际，形象地向我们道出了"忠言逆耳利于行"的道理。事实上，所谓的"信言"正是如此地存在于我们的生活的细节之中，如果能够听进去，便会使我们客观地审视自己，从而改正我们的不足，使自己不断获得进步。当然，我们知道，这实际是很难做到的一件事。因为，每个人都有种强烈的自我价值得到认可的欲望，因此一旦听到别人的赞扬，往往会不假思索地接受，而对别人客观公正的否定性意见，则本能地拒斥。事实上，这种心理即使是那些贤能的人也很难避免。

总之，"信言不美，美言不信"的道理便是提醒我们要有接纳别人指责的智慧和勇气。

所谓金无足赤，人无完人，一个人总会存在各种各样的缺点和不足，做事总有考虑不周的地方，所谓当局者迷，旁观者清，别人对此往往是一目了然的。但是，只有那些真正为你好的人才会甘冒得罪你的风险，为你指出来。我们往往会发现，越是你亲近的人越是会指责你的毛病和缺点，因为他们关心你，才不惜冒犯你这么做。而和你不亲近的人，人家才懒得做这种出力不讨好的事情，因为谁都懂得"多栽花，少栽刺"的道理。另外，别人肯冒着被你敌视的危险来批评你，也说明了别人看得起你，认为你值得批评，而对一个在他看来不可理喻的人，他肯定懒得去浪费口舌。因此，要善待那些对你说出"信言"的亲人、朋友、同事，不可因为维护自己的情绪而轻易否定他们意见，更不要对他们反唇相讥。听到他们的客观的评价或者是善意的批评，我们应该有则改之，无则加勉。相反，对听起来让你飘飘然的"美言"，则要警惕了。总之，如果你想要不断地提升自己，不甘平庸，渴望有所成就，那么"信言不美，美言不信"这个看似简单的道理便是你需要认真领会并奉行的。当然，对于自甘平庸者，这句话倒是没什么用处。

【为人之道】

苏东坡学佛

我们知道，苏东坡是中国北宋时期的大文豪，其不仅文章一流，其人品一向也为后人所称道。因此，历史上流传下来的有关他的大多数掌故中，描述的基本上都是一位德才兼备的高尚文人形象。但是，在有关他的另一类故事中，苏东坡的形象就不那么"正面"了，那便是在有关苏东坡学佛的故事。在这些传说中，他往往是一个无知又喜欢卖弄，最后又遭到笑话的角色。下面这个故事便是典型的一例。

苏东坡初学佛时，自恃才华横溢，学问高超，因此认为佛学不难。对佛学才刚一接触，他便以为自己已经深通佛法，有比较高的造诣了。一天，苏东坡闲来无事，在家中参禅打坐。刚开始他觉得自己有些浮躁，无法静下心来，过了大约一个时辰后，突然觉得心胸空寂明净，了无杂念。于是，苏东坡不觉喜从中来，觉得自己已经开悟了，遂按捺不住心中的激动，铺纸挥笔，写了一首诗来表达自己的感受，诗曰：稽首天中天，毫光照大千。八风吹不动，端坐紫金莲。在诗中，苏东坡说自己悟道成佛，不仅佛光普照大地，而且佛性坚定如磐石，连八风（得、失、谤、扬、赞、嘲、忧、喜）也吹不动了。诗写好后，他又反复吟诵几遍，觉得非常不错，不禁沾沾自喜起来，心想自己不愧是才子，才刚刚接触佛学，便到了如此境界。高兴之余，他派仆人将自己的诗作送到长江对岸的金山寺，交给与自己一向交好的佛印禅师，表面上是请其指点，实质上则有卖弄之意。

过了一个时辰，仆人带着原来的诗作回来了。苏东坡赶紧问佛印看诗后有何见教，仆人说："禅师什么也没说，只是在诗作上写了字，然后就让我回来了。"苏东坡一听，赶紧打开诗作，满希望从上面看到赞赏之辞，说不定还有回诗一首，与自己唱和一番。没想到的是，他打开诗作后却发现，佛印禅师在诗作旁边的空白上只写了两个字——"放屁"！这下，苏东坡一下子气不打一处来，吹胡子瞪眼，一把将诗作给撕掉了。接下来，苏东坡原本的好心情一下子全没了，他不停地在屋内踱步，想不明白这和尚怎么这么无礼。最后，他实在气不过，干脆乘船渡江，亲自前往金山寺来找佛印，要当面问个明白。

船到江心，忽然刮起一阵大风，木船被吹得打起旋来。无论船夫怎么用力，也划不动船。

这下，苏东坡更急了，他连声催促船夫用力划，最后折腾腾了很久，船才算是行驶到了对岸。一下船，苏东坡惊讶地发现佛印禅师已经等在江边了。原来，佛印禅师和苏东坡一向交厚，十分了解苏东坡的脾气。他早料到苏东坡见到批语后一定很生气，并会前来找自己理论，干脆自己来到江边恭候他，看他如何发作。

苏东坡看到佛印禅师候在江边，心情稍稍好了点。但是，一想到那个不雅的批语，还是咽不下那口气。简单地招呼之后，他怒气冲冲地走到佛印禅师面前，也不像往常那样施礼，而是劈头责问道："我写的诗，好心好意拿给你，请你指教，你不说好也就罢了，为何竟然批示个'放屁'这样无礼的话来？这未免也太过分，也太让人脸面上下不来了吧！"

佛印禅师静静地听着苏东坡的抱怨，等他把满含怒气的话说完，就双手合十，念声阿弥陀佛，又哈哈大笑一番，然后才微笑着对苏东坡说："你不是已经'八风吹不动，端坐紫金莲'了吗，怎么'放屁'两个字就把你给吹过江来了呢？"苏东坡一时有些反应不过来，佛印禅师便进一步说道："既然'放屁'之风就能把你吹过江来，说明你的'八风吹不动'不就完全是空话了吗？这话不就像是'放屁'一样吗？"苏东坡一听，顿时恍然大悟，的确，自己仅仅因为别人说了"放屁"两字，便怒气冲冲，半天静不下心来，最后还费这么大周折过江来质问。自己所吹嘘的"八风吹不动"的确如同放屁呀！看来自己的佛学修为还没入门呢！想到此，苏东坡也朝着佛印禅师大笑起来。同时，他也深深地认识到，自己刚才的卖弄的心理实在是太浅薄了，自己以后可要避免这种贻笑大方的举动了。

当然，这则故事的真假不得而知，不过它所告诉我们的道理是明确的。那就是，做人要谦虚，不可刻意卖弄自己，要做到"知者不言"，不可"言者不知"。